WIENER SCHULE
Geigenausbildung bei Josef Hellmesberger

Musikkontext 19

MUSIKKONTEXT

Studien zur Kultur, Geschichte und Theorie der Musik
Veröffentlichungen des Instituts für Musikwissenschaft
und Interpretationsforschung
an der Universität für Musik und darstellende Kunst Wien

Reihe herausgegeben von
Manfred Permoser und Fritz Trümpi

Annkatrin Babbe

WIENER SCHULE
Geigenausbildung bei Josef Hellmesberger

Herausgegeben von Fritz Trümpi

HOLLITZER

Annkatrin Babbe
Wiener Schule. Geigenausbildung bei Josef Hellmesberger
Herausgegeben von Fritz Trümpi
(= Musikkontext 19)

Umschlagbild:
Josef Hellmesberger d. Ä., Photographie von Josef Löwy, um 1888

Veröffentlicht mit Unterstützung
aus den Mitteln der Open-Access-Förderung
der mdw – Universität für Musik und darstellende Kunst Wien
(Open Access Lizenz CC BY 4.0)

der MA 7 – Kulturabteilung der Stadt Wien,
Wissenschafts- und Forschungsförderung

sowie der Mariann Steegmann Foundation

Die vorliegende Arbeit wurde im April 2022 von der Carl von Ossietzky
Universität Oldenburg als Dissertation angenommen.

© HOLLITZER Verlag, Wien 2024
www.hollitzer.at

Alle Rechte vorbehalten.
Die Abbildungsrechte sind nach
bestem Wissen und Gewissen geprüft worden.
Im Falle noch offener, berechtigter Ansprüche wird
um Mitteilung der Rechteinhaber:innen ersucht.

Umschlaggestaltung und Satz: Daniela Seiler
Hergestellt in der EU

ISBN 978-3-99094-143-0
ISSN 1616-5209

Inhalt

7 — Vorwort des Herausgebers

9 — Dank

11 — Einleitung

21 — **I. Josef Hellmesberger d. Ä. – Knotenpunkt im Wiener Musikleben**

27 — 1. Der „Apfel fällt nicht weit vom Stamme" – Die (frühe) Konzerttätigkeit der Brüder Josef und Georg Hellmesberger

45 — 2. Das Hellmesberger-Quartett und die Kammermusik in Wien

61 — 3. Zwischen Musikverein, Opernorchester und Hofkapelle

65 — 4. Reichweite, Ehrungen und Auszeichnungen Josef Hellmesbergers

69 — **II. Die „Dynastie Hellmesberger" – Eine Familienbiographie**

101 — **III. Biographien und Handlungsräume der Hellmesberger-Schüler*innen**

107 — 1. Ausbildungswege und Karrieren im Überblick

140 — 2. Geigerinnen und Geiger – ausführliche Biographien

140 — Bayer, Josef

143 — Brückner, Eugenie

144 — Epstein, Eugenie

150 — Lechner, Natalie, verh. Bauer-Lechner

150 — Lechner, Helene, verh. Schlenk-Lechner

166 — Maxintsak, Josef

173 — Raczek, Friedrich

173 — Raczek, Viktor

183 — Radnitzky, Franz

189 — Schipek, Franz

193 — Schön, Franziska

199 — Seydel, Theresine, verh. Schuster-Seydel

210 — Weiser, Ludmilla Aloysa, verh. Guleke

214	—	3. Handlungsräume der Professionalisierung von Geiger*innen am Konservatorium der Gesellschaft der Musikfreunde in Wien
216	—	3.1. Finanzielle Hürden auf dem Weg zur Professionalisierung
225	—	3.2. „Aus den gesamten k. k. österreichischen Staaten" – Zur Herkunft der Studierenden
231	—	3.3. Geigerinnen und Geiger: Konservatoriumsausbildung für „Zöglinge beyderley Geschlechtes"?
239	—	4. (Berufs-)Wege von Geiger*innen im Wiener Musikleben der zweiten Hälfte des 19. Jahrhunderts
239	—	4.1. Wahrnehmungs- und Denkmuster – Zum Stellenwert der Musikkritik
241	—	4.2. Geigerinnen in der (Wiener) Musikkritik der zweiten Hälfte des 19. Jahrhunderts
255	—	4.3. Vom Konservatorium ins Konzertleben – Chancen und Karrieren
261	—	4.4. Das Wiener Frauen-Symphonieorchester

285	—	**IV. Die ‚Hellmesberger-Schule'**
286	—	1. „Gibt es in der Musik, wie in der Malerey, verschiedene Schulen"? Einleitende Überlegungen zu einem verbreiteten Topos
292	—	2. Was ist die ‚Hellmesberger-Schule'?
295	—	3. Die ‚Schule' in der Hellmesberger-Rezeption
310	—	4. Von der ‚Hellmesberger-Schule' zur ‚Wiener Schule'
319	—	Exkurs: ‚Musikstadt Wien'
326	—	5. ‚Wiener Schule' ohne Hellmesberger
330	—	6. ‚Wiener Schule' im 20. und 21. Jahrhundert

341	—	**Fazit: Der Mythos ‚Hellmesberger-Schule'**
347	—	**Literatur- und Quellenverzeichnis**
384	—	**Verwendete Zeitungen und Zeitschriften**
387	—	**Abbildungsverzeichnis**
389	—	**Personen- und Ensembleregister**

Vorwort des Herausgebers

Der vorliegende Musikkontext-Band von Annkatrin Babbe darf als gewichtiger Beitrag zur von der Musikgeschichtsschreibung allzu lange vernachlässigten historischen Musikhochschulforschung gelten. Die Studie lässt sich, wie die Autorin auch einleitend ausführlich auseinandersetzt, an der inhaltlichen Schnittstelle von musikwissenschaftlicher Konservatoriumsforschung und historischer Musikpädagogik verorten. Das hierfür zusammengestellte Quellenkorpus beeindruckt durch seine stupende Breite, sowohl was die Vielfalt der herangezogenen Quellen als auch deren Zahl und Dichte betrifft. Deren Bearbeitung und Interpretation nimmt die Autorin in erster Linie mit Bezug zu Ansätzen der Raum- und Diskurstheorie vor, welche sie ausgiebig wie nachvollziehbar erläutert und erkenntnisreich an das vielfältige empirische Material anlegt.

Das Buch verfolgt dabei gewissermaßen zwei Stränge. Beim ersten handelt es sich um ausführliche Porträts sowohl Josef Hellmesbergers (d. Ä.) als auch der „Dynastie Hellmesberger" insgesamt, welche die Autorin unter Miteinbezug ausgreifender Kontexte des Wiener Musiklebens skizziert. Der zweite Strang ist den Hellmesberger-Schüler*innen gewidmet. Anhand einer Vielzahl an detaillierten biographischen Studien (in diesem Sinne kommt dem Band auch der Charakter eines biographischen Nachschlagewerks zu) gestaltet Babbe einen informativen wie detailliert dargestellten Aufriss der Geschichte der akademischen Musikausbildung in Wien, in welchem sie nicht zuletzt auch erkenntnisreiche Einsichten in die Sozialstruktur der Musikakademien gewinnt. Die Autorin geht aber noch einen Schritt weiter. Sie betrachtet nicht nur die Studien- und Ausbildungszeit der in den Blick genommenen Schüler*innen, sondern stellt darüber hinaus auch die entscheidende Frage, welche Karrierewege diese einschlugen, bzw. einzuschlagen imstande waren. Unter Anlegung einer kritischen Genderperspektive gelangt sie dabei zu mehrheitlich äußerst ernüchternden Ergebnissen, was die Unterschiede der Laufbahnoptionen von Hellmesbergers Schülerinnen auf der einen und Schülern auf der anderen Seite betraf.

Ihrem Anspruch, eine eigenständige „systematische Theoriebildung des Schulenbegriffs" anzustoßen, wird die Autorin insgesamt mehr als gerecht. Der Dissertation von Annkatrin Babbe, die nun erfreulicherweise als 19. Band unserer Musikkontext-Reihe im Druck sowie Open Access vorliegt, darf zweifellos eine produktive Erweiterung der institutionenbezogenen Musikhistoriographie zu Wien im späteren 19. Jahrhundert zugesprochen werden.

Abschließend auch noch ein herzliches Wort des Dankes: An den Verlag Hollitzer für seine gewohnt professionelle Betreuung sowie an die Universität für Musik und darstellende Kunst Wien für die großzügige finanzielle Unterstützung der Publikation.

Fritz Trümpi

Dank

Mit der Drucklegung meiner Dissertation geht ein Projekt zu Ende, dass ohne die Begleitung und Unterstützung einiger Menschen kaum möglich gewesen wäre und denen mein Dank gilt.

An erster Stelle möchte ich mich bei Prof.^{in} Dr.^{in} Freia Hoffmann bedanken: für die Betreuung meiner Dissertation, für ihre Beratung und die kritische Reflexion. Sie war es, die mein frühes Interesse für musikwissenschaftliche Genderforschung und sozialgeschichtliche Fragestellungen geweckt hat und auch dafür möchte ich mich von Herzen bedanken. Mein Dank gilt auch Prof. Dr. Peter Schleuning für die Zweitbegutachtung meiner Arbeit.

Danken möchte ich außerdem den Mitarbeitenden in den Wiener Archiven und Sammlungen, vor allem in der ÖNB Musiksammlung, der Wienbibliothek und dem Archiv der Gesellschaft der Musikfreunde. Allen voran bedanke ich mich bei Dr.^{in} Lynne Heller, Dr. Severin Matiasovits und Erwin Strouhal vom Archiv der mdw – Universität für Musik und darstellende Kunst Wien. Auch wenn hier nur ein kleiner Teil von Quellen zu meinem Forschungsfeld liegen, haben mich diese Kolleg*innen auf unglaublich herzliche Weise bei meinen Forschungen unterstützt und wertvolle Hinweise gegeben.

Gleiches gilt auch für Dr.^{in} Andrea Ellmeier und Prof.^{in} Dr.^{in} Melanie Unseld von der mdw – Universität für Musik und darstellende Kunst Wien, die mich bei meinem Thema unterstützt haben. Denise Csida danke ich ebenfalls sehr herzlich.

Danken möchte ich auch den Mitgliedern des Unabhängigen Forschungskolloquiums für musikwissenschaftliche Genderforschung (UFO), mit denen ich meine Ideen diskutieren konnte, die kritisch nachgefragt und hilfreiche Anregungen gegeben haben. Von ganzem Herzen danke ich in diesem Rahmen auch meiner Kollegin Dr.^{in} Angelika Silberbauer, die mich immer wieder herzlich in Wien willkommen geheißen hat und es mir so möglich gemacht hat, mich dort wie zu Hause zu fühlen. Danke für alle fachlichen und freundschaftlichen Kaffeehausgespräche.

Für gute Gespräche und wertvolle Impulse danke ich außerdem Dr.^{in} Maren Bagge, Christiane Barlag, Dr.^{in} Anja Bunzel, Prof. Dr. Florian Busch, Dr.^{in} Christine Fornoff-Petrowski, Dr.^{in} Heike Frey, Prof.^{in} Dr.^{in} Marion Gerards, Prof.^{in} Dr.^{in} Janina Klassen, Luisa Klaus, Dr.^{in} Stefana Lupu, Dr.^{in} Nathalie Meidhof, Dr. Niklas Schreiber und Dr. Andreas Veits.

Ein besonderer Dank gilt Prof. Dr. Fritz Trümpi, der meine Arbeit freundlicherweise in die Schriftenreihe *Musikkontext* aufgenommen und den Prozess bis hin zum fertigen Buch auf ausgesprochen herzliche und wertschätzende Art unterstützt hat.

Für die finanzielle Förderung danke ich der Mariann Steegmann Foundation, der mdw – Universität für Musik und darstellende Kunst Wien und der MA 7 – Kulturabteilung der Stadt Wien, Wissenschafts- und Forschungsförderung.

Sigrun Müller vom Hollitzer Verlag war mir bei der Drucklegung des Buches und allen damit verbundenen Fragen stets behilflich – dafür danke ich ihr sehr.

Meinen Eltern schließlich, Manfred (†) und Ilona Babbe, danke ich dafür, dass sie mir für das Leben die nötige Neugierde, Zuversicht und all die Liebe mitgegeben haben, die mir auf meinem Weg geholfen haben. Meiner Mutter danke ich für ihre liebevolle Unterstützung in der Dissertationsphase und zu jeder anderen Zeit.

Zu guter Letzt möchte ich mich bei meinem Mann Johannes bedanken, der mich durch alle Phasen der Dissertation hindurch unterstützt hat. Ich danke ihm für seine Liebe, sein offenes Ohr, seine hilfreichen Impulse, sein Verständnis und für all die gemeinsame Zeit. Ihm ist diese Arbeit gewidmet.

Hamburg und Wien im November 2023
Annkatrin Babbe

Einleitung

Nur wenige seiner Kollegen waren so zentral in das zeitgenössische Wiener Musikleben eingebunden wie Josef Hellmesberger d. Ä., der sich als Geiger, Kammermusiker, Konservatoriumslehrer und -direktor, als Orchestermusiker, Kapellmeister und Dirigent inmitten der großen Wiener Musikinstitutionen bewegte. Über die langfristige Besetzung einflussreicher Positionen konnte er einen beispiellosen Einfluss auf die Tradierung und Entwicklung der Violinästhetik und -ausbildung im Wien der zweiten Hälfte des 19. Jahrhunderts nehmen. Am Konservatorium bildete er in den knapp 20 Jahren seiner Lehrtätigkeit 154 Geigerinnen und Geiger aus, von denen zahlreiche Geiger später wiederum Anstellungen in Orchestern wie der Wiener Hofkapelle, dem Hofopernorchester und den Wiener Philharmonikern fanden. Mit dieser Besetzungspolitik beförderte der Musiker eine dichte personelle Kontinuität zwischen dem Ausbildungsinstitut und den Wiener Klangkörpern, die auch die Identität und das Selbstverständnis der Orchester nachhaltig geprägt hat.[1] In vielem folgte er hierin seinem Vater Georg Hellmesberger d. Ä. und profitierte auch darüber hinaus von dem kollegialen Netzwerk der Musikerfamilie.

Durch die zeitgenössische Presse fand Hellmesberger als Geigenlehrer eine außerordentliche Beachtung, die sich in der Idee der ‚Hellmesberger-Schule' verdichtete. Selbige avancierte zu einem zentralen Topos der Hellmesberger-Rezeption und zwischenzeitlich gar zum Inbegriff der Wiener Geigenausbildung im 19. Jahrhundert. Damit einher ging zum einen die Vorstellung eines spieltechnisch und klangästhetisch charakterisierten Ausbilungszusammenhangs. Zum anderen fand der Topos Eingang in kultur- und identitätspolitische Diskurse und fungierte nicht zuletzt als Argument für die musikkulturelle Bedeutung Wiens. Darin erwies sich die ‚Hellmesberger-Schule' auch als anschlussfähig für Vorstellungen wie jene der ‚Wiener Schule' und des ‚Wiener Klangs', die noch heute im wienbezogenen Musikdiskurs aufscheinen und mit der dortigen Geigenausbildung und Spieltradition assoziiert werden.[2]

---

1 Siehe Christian Merlin: *Die Philharmoniker. Die Musiker und Musikerinnen von 1842 bis heute*, aus dem Frz. übers. von Uta Szyszkowitz und Michaela Spath, 2 Bde., Bd. 1. Wien: Amalthea Verlag, 2017, S. 129, 330. Auch das große Interesse an den Lehrer-Schüler-Folgen in der Besetzung der Wiener Philharmoniker, die Christian Merlin in dieser festschriftartigen Publikation anlässlich des 175-jährigen Philharmoniker-Jubiläums im Jahr 2017 akribisch nachzeichnet, zeugen von der Bedeutung, die der personellen Geschlossenheit noch heute beigemessen wird.

2 Siehe beispielsweise Rita Argauer: „Nicht von dieser Welt. Lang Lang konzertiert in der Philharmonie", in: *Süddeutsche Zeitung*, 24.04.2016, https://www.sueddeutsche.de/kultur/kurzkritik-nicht-von-dieser-welt-1.2963862; 21.09.2020; Elisabeth Elling: „Andris Nelsons und die Wiener Philharmoniker in Dortmund", in: *Westfälischer Anzeiger*, 27.03.2017, https://www.wa.de/kultur/

Die vorliegende Studie ist von dem Interesse geleitet, die Bedingungen und Möglichkeiten der Professionalisierung von Geigerinnen und Geigern im Wien der zweiten Hälfte des 19. Jahrhunderts am Beispiel der Ausbildung bei Josef Hellmesberger d. Ä. am Konservatorium der Gesellschaft der Musikfreunde in Wien zu untersuchen. In diesem Bestreben werden historisch-biographische Ansätze mit diskursanalytischen Betrachtungen der Wahrnehmungs- und Denkmuster in Bezug auf die Akteur*innen der Geigenausbildung in Dialog gesetzt. Die Musiker*innen werden so als Akteur*innen weiter Beziehungsgefüge und Prozesse erfasst. Josef Hellmesberger d. Ä. gerät dabei als Mitglied einer Wiener Musikerfamilie in den Blick, die weitreichenden Einfluss auf die Geigenausbildung und das Orchesterspiel in Wien nehmen konnte. Der Fokus seiner Biographie liegt insbesondere auf den weschselseitigen Unterstützungen im familiären Netzwerk. Die Feststellung seiner zentralen Einbettung in die Musikkultur der Donaumetropole führt des Weiteren zu der Frage, inwiefern und in welchem Maße der Geiger hierüber auch auf die Karrieren seiner Studierenden[3] fördernd gewirkt haben kann und gewirkt hat. Ihre Biographien sind daher auf eine vergleichende Betrachtung der Handlungsräume ausgerichtet. Unter Einnahme einer raumsoziologischen Perspektive werden die Ausbildungs- und Karrierewege auf die Möglichkeiten und Schwierigkeiten der Professionalisierung hin untersucht und hierüber Machtstrukturen aufgezeigt, die insbesondere entlang des Geschlechts der Geiger*innen nachvollziehbar werden.[4] In diesem Zusammenhang bildet die Betrachtung der Handlungsräume von Geigerinnen, deren Professionalisierungsmöglichkeiten mit dem Zugang zum Konservatorium deutlich erweitert wurden, einen Schwerpunkt. Auch die Auseinandersetzung mit Diskursfiguren wie der ‚Hellmesberger-Schule' und der ‚Wiener Schule' berührt die

---

andris-nelsons-wiener-philharmoniker-dortmund-8042050.html; 25.08.2021; Gerhard Rohde: „Einer der letzten Superdirigenten unserer Zeit. Explosiver Dirigent, Geiger und Komponist: Zum Tod von Lorin Maazel", in: *neue musikzeitung* 9 (2014), https://www.nmz.de/artikel/personalia-201409; 21.09.2020.

3   Im Sprachgebrauch des 19. Jahrhunderts wurden die Studierenden beziehungsweise Schüler*innen am Konservatorium ‚Zöglinge' genannt. Im zeitgenössischen Alltagsverständnis bezeichnet dieser Terminus den zu erziehenden Menschen und in einem engeren Wortsinn den in einer Kunst auszubildenden Menschen, siehe den Artikel „Zögling", in: *Deutsches Wörterbuch von Jacob Grimm und Wilhelm Grimm*, 16 Bde. in 32 Teilbdn. Leipzig, 1854–1961, digitalisierte Fassung im Wörterbuchnetz des Trier Centre for Digital Humanities, http://woerterbuchnetz.de/cgi-bin/WBNetz/wbgui_py?sigle=DWB&mode=Vernetzung&lemid=GZ07868#XGZ07868; 20.07.2020. Um vor diesem Hintergrund Irritationen angesichts des weiten Altersspektrum der Immatrikulierten zu vermeiden, und ebenso im Bemühen um eine gendergerechte Sprache, wird im Rahmen dieser Arbeit statt auf ‚Zögling' auf heute genutzte Termini wie ‚Studierende' beziehungsweise ‚Schülerinnen' und ‚Schüler' zurückgegriffen.

4   Siehe Martina Löw: *Raumsoziologie*, 9. Aufl. Frankfurt a. M.: Suhrkamp, 2017 (= suhrkamp taschenbuch wissenschaft 1506). Für eine Definition von ‚Raum' siehe hier S. 131.

Frage nach den Handlungsräumen, den Chancen und Karrieren der Hellmesberger-Schüler*innen, schließlich wurden hierüber Bedeutungen ausgehandelt, die über die öffentliche Meinung die Entfaltungsmöglichkeiten der Musiker*innen entscheidend mitbestimmt haben.

Inhaltlich verortet ist die Arbeit vor allem an der Schnittstelle von musikwissenschaftlicher Konservatoriumsforschung und historischer Musikpädagogik und lässt sich gleichfalls als Beitrag zur Geschichte der Instrumentalpädagogik und der musikwissenschaftlichen Genderforschung verstehen. Gedanklich stützt sie sich im Kern auf Ansätze der Raum- und Diskurstheorie, die beide den Prozess- beziehungsweise Konstruktionscharakter in der Hervorbringung sozialer Realitäten betonen.[5] Sie stößt außerdem – von einer exemplarischen Untersuchung ausgehend – eine bislang noch nicht vorhandene systematische Theoriebildung des Schulenbegriffs an, dem in der auf die Instrumentalausbildung bezogenen Musikgeschichtsschreibung eine nicht zu unterschätzende Bedeutung zukommt. Damit positioniert sich die Arbeit grundsätzlich innerhalb einer kulturwissenschaftlich verstandenen Musikwissenschaft, die – so der Kultursoziologe Andreas Reckwitz – darauf abzielt, „die impliziten, in der Regel nicht bewussten symbolischen Ordnungen, kulturellen Codes und Sinnhorizonte zu explizieren, die in unterschiedlichsten menschlichen Praktiken verschiedener Zeiten und Räume zum Ausdruck kommen und diese ermöglichen."[6]

Entgegen der breiten Beachtung, die Josef Hellmesberger d. Ä. zu Lebzeiten durch Rezensenten und Musikschriftsteller erfahren hat, blieb das spätere Forschungsinteresse überschaubar. Dass sein Schaffen von den Zeitgenossen zunehmend in den Kontext der ‚Wiener Schule' eingeordnet wurde und der Fokus in der Folge vielmehr auf den überindividuellen Strukturen lag, mag eine Erklärung hierfür sein.

Bislang liegen nur wenige Arbeiten zur Geigenausbildung in Wien, zu Josef Hellmesberger d. Ä. sowie zur Familie Hellmesberger und den Hellmesberger-Schüler*innen vor. Abseits biographischer Skizzen in der zeitgenössischen Presse[7] und Einträgen in Künstlerlexika[8] wurden zwei monographische Biographien über

---

5   Die Erläuterung ihrer Grundzüge und der verwendeten methodischen Ansätze ist den entsprechenden Kapiteln vorangestellt.
6   Andreas Reckwitz: „Die Kontingenzperspektive der ‚Kultur'. Kulturbegriffe, Kulturtheorien und das kulturwissenschaftliche Forschungsprogramm", in: Ders.: *Unscharfe Grenzen. Perspektiven der Kultursoziologie*. Bielefeld: transcript, 2008 (= SozialTheorie), S. 15–46, hier S. 16.
7   Siehe beispielsweise Anonym: „Josef Hellmesberger. (Mit Portrait.)", in: *Musikalisches Wochenblatt* 45 (1870), S. 708–711; Anonym: „Josef Hellmesberger", in: *Illustriertes Österreichisches Journal* 14 (1875), NP; Ernst Decsey: „Vom alten Hellmesberger", in: *Neues Wiener Tagblatt*, 24.10.1923, S. 2f.; Bernhard Vogel: „Josef Hellmesberger", in: *Illustrirte Zeitung* 2627 (1893), S. 525.
8   Siehe den Artikel „Hellmesberger, Joseph", in: Constant von Wurzbach: *Biographisches Lexikon des Kaiserthums Oesterreich, enthaltend die Lebensskizzen der denkwürdigen Personen, welche seit 1750 in den*

Josef Hellmesberger d. Ä. vorgelegt: eine 1877 anonym veröffentlichte Broschüre sowie eine Familienbiographie von Robert Maria Prosl aus dem Jahr 1947.[9] Beide Schriften lassen sich in erster Linie als Ehrungen der Musiker und weniger als wissenschaftlich-distanzierte Lebensbilder begreifen. Aktuellere biographische Beiträge beschränken sich auf wenige lexikalische Texte.[10] Daneben hat Beatrix Borchard das Hellmesberger-Quartett in einer vergleichenden Gegenüberstellung mit dem Joachim-Quartett im Hinblick auf dessen Programmgestaltung, Konzertorganisation und Rezeption untersucht.[11] Einen Überblick des Repertoires sowie der Besetzung des Ensembles in den Jahren 1849 bis 1889 hat auch Anna Knopp in ihrer unveröffentlichen Diplomarbeit erarbeitet und hierin zudem biographische Einträge zu einigen Hellmesberger-Schülern verfasst.[12] Weitere Biographien zu Akteuren[13] aus dem Ausbildungszusammenhang um Josef Hellmesberger d. Ä. finden sich in der zweibändigen Geschichte der Wiener Philharmoniker von Christian Merlin, der hierin – insbesondere mit dem Ziel, die Lehrer-Schüler*innen-Genealogien

---

österreichischen Kronländern geboren wurden oder darin gelebt und gewirkt haben, 60 Bde., Bd. 8. Wien: kaiserlich-königliche Hof- und Staatsdruckerei, 1862, S. 286f.; siehe auch die Beiträge zu Mitgliedern der Familie in: Ludwig Eisenberg und Richard Groner (Hg.): *Das geistige Wien. Mittheilungen über die in Wien lebenden Architekten, Bildhauer, Bühnenkünstler, Graphiker, Journalisten, Maler, Musiker und Schriftsteller*. Wien: Brockhausen und Bräuer, 1889, sowie in den folgenden Auflagen dieser Publikation.

9 Anonym: *Josef Hellmesberger*. Wien: Verlag Wallishauser, 1877; Robert Maria Prosl: *Die Hellmesberger. Hundert Jahre aus dem Leben einer Wiener Musikerfamilie*. Wien: Gerlach & Wiedling, 1947. Außerdem wurden zwei Anthologien mit Anekdoten über und Sprüchen von Josef Hellmesberger d. Ä. veröffentlicht: Anton Barthlmé: *Vom alten Hellmesberger. Komische Aussprüche und Anekdoten*. Wien: Verlag Carl Konegen (Ernst Stülpnagel), 1908; Roland Tenschert: *Vater Hellmesberger. Ein Kapitel Wiener Musikhumor*. Wien: Wilhelm Frick Verlag, 1947.

10 Siehe etwa Barbara Boisits und Christian Fastl: „Hellmesberger (Helmesberger), Familie", in: *Oesterreichisches Musiklexikon online*, 2019, https://musiklexikon.ac.at/0xc1aa5576_0x0001d117; 07.03.2021; Annkatrin Babbe: „Hellmesberger, Josef d. Ä", in: Österreichische Akademie der Wissenschaften (Hg.): *Österreichisches Biographisches Lexikon ab 1815*, Online-Edition, Lfg. 7, 2018, https://biographien.ac.at/ID-184.6305192394266-1; 21.04.2020; Marion Linhardt: „Hellmesberger", in: Laurenz Lütteken (Hg.): *MGG Online*, 2002, https://www.mgg-online.com/mgg/stable/14072; 05.03.2021; Gertraut Haberkamp: „Hellmesberger, Geiger, Komponisten", in: Historische Kommission bei der bayerischen Akademie der Wissenschaften (Hg.): *Neue Deutsche Biographie*, 27+ Bde., Bd. 8. Berlin: Duncker & Humblot, 1969, S. 484f.

11 Beatrix Borchard: „Kulturpolitik im Berlin der Kaiserzeit. Das Joachim-Quartett im Vergleich zum Wiener Hellmesberger Quartett", in: Hans Erich Bödeker, Patrice Veit und Michael Werner (Hg.): *Organisateurs et formes d'organisation du concert en Europe 1700–1920. Institutionnalisation et pratiques*. Berlin: Berliner Wissenschafts-Verlag, 2008, S. 171–194.

12 Anna Knopp: *Das Hellmesberger-Quartett. Programmgestaltung, Kritiken und Mitglieder*, Diplomarb., Universität für Musik und darstellende Kunst Wien, 2009.

13 Dem Ausschluss der Geigerinnen aus den Orchestern entsprechend, sind hier für den relevanten Zeitraum nur Geiger berücksichtigt.

Einleitung

nachzuzeichnen – Biographien sämtlicher Orchestermitglieder bis in die 2010er Jahre bereitstellt.[14] Hinweise auf die Berufswege der Musiker sind zudem in anderen Institutionsgeschichten enthalten.[15] Jüngere Forschungen zum Konservatorium stammen daneben etwa von Otto Biba, Ingrid Fuchs, Beate Hennenberg, Hartmut Krones und Gottfried Scholz.[16] Speziell zur Streicherausbildung in Wien sind Publikationen von Otto Biba und Ingrid Fuchs, außerdem von Hans Sittner und Volker Timmermann zu erwähnen.[17] Arbeiten zur Konservatoriumsausbildung in Wien, die sich

---

14   Merlin: *Die Philharmoniker*, Bd. 2.
15   Siehe etwa Theophil Antonicek: „Die Stände der Wiener Hofmusik-Kapelle von 1867 bis zum Ende der Monarchie", in: *Studien zur Musikwissenschaft* 29 (1978), S. 171–195; Clemens Hellsberg: *Demokratie der Könige. Die Geschichte der Wiener Philharmoniker*. Zürich: Schweizer Verlagshaus, Wien: Kremayr und Scheriau, Mainz: Schott, 1992; Robert Lach: *Geschichte der Staatsakademie und Hochschule für Musik und darstellende Kunst in Wien*. Wien: Verlag Ed. Strache, 1927; Carl Lafite: *Geschichte der Gesellschaft der Musikfreunde in Wien 1912–1937 [und] Hedwig Kraus: Die Sammlungen der Gesellschaft*. Wien: Verlag Holzhausen, 1937; Eusebius Mandyczewski: *Zusatz-Band zur Geschichte der K. K. Gesellschaft der Musikfreunde in Wien*. Wien: Verlag Holzhausen, 1912; Richard von Perger: *Geschichte der K. K. Gesellschaft der Musikfreunde in Wien. 1. Abteilung: von 1812–1870*. Wien: Verlag Holzhausen, 1912; Alois Przistaupinsky: *50 Jahre Wiener Opernheater. Eine Chronik des Hauses und seiner Künstler in Wort und Bild, der aufgeführten Werke, Komponisten und Autoren vom 25. Mai 1869 bis 30. April 1919. Mit 14 Kunstbeilagen und 9 Seiten handschriftlicher Widmung*. Wien: Selbstverlag Alois Przistaupinsky, 1919; Michaela Schlögl: *200 Jahre Gesellschaft der Musikfreunde in Wien*. Wien: Styria Premium, 2011.
16   Otto Biba, Ingrid Fuchs und Rudolf Hopfner (Hg.): *„Der Himmel hängt voller Geigen". Die Violine in Biedermeier und Romantik. Eine Ausstellung des Kunsthistorischen Museums Wien in Kooperation mit der Gesellschaft der Musikfreunde in Wien; Kunsthistorisches Museum, 14. April bis 25. September 2011*. Wien: Kunsthistorisches Museum / PPV-Medien, 2011; Beate Hennenberg: *Das Konservatorium der Gesellschaft der Musikfreunde in Wien. Beiträge zur musikalischen Bildung in der ersten Hälfte des 19. Jahrhunderts*. Wien: praesens, 2013; Hartmut Krones: „… der schönste und wichtigste Zweck von allen … . Das Conservatorium der ‚Gesellschaft der Musikfreunde des österreichischen Kaiserstaates'", in: *Österreichische Musikzeitschrift* 43 (1988), S. 66–83; Gottfried Scholz: „Das Konservatorium der Gesellschaft der Musikfreunde in Wien und seine europäischen Vorgänger wie Nachfolger", in: Ingrid Fuchs (Hg.): *Musikfreunde. Träger der Musikkultur in der ersten Hälfte des 19. Jahrhunderts*. Kassel: Bärenreiter, 2017, S. 84–95.
17   Siehe Otto Biba: „Das Konservatorium der Gesellschaft der Musikfreunde in Wien: Die Ausbildung im Spiel von Streichinstrumenten", in: Ders., Ingrid Fuchs und Rudolf Hopfner (Hg.): *„Der Himmel hängt voller Geigen". Die Violine in Biedermeier und Romantik. Eine Ausstellung des Kunsthistorischen Museums Wien in Kooperation mit der Gesellschaft der Musikfreunde in Wien; Kunsthistorisches Museum, 14. April bis 25. September 2011*. Wien: Kunsthistorisches Museum / PPV-Medien, 2011, S. 25–31; Ingrid Fuchs: „Die ersten Violoncello-Studentinnen in Ausbildungsklassen der letzten Jahre des Konservatoriums der Gesellschaft der Musikfreunde in Wien", in: Annkatrin Babbe und Volker Timmermann (Hg.): *Konservatoriumsausbildung von 1795 bis 1945. Beiträge zur Bremer Tagung im Februar 2019*. Hildesheim: Olms, 2021 (= Schriftenreihe des Sophie Drinker Instituts 17), S. 255–279; Dies.: „Violinspiel im öffentlichen und privaten Musikleben Wiens des 19. Jahrhunderts", in: Otto Biba, Dies. und Rudolf Hopfner (Hg.): *„Der Himmel hängt voller Geigen". Die Violine in Biedermeier und Romantik. Eine Ausstellung des Kunsthistorischen Museums Wien in Kooperation mit*

dezidiert als Teil einer musikwissenschaftlichen Kulturgeschichte verstehen und eine kritische Auseinandersetzung mit der Geschichte des Ausbildungsinstituts anstreben, tradierte Vorstellungen und Machtstrukturen untersuchen, stammen in erster Linie von Forscher*innen der mdw – Universität für Musik und darstellende Kunst Wien. Für die vorliegende Untersuchung boten die Beiträge von Andrea Ellmeier, Lynne Heller, Birgit Huebener, Doris Ingrisch, Severin Matiasovits und Erwin Strouhal wesentliche Anknüpfungspunkte.[18] Mit ihrer Reflexion der Topoi ‚Wiener Schule' und ‚Musikstadt Wien' gingen zudem von den Arbeiten Fritz Trümpis, Martina Nußbaumers und Cornelia Szabó-Knotiks wichtige Impulse aus.[19] Nicht zuletzt konnte auch auf eigene Forschungen zurückgegriffen werden. Zu nennen sind zum einen Ergebnisse des am Sophie Drinker Institut angesiedelten Forschungsprojekts zur Geschichte der institutionellen Musikausbildung im deutschsprachigen Raum

---

der Gesellschaft der Musikfreunde in Wien; Kunsthistorisches Museum, 14. April bis 25. September 2011. Wien: Kunsthistorisches Museum / PPV-Medien, 2011, S. 15–22; Hans Sittner: „Zur Tradition der Wiener Geigerschule", in: Vera Schwarz (Hg.): *Violinspiel und Violinmusik in Geschichte und Gegenwart.* Wien: Universal Edition, 1975 (= Beiträge zur Aufführungspraxis 3), S. 132–141; Volker Timmermann: „‚Ein fruchtbares, social wichtiges Thema' – Eduard Hanslick und die Wiener Geigerinnen des späten 19. Jahrhunderts", in: Annkatrin Babbe und Ders. (Hg.): *Musikerinnen und ihre Netzwerke im 19. Jahrhundert.* Oldenburg: BIS-Verlag, 2016 (= Schriftenreihe des Sophie Drinker Instituts 12), S. 113–129.

18   Andrea Ellmeier, Birgit Huebener und Doris Ingrisch (Hg.): *spiel|mach|t|raum. frauen* an der mdw 1817–2017plus*. Wien: mdw – Universität für Musik und darstellende Kunst Wien, 2017–, https://mdw.ac.at/spielmachtraum/; 01.08.2023; Doris Ingrisch: „Frauen* an der mdw", in: Andrea Ellmeier, Birgit Huebener und Dies. (Hg.): *spiel|mach|t|raum. Frauen* an der mdw 1817–2017plus*. Wien: mdw – Universität für Musik und darstellende Kunst Wien, 2017, http://www.mdw.ac.at/405/; 03.11.2019; Lynne Heller: „Das Konservatorium für Musik in Wien zwischen bürgerlich-adeligem Mäzenatentum und staatlicher Förderung", in: Michael Fend und Michel Noiray (Hg.): *Musical Education in Europe (1770–1914). Compositional, Institutional and Political Challenges*, 2 Bde., Bd. 1. Berlin: Berliner Wissenschafts-Verlag, 2005 (= Musical Life in Europe 1600–1900. Circulation, Institutions, Representation 4), S. 205–228; Severin Matiasovits und Erwin Strouhal: „Innen(an)sichten – Außenwirkungen", in: Cornelia Szabó-Knotik und Anita Mayer-Hirzberger (Hg.): *„Be/Spiegelungen". Die Universität für Musik und darstellende Kunst Wien als kulturvermittelnde bzw. -schaffende Institution im Kontext der Sozial- und Kulturgeschichte.* Wien: Hollitzer Verlag, 2018 (= Anklaenge. Wiener Jahrbuch für Musikwissenschaft 2017), S. 9–59.

19   Siehe Martina Nußbaumer: *Musikstadt Wien. Die Konstruktion eines Images.* Wien: Rombach Verlag, 2007 (= Rombach Wissenschaften. Edition Parabesen 6); Cornelia Szabó-Knotik: „Musikalische Elite in Wien um 1900: Praktiken, Prägungen und Repräsentationen", in: Susan Ingram, Markus Reisenleitner und Dies. (Hg.): *Identität – Kultur – Raum. Kulturelle Praktiken und die Ausbildung von Imagined Communities in Nordamerika und Zentraleuropa.* Wien: Turia + Kant, 2001, S. 41–58; Fritz Trümpi: *Politisierte Orchester. Die Wiener Philharmoniker und das Berliner Philharmonische Orchester im Nationalsozialismus.* Wien/Köln/Weimar: Böhlau, 2011.

des 19. Jahrhunderts,[20] in dessen Zuge die Geschichte des Wiener Konservatoriums hinsichtlich seiner Gründungszusammenhänge, Finanzierungsmodelle, Personalplanungen und -biographien, Studienprogramme und -inhalte sowie seiner Bildungskonzepte untersucht wurde.[21] Zum anderen wurden Beiträge zur Geigenausbildung bei Josef Hellmesberger d. Ä. vorgelegt, auf die für die vorliegende Arbeit Bezug genommen werden konnte.[22]

Ausgangspunkt der historiographischen Forschungen ist ein Quellenkorpus, das vielfältige Dokumententypen und Textsorten umfasst. Damit einhergehende (methodische) Herausforderungen und Anforderungen, gerade auch für die musikwissenschaftliche Biographieforschung wurden mittlerweile verschiedentlich formuliert und gelten auch hier.[23]

Die biographischen Untersuchungen stützen sich auf Konservatoriumsmatrikeln, Hochschulprotokolle, Studierendenlisten, Prüfungs- und Konzertprogramme, Jahresberichte und Festschriften des Ausbildungsinstituts, außerdem auf Biographien und Autobiographien der Musiker*innen, auf Briefkonvolute und weitere Egodokumente, auf Personallisten von Ensembles und Orchestern, auf Taufmatrikeln,

---

20 Freia Hoffmann (Hg.): *Handbuch Konservatorien. Institutionelle Musikausbildung im deutschsprachigen Raum des 19. Jahrhunderts*, 3 Bde. Lilienthal: Laaber Verlag, 2021.

21 Siehe Annkatrin Babbe: „Das Konservatorium der Gesellschaft der Musikfreunde in Wien", in: Freia Hoffmann (Hg.): *Handbuch Konservatorien. Institutionelle Musikausbildung im deutschsprachigen Raum des 19. Jahrhunderts*, 3 Bde., Bd. 1. Lilienthal: Laaber Verlag, 2021, S. 101–164.

22 Siehe Dies.: „Geigenausbildung als ‚Familiensache': Josef Hellmesberger d. Ä. als Geigenlehrer am Konservatorium der Gesellschaft der Musikfreunde in Wien", in: Christine Fornoff-Petrowski und Melanie Unseld (Hg.): *Paare in Kunst und Wissenschaft*. Wien/Köln/Weimar: Böhlau, 2021 (= Musik – Kultur – Gender 18), S. 275–289; Dies.: „‚Und obenan wird stehen unsere Wiener Violinschule und ihr unvergleichlicher Lehrmeister' – Überlegungen zur ‚Schulenbildung' bei Josef Hellmesberger d. Ä", in: Dies. und Volker Timmermann (Hg.): *Konservatoriumsausbildung von 1795 bis 1945. Beiträge zur Bremer Tagung im Februar 2019*. Hildesheim: Olms, 2021 (= Schriftenreihe des Sophie Drinker Instituts 17), S. 209–226; Dies.: „(Handlungs-)Räume für Geigerinnen am Konservatorium der Gesellschaft der Musikfreunde in Wien während der zweiten Hälfte des 19. Jahrhunderts", in: Sabine Meine und Henrike Rost (Hg.): *Klingende Innenräume. GenderPerspektiven auf eine ästhetische und soziale Praxis im Privaten*. Würzburg: Königshausen & Neumann, 2020 (= Musik – Kultur – Geschichte 12), S. 185–195.

23 Siehe etwa Fabian Kolb, Melanie Unseld und Gesa zur Nieden (Hg.): *Musikwissenschaft und Biographik. Narrative, Akteure, Medien*. Mainz: Schott, 2018; Melanie Unseld: „Alma Mahler. Biographische Lösungen eines unlösbaren Falles?", in: Christoph F. Laferl und Anja Tippner (Hg.): *Leben als Kunstwerk. Künstlerbiographien im 20. Jahrhundert*. Bielefeld: transcript, 2011, S. 147–164; siehe auch Beatrix Borchard: „Mit Schere und Klebstoff. Montage als wissenschaftliches Verfahren in der Biographik", in: Corinna Herr und Monika Woitas (Hg.): *Musik mit Methode. Neue kulturwissenschaftliche Perspektiven*. Köln/Weimar/Wien: Böhlau, 2005 (= Musik – Kultur – Gender 1), S. 47–62. Zur Biographie als Genre der Musikwissenschaft siehe auch Melanie Unseld: *Biographie und Musikgeschichte. Wandlungen biographischer Konzepte in Musikkultur und Musikhistoriographie*. Köln/Weimar/Wien: Böhlau, 2014 (= Biographik 3).

Trauungsbücher, Sterberegister und Adresslisten, außerdem auf Konzertankündigungen und -besprechungen, dazu auf Portraits und Kommentare in der Presse.[24] Berücksichtigt wurden lokale Tageszeitungen[25] und feuilletonistische Zeitschriften[26] sowie auswärtige überregionale Blätter, die nicht nur über das Wiener Musikleben berichten, sondern auch in Wien rezipiert wurden.[27] Vor allem die Pressebeiträge sind auch Grundlage der diskursanalytischen Untersuchungen zur ‚Hellmesberger-Schule' und ‚Wiener Schule'. Beide Ideen werden kritisch hinterfragt und vor dem Hintergrund vorliegender Quellen diskutiert. Die Quellenlage bezüglich der methodischen und ästhetischen Grundlagen des Unterrichts bei Hellmesberger erweist sich indes als ausgesprochen vage. Hellmesbergers Wirken fällt in eine Zeit, in der Tonaufzeichnungen noch nicht etabliert waren, die – bei aller gebotenen Vorsicht – Rückschlüsse auf Interpretationsansätze, klangästhetische Ideale und (charakteristische) Spieltechnik des Musikers hätten bieten können.[28] Dazu sind keine Lehrwerke oder andere Schriften aus der Feder Hellmesbergers überliefert, vor dessen Hintergrund diese Aufnahmen im Hinblick auf Unterrichtsansätze hätten diskutiert werden können.[29] Am Konservatorium der Gesellschaft der Musikfreunde in Wien wurden darüber hinaus zu der Zeit, in der Hellmesberger hier Geigenausbildung betrieb, noch keine Lehrpläne[30] oder Literaturlisten herausgegeben. Inhalte der Prüfungs- und Konzertprogramme erlauben daneben nicht, Studieninhalte zweifelsfrei einzelnen Klassen und Lehrern

---

24 Zu diesem Zweck wurde eine umfangreiche Recherche in der Datenbank ANNO (AustriaN Newspapers Online) der Österreichischen Nationalbibliothek durchgeführt, die historische Zeitschriften und Zeitungen digital zur Verfügung stellt: http://anno.onb.ac.at/index.htm; 08.08.2021.

25 Wiener Zeitung (1703–2023; seit 1848 als Tageszeitung), Die Gegenwart. Politisch-literarisches Tagblatt (1845–1848), Fremden-Blatt (1847–1919), Die Presse (1848–heute), Das Vaterland. Zeitung für die österreichische Monarchie (1860–1911), Wiener Sonn- und Montags-Zeitung (Wochenblatt, 1863–1936), Neue Freie Presse (1864–1939), Neues Wiener Tagblatt (1867–1945), Deutsche Zeitung (1871–1907), Illustrirtes Wiener Extrablatt (1872–1928), Neuigkeits-Welt-Blatt (1874–1943), Deutsches Volksblatt (1889–1922).

26 Der Humorist (1837–1862; 1880–1926), Neue Wiener Musik-Zeitung (1852–1860), Blätter für Musik, Theater und Kunst (1855–1873), Figaro. Humoristisches Wochenblatt (1857–1919), Der Zwischen-Akt. Organ für Theater, Kunst und Musik (1859–1871), Wiener Salonblatt (1870–1938), Deutsche Musik-Zeitung (1874–1902), Die Lyra (1876–1909), Österreichische Kunst-Chronik (1878–1912), Österreichische Musik- und Theaterzeitung (1888–1899).

27 Neue Zeitschrift für Musik [Mainz] (1834–heute), Signale für die musikalische Welt [Leipzig] (1843–1941), Illustrirte Zeitung [Leipzig] (1843–1944), Musikalisches Wochenblatt [Leipzig] (1870–1910).

28 Siehe Thomas Ertelt und Heinz von Loesch: „Vorwort", in: Dies. (Hg.): *Geschichte der musikalischen Interpretation*, 2 Bde., Bd. 1: *Ästhetik – Ideen*. Kassel: Bärenreiter, Berlin/Heidelberg: Metzler, 2018, S. 7–11, hier S. 8.

29 Siehe hierzu Kap. IV.3 Die ‚Schule' in der Hellmesberger-Rezeption, S. 295.

30 Lehrpläne liegen erst seit 1869/70 und gesondert seit 1870/71 vor. Siehe A-Wgm (10800 135).

zuzuordnen. Anders als bei vielen anderen Instrumentallehrer*innen haben auch die Schüler*innen keine autobiographischen Notizen oder gar Unterrichtsmitschriften überliefert, die Rückschlüsse auf Hellmesbergers Methoden, Inhalte und ästhetische Ansätze liefern. Einzig Leopold Auer nimmt in seiner Schrift *Violin Playing as I Teach it* aus dem Jahr 1921 Bezug auf sein Studium bei Hellmesberger, berichtet indes allein über seine Teilnahme an den Orchesterübungen, der Geigenunterricht an sich wird hier nicht thematisiert.[31]

Diese Feststellung führt nebenbei zu der Frage, warum sich der Geiger hier von Kollegen wie Louis Spohr oder Joseph Joachim unterscheidet, die sich nicht nur selbst über ihren Unterricht äußerten, sondern in dieser Hinsicht auch in Biographien und Aufsätzen ihrer Schüler*innen Erwähnung fanden. Eine Erklärung mag zum einen die geringere Reichweite Hellmesbergers gewesen sein, der Wien kaum verlassen und sich außerhalb seiner Heimatstadt nicht als Solist etabliert hatte. Er wird damit weniger als die genannten Kollegen Anlaufstelle für Geiger*innen gewesen sein, die sich bei ihm den entscheidenden ‚künstlerischen Schliff' holen wollten oder seinen Unterricht als wichtige Station in ihrer Vita betrachteten. Hieran schließt ein weiterer

---

31   Interessant ist lediglich die Auskunft, dass die Hellmesberger-Schüler*innen im Konservatoriumsorchester in der ersten Geige untergebracht waren: „While living in Vienna, I had been encouraged by Professor Dont to attend the Vienna Conservatory, principally in order to continue my study of harmony, chamber-music and *ensemble* playing in the orchestra class, and I had occasionally attended the violin classes of Joseph Hellmesberger, a musician of the highest order, and a celebrated interpreter of string-quartet music. He was the first violin of an organization then widely known: the ‚Hellmesberger Quartet'. Hellmesberger was also the conductor of the orchestra class, in whose work I was keenly interested, though I had not the slightest idea how to go about playing in an orchestra. Hence I was very much excited the first time I took part in one of its sessions. As I was in the conductor's own class in the Conservatory, I was given a place among the first violins, and when I had to attack the first measure – it was the *Egmont* overture, by Beethoven – I lost my head completely, owing the unaccustomed burst of sonority from the instruments surrounding me. Nevertheless, I soon grew used to the *ensemble*, and in the course of time greatly enjoyed taking part in the orchestra work; while at the same time I laid a foundation for my knowledge of the orchestra. What I learned there in Vienna was of great service to me some forty years later in Petrograd, where I conducted the symphonic concerts of the ‚Imperial Russian Musical Society', founded by Anton Rubinstein – an organization which flourished up to the time of the Revolution of 1917. It was in 1858 that I completed my course in Vienna and received the medal and diploma of the Conservatory, which later I found served me everywhere very acceptably as a passport in the provincial towns in which I played! But a career as a concert artist playing in small towns was by no means my dream! I played in them through force of circumstances, for my parents could no longer support me, and I had to gain my living as best I could[.] […] I was only a young artist then, whose musical education was as yet uncompleted, handicapped at first by my lack of a sufficiently large and varied repertory." Leopold Auer: *Violin Playing as I Teach it*. London: Gerald Duckworth & Co., 1921, S. 4. Über den Unterricht Auers bei Jakob Dont und vor allem jenen bei Joseph Joachim finden sich hier demgegenüber detailliertere Anmerkungen. Siehe ebd., S. 3, 5–9.

Erklärungsansatz unmittelbar an: Anders als der Topos der ‚Hellmesberger-Schule' nahelegt, scheinen sich weder der Lehrer noch die Schüler*innen selbst als Teil eines Schulenzusammenhangs verstanden zu haben. Stattdessen bleibt die ‚Schule' zunächst noch eine reine Rezeptionskategorie. Erst später positionierten sich Mitglieder des Wiener Ausbildungszusammenhangs und der Orchester selbst innerhalb des (Wiener) Traditionsgefüges. Vor diesem Hintergrund und zusammen mit der Tatsache, dass sich die ‚Hellmesberger-Schule' über die Spiel- und Interpretationsbeschreibungen nicht als spieltechnischer Zusammenhang nachzuvollziehen lässt – das konnte mit der Untersuchung des entsprechenden Diskurses gezeigt werden –, stattdessen essentialistische Argumentationen überwiegen, kann die ‚Hellmesberger-Schule' vielmehr als ein Mythos betrachtet werden. In ihm kristallisiert sich das Bedürfnis, die Exzellenz der Streicherausbildung herauszustellen und selbige damit als eines von weiteren Argumenten der ‚Musikstadt Wien' nutzbar zu machen. Die ‚Schule' als Mythos zu fassen, delegitimiert nicht das Handeln und die Leistungen der hiermit assoziierten Akteur*innen. Mit dem Mythosbegriff – der hier mit Jan Assmann funktionell verstanden wird – geht es nicht darum, historische ‚Wahrheit' zu verhandeln, sondern darum, Prozesse der Sinnstiftung nachvollziehbar zu machen und Erklärungen für die Präsenz des Schulenbegriffs in der Hellmesberger-Rezeption und der Rezeption der Wiener Geigenausbildung anzubieten.

Vor diesem Hintergrund gliedert sich das Buch inhaltlich in drei Teile: Im ersten Teil, die Kapitel I und II umfassend, erfolgt die historisch-biographische Auseinandersetzung mit Josef Hellmesberger d. Ä. sowie der Musikerfamilie Hellmesberger, die hier als kollegiales Netzwerk betrachtet wird. Gegenstand des umfangreichen Kapitel III sind die Handlungsräume der Studierenden aus den Klassen Josef Hellmesbergers d. Ä. Ausgehend von den Biographien der Geigerinnen und Geiger im ersten Teil dieses Kapitels werden die Ausbildungs- und Berufswege vergleichend untersucht. Kapitel IV widmet sich schließlich dem Topos der ‚Hellmesberger-Schule' und betrachtet den zeitgenössischen Diskurs zur Geigenausbildung bei Hellmesberger. Im Fazit wird daran anknüpfend der Bogen zur Gegenwart geschlagen und die Bedeutung der Idee der ‚Schule' für gegenwärtige Sinnstiftungsprozesse aufgezeigt.

Vorweg sei darüber hinaus als lesepraktische Hinweise gesagt: Bei Akteur*innen aus dem Umfeld der Hellmesberger-Familie sowie bei Musiker*innen aus dem untersuchten Ausbildungskontext wurden die Lebensdaten in den Fließtext aufgenommen. Für weitere Akteur*innen wurde auf selbige verzichtet.

Ortsnamen wurden im Fließtext in der Regel in ihrer historischen und der in den kolportierten Quellen üblichen Namensform aufgeführt. In biographischen Darstellungen und tabellarischen Übersichten wurden dazu auch die historische Region sowie die heutigen Ortsnamen und nationalstaatlichen Zugehörigkeiten genannt.

I. Josef Hellmesberger d. Ä. – Knotenpunkt im Wiener Musikleben

Als Geiger, Kammermusiker und Orchestermusiker, als Geigenlehrer am Konservatorium und Konservatoriumsdirektor, als Kapellmeister und Dirigent besetzte Josef Hellmesberger d. Ä. langfristig ebenso verantwortungsvolle wie entscheidungsmächtige Positionen in den verschiedenen Musikinstitutionen Wiens. Damit avancierte er zu einem Knotenpunkt des Musiklebens in der Kaiserstadt und war eine Schlüsselfigur der dortigen Geigenausbildung. Die hier vorgestellte Biographie des Musikers widmet sich seiner Karriere mit einem besonderen Interesse für seine Rolle als Geigenlehrer im Wien der zweiten Hälfte des 19. Jahrhunderts und soll sein Wirken ebenso beleuchten wie seine Wahrnehmung durch Zeitgenossen.

Von Musikkritikern und -historikern wurde das Schaffen Hellmesbergers allgemein übereinstimmend als Verdienst um die Etablierung einer Wiener Musiktradition hervorgehoben. Eng hierauf bezogen ist die vielfach aufgerufene Idee der ‚Hellmesberger-Schule', über die dem Musiker entscheidender und über die österreichische Kaiserstadt hinausreichender Einfluss auf die Instrumentalästhetik zugeschrieben wurde. Viel Beachtung fand außerdem der familiäre Kontext respektive Hellmesbergers Einbindung in eine familiäre Traditionslinie. Im Nekrolog von Robert Hirschfeld[1], den dieser kurz nach Hellmesbergers Tod am 4. November 1893 in Anwesenheit von Studierenden und Lehrenden des Konservatoriums der Gesellschaft der Musikfreunde vortrug, finden sich viele der Topoi beispielhaft wieder. Er soll daher an dieser Stelle mit wenigen Auslassungen wiedergegeben werden:

> Kein Musiker in Wien, der ihm nicht ein Stück seines Künstlerthums verdankte, und sei es nur jener Herzenswinkel, in welchen Hellmesberger's Kammermusik einen Feuerstrahl senkte, daß die Begeisterung für die edelsten Meister und für das Edelste der Meister sich entzündete. Kein wahrer Kunstfreund in

---

1 Robert Hirschfeld unterrichtete von 1881 bis 1899 Musikgeschichte und von 1897 bis 1899 Musikliteratur am Wiener Konservatorium. Er hatte ebenda studiert (1878–1880) und anschließend Musikwissenschaft bei Eduard Hanslick und Guido Adler an der Universität Wien belegt. Hirschfeld wirkte ab 1890 als Musikkritiker und Korrespondent für verschiedene Blätter und publizierte musikwissenschaftliche und musikästhetische Schriften, unter anderem zur Geschichte der Gesellschaft der Musikfreunde. Er war Mitbegründer und Vorstandsmitglied des Wiener Konzertvereins, initiierte und leitete die vom Volksverein veranstalteten Volkskonzerte, wirkte ab 1913 als fachlicher Beirat und Schulinspektor am Salzburger Mozarteum und war darüber hinaus Mitglied verschiedener Kommissionen des Kultus- und Unterrichtsministeriums sowie diverser Kuratorien.

Wien, dessen Kunstsinn nicht im Hellmesberger-Quartett die erste Nahrung gezogen hätte, da gestählt, gebildet und für das Höchste empfänglich geworden wäre. Kein Kunstinstitut in Wien, das nicht einen Theil seiner Mitarbeiter von dem Geiste, von der Schule Hellmesberger's herleitet, kein Institut, dem nicht die Silberfäden seines Spiels eingewirkt waren, Musiker bildend für die Nacheifernden. Wenn man von dem feinen Mattglanz, von der Biegsamkeit und Weichheit des Wiener Orchesters spricht – meine Freunde, liegt nicht der Hauch Hellmesberger'schen Geistes darüber? Ihm aber wehten diesen Hauch die Classiker an. Und mit Stolz dürfen wir es künden: der Feuerkern, aus dem die Gefühlswärme in unsere großen Instrumentalkörper überströmte, ist immer unser bescheidenes Zöglingsorchester gewesen, welches Hellmesberger's Lust und Freude war. Kein Orchester der Welt, in welches von da aus nicht wenigstens Funken hinübergesprungen wären. Dieses Haus aber, in welchem der Herd der Kunstpflege und Kunstbegeisterung gehütet wird, dieses Haus, welchem Hellmesberger länger als ein Menschenalter vorstand, es war ihm mehr als die Stätte kunstfördernder Wirksamkeit, es war sein Heim [...].
Die Jüngeren unter Ihnen haben von Director Hellmesberger, den die letzten Jahre nicht mehr in seiner Vollkraft sahen, nur noch sagen gehört, aber auch das muß Ihnen gesagt sein: Wenn Sie selbst nicht mehr von ihm Lehren, persönliche Anregung und persönliche Anspornung empfingen, Sie nehmen doch unbewußt Geist von seinem Geiste auf, er hat Theil an Ihrem Künstlerwesen durch vielartige, Ihnen vielleicht verborgene Beziehungen, welche in Ihren Lehrern, mit Ihren Lehrern und sei's auch nur neben Ihren Lehrern sich von ihm zu Ihnen hinüberspinnen. Das Klima in unserer Anstalt[,] möchte ich sagen, ist Hellmesberger's [...].
Die Schüler in diesem Hause kommen und gehen und wandern in die Welt. Was erlernbar ist in der Kunst, wird Ihnen mit auf den Weg gegeben und Sie leiten es fort durch Beispiel und Lehre. Je nach Empfänglichkeit nehmen Sie aber auch etwas Unsichtbares, Unsagbares hier an und tragen es geheimnisvoll weiter. Dieses Unerklärbare ist's, was dem hier gebildeten Künstler auf dem ganzen Erdenrunde die Pforten erschließt, was ihm überall Willkomm [sic] und freudige Aufnahme sichert, was seinen Werth bedingt und seine Schätzung erhöht. Ich sage zu wenig, wenn ich's bloß Geschmack nenne. Es ist der echte, bewegliche Sinn für das Schöne in den gewaltigsten und zartesten Gestaltungen, das rechte feine Hören, Hinhören, Erlauschen, Erfassen und Wiedergeben, der glatte, leicht beschwingte Bogenstrich des Geistes, der zarte Anschlag der Empfindung, eine Art Familiensinn für's Schöne.
Diesen Familiensinn haben Ihre Meister, haben Sie, haben wir Alle von Hellmesberger, oder wie wir ihn darum lieber nannten, von Papa Hellmesberger

überkommen. Wie man dazu gelangte, läßt sich freilich im Einzelnen nicht zeigen, aber den Wegzug kann man überblicken. […]
Diese intime Weihe der Kunstfamilie liegt nicht nur in der musikalischen Künstlergenossenschaft des Hauses, sie ruht – und das ist wieder Hellmesberger's Verdienst – auch auf dem Raume. Seit dem Jahre 1870 hat Hellmesberger diesen Saal seinen Quartettproductionen gewidmet. Das Haus wurde zum glänzenden Mittelpunkt der vornehmsten, im Geiste vornehmsten Wiener Gesellschaft. […] Von dem Schülerparterre dort sah ich die jüngeren Collegen bis zur Lehrerreihe vorrücken, wir wuchsen auf mit Hellmesberger's Kunst und lauschten als Männer noch immer voll Entzücken seinem Genius. Hellmesberger's Kunst war Erziehung, und Erziehen war seine Kunst. […]
Mag dem Dirigenten Hellmesberger die Kraft zum Großen gefehlt haben, so hat er sie doch am Großen gemessen, sein Künstlerblick war auf's Hohe gerichtet. […]
Sie wissen, wie's kam, daß Wien eine, nein die Musikstadt wurde. Daß Wien Musikstadt nach der classischen Epoche geblieben ist, daran hat nicht zum Geringsten Hellmesberger mit Geist und Begeisterung gearbeitet. Er hat durch seine Kammermusikabende der Musikpflege in Wien Anstoß, Richtung und Ziel gegeben, er hat als Künstler, dem Virtuosenthume gänzlich abgekehrt, Zahllose erhoben, als Meister Zahllose gebildet, er hat dem Institute, das er durch vierzig Jahre leitete, in bösen und guten Tagen seine volle Kraft gewidmet. Die Spuren seiner Regsamkeit, seines Geistes im Gebiete der Kammermusik werden sichtbar bleiben, so lange man in der Musikwelt noch Classiker ehrt.[2]

In diesem genretypisch pathetischen Nachruf erfährt Josef Hellmesberger d. Ä. eine breite Würdigung. Wortreich hebt Hirschfeld Hellmesbergers Bedeutung in vielfältigen Wirkungsräumen des städtischen, aber auch des internationalen Kulturgeschehens hervor: Angefangen bei den (sämtlichen) Wiener Musiker*innen, die durch Hellmesbergers künstlerisches – vor allem kammermusikalisches Schaffen – in ihrem eigenen Wirken beeinflusst seien, nennt er im Weiteren die Musikliebhaber*innen, deren ‚Kunstsinn' durch Hellmesberger geprägt sei, und schließlich die musikalischen Ausbildungsinstitute sowie die großen Wiener Orchester, die er als (Konservatoriums-)Lehrer mit Personal versorgt, und von hier aus personell und klangästhetisch auf die internationale Orchesterlandschaft eingewirkt habe. Er schreibt Hellmesberger weitumfassenden Einfluss auf sämtlichen Ebenen des musikkulturellen Lebens Wiens und

---

2 Robert Hirschfeld: Josef Hellmesberger †. Nachruf, gesprochen vor den Lehrern und Schülern des Conservatoriums in der Vortrags-Uebung am 4. November 1893, Wien. A-Wgm (4566/53); später veröffentlicht in: Gesellschaft der Musikfreunde: *Statistischer Bericht über das Conservatorium für Musik und darstellende Kunst*. Wien: Verlag Wallishauser, 1894, S. 5–7.

darüber hinaus zu – von den einzelnen Akteur*innen hin zu den Institutionen. Daran knüpft er die Idee „von dem Geiste, von der Schule Hellmesberger's", die er zum einen als personelle Kontinuität in der Instrumentalausbildung versteht und zum anderen repertoirebezogen und klangästhetisch definiert. Hirschfeld spricht etwa von der „Begeisterung für die edelsten Meister und für das Edelste der Meister", vom „feinen Mattglanz, von der Biegsamkeit und Weichheit des Wiener Orchesters". Gleichzeitig ist seine Vorstellung vom ‚Geist' beziehungsweise der ‚Schule' transzendental assoziiert. Er verweist auf etwas „Unsichtbares, Unsagbares", mit dem er nicht allein „Geschmack" verbindet, sondern den „echte[n], bewegliche[n] Sinn für das Schöne in den gewaltigsten und zartesten Gestaltungen, das rechte feine Hören, Hinhören, Erlauschen, Erfassen und Wiedergeben, [...] [den] glatte[n], leicht beschwingte[n] Bogenstrich des Geistes, [...] [den] zarte[n] Anschlag der Empfindung, eine Art Familiensinn für's Schöne." Dabei weitet er den Blick nicht nur von der Geigenausbildung auf die gesamte Musikausbildung am Konservatorium, sondern genealogisiert die hier angesprochene Tradierung, indem er von „Familiensinn" und von „Papa Hellmesberger" schreibt. Hellmesberger wird zum Oberhaupt, zum Vorbild mehrerer Generationen von Musiker*innen erhoben und seine zukunftsweisende Bedeutung akzentuiert. Er wird als zentraler Mittler einer musikalischen Tradition verstanden, die nicht nur als Leitbild der eigenen urbanen Identität diente, sondern über die die musikkulturelle Vormachtstellung Wiens auf internationaler Ebene begründet wurde.

Abb. 1: Josef Hellmesberger d. Ä., Photographie von Josef Löwy, um 1888[3]

---

3   KHM Museumsverband, Theatermuseum Wien (FS_PK224264alt).

Hirschfelds Nekrolog fügt sich ein in eine Vielzahl von Ehrungen Hellmesbergers, die einstimmig dessen zentrale Position im Wiener Musikleben sowie seinen weitreichenden Einfluss unterstreichen. Ähnliche Elogen erschienen nicht erst post mortem. Das *Musikalische Wochenblatt* zählte Hellmesberger schon 1870 „[z]u den Männern, welche sich um das Musikleben Wiens ein eminentes Verdienst erworben haben"[4] und widmete ihm ein mehrseitiges Portrait.

Auch in einer unter ungenannter Autorschaft im Jahr 1877 von der k. k. Hoftheaterdruckerei als Broschüre verlegten Biographie wird der beispiellose Einfluss des Musikers herausgehoben:

> Als Lehrer, als ausübender Künstler von anerkannter Genialität, als eine geistvolle, reiche Anregungen liebende Persönlichkeit, als eine vielseitige schaffensfreudige Individualität hat er mit wahrem Feuereifer durch Decennien hindurch eine Thätigkeit entfaltet, auf welche sehr wohl Bedacht zu nehmen sein wird, wenn dereinst ein Culturhistoriker die geistige Entwicklung und speciell die Entwicklung der Tonkunst in Wien bis auf ihren heutigen hohen Stand zu schildern unternehmen wird.[5]

Und Albert Payne stellt Josef Hellmesberger in seiner biographischen Sammlung *Berühmte Geiger der Vergangenheit und Gegenwart* als einen „der hellsten Sterne in der Wiener Musikwelt"[6] vor, begründet seine Einschätzung mit den herausragenden Leistungen des Musikers in den verschiedenen Wirkungsräumen, argumentiert aber auch über den familiären Kontext:

> Hellmesberger, der Sohn eines hochtalentvollen Vaters, durch die tiefste Neigung vom geistlichen Berufe zur Musik getrieben, ist einer der hellsten Sterne in der Wiener Musikwelt. Als Lehrer wie als vortragender Künstler hat er sich die grössten Verdienste erworben, besonders auch die Kammermusik in der österreichischen Kaiserstadt zu einer ganz neuen Aera gebracht. Es sind ihm denn auch im Verlaufe seiner langjährigen Wirksamkeit Auszeichnungen zu Theil geworden, wie sie nur den Besten der Zeit beschieden zu sein pflegen.[7]

---

4   Anonym: „Josef Hellmesberger", 1870, S. 708.
5   Anonym: *Josef Hellmesberger*, 1877, S. 2.
6   Alfred Ehrlich [i. e. Albert H. Payne]: *Berühmte Geiger der Vergangenheit und Gegenwart. Eine Sammlung von 88 Biographien und Portraits*. Leipzig: Verlag von A. H. Payne, 1893, S. 80.
7   Ebd.

Abb. 2: Josef Hellmesberger d. Ä., Holzstich, um 1870[8]

Nach Hellmesbergers Tod mehren sich die Würdigungen. Autoren wie Robert Hirschfeld weisen auf die Tragweite des künstlerischen Schaffens hin. „[J]eder Wiener" wisse, „[w]er Josef Hellmesberger war"[9], notiert Anton Barthlmé in seiner 1908 herausgegebenen Anthologie zahlreicher Aussprüche von und Anekdoten über Hellmesberger und Adalbert Franz Seligmann betont in einer Ausgabe des *Neuen Wiener Tagblatts* vom 27. August 1933, dass Hellmesberger „als scharf umrissene menschliche wie künstlerische Persönlichkeit im Musikleben und in der Gesellschaft Wiens eine allererste Rolle gespielt"[10] habe. Der enge regionale Bezug klingt immer wieder an und wird in einem Beitrag von Albert Gutmann noch expliziert: „Hellmesberger, ein Urwiener, haftete an der Scholle seiner Vaterstadt. Weder als Violinvirtuose noch im Rahmen seines erstklassigen Quartettes hat er jemals Kunstreisen unternommen. Das war schade; das Quartett würde einen Weltruf erlangt haben, wie das Joachim-Quartett. Alles in allem: Der alte Hellmesberger war das [sic] Prototyp

---

8   Aus: Anonym: „Josef Hellmesberger", 1870, S. 713.
9   Barthlmé: *Vom alten Hellmesberger*, S. V.
10 A.[dalbert] F.[ranz] Seligmann]: „Der alte Hellmesberger", in: *Neues Wiener Tagblatt*, 27.08.1933, NP.

des genialen Wiener Musikers, der durch die Macht seiner Persönlichkeit seiner Zeit den Stempel aufgedrückt hat."[11]

Hellmesberger wird zu einem Ausnahmemusiker, zu einem Genie erklärt.[12] In diesen letzteren Bedeutungszusammenhang fügt sich auch die Verknüpfung mit den ‚Wiener Klassikern' als Quelle der Inspiration ein (etwa bei Hirschfeld: „Ihm aber wehten diesen Hauch die Classiker ein"). Mit ihr wird eine imaginäre Genealogie aufgerufen, die aber aufgrund der zeitlichen Nähe noch als legitimer Begründungszusammenhang funktioniert: Zwar nach ‚Wiener Klassikern' wie Beethoven, Carl Ditters von Dittersdorf und Antonio Salieri geboren, ist die zeitliche Distanz des Geigers zu diesen Musikern doch so gering, dass mittelbare Einflüsse unterstellt werden können. Auf dem Ausnahmestatus fußt wiederum die Instrumentalisierung für kulturpolitische Zwecke: Hellmesberger wird weitreichender Einfluss auf das Wiener Musikleben – auf Musiker*innen, Musikliebhaber*innen, Musikinstitutionen und nicht zuletzt den Wiener Orchesterklang – zugeschrieben und damit als dessen maßgeblicher Protagonist idealisiert. Als ihr Repräsentant wird er an der Spitze der in der zweiten Hälfte des 19. Jahrhunderts hochrelevanten identitätspolitischen Musikstadt-Initiative verortet und damit zugleich zur Leitfigur Wiens als (international) renommierter Musikstadt stilisiert. Über stereotype Zuschreibungen erfährt Hellmesberger so eine feste Verankerung in der Wiener Tradition und wird zugleich mit zukunftsweisender Bedeutung ausgestattet.

1. Der „Apfel fällt nicht weit vom Stamme"[13] – Die (frühe) Konzerttätigkeit der Brüder Josef und Georg Hellmesberger

Josef und Georg Hellmesberger wurden von ihrem Vater frühzeitig auf der Geige und dem Klavier unterrichtet,[14] von ihm zu Beginn ihrer Konzertlaufbahn maßgeblich begleitet und auch später gefördert und unterstützt. Georg Hellmesberger

---

11 Albert Gutmann: *Aus dem Wiener Musikleben. Künstler-Erinnerungen 1873–1908*, 2 Bde., Bd. 1. Wien: Verlag Gutmann, 1914, S. 48.
12 Zum Geniediskurs siehe etwa Eberhard Ortland: „Genie", in: Karlheinz Barck, Martin Fontius, Dieter Schlenstedt et al. (Hg.): *Ästhetische Grundbegriffe. Historisches Wörterbuch in sieben Bänden*, Bd. 2. Stuttgart/Weimar: J. B. Metzler, 2010, S. 661–709, hier S. 662; siehe auch Christoph Müller-Oberhäuser: „Die Maske des Genies", in: Annette Kreutziger-Herr und Katrin Losleben (Hg.): *History/Herstory. Alternative Musikgeschichten*. Köln/Weimar/Wien: Böhlau, 2009 (= Musik – Kultur – Gender 5), S. 105–124, hier S. 107.
13 Österreichisches Morgenblatt [Wien] 24.03.1841, S. 151.
14 Ein Studium am Konservatorium lässt sich nicht nachweisen. Weder in den frühen Schülerlisten und Verzeichnissen noch in Sonnleithners Übersicht von Absolvent*innen ist Josef Hellmesberger d. Ä. aufgeführt. Siehe Leopold von Sonnleithner: Die Gesellschaft der Musikfreunde des oesterreichischen Kaiserstaates, 1857. A-Wgm (2545/16).

d. Ä. konnte als Konservatoriumslehrer, als Mitglied beziehungsweise Kapellmeister im Hofopernorchester und als Gründungsmitglied und Kapellmeister bei den Wiener Philharmonikern seinen Söhnen schon früh weitläufige Handlungsräume erschließen.[15] Vor allem in seiner Funktion als Orchesterdirektor der Hofoper nutzte er seine Befugnisse hinsichtlich von Programm und Personal, um seinen Söhnen Auftrittsmöglichkeiten zu verschaffen. Das gilt bereits für einen der frühen Auftritte Josef Hellmesbergers am 28.09.1839 in einer musikalischen Akademie im Hofoperntheater. Das *Österreichische Morgenblatt* verpasst nicht, die Beziehungen offenzulegen, durch die die Mitwirkung des jungen Geigers – „Sohn des Orchesterdirektors an dieser Bühne"[16] – zustande kam.

Über die Vermittlung des Vaters fanden Josef und Georg Hellmesberger schon in jungen Jahren Zugang zu den zentralen Orten der Wiener Musikkultur wie dem Musikvereinssaal, dem Redoutensaal, dem Hoftheater sowie der Hofoper. Auf jene Orte richtete sich das Interesse der Öffentlichkeit, den Künstlern wiederum garantierte dies mediale Aufmerksamkeit – eine wesentliche Voraussetzung für das Voranbringen ihrer Karrieren. Dasselbe gilt für die Vermittlung von Auftritten mit angesehenen Künstler*innen. Josef Hellmesberger d. Ä. erhielt 12-jährig die Gelegenheit, mit Franz Liszt zu konzertieren. Georg Hellmesberger d. Ä. hatte in der Soirée des Pianisten, veranstaltet am 14.02.1840 im Wiener Musikvereinssaal, bei der Aufführung von Hummels Septett d-Moll op. 74 mitgewirkt und im Vorfeld auch die Teilnahme seines Sohnes arrangiert.[17] Josef Hellmesberger d. Ä. trug in diesem Rahmen Variationen von Charles-Auguste de Bériot vor, und zwar „auf dem Pianoforte begleitet von Liszt"[18]. Dem jungen Geiger sicherte dies eine breite Öffentlichkeit und mediale Wahrnehmung. Dass Franz Liszt selbst Josef Hellmesberger am Klavier begleitete, wird den Sensationsfaktor noch erhöht haben. Ebenso karrierefördernd war ein Auftritt der Brüder in einem Konzert von Clara Schumann – die 1837 erstmals in der Donaumetropole konzertiert und für Furore gesorgt hatte – Ende des Jahres 1846. Mit der Konzertgeberin, dem Bratschisten Roman Zäch und dem Violoncellisten Ägidius Borzaga trugen sie hier Robert Schumanns Klavierquintett Es-Dur op. 44 vor.

---

15   Zur Biographie Georg Hellmesbergers d. Ä. siehe S. 71f.
16   Österreichisches Morgenblatt [Wien] 07.10.1839, S. 479f., hier S. 480.
17   Siehe Der Adler [Wien] 17.02.1840, S. 325.
18   Österreichisches Morgenblatt [Wien] 17.02.1840, S. 84.

Erste öffentliche Auftritte absolvierte Josef Hellmesberger d. Ä. im Alter von zehn Jahren: Er debütierte am 12.04.1839 in einem Konzert der englischen Altistin Mary Shaw im Saal der Gesellschaft der Musikfreunde mit Josef Mayseders Air variée op. 54.[19] Der *Österreichische Zuschauer* widmet dem jungen Geiger hierauf einige Zeilen und attestiert ihm „[e]inen wahren Triumph"[20]. Noch im Dezember des Jahres konzertierte er in einem Gesellschaftskonzert der Musikfreunde und fand für den Vortrag des ersten Satzes aus Pierre Rodes Violinkonzert Nr. 8 e-Moll op. 13 begeisterte Aufnahme.[21] Nach weiteren solistischen Auftritten in Akademien und Künstlerkonzerten – unter anderem in der besagten Soiree Franz Liszts im Musikverein – folgte im März 1840 ein erster gemeinsamer Auftritt mit dem Bruder Georg, und zwar im Rahmen einer Wohltätigkeitsakademie zugunsten des Bürgerspitalfonds im Redoutensaal, einer jährlich organisierten, gesellschaftlich wie künstlerisch angesehenen Veranstaltung. Die Brüder spielten zusammen mit Joseph Joachim und Adolph Simon, zwei weiteren Schülern ihres Vaters, Ludwig Maurers Concertante op. 55 für vier Violinen.[22] Für den *Humoristen* notiert ein Rezensent: „Die kleinen Geiger bekundeten in dem Stücke ihr Talent und ihren Fleiß, so wie ihres Meisters zweckmäßigen Unterricht."[23] Noch in der späteren Rezeption fand dieser Auftritt Beachtung – vor allem aufgrund der Beteiligung Joseph Joachims, der sich in den folgenden Jahrzehnten als einer der renommiertesten Violinisten seiner Zeit etablierte. Der Joachim-Schüler und -Biograph Andreas Moser bemerkt 1898, dass Georg Hellmesberger d. Ä. mit diesen jungen Geigern ein „Wunderkinder-Quartett zu Schülern hatte, wie es nicht leicht wieder vorkommen dürfte."[24]

Josef und Georg Hellmesberger traten in den nächsten Jahren nur gelegentlich öffentlich auf – etwa in vom Vater geleiteten Akademien der Hofoper und karitativen Veranstaltungen. Georg Hellmesberger d. Ä. blieb in dieser Zeit auch weitgehend einziger Konzertpartner der beiden Musiker.

---

19 Siehe Konzertprogramm, 12.04.1839, Saal der Gesellschaft der Musikfreunde. A-Wst (C48114).
20 Der Österreichische Zuschauer 48 (1839), S. 489f., hier S. 490.
21 Siehe etwa Österreichisches Morgenblatt [Wien] 09.12.1839, S. 588.
22 Joseph Joachim hatte um 1840 Privatunterricht von Georg Hellmesberger d. Ä. erhalten. Siehe auch Andreas Moser: *Joseph Joachim. Ein Lebensbild*. Berlin: B. Behr's Verlag (E. Bock), 1898, S. 20.
23 Der Humorist 63 (1840), S. 251f., hier S. 252. Wiederholt wurde Georg Hellmesberger d. Ä. irrtümlicherweise als Konservatoriumslehrer von Joseph Joachim benannt. Tatsächlich hatte dieser aber am Konservatorium im Studienjahr 1841/42 die dritte Geigenklasse von Josef Böhm besucht. Siehe Otto Biba: „,Ihr Sie hochachtender, dankbarer Schüler Peppi'. Joseph Joachims Jugend im Spiegel bislang unveröffentlichter Briefe", in: *Die Tonkunst* III (2007), S. 200–203.
24 Andreas Moser: „Joseph Joachim's Lehrjahre in Wien", in: *Neue Freie Presse* [Wien], 23.10.1898, S. 17–21, hier S. 18.

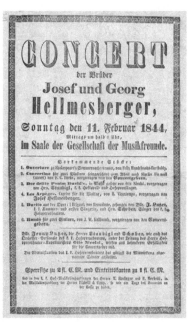

Abb. 3: Programmzettel, Debütkonzert von Josef und Georg Hellmesberger, 11.02.1844[25]

Am 11. Februar 1844 fand das erste eigene Konzert der Brüder statt; das Programm (siehe Abb. 3) enthielt ein *Concertino* für zwei Violinen von Carl Ferdinand Füchs sowie ein Rondo von Johann Wenzel Kalliwoda (vermutlich *Introduction und Rondo* F-Dur op. 82), Josef Hellmesberger d. Ä. trug außerdem das Capriccio *Les Arpèges* op. 15 von Henri Vieuxtemps vor. Das „Concert der Gebrüder Hellmesberger" im Saal der Gesellschaft der Musikfreunde fand eine beachtliche mediale Aufmerksamkeit – das Presseecho war einstimmig enthusiastisch. Ein Rezensent der Zeitschrift *Österreichischer Zuschauer* (Kürzel: W. Gr.) prophezeit „den Brüdern Hellmesberger, besonders dem älteren Joseph, eine schöne Zukunft […]."[26] Insbesondere an der Interpretation der Caprice von Vieuxtemps, dieses „eben so schwierigen als reizenden Concertstücke[s], das nebst der Vollkommenheit in der Titelfigur, nicht minder auch eine vorzügliche Ausbildung im Coulé, Spiccato und der Cantilene bedingt"[27], lobt auch die *Wiener Zeitschrift* Josef Hellmesberger: „Überraschend war die Sicherheit, Ruhe und der stets belebte Wechsel des Ausdruckes, mit welchen er sie zu Ende führte."[28] Und die *Wiener Zeitung* strebt bereits einen Versuch der Einordnung der 14- und 15-jährigen Brüder

---

25   A-Wst (E 302814).
26   Der Österreichische Zuschauer 21 (1844), S. 220.
27   Wiener Zeitschrift für Kunst, Literatur, Theater und Mode 32 (1844), S. 255.
28   Ebd.

auf dem Musikmarkt an, dabei unmittelbar auf die Schwestern Teresa und Maria Milanollo Bezug nehmend, die 1842 erstmals im deutschsprachigen Raum aufgetreten waren und hier beispiellose Erfolge gefeiert hatten:[29] „Die beyden Schwestern Milanollo scheinen nach dem Urtheile Kunstverständiger ein Brüderpaar in Apollo erhalten zu haben, und manche unter ihnen gehen selbst so weit[,] die kleinen Violinspieler […] über Jene zu stellen."[30] Auch andere Kritiker zogen diese Parallele, bezeichneten etwa die Brüder Hellmesberger als die „männlichen Milanollo's"[31] oder betonten, dass sie „gegenwärtig mit den berühmten Schwestern Milanollo ohne Scheu rivalisieren dürfen"[32]. Abgesehen von expliziten Bezügen solcher Art, blieben die beiden Geigerinnen ein wichtiger Maßstab der Beurteilung der Hellmesberger-Brüder sowie von Geiger*innen insgesamt; das wird auch anhand eines Kommentars Sigmund Kolischs in der *Wiener Zeitschrift* deutlich: „Theodor Leschetitzky und Joseph Hellmesberger haben mich fürwahr in Erstaunen gesetzt und das geschieht einem Menschen, der Teresa Milanollo gehört hat, nicht so leicht."[33]

Abb. 4: Georg und Josef Hellmesberger, Lithographie nach einer Bleistiftzeichnung von August Prinzhofer, Wien 1845[34]

---

29 Siehe Volker Timmermann: „*…wie ein Mann mit dem Kochlöffel*". *Geigerinnen um 1800*. Oldenburg: BIS Verlag, 2017 (= Schriftenreihe des Sophie Drinker Instituts 14), S. 276.
30 Wiener Zeitung 16.02.1844, S. 377f., hier S. 377.
31 Österreichisches Morgenblatt [Wien] 13.03.1844, S. 126f., hier S. 127.
32 Österreichisches Bürgerblatt für Verstand, Herz und gute Laune [Wien] 11.10.1844, S. 656.
33 Wiener Zeitschrift für Kunst, Literatur, Theater und Mode 86 (1844), S. 684f., hier S. 685.
34 ÖNB Bildarchiv und Grafiksammlung (POR0154368).

Die Konzerte der Brüder im Wiener Musikvereinssaal wurden fortan im jährlichen Turnus wiederholt. Außerdem nahm die Auftrittsdichte der beiden Geiger in den nächsten Monaten merklich zu. Die gemeinsamen Konzerte entwickelten sich zu geschätzten Ereignissen des Wiener Musiklebens, ablesbar auch an den außerordentlich beifälligen Urteilen der Konzertkritiker.[35] Abseits hiervon wirkte Josef Hellmesberger d. Ä. nun vermehrt auch in anderen Zusammenhängen, ohne den Vater oder Bruder an seiner Seite. Wiederholt konzertierte er mit den fast gleichaltrigen Pianisten Ernst Paur und Theodor Leschetizky. In einem Konzert des Letzteren gehörte auch Ägidius Borzaga – Quartettpartner seines Vaters – zu den Mitmusikern.

Im Oktober 1844 verließen die Brüder in Begleitung des Vaters erstmals Wien, um in Linz ein eigenes Konzert zu veranstalten. In der folgenden Zeit gaben sie auch Konzerte in Deutschland, unter anderem in Karlsruhe. Davon abgesehen blieb die Konzerttätigkeit bis Ende der 1840er Jahre ausschließlich auf Wien fokussiert.

Die Konzertprogramme von Josef und Georg Hellmesberger weisen ein zeitgenössisches Repertoire mit einem Schwerpunkt auf Kompositionen Wiener bzw. österreich-ungarischer Provenienz auf. Unter den Werken, die die Brüder zusammen mit dem Vater spielten, finden sich ein *Concertino* für zwei Violinen und Viola des Wiener Violinisten und Komponisten Franz Grutsch sowie ein *Trio concertant* für drei Violinen von Georg Hellmesberger d. Ä. Zu zweit trugen sie auch Konzertvariationen für zwei Violinen E-Dur op. 83 und ein Rondo für zwei Violinen E-Dur op. 109 von Johann Wenzel Kalliwoda vor, außerdem ein Konzert für zwei Violinen von Josef Slavík in der Bearbeitung von Carl Ferdinand Füchs. Solistisch spielte Josef Hellmesberger d. Ä. *Variations brillantes sur la cavatine de l'opéra ‚Beatrice di Tenda' di Bellini* D-Dur von Matthias Durst, einem ehemaligen Schüler seines Vaters, sowie einige Kompositionen des bekannten Wiener Geigers Josef Mayseder, darunter *Air varié* A-Dur op. 54, ein nicht näher identifizierbares Rondo, Variationen und ein Konzert. Mit Theodor Leschetizky und dem Violoncellisten Ägidius Borzaga trug er auch ein Klaviertrio Mayseders vor.

Ferner enthielten die Programme der Brüder Hellmesberger Louis Spohrs *Concertante* für zwei Violinen und Orchester Nr. 2 h-Moll op. 88, ein Duo von Charles Dancla, Henri Vieuxtemps' *Grand duo sur des thèmes de Le duc d'Olonne d'Auber* sowie das *Grand Duo sur l'opera Les Huguenots de Meyerbeer pour piano-violon concertans* von Sigismund Thalberg und Charles-Auguste de Bériot.

Josef Hellmesbergers Solorepertoire umfasste darüber hinaus Henri Vieuxtemps' Violinkonzert Nr. 1 E-Dur op. 10, dessen *Fantaisie Caprice* op. 11, sein Capriccio *Les*

---

35 Im Hinblick auf die Würdigung der beiden Geiger sei auch eine Widmung erwähnt: Franz Lachner hatte den Brüdern 1845 einen Kremser Walzer zugeeignet, in den Konzertprogrammen taucht dieser allerdings nicht auf. Siehe Der Wanderer [Wien] 29.11.1845, S. 1144.

Arpèges op. 15 sowie die Konzerte Nr. 3 E-Dur op. 44 und Nr. 4 d-Moll op. 46. Er spielte außerdem den ersten Satz aus Pierre Rodes Konzert Nr. 8 e-Moll op. 13 und ein Konzert von Rodolphe Kreutzer. Perger gibt an, dass Josef Hellmesberger d. Ä. im Gesellschaftskonzert am 21.12.1845 die Wiener Erstaufführung von Felix Mendelssohns Violinkonzert e-Moll op. 64 gespielt haben soll – eine Komposition, die im Wiener Konzertleben der zweiten Hälfte des 19. Jahrhunderts nach Beethovens Violinkonzert das meistgespielte Werk für diese Gattung war.[36]

Das Repertoire des jungen Josef Hellmesberger erweist sich damit als durchaus zeitgemäß. Neben der populären Literatur französischen bzw. franko-belgischen Ursprungs macht sich ein deutlicher Fokus auf Kompositionen aus dem Wiener Kontext bemerkbar, der – mit Blick auf die spätere Rezeption – nicht nur für die kulturpolitisch bedeutsame Konstitution einer Wiener Violintradition, sondern auch für das Zusammendenken der Hellmesberger-Familie mit dem urbanen Musikleben Anknüpfungspunkte bot.

Gerade in der frühen Rezeption fällt die ausnehmend positive Haltung der Wiener Musikkritik gegenüber den Brüdern Hellmesberger auf. Gleichzeitig wird schon anfänglich ein Gefälle in der Beurteilung der musikalischen Leistungen beider Geiger zugunsten Josef Hellmesbergers d. Ä. erkennbar. Nach dem ersten eigenen Konzert der Brüder im Saal der Gesellschaft der Musikfreunde ist etwa im *Österreichischen Morgenblatt* zu lesen: „Es sei also nur in Kürze gesagt, daß das in Rede stehende Concert den Ruf ihrer Geschicklichkeit nicht nur bestätigte, sondern ihn gewiß noch erhöhen wird. Namentlich ist an dem älteren der beiden kleinen Violinisten (Josef) ein höchst erfreulicher Fortschritt unverkennbar."[37] Ausführlicher und dabei mehr über spielästhetische Eigenschaften argumentierend, heißt es im *Österreichischen Zuschauer*:

> Und daß den Brüdern Hellmesberger, besonders dem älteren Joseph, eine schöne Zukunft bevorstehe, wird sich Niemand verhehlen können, der mit vorurtheilsfreier Gesinnung dem heutigen Konzerte beigewohnt. […] Ein tiefes, richtiges Gefühl für die Schönheiten jener Kompositionen, welche er vorträgt, athmet sein seelenvoller Vortrag, es ist die wahrhafte Weihe der Kunst, die sich in seinen Tönen ausspricht. Mit ihm ist der jüngere Bruder Georg ein

---

36 Siehe Der Wanderer [Wien] 24.12.1845, S. 1228; siehe hierzu Perger: *Geschichte der K. K. Gesellschaft der Musikfreunde in Wien*, S. 60. Das Konzert wurde im März 1845 von Ferdinand David aus dem Manuskript in Leipzig uraufgeführt, erst im Sommer des Jahres erschien es bei Breitkopf & Härtel im Druck. Siehe Signale für die musikalische Welt 11 (1845), S. 84; siehe auch Fuchs: „Violinspiel im öffentlichen und privaten Musikleben Wiens", S. 20f.
37 Österreichisches Morgenblatt [Wien] 14.02.1844, S. 77.

Talent, das alle Aufmunterung verdient. Sein Spiel ist zart, leicht, aber bei Gefühlsstellen kälter, als jenes des Ältern; noch ist der Geist nicht über ihn gekommen.[38]

Ähnlich skizziert auch ein Rezensent des *Humoristen* drei Jahre später noch das Spiel Josef Hellmesbergers in Abgrenzung zu dessen Bruder:

> Besonders steht Joseph Hellmesberger als fertiger, sich und seiner Kunst bewußter Künstler da, was sich durch das Freie, Leichte, Sichere und Feste in seinem Spiele ausspricht, dem sich immer auch das Ansprechende und Gewinnende beigesellt. Seine Cantilene ist ausdrucksvoll und durch jene markirte Graduationen charakterisirt, welche den Effekt des modernen Vortrages im Spiel wie Gesang charakterisiren.[39]

Ein Redakteur der Wiener *Sonntagsblätter* hatte Josef Hellmesberger daneben „schöne und leichte Bogenführung, Sicherheit und Kraft in der linken Hand, Eleganz, ja auch Gefühl im Vortrage" attestirt, bemerkt jedoch: „Theilweise aber vermißte man ein feurigeres Erfassen und eine kräftigere Fülle des Tones."[40]

Ungeachtet dieser unterschiedlichen Bewertung der Brüder im direkten Vergleich wurde ihnen eine überdurchschnittliche musikalische Fertigkeit zugesprochen. Dabei wird eine Reihe von Topoi bemüht, die sich auch in Besprechungen von Auftritten anderer Kindervirtuos*innen wiederfinden. Verschiedentlich werden Josef und

---

38 Der Österreichische Zuschauer 21 (1844), S. 220.
39 Der Humorist 72/73 (1845), S. 288. Mit dem ‚modernen Stil' wird hier auf die neuen Entwicklungen in der Spielpraxis verwiesen, die Pierre Baillot, Pierre Rode und Rodolphe Kreutzer richtungsweisend in ihrer *Méthode de Violon* (1803) angestoßen hatten und die daher auch als ‚französische Schule' bezeichnet wurden. Von klassischen Klangidealen und Formhaltungen wurde hier abgerückt und eine als ‚romantisch' verstandene Ästhetik ausgebildet. In zeitgenössischen Beschreibungen wird sie durch brillanten und kontrastreichen Bogenstrich, dichten Ton und eine hohe Ausdrucksvielfalt charakterisiert. Dieser Prozess ist kein rein ästhetischer, sondern wesentlich auf die instrumentenbaulichen Entwicklungen rückbezogen. Siehe Ian Page: „Instrumental Performance in the Nineteenth Century", in: Colin Lawson und Robin Stowell (Hg.): *The Cambridge History of Musical Performance*. Cambridge/New York: Cambridge University Press, 2012, S. 643–695, hier S. 648; siehe auch Marianne Rônez: „Pierre Baillot, ein Geiger an der Schwelle zum 19. Jahrhundert. Ein Vergleich seiner Violinschulen von 1803 und 1835", in: Claudio Bacciagaluppi, Roman Brotbeck und Anselm Gerhard (Hg.): *Spielpraxis der Saiteninstrumente in der Romantik. Bericht des Symposiums in Bern, 18.–19. November 2006*. Schliengen: Edition Argus, 2011 (= Musikforschung der Hochschule der Künste Bern 3), S. 23–57; siehe auch Robin Stowell: „The Nineteenth-Century Bravura Tradition", in: Ders. (Hg.): *The Cambridge Companion to the Violin*, 12. Aufl. Cambridge/New York: Cambridge University Press, 2008, S. 61–78.
40 Sonntagsblätter [Wien] 30.03.1845, S. 300.

Georg Hellmesberger ‚Talent' und für das junge Alter ungewöhnliche ‚geistige Energie' attestiert, die Brüder expliziter noch als „frühzeitige[], musikalische[] Wunder-Genies"[41] tituliert. Ein Rezensent des *Österreichischen Morgenblattes* spricht mit Blick auf einen der frühen Auftritte Josef Hellmesbergers d. Ä. im Herbst 1839 auch von der „neue[n] Probe seines frühreifen, wunderkindlichen Talentes", jedoch nicht ohne hier weiter zu differenzieren: „Der Kindervirtuosen mit ungeheurer Technik haben wir so viele, daß sie uns nachgerade schon zu viel geworden sind; aber mit gleich viel Vortragsgefühl in diesem Alter keinen."[42] Auch die Wiener *Sonntagsblätter* greifen in einer Besprechung des Auftrittes von Josef und Georg Hellmesberger im Rahmen einer karitativen musikalischen Akademie im Großen Redoutensaal auf diesen Bedeutungszusammenhang zurück, bestehen dabei aber zugleich auf einer Abgrenzung zu anderen, ‚gewöhnlichen Wunderkindern', denen eine frühzeitige, gar vorschnelle technische Versiertheit bei gleichzeitig noch mangelnder musikalischer Ausdrucksfähigkeit zum Vorwurf gemacht wird. Solche Kritik kulminiert nicht selten in der Metapher des „Treibhaus-Virtuosen"[43]:

Eine im Konzertsaale willkommene Erscheinung bleiben die beiden Gebrüder Hellmesberger, zwei würdige Söhne eines würdigen Vaters und unter den zahllosen Irrlichtern neumodischer musikalischer Kinder und Wunderknaben ein völliges Dioskurenpaar. Denn in ihrem virtuosen Violinspiele […] waren wirklicher Geist, Anschauung, Schwung und alle Gewähr einer noch schöneren Zukunft erkennbar, während die gewöhnliche erkünstelte Frühreife selten mehr als die schwächlichste Treibhauspflanze einer mehr oder weniger entwi[c]kelten und forcirten Mechanik zu Markte bringt, und in späteren Jahren nur zu häufig mit den Nachwehen völliger geistiger Blasirtheit gebüßt werden muß.[44]

Bemüht, die musikalischen Leistungen der beiden jungen Geiger als künstlerische zu legitimieren, werden auch explizite Abgrenzungen zum Phänomen des ‚Wunderkindes' gezogen. In diesem Sinne äußert ein Kritiker der *Wiener Zeitung* im Frühjahr 1845 in Bezug auf ein Konzert der Brüder im Musikvereinssaal:

---

41 Österreichisches Bürgerblatt für Verstand, Herz und gute Laune [Wien] 11.10.1844, S. 656.
42 Österreichisches Morgenblatt [Wien] 07.10.1839, S. 479f., hier S. 480.
43 Siehe etwa ebd. 16.02.1844, S. 221f., hier S. 221: „Ich habe mich nicht selten über den Beifall geärgert, den ein Familien-Publikum an halbreifen Treibhaus-Virtuosen verschwendete; heute aber stimmte ich aus voller Seele in die günstige Ansicht des Publikums ein […]. Mögen sie [die Brüder Hellmesberger] unter der Leitung ihres braven Vaters […] auf der Bahn der Kunst, deren würdige Jünger sie sind, mit Eifer fortschreiten."
44 Sonntagsblätter [Wien] 21.04.1844, S. 369f., hier S. 370.

Dieses ausgezeichnete Künstlerpaar hat sich trotz seiner großen Jugend schon einen sehr bedeutenden Ruf erworben, und gleichwohl dürfen die beyden jugendlichen Virtuosen in keiner Weise mit dem gangbaren Artikel der Wunderkinder verwechselt werden, mit denen sie nichts gemein haben, denn ihre Kunst, [ist] eine gesunde und natürliche Frucht, kein vorzeitiger, unreifer Schößling, der, nachdem er eine Zeitlang durch seine krankhafte Außergewöhnlichkeit die Aufmerksamkeit der Welt gefesselt, plötzlich verdorrt und abstirbt, ehe er noch eigentlich geblüht hatte.[45]

Über dasselbe Konzert – die Brüder hatten gemeinsam das Andantino und Rondo aus Spohrs Concertante Nr. 2 h-Moll op. 88 für zwei Violinen vorgetragen, Josef Hellmesbegrer außerdem Vieuxtemps' Konzert Nr. 1 E-Dur op. 10 – heißt es daneben in der Zeitung *Der Wanderer*:

Es sind ein Paar Kunstjünger der edelsten, besten Gattung, die dem Namen und dem Verdienste ihres in der musikalischen Welt wohlaccreditirten Vaters zur Ehre gereichen [...]. Der Beurtheilende hat es hier nicht mit der gewissen eindressirten Kinder-Virtuosität zu thun, hier, aus diesem frischen, geistigbelebten, art [sic] und kräftig nunancirten Violinvortrage fühlt sich schon der Pulsschlag eines höhern geistigen Lebens heraus, das Walten einer kräftigen, bereits zum Bewußtseyn erwachten Auffassungs-Befähigung. Beide Brüder haben, betrachten wir ihre zarte Jugendlichkeit, bereits im Technischen eine außerordentliche Vollkommenheit erreicht, und was sie in dieser Beziehung an complicirten Schwierigkeiten bringen, zeichnet sich durch die meisterhafteste Correctheit in der Durchführung aus. Joseph (der ältere) überragt seinen jüngeren Bruder Georg an geistiger Energie, an Mark und Fülligkeit des Tones, an kräftigem Ausdruck im Cantabile, während Georg (der auch noch auf einer kleinen Violine spielt) sehr sauber und nett vorträgt, und in Zukunft seinen Bruder Joseph in Bezug auf Feinheit und Geschmacksgrazie, wie an humoristischer Lebendigkeit in der Auffassung übertreffen dürfte. [...] Namentlich excellirte Joseph Hellmesberger in dem effectvollen, etwas pomphaft behandelten Concertsatz von Vieuxtemps durch eine epische, wahrhaft imponirende Breite des Tones und durch ein wirklich virtuoses, aufsteigendes Staccato. Daß hie und da einiges besonders delicat zu Behandelnde mißlang, und

---

45   Wiener Zeitung 30.03.1845, S. 677f., hier S. 677.

namentlich in den tiefern Chorden bei kräftiger Nuancirung der Ton mitunter etwas Scharrendes hatte, mag wohl in äußerlichen Zufälligkeiten seine Ursache gehabt haben.⁴⁶

In den Besprechungen werden Dualismen aufgemacht, verortet zwischen Effekt und künstlerischem Geist, technischer Exzellenz und wahrhaftem künstlerischen Ausdruck, zwischen Dressur und ‚gesunder‘ künstlerischer Entwicklung. An ihnen zeichnet sich die zur Mitte des 19. Jahrhunderts im Kunstdiskurs allgemein zunehmende Kritik am Virtuosentum⁴⁷ beziehungsweise dem Phänomen der Kindervirtuosen als Spezialfall eben dieses Virtuosentums ab. ‚Wunderkinder‘ waren zu einem Massenphänomen geworden – rückblickend hatte Eduard Hanslick Wien um die Wende zum 19. Jahrhundert als „Stapelplatz von Wunderkindern"⁴⁸ bezeichnet –, das an Faszination eingebüßt hatte: Verklärung und Idolisierung kindlicher Virtuos*innen, wie noch im 18. Jahrhundert zu beobachten, waren massiver Kritik gewichen.⁴⁹ Die damit im Raum stehenden Vorwürfe versuchten viele Rezensenten der Hellmesberger-Brüder zu entkräften und die jungen Geiger als Künstler zu legitimieren.⁵⁰

---

46   Der Wanderer [Wien] 26.03.1845, S. 291f., hier S. 291.
47   Hanslick notiert zur zunehmenden Abkehr vom Virtuosentum: „Noch kälter wurden natürlich Virtuosen von unberühmtem Namen empfangen. Manche davon machten ihre Sache vortrefflich, aber diese ‚Sache‘ selbst hatte ihre ehemals glänzende Rolle ausgespielt. Den ersten Jongleur, den man mit sechs Kugeln spielen sieht, bewundert man; es kommt ein zweiter, der acht, ein dritter gar, der zwölf Kugeln wirft: unser Erstaunen über solche Kunstfertigkeit wächst. Es steigt auf das äußerste, wenn endlich gar Taschenspieler folgen, welche zu den Kugeln noch spitze Messer gesellen und mit größter Kühnheit und Sicherheit Wurf und Fang beherrschen. Hat man aber solcher Künstler sehr viele gesehen und nach Verdienst bewundert, so gelangt man endlich zu der bescheidenen Frage, ob das Ding denn wirklich unterhaltend sei. Nur da, wo die Virtuosität dem Dienste höherer schöpferischer Geister sich widmet (Clara Schumann, Joachim), oder als Emanation einer ganz außerordentlichen Persönlichkeit selbst das Unbedeutende verklärt (Liszt, Jenny Lind), wirkt sie noch entzückend, überwältigend. Nur dann werden wir, der Verpflichtung kühler Bewunderung enthoben, frei aufathmen und freudig mit vollen Zügen in Geist und Gemüth die Wirkung aufnehmen, welche nur mit Hilfe einer eminenten Technik, aber nicht durch diese allein erzeugt wurde. Die Virtuosen konnten sich es endlich selbst nicht länger verhehlen, daß das Publicum der Bravourkünste satt sei, und vor allem ein Bedürfniß nach guter Musik, nach Nahrung für Geist und Herz empfinde." Eduard Hanslick: *Geschichte des Concertwesens in Wien*. Wien: Wilhelm Braumüller, 1869, S. 412f.
48   Ebd., S. 224.
49   Siehe etwa Michael Gamper: „Der Virtuose und das Publikum. Kulturkritik im Kunstdiskurs des 19. Jahrhunderts", in: Hans-Georg von Arburg (Hg.): *Virtuosität. Kult und Krise in der Artistik in Literatur und Kunst der Moderne*. Göttingen: Wallstein Verlag, 2006, S. 60–82, hier S. 62f.; auch Heinrich W. Schwab: „Vom Auftreten der Virtuosen. Berichte und Bilder aus der Kulturgeschichte des Konzertsaals (III)", in: *Das Orchester* 39 (1991), S. 1358–1363, hier S. 1358.
50   Zum Phänomen der ‚Wunderkinder‘ siehe etwa Jonas Traudes: *Musizierende „Wunderkinder". Adoration und Observation in der Öffentlichkeit um 1800*. Wien/Köln/Weimar: Böhlau, 2018; siehe

Im April 1847 begab sich das Geschwisterpaar auf eine Konzertreise nach London. Begleitet wurden Josef und Georg Hellmesberger diesmal nicht vom Vater, sondern von dem österreichischen Sänger Josef Staudigl[51], der in den vorigen Jahren schon erfolgreich in England aufgetreten war. Anders als Georg Hellmesberger d. Ä. verfügte er über entsprechende Beziehungen im Netzwerk des Londoner Musiklebens, die er auch für die jungen Geiger aktivieren konnte: Er bezog mit den Brüdern gemeinsam eine Unterkunft, stellte sie dem englischen Publikum vor und vermittelte Engagements im öffentlichen und halböffentlichen Rahmen.[52]

Abb. 5: The Brothers Hellmesburger [sic][53]

---

auch Mélisande Chaveau: *Petits prodiges de la musique. Une centaine de souvenirs ou de récits d'enfances*. Paris: Scali, 2007; Claude Kenneson: *Musical Prodigies. Perilous Journeys, Remarkable Lives*. Portland, OR: Amadeus Press, 1998; Freia Hoffmann: *Instrument und Körper. Die musizierende Frau in der bürgerlichen Kultur*. Frankfurt a. M./Leipzig: Insel Verlag, 1991, hier S. 309–319; Renee B. Fisher: *Musical Prodigies: Masters at an Early Age*. New York: Association Press, 1973.

51 Josef Staudigl war Sänger und Komponist. Früh kirchenmusikalisch ausgebildet, trat er 1825 zunächst sein Noviziat im Benediktinerstift Melk an. Zwei Jahre später bat er um Dispens und ging nach Wien, um hier Medizin zu studieren. Seinen Lebensunterhalt verdiente er indes als Sänger und gab 1828 – mit der Aufnahme in den Chor der Wiener Hofoper – sein Medizinstudium auf. Um 1830 folgten erste Auftritte als Opernsolist am Kärntnertor-Theater, 1831 wurde Staudigl zum Hofopernsänger ernannt. Bis 1854 war er als Opernsänger an den Wiener Theatern tätig, außerdem tat er sich erfolgreich im Oratorien- und Liedfach hervor. Konzertreisen nach England brachten ihm auch internationale Erfolge ein.

52 Siehe Wurzbach: *Biographisches Lexikon des Kaiserthums Oesterreich*, Bd. 8, S. 286; siehe auch Der Humorist 77 (1847), S. 540; The Musical World 18 (1847), S. 288.

53 Illustrated London News 264 (1847), S. 16.

In den nächsten Monaten traten Josef und Georg Hellmesberger in hoher Dichte in London und gelegentlich auch in Manchester auf. Wiederholt spielten sie in John Ellas Musical Unions, in Konzerten von und mit Julius Benedict, in Veranstaltungen des Londoner Melodists Club sowie in den Philharmonischen Konzerten in London und Manchester und nahmen darüber hinaus zahlreiche private Engagements an. Zu den Konzertpartnern zählte neben Julius Benedict und Prosper Sainton auch Joseph Joachim, mit dem die Brüder etwa in Benedict's Annual Morning Concert ein von Georg Hellmesberger d. J. komponiertes *Trio concertant* vortrugen.[54] Daneben waren Josef und Georg Hellmesberger vor allem als Duettpartner gefragt.

Über die Erfolge berichtet Josef Hellmesberger aus London im Mai 1847 einem unbekannten Adressaten. Es handelt sich um eines der wenigen überlieferten Selbstzeugnisse des Geigers, das daher an dieser Stelle in Gänze wiedergegeben wird:

Hochgeschätzter Freund!

Sie können sich kaum vorstellen, wie leid es uns gethan, Sie vor unserer Abreise nicht noch einmahl gesehen zu haben, allein wir waren durch die vielen Besuche unserer theilnehmenden Freunde daran verhindert. Ich bitte Sie, uns gütigst entschuldigen zu wollen, dass wir uns nicht vor Ihnen nochmahls empfohlen haben. – Wir erfuhren durch die Briefe meiner guten Ältern, wie theilnehmend u. liebevoll, Sie, mein werther Freund, sich um uns erkundigen. Ich bin von der Freundschaft u. Theilnahme, die Sie für uns von jeher gehabt, so überzeugt, daß ich Sie nur bitten kann, uns selbe auch fernerhin immer angedeihen zu lassen, – wir wollen trachten, uns derselben würdig zeigen zu können. – Wie sehr freue ich mich, Sie wieder zu sehen! Papa schreibt mir, daß Sie sich wohlbefinden u. fleißig Violine spielen. Ich denke, daß Ihr jetziger Meister strenger ist, als ich es war, u. daß er Sie eine volle Stunde ‚festhält'. Wir sprechen hier so oft von Ihnen. Besonders aber Freitag von 5 – ¼ auf 6 Uhr; die Zeit wo ich früher das Vergnügen hatte, mit Ihnen eine Stunde (?) Violine zu üben! Wie es uns hier geht, haben Sie, schmeichle ich mir, schon erfahren, und ich kann Sie versichern, daß ich erstaunt bin, was für Glück wir hier machen. Vieuxtemps hat einmahl nur im Philharmonique u. einmahl bey ‚Honor to Beethoven' gespielt. Die Einnahme von 2 Monathen betrug also

---

54 Siehe The Examiner 2052 (1847), S. 349; siehe auch The Musical World 22 (1847), S. 355; ebd. 23 (1847), S. 368, 371. An anderen Stellen wird von Aufführungen eines *Trio concertant* von Georg Hellmesberger d. Ä. berichtet – ob die Zuschreibung der Autorschaft irrtümlich ist oder aber beide Geiger ein *Trio concertant* verfasst haben und diese in den Konzerten der Brüder Hellmesberger aufgeführt wurden, bleibt zu klären.

20 Guineen[,] da er schon 60 Guineen ausgegeben, u. keine weitere Einladung zum Spielen erhielt. So mußte er natürlich abreisen. Über Joachim steht, wie ich höre, in der Theater Zeitung ein so glänzender Bericht. ‚Wer's nicht glaubt, zahlt einen Sechser' sagt Cicero der jüngere in seinem zweiten Brief, erstes Capitel ‚über jüdische Prahlerei'.[55] – Joachim hat nur einmahl im Philharmonique gespielt, u. spielt noch einmahl in Ella's Quartetten, hat aber dann auch nicht ein einziges Engagement mehr, Benedicts Concert ausgenoṁen, wo er die 3. Stiṁe in einem von Georg komponirten Trio Concertante mit uns spielen wird. – Alle andern Concert Engagements haben wir. Wir spielten bis jetzt in Ella's ‚Musical Union' haben noch 3 Engagements daselbst, dann einmahl im Philharmonique in Manchester, – im ‚Melodists Clubb' wo Duke of Cambridge, Onkel der Königiṅn, President ist. Wir wurden von dem Clubb zu einem großen Diner geladen, wo der Herzog selbst, auf eine uns sehr auszeichnende Art, unsere Gesundheit ausgebrochen [sic], was in allen hiesigen Zeitungen stand. – Ferner spielten wir in dem großen Concert der ‚Female Musicians', bey W. Kuke's, Mr. John Parry's, Mr. Lindsay Sloper's, Miss Dobby's, Schulhoff's, Willmer's, etc. Concerten, u. sind noch engagirt für das nächste Philharmonische, wohl in ‚Honor to Beethoven' [mit] Madame Dulcken, Benedict, etc. Mit einem Wort, wir sind hier so in die Mode gekoṁen, daß jeder Konzertgeber uns haben muß, u. so zwar, daß da oft 2 Concerte zur halben Stunde sind, u. man um uns licitirt[56]. – Man versichert uns, daß es nur wenig Künstlern noch geglückt sey, bey ihner ersten Anwesenheit in London, sich so vortheilhafte Engagements zu verschaffen. Wir müssen nächstes Jahr wieder koṁen, da man uns jetzt schon Anträge für die koṁende Saison macht. – Wir haben vor mehreren Tagen einen Antrag zu einem Engagement nach America ausgeschlagen, wo man uns für 2 Monathe 1000 Pfunde zugesichert hätte. Meinem guten Vater habe ich das gar nicht geschrieben. Sie werden wahrscheinlich errathen, warum. – Ich habe einen zu großen Respect vor der See, als daß ich je ein solches Unternehmen antreten könnte, u. freue

---

55 Das Zitat lässt sich nicht Cicero zuordnen. Bei der Wendung „Wers nicht glaubt, zahlt einen Thaler" handelt es sich um den letzten Satz aus dem Märchen *Vom klugen Schneiderlein* (in: Jacob Grimm und Wilhelm Grimm [Hg.]: *Kinder- und Hausmärchen*, 2 Bde., Bd. 2. Berlin: Realschulbuchhandlung, 1815, S. 160–165, hier S. 165). Der Bericht über Joachims Erfolge wird damit als märchenhaft, als unwahr bewertet.
56 Österreichisch für mitbieten, bieten.

mich, wenn ich die kurze Fahrt von Dover nach Ostende wieder überstanden habe, u. wieder am Continent bin. – Gestern ist eine Biographie mit Portrait von uns in der ‚illustrated London News'[57] erschienen. – Ich bin noch gar nicht dazugekomen, ein Solo zu spielen, da man uns nur für Duo's engagirt Wir spielen oft Spohr, Maurer[,] Kalliwoda u. Dancla's Duo imer ‚by expressly desire'. – Die englischen Concerte komen mir so lächerlich vor. Imer eine Anzahl von wenigstens 25 Numern, 4 Primadonen, 4 Alt, 2 Tenor u. 2 Bässe, 2 Clavierspieler u. 2 Violin gehören unumgänglich zu einem solchen Program. Proben kennt man hier gar nicht. Man wird auch imer schlecht accompagnirt. Überhaupt ist die Musik in England schlechter, als überall anderswo. – Das Publikum ist wie überall. Kein Sinn für klassische Musik. D. h. sie lieben die Nahmen Beethoven, Mozart, Mendelssohn u[.] Spohr am Programm, aber sparen Hervorrufen, Kränze u. Bouquets für brillante Musik. – Nie hat ein Künstler so viel Sensation gemacht, als die Lind hier. Man hört u. sieht nichts als Lind. – Sie nimt gar keine Privat Engagements an, und das Publikum ist gezwungen sich in's Theater zu drängen. Die Eintrittspreise steigen von Tag zu Tag. Eine Loge kostet 15 Guineen, die letzte Gallerie 2 Pfunde! – Die Zeitungen schreiben jeden Tag, wie sie geschlafen, welche Besuche sie empfängt, u. man treibt's wirklich lächerlich mit ihr. – Sie hat uns vorgestern mit einem Besuch beehrt, und ist sehr freundlich mit uns. – Mr. Lutzer macht schlechte Geschäfte u. reiset morgen ab. – Willmers hat ein Concert umsonst gegeben, um nur sich hören zu lassen, u. risquirt bey einem öffentlichen großen Concert, das er Anfang Juni gibt, viel drauf zu zahlen. – Die Saison wird früher als sonst, mit halben Juni schon beendet seyn, u. wir werden Ende Juni mit dem Pianisten W. Kuke die Rückreise über Paris durch die Schweiz nach Wien antreten. – Mein Bruder Georg gefällt sich in England nicht sehr. Er will sich mit den hiesigen Sitten u. Gebräuchen nicht recht befreunden u. meint, daß man von den Engländern nichts als ihre Guineen annehmen kann, was das Beste von England ist. – Ich bin, wie Sie sehen, ein sehr schlechter, zerstreuter Briefschreiber, u. werfe Alles durcheinander, [und hoffe] von[58] daher auf Ihre gütige Entschuldigung. – Ich u. mein Bruder grüßen u. küßen Sie recht herzlich, u. bitten Sie, unsere besten Empfehlungen an Ihre verehrte

---

57 Siehe Illustrated London News 264 (1847), S. 16.
58 ‚von' steht über einem durchgestrichenen Wort, vermutlich: hoffe.

Frl. Schwester[,] Ihren Hr. Vater, so wie auch an meine lieben Ältern, Verwandten, u. Freunde gütigst überbringen zu wollen, u. hoffe von Ihrer Freundschaft u. Liebe, daß Sie recht <u>bald</u> mit einem Schreiben erfreuen werden
Ihren
Sie hochschätzenden u. liebenden Freund
Pepi Hellmesberger
London, am 26[.] Mai .847
P.S.
Georg wird Sie nächstens mit einem Schreiben belästigen.[59]

Der Brief gibt Einblick in die Konzerttätigkeit der Brüder Hellmesberger in England und erweist sich dabei zugleich als Zeugnis selbstbewussten Selbstmarketings. Dem betont höflichen Duktus nach zu schließen, handelt es sich beim Adressaten – einem ehemaligen Schüler Josef Hellmesbergers – vermutlich um einen einflussreichen Akteur des Wiener Musiklebens, demgegenüber die eigenen Leistungen beworben werden; möglicherweise auch mit der auf die Zukunft gerichteten Hoffnung, dass der Adressat bei späteren Konzertvorhaben unterstützend wirkt, finanzielle Mittel zur Verfügung stellt oder Werbung für Josef Hellmesberger d. Ä. im Wiener Umfeld betreibt. Das stolze Herausstellen der eigenen Erfolge – gerade auch in Abgrenzung zu renommierten Musikern – lässt sich in eben diesen Zusammenhang einordnen. Dabei schreckt Hellmesberger nicht davor zurück, Joseph Joachim, der schon vor den Brüdern in London reüssiert hatte, antisemitisch zu diffamieren. Einen Bericht über seine Erfolge wertet Hellmesberger als unwahr ab und stellt demgegenüber die eigenen Leistungen heraus, verweist auf die hohe Konzertdichte in London und Manchester, die der anderer Geiger nicht vergleichbar sei sowie auf die insgesamt außerordentliche Nachfrage. Hierzu gehört auch der Verweis auf die Einladung nach Amerika, die ein internationales Renommee der Geiger impliziert. Andernorts lassen sich bisher keine weiteren Belege dafür finden.

Tatsächlich aber erfuhren die beiden Geiger eine günstige Aufnahme durch die englische Presse. Das im Brief erwähnte Portrait aus den *Illustrated London News* erweist sich als eine enthusiastische Würdigung der Hellmesberger-Brüder:

We present this day the portraits of two youthful violinists, who have acquired much fame in Germany, and whose success here has been quite decided. These youths are the sons of the clever leader of the band of the Imperial Opera in

---

59 Josef Hellmesberger d. Ä.: Brief an Unbekannt, London, 26.05.1847. A-Wst (HIN 64453). Hervorhebungen im Original.

Vienna. The elder brother, Joseph, is the solo player of that orchestra, and has greatly distinguished himself in the quartet performances in the Viennese capital. Joseph has also evinced talents for composition of a high order, and both are skilful pianists.[60]

Dass Josef Hellmesberger sich zu diesem Zeitpunkt in Wien bereits als Quartettspieler hervorgetan hatte, geht aus den früheren österreichischen Konzertankündigungen und -besprechungen nicht hervor. Sehr wahrscheinlich wird hiermit auf die Auftritte mit dem Quartett des Vaters im halbprivaten Rahmen verwiesen. Auch der Hinweis auf die Anstellung an der Hofoper ist eine Zuspitzung: Erst 1855 wurde Josef Hellmesberger als Konzertmeister und Solist in das Orchester aufgenommen, 1845 hatte er erstmals und einmalig seinen Vater in dieser Funktion vertreten.[61] Hinsichtlich der kompositorischen Tätigkeit liegt außerdem eine Verwechslung vor: Statt Josef war bekanntermaßen Georg bereits als Komponist in Erscheinung getreten. Besonders interessant, gerade auch hinsichtlicher der Untersuchung von Traditionsvorstellungen, sind daneben die vielen Verweise auf den Wiener Kontext. Die Brüder werden als Repräsentanten der ‚Wiener Tradition' vorgestellt und vor allem über Bezüge zur ‚Wiener Klassik' als solche legitimiert:

In the *Record of the Musical Union*, the talents of these artists are thus commented upon: – ‚Nurtured in the cradle of modern musical genius, by the traditionary influence of those living contemporaries of Beethoven, under whose auspices these amiable and talented youths have been instructed in their native city, their claims to the suffrages of English amateurs have a double interest. The musical feeling of these violinists is best appreciated in works of a reflective character, for in no other country are instances of deep thought in art so common to the youthful mind as in Germany – a faculty best described in that untranslatable word *gemüth* as being totally distinct from that artificial sentiment of bunbridled passion, which passeth for what it is not – a soul for music. ‚Il y a chez les Allemands,' says Madame de Stael, ‚plus d'imagination que de vraie passion.' The truth of this opinion is illustrated in the every day examples of the indomitable spirit of the persevering Germans, unravelling the mysteries of his art, and producing works of deep imagination, oftentimes little calculated to rouse the passions, whilst the French and Italians, of a more

---

60   Illustrated London News 264 (1847), S. 16.
61   Siehe Der Wanderer [Wien] 17.07.1845, S. 679; siehe auch Michael Jahn: *Die Wiener Hofoper von 1848 bis 1870. Personal – Aufführungen – Spielplan*. Tutzing: Hans Schneider, 2002 (= Publikationen des Instituts für österreichische Musikdokumentation 27).

vivacious and ardent temperament, maintain their ascendancy, with little knowledge of science, by their vivid and successful portraiture of character, in music less profound, but sufficiently true for its purpose in the lyrical art.' The Hellmesburgers made their *début* in this country at the third meeting of the Musical Union, and have since played at the Melodists, Dury Lane Theatre, and at various concerts, with the greatest success. Nothing can be more beautiful than their execution of the duos of Spohr, Maurer, Kalliwoda &c. Joseph has grace, with poetical instinct, with a just perception of the beautiful in art, without any trickery in execution, and in reverencing the works of the great masters.[62]

Abseits dieses ausführlichen Portraits ist das Presseecho in England überschaubar, was mutmaßlich der Tatsache geschuldet ist, dass die beiden Geiger viele Privatengagements annahmen und damit häufig im von der Presse weniger beachteten halböffentlichen Rahmen aufgetreten sind. Gleichwohl bleibt festzuhalten, dass die Aufnahme der Brüder Hellmesberger in England eine überaus positive war, nur wenige kritische Stimmen werden laut.[63] Auch die heimische Presse verfolgte die Konzerttätigkeit in England. *Der Humorist* berichtet Anfang Juni 1847 überschwänglich von den Erfolgen der Geiger:

Die talentreichen jungen Künstler […] sind trotz der großen Konkurrenz, welche sie mit noch vier in London anwesenden ausgezeichneten Violinspielern zu bestehen haben, die Lieblinge des dortigen Publikums geworden. Nächst dem duettirenden Spiele der beiden Brüder erwirbt sich Joseph durch sein treffliches Quartettspiel noch die besondere Anerkennung der Kunstfreunde, während Georg mit seinen Kompositionen viele Theilnahme findet.[64]

---

62 Illustrated London News 264 (1847), S. 16.
63 Über Josef Hellmesbergers Vortrag von Charles-Auguste de Bériots Konzert e-Moll in einem der Philharmonic Concerts am 21.06.1847 äußert etwa ein Rezensent des Londoner *Examiner*: „M. Hellmesberger is a youthful musician of unquestionable ability; but he is only one among many in the present days who have acquired a mechanical mastery over the violin that would have astonished our forefathers. We cannot say much in praise of the concerto chosen for his *début* here; it exhibits no distinct feature; the passages in the quick movements run in couples, *à l'ordinaire*, and seem contrived for no purpose but to display the dexterity of the performer. Moreover, the time consumed by this was of unreasonable length. Half-an-hour is much to bestow on the very best things of the kind. A moiety of this time would have been modest, and might have been without weariness endured." The Examiner 2052 (1847), S. 405.
64 Der Humorist 135 (1847), S. 540.

Ende Juni reisten Josef und Georg Hellmesberger ohne weitere Konzertaufenthalte – entsprechende Ankündigungen und Berichte fehlen jedenfalls – über Ostende, Paris und die Schweiz zurück nach Wien. Ihre Rückkehr wurde freudig aufgenommen und mit den Erfolgen der Geiger zugleich auch jene der „Wiener Schule" gelobt: „Die Brüder Hellmesberger sind von ihrer erfolgreichen Kunstreise nach England wieder hier angekommen. Sie und der mit ihnen gleichzeitig anwesende Joachim haben der Wiener Schule wieder neue Ehre gemacht, und es fehlte den jungen Künstlern an keinerlei Anerkennung; sie erwarben Geld, Applaus, und auch Kränze, an welchen letztern das heurige Jahr überhaupt ergiebig gewesen ist."[65]

Nach der Rückkehr aus England trennten sich die Wege der Brüder bald. Das gemeinsame Konzert am 08.12.1847 im Musikverein, eine Wohltätigkeitsakademie zu Beginn des neuen Jahres im Redoutensaal und eine kurz hierauf veranstaltete Akademie von Baron Klesheim sind wenige Gelegenheiten, zu denen die beiden Geiger noch gemeinsam auftraten. Nach dem Konzert im Musikvereinssaal bemerkt denn auch der *Humorist*: „Daß Joseph Hellmesberger einer der bedeutendsten Violinisten aus der jüngsten Epoche ist, weiß man jetzt anderswo so gut als hier, und Georg hat mit seinem Talente von der Virtuosität in die gewichtigere des Komponisten eingelenkt."[66]

Josef Hellmesberger d. Ä. war neben der Mitwirkung in zahlreichen Wohltätigkeitsveranstaltungen weiterhin zusammen mit oder unter der Leitung seines Vaters zu hören; letzteres etwa in Konzerten der Gesellschaft der Musikfreunde im Musikvereinssaal. Auch darüber hinaus folgte er seinem Vater an die zentralen Institutionen des Wiener Kulturlebens. Noch 1847 wurde der Geiger als Exspektant in die Wiener Hofkapelle aufgenommen, das heißt, als zunächst unbesoldeter Orchesterspieler, der die Aussicht auf Verbeamtung als wirkliches Mitglied der Hofkapelle erhielt.[67]

2. Das Hellmesberger-Quartett und die Kammermusik in Wien

1849 übernahm Josef Hellmesberger d. Ä. die Leitung eines eigenen Quartetts. Knapp vier Jahrzehnte wirkte er als Primarius des Hellmesberger-Quartetts, das fast ausnahmslos in Wien konzertierte und hier unter den bisherigen Ensembles ein beispielloses Renommee erwarb. Für die erste Besetzung konnte Josef Hellmesberger d. Ä. Matthias Durst, Carl Heissler und Carl Schlesinger als Kollegen gewinnen, die

---

65 Ebd. 172 (1847), S. 688.
66 Ebd. 295 (1847), S. 1178. Siehe die biographischen Anmerkungen zu Georg Hellmesberger d. J. im Rahmen der Familienbiographie, S. 75–77.
67 Antonicek: „Die Stände der Wiener Hofmusik-Kapelle", S. 172.

zuvor als Partner von Leopold Jansa im Jansa-Quartett[68] gewirkt hatten. In der Presse herrscht Uneinigkeit über die Hintergründe dieser personellen Neukonstellation. Während *Der Humorist* Josef Hellmesberger d. Ä. als neuen Primarius des Quartetts – und damit als Ersatz Jansas – ankündigt,[69] werden andernorts Auftritte des Jansa-Quartetts in neuer Besetzung – mit Matthias Strebinger, Bedrich Vaclav Bezdek und Ägidius Borzaga – beworben, das in der Saison verspätet mit seinem Konzertzyklus begann.[70] Auf das Konfliktpotenzial der Neu- und Umbesetzungen weisen verschiedene Blätter hin. Die *Wiener Zeitung* betont die neu erwachsene Konkurrenzsituation:

> Eine interessante Erscheinung in der bevorstehenden Concertsaison ist das Rivalisiren von zwei Quartett-Gesellschaften. Die Herren Durst, Heißler und Schlesinger nämlich, welche in den frühern Jahren mit Hrn. Prof. Jansa spielten, haben sich jetzt unter dem trefflichen Jos. Hellmesberger vereinigt, während Hr. Prof. Jansa, [sic] die HH. Bezdek, Strebinger und Borzaga gewonnen hat. Da jede dieser beiden Gesellschaften sechs Quartett-Abende mit den gewöhnlichen 3 Nummern gibt, so stehen den Freunden der Kammermusik nicht weniger als 36 Quartette bevor.[71]

Ähnlich liest sich auch ein späterer Kommentar Eduard Hanslicks: „Der bereits alternde Jansa […] sah schon im Jahre 1849 eine rivalisirende jüngere Quartettgesellschaft unter der Führung des jungen Joseph Hellmesberger an seiner Seite."[72]

Bedenkt man die Vernetzung der Musiker untereinander, scheint eine unvorhergesehene und konfliktbelastete Übernahme von Jansas Quartettpartnern durch Josef Hellmesberger d. Ä. unwahrscheinlich. Jansa selbst war in der ersten Jahrhunderthälfte als zweiter Violinist im Quartett mit Georg Hellmesberger d. Ä., Matthias Durst und Ägidius Borzaga in musikalischen Gesellschaften im Hause Hellmesberger vor geladenen Gästen aufgetreten. Hier hat Josef Hellmesberger d. Ä. bereits Bekanntschaft mit diesen Musikern gemacht und wurde von ihnen gelegentlich, gemeinsam mit seinem Bruder Georg, zum Spiel größer besetzter Kammermusik

---

68 Leopold Jansa hatte 1845 (neben zwei erfolglosen Anläufen zwischen 1834 und 1849) ein Quartett im Wiener Musikleben etabliert und mit diesem über fünf Saisons Konzertzyklen veranstaltet.
69 Siehe Der Humorist 230 (1849), S. 928.
70 Siehe Die Presse [Wien] 06.10.1849, NP; Wiener Zeitung 08.12.1849, NP. Tatsächlich konzertierte das Jansa-Quartett in dieser Besetzung bis 1850 weiter.
71 Wiener Zeitung 27.10.1849, S. 16.
72 Hanslick: *Geschichte des Concertwesens*, S. 400.

hinzugezogen.⁷³ Ab 1847 begegnete er denselben Musikern als Kollegen in der Hofkapelle.⁷⁴ Ob und inwiefern in diesem Fall außerdem Georg Hellmesberger d. Ä. – zum einen in der Funktion als Konzertmanager seines Sohnes und zum anderen als früherer Quartettpartner von Leopold Jansa sowie dessen Kollege am Konservatorium und der Hofkapelle – vermittelnd agiert hat, muss offen bleiben.⁷⁵

Anders als dem Jansa-Quartett gelang es dem Nachfolge-Ensemble unter Josef Hellmesbergers Leitung, die von Ignaz Schuppanzigh begründeten, öffentlichen Quartettveranstaltungen langfristig zu etablieren und damit die in Wien schon um 1800 in Dilettantenkreisen hochpopuläre Quartettmusik aus dem privaten bzw. teils halböffentlichen Rahmen in den öffentlichen Raum zu überführen. Schuppanzigh hatte erstmals von 1804/05 bis 1816 und von 1823 bis zu seinem Tod im Jahr 1830 öffentliche Streichquartett-Zyklen veranstaltet, deren programmatisches Zentrum Kompositionen von Haydn, Mozart und Beethoven bildeten und die, so Ingrid Fuchs, „im Musikleben Wiens eine überragende Stellung"⁷⁶ eingenommen hatten. Das Jansa-Quartett konnte nicht an die Erfolge anknüpfen. Ignaz Franz Edler von Mosel resümiert 1843 rückblickend, dabei die Leistungen dieses Ensembles übergehend: „Die Kammermusik war während der letzten zwei Decennien in beständiger Abnahme"⁷⁷. Und Constant von Wurzbach hebt vor eben diesem Hintergrund die Leistung des Hellmesberger-Quartetts für die Wiener Musikkultur hervor: „Durch die von ihm in's Leben gerufenen Quartetten", so der Autor, „hat er sich um das vor der Begründung derselben dahinsiechende musikalische Leben in Wien ein bleibendes Verdienst erworben."⁷⁸

---

73 Siehe Eugène Eiserle: „Joseph Hellmesberger als Quartettspieler", in: *Der Zwischen-Akt* 33 (02.02.1860), NP.

74 Siehe Uwe Harten: „Jansa, Leopold", in: *Oesterreichisches Musiklexikon online*, 2001, https://musiklexikon.ac.at/0xc1aa5576_0x0001d2ef; 29.03.2021; siehe auch Theophil Antonicek: „Jansa, Leopold", in: Historische Kommission bei der bayerischen Akademie der Wissenschaften (Hg.): *Neue Deutsche Biographie*, 27+ Bde., Bd. 10. Berlin: Duncker & Humblot, 1974, S. 339.

75 Bei der an verschiedenen Stellen formulierten Annahme, dass Jansas Posten als Primarius frei wurde, weil der Musiker nach einem Auftritt im Konzert zugunsten ungarischer Revolutionäre in London seiner Wiener Ämter enthoben wurde und sich nach England ins Exil begeben habe, handelt es sich um eine Verwechslung. Der entsprechende Vorfall ereignete sich 1851, Jansa wurde darauf aus der Hofkapelle entlassen und blieb in London. Siehe Signale für die musikalische Welt 35 (1851), S. 307; siehe Harten: „Jansa, Leopold".

76 Fuchs: „Violinspiel im öffentlichen und privaten Musikleben Wiens", S. 21.

77 Ignaz Franz Edler von Mosel: „Die Tonkunst in Wien während der letzten fünf Decennien", in: *Allgemeine Wiener Musik-Zeitung* 138 (1843), S. 581f., hier S. 582. Drastischer formuliert Eduard Hanslick in seiner *Geschichte des Concertwesens*: „Die Kammermusik lebte in der Periode 1830–1848 kümmerlichste Tage. Seit dem Tode Schuppanzigh's entbehrte Wien durch mehrere Jahre jeder stabilen öffentlichen Quartettgesellschaft." Hanslick: *Geschichte des Concertwesens*, S. 305.

78 Wurzbach: *Biographisches Lexikon des Kaiserthums Oesterreich*, Bd. 8, S. 286.

Zuvor seien es vor allem reisende Ensembles – wie das Quartett Müller aus Braunschweig oder das Quartett Moralt aus München – gewesen, die erfolgreich in Wien konzertiert hatten. Jansa, so Hanslick, gleichsam die Misserfolge der Quartettvereinung erläuternd,

> eröffnete [...] im November 1834 [...] einen Abonnementscyclus von sechs Quartettabenden; sie fanden jedoch wenig Anklang und wurden wieder eingestellt. Im Jahre 1836 wiederholte Jansa sein Unternehmen (mit [Karl] Holz, [Josef] Khayll und [Ägidius] Borzaga), wie es scheint, mit nicht günstigerem Erfolge. Unter dem Virtuosenenthusiasmus der folgenden Jahre scheint dem Wiener Publicum die ruhige und gesammelte Stimmung, welche für den schmucklosen Ernst der Kammermusik unentbehrlich ist, ganz abhanden gekommen zu sein. Jansa war nicht entfernt die Persönlichkeit, einen Umschwung dieser Stimmung und einen bleibenden Sieg des Quartettspiels zu bewirken. Er war ein anständig geschulter, correcter, mitunter auch eleganter Spieler ohne jeglichen Anflug von Größe oder Genialität. Dieser Charakter prägte sich denn auch dem ganzen Quartett auf.[79]

Hanslick spricht hier die an mehreren Stellen konstatierte „Verflachung des Musikgeschmacks im öffentlichen Konzertleben"[80] an. Verschiedene Autoren beklagen unter diesem Stichwort eine Entwicklung, die sie im Anschluss an Auftritte von Musikern wie Niccolò Paganini in Wien beobachteten: Die Donaumetropole wurde zum Anziehungspunkt einer Vielzahl von Virtuos*innen, die in ihren Konzerten, auch gemeinsam mit Künstlerkolleg*innen, abwechslungsreiche und publikumswirksame Programme boten, denen indes im Laufe der Zeit immer häufiger mangelnder Kunstanspruch und Überbetonung des Performativen vorgeworfen wurde. Zur Mitte des 19. Jahrhunderts sahen sich Virtuos*innen im musikästhetischen Diskurs zunehmender Kritik ausgesetzt.

Dem Hellmesberger-Quartett scheint vor diesem Hintergrund ein Spagat gelungen zu sein, indem es zum einen kammermusikalische Programme bot, denen absoluter Kunstanspruch[81] zugestanden wurde, durch die der Vorwurf der vielbeklagten

---

79 Hanslick: *Geschichte des Concertwesens*, S. 306.
80 Fuchs: „Violinspiel im öffentlichen und privaten Musikleben Wiens", S. 21.
81 Hanslick als Verfechter der Absoluten Musik äußert dezidiert mit Blick auf das Hellmesberger-Quartett: „Kaum ist die Pflege eines andern Musikzweiges von so reinem bildenden Einfluß, als die des Quartetts. In die Grenzen von vier gleichartigen Instrumenten gebannt, ausgeschlossen von dem selbstständigen Reiz der Klangwirkung und des Contrastes, ist das Quartett mehr als eine andere Kunstform berufen, durch die reine Bedeutung ihres Inhalts zu wirken. Keusch, verständig, sinnvoll, prunklos, läßt sie nur gelingen, was durch die innerste Kraft des musikalischen Gedankens

‚Verflachung' des musikkulturellen Angebots von vornherein als entkräftet galt. Entsprechend formuliert auch Robert Hirschfeld in seinem eingangs zitierten Nachruf auf Josef Hellmesberger d. Ä.:

> Er hat durch seine Kammermusikabende der Musikpflege in Wien Anstoß, Richtung und Ziel gegeben, er hat als Künstler, dem Virtuosenthume gänzlich abgekehrt, Zahllose erhoben, als Meister Zahllose gebildet, er hat dem Institute, das er durch vierzig Jahre leitete, in bösen und guten Tagen seine volle Kraft gewidmet. Die Spuren seiner Regsamkeit, seines Geistes im Gebiete der Kammermusik werden sichtbar bleiben, so lange man in der Musikwelt noch Classiker ehrt.[82]

Zum anderen beschränkte sich das Ensemble, anders etwa als die Vorgänger im Jansa-Quartett, nicht auf Quartettliteratur, sondern bezog in die Konzerte Kammermusik für größere Besetzung ebenso mit ein wie Soloklavier- und Gesangsbeiträge.[83] Die hierfür hinzugezogenen Streicher*innen und Bläser entstammten in der Regel dem Kollegen- und Schüler*innenkreis Josef Hellmesbergers d. Ä.; und auch die langjährig mit dem Hellmesberger-Quartett wirkenden Pianisten Eduard Pirkhert, Josef Dachs, Julius Epstein, Wilhelm Schenner und Anton Door gehörten dem Konservatoriumskollegium an. Darüber hinaus engagierte Hellmesberger eine Vielzahl teils hochrenommierter Pianist*innen, die sowohl dem Wiener Kontext entstammten als auch im Rahmen von Konzertaufenthalten in der Kaiserstadt gastierten. Von den über 80 Künstler*innen seien etwa Clara Schumann, Alexander Dreyschock, Otto Dessoff, Emil Paur, Julie von Asten, Gabriele Joël, Josef Rubinstein, Sofie Menter, Olga Florian, Xaver Scharwenka und Marie Baumayer genannt. Komponisten wie Johannes Brahms, Anton Rubinstein, Eduard Schütt und Camille Saint-Saëns spielten mit dem Quartett eigene Kompositionen, zum Teil in von Publikum und Kritikern vielbeachteten Ur- oder Wiener Erstaufführungen.[84] Dass es Josef Hellmesberger d. Ä.

---

bestehen kann. – Wir bringen dem Manne, der durch zehn volle Jahre dem Streichquartett in Wien eine liebevolle, vervollkommnende Pflege widmete, hiermit den Ausdruck der wärmsten, dankbarsten Anerkennung." Eduard Hanslick, Die Presse [Wien] 26.11.1859, NP. Zur Bedeutung, die dem Streichquartett als Gattung beigemessen wurde, siehe auch Ludwig Finscher: „Zur Geschichte des Streichquartetts als musikalischer Gattungsgeschichte", in: Vera Schwarz (Hg.): *Violinspiel und Violinmusik in Geschichte und Gegenwart*. Wien: Universal Edition, 1975 (= Beiträge zur Aufführungspraxis 3), S. 80–89, hier S. 86f.

82 Hirschfeld: Josef Hellmesberger †.
83 Siehe Wiener Zeitung 09.05.1853, S. 112f. [Kommentar von Eduard Hanslick]; siehe auch Die Presse [Wien] 15.11.1853, NP.
84 Siehe Knopp: *Das Hellmesberger-Quartett*, S. 11–13.

schon frühzeitig gelang, honorige Künstler*innen für die Quartettabende zu gewinnen, ist vermutlich seiner Doppelfunktion als Quartettprimarius und artistischer Direktor der Gesellschaft der Musikfreunde, als der er ab 1851 dem Konservatorium und dem Verein in künstlerischen Belangen vorstand,[85] zuzuschreiben. Als Konzertveranstalter war die Gesellschaft zentrale Anlaufstelle für Künstler*innen, die eigene Konzerte im Musikvereinssaal veranstalten oder im Rahmen von Gesellschaftskonzerten auftreten wollten. Es ist naheliegend, dass Hellmesberger über diese Schnittstelle Musiker*innen auch für die Quartettabende akquirieren konnte.[86]

Josef Hellmesberger blieb – von 1849 bis 1887 – über knapp vier Jahrzehnte Primarius des Quartetts. Abseits der ersten Violine aber änderte sich die Besetzung in den knapp fünf Jahrzehnten mehrfach. Verlässlich blieben demgegenüber die personellen Netzwerke, denen die Kollegen entstammten: Sie gehörten sämtlich dem Familien- bzw. Schüler- und Kollegenkreis Hellmesbergers am Konservatorium sowie der Hofoper, den Wiener Philharmonikern und der Hofkapelle an.[87]

Tab. 1: Mitglieder des Hellmesberger-Quartetts

Stimme	Musiker	Zeitraum
I. Violine	Josef Hellmesberger d. Ä.	1849–1887
	Josef Hellmesberger d. J.	1887–1901
II. Violine	Matthias Durst	1849–1865
	Carl Hofmann	1865–1867
	Dragomir Krancsevics	1867/68; 1869/70
	Adolf Brodsky	1868/69
	Josef Hellmesberger d. J.	1870–1875; 1876–1887

---

85 Als 1859 die Direktion von Konservatorium und den Gesellschaftskonzerten aufgegliedert wurde, übernahm der österreichische Komponist und Dirigent Johann Franz Ritter von Herbeck letztere, Josef Hellmesberger d. Ä. behielt bis Ende des Jahrhunderts den Direktorposten am Konservatorium.

86 Auf die Relevanz dieser Doppelfunktion für die programmatische Ausrichtung der Konzertveranstaltungen weist Eduard Hanslick hin: „Die künstlerische Personalunion, welche zwischen diesen beiden bedeutendsten Konzertcyklen Wiens dadurch besteht, daß Hr. Hellmesberger, Direktor der Gesellschaftskonzerte und Primgeiger der Quartette ist, erscheint uns keineswegs bedeutungslos, indem dieselbe Perönlichkeit nicht umhin kann, in all ihren Aeußerungen auch dasselbe Prinzip festzuhalten und dadurch einheitlich zu verbinden, was sonst vielleicht unfruchtbar auseinander gefallen wäre." Eduard Hanslick: „Die Wiener Konzertsaison in ihrer künstlerischen Bedeutung. (1852–1853.)", in: *Wiener Zeitung*, 09.05.1853, S. 112f., hier S. 112.

87 Eine Übersicht der Mitglieder hat auch Anna Knopp in ihrer Diplomarbeit zusammengestellt. Siehe Knopp: *Das Hellmesberger-Quartett*.

	Franz Radnitzky	1875/76
	Julius Egghard	1887–1901
Viola	Carl Heissler	1849–1855
	Franz Dobyhal	1855–1868
	Sigmund Bachrich	1868–1880
	Josef Maxintsak	1880–1890
	Theodor Schwendt	1890–1901
Violoncello	Carl Schlesinger	1849–1855
	Ägidius Borzaga	1855–1858
	Bernhard Cossmann	1858/59
	Heinrich Röver	1859–1868; 1872–1875
	David Popper	1868–1872
	Franz Hilpert	1875/76
	Reinhold Hummer	1876–1880
	Josef Sulzer	1880–1883
	Ferdinand Hellmesberger	1883–1901

Die Musiker des Hellmesberger-Quartetts veranstalteten zunächst in der Regel zwei Konzertzyklen pro Saison mit insgesamt 12 Konzerten, später wurde ihre Zahl reduziert. Ab den 1870er Jahren fand in der Regel nur noch ein Zyklus je Saison mit sechs Konzerten statt.[88] Im Vergleich mit weiteren zeitgenössischen Ensembles konnte allein das Joachim-Quartett eine ähnlich kontinuierliche Konzertdichte aufweisen. Am 02.02.1860 veranstaltete das Hellmesberger-Quartett sein 100. Konzert.[89] Zusammenfallend mit dem 40-jährigen Jubiläum fand – nun unter der Ägide von Josef Hellmesberger d. J. – am 19.12.1889 die 300. Produktion statt.

Die Quartettkonzerte wurden im Abonnement veranstaltet. Ein Großteil der Karten war damit je vorab vergeben, viele Abonnent*innen blieben den Quartettveranstaltungen über Jahre und Jahrzehnte hinweg treu.[90] Die übrigen Kontingente wurden einige Tage vor den Konzerten in den Verkauf gegeben. Räumlich waren die Quartettabende zunächst im Saal der Gesellschaft der Musikfreunde im Haus „Zum roten Igel" (Unter den Tuchlauben) untergebracht. Der etwa 700 Sitzplätze fassende

---

88 Siehe Anonym: *Quartett Hellmesberger. Sämmtliche Programme vom I. Quartett am 4. November 1849 bis zum 300. Quartett am 19. Dezember 1889 gesammelt und dem Begründer der Quartette Josef Hellmesberger sen. gewidmet von einem der ältesten Quartett-Besucher* [Wien: Selbstverlag, 1889].
89 Siehe Borchard: „Kulturpolitik im Berlin der Kaiserzeit", S. 184.
90 Siehe Allgemeine musikalische Zeitung 48 (1863), Sp. 817, siehe ebd. 10 (1872), Sp. 166; siehe auch Neue Freie Presse [Wien] 28.11.1882, S. 2.

Saal wurde von der Gesellschaft auch vermietet und war damit der erste öffentliche Konzertsaal Wiens.[91] Mit dem 1870 erfolgten Umzug der Musikfreunde in das repräsentative Musikvereinsgebäude nahe der Karlskirche fanden die Konzerte des Hellmesberger-Quartetts fortan im dortigen Kleinen Saal statt. Aufgrund der hohen Nachfrage wurden sie ab 1878 und regelmäßig ab Anfang der 1880er Jahre in den Großen Saal verlegt,[92] was seitens der Presse aufgrund der akustischen Verhältnisse mit einiger Kritik bedacht wurde. Zur Saison 1886/87 kehrte Hellmesberger mit den Quartettabenden wieder in den Kleinen Saal zurück. Unter der Leitung Josef Hellmesbergers d. J. wurden die Quartettveranstaltungen ab 1893 in den im Palais Liechtenstein untergebrachten Bösendorfer-Saal veranstaltet.[93] Der zuvor als Reitschule genutzte Saal wurde aufgrund seiner akustischen Gegebenheiten weithin geschätzt.

Die Quartettzyklen waren damit von vornherein an ebenso prominenten wie vielbesuchten Orten des Wiener Musiklebens untergebracht. Gleichwohl fällt auf, dass der Umzug vom Musikvereinssaal in den Bösendorfer-Saal zeitlich in das Todesjahr von Josef Hellmesberger d. Ä. fällt, der noch bis kurz vor seinem Tod das Amt des Direktors am Konservatorium der Gesellschaft der Musikfreunde bekleidete und damit auch vereinsintern Einfluss geltend machen konnte. Dass Josef Hellmesberger d. J. nicht den gleichen Einfluss und damit nicht die gleichen Privilegien wie sein Vater genoss, dass hier also wegfallende Netzwerkbeziehungen den Umzug bedingten, ist zumindest vorstellbar.

---

91 Siehe Hennenberg: *Das Konservatorium der Gesellschaft der Musikfreunde in Wien*, S. 80.
92 Ein weiterer Grund für den Umzug der Quartettreihe in den Großen Saal waren neue Sicherheitsvorkehrungen, die nach dem Ringtheaterbrand im Jahr 1881 getroffen wurden: „Die ‚Vorsichtsmaßregeln' gegen Feuersgefahr [sic], welche jetzt mit unglaublicher Leidenschaft practicirt werden, haben die Sperrsitzreihen des kleinen Musikvereinssaales so arg decimirt, daß Herr Hellmesberger viele seiner langjährigen Quartett-Abonnenten daselbst nicht mehr placiren konnte. Es half nur die Uebersiedlung in den großen Saal. Hier zeigte sich wieder einmal, daß jedes Uebel auch etwas Gutes als kleinen Auswuchs an sich trägt. Zahlreiche neu eintretende Quartettbesucher meldeten sich jetzt, welche sich früher nicht hatten entschließen können, sich auf die furchtbare Hitze und das Gedränge in dem stets überfüllten kleinen Saale zu abonniren." Neue Freie Presse [Wien] 28.11.1882, S. 2.
93 1891 hatte sich Josef Hellmesberger d. J. bereits um neue Räumlichkeiten für die Quartettveranstaltungen bemüht und dabei den Namen des Vaters als Referenz genutzt: „Hochgeehrter Herr Professor! Wollen Sie mir die unbescheidene Anfrage nicht übel nehmen, ob Sie geneigt wären das Quartett Hellmesberger in Ihrem Atelier aufnehmen zu wollen? Sie waren vor 25 Jahren so liebenswürdig und vielleicht hat sich Ihr liebenswürdiges Entgegenkommen gegen meinen Vater auch auf den Sohn übertragen. In der ergebenen Erwartung einer freundlichen Antwort zeichnet sich Ihnen mit dem Ausdrucke der vorzüglichsten Hochachtung Ihr ergebener Josef Hellmesberger jun. k. k. Hofopernkapellmeister Wien I. Niebelungengasse 10." Josef Hellmesberger d. J.: Brief an Unbekannt, o. O., 19.10.1891. ÖNB Sammlung Handschriften und alte Drucke (Autogr. 250/66-1 Han).

Neben den öffentlichen Konzertveranstaltungen ließ sich das Hellmesberger-Quartett außerdem in privaten bis halböffentlichen Gesellschaften hören. Über eine solche Gelegenheit berichtet der Pianist Julius Epstein seiner Kollegin Florence May. Anlässlich von Johannes Brahms' erstem Wienbesuch im Jahr 1862 hatte er in seinem Haus eine musikalische Soiree veranstaltet; renommierte Wiener Musiker waren eingeladen. Brahms hatte hier mit den Mitgliedern des Hellmesberger-Quartetts seine im vorigen Jahr fertiggestellten Klavierquartette Nr. 1 g-Moll op. 25 und Nr. 2 A-Dur op. 26 vorgetragen, von denen das erste im Quartettabend am 16.11.1862 und das zweite am 29.11.1862 in einem Konzert des Komponisten im Saal der Gesellschaft der Musikfreunde in Wien erstmals öffentlich aufgeführt wurde: „Brahms in 1862 played the Quartets in G minor and A major with the members of the Hellmesberger Quartet (Hellmesberger, Dobyhal and Röver) at my house [Haus von Julius Epstein, Anm. AB] in the Schulerstrasse, in the first place [...][.] We were all delighted and carried away. The works were shortly afterwards played in public by Brahms with the same colleagues."[94]

Abb. 6: Hellmesberger Quartett, Photographien von Fritz Luckhardt, Wien, nach 1873[95]

---

94 Florence May: *The Life of Johannes Brahms*, 2 Bde., Bd. 2. London: Edward Arnold, 1905, S. 6.
95 Sammlung Manskopf, SUB Frankfurt a. M. (S 36/F08795).

Von den öffentlichen Quartettabenden sind zahlreiche Programme überliefert,[96] die Aufschluss über das umfangreiche Repertoire bieten. Dabei fällt zum einen auf, dass nur selten Kompositionen mehrfach gespielt wurden. Zum anderen werden Schwerpunkte samt einer Verschiebung des Fokus über die Jahre hinweg sichtbar: Anfangs spielte das Quartett kaum Werke lebender Komponisten – in Wien noch nicht oder wenig gehörte Werke von Händel, Johann Sebastian Bach, Beethoven, Schubert und Mendelssohn, außerdem Kammermusik von Brahms, Haydn, Mozart, Robert Schumann und Spohr bildeten den Kern der Programme. Viel gespielt waren Quartette von Mendelssohn und Schumann, außerdem Werke von Brahms und Schubert, von letzterem vor allem das Quartett Nr. 14 d-Moll (*Der Tod und das Mädchen*) D 810, das Streichquintett C-Dur D 956 sowie das Klaviertrio Nr. 2 Es-Dur D 929. Vom Quintett C-Dur spielte das Hellmesberger-Quartett die Wiener Erstaufführung, ebenso von Schuberts Quartetten Nr. 8 B-Dur D 112, Nr. 9 g-Moll D 173 und Nr. 15 G-Dur D 887. Mit ihren Aufführungen lieferte das Ensemble zugleich wesentliche Impulse für den Verlag einiger dieser Werke.[97]

Später widmeten sich die Musiker verstärkt zeitgenössischen Kompositionen, vielfach auch Wiener Provenienz, etwa von Selmar Bagge, Hermann Grädener, Franz Grutsch, Johann von Herbeck, Moritz Kässmeyer, Gottfried Preyer, Johann Vesque von Püttlingen, oder dem Quartettkollegen Sigmund Bachrich. Ab Mitte der 1850er Jahre mehrt sich die Zahl der Uraufführungen zeitgenössischer Werke.

Kennzeichnend ist daneben die Präsenz der späten Quartette Beethovens, die zu den meistgespielten Kompositionen im Repertoire des Ensembles zählen. In Wien, aber auch andernorts, waren sie bislang kaum gespielt und gelangten erst durch die Aufführungen des Hellmesberger-Quartetts zu Bekanntheit. Das Ensemble habe, so ist einem Portrait über Josef Hellmesberger d. Ä. im *Musikalischen Wochenblatt* zu entnehmen, das Wiener Publikum „für diese strenge, keusche Kunstgattung erzogen"[98].

---

96 Für die Jahre bis 1889 siehe Anonym: *Quartett Hellmesberger. Sämmtliche Programme*; siehe außerdem Programme Hellmesberger-Quartett, A-Wst (A 164300). Einzelne Programme befinden sich auch im Archiv der Wiener Philharmoniker, A-Wph (Archiv WP H/19.23 und Archiv WP H/19.25).
97 Siehe Knopp: *Das Hellmesberger-Quartett*, S. 6.
98 Anonym: „Josef Hellmesberger", 1870, S. 709f. Damit sollte vor allem die in der zeitgenössischen Presse kolportierte Darstellung, derzufolge das Florentiner Quartett, bestehend aus Jean Becker (Violine I), Enrico Masi (Violine II), Luigi Chiostri (Viola) und Friedrich Hilpert bzw. (ab 1875) Louis Hegyesi (recte: Spitzer), die späten Beethoven-Quartette in Wien bekannt gemacht hätte, relativiert werden: „Wenn behauptet wurde, erst durch die Florentiner sei das Verständniss des letzten Beethoven für Wien erschlossen worden, so ist das entschieden übertrieben. Hellmesberger hat dem Quartett Becker hierin riesig vorgearbeitet, es steht sogar für uns unzweifelhaft fest, dass die Florentiner nie so glänzende Triumphe bei den Wienern hätten erringen können, wenn nicht die Letzteren von Hellmesberger wären für diese strenge, keusche Kunstgattung erzogen worden." Ebd., S. 710.

Dieser Aspekt der Erziehung und Bildung des Publikums durch die Aufführung der zunächst wenig geschätzten späteren Beethoven-Quartette sowie unbekannter zeitgenössischer Literatur zieht sich durch die Rezeption des Ensembles und wird hier auch als eine wesentliche Leistung von Hellmesberger als Primarius gewertet. Im besagten Portrait heißt es weiter: „Die Hörer lebten sich, anfangs befremdet, vielleicht widerwillig in die Werke ein, die sie bald bewundern mussten – und, was die Hauptsache ist, von Jahr zu Jahr genauer kennen lernten – tiefer erfaßten."[99] Daneben formuliert Hanslick 1859 anlässlich des Quartett-Jubiläums: „Hellmesberger wußte mit seinen Quartett-Productionen dem Publicum nicht blos an hundert genußreiche Abende zu bereiten, er hat damit auf die ganze musikalische Bildung in Wien tief und erfolgreich gewirkt."[100] Und Ludwig Eisenberg bemerkt noch einige Jahrzehnte später, dabei auch die Bedeutung Hellmesbergers als Quartettprimarius für die Entwicklung des Wiener Musiklebens hervorhebend:

> Mit seinen Quartettsoiréen hat er gleichsam eine neue Aera des Wiener Musiklebens eröffnet, indem dem grossen Publikum Gelegenheit geboten wurde, die wenig gehörten letzten Quartette Beethoven's, sowie eine Anzahl hervorragender Schöpfungen moderner Meister in geradezu vollendet künstlerischer Weise kennen zu lernen. Die gediegene Ausführung classischer Compositionen, wie sie das Quartett H.'s bot, erfuhr von der gesammten Fachkritik einstimmig die lobendste und anerkennendste Beurtheilung, so dass die Leistungen des Quartettes, sowie dieses selbst, weit über die Grenzen unseres Vaterlandes Berühmtheit genossen.[101]

Das Hellmesberger-Quartett prägte über fünf Jahrzehnte das Wiener Konzertleben. Es entwickelte sich, so formuliert es Ingrid Fuchs, zu dem „wohl bedeutendste[n] Kammermusikensemble Wiens der zweiten Jahrhunderthälfte"[102]. Dass es zunächst für sich beanspruchen konnte, die einzige ständige und öffentlich konzertierende Streichquartettformation in der Donaumetropole zu sein, erweist sich als eine entscheidende Vorbedingung für diese Reputation. Bis in die 1880er Jahre mussten sich die Musiker allein mit durchreisenden Ensembles wie dem Joachim-Quartett, dem Florentiner-Quartett oder dem Müller-Quartett messen und bestanden diese

---

99 Ebd., S. 709.
100 Die Presse [Wien] 26.11.1859, NP.
101 Ludwig Eisenberg: *Das geistige Wien. Künstler- und Schriftsteller-Lexikon*, 2 Bde., Bd. 1, 5. Aufl. Wien: C. Daberkow's Verlag, 1893, S. 201.
102 Fuchs: „Violinspiel im öffentlichen und privaten Musikleben Wiens", S. 22.

Herausforderung nach Meinung vieler Wiener Kritiker auch.[103] Eduard Hanslick macht indes auf die fehlenden Vergleichspunkte und Konkurrenzen als Grundlage einer objektiveren Beurteilung des Hellmesberger-Quartetts aufmerksam, und zwar anlässlich von Auftritten auswärtiger Ensembles in der Saison 1853/54:

> Die üppige Quartettenernte verdanken wir dem Abwechseln der Gesellschaften Müller, Vieuxtemps und Hellmesberger, einer Constellation, die sich von hohem musikalischem Interesse und förderndem Einfluß auf diesen Zweig unserer Musikthätigkeit erwies. Das ‚Hellmesberger'sche Quartett', das sich einer verdienten[,] aber durch keine Vergleichung kontrolirten Beliebtheit erfreut hatte, erhielt plötzlich in Müller und Vieuxtemps zwei Nebenbuhler von eminenter Bedeutung.[104]

Der Kritiker betont Vorzüge der Ensembles, das exakte Zusammenspiel des Müller-Quartetts, die herausstechende Primstimme im Vieuxtemps-Quartett, hält aber zugleich fest:

> Es wäre allzu befangen, der Hellmesberger'schen Gesellschaft in einer dieser beiden Eigenschaften die gleiche Höhe der Virtuosität vindiziren zu wollen. Zum Glück besitzt diese so hohe und selbstständige Vorzüge, daß sie trotz der genannten Rivalität ihre Quartetten mit ungeschwächtem Beifall, ja mit der Anerkennung fortsetzen konnte, in einigen Spezialitäten (z. B. den Variationen aus Schuberts D-moll-Quartett, den ersten 3 Sätzen von Mendelssohns Es-dur-Quartett, dann in zahlreichen Stücken von Spohr und Mozart) nicht erreicht worden zu sein.[105]

---

103 „Die letzten Jahre in Wiens Musikleben setzten denn nun das Quartett Hellmesberger's dem Feuer verschiedenartigster Concurrenz aus: die grossen Virtuosen Laub und Joachim kamen nach Wien und gaben Quartette; der gefährlichste Rival entstand aber in dem berühmten Florentiner Quartettverein von Jean Becker, welcher im Jahre 1868 durch seine technisch unübertroffenen Vorträge sich die Gunst der Wiener nur im Fluge eroberte und seitdem ständiger Concurrent des einheimischen Quartettvereins geworden ist. Hellmesberger hat indess auch diese Concurrenz mit Ehren bestanden. Kann man die vollendete Egalität und Gleichberechtigung aller Instrumente im Vortrage der Florentiner, den wunderbaren Wohlklang der ersteren, die künstlerische Einfachheit ihres Spieles nicht genug preisen, so darf man doch ihre Verdienste um die Verbreitung der Quartettmusik in Wien nicht überschätzen. [...] Auch muss die sowohl technische und noch mehr geistige persönliche Ueberlegenheit Hellmesberger's über den Primgeiger der Florentiner – Jean Becker – hervorgehoben werden, welche ihren Impuls auf einzelne Vorträge des ganzen Quartetts rückäussert." Anonym: „Josef Hellmesberger", 1870, S. 709f.
104 Wiener Zeitung 15.05.1854, S. 137f., hier S. 137.
105 Ebd.

Erst 1882 trat mit dem Rosé-Quartett – in der anfänglichen Besetzung mit den Brüdern Arnold (Violine I) und Eduard Rosé (Violoncello), Julius Egghard (Violine II) und Anton Loh (Viola) – ein weiteres Wiener Streichquartett in Erscheinung, das sich in den folgenden Jahren ein vergleichbares Renommee erwarb und später als Nachfolge des Hellmesberger-Quartetts betrachtet wurde.[106]

Von vornherein erfuhren die Musiker des Hellmesberger-Quartetts eine hochschätzende Aufnahme durch Publikum und Musikkritik. Bereits im März 1850 zählt ein Redakteur der Zeitschrift *Der Humorist* die Auftritte des noch jungen Quartetts „zu dem Hervorragendsten, was die ausübende Kunst Wiens bietet."[107] Auch Hanslick gesteht dem Ensemble schon frühzeitig eine grundlegende Bedeutung für das Wiener Konzertleben und dessen Entwicklung zu. Mitte der 1850er schreibt er für die *Wiener Zeitung*:

> Wem die Theilnahme an den ‚Gesellschaftskonzerten' noch kein hinreichender Beweis für die echte, gediegene Richtung in Wien ist, den verweisen wir auf den Besuch einer Hellmesberger'schen Quartettsoirée. Der gedrückt volle Saal, die andächtige Stille, nur hie und da durch ein Murmeln beifälligen Verständnisses unterbrochen, endlich der freudig-herzliche, laute Beifall nach jedem Stück wird den Zweifler belehren.[108]

Die religiöse Metaphorik, der er sich hier mit Verweis auf die ‚andächtige Stille' bedient, findet sich auch in weiteren Rezensionen. Hanslick selbst bewertet die Quartettproduktionen ein Jahrzehnt später als „den Wiener Kunstfreunden ein würdiges, bald unentbehrlich gewordenes Asyl musikalischer Andacht."[109] Auf ähnliche Weise mystifizieren auch die Kollegen des Konservatoriums das Hellmesberger-Quartett. Anlässlich des 40-jährigen Jubiläums dieses Ensembles verweisen sie auf dessen geschichtsträchtige Bedeutung für das Wiener Musikleben:

> Weit über die Grenzen unseres Vaterlandes strahlt der Ruhm dieser von Ihnen [gemeint: Josef Hellmesberger d. Ä., Anm. AB] gegründeten Unternehmung[,] deren Bestand mit Recht ein bedeutsames Kapitel des Musikgeschichte Wiens

---

106 In seiner Reichweite übertraf es das Hellmesberger-Quartett schon bald, nicht zuletzt durch die internationale Konzerttätigkeit. Es lässt sich, so Fuchs, als „dessen Erbe als führendes Wiener Streichquartett" (Fuchs: „Violinspiel im öffentlichen und privaten Musikleben Wiens", S. 22) betrachten.
107 Der Humorist 61 (1850), S. 244.
108 Hanslick: „Die Wiener Konzertsaison", S. 112.
109 Eduard Hanslick: „Quartettproduktionen", in: *Österreichische Revue* 8 (1864), S. 165–200, hier S. 178.

bildet, denn das Quartett Hellmesberger war stets ein begeisterter, edelster Kunst geweihter Bund, seine Gediegenheit erzog ein Publikum, das nicht der Mode halber herbeiströmte, sondern Musik zum Cultus erhob. Läuternd und fördernd wirkten seine Programme auf die musikalischen Zustände, sie hielten sich unerschütterlich fern von gefallsüchtiger Musik, führten der Welt jederzeit in vollendeter Weise die Wunder der verewigten Tondichter vor und bahnten mit sicherer Hand den lebenden Componisten den Weg. Seine höchste Mission aber erfüllte dieser künstlerische Verband, so oft seine Genossen den andächtig lauschenden Hörern die Mysterien der letzten Quartette Beethovens enthüllte. Den Geist preisend, der diese edlen Kunstgenüsse hervorrief, ergreift der Lehrkörper des Wiener-Conservatoriums die ihm jetzt gebotene Gelegenheit, um sich an Sie hochverehrter Herr mit dem aufrichtigen Wunsche zu wenden, daß Ihre ruhmreiche Schöpfung noch lange Zeit in gleicher Vollendung blühe und gedeihe zur Freude der musikalischen Welt und Ihrer dankbaren Verehrer.[110]

Selten wird negative Kritik geübt. Ebendiese richtete sich zuweilen auf die Tongebung der einzelnen Musiker wie des gesamten Quartetts, wobei die Urteile hier auffällig auseinandergehen. Wiederholt wird allerdings auf die Dominanz der ersten Violine hingewiesen, die dem zeitgenössischen Ideal des egalitären Spiels bzw. homogenen Gesamtklangs entgegenstand.[111] Ein Rezensent des *Musikalischen Wochenblatts* lobt etwa den „poetischen, durch und durch gefühlvollen Vortrag, die Pointirung des feinen Details"[112] durch den Primarius, merkt aber auch an, „dass die erste Violine sich hier und da zu sehr in den Vordergrund drängt, sowie dass Hellmesberger die einfachsten Compositionen mit einem gewissen Anflug von Sentimentalität vorzutragen liebt, Eigenheiten, die sich der Künstler, bei dem langjährigen Mangel jeglicher Concurrenz, vom Publicum fast verhätschelt, – angewöhnt hat, die er indess [sic] in neuester Zeit mehr und mehr ablegt."[113] Eugène Eiserle lobt im *Zwischen-Akt*

---

110 Adresse zum vierzigjährigen Bestehen bzw. zur 300. Quartettproduktion von dem Lehrpersonal des Konservatoriums, ohne Unterschriften, [1889]. A-Wn (Mus. Hs. 33731/7).
111 Siehe Finscher: „Zur Geschichte des Streichquartetts"; zum Streichquartett siehe auch den entsprechenden Artikel von Finscher in: Laurenz Lütteken (Hg.): *MGG Online*, Kassel/Stuttgart/New York 2016ff., zuerst veröffentlicht 1998, online veröffentlicht 2016, https://www.mgg-online.com/mgg/stable/11385; 07.05.2021.
112 Anonym: „Josef Hellmesberger", 1870, S. 709.
113 Ebd. Auch bei Hanslick klingt dies an; allerdings spricht er weniger konkret vom „geistigen Impuls", durch den sich Hellmesberger von seinen Quartettkollegen abhebe. Anlässlich der 100. Quartettproduktion 1859 schreibt der Kritiker: „Wenn es auch im Quartett keinen Rang-Unterschied gibt, sondern jeder der Geiger zugleich der Erste ist, so geht doch begreiflicherweise

Hellmesbergers Technik und Ton: „Was Josef Hellmesberger als Violinspieler leistet, ist bereits unzählige Male gewürdigt worden. Die schwierigsten und combinirtesten Phrasen entwickelt er mit einer Reinheit und Klarheit, mit einer Eleganz und einem Schwung, welche eben nur das Genie zu geben vermag."[114]

Mit der Übergabe der Quartettleitung von Josef Hellmesberger d. Ä. an seinen Sohn Josef im Jahr 1887 mehren sich abschlägige Urteile der Kritiker und Musikschriftsteller. Max Kalbeck weist im Zuge der Neubesetzung der ersten Violine auf negative Entwicklungen hin:

Ohne Herrn Hellmesberger jun., welcher als stellvertretender Quartettvater den Platz am ersten Pult mit gutem Anstand einnahm, kränken zu wollen, müssen wird doch gestehen, daß das Quartett Hellmesberger mit seinem Primarius seine Seele zu verlieren droht. Wo[h]l bewährte sich der Sohn nicht nur als der tüchtige Geiger, den wir in ihm schätzen, sondern auch als energischer und zuverlässiger Führer seiner Genossen; aber er hat gegen einen übermächtigen, unsichtbaren Feind zu kämpfen, dem er so wenig gewachsen ist wie irgend ein Anderer an seiner Stelle, gegen das Andenken an seinen Vater. So lange der Commandoruf der Hellmesberger'schen Violine in uns fortklingt, wollen wir von keinem zweiten Befehlshaber etwas hören.[115]

Zwei Jahre später bekräftigt Kalbeck seinen Eindruck:

Der Geist, welcher ehedem das Hellmesberger'sche Quartett regierte und beseelte, ist leider mit dem berühmten Primarius desselben verschwunden, und an seiner Stelle irrlichtelirt [sic] ein fahriges, unkünstlerisches Wesen. Herr Hellmesberger jun. trägt schwer an der Bürde seiner Erbschaft, ohne ihrer froh zu werden. Wir schätzen ihn als tüchtigen Violin-Practicus, finden ihn aber am ersten Geigenpulte des Quartetts in einer Position, welcher er nicht gewachsen ist. Weder seine im Kleinlichen und Gefälligen befangene musikalische Auffassung, noch der kurze Strich seines Bogens und der dünne, schnellathmige Ton seiner Violine befähigen ihn zur Führung einer musikalischen Körperschaft, die mehr als jede andere unter dem persönlichen Einflusse ihres Dirigenten steht.[116]

---

der geistige Impuls zunächst von der ersten Violine aus. Welches Verdienst somit dem feinen, anmuthigen, empfindungsvollen Spiel Hellmesbergers zukommt, bedarf keiner Auseinandersetzung." Eduard Hanslick, Die Presse [Wien] 26.11.1859, NP.

114 Eiserle: „Joseph Hellmesberger als Quartettspieler", NP.
115 Max Kalbeck: „Concerte", in: *Die Presse* [Wien], 07.12.1887, S. 2f.
116 Max Kalbeck: „Concerte", in: *Die Presse* [Wien], 29.11.1889, S. 1–3, hier S. 3.

Nach der Auflösung des Quartetts im Jahr 1901 wurde dem Ensemble rückblickend – und dabei die Zeit der Leitung durch Josef Hellmesberger d. J. aussparend – wiederum eine epochale Bedeutung beigemessen. Der österreichische Musikkritiker Theodor Helm etwa schreibt zu Beginn des 20. Jahrhunderts: „Mit den von Josef Hellmesberger am 4. November 1849 eröffneten Quartettproductionen war in Wien für das Streichquartett buchstäblich eine neue Ära aufgegangen."[117] Vielfach wird das Verdienst Josef Hellmesbergers d. Ä. als Reformer in diesem Feld betont, so auch durch den Wiener Feuilletonautor Adalbert Franz Seligmann, der unter dem Titel „Der alte Hellmesberger" schreibt:

> Er hat, insbesondere auf dem Gebiet der Kammermusik, die authentische Interpretation der großen Wiener Klassiker, die in seiner Kinderzeit noch lebendig war, aus allererster Hand von seinem Vater und von seinem Lehrer übernommen, ‚in einem feinen Herzen bewahrt'[118] und über den toten Punkt hinübergerettet, auf den das Wiener Musikleben bald nach dem Tode Beethovens und Schuberts geraten war.[119]

Es ist ein Konglomerat aus interpretationsästhetischer, musikgeschichtlicher, stadt- und kulturpolitischer Bedeutungszuschreibung, über die die Erfolge des Hellmesberger-Quartetts begründet werden. Als zentraler Topos in der Rezeption kristallisiert sich die Relevanz des Ensembles für die Etablierung einer ‚Wiener Tradition' heraus. Die starke geographische Verbundenheit des Quartetts, das abgesehen von wenigen Ausnahmen allein in Wien, noch dazu in den repräsentativen Konzertsälen der Wiener Musikkultur, konzertiert hat und seine Mitglieder aus der engen personellen Verknüpfung zwischen dem Konservatorium und den Wiener Orchestern bezog, bietet sich für eine solche Lesart an. Gleiches gilt für das Repertoire, dessen Fokus sich zwischen der Wiener Klassik und dem zeitgenössischen Kompositionsgeschehen der Donaustadt aufspannt. Mit Josef Hellmesberger schließlich war ein Identifikationspunkt gefunden, über den sich diese Fäden zusammenführen ließen. Hinsichtlich seiner familiären Herkunft sowie seiner musikalischen Biographie war er eng auf den Wiener Kontext bezogen und wurde damit in eine personelle Traditionslinie eingereiht,

---

117 Theodor Helm: *Fünfzig Jahre Wiener Musikleben (1866–1916). Erinnerungen eines Wiener Musikkritikers*, erschienen in 101 Fortsetzungen, vom 1. Jänner 1915 bis 1. März 1920 in der Zeitschrift *Der Merker*, in Buchform gefasst, geordnet, neu paginiert und mit einem Register versehen von Max Schönherr, 2 Bde., Bd. 1. Wien: Selbstverlag, 1974, S. 7.
118 Wohl in Anlehnung an das biblische Gleichnis in Lukas 8,15: „Das aber auf dem guten Land sind die, die das Wort hören und behalten, in einem feinen, guten Herzen und Frucht bringen."
119 Seligmann: „Der alte Hellmesberger", S. 2.

über die sowohl eine direkte Verbindung zur Wiener Klassik unterstellt als auch die „authentische Interpretation der großen Wiener Klassiker"[120] zugeschrieben werden konnte. Für die zeitgenössische Musikkritik ebenso wie für die Historiographie erwies sich eben dies als entscheidender Wert: Hellmesbergers Leistungen wurden als Erfolge einer spezifisch Wienerischen Musiktradition herausgestellt und über diese Tradition wiederum die Geschichtswürdigkeit dieses Musikers legitimiert.

3. Zwischen Musikverein, Opernorchester und Hofkapelle

Zum 1. Dezember 1850 wurde Josef Hellmesbergers d. Ä. zum artistischen Direktor der Gesellschaft der Musikfreunde ernannt,[121] die sich zu dieser Zeit in einem Zustand großer Unsicherheiten befand. Der von Musikliebhaber*innen initiierte und getragene Verein hatte sich im Laufe der ersten Hälfte des 19. Jahrhunderts vor dem Hintergrund der allgemeinen Professionalisierung des Musiklebens mit der Konkurrenz einer wachsenden Zahl von Berufsorchestern und steigenden Publikumserwartungen konfrontiert gesehen, denen eine rückläufige Zahl ausübender Gesellschaftsmitglieder und schwindende Beitragszahlungen gegenüberstanden. Hiervon betroffen waren vor allem die Gesellschaftskonzerte, die in der Mehrzahl von den Musikliebhaber*innen bestritten wurden. Man sah sich zunehmend gezwungen, „vorzüglich für die Streichquartette, und auch zu manchen anderen Productionen, Künstler gegen Bezahlung zu engagiren, wodurch die Unternehmung ihren ursprünglichen Character änderte, und einen Kostenaufwand erforderte, der mit den herkömmlichen Abonementspreisen [sic] nicht mehr im Verhältnisse stand."[122] Ferner hatten die Revolutionsereignisse des Jahres 1848 den Betrieb der Gesellschaft der Musikfreunde immens beeinflusst. Mit den ausbleibenden höfischen und staatlichen Subventionen – der österreichische Fiskus war im Zuge der Revolution sichtlich geschädigt – musste der Musikverein im Juni 1848 den Unterrichtsbetrieb seines Konservatoriums einstellen und das Ausbildungsinstitut im November des Jahres ganz schließen, was angesichts von über 215 Studierenden ein nicht zu unterschätzender kulturpolitischer Schritt war.[123] *Der Humorist* berichtet im September des Jahres 1848: „Das Konservatorium der Musik ist ein-, und die Gesellschaft der österreichischen Musikfreunde auseinandergegangen"[124]. Die finanzielle Situation war schon

---

120 Ebd.
121 Siehe Sonnleithner: Die Gesellschaft der Musikfreunde, S. 15.
122 Ebd., S. 21.
123 Siehe auch Helga Scholz-Michelitsch: „Zur Geschichte der Wiener Musikhochschule", in: *Studien zur Musikwissenschaft* 42 (1993), S. 361–372. hier S. 363; siehe auch Babbe: „Das Konservatorium der Gesellschaft der Musikfreunde in Wien", S. 105.
124 Der Humorist 235 (1848), S. 964.

zuvor angeschlagen gewesen, 1837 hatte ein Bankrott der Gesellschaft mithilfe von Subskriptionen nur knapp und ab 1843 auf Grundlage von Subventionen durch Staat und Gemeinde längerfristig abgewendet werden können. Im Revolutionsjahr hatte sich die Situation durch den Rückgang unterstützender Mitglieder indes weiter verschärft.[125] Ende der 1840er Jahre stand die Auflösung der Gesellschaft der Musikfreunde zur Diskussion, in einer Repräsentantensitzung am 22. November 1849 wurde unterdessen der Erhalt derselben beschlossen und ein Komitee zur Wiederbelebung und Reform berufen. Neue Statuten wurden erarbeitet, mit denen, wie das Blatt *Die Presse* kommentiert, „zum Unterschiede von den früheren, der eigentlichen Kunst das ihr gebührende Uebergewicht vor dem bloßen Dilettantismus eingeräumt wurde, und zwar: durch die Kreirung der Stelle eines artistischen Direktors, durch die Zuweisung der öffentlichen Produktionen der Künstler vom Fache, [...] u. s. w."[126]

Vor diesem Hintergrund ist die Einstellung Josef Hellmesbergers Ende 1850 zu bewerten. Sie war Teil des Erneuerungs- und Professionalisierungsprozesses, der Gesellschaft und Konservatorium aus der Krise hinausführen und die Konkurrenzfähigkeit der Institutionen sichern sollte. Hellmesberger wurde in diesem Zuge mit einer Doppelaufgabe betraut. Mit der neugeschaffenen Stelle des künstlerischen Direktors wurde ihm die Leitung der Gesellschaftskonzerte und des 1851 wiedereröffneten Konservatoriums übertragen. Nach der Aufgliederung beider Kompetenzbereiche im Jahr 1859 und der Ernennung Johann von Herbecks zum Leiter der Gesellschaftskonzerte behielt er die Konservatoriumsdirektion bei und blieb bis 1893 im Amt.[127]

Als Leiter der Gesellschaftskonzerte hatte Hellmesberger schon frühzeitig die Kooperation mit dem Hofopernorchester bzw. den Wiener Philharmonikern angestrebt.[128] Mit der Ablösung der Musikliebhaber durch Berufsmusiker sollte so das Niveau der Konzertveranstaltungen gehoben werden.[129] Gleichzeitig wurden hiermit

---

125 Siehe Perger: *Geschichte der K. K. Gesellschaft der Musikfreunde in Wien*, S. 74; siehe auch Heller: „Das Konservatorium für Musik in Wien", S. 218f.
126 Die Presse [Wien] 30.10.1851, NP.
127 Siehe Gesellschaft der Musikfreunde: *Instruction für das von der Gesellschaft der Musikfreunde des österreichischen Kaiserstaates zu Wien gestiftete Conservatorium*. Wien: Verlag Wallishauser, 1852, S. 22. Interimistisch hatte Josef Hellmesberger d. Ä. die Leitung der Gesellschaftskonzerte in den nächsten Jahrzehnten wiederholt übernommen. Siehe Josef Hellmesberger d. Ä.: Erklärung, Akten der Gesellschaft der Musikfreunde, Wien, 05.12.1877. A-Wgm (621 ex 1877); siehe auch Gesellschaft der Musikfreunde: Schreiben an Josef Hellmesberger d. Ä., 1877. A-Wgm (GH 621 1877).
128 Siehe Hellsberg: *Demokratie der Könige*, S. 98f.
129 In einem Nachruf unbekannter Autorschaft heißt es hierzu: „Ein großes Verdienst erwarb sich Hellmesberger aber in der Zeit seiner Wirksamkeit: er trieb die Dilettanten aus dem Orchester und Schreiber dieses [Artikels] gegenüber hat er vor nicht zu langer Zeit gerade das als die entschiedenste, wichtigste That aus jenen Jahren bezeichnet." Anonym: „Josef Hellmesberger †", in: *Deutsche Musik-Zeitung* 21 (1893), S. 265f., hier S. 265.

drei Institutionen des Wiener Musiklebens näher zusammengeführt. Wesentliche Akteure der Zusammenarbeit waren Georg Hellmesberger d. Ä. als Orchesterdirektor des Hoftheaters und der Wiener Philharmoniker und Josef Hellmesberger d. Ä. als künstlerischer Direktor der Gesellschaft der Musikfreunde. Dass Georg Hellmesberger d. Ä. in der Violinabteilung am Konservatorium unterrichtete und Josef Hellmesberger d. Ä. seit 1855 ebenfalls Mitglied beider Orchester war, verdeutlicht zum einen die enge personelle Verknüpfung an dieser Stelle und zum anderen einmal mehr die familiären Vernetzungen innerhalb und zwischen den Institutionen. Unter der Leitung Johann von Herbecks wurde die Kooperation wieder aufgelöst. Selbiger hatte angeregt, „von der korporativen Mitwirkung der Orchestermitglieder der Hofoper abzusehen und ein selbständiges ‚Gesellschaftsorchester' zusammenzustellen." Es sollte nun

> derartig organisiert [werden], daß bei allen Blasinstrumenten, bei den Kontrabässen und bei der weitaus größeren Zahl der Violinen, Bratschen und Violoncelle [sic] ausschließlich Musiker von Fach tätig waren und daß nur die noch notwendigen weiteren Verstärkungen des Streicherkörpers von Dilettanten besorgt wurden. Zu diesen zählten auch die zwölf Mitglieder des Orchestervereines, die regelmäßig bei den Konzerten mitwirkten.[130]

Auch am wiedereröffneten Konservatorium hatte Hellmesberger grundsätzliche Fragen zu klären. Mitte der 1850er Jahre wurde die Kernaufgabe des Ausbildungsinstituts strittig diskutiert: Sollte vornehmlich Anfängerunterricht erteilt (im Jahr 1855 belegten 48 % aller Studierenden die Elementarschulen für Gesang und Violine) oder aber die Ausbildung fortgeschrittener Studierender priorisiert werden?[131] Abseits einer inhaltlichen und administrativen Straffung des Konservatoriumsbetriebs lässt sich in den folgenden Jahren keine veränderte Schwerpunktsetzung nachvollziehen. Stattdessen wird eine Erweiterung des Studienangebots sichtbar, dazu eine sukzessive Steigerung der Studierendenzahlen, die sich im Studienjahr 1893/94 auf 812 beliefen.[132]

In der Violinabteilung war Josef Böhm aus gesundheitlichen Gründen nach der zwischenzeitlichen Schließung des Konservatoriums nicht mehr dem Kollegium

---

130 Perger: *Geschichte der K. K. Gesellschaft der Musikfreunde in Wien*, S. 100. Als professionelle Musiker wurden indes weiterhin – einer Übereinkunft zwischen Gesellschaft und den Wiener Philharmonikern entsprechend – Mitglieder der Letzteren einbezogen. Erst 1896 wurde diese Vereinbarung aufgehoben.
131 Siehe Babbe: „Das Konservatorium der Gesellschaft der Musikfreunde in Wien", S. 104.
132 Siehe ebd., S. 123.

beigetreten[133] und Leopold Jansa, der 1847/48 am Konservatorium unterrichtet hatte, war 1851 – nachdem er in London an einem Konzert zugunsten ungarischer Flüchtlinge teilgenommen hatte und deswegen mit dem Ausschluss aus der Hofkapelle sanktioniert wurde – nicht mehr nach Wien zurückgekehrt.[134] Damit zeichneten von 1851 bis 1858 Josef Hellmesberger d. Ä. und Georg Hellmesberger d. Ä. allein für die Geigenausbildung verantwortlich. Erst 1858 wurde Carl Heissler als weiterer Geigenlehrer angestellt.[135]

In den Jahren nach der Ernennung zum künstlerischen Direktor der Gesellschaft der Musikfreunde folgten weitere Anstellungen Hellmesbergers: 1855 wurde er als Konzertmeister in das Hofopernorchester[136] aufgenommen und wirkte in derselben Funktion auch bei den Wiener Philharmonikern. 1863 wurde er in der Hofkapelle zum ordentlichen Mitglied ernannt. Er hatte die Stelle eines ersten Violinisten von dem im November dieses Jahres verstorbenen Josef Mayseder übernommen.[137] Dabei handelt es sich, wie noch einige Jahre später im *Musikalischen Wochenblatt* mitgeteilt wird, um „eine Ernennung, welche damals viel Aufsehen erregte, da man gerade, wie bei jener Herbecks's zum Hofcapellmeister, von dem Principe der Anciennität zu Gunsten wahrhaft überlegener Begabung einer jüngeren Kraft abging."[138] 1876 wurde Josef Hellmesberger d. Ä. außerdem zum Vize- und 1877 zum Hofkapellmeister ernannt.[139]

Der Musiker hatte, so fasst es Hans Sittner zusammen, „die höchsten Ämter des Musiklebens in Wien in sich vereint, und zwar schon in sehr jungen Jahren und dazu noch durch verhältnismäßig lange Zeit."[140] Ende der 1870er Jahre war er unterdessen mit einem Arbeitspensum belastet, das er kaum mehr erfüllen konnte und das er reduzierte, indem er nach dem Studienjahr 1876/77 seine Professur am

---

133 Siehe Das Vaterland [Wien] 26.02.1875, NP.
134 Siehe Signale für die musikalische Welt 35 (1851), S. 307; siehe Neue Zeitschrift für Musik 10 (1851), S. 103; siehe auch Harten: „Jansa, Leopold".
135 Die Personalliste für das Studienjahr 1858/59 führt Carl Heissler bereits als Violinlehrer auf. In den zugehörigen Studierendenlisten wird er hingegen noch nicht erwähnt. Siehe Gesellschaft der Musikfreunde: *Jahresbericht des Konservatoriums der Gesellschaft der Musikfreunde Wien*. Wien: Verlag Wallishauser, 1859, S. 9; siehe Dies.: *Verzeichnis und Classification der Schüler des Conservatoriums der Musik in Wien*. Wien: Verlag Wallishauser, 1859, S. 5f.
136 Er war hier mit einem Jahresgehalt von 2028 fl. der mit Abstand am höchsten bezahlte Musiker im Hofopernorchester. Siehe Contract-Bedingungen des Orchesters am k: k: Hof-Operntheater. A-Whh (AT-OeStA/HHStAHA Oper SR 70).
137 Siehe Antonicek: „Die Stände der Wiener Hofmusik-Kapelle", S. 188; siehe auch Neue Zeitschrift für Musik 25 (1863), S. 219.
138 Anonym: „Josef Hellmesberger", 1870, S. 709f.
139 Die umfangreichen Aufgaben, die mit diesem Amt einhergingen, sind dargestellt bei Hildegard Herrmann-Schneider: *Status und Funktion des Hofkapellmeisters in Wien. 1848–1918*. Innsbruck: Helbling, 1981 (= Innsbrucker Beiträge zur Musikwissenschaft 5).
140 Sittner: „Zur Tradition der Wiener Geigerschule", S. 139.

Konservatorium niederlegte und 1877 bzw. 1879 von seinen Orchesterstellen bei den Wiener Philharmonikern[141] und am Hoftheater zurücktrat.[142] Als Hofkapellmeister, Konservatoriumsdirektor und Primarius des Hellmesberger-Quartetts blieb er weiter aktiv. Nach einer Sehnenzerrung an der Hand übergab er die Quartettführung Ende 1887 an seinen Sohn Josef Hellmesberger d. J.,[143] die anderen Ämter übte er bis wenige Wochen vor seinem Tod aus.[144]

Über vier Jahrzehnte besetzte Hellmesberger einflussreiche Posten und nahm damit eine wichtige Position an der Schnittstelle verschiedener Handlungsräume im Wiener Musikleben ein. Er war eingebunden in die großen Institutionen des Wiener Musiklebens, war hier mit einer Vielzahl von Künstlerinnen und Künstlern verknüpft und konnte darüber für seine Studierenden, für seine Kinder und auch seine Kolleg*innen zu einem wichtigen Vermittler im Wiener Musikleben werden.

4. Reichweite, Ehrungen und Auszeichnungen Josef Hellmesbergers

Josef Hellmesberger genoss zu Lebzeiten ein Renommee, das eng auf den Wiener Kontext bezogen war. Nach der gemeinsamen Konzertreise mit seinem Bruder im Jahr 1847 nach England hatte der Musiker die Kaiserstadt nur noch selten verlassen – seine berufliche Einbindung scheint kaum mehr Freiraum für Konzertreisen gelassen zu haben.

1855 wurde Hellmesberger vom Komitee des k. k. österreichischen Handelsministeriums zur Weltausstellung nach Paris entsandt, was in der Wiener Presse eine breite Beachtung fand[145] und wiederholt als Ausweis für die künstlerische Exzellenz

---

141 Dem Komitee der Wiener Philharmoniker gab er bekannt: „Sehr geehrtes Comité! Meine veränderte künstlerische Stellung macht es mir zur unabweislichen Nothwendigkeit, wohl auch aus Rücksicht für meine Gesundheit, von einigen meiner bisher ausgeübten Kunstfunctionen zurückzutreten und sehe ich mich daher veranlaßt, dem sehr geehrten Comité meinen Austritt aus dem Verbande der Philharmonischen Concerte hiermit anzuzeigen. Ich brauche wohl kaum erst die Versicherung auszusprechen, daß ich diesem herrlichen Kunst Institute von ganzer Künstlerseele das beste Gedeihen wünsche; und gebe mich der angenehmen Hoffnung hin, daß es mir gelingen werde, von Zeit zu Zeit Ihnen, sehr geehrte Freunde und Collegen, irgend ein kleines Opuschen nach Art der Bach'schen Sonaten Bearbeitung, welche Ihren Beifall erworben – anbieten zu können[,] um auf diese Art, als Gast, einer der Ihren bleiben zu können." Josef Hellmesberger d. Ä.: Brief an des Komitee der Philharmonischen Konzerte, Wien, 10.12.1877. A-Wph (H/19.8).

142 Siehe Przistaupinsky: *50 Jahre Wiener Opernthleater*, S. 49; siehe Merlin: *Die Philharmoniker*, Bd. 2, S. 60. Schon im Januar 1877 hatte Hellmesberger um die Enthebung von seiner Violinprofessur gebeten. Siehe Exhibitenprotolle Konservatorium, Akt 26 ex 1877. A-Wgm (ohne Signatur).

143 Siehe Wiener Allgemeine Zeitung 06.12.1887, S. 1.

144 Aus der Hofkapelle trat er zum 20.09.1893 aus; die Konservatoriumsleitung legte er Pressebeiträgen zufolge erst einige Wochen vor seinem Tod nieder. Siehe Przistaupinsky: *50 Jahre Wiener Opernthleater*, S. 49; siehe Anonym: „Josef Hellmesberger †", 1893, S. 265.

145 Siehe Wiener Zeitung 05.07.1855, S. 1815; Der Humorist 245 (1855), S. 980; Neue Wiener Musik-Zeitung 37 (1855), S. 147; Die Presse [Wien] 30.10.1855, NP.

des Musikers gewertet wurde. So schreibt etwa *Der Humorist*: „Herr Direktor Hellmesberger, dem seine seltene Begabung und sein bedeutender Künstlerruf die Auszeichnung erworben, [wurde] zum Präsidenten der Musik-Jury für die österreichische Section der Pariser Ausstellung ernannt"[146]. Hellmesberger agierte hier als Vorsitzender der Jury in der Abteilung für Musikinstrumente, der neben ihm Hector Berlioz und Jacques Fromental Halévy angehörten. Über die Dauer der Ausstellung, von Mai bis Oktober 1855, reiste er mehrfach in die französische Hauptstadt. In diesem Zusammenhang wurde er mit dem Orden der französischen Ehrenlegion ausgezeichnet.

In den folgenden Jahren wurden dem Musiker einige weitere Auszeichnungen verliehen. 1858 ernannte der Wiener Männergesang-Verein Josef Hellmesberger zum Ehrenmitglied,[147] im Mai 1879 erfuhr er dieselbe Würdigung durch die Königliche Schwedische Musik-Akademie.[148] Auszeichnungen wie die des Militär-Casinos, das Hellmesberger 1877 zum Ehrenmitglied ernannte, geben ferner Einblick in Verbindungen des Musikers, über die andernorts keine Informationen enthalten sind. In der entsprechenden Urkunde ist die besondere Förderung von Studierenden aus Offiziersfamilien hervorgehoben, die sich über die Studierendenlisten des Konservatoriums so nicht überprüfen lässt: Hellmesberger sei

> in Würdigung der vielen Verdienste, welche [...] [er] sich sowohl durch die persönliche Mitwirkung bei den musikalischen Abenden im Militär-Casino, als auch durch die bewiesene Mühewaltung bei der Zusammenstellung und Effektwirkung des Concertes zum Besten des Offiziers-Töchter-Institutes zu Hernals, endlich durch das besondere Wohlwollen, welches Sie als Direktor des Musik-Conservatoriums in Wien, den unter Ihrer Leitung stehenden Elèven aus Offiziers-Familien angedeihen lassen, nicht nur um das Militär-Casino, sondern auch um das ganze Offiziers-Corps der Garnison in Wien, erworben haben, einstimmig zum Ehren-Mitgliede des Militär-Casino in Wien ernannt.[149]

---

146 Der Humorist 267 (1855), S. 1068.
147 Unterzeichnet ist die Urkunde von dem Vorstand Dr. Enger und dem Chormeister Johann von Herbeck, der Josef Hellmesberger im folgenden Jahr als Leiter der Gesellschaftskonzerte ablöste. Siehe Urkunde Josef Hellmesberger, Ehrenmitglied des Männer-Gesang-Verein. A-Wn (33731/2).
148 Urkunde der Kongl. Svenska Musicaliska Academien (Josef Hellmesberger). A-Wn (33731/4).
149 Urkunde Josef Hellmesberger, Ehrenmitglied des Militär-Casino. A-Wn (33731/3).

Dass ihm die Ehrenbürgerschaft der Stadt Wien verliehen wurde, wie an verschiedenen Stellen behauptet wird,[150] lässt sich über die entsprechenden Verzeichnisse nicht bestätigen.[151] Diese Mitteilung scheint vielmehr von dem Anliegen getragen zu sein, Hellmesberger als Repräsentanten der Kaiserstadt, vor allem aber des Wiener Musiklebens zu positionieren.

1894 wurde zu Ehren des Musikers die Hellmesbergergasse in Penzing (heute 14. Bezirk)[152] nach ihm benannt und damit sein Andenken in die Wiener Topographie eingeschrieben.[153] Der am Rande des Wiener Waldes gelegene frühere Vorort war noch in der ersten Hälfte des 19. Jahrhunderts ein beliebter Aufenthaltsort der Wiener Stadtbevölkerung, die hier ihre ‚Sommerfrische' verbrachte. Vom Zentrum Wiens, von der repräsentativen Ringstraße im 1. Gemeindebezirk mit Hofoper und Burgtheater sowie dem nahegelegenen Musikvereinsgebäude, war der Ort allerdings weit entfernt. Die Benennung der Hellmesbergergasse am Wiener Stadtrand korrespondiert mit der nachlassenden Wahrnehmung des Musikers in den nächsten Jahrzehnten. Als Interpret und Geigenlehrer stand Josef Hellmesberger d. Ä. post mortem nicht mehr im Fokus des musikgeschichtlichen Interesses.

Gleichwohl kann für die biographischen Skizzen und Retrospektiven, die nach Hellmesbergers Tod verfasst wurden, festgehalten werden, dass der Musiker hier vor allem als Kammermusiker und Geigenlehrer erinnert wird. Sein „grösstes Verdienst um Wien", so das *Musikalische Wochenblatt*, „beruht in der festen Begründung, ja Popularisierung einer der edelsten, aber ernstesten Kunstgattungen, des Streichquartettes."[154] Dazu wird vielfach von der ‚Schule' gesprochen, die Hellmesberger gebildet habe. In diesem Sinne formuliert Robert Hirschfeld in seinem bereits zitierten Nachruf: „Kein Kunstinstitut in Wien, das nicht einen Theil seiner Mitarbeiter von dem Geiste, von der Schule Hellmesberger's herleitet, kein Institut, dem nicht die Silberfäden seines Spiels eingewirkt waren, Musiker bildend für die Nacheifernden."[155] Auch

---

150 Siehe Vogel: „Josef Hellmesberger", S. 525; siehe auch Anonym: „Josef Hellmesberger", 1870, S. 710.
151 Siehe Auszeichnungen der Stadt Wien. Ehrenbürgerinnen und Ehrenbürger der Stadt Wien seit 1801, https://www.wien.gv.at/gesellschaft/ehrungen/stadt/ehrenbuerger.html#v1800; 07.05.2021.
152 Der Bezirk wurde im Zuge der Stadterweiterung 1891/92 in den 13. Bezirk Hietzing eingemeindet, 1938 wieder getrennt. Siehe *Historisches Ortslexikon. Statistische Dokumentation zur Bevölkerungs- und Siedlungsgeschichte*. Wien, 2016, https://www.oeaw.ac.at/fileadmin/subsites/Institute/VID/PDF/Publications/diverse_Publications/Historisches_Ortslexikon/Ortslexikon_Einfuehrung.pdf; 07.05.2021.
153 Felix Czeike: *Historisches Lexikon Wien*, 6 Bde., Bd. 3. Wien: Kremayr & Scheriau/Orac, 2004, S. 138.
154 Anonym: „Josef Hellmesberger", 1870, S. 709.
155 Hirschfeld: Josef Hellmesberger †.

Richard von Perger stellt die Bedeutung der ‚Hellmesberger-Schule' für das Wiener Musikleben heraus, wenn er schreibt: Die

> „Schule Hellmesberger" – das war ein Ehrentitel in der musikalischen Welt. Von ganz eigenartiger Beseelung, manchmal sogar voll überschwenglicher Schwärmerei war der Gesang seiner Saiten, und Tonstücke wie die Kavatine aus Beethovens großem B-Dur-Quartett oder das Adagio aus Schuberts Streichquintett übten unter Hellmesbergers Bogen ihre ganze unbeschreibliche lyrische Macht aus.[156]

Der Topos der Schule kehrt in der Hellmesberger-Rezeption vielfach wieder und ist darüber hinaus auch im weiteren Diskurs des Geigenspiels in Wien bis heute präsent. Er ist nicht nur für die Verfestigung des Selbst- und Außenbildes Wiens als ‚Musikstadt' relevant, sondern bot und bietet Identifikations- und Orientierungspunkte für die Geiger*innen aus diesem Ausbildungs- und Berufszusammenhang, aber etwa auch für die Akteur*innen aus Musikkritik und Musikhistoriographie.[157]

---

156 Perger: *Geschichte der K. K. Gesellschaft der Musikfreunde in Wien*, S. 78.
157 Siehe Kapitel IV. Die ‚Hellmesberger-Schule', S. 285.

II. Die „Dynastie Hellmesberger" – Eine Familienbiographie

Ein wiederkehrender Bezugspunkt in der Hellmesberger-Rezeption ist der familiäre Hintergrund, namentlich die Tatsache, dass mit Georg Hellmesberger d. Ä., Josef Hellmesberger d. Ä. und Josef Hellmesberger d. J. drei Geiger einer Familie das Musikleben Wiens im 19. Jahrhundert entscheidend geprägt haben. Das Narrativ der zentral mit dem urbanen Musikleben verknüpften, einflussreichen Musikerfamilie lässt sich seit den 1860er Jahren in der (wienbezogenen) Musikkritik und -literatur nachvollziehen. Die *Neue Freie Presse* notiert im Jahr 1917: „[V]om Wiener Konservatorium erzählen, heißt von der Aera Hellmesberger erzählen"[1], die Wiener *Volks-Zeitung* schreibt, „Wien und der Name Hellmesberger sind eng und unlöslich miteinander verknüpft"[2] und das *Salzburger Tagblatt* äußert anlässlich des Erscheinens der bislang einzigen, 1947 von Robert Maria Prosl vorgelegten, Hellmesberger-Biographie: „Das Wien der sogenannten guten alten Zeit ersteht vor uns und in seinem Mittelpunkt die Geschichte der Familie Hellmesberger, einer Familie, deren Name wohl mit der alten Stadt am Donaustrand, ihrer Kultur, ihrer Musik, ihrer Kunst ewig verbunden bleiben wird"[3]. Wiederholt ist auch die Rede von der „Dynastie Hellmesberger"[4]. Das *Neue Wiener Tagblatt* rekurriert unter diesem Stichwort auf die „Geschichte der Musikerfamilie Hellmesberger", „die im vorigen Jahrhundert dem Musikleben unserer Stadt einen prägnanten Stempel aufdrückte."[5] Die ‚Dynastie' erweist sich als verbreiteter Topos in der Rezeption der Hellmesberger-Familie durch die vornehmlich österreichische Presse des 19. und der ersten Hälfte des 20. Jahrhunderts. Darüber hinaus fand er Eingang in den späteren musikhistoriographischen Diskurs. Entsprechend formuliert etwa Marion Linhardt in *Musik in Geschichte und Gegenwart*: „Die Familie Hellmesberger prägte neben der Strauß-Dynastie und der Familie Fahrbach das Wiener Musik- und Theaterleben seit der Biedermeierzeit."[6]

Mit Begriffen wie ‚Dynastie' oder ‚Musikerdynastie' wird statt auf einzelne Akteure auf das verwobene Wirken von Familienmitgliedern, auf ein familiales Netzwerk verwiesen. Damit wird ein Bedeutungszusammenhang geschaffen, der eine historische

---

1 Neue Freie Presse [Wien] 06.10.1917, S. 2.
2 Volks-Zeitung [Wien] 05.04.1941, NP.
3 Salzburger Tagblatt 20.12.1947, S. 8.
4 Neues Wiener Tagblatt 14.01.1945, NP; siehe beispielsweise auch Wiener Sonn- und Montags-Zeitung 19.09.1869, NP; Der Floh [Wien] 25 (1884), S. 1f.; Deutsche Musik-Zeitung [Wien] 2 (1885), S. 28; Illustrirtes Wiener Extrablatt 21.08.1902, S. 8.
5 Neues Wiener Tagblatt 14.01.1945, NP.
6 Linhardt: Art. „Hellmesberger".

Relevanz der Musiker als kollektive Akteure generiert und zugleich – durch den zahlreichen Rückbezug auf die Donaustadt – in einen deutlichen Zusammenhang zum Konzept der ‚Musikstadt Wien' gesetzt werden kann.[7] Josef Hellmesberger d. Ä. erscheint hier als Teil einer weitverzweigten Musikerfamilie, in der musikalische Praktiken über Generationen hinweg tradiert wurden, musikalische Ausbildung ebenso wie die Unterstützung der Karrieren innerhalb und durch das familiäre Netzwerk erfolgte.

Gleichzeitig wird der Familienbegriff auffallend selektiv genutzt. Er ist meist einseitig patrilineal orientiert und dazu auf die männlichen Familienmitglieder begrenzt. Frauen bleiben in den biographischen Texten und Würdigungen der Musikerfamilie für gewöhnlich unerwähnt. Das gilt vor allem dort, wo die historische respektive zukunftsweisende Bedeutung der Familie Hellmesberger herausgestellt wird. In dem Fall ist der Fokus meist allein auf die drei Geiger Josef Hellmesberger d. Ä., dessen Vater Georg Hellmesberger d. Ä. und Sohn Josef Hellmesberger d. J. gerichtet. Demgegenüber soll die Familie Hellmesberger im Zuge dieser Biographie zum einen in der Breite wahrgenommen werden und zum anderen die Parallelen in den Karrieren der Geiger dieser Familie dezidiert auf die innerfamiliären Unterstützungsleistungen hin betrachtet werden.

Mitglieder der Familie Hellmesberger lassen sich bis 1650 in Ober-, später in Niederösterreich ausmachen. Sie waren vor allem dem landwirtschaftlichen und handwerklichen Erwerbszweig zuzuordnen.[8] Simon Hellmesberger (27.10.1754, Wolfpassing an der Hochleithen/Niederösterreich – 06.11.1830, Wien) war nach bisherigem Kenntnisstand der erste Musiker dieser Familie. Im Rahmen seiner Tätigkeit als Schul- und Hauslehrer trat er auch als Violinist und Komponist hervor. Ein professionelles Selbstverständnis als Musiker entwickelten aber offenbar erst die Söhne von Anna Maria geb. Liebhart (Lebensdaten unbekannt) und Simon Hellmesberger: Franz Seraph Joseph (28.04.1785, Stetten/Niederösterreich – 28.03.1811, Wien), später als Musiklehrer tätig, und Georg Hellmesberger d. Ä. (24.04.1800, Rossau, heute Wien – 16.08.1873, Neuwaldegg/Niederösterreich, heute Wien)[9] erhielten eine frühe musikalische Ausbildung durch den Vater.[10]

---

7   Siehe Kapitel Exkurs: ‚Musikstadt Wien', S. 319.
8   Siehe Prosl: *Die Hellmesberger*, S. 21.
9   Siehe Taufbuch Pfarre Rossau, 1797 bis 1803, fol. 76, in: Matriken. Bestände Österreich. Wien/Niederösterreich (Osten): Rk. Erzdiözese Wien / 09. Rossau, https://data.matricula-online.eu/de/oesterreich/wien/09-rossau/01-03/?pg=78; 05.03.2021. Zwei Kinder von Anna Maria und Simon Hellmesberger – Josef (* 1781) und Josefa (* 1782) – starben bereits im frühen Kindesalter. Über die am 02.08.1788 geborene Tochter Theresia gibt Robert Maria Prosl keine weitere Auskunft.
10 Siehe Boisits und Fastl: „Hellmesberger".

Während sich Franz Seraph Joseph offenbar allein auf die Lehrtätigkeit konzentrierte, war Georg Hellmesberger schon in frühem Kindesalter als Geiger aufgetreten.[11] Die Schulzeit verbrachte er im Zisterzienserstift Heiligenkreuz, außerdem in Wien. 10-jährig wurde er als Sopransolist in die Wiener Hofmusikkapelle aufgenommen. Zu dieser Zeit hatte er sich außerdem als Geiger in den Wiener Kreisen der Musikliebhaber*innen bekannt gemacht. Im Haus von Christoph von Sonnleithner, dem – wie Robert Maria Prosl es formuliert – „Brennpunkt des bürgerlichen Wiener Musiklebens"[12] – traf er auf Musiker*innen wie Franz Schubert, die Hofopernsängerin Caroline Unger, den Geiger Ignaz Schuppanzigh und den Schubertsänger Johann Michael Vogl.

Statt einer musikalischen betrat er zunächst aber die theologische Laufbahn und absolvierte in Wien zwei Philosophie-Klassen.[13] Erst im Anschluss schlug er eine musikalische Karriere ein. 1820 wurde er am Konservatorium der Gesellschaft der Musikfreunde immatrikuliert, wo er bei Josef Böhm Violine und bei Emmanuel Förster Komposition belegte. Nur ein Jahr später, 1821, wurde Georg Hellmesberger als Mitglied in das Hofopernorchester aufgenommen und erhielt eine Anstellung als Hilfslehrer Josef Böhms am Konservatorium.[14] 1825 wurde er ebenda zum Titular- und 1833 zum wirklichen Professor ernannt.

Daneben bekleidete der Geiger hochdotierte Orchesterstellen: 1830, nach dem Tod Schuppanzighs, nahm er den Posten des Orchesterdirektors am Hofoperntheater ein, im darauffolgenden Jahr wurde er Mitglied der Hofkapelle.[15] Ferner war Hellmesberger Gründungsmitglied und Konzertmeister der Wiener Philharmoniker, dem ersten, ausschließlich aus Berufsmusikern bestehenden Konzertorchester Wiens. Mit Leopold Jansa, Matthias Durst und Ägidius Borzaga veranstaltete er darüber hinaus Quartettabende vor ausgesuchtem Publikum im eigenen Haus, wirkte mit dem Ensemble auch in den Musikalischen Abendunterhaltungen der Gesellschaft der

---

11 Siehe Haberkamp: „Hellmesberger", S. 484f.
12 Prosl: *Die Hellmesberger*, S. 25.
13 Siehe ebd.
14 Als erster Geigenlehrer am Konservatorium wird Böhm als zentraler Akteur der institutionellen Geigenausbildung im Wien der ersten Hälfte des 19. Jahrhunderts wahrgenommen. Zur Ausbildung bei Böhm siehe Christine Hoppe: „Das Spezifische im Allgemeinen? Auf der Suche nach dem Lehrer Joseph Böhm in Techniken, Lehrmethoden, Lehrwerken und Widmungskompositionen seiner Schüler", in: Annkatrin Babbe und Volker Timmermann (Hg.): *Konservatoriumsausbildung von 1795 bis 1945. Beiträge zur Bremer Tagung im Februar 2019*. Hildesheim: Olms, 2021 (= Schriftenreihe des Sophie Drinker Instituts 17), S. 189–208.
15 Siehe Monatbericht der Gesellschaft der Musikfreunde des Oesterreichischen Kaiserstaates XI (1830), S. 176.

Musikfreunde mit und ließ sich mit seinen Quartettpartnern für weitere Veranstaltungen in Privathäusern engagieren.[16]

Georg Hellmesberger d. Ä. hatte einflussreiche Positionen inne, über die er als entscheidender Wegbereiter für seine Schüler und Kinder fungieren konnte. Als er 1867 vom Konservatorium und 1868 von den Orchesterstellen in Pension ging, war sein Sohn Josef ihm längst in diese Institutionen gefolgt und hatte hier seinerseits leitende Funktionen übernommen.

Abb. 7: Georg Hellmesberger d. Ä., Lithographie von Gabriel Decker
nach einer Zeichnung von Albin Decker, Wien 1839[17]

Nach dem frühen Tod seiner ersten Frau Elisabeth Theresia Josepha Maria Anna geb. Kupelwieser (05.03.1802, Wien – 03.02.1827, ebd.)[18] heiratete Georg Hellmesberger

---

16   Siehe Otto Biba: „Georg Hellmesberger d. Ä", in: Ders., Ingrid Fuchs und Rudolf Hopfner (Hg.): „Der Himmel hängt voller Geigen". Die Violine in Biedermeier und Romantik. Eine Ausstellung des Kunsthistorischen Museums Wien in Kooperation mit der Gesellschaft der Musikfreunde in Wien; Kunsthistorisches Museum, 14. April bis 25. September 2011. Wien: Kunsthistorisches Museum/PPV-Medien, 2011, S. 64.
17   ÖNB Bildarchiv und Grafiksammlung (PORT_00154371_01 POR MAG).
18   Siehe Trauungsbuch St. Stephan, 1823 bis 1825, fol. 203, in: Matriken. Bestände Österreich. Wien/Niederösterreich (Osten): Rk. Erzdiözese Wien / 01., St. Stephan, https://data.matricula-online.eu/de/oesterreich/wien/01-st-stephan/01-114/?pg=127; 05.03.2021. Elisabeth Theresia Josepha Maria Anna Kupelwieser war eine Cousine des bekannten österreichischen Malers Leopold Kupelwieser (1796–1862).

1828 Anna geb. Mayerhofer (15.12.1804, Wien – 03.06.1867, ebd.).[19] Sie war die Tochter von Theresia geb. Bohdanowicz sowie des Buchhaltereiingrossisten[20] Franz Mayerhofer[21] und verfügte mütterlicherseits über musikalische Wurzeln: Theresia Mayerhofer war Sängerin. Sie war eine Tochter des polnischen Musikers Basilius/Bazyli Bohdanowicz (1740–1817), der als Geiger am Leopoldstädter Theater angestellt war. Mit dem Vater und den Geschwistern war sie schon frühzeitig aufgetreten. Konzerte und Akademien der „seltenen musicalischen Familie Bohdanowicz"[22] fanden am Leopoldstädter Theater, aber auch im Hofburgtheater, dem Josefstädter Theater und dem Restaurant Jahn statt und boten ein Programm, das in erster Linie Sensationen bereithielt, etwa eine Vokalsinfonie ohne Text, deren Andante „sehr lustig das Geschrei der erschrockenen Hühner [charakterisiert], die beim Anblick ihres Feindes Habichts bald zusammenlaufen und bald sich wieder zerstreuen", oder auch ein „von vier Personen mit 16 Fingern und vier Violinbogen auf einer einzigen Violin"[23] gespieltes Quartett. Mit ihrem Bruder Michael[24] war Theresia Bohdanowicz darüber hinaus auch als Sängerin in Aufführungen des Kinderinstituts am Leopoldstädter Theater aufgetreten.[25] Nach ihrer Eheschließung mit Franz Mayerhofer lassen sich keine Auftritte mehr nachweisen. Damit entsprach Theresia Bohdanowicz den bürgerlichen Konventionen, die verheiratete Frauen auf den Bereich des Häuslichen und Privaten verwiesen und von Musikerinnen verlangten, nach der Hochzeit ihre

---

19 Siehe Trauungsbuch St. Leopold, 1820 bis 1829, fol. 223, in: Matriken. Bestände Österreich. Wien/Niederösterreich (Osten): Rk. Erzdiözese Wien / 02., St. Leopold, https://data.matricula-online.eu/de/oesterreich/wien/02-st-leopold/02-14/?pg=228; 05.03.2021.

20 Ingrossist ist die historische Berufsbezeichnung sowohl für Kanzleibedienstete als auch für Gerichtsbeamte. Im Taufbucheintrag von Josef Hellmesberger d. Ä. ist Franz Mayerhofer als Rechnungsofficiale der Hof- und Staatsbuchhaltung genannt. Siehe Taufbuch Maria Rotunda, 1817 bis 1839, fol. 94, in: Matriken. Bestände Österreich. Wien/Niederösterreich (Osten): Rk. Erzdiözese Wien / 01., Maria Rotunda, https://data.matricula-online.eu/de/oesterreich/wien/01-mariarotunda/01-03/?pg=96; 05.03.2021.

21 Siehe Taufbuch St. Johann Nepomuk, 1796 bis 1810, fol. 336, in: Matriken. Bestände Österreich. Wien/Niederösterreich (Osten): Rk. Erzdiözese Wien / 02., St. Johann Nepomuk, https://data.matricula-online.eu/de/oesterreich/wien/02-st-johann-nepomuk/01-02/?pg=158; 05.03.2021.

22 Gustav Gugitz: „Basilius Bohdanowicz und seine musikalische Familie", in: Emil Blümml und Gustav Gugitz (Hg.): *Von Leuten und Zeiten im alten Wien*. Wien/Leipzig: Gerlach & Wiedling, 1922, S. 238–256, hier S. 249.

23 Ebd., S. 245.

24 Georg Hellmesberger d. Ä. wurde nach dem Tod von Michael Bohdanowicz Vormund von dessen Töchtern. Siehe ebd., S. 254f.

25 Siehe Besetzungsliste in: J. Perinet (Text) und Ferdinand Kauer: *Kaspars Zögling oder Der Sieg der Bescheidenheit auf der Insel des Vergnügens. Ein Original-Singspiel in zween [sic] Aufzügen, für das Kinderinstitut dieses Theaters verfertiget*. Wien: Verlag Matthias Andreas Schmidt, 1791.

Karriere zu beenden.[26] Die Tochter Anna trat weder vor noch während der Ehe mit Georg Hellmesberger d. Ä. als Musikerin in Erscheinung – entsprechende Belege in der Wiener Presse fehlen.[27]

Anna und Georg Hellmesberger hatten fünf Söhne und eine Tochter, von denen die jüngeren Söhne – Augustus Josephus (* 04.05.1831) und Franz Seraphikus (* 09.05.1832) – wohl schon im Kindes- oder Jugendalter verstarben. Der drittälteste Sohn, Ferdinand Hellmesberger (um 1835 – 27./28.07.1894), beschritt keine musikalische Laufbahn. Er wurde Versicherungsbeamter und war zunächst bei der Ersten österreichischen Versicherungs-Gesellschaft angestellt. Bei deren Nachfolgeunternehmen, der privaten Versicherungsgesellschaft ‚Donau', fungierte er später als Prokurist und Chefbuchhalter.[28] Ferdinand Hellmesberger lebte noch in den 1870er Jahren mit seinen Eltern in einem Haushalt. Er war verheiratet mit Luise Hellmesberger, deren Lebensdaten unbekannt sind.[29]

Als jüngstes Kind von Anna und Georg Hellmesberger wurde die Tochter Anna geboren (18.02.1845, Wien – 17.12.1912, Berlin)[30]. Sie erhielt eine musikalische Ausbildung und etablierte sich als Soubrette und Schauspielerin. 1865 debütierte sie am Theater in Czernowitz. Es folgten Engagements in Laibach (1866), Triest (1867), Augsburg (1867), Linz (1867/68) und Brünn (1868/69). Mit ihrer Eheschließung – im November 1873 hatte sie den Bankbeamten Theodor Gottlieb (1844, Pest – 1921) geheiratet – beendete sie ihre Bühnenkarriere. Der Sohn Eugen (um 1877 – 1940, Dresden) wirkte später als Kapellmeister und Komponist und trat unter dem Namen Gottlieb-Hellmesberger auf. Er war mit der Opernsängerin Jessika Koettrick (1897 – ?) verheiratet.

---

26 Zu den Konsequenzen der Ehe als gesellschaftlicher Instanz für die Handlungsräume von Frauen siehe bspw. Heide Wunder: „Er ist die Sonn', sie ist der Mond". Frauen in der Frühen Neuzeit. München: C. H. Beck, 1992, S. 264; Karin Hausen: „Die Polarisierung der ‚Geschlechtscharaktere' – Eine Spiegelung der Dissoziation von Erwerbs- und Familienleben", in: Werner Conze (Hg.): Sozialgeschichte der Familie in der Neuzeit Europas. Stuttgart: Klett Verlag, 1976 (= Industrielle Welt 21), S. 363–393.

27 Der Maler Ferdinand Georg Waldmüller hat ein auf das Jahr 1834 datiertes Portrait Anna Hellmesbergers angefertigt, das sich heute in der Gemäldegalerie der Staatlichen Kunstsammlungen Dresden befindet; verwaltet durch die Staatliche Kunsthalle Karlsruhe (2305).

28 Siehe Ostdeutsche Rundschau [Wien] 29.07.1894, S. 6.

29 Siehe Adolph Lehmann: Allgemeiner Wohnungs-Anzeiger nebst Handels- und Gewerbe-Adreßbuch der k. k. Reichshaupt- und Residenzstadt Wien und Umgebung. Wien: Druck von Alfred Hölder et al.,1895, S. 391.

30 Siehe Taufbuch Dompfarre St. Stephan, 1844 bis 1847, fol. 125, in: Matriken. Bestände Österreich. Wien/Niederösterreich (Osten): Rk. Erzdiözese Wien / 01., Dompfarre St. Stephan, https://data.matricula-online.eu/de/oesterreich/wien/01-st-stephan/01-114/?pg=127; 05.03.2021.

Den Söhnen Josef (03.11.1828, Wien[31] – 24.10.1893, ebd.) und Georg (Franz) d. J. (27.01.1830, Wien – 12.11.1852, Hannover)[32] erteilte Georg Hellmesberger Unterricht auf der Violine und dem Klavier und bereitete sie auf eine frühe Konzertkarriere vor. Auch im Weiteren agierte er als wichtiger Förderer und (modern gesprochen) Konzertmanager seiner beiden Söhne.[33] Georg Hellmesberger d. J. konnte sich daneben schon früh auch als Komponist behaupten. Unterricht in Generalbass und Kompositionslehre hatte er von Ludwig Rotter[34] erhalten. In einem gemeinsamen Konzert mit dem Bruder Josef im Wiener Musikvereinssaal präsentierte er im Frühjahr 1845 eine Ouvertüre, die von der Zeitung *Der Wanderer* als „eine Erstlingsarbeit von vortheilhafter Seite"[35] bewertet wurde. 17-jährig dirigierte er seine Oper *Die Favoritin* in Graz.[36] Sein Œuvre enthielt gegen Ende der 1840er Jahre laut Selbstauskunft bereits 84 Opusnummern, posthum ließen sich ihm mindestens 100 Werke zuordnen.[37] Sein Schaffen umfasste mehrere Opern[38], die in Wien, Prag, Hamburg und Hannover aufgeführt wurden,[39] 48 Lieder für Singstimme mit Klavierbegleitung, zwei Konzerte für Klavier und Violine, Konzertstücke für eine und zwei Violinen, von denen Hellmesberger selbst die *Variations burlesques ‚The american songs'* hervorhebt,[40] die tatsächlich einige mediale Beachtung gefunden haben. Für

---

31 Siehe Taufbuch Maria Rotunda, 1817 bis 1839, fol. 94, in: Matriken. Bestände Österreich. Wien/Niederösterreich (Osten): Rk. Erzdiözese Wien / 01., Maria Rotunda, https://data.matricula-online.eu/de/oesterreich/wien/01-mariarotunda/01-03/?pg=96; 05.03.2021.

32 Siehe Taufbuch Dompfarre St. Stephan, 1828 bis 1832, fol. 118, in: Matriken. Bestände Österreich. Wien/Niederösterreich (Osten): Rk. Erzdiözese Wien / 01., Dompfarre St. Stephan, https://data.matricula-online.eu/de/oesterreich/wien/01-st-stephan/01-111/?pg=122; 04.03.2021.

33 Siehe den Artikel „Hellmesberger, Joseph", in: Wurzbach: *Biographisches Lexikon des Kaiserthums Oesterreich*, Bd. 8, S. 286f.; siehe auch den Artikel „Hellmesberger, Georg (II)", in: ebd., S. 285f.

34 Ludwig Rotter war ein Wiener Organist und Komponist. Seit 1843 war er Professor am Wiener Kirchenmusikverein. 1858 wurde er als Mitglied in die Hofkapelle aufgenommen, war ab 1862 Hoforganist und wurde 1870 zum Vizehofkapellmeister ernannt.

35 Der Humorist 72–73 (1845), S. 280.

36 Der Humorist 82 (1847), S. 328.

37 Siehe Autobiographische Daten auf einem vorgedruckten Fragebogen, o. O., o. D. Hellmesberger, Franz Georg. A-Wst (HIN 6810). Zur zeitlichen Einordnung lassen sich die aufgeführten Werke heranziehen. In der Aufzählung ist etwa die 1849 fertiggestellte Oper *La Rose de Péronne* als jüngstes seiner Bühnenwerke enthalten; siehe auch Prosl: *Die Hellmesberger*, S. 83.

38 Im genannten Bogen (siehe Fn. 37) erwähnt er die im Manuskript vorhandenen Opern *Lestocq*, *Palma oder Die Reise nach Griechenland*, *Giovanna Gray*, *Fiesko* (1848), *Der Tag der Verlobung* (1847/48), *Die Bürgschaft* (1847/48), *La Rose Péronne* (1849) und *Die heimliche Ehe*. Zu den weiteren von Georg Hellmesberger komponierten Opern zählen *Der treue Arzt* und *Les deux Reines*.

39 Siehe Wurzbach: *Biographisches Lexikon des Kaiserthums Oesterreich*, Bd. 8, S. 286.

40 Genannt seien auch das *Duo concertant sur Motifs favoris de l'Opéra: Martha, de Fr. de Flotow* für Klavier und Violine (Wien 1848) und die Sonate für Klavier und Violine As-Dur op. 3 (Wien 1848). Siehe

Orchester hatte er eine Festouvertüre[41] vorgelegt, außerdem eine Vertonung des 120. Psalmes für großes Orchester, Chor und eine Solostimme. Er hatte zudem ein Oratorium, mehrere Messen und kleinere geistliche Werke komponiert sowie Kammermusik für verschiedene Streicherbesetzungen. Über „Praktische Duetten für 2 Violinen"[42] gibt er an, dass sie zum Unterricht am Wiener Konservatorium angenommen wurden, was sich über die Prüfungsprogramme der Ausbildungseinrichtung bestätigen lässt.[43] Einige Solo- und Kammermusikkompositionen, darunter auch zwei *Trios concertants* für drei Violinen, die er zusammen mit dem Vater und Bruder wiederholt aufgeführt hatte, wurden später auch in den Konzerten der Brüder gespielt, in Veranstaltungen im Musikvereinssaal erklangen in den 1840er Jahren außerdem schon Orchesterwerke aus der Feder Georg Hellmesbergers d. J.[44]

Um 1848 wure er Kapellmeister der Musikbanda des Juristenkorps der Akademischen Legion, die die Revolution unterstütze.[45] 1849 trat er in Preßburg auf und wurde ebenda als Ehrenmitglied des dortigen Kirchen-Musikvereins wahrgenommen.[46] 1850 folgte er dem Ruf als Konzertmeister an das Hoftheater nach Hannover, wo er 1851 zum Hofkapellmeister ernannt wurde.[47] Etwa zu dieser Zeit litt er an einer Lungenkrankheit, nahm aber nach nur kurzer Erholung seine Arbeit wieder auf. Im Dezember 1851 ließ er sich in einem Gewandhauskonzert in Leipzig hören,[48] konnte sich unterdessen nicht gänzlich von seiner Krankheit erholen, an deren Folgen er 1852 im jungen Alter von fast 23 Jahren starb. Der Bruder Josef verwaltete seinen kompositorischen Nachlass und gab schon 1853 einige Werke heraus.[49]

Musikalisch-literarischer Monatsbericht über neue Musikalien, musikalische Schriften und Abbildungen 6 (1848), S. 86f. und 7 (1848), S. 103.

41 *Österreichs Bürgern. Große Fest-Ouvertüre für Orchester, zur Feier des Wiener Bürger-Konzertes am 25.03.1848* op. 65 (Wien 1848). Siehe Musikalisch-literarischer Monatsbericht über neue Musikalien, musikalische Schriften und Abbildungen 7 (1848), S. 102.

42 Der *Musikalisch-literarische Monatsbericht über neue Musikalien, musikalische Schriften und Abbildungen* listet etwa Duette für zwei Violinen op. 4, 1. Heft (Wien 1849) auf, siehe ebd. 5/6 (1849), S. 50.

43 Siehe Gesellschaft der Musikfreunde: *Jahresbericht des Konservatoriums*, 1864/65, S. 53.

44 Siehe bspw. Fremden-Blatt [Wien] 08.12.1847, NP; Wiener Zeitung 03.01.1848, S. 11; Der Humorist 85 (1848), S. 344.

45 Für den Hinweis danke ich Barbara Boisits sehr herzlich.

46 Siehe Der Humorist 73 (1849), NP.

47 Karl Maria Kertbeny: „Georg Hellmesberger", in: Ders.: *Silhouetten und Reliquien. Erinnerungen*, 2 Bde. Wien/Prag: Kober & Markgraf, 1861, S. 249–254, hier S. 254.

48 Siehe Deutsche Allgemeine Zeitung [Leipzig] 05.12.1851, S. 2531f.

49 Siehe Wiener Zeitung 07.05.1853, S. 418.

Abb. 8: Georg Hellmesberger jun. k. hannover. Hof-Conzertmeister,
Bleistiftzeichnung von Eduard Kaiser, Wien 1850[50]

Die Karriere von Georg Hellmesberger d. J. war vor allem in jungen Jahren eng mit jener von Bruder und Vater verknüpft. Allerdings fand er seinen Wirkungskreis als Geiger später außerhalb Wiens. Hierin scheint ein ganz wesentlicher Grund dafür zu liegen, dass der Musiker weitgehend aus den Beiträgen zur Familie Hellmesberger ausgespart wurde: Mit dem Bild der grundlegend im Wiener Musikleben verankerten Musikerfamilie scheint Georg Hellmesbergers Lebensweg nicht vereinbar gewesen zu sein.

Josef Hellmesberger wurde nach der frühen Konzertlaufbahn mit dem Bruder 1847 als Exspektant[51] in die Hofkapelle aufgenommen, übernahm 1849 die Leitung eines eigenen Streichquartetts und wurde 1851 zum artistischen Direktor der Gesellschaft der Musikfreunde ernannt, als welcher er sowohl die Gesellschaftskonzerte als auch das Konservatorium leitete. Am Konservatorium hatte er zudem eine Professur für Violine

---

50   ÖNB Bildarchiv und Grafiksammlung (PORT_00154370_01 POR MAG).
51   Exspektanten wurden aufgrund der Pensionsunfähigkeit der ordentlichen Mitglieder unentgeltlich aufgenommen. Hofmusiker besaßen den Mitgliedsstatus nominell bis zu ihrem Tod und bezogen statt einer Pension weiterhin ihr Gehalt. Exspektanten wurde unterdessen die ordentliche Mitgliedschaft samt des Titels ‚Hofmusiker' in Aussicht gestellt. Siehe Antonicek: „Die Stände der Wiener Hofmusik-Kapelle", S. 172.

inne. Ebenfalls 1851 heiratete er die Schauspielerin Rosa Johanna Wilhelmine Anschütz (20.03.1830, Wien – 10.09.1909, Lichtenthal/Baden-Baden). Sie war die Tochter des renommierten Schauspielerehepaares (Johanna Henriette) Emilie Anschütz geb. Butenop (1795–1866) und Heinrich Anschütz (1785–1865). 9-jährig hatte sie am Wiener Hofburgtheater debütiert und hier im Alter von 15 Jahren ein Engagement als k. k. Hofschauspielerin erhalten. Mit der Eheschließung zog sie sich von der Bühne zurück.[52] In den 1850er und -60er Jahren wurden fünf Kinder geboren: Georg (24.08.1852, Wien – 01.11.1872, ebd.)[53], Rosa (Anna Emilie Auguste) (07.02.1854, Wien – 28.02.1916, ebd.)[54], Josef (Heinrich Georg) d. J. (09.04.1855, Wien – 26.04.1907, ebd.)[55], Ferdinand (Emil Heinrich Josef) (24.01.1863, Wien – 15.03.1940, ebd.)[56] und Emilie Henriette Ernestine, genannt Mizzi (11.01.1866, Wien – 1940, Karlsruhe [?]).[57]

Der älteste Sohn, Georg, schlug keine Musikerlaufbahn ein, er wurde Versicherungsbeamter und hatte eine Anstellung im selben Unternehmen wie sein Onkel Ferdinand Hellmesberger: der k. k. privaten Versicherungsgesellschaft ‚Donau'. Er starb wenige Monate nach seinem 20. Geburtstag „nach langer, schmerzvoller Krankheit"[58].

Rosa und Emilie Hellmesberger durchliefen erfolgreiche Karrieren als Bühnenkünstlerinnen. Beide erhielten ihre frühe musikalische Unterweisung vermutlich vom Vater. Rosa Hellmesberger wurde später Privatschülerin von Rosa Csillag, einer Sängerin der Wiener Hofoper und (bis 1881) Lehrerin am Konservatorium. Ihre sängerische Laufbahn wurde unterdessen noch vor dem Debüt durch die Geburt einer

---

52 Siehe Ludwig Eisenberg: *Grosses Biographisches Lexikon der Deutschen Bühne im XIX. Jahrhundert*. Leipzig: Verlag Paul List, 1903, S. 31; siehe auch Ottmar G. Flüggen: *Biographisches Bühnen-Lexikon der Deutschen Theater. Von Beginn der deutschen Schauspielkunst bis zur Gegenwart*. München: Verlag A. Pruckmann, 1892, S. 7.

53 Siehe Familiengrab Josef Hellmesberger. Hietzinger Friedhof Gruppe 15, Nr. 4D, Verzeichnis Friedhöfe Wien, https://www.friedhoefewien.at/verstorbenensuche?name=Hellmesberger&cemetery=Hietzing&sort=Familienname&order=ascend; 01.04.2021.

54 Auch Rosette/Rosita/Rosalind; Taufbuch St. Peter, 1853 bis 1860, fol. 34, in: Matriken. Bestände Österreich. Wien/Niederösterreich (Osten): Rk. Erzdiözese Wien / 01., St. Peter, https://data.matricula-online.eu/de/oesterreich/wien/01-st-peter/01-06/?pg=37; 04.03.2021.

55 Siehe Taufbuch Dompfarre St. Stephan, 1852 bis 1855, fol. 353, in: Matriken. Bestände Österreich. Wien/Niederösterreich (Osten): Rk. Erzdiözese Wien / 01., Dompfarre, St. Stephan, https://data.matricula-online.eu/de/oesterreich/wien/01-st-stephan/01-116/?pg=357; 04.03.2021.

56 Siehe Taufbuch St. Michael, 1845 bis 1867, fol. 342, in: Matriken. Bestände Österreich. Wien/Niederösterreich (Osten): Rk. Erzdiözese Wien / 01., St. Michael, https://data.matricula-online.eu/de/oesterreich/wien/01-st-michael/01-22/?pg=392; 04.03.2021.

57 Siehe Taufbuch St. Peter, 1861-1876, fol. 126, in: Matriken. Bestände Österreich. Wien/Niederösterreich (Osten): Rk. Erzdi.zese Wien / 01., St. Peter, https://data.matricula-online.eu/de/oesterreich/wien/01-st-peter/01-07/?pg=130; 13.09.2023.

58 Neues Fremden-Blatt [Wien] 02.11.1872, S. 2.

unehelichen Tochter unterbrochen. Am 18.06.1877 kam Rosa Theodora Ernestine[59] zur Welt, deren familiäre Abstammung im Geburts- bzw. Taufeintrag zunächst unterschlagen wird. Der Name Hellmesberger taucht hier nicht auf – mutmaßlich um den gesellschaftlichen Skandal abzuwenden, der der Familie aus der unehelichen Geburt erwachsen wäre. Zur Mutter ist stattdessen aufgeführt: „Angeblich: Auguste Emilie Werner, kath. Rel., ledigen Stand."[60] Es überrascht nicht, dass selbige öffentlich nicht in Erscheinung getreten ist und von der Wiener Presse unbeachtet blieb. Patin des Neugeborenen war Ernestine Anschütz, eine Schwester von Rosa Hellmesberger geb. Anschütz und damit eine Tante der leiblichen Mutter. Erst 1890 – Rosa Hellmesberger war mittlerweile als Sängerin und Schauspielerin etabliert – wurde sie als rechtmäßige Mutter nachgetragen. Öffentlich bekannt wurde ihre Mutterschaft anscheinend aber auch nach diesem Zeitpunkt nicht.

Abb. 9: Rosa Hellmesberger, Photographie von Rudolf Krziwanek, Wien 1890[61]

Wenige Jahre nach der Geburt ihrer Tochter war Rosa Hellmesberger 1880 erstmals als Sängerin in Wien aufgetreten.[62] Von 1881 bis 1883 studierte sie Operngesang und

---

59 Rosa Theodora Ernestine war später mit dem Wiener Architekten Ernst Wilhelm Altmann verheiratet. Sie starb am 23.02.1968 in Wien.
60 Taufbuch St. Augustin, 1872 bis 1878, fol. 135, in: Matriken. Bestände Österreich. Wien/Niederösterreich (Osten): Rk. Erzdiözese Wien / 01., St. Augustin, https://data.matricula-online.eu/de/oesterreich/wien/01-st-augustin/01-13/?pg=141; 04.03.2021.
61 ÖNB Bildarchiv und Grafiksammlung (Pf 32605:C[1] POR MAG).
62 Siehe Deutsche Musik-Zeitung 30 (1880), S. 177.

Dramatische Darstellung am Wiener Konservatorium bei Johann Reß und Louise Dustmann.[63] Noch während des Studiums wurde sie 1882 für Auftritte an die Hofoper engagiert und erhielt im direkten Anschluss eine Anstellung ebenda, die bis 1889 währte.[64] Wiederholt trat sie in Konzerten mit beziehungsweise unter der Leitung ihres Vaters auf, der sich hiermit auch als Förderer seiner Tochter erweist. Für das Frühjahr 1883 ist eine kleine Kunstreise von Rosa Hellmesberger mit dem Vater und dem Bruder Josef d. J. nach Preßburg belegt. In der *Presse* war zu lesen:

> In der Häuslichkeit unseres trefflichen Hofcapellmeisters Hellmesberger geht es heute ungewöhnlich still zu. Weder die perlenden Violinpassagen, mit welchen sonst Hellmesberger Vater am Morgen seine Nachbarn erfreut, noch die Clavier-Accorde des Sohnes, der mit seiner leichtgeschürzten Operettenmuse tändelt, sind heute zu hören; auch die schmerzlichen Solfeggien der Sangeskünstlerin des Hauses Hellmesberger sind heute verstummt und tiefe Stille lagert über den sonst so geräuscherfüllten Gemächern. Die musikalische Dreifaltigkeit der Familie Hellmesberger, der Vater, der Sohn und die Tochter, hat sich auf eine kleine Kunstreise begeben. Die guten Preßburger werden die seltene Gelegenheit haben, die Künstlerfamilie Hellmesberger vereint wirken zu sehen und – wir wollen es im Hinblick auf Fräulein Rosa Hellmesberger hoffen – auch wirken zu hören. Die im Preßburger Theater heute veranstaltete ‚Faust'-Vorstellung dirigirt nämlich Hellmesberger der Vater, das Violinsolo spielt Hellmesberger der Sohn und das Gretchen singt Hellmesberger die Tochter.[65]

Weitere Gastauftritte führten Rosa Hellmesberger in der folgenden Zeit nach Olmütz, Brünn (beide 1886), Prag und Ulm (beide 1888), wo sie – eigentlich Mezzosopranistin – auch als Possen- und Operettensoubrette zu hören war. In Wien trat sie vermehrt außerhalb der familiären Zusammenhänge auf.

Die Presseresonanz erweist sich als überschaubar und uneinheitlich. Wiederholt klingt Kritik an den musikalischen Leistungen an – im gleichen Zuge werden die Privilegien betont, die die Sängerin allein aufgrund ihres Familiennamens genießen würde. Die *Wiener Presse* formuliert etwa mit Blick auf eine Konservatoriumsveranstaltung:

---

63   Siehe Gesellschaft der Musikfreunde: *Jahresbericht des Konservatoriums*, 1881/82, S. 63; siehe auch Eisenberg und Groner: *Das geistige Wien*, S. 79.
64   Siehe Neue Freie Presse [Wien] 06.12.1882, S. 7; siehe auch Wiener Allgemeine Zeitung 19.04.1883, S. 7.
65   Die Presse [Wien] 07.03.1883, S. 11.

> Ueber Fräulein Rosa Hellmesberger ein endgültiges Urtheil abzugeben, dürfte jedem Wiener Musiker schwer fallen. Ihr Name macht sie uns schon sympathisch und legt Rücksichten auf, die jedes harte Wort zurückdrängen. Par droit de naissance [per Geburtsrecht, Anm. AB] ist Fräulein Hellmesberger Primadonna der Opernschule und wie wir hören, sind ihr bereits die Pforten der Hof-Oper geöffnet, die oft bedeutenden Talenten verschlossen bleiben. Fräulein Hellmesberger hat mehr gehört und gesehen als gelernt, sie bewegt sich ganz ungezwungen auf der Bühne, besitzt eine erstaunliche Routine und wird vom Lampenfieber nicht besonders belästigt. Wir müssen ihr selbst eine ungewöhnliche dramatische Begabung zugestehen und können uns trotzalledem nicht für ihre Leistungen erwärmen. Es erscheint uns Alles gemacht und geklügelt, sie übertreibt in Spiel und Gesang, ihre Lebhaftigkeit ist Unruhe, ihre Empfindung übertrieben und bloß äußerlich. In jeder musikalischen Phrase, bei jeder Arm- oder Kopfbewegung tritt uns störend ein ‚Zuviel' entgegen, welches sich mit der Jugend und Anfängerschaft nicht verträgt.[66]

Ob und inwiefern solch kritische Stimmen ausschlaggebend für die Aufgabe der Gesangskarriere gewesen sein mögen, bleibt Spekulation. Rosa Hellmesberger gab jedenfalls 1888 öffentlich ihre Entscheidung bekannt, sich vom Gesang ab- und dem Schauspiel zuzuwenden.[67] Für die Saison 1889/90 ließ sie sich ans Wiener Volkstheater engagieren. Es folgten 1890/91 Gastauftritte in Salzburg und Klagenfurt. 1891/92 ging sie für ein Engagement am Thaliatheater nach Hamburg, kehrte anschließend nach Wien zurück und ließ sich in der Folgezeit für Gastspiele etwa in München (1892), Steyr (1892), Saaz (1892), Marburg (1893) und Prag (1893, 1894) verpflichten. Nach 1894 fehlen Hinweise auf ihre Tätigkeit.

Die 12 Jahre jüngere Schwester Emilie Hellmesberger wählte statt einer musikalischen von vornherein die schauspielerische Laufbahn. Von 1886 bis 1888 war sie an der Schauspielschule des Wiener Konservatoriums inskribiert. Im unmittelbaren Anschluss ging sie an das Stadttheater Lübeck, kehrte zur Saison 1889/90 aber für ein Engagement am Volkstheater – an das zeitgleich auch ihre Schwester verpflichtet wurde – in die Heimatstadt zurück.[68] Dass beide Schwestern gleichzeitig eine Anstellung am Volkstheater erhielten, legt eine Vermittlung oder zumindest wirkungsvolle Empfehlung aus dem familiären Umfeld nahe – belegen lässt sich diese Vermutung jedoch nicht.

---

66   Wiener Presse 22.04.1883, S. 4f.
67   Siehe Die Presse [Wien] 13.04.1888, S. 11.
68   Siehe Neues Wiener Tagblatt 30.11.1888, S. 7.

Abb. 10: Rosa und Emilie Hellmesberger, Lithographie „Das Deutsche Volkstheater in Wien"[69]

Für die Spielzeit 1890/91 wurde Emilie Hellmesberger an das Wallner-Theater in Berlin engagiert,[70] 1891/92 war sie – wiederum gemeinsam mit der Schwester – am Hamburger Thaliatheater angestellt. Wie Rosa Hellmesberger sah auch sie sich Angriffen durch die Wiener Kritiker ausgesetzt, die den Künstlerinnen vorwarfen, statt künstlerischer Leistungen (allein) durch familiäre Privilegien Engagements erhalten zu haben. Anfang der 1890er Jahre verliert sich die Spur der Bühnentätigkeit Emilie Hellmesbergers. Möglicherweise heiratete sie den Schauspieler Fritz Herz (03.02.1867, München – 21.01.1945, Wien) und lebte mit ihm in Karlsruhe.[71]

---

69 Der Humorist 17/18 (1889), NP.
70 Neuer Theater-Allmanach [Berlin] 3 (1892), S. 183.
71 Siehe Anonym: „Herz, Fritz", in: Österreichische Akademie der Wissenschaften (Hg.): *Österreichisches Biographisches Lexikon 1815–1950*, 16 Bde., Bd. 2, Lfg. 9. Wien: Verlag der Österreichischen Akademie der Wissenschaften, 1959, S. 295.

Abb. 11: Emilie Hellmesberger, Photographie von Josef Szekely, Wien (o. J.)[72]

Die Lebensläufe der beiden Söhne Josef d. J. und Ferdinand weisen deutliche Parallelen zu jenen von Josef d. Ä. und Georg d. Ä. auf. Nach frühem Unterricht im familiären Rahmen besuchten beide das Konservatorium – Josef Hellmesberger d. J. hatte hier in den Jahren 1865 bis 1870 bei seinem Vater Geige im Hauptfach studiert. Im Nebenfach hatte er Klavier belegt, 1868/69 außerdem Harmonielehre und 1869/70 Kontrapunkt.[73] Ferdinand war von 1878 bis 1883 am Konservatorium eingeschrieben und hatte hier im Hauptfach Violoncello bei Carl Udel studiert, außerdem Klavier und Allgemeine Musiklehre und Harmonielehre belegt.[74] Beide Brüder folgten Vater und Großvater als Lehrende an das Konservatorium, als Mitglieder in die Wiener Spitzenorchester und als Kammermusiker in das renommierte Streichquartett.

---

72 KHM Museumsverband, Theatermuseum Wien (FS_PK201722alt).
73 Siehe Gesellschaft der Musikfreunde: *Jahresbericht des Konservatoriums*, 1865/66, S. 25; ebd. 1866/67, S. 34; ebd. 1867/68, S. 34; ebd. 1868/69, S. 25; ebd. 1869/70, S. 32.
74 Siehe Gesellschaft der Musikfreunde: *Jahresbericht des Konservatoriums*, 1878/79, S. 16; ebd. 1879/80, S. 16; ebd. 1880/81, S. 15; ebd. 1881/82, S. 16; ebd. 1882/83, S. 14.

Ferdinand Hellmesberger wurde 1870 Mitglied der Hofkapelle, war ab 1883 Cellist im Hellmesberger-Quartett und trat 1884 in das Kollegium des Konservatoriums ein, an dem er von 1889 bis 1902 eine ordentliche Professur bekleidete. Am 27.06.1889 heiratete er Marie Croatto (Lebensdaten unbekannt), die als Tänzerin am Hofoperntheater angestellt war.[75] Zwischen 1896 und 1902 war Ferdinand Hellmesberger als Solocellist im Hofopernorchester tätig, anschließend als Kapellmeister am Stadttheater (der heutigen Volksoper). Parallel dazu war er mit Unterbrechung auch Mitglied der Wiener Philharmoniker.[76] 1905 verließ Ferdinand Hellmesberger Wien für ein fünfjähriges Engagement als Ballett-Dirigent an der königlichen Oper in Berlin, wo er nebenher auch als Violoncello-Lehrer arbeitete. 1908 ging er nach Abbazia (Oppatija/Ungarn) und war hier kurzzeitig als Kurkapellmeister angestellt. Es folgten Engagements als Dirigent in Veranstaltungen des Wiener Konzertvereins sowie der Kurkapellen in Baden bei Wien, Marienbad und Karlsbad.[77]

Zu Lebzeiten wurde Ferdinand Hellmesberger kaum als Teil der Musikerfamile erwähnt. Als Cellist erfüllte er per Instrumentenwahl eine der entscheidenden Voraussetzungen, die familiäre Violintradition zu repräsentieren, nicht. Erst anlässlich seines Todes wird er in der Fach- und Tagespresse in diesen Zusammenhang eingereiht – als letzter Namensvertreter der Familie. Der Name wurde hier indes mehr zum Anlass genommen für Retrospektiven auf die Familientradition um Josef Hellmesberger d. Ä., seinen Vater Georg und seinen Sohn Josef.[78]

---

75 Siehe Neues Wiener Tagblatt 26.06.1889, S. 2.
76 Siehe Hellmesberger, Ferdinand: Schreiben an das Komitee der Philharmonischen Konzerte, Wien, 30.05.1893. A-Wph (H/16.4).
77 Siehe Anonym: „Hellmesberger, Ferdinand", in: Österreichische Akademie der Wissenschaften (Hg.): *Österreichisches Biographisches Lexikon 1815–1950*, 16 Bde., Bd. 2, Lfg. 8. Wien: Verlag der Österreichischen Akademie der Wissenschaften, 1959, S. 285; siehe auch Boisits und Fastl: „Hellmesberger".
78 Das *Salzburger Volksblatt* (20.03.1940, S. 3) etwa schreibt: „Professor Ferdinand Hellmesberger, früherer Solocellist der Wiener Philharmoniker, ist in Wien im Alter von 78 Jahren gestorben. Er war ein Enkel des berühmten Dirigenten der Wiener Hofoper Georg Hellmesberger. Der Vater des Verstorbenen, Josef, war Konzertmeister an der Wiener Hofoper und gleichfalls Orchesterdirigent. Ein Bruder des Verschiedenen, gleichfalls mit Namen Josef, betätigte sich ebenfalls als Musiker. Von ihm stammen eine Reihe von Operetten und Ballette. Mit Ferdinand Hellmesberger stirbt die Wiener Musikerfamilie dieses Namens aus."

Abb. 12: Ferdinand Hellmesberger, Photographie von Josef Szekely, um 1910.[79]

Anders verhält es sich mit der Rezeption und Laufbahn von Josef Hellmesberger d. J., der als Geiger schon von den Zeitgenossen unmittelbar in die Traditionslinie um Vater und Großvater gestellt wurde und als Geiger und Dirigent mehr noch als die Geschwister tatsächlich in deren Fußstapfen trat. In einer 1877 ohne Autorennennung herausgegebenen Broschüre über Josef Hellmesberger d. Ä. wird etwa mit Blick auf Josef Hellmesberger d. Ä., seinen Vater und Sohn geschrieben: „Und so scheint denn das in infinitum fortgehen zu wollen in dieser Familie; denn unser Josef Hellmesberger [d. Ä.] hat nun auch schon einen Sohn, aus welchem er einen so tüchtigen Musiker zu machen verstanden hat, daß er, obschon er heute erst 21 Jahre zählt, doch schon seit mehreren Jahren sich eines ausgezeichneten Rufes zu erfreuen hat."[80] Der Hellmesberger-Biograph Prosl greift später auf genealogische Notwendigkeiten als Erklärung zurück: „Ein echter Hellmesberger, griff auch er schon als Kind zur Geige und Vater Hellmesberger hatte seine Freude mit ihm. Er wurde natürlich Schüler seines Vaters[.]"[81]

Josef Hellmesberger d. J. wurde vom Vater als 15-Jähriger im direkten Anschluss an das Studium als zweiter Violinist in das Hellmesberger-Quartett aufgenommen, das er nach dem Rücktritt Josef Hellmesbergers d. Ä. 1887 als Primarius leitete. Ebenfalls 1870 erhielt er eine Anstellung im Orchester der Hofoper – in dem er zunächst am letzten Pult der ersten Geigen unter der Leitung seines Vaters

---

79 KHM Museumsverband, Theatermuseum Wien (FS_PK224263alt).
80 Anonym: *Josef Hellmesberger*, 1877, S. 4.
81 Prosl: *Die Hellmesberger*, S. 86.

als Konzertmeister saß – und wurde parallel dazu auch als Mitglied bei den Wiener Philharmonikern aufgenommen. In beiden Orchestern wirkte er zunächst aber nur bis 1873.[82] Im darauffolgenden Jahr erhielt er ein Engagement als Konzertmeister an der im Januar des Jahres eröffneten Komischen Oper (Ringtheater), die jedoch 1875 vorerst wieder geschlossen wurde. Hellmesberger leitete hierauf noch für einen Sommer die im Zuge dieser Schließung gegründete Wiener Tonkünstler-Capelle.[83] Zum 23.06.1874 wurde der Geiger als Exspektant in die Hofkapelle aufgenommen und hier 1879 zum wirklichen Mitglied ernannt.[84] 1875 trat Josef Hellmesberger d. J. seinen Militärdienst an und wurde in diesem Zuge der traditionsreichen Musikkapelle des (zu dieser Zeit vermutlich in Wien stationierten)[85] Infanterieregiments Hoch- und Deutschmeister Nr. 4 zugeteilt.[86] Selbige galt als Lieblingskapelle des Kaisers und der Wiener Bevölkerung. Sie wurde zu Wachablösungen sowie offiziellen Anlässen gefordert, veranstaltete darüber hinaus aber auch Konzerte, spielte im Rahmen von privaten Gesellschaften sowie in Wiener Vergnügungslokalen.[87] Josef Hellmesberger d. J. wirkte hier, je nach Besetzung der Kapelle – die als Militärmusik, aber auch als Streicherensemble auftrat –, als Geiger und Perkussionist. Im Laufe seines Dienstes wurde er zum Kapellmeister ernannt.[88]

Parallel zum Militärdienst trat Hellmesberger zum 01.11.1875 wiederum in das Hofopernorchester und die Wiener Philharmoniker ein, verließ beide Orchester aber zum 15.05.1881 erneut. Seine Wiedereinstellung erfolgte zum 01.09.1884,[89] nun als

---

82   Siehe Merlin: *Die Philharmoniker*, Bd. 1; siehe auch Przistaupinsky: *50 Jahre Wiener Operntheater*, S. 49.
83   Siehe Die Presse [Wien] 26.09.1875, S. 9.
84   Siehe Antonicek: „Die Stände der Wiener Hofmusik-Kapelle", S. 188.
85   Siehe Prosl: *Die Hellmesberger*, S. 87.
86   Die *Gemeinde-Zeitung* aus Wien teilt mit: „Der frühere Concertmeister der komischen Oper, Herr Josef Hellmesberger jun., die Mitglieder des Hofopernorchesters Arthur Nikisch, erste Violine, Franz Strebinger[,] zweite Violine[,] und Reinhold Hummer, Violoncell, standen am 22. d. M. vor der Assentirungs-Commission. Die Herren Hellmesberger, Strebinger und Hummer wurden genommen, Herr Nikisch ging frei aus. Der erstgenannte junge Künstler dürfte den Deutschmeistern als erster Violinist eingereiht werden und wenn die anderen zwei ihrem Kameraden sich anschließen, so hätte das Regiment ein prächtiges Terzett beisammen." (27.04.1875, S. 3)
87   Siehe Friedrich Anzenberger: „Hoch- und Deutschmeister", in: *Oesterreichisches Musiklexikon online*, 2001, https://www.musiklexikon.ac.at/ml/musik_H/Hoch-_und_Deutschmeister.xml; 01.04.2021.
88   Siehe Haberkamp: „Hellmesberger", S. 485.
89   Laut Merlin taucht der Name Josef Hellmesbergers d. J. ab 1884 nicht mehr in den Dienstlisten der Wiener Philharmoniker auf. Vermutlich konzentrierte er sich vielmehr auf die neue Aufgabe als Ballettmusikdirigent an der Hofoper. Nominell war er aber weiterhin Mitglied der Philharmoniker. Siehe Merlin: *Die Philharmoniker*, Bd. 1, S. 59.

Konzertmeister und Ballettmusikdirigent.⁹⁰ Was als Beförderung anmutet, erweist sich zugleich als eine entscheidende Barriere, da man, wie Christian Merlin herausgestellt hat, Josef Hellmesberger d. J. „nicht zum Nachfolger seines Vaters als Konzertmeister ernennen würde."⁹¹ Allein interimistisch besetzte er diesen Posten; erstmals im Jahr 1879 – nachdem sein Vater von selbigem zurückgetreten war und bevor Arnold Rosé 1880 langfristig als Konzertmeister angestellt wurde.⁹² Ein weiteres Mal vertrat er Rosé 1897/98.

Am 03.05.1880 heiratete Josef Hellmesberger d. J. Wilhelmine geb. Scheichelbauer (12.03.1855, Wien – 02.09.1922, ebd.⁹³). Sie hatte als Schauspielerin unter dem Namen Schaller unter anderem am Wiener Stadttheater gewirkt, später aber die Bühnenkarriere ruhen lassen. In den Wiener Adressbüchern sind Wilhelmine Scheichelbauer und Josef Hellmesberger d. J. schon vor der Heirat unter derselben Adresse, nämlich Wiedener Hauptstraße 15, gemeldet.⁹⁴ Eine Tochter Wilhelmine Scheichelbauers – Leopoldine geb. Scheichelbauer, verh. Werner – wurde vermutlich am 24.01.1874 in einer Gebäranstalt im 8. Bezirk in Wien – und damit vor der Eheschließung mit Josef Hellmesberger – geboren.⁹⁵

Im Jahr 1878 übernahm Josef Hellmesberger d. J. die zuvor von Carl Heissler besetzte Professur für Violine am Konservatorium der Gesellschaft der Musikfreunde und wirkte hier unter der Leitung seines Vaters, der nach dem Studienjahr 1876/77 seine Professur für Violine niedergelegt hatte, aber weiterhin den Posten des Direktors innehatte.

---

90 Siehe Vertragsurkunde Hofoper. Josef Hellmesberger jun. A-Whh (AT-OeStA/HHStA HA Oper SR 70).
91 Merlin: *Die Philharmoniker*, Bd. 1, S. 59.
92 Siehe ebd., Bd. 2, S. 61.
93 Siehe Sterbebuch Wieden, 1915 bis 1922, fol. 287, in: Matriken. Bestände Österreich. Wien/Niederösterreich (Osten): Rk. Erzdiözese Wien / 04., Wieden, https://data.matricula-online.eu/de/oesterreich/wien/04-wieden/03-36/?pg=292; 09.04.2021; Trauungsbuch St. Karl Borromaeus, 1875 bis 1881, fol. 181, in: Matriken. Bestände Österreich. Wien/Niederösterreich (Osten): Rk. Erzdiözese Wien / 04., St. Karl Borromaeus, https://data.matricula-online.eu/de/oesterreich/wien/04-st-karl-borromaeus/02-15/?pg=185; 09.04.2021.
94 Neues Wiener Tagblatt 18.09.1922, S. 4.
95 Siehe https://www.genteam.at/index.php?option=com_taufenkath; 19.05.2023; siehe außerdem Wilhelmine Hellmesberger: Testament, Wien 21.07.1909. A-Wn (Mus.Hs.34533).

Abb. 13: Josef Hellmesberger d. J., Photographie von Julius Gertinger, Wien 1886[96]

Zum 12.03.1900 wurde er Vizehofkapellmeister und zum 01.11.1901 zum Hofkapellmeister ernannt.[97] 1901 wurde er außerdem vom Komitee der Wiener Philharmoniker zum Leiter der philharmonischen Konzerte gewählt, ein Amt, das er in der Nachfolge Gustav Mahlers übernahm. Die Ernennung hatte Symbolwirkung. Das Orchester hatte sich – bei der Wahl zwischen einem oder mehreren Wiener sowie einem oder mehreren auswärtigen Dirigenten – für einen Musiker entschieden, der als Mitglied einer im 19. Jahrhundert musikkulturell einflussreichen und hochumjubelten Wiener Musikerfamilie, als Sohn und Enkel früherer Konzertmeister, und in diesem Fall gar als Enkel eines Gründungsmitglieds, eben diese Wiener Tradition repräsentierte. Aus der Perspektive des Künstlers heißt das zugleich auch: Die Zugehörigkeit zur Familie Hellmesberger ermöglichte Josef d. J. noch über den Tod von Vater und Großvater hinaus hochdotierte Posten im Wiener Musikleben. Die hiermit verknüpften Erwartungen konnte er aber offenbar nicht erfüllen, jedenfalls ging unter Hellmesbergers Leitung die Konzertauslastung der Philharmoniker zurück, was Musiker und Pressevertreter zum Anlass bissiger Kommentare nahmen.[98]

1903 trat Josef Hellmesberger von seinem Amt zurück und begründete dies in einem Schreiben an das Komitee der philharmonischen Konzerte:

---

96 ÖNB Bildarchiv und Grafiksammlung (Pf 193.051: C [5]).
97 Siehe Antonicek: „Die Stände der Wiener Hofmusik-Kapelle", S. 179f.
98 Siehe Merlin: *Die Philharmoniker*, Bd. 1, S. 79.

Vorkom̃nisse der letzten Zeit, bei welchen mit gewisser Schadenfreude private Angelegenheiten in die Öffentlichkeit gezerrt wurden, haben meine Gesundheit derart in Mitleidenschaft gezogen[,] dass ich mich leider ausser Stande sehe[,] in dieser Saison die philharmon. Concerte zu leiten, umsomehr als ich meine Kräfte vollauf für die anderweitigen künstlerischen Anforderungen dringend benöthige. Gleichzeitig fühle ich mich verpflichtet[,] der Körperschaft für das mir stets bewiesene Vertrauen meines künstlerischen Könnens, meinen innigsten Dank auszusprechen.[99]

Zum Rücktritt bewegt sah sich der Musiker somit nicht aufgrund künstlerischer Differenzen, sondern durch die Reaktionen der Wiener Öffentlichkeit auf eine bekannt gewordene Affäre Hellmesbergers mit einer Tänzerin der Hofoper. Aufschluss über diese Vorkommnisse bietet die in Wien verlegte Tageszeitung *Die Zeit*, die in diesem Zuge Josef Hellmesberger Gelegenheit zu einer Stellungnahme gibt:

Bekanntlich wurde Hofkapellmeister Hellmesberger vor einigen Tagen von dem Vater einer Tänzerin, mit der er in intimen Beziehungen gestanden, auf der Straße thätlich angegriffen. Die nächste Folge dieses Vorganges war der Rücktritt Hellmesberger's von der Leitung der Philharmonischen Concerte. Einem unserer Mitarbeiter theilte Hofkapellmeister Hellmesberger über die Ursache des Rücktrittes und die damit zusammenhängende Affaire folgendes mit: ‚Ich bin da wegen einer Angelegenheit rein privater Natur plötzlich der Gegenstand aller möglichen Angriffe geworden, die vollkommen ungerechtfertigt sind. Gut, ich habe, indem ich mit der Dame nähere Beziehungen unterhielt, ein Verbrechen begangen – aber nur meiner Frau gegenüber. Diese hat mir verziehen, wen kümmert also diese Angelegenheit noch? Trotzdem fällt man nun in boshafter Schadenfreude über mich her. Was habe ich denn gethan? Man hat im Gegentheil mir etwas gethan. Ich werde auf offener Straße angefallen. Dafür fällt man mich dann noch in dieser Weise an. Ich habe mich dem Fräulein gegenüber correct benommen. Als sie vor zwei Jahren – allerdings infolge des Verhältnisses zu mir – von ihrem Papa aus dem Hause gejagt wurde, stand sie vollständig mittellos da. Da war es doch meine Pflicht, sie, so weit es in meinen Kräften stand, zu unterstützen. Ihr Vater aber zwang mich, einen notariellen Act zu unterzeichnen, wonach ich mich verpflichten mußte, jede Verbindung mit seiner Tochter zu lösen. Das that ich denn auch, nun aber

---

[99] Hellmesberger, Josef d. J.: Brief an das Comité der Philharmonischen Konzerte, Wien, 30.09.1903. A-Wph (H/18.5).

stand das arme Mädchen wieder vis-à-vis de rien. Sie wendete sich an mich um eine Unterstützung. Ich erklärte mich bereit, ihr tausend Gulden zu geben, unter der Bedingung, daß ihr Vater, dem gegenüber ich ja mein Wort nicht brechen durfte, einverstanden wäre. Er war es aber nicht. So konnte ich nichts thun. Auf einmal erhielt ich im Februar von dem Herrn die Aufforderung, seiner Tochter tausend Gulden sogleich und eine lebenslängliche Rente von fünfzig Gulden pro Monat anzuweisen. Ich bin ein armer Musikus, habe keine Reichthümer und schrieb daher zurück, daß ich auf diesen Vorschlag nicht eingehen könne. Damit schien die Sache erledigt. Durch ganze acht Monate hörte ich nichts von der Familie. Und jetzt erfolgt plötzlich dieser Angriff, ganz unerwartet, ohne jede Veranlassung. Ich habe den Herrn natürlich geklagt. Auch die Polizei wird ihn bestrafen. Und in dieser Angelegenheit ist auch der Grund zu suchen, warum ich auf die Dirigentenstelle bei den Philharmonikern verzichte. Diese haben mich seinerzeit mit einer Majorität von siebzig Stimmen gewählt. Während der ganzen Zeit, die ich an ihrer Spitze stand, hat nie die geringste Differenz zwischen ihnen und mir stattgefunden. Und nun auf einmal erfahre ich, daß unter ihnen Stimmen laut geworden sind, welche die Befürchtung ausgesprochen haben, daß meine Affaire dem ‚Geschäft' schaden könnte. Natürlich wollte ich da vorbeugen, ehe sie so weit gingen, mir selbst die Demission nahezulegen. Woher diese Stimmung auf einmal gegen mich unter den Philharmonikern ist? Ich kann Ihnen keinen anderen Grund dafür angeben, als den leider Gottes in jedem Musiker steckenden Proletariergeist. Wen sie nun wählen werden, vermag ich nicht zu sagen. Was mich selbst betrifft, so habe ich weder vom Hofmarschallsamte noch von der Direction irgendeine Zuschrift oder Rüge erhalten. Man hat mich nicht vom Dienste suspendirt.[100]

Nur wenig später reichte Hellmesberger auch bei der Hofoper und der Hofkapelle die Kündigung ein.[101] Seine Pensionsansprüche waren damit erloschen, da die statutarischen Bedingungen des Hofopernpensionsfonds – 34 Berufsjahre oder Berufsunfähigkeit – nicht erfüllt waren. Erst kurz vor seinem Tod wurden sie ihm auf Gesuch von Verwandten zuerkannt.[102] Beruflich waren Hellmesbergers Zelte in Wien allerdings unwiederbringlich abgebrochen. Den Autor eines Typoskripts ungeklärter Provenienz

---

100 Die Zeit [Wien] 01.10.1903, S. 3f., hier S. 3. Der Vorwurf von Machtmissbrauch, der im Fall der Affäre zwischen Hellmesberger als Ballettmusikdirigent und einer jungen Tänzerin der Hofoper naheliegt, wurde in der zeitgenössischen Presse nicht erhoben.
101 Siehe Illustrirtes Wiener Extrablatt 10.10.1903, S. 7.
102 Siehe Zuerkennung der statutenmäßigen Personalpension von K. 3.374,-. Josef Hellmesberger d. J. KHM Museumsverband, Theatermuseum Wien (AM 57 462 Sk).

Die „Dynastie Hellmesberger" – Eine Familienbiographie   91

zufolge, aufbewahrt im Archiv der Wiener Philharmoniker, veranlasste dies, von „dem unrühmlichen Ende der Ära Hellmesberger"[103] zu sprechen. Als Repräsentant der Familientradition, aber auch der Wiener Tradition war der Musiker mit entsprechenden Erwartungen konfrontiert. Dass er jedoch nicht über die geringere Konzertauslastung der Philharmoniker, sondern über die moralische Verfehlung – um den Vorwurf von Machtmissbrauch, der im Fall der Affäre zwischen Hellmesberger als Ballettmusikdirigent und einer jungen Tänzerin der Hofoper naheliegt, ging es in diesem Diskurs nicht – stolperte, ist Ausweis des Wertekonservatismus der aristokratisch-bürgerlichen Gesellschaft Wiens. Derartige Fehltritte billigte man einer öffentlichen Person, die als Leiter der Philharmoniker gleichermaßen im Zentrum der kulturpolitischen Initiative stand, Wien als ‚Musikhauptstadt der Welt' zu legitimieren, nicht zu.

Vor dem Eklat hatte der Musiker eine Einladung aus St. Louis/MO für ein sechsmonatiges Engagement im Zuge der Weltausstellung angenommen, das er aufgrund einer Erkrankung später allerdings wieder absagte.[104] Wohl noch Ende des Jahres 1903 bewarb er sich um eine freigewordene Kapellmeisterstelle am Hoftheater in Stuttgart. Anfang des Jahres unterzeichnete das Ehepaar Hellmesberger Dienstverträge ebenda – Wilhelmine Hellmesberger wurde hier nach langer Abwesenheit von der Bühne als Schauspielerin engagiert, Josef Hellmesberger als Kapellmeister, der neben dem Kollegen Karl Pohlig vor allem als Dirigent von Spielopern, namentlich von komischen Opern seinen Zuständigkeitsbereich finden sollte. Beide Verträge sahen eine Anstellungszeit von fünf Jahren vor.[105] Stattdessen aber wurde der Vertrag Josef Hellmesbergers vom Hoftheaterintendanten Joachim Gans zu Putlitz vorzeitig zum 31. August 1905 gekündigt,[106] und im gleichen Zuge auch der Vertrag von Wilhelmine Hellmesberger aufgehoben, wie aus einem Schreiben zu Putlitz' an den Kollegen Georg von Hülsen, dem Intendanten des Königlichen Theaters zu Wiesbaden, hervorgeht.[107] Grund seien Unmutsbekundungen über Entscheidungen der Intendanz gewesen, die

---

103 Anonym: Josef Hellmesberger und die Gastdirigenten [Typoskript, o. J.], S. 3. A-Wph (ohne Signatur).
104 Siehe Hellmesberger, Josef d. J.: Brief an Unbekannt, Wien, 21.04.[1904], Hof-/Staatstheater Stuttgart: Personalakten / 1843–1982. StAL (E 18 VI Bü 355), http://www.landesarchiv-bw.de/plink/?f=2-323358; 03.11.2021.
105 Siehe Dienstvertrag Wilhelmine Hellmesberger, Hof-/Staatstheater Stuttgart: Personalakten / 1843–1982. StAL (E 18 VI Bü 324), http://www.landesarchiv-bw.de/plink/?f=2-323359; 03.11.2021.
106 Dienstvertrag Josef Hellmesberger, Hof-/Staatstheater Stuttgart: Personalakten / 1843–1982. StAL (E 18 VI Bü 355), http://www.landesarchiv-bw.de/plink/?f=2-323358; 03.11.2021; siehe Schreiben der k. Hoftheaterintendanz an Josef Hellmesberger, Stuttgart, 24.12.1904, ebd.
107 Siehe K. Hoftheaterintendanz Stuttgart: Schreiben an Wilhelmine Hellmesberger, Stuttgart, 24.12.1904, Hof-/Staatstheater Stuttgart: Personalakten / 1843–1982. StAL (E 18 VI Bü 324), http://www.landesarchiv-bw.de/plink/?f=2-323359; 03.11.2021.

Hellmesberger vor Mitgliedern des Theaters geäußert haben soll. Zu Putlitz empfahl seinen Kollegen Josef Hellmesberger dennoch ausdrücklich als Ballettdirigenten:

> Durch seine Stellung in Wien, in der [er] wohl etwas verwöhnt [wurde,] gabes [sic] hier Kompetenzstreitigkeiten mit dem andern Kapellmeister und im gekränkten Ehrgeiz liess er sich zu Aeusserungen Mitgliedern gegenüber verleiten, die mich veranlasst haben, kurzer Hand seinen Vertrag zu lösen. Wenn er aber von Ihnen als <u>Balletdirigent</u> engagirt wird, dann ist seine Stellung ja von vornherein präzisirt und Streitigkeiten ausgeschlossen. Zudem dürfte die Erfahrung, die er hier gemacht hat, ihm auch eine gute Lehre gewesen zu sein.[108]

Ergänzend erfährt man aus diesem Brief Anstellungsmodalitäten Hellmesbergers in Stuttgart: „H. selbst bezog hier bei uns 6000 M. Gage, weil ich für die in Frage stehende Kapellmeisterstelle nicht mehr ausgeben wollte, wir hatten aber seine Frau mit 2400 – 3000 M. steigend für kleinere Schauspiel-Rollen engagirt und dieses Engagement diente nur dazu, um das Einkommen von H. höher zu machen, so dass ich eigentlich sagen muss, dass er bei uns 8000 – 9000 M. bezog. Denn diese Frau war sehr wenig verwendbar."[109]

Josef Hellmesberger hatte, zusammen mit einer Entschuldigung für seine Äußerungen, um Aufhebung der Kündigung gebeten,[110] worauf zu Putlitz jedoch nicht einging.[111] Dass die Beziehung zwischen dem Hofkapellmeister und der Theaterintendanz

---

108 Joachim Gans zu Putlitz: Schreiben an Georg von Hülsen, [Stuttgart,] 11.04.1905, Hof-/Staatstheater Stuttgart: Personalakten / 1843–1982. StAL (E 18 VI Bü 324), http://www.landesarchiv-bw.de/plink/?f=2-323359; 03.11.2021.
109 Ebd.
110 Josef Hellmesberger d. J.: Brief an Joachim Gans zu Putlitz, o. O., 16.01.1905, Hof-/Staatstheater Stuttgart: Personalakten / 1843–1982. StAL (E 18 VI Bü 324), http://www.landesarchiv-bw.de/plink/?f=2-323359; 03.11.2021.
111 „In Beantwortung Ihres Schreibens teile ich Ihnen mit, dass ich zu meinem Bedauern nicht in der Lage bin, bei Seiner Majestät dem König den Antrag zu stellen, mich zur Zurücknahme Ihrer Kündigung [sic] zu ermächtigen. Ich bedaure, in der Angelegenheit einen anderen Standpunkt einnehmen zu müssen, als Sie es nach Ihrem Briefe thun. Meiner Meinung nach war Ihre Stellung an der hiesigen Hofbühne von mir Ihnen gegenüber ganz klar präzisirt worden und wie Ihre bei den Akten liegenden Briefe beweisen, musste ich auch annehmen, dass Sie mit dieser Stellung vollkommen einverstanden waren. Gerüchte, die mir einen Zweifel aufkommen lassen konnten, habe ich als gänzlich unglaubwürdig unbeachtet gelassen, weil ich der Ueberzeugung sein musste, dass, wenn Sie irgend welche Wünsche oder Beschwerden vorzubringen gehabt hätten, ich als der erste davon in Kenntnis gesetzt worden wäre. Die Form, in der Sie Ihrem Unmut Ausdruck verliehen, musste mein Vertrauen, dass die Kapellmeisterfrage im Interesse des Instituts befriedigend gelöst sei, absolut erschüttern und dieses Vertrauen kann auch jetzt nicht wieder hergestellt werden, wenn Ihnen, wie ich das ja wohl begreife, Ihr Vorgehen leid thut. Ich kann daher in der Sache selbst eine Aenderung nicht eintreten lassen. Ich

auch durch finanzielle Probleme belastet gewesen sein mag, könnte die Entscheidung in diese Richtung beeinflusst haben. In einer Vereinbarung mit dem Spar- und Vorschusskonsortium Währing Wien vom 18. November 1904 versicherte Josef Hellmesberger d. J. jedenfalls, u. a. auch solche Kosten zu begleichen, die aus einer „bei dem K. Landesgericht Stuttgart gegen ihn anhängigen Rechtssache"[112] erwachsen sind. Das Wiener Bezirksgericht hatte eine Forderung in Höhe von 12.722 M. an ihn gestellt.[113]

Josef und Wilhelmine Hellmesberger kehrten im Spätsommer 1905 nach Wien zurück. Josef Hellmesberger d. J. nahm kein weiteres Engagement mehr an, auch mit dem Hellmesberger-Quartett trat er nicht mehr auf. In Ermangelung eines regelmäßigen Einkommens lebte das Paar in der nächsten Zeit von den Tantiemen, die Josef Hellmesbergers Opern und Operetten einbrachten. Unter den in Wien vielgespielten Werken seien etwa *Der Graf von Gleichen und seine Frauen* (UA 1880), *Fata Morgana* (UA 1886), *Rikiki* (UA 1887), *Das Orakel* (UA 1889), *Das Veilchenmädel* (UA 1904), *Wien bei Nacht* (UA 1905) und *Mutzi* (UA 1906) genannt, außerdem das Ballett *Die Perle von Iberien* (UA 1902). Post mortem, im Jahr 1934, wurde noch das Singspiel *Wiener*

---

habe mich bisher jeder Mitteilung an die Oeffentlichkeit enthalten und habe die Zeitungsnotizen unerwidert gelassen, die davon sprachen, dass Sie um Ihre Entlassung gebäten [sic] hätten, um Ihre Bemühungen nicht zu erschweren, ein anderes Engagement zu finden. Ich würde mich auch künftig nur dann zu einer Erklärung in den Zeitungen gezwungen sehen, wenn die fraglichen Zeitungsnotizen zu einem Angriff auf die Hoftheaterleitung ausarten sollten." Johann Gans zu Putlitz: Schreiben an Josef Hellmesberger d. J., [Stuttgart,] 17.01.1905, Hof-/Staatstheater Stuttgart: Personalakten / 1843–1982. StAL (E 18 VI Bü 355), http://www.landesarchiv-bw.de/plink/?f=2-323358; 03.11.2021.

112 Vereinbarung zwischen dem Spar- u. Vorschuss-Konsortium ‚Währing' und Josef Hellmesberger, Stuttgart, 18.11.1904, Hof-/Staatstheater Stuttgart: Personalakten / 1843–1982. StAL (E 18 VI Bü 355), http://www.landesarchiv-bw.de/plink/?f=2-323358; 03.11.2021.

113 „Zwischen dem Spar- u. Vorschuss-Konsortium ‚Währing' in Wien, vertreten durch Rechtsanwalt Dr. Schneider in Stuttgart und Joseph Hellmesberger, Hofkapellmeister in Stuttgart kommt hiermit nachstehende Vereinbarung zustande:
1. Herr Hellmesberger anerkennt, dem Sparkonsortium Währing auf Grund des Zahlungsauftrages des K.K. Bezirksgerichtes Wien vom 19. Februar 1904 an Hauptsumme den Betrag von 14967 Kronen 51 Heller = 12722 M. 10 Pf., sowie 7 & Zinsen hieraus vom 1. Dezember 1903 ab, ferner einen Prämienbetrag, Gerichts- und Zwangsvollstreckungskosten weitere 331 M. schuldig und auch verpflichtet zu sein, die in der z. Zt. bei dem K. Landesgericht Stuttgart gegen ihn anhängigen Rechtssache bisher erwachsenden Kosten zu tragen.
2. Zur Tilgung dieser Schuld bezahlt Herr Hellmesberger zu Händen des Herrn Dr. Schneider sofort baar [sic] den Betrag von 1000 M.; ausserdem tritt er von dem ihm gegen die K. Württ. Hofkammer zustehenden Gehaltsanspruch den Betrag von monatlich 125 M. bis zur gänzlichen Abtragung seiner Schuld sammt Zinsen und Kosten mit der Massgabe an das Sparkonsortium Währing ab, dass die K. Hofkammer bzw. die K. Hoftheaterintendanz beauftragt werden soll, diesen Betrag am 24. jeden Monats, erstmals am 24. November 1904 direkt an den Vertreter des Sparkonsortiums Währing, Herrn Dr. Schneider in Stuttgart auszubezahlen [...]." Ebd.

G'schichten uraufgeführt. Aus der Feder Josef Hellmesbergers d. J. stammten außerdem eine Reihe vielgespielter Tanzweisen und Wienerlieder.

Nach der Rückkehr nach Wien konzentrierte sich Josef Hellmesberger laut Prosl auf die Komposition und lebte zwischenzeitlich in Rodaun. Zu dieser Zeit litt er an Erkrankungen von Niere und Lunge, die letztlich auch zu seinem Tod führten. Wilhelmine Hellmesberger veranlasste die Konkurseröffnung auf dem Nachlass ihre Mannes, da die Schuldenlast denselben überstiegen habe.[114]

„Dynastie Hellmesberger" – ein Zwischenfazit

Blickt man auf die Berufswege in der Familie Hellmesberger, offenbaren sich zwischen den verschiedenen Generationen eine Vielzahl an Parallelen in den Karrieren der männlichen Familienmitglieder. Sie erweisen sich als die hauptsächlichen Profiteure des familiären Netzwerks und als die Hauptakteure der ‚Dynastie Hellmesberger' in der zeitgenössischen Rezeption. Am Konservatorium, im Hellmesberger-Quartett, in der Hofkapelle, dem Hofopernorchester und bei den Wiener Philharmoniker führen ihre Wege zusammen. Über drei Generationen nahmen die Streicher der Familie Hellmesberger hier einflussreiche Positionen des Wiener Musiklebens ein, über die sie nicht nur für künstlerische Belange zuständig waren, sondern auch personalpolitische und organisatorische Entscheidungen trafen und hierüber wiederum innerfamiliär unterstützend wirken konnten.

Georg Hellmesberger d. Ä. hatte dafür entscheidende Voraussetzungen geschaffen. Strukturell konnte er schon frühzeitig über Institutionen der Wiener Musikkultur hinweg Beziehungen knüpfen, in denen sich später auch seine Söhne und Enkel bewegten. Als Konzertmeister und Orchesterdirektor des Hofopernorchesters mit Dirigierverpflichtung leitete er Proben und Auftritte.[115] Welche Kompetenz- und Aufgabenbereiche er hier darüber hinaus versah, lässt sich mangels überlieferter Verordnungen allerdings kaum nachvollziehen. Dokumente aus dem Umfeld der Wiener Philharmoniker geben indirekt Aufschluss. Durch die symbiotische Verbindung des Bühnenorchesters mit dem Konzertorchester – statutengemäß setzen sich die Philharmoniker aus Mitgliedern des Opernorchesters zusammen – nahm Georg Hellmesberger in beiden Ensembles den Posten des Orchesterdirektors ein. Dem sogenannten Gründungsdekret der Wiener Philharmoniker ist zu entnehmen: „Also das <u>sämmtliche Orchester-Personal des k. k. Hof-Operntheaters n. d. Kärnthnerthor</u>, seinen braven

---

114 Siehe Neue Freie Presse [Wien] 18.06.1907, S. 11.
115 Siehe Merlin: *Die Philharmoniker*, Bd. 1, S. 25. Im von den Orchestermitgliedern unterzeichneten Anstellungsvertrag für die Jahre 1855 bis 1857 sind die Orchesterdirektoren an oberster Stelle gelistet, gefolgt von den Solospielern. Siehe Orchestervertrag 1855 bis 1857 (Hofopernorchester). A-Whh (AT-OeStA/HHStA HA Oper SR 70).

Director Hrn Georg Hellmesberger an der Spitze[,] hat sich vereinigt, um unter Capellmeister N.'s [Otto Nicolais] Direction ein Concert zu geben"[116]. Es fehlen die Protokolle der ersten konstituierenden Orchesterversammlungen und weitere Dokumente aus der Gründungszeit, die explizit Aufschluss über die Organisationsform geben. Einer Paraphrase der ersten Statuten durch Otto Nicolai ist jedoch zu entnehmen, dass die weiteren Orchestermitglieder gegenüber dem Kapellmeister und Orchesterdirektor weisungsgebunden waren.[117] Dazu war Hellmesberger bis 1870 Mitglied jenes Komitees, das die Verantwortung für die Verwaltung und Organisation der Wiener Philharmoniker übernahm und damit auch Personalentscheidungen traf.[118]

Mit Blick auf die Anstellungen und Ämter Georg Hellmesbergers d. Ä. wird nachvollziehbar, wie weitreichend sein Einfluss im Wiener Musikleben schon Anfang der 1840er Jahre gewesen sein muss. Er befand sich an einer Schnittstelle verschiedener Wirkungsbereiche, an der er als Vermittler auftreten konnte: Als Lehrer am Konservatorium bildete er Geiger aus, die er qua seines Amtes in den zwei führenden Wiener Orchestern unterbringen und so eine enge Verbindung auf der personellen Ebene schaffen konnte. Über die Nachbesetzung von Orchesterstellen mit Studierenden des Konservatoriums schuf er zugleich eine Grundlage für das dichte Netzwerk zwischen den Institutionen des Wiener Musiklebens.

Die Privilegien seiner Positionen konnte Georg Hellmesberger d. Ä. unter anderem auch nutzen, um seine Söhne Josef und Georg in das Wiener Musikleben einzuführen. Eindrückliches Beispiel hierfür ist das Debütkonzert der Brüder, das am 11. Februar 1844 im Saal der Gesellschaft der Musikfreunde veranstaltet wurde. Es fand nicht nur in dem ersten und zu dem Zeitpunkt noch einzigen öffentlichen Konzertsaal der bürgerlichen Musikkultur in Wien statt, sondern wurde zudem durch die Wiener Philharmoniker samt ihrem Kapellmeister Otto Nicolai als Mitwirkende unterstützt.[119]

Darüber hinaus konnte Georg Hellmesberger seine Söhne in Programmen des Hofopernorchesters unter seiner Leitung unterbringen und auch ihre Mitwirkung in Konzerten und Soiréen anbahnen, in denen er selbst beteiligt war. In diesem Zusammenhang ist das Engagement Josef Hellmesbergers als Vertretung des Vaters für eine Vorstellung von Conradin Kreutzers *Das Nachtlager in Granada* am 15. Juli 1845 in der Hofoper bemerkenswert, das Georg Hellmesberger d. Ä. als Orchesterdirektor

---

116 „Gründungsdekret" der Philharmonischen Konzerte, zit. nach Hellsberg: *Demokratie der Könige*, S. 22f. Hervorhebung im Original.
117 Siehe Hellsberg: *Demokratie der Könige*, S. 52.
118 Eigentlich wurde das Komitee in regelmäßigen Turnussen neu besetzt, der Wahlmodus und die genauen Modalitäten sind indes unbekannt. Auffällig ist, dass Hellmesberger über Jahrzehnte hinweg Komiteemitglied war. Siehe ebd., S. 25f.
119 Siehe ebd., S. 56.

selbst verfügt haben wird. Damit spielte nicht etwa ein in der Orchesterhierarchie folgender Kollege Hellmesbergers das Violinsolo, sondern sein Sohn. Sowohl vom Publikum als auch seitens der Kritik wurde dieser Schritt enthusiastisch aufgenommen. Die Zeitung *Der Wanderer* kommentiert:

> [Es] ereignete sich eines [ein Wunder; Anm. AB], was vielleicht bei hundertmaliger Aufführung dieser Oper an zwei hiesigen Theatern noch nie geschehen: das die Arie des Prinzregenten im zweiten Acte einleitende Violinsolo mußte repetirt werden. Und der Schlüssel zu diesem Wunder ist nichts anders [sic], als ein jugendfrisches, kräftiges Talent, Hellmesberger (Joseph) Sohn, der im Orchester seinen, wie ich höre[,] auf Urlaub abwesenden Vater supplirte und durch Schönheit und Reinheit des Tones, und einen markigen, festen, kühnen Bogenstrich die erstaunten Zuhörer zum Enthusiasmus stimmte. Glücklich der Vater, der seinen Sohn so glorreich in seine Fußstapfen treten sieht.[120]

Die familiären Unterstützungen von Georg Hellmesberger d. Ä. reichen auch über den eigenen, weitgehend auf Wien begrenzten Wirkungskreis hinaus. Dort, wo der eigene Einfluss endete, aktivierte der Musiker die Unterstützung von Wiener Kollegen wie dem Sänger Josef Staudigl, der die Hellmesberger-Brüder nicht nur nach London begleitete, sondern sie hier auch erfolgreich in die öffentlichen und halböffentlichen Kreise des Musiklebens einführte.[121]

Bis hierhin hatte Georg Hellmesberger d. Ä. die frühe Karriere seiner Söhne über etwa acht Jahre als Mentor und Organisator begleitet. Ihre Auftritte waren mittlerweile zu einem ebenso bekannten wie beliebten Phänomen im Wiener Konzertleben geworden.

Weitere Unterstützung Josef Hellmesbergers d. Ä. durch den Vater lässt sich in Bezug auf die Erstbesetzung des Hellmesberger-Quartetts mit Mitgliedern des Jansa-Quartetts vermuten. Mit Leopold Jansa stand Georg Hellmesberger d. Ä. nicht nur über das Konservatorium in einem kollegialen Verhältnis, sondern hatte mit ihm sowie mit Matthias Durst und Ägidius Borzaga Jahre zuvor Streichquartettabende im vornehmlich privaten Rahmen veranstaltet. Zur Aufführung größer besetzter Kammermusik hatten auch schon die Söhne Georg Hellmesbergers mitgespielt.

Das Hellmesberger-Quartett selbst entwickelte sich darüber hinaus zu einem Beispiel familiärer Zusammenarbeit, die hier über die Jahrzehnte hinweg quasi institutionalisiert wurde: In den 1880er Jahren bestand das Quartett mit Josef Hellmesberger d. Ä., Josef Hellmesberger d. J. und ab 1883 auch Ferdinand Hellmesberger vor allem aus

---

120 Der Wanderer [Wien] 17.07.1845, S. 679.
121 Zur Konzertreise der Brüder siehe S. 38.

Familienangehörigen und führte nun den Namen Quartett Hellmesberger und Söhne. Georg Hellmesberger d. J. und Georg Hellmesberger d. Ä. waren daneben nie feste Mitglieder des Ensembles, letzterer ist hier lediglich als Gast aufgetreten.

Josef Hellmesberger d. Ä. erwarb sich als Primarius des Quartetts einen ausgezeichneten Ruf. Sein Einfluss im Wiener Musikleben ging aber vor allem mit seiner Ernennung zum artistischen Direktor der Gesellschaft der Wiener Musikfreunde einher. Ob und inwiefern Georg Hellmesberger d. Ä. in diese Berufung involviert war, lässt sich nicht nachvollziehen. Gleichwohl kann festgehalten werden, dass hiermit die Geigenausbildung am Wiener Konservatorium von 1851 bis zur Einstellung Carl Heisslers im Jahr 1858 allein in den Händen von Georg Hellmesberger d. Ä. und Josef Hellmesberger d. Ä. lag. Entsprechend führte der Weg vom Konservatorium in die Orchester wesentlich über diese beiden Akteure.

Josef Hellmesberger folgte seinem Vater 1855 ins Hofopernorchester und zu den Wiener Philharmonikern. Die Dirigentenstelle der Wiener Philharmoniker, um die er sich Anfang der 1860er Jahre bewarb und über deren Besetzung das Orchester demokratisch abstimmte, wurde nicht ihm, sondern Otto Dessoff[122], dem Dirigenten der Wiener Hofoper, zugesprochen. Gleichwohl vereinte Josef Hellmesberger d. Ä. in den 1860er Jahren viele machtbesetzte Posten des Wiener Musiklebens auf sich: Er war Direktor des Konservatoriums, Konzertmeister der Hofoper und der Wiener Philharmoniker sowie Solovioliniste der Hofkapelle. Seinen weitreichenden Einfluss machte er auch für Engagements seiner Kinder an den genannten Institutionen geltend. Öffentlich breit wahrgenommen war die Einstellung der Tochter Rosa 1882 und die Wiedereinstellung des Sohnes Josef 1884 an der Hofoper. In der satirischen Wochenzeitung *Der Floh* erschien zu diesem Anlass eine Karikatur. Abgebildet ist Josef Hellmesberger d. Ä., übergroß zwischen seinen Kindern Rosa und Josef stehend. Mit forderndem Gesichtsausdruck weist er mit dem Daumen auf die Beiden, die je – kostümiert bzw. uniformiert und selbstbewusst, wie von der Bühne in die Ferne blickend – einen Anstellungsvertrag der Hofoper in der Hand halten. Im angefügten Kommentar heißt es:

Der gute Papa Hellmesberger, der witzigste unter den Musikern und der musikalischste unter den Witzlingen Wiens, sorgt väterlich für seine Kinder, für den schlimmen ‚Pepi' und die niedliche Rosa; er hat sie Beide zur Hofoper gebracht,

---

122 Otto Dessoff hatte in Leipzig Klavierunterricht bei Ignaz Moscheles, Unterricht in Komposition bei Moritz Hauptmann und im Dirigieren bei Julius Rietz erhalten. Er hatte Theaterkapellmeisterstellen in Chemnitz, Altenburg, Düsseldorf, Aachen, Magdeburg und Kassel inne und war von 1860 bis 1875 Dirigent der Wiener Hofoper sowie der Wiener Philharmoniker. Von 1861 bis 1874 unterrichtete er außerdem Komposition am Konservatorium in Wien. 1875 wurde er Hofkapellmeister in Karlsruhe und 1880 zum ersten Kapellmeister am Stadttheater Frankfurt a. M. ernannt.

in dasselbe Institut, in welchem er als Altmeister des Orchesters grau geworden. […] Der junge Pepi ist schon dreimal ausgerissen, hat die ehrenvolle Stelle als erster Geiger im brillanten Hofopern-Orchester niedergelegt, um sich zu ‚verändern', aber er kam immer wieder und ist jetzt zum vierten Male angestellt worden. Wenn man bedenkt, wie schwer es anderen Sterblichen gemacht wird, in der Wiener Hofoper auch nur ein einziges Mal unterzukommen, wird man zugeben, daß der junge Hellmesberger ‚von sehr guten Eltern' sein muß, denn er kommt nun schon zum vierten [recte: dritten, Anm. AB] Mal hinein. Weiß Gott, wie lange er es diesmal aushalten wird! Bei jedem halben Dutzend wollen wir ein Kreuz machen, und auf ein ‚Kreuz' mehr oder weniger kommt es doch so tüchtigen Musikern, wie die Hellmesberger es sind, gewiß nicht an.[123]

Abb. 14: Dynastie Hellmesberger, Lithographie[124]

Josef Hellmesberger d. J. stand mehrfach in der Kritik der Wiener Presse, die etwa Anstoß an den wiederholten Ein- und Austritten des Musikers aus dem Opernorchester und den Philharmonikern nahm. Den Erfolg seiner Karriere schmälerte das jedoch kaum: Der Musiker folgte seinem Vater ans Konservatorium, in die Hofkapelle, an die Oper, ins Hellmesberger-Quartett und behauptete sich ferner als Komponist. Mit

---

123 Der Floh 25 (1884), S. 2.
124 In: Ebd., S. 1.

der Benennung zum Dirigenten der Philharmonischen Konzerte wurde er dazu im Jahr 1901 auf einen Posten gewählt, den sein Vater nie besetzt hatte. Anders als seinen Schwestern Rosa und Emilie Hellmesberger wurde ihm nur selten der Vorwurf der ungerechtfertigten Bevorzugung aufgrund seiner familiären Zugehörigkeit gemacht.

Das Wirken der Schwestern – vor allem ihre Bühnenengagements – war wiederholt Gegenstand scharfer Kritik. Rosa Hellmesberger sah sich seitens eines Rezensenten der *Wiener Presse* schon während des Studiums dem Vorwurf ausgesetzt, Anstellungen allein aufgrund ihrer familiären Beziehungen, nicht aber aufgrund ihrer Leistungen zu erlangen.[125]

Auch ihrer Schwester Emilie begegneten einige Rezensenten und Zuschauer mit offenen Ressentiments. Der Oberbibliothekar der k. k. Wiener Universitätsbibliothek Friedrich Arnold Mayer beklagt in einem öffentlichen Brief unter dem Pseudonym F. Scenicus die Personalpolitik an den Wiener Theatern und nennt Emilie Hellmesberger als Beispiel unredlicher Bevorzugung aufgrund familiärer Verbindungen. Am Wiener Volkstheater, so führt er aus, seien für Engagements

> nicht immer sachliche Erwägungen maßgebend gewesen: namentlich, wenn man sieht, wie einflußreiche Leute ihre talentlosen Töchter, nicht eine, sondern gleich mehrere, hier wie in einem Familienheim unterzubringen wissen. […] An unserem Theater gibt es noch Schwestern von Hofschauspielerinnen, Directorsnichten u. s. w., alles in allem eine Protectionswirthschaft zu Gunsten unfähiger Kräfte, die einfach ein öffentlicher Scandal zu nennen ist. Vorerst Frl. Emilie Hellmesberger, die gegen den deutlich ausgesprochenen Willen des Publikums immer wieder in den Vordergrund gedrängt wird. Die ‚Enkelin des großen Anschütz' besitzt keinen Funken von Talent und passirt nicht einmal als Dilettantin […].[126]

Die Anstellung der Schwester Rosa bezieht Mayer in diese Kritik mit ein: „Am Hofoperntheater gegen das einmal wieder ungeberdige Publikum mit aller Mühe nicht zu halten, ist auch sie in dem neuen ‚Asyl für Obdachlose' trefflich versorgt worden. Wenn nicht mit dem Singen, geht's vielleicht mit dem Spielen!"[127]

---

125 Siehe etwa Wiener Presse 22.04.1883, S. 4f.
126 F. Scenicus: *Wiener Bühnen-Unwesen. Offener Brief an den Vereinsausschuß des „Deutschen Volkstheaters"*. Wien: Commissionsverlag Franz Deuticke, 1890, S. 20f. Interessanterweise wird im Fall von Emilie Hellmesberger nicht die väterliche, sondern die mütterliche Familienlinie herangezogen. Emilie Hellmesberger wird als Enkelin von Heinrich Anschütz vorgestellt, der als Schauspieler am Burgtheater brillierte und hier auch erfolgreich als Regisseur wirkte. Die Leistungen der Großmutter, der ebenfalls erfolgreichen Schauspielerin Emilie Henriette Johanna Anschütz geb. Butenop, Tochter des Schauspieldirektors Karl Heinrich Butenop, bleiben dabei unbeachtet.
127 Ebd., S. 21.

Hier zeichnet sich zum einen die Ungleichbehandlung von Künstlern und Künstlerinnen entlang des Geschlechts ab:[128] Während den Geigern der Familie Hellmesberger die verwandtschaftlichen Beziehungen als Ausweis oder sogar Garant ihres Talentes und Könnens zugutegehalten werden, werden sie den Künstlerinnen – auch ungeachtet der Engagements, die sie außerhalb Wiens hatten – zum Nachteil ausgelegt und ihnen unterstellt, nicht durch Können, sondern allein aufgrund des Einflusses ihrer Väter bzw. Großväter an die Wiener Bühnen gelangt zu sein. Zum anderen werden die beiden Sängerinnen bzw. Schauspielerinnen nicht in die erfolgreiche Familientradition der Hellmesbergers eingereiht. In Beiträgen zur ‚Dynastie Hellmesberger' bleiben sie meist unerwähnt. Mit dem Narrativ der Familie oder gar der ‚Dynastie Hellmesberger' wurde stattdessen eine Traditionslinie entworfen, die ganz selektiv auf die männlichen Familienmitglieder fokussiert ist. Als Träger der Tradition wurden sogar nur drei Musiker dieser Familie ins Zentrum des Interesses gestellt, nämlich Georg Hellmesberger d. Ä., Josef Hellmesberger d. Ä. und Josef Hellmesberger d. J. – Geiger und Komponisten, die am Konservatorium und in den Wiener Spitzenorchestern und damit an weithin wahrgenommenen Institutionen des Wiener Musiklebens auf selbiges Einfluss nehmen konnten. Für die Selbst- und Außenwahrnehmung Wiens als Musikstadt wurde ihnen so eine entscheidende historiographische Bedeutsamkeit zugewiesen.[129] In der Auslassung der weiblichen Familienmitglieder und ihrer künstlerischen Leistungen aus Beiträgen zur Musikerfamilie Hellmesberger wird demgegenüber die – für die Musikhistoriographie des 19. Jahrhunderts charakteristische – Begradigung von Musikgeschichte nachvollziehbar:[130] Die komplexere Familiengeschichte wird mit dem Ziel einer kohärenten Historiographie des Violinspiels auf wenige Akteure begrenzt.[131]

---

128 Die Ungleichbehandlung von Musikerinnen und Musikern in der Rezeption ist ein längst bekanntes Phänomen. Siehe hierzu sowie zur Überschneidung von Musik- und Geschlechterdiskurs im 19. Jahrhundert etwa Hoffmann: *Instrument und Körper*; Cordelia Miller: *Musikdiskurs als Geschlechterdiskurs im deutschen Musikschrifttum des 19. Jahrhunderts*. Oldenburg: BIS-Verlag, 2019 (= Schriftenreihe des Sophie Drinker Instituts 16).
129 Siehe auch Babbe: „Geigenausbildung als ‚Familiensache'", S. 280.
130 Von der Begradigung von Musikgeschichte – in einem metaphorischen Parallelismus zur Flussbegradigung – sprechen Annette Kreutziger-Herr und Melanie Unseld im Vorwort des von ihnen herausgegebenen *Lexikon Musik und Gender*. Die damit bezeichnete historiographische Verkürzung von Musikgeschichte als Heroengeschichte kritisiert vor allem das heldische Prinzip einer Musikgeschichtsschreibung, in der Komponisten als Genies vereinnahmt und weitere Akteur*innen ausgeklammert werden. Annette Kreutziger-Herr und Melanie Unseld: „Vorwort", in: Dies. (Hg.): *Lexikon Musik und Gender*. Kassel: Bärenreiter, Stuttgart/Weimar: J. B. Metzler, 2010, S. 9–14, hier S. 9.
131 Siehe auch Babbe: „Geigenausbildung als ‚Familiensache'", S. 280.

III. Biographien und Handlungsräume der Hellmesberger-Schüler*innen

Josef Hellmesberger d. Ä. war von 1851 bis 1877 und damit knapp 26 Jahre lang als Violinlehrer am Konservatorium in Wien tätig und bildete in dieser Zeit 147 Musiker und 7 Musikerinnen aus. Viele der Hellmesberger-Schüler fanden im Anschluss an ihr Studium Anstellungen in den Wiener Orchestern sowie Aufnahme in das Kollegium des Wiener Konservatoriums und besetzten später mitunter machtvolle Positionen im Netzwerk des Wiener Musiklebens. Hierüber wurden viele von ihnen außerdem der sogenannten Wiener Schule zugeordnet und ihnen damit auch (bis heute) musikhistoriographische Bedeutsamkeit beigemessen.[1] Den Geigerinnen blieben der Zugang zu den benannten Institutionen sowie die musikgeschichtliche Würdigung weitgehend verwehrt. Wollten sie sich im Musikleben etablieren, mussten sie sich andere Wege erschließen, etwa mit der Gründung eigener geschlechterhomogener Kammermusikensembles oder Orchester.

Die Beobachtung der ungleichen Laufbahnen und Bedeutungszuschreibungen begründet das diesem Kapitel zugrundeliegende Forschungsinteresse. Erklärtes Ziel ist es, unter Einnahme einer raumbezogenen Perspektive die Handlungsräume aller Akteur*innen in den Blick zu nehmen und abseits der nachvollziehbaren Stationen ihrer musikalischen Karrieren auch die Möglichkeiten und Hindernisse der Professionalisierung zu untersuchen. Diese konzeptuelle Hinwendung zum ‚Raum' folgt – wie Susanne Rode-Breymann für die musikwissenschaftliche Genderforschung festgehalten hat – den Ansprüchen einer kulturwissenschaftlich verstandenen Musikhistoriographie, da hier über die Fokussierung des Prozesshaften die soziale und ästhetische Praxis aller Akteur*innen betrachtet wird.[2] Der Blick auf Geschichte wird damit differenzierter, wie auch Aleida Assmann betont: „Statt weiterhin auf die großen Linien von Entwicklung und Wandel zu fokussieren, schärft die Kategorie des Raumes die

---

1 Siehe hierzu Kapitel IV.4 Von der ‚Hellmesberger-Schule' zur ‚Wiener Schule' S. 310.
2 Siehe Susanne Rode-Breymann: „Wer war Katharina Gerlach? Über den Nutzen der Perspektive kulturellen Handelns für die musikwissenschaftliche Frauenforschung", in: Dies. (Hg.): *Orte der Musik. Kulturelles Handeln von Frauen in der Stadt*. Köln/Weimar/Wien: Böhlau, 2007 (= Musik – Kultur – Gender 3), S. 269–284, hier S. 280. Auch der 2020 von Sabine Meine und Henrike Rost herausgegebene Band *Klingende Innenräume. GenderPerspektiven auf eine ästhetische und soziale Praxis im Privaten* reiht sich hier ein. Die Herausgeberinnen verschreiben sich einem raumbezogenen Zugriff auf Musikgeschichte und erkennen im Verständnis von Raum als sozialer Kategorie das Potenzial, musikbezogenes Handeln und das soziale Miteinander samt der unterschiedlichen Handlungsmöglichkeiten detaillierter untersuchen zu können als es eine an der Chronologie orientierte Historiographie ermöglicht.

Perspektive auf die Machtverhältnisse im Machen und Erleiden von Geschichte"[3]. Der Bedarf einer solchen Perspektive offenbart sich nicht zuletzt in Hinsicht auf den Topos der ‚Wiener Schule', der bis heute in der wienbezogenen Musikgeschichtsschreibung bemüht wird. Mit ihm wird die von Aleida Assmann benannte ‚große Linie' der Entwicklung gezeichnet, über die die Geschichte des Wiener Geigenspiels auf wenige renommierte Geiger heruntergebrochen wird, die als Orchestermusiker und Konservatoriumslehrer entscheidende Positionen im Wiener Musikleben einnehmen konnten, sowie auf Geiger, die in Wien ausgebildet wurden und aufgrund ihres weitreichenden Erfolges – und häufig auch trotz fehlender weiterer Verbindungen nach Wien – der ‚Wiener Schule' zugerechnet wurden.

Geiger, die zwar dem Wiener Ausbildungszusammenhang angehörten, aber weder an den zentralen Institutionen der Wiener Musikkultur wirkten noch eine weithin wahrgenommene Konzertkarriere durchliefen, wurden in dieser Geschichtserzählung ebenso vernachlässigt wie Geigerinnen. Mit der Erkenntnis der Pluralität von Räumen gelangen auch sie in den Fokus der Untersuchung und werden hier mit ihren Möglichkeiten und Einschränkungen und gleichsam auch ihren Bestrebungen, sich neue Räume abseits der etablierten Räume der Wiener Musikkultur anzueignen, berücksichtigt. Die Raumperspektive stellt damit der ortlosen, genieästhetischen Kategorienbildung Vielfältigkeit entgegen und hilft, „auf diesem Wege zu veränderten musikhistorischen Wichtigkeiten zu gelangen"[4].

Den folgenden Überlegungen wird ein Verständnis von ‚Raum' zugrundegelegt, wie es unter anderem in Michel Foucaults Ausführungen zur Interdependenz von Raum und Diskurs (1967, Vortrag)[5], Henri Lefebvres These der sozialen Determiniert von Raum (1974)[6] und Pierre Bourdieus Theorie der sozialen Felder (1996)[7] richtungsweisend entwickelt wurde.[8] Räume werden entsprechend als Resultat von

---

3 Aleida Assmann „Geschichte findet Stadt", in: Moritz Csáky und Christoph Leitgeb (Hg.): *Kommunikation – Gedächtnis – Räume. Kulturwissenschaften nach dem „Spatial Turn"*. Bielefeld: transcript, 2009, S. 13–27, hier S. 17.

4 Susanne Rode-Breymann und Carolin Stahrenberg: „Orte", in: Annette Kreutziger-Herr und Melanie Unseld (Hg.): *Lexikon Musik und Gender*. Kassel: Bärenreiter, Stuttgart/Weimar: J. B. Metzler, 2010, S. 413–419, hier S. 413.

5 Michel Foucault (1990): „Andere Räume", in: Karlheinz Barck (Hg.): *Aisthesis. Wahrnehmung heute oder Perspektiven einer anderen Ästhetik. Essais*. Leipzig: Reclam, 1990 (= Reclams Universal-Bibliothek. Neue Folge 1352: Kulturwissenschaften), S. 34–46.

6 Henri Lefebvre: *The Production of Space*. Oxford: Blackwell, 1991.

7 Pierre Bourdieu: „Die Logik der Felder", in: Ders. und Loïc J. D. Wacquant (Hg.): *Reflexive Anthropologie*, aus dem Frz. übers. von Hella Beister. Frankfurt a. M.: Suhrkamp, 2006 (= suhrkamp taschenbuch wissenschaft 1793), S. 124–147.

8 Frühe soziologische Arbeiten zum ‚Raum' stammen von Georg Simmel (1903, 1908) und Siegfried Kracauer (1929). Weitere grundlege Impulse lieferten Texte französischer Autoren, insbesondere

Handlungen verstanden und nicht allein als physischer Ort, der unabgängig von Menschen und ihren Handlungen existiert.⁹ Mit dem sogenannten ‚spatial turn'¹⁰, den der Humangeograph Edward W. Soja den Kultur- und Sozialwissenschaften Ende der 1980er diagnostizierte, haben sich selbige weitgehend von diesem absolutistischen Raumkonzept – auch verstanden als Behälter-, bzw. Containerraum – verabschiedet. Stattdessen werden der Konstruktcharakter und die Dynamik räumlicher

---

aus der Aufbruchzeit in den 1970er Jahren, die in ihren Ansätzen historische, geographische und soziologische Perspektiven zusammenführen. Genannt seien Überlegungen zum (wechselseitigen) Zusammenhang von Gesellschaft bzw. sozialem Milieu und Raumkonstruktion, Claude Lévi-Strauss' Ansätze zur Überwindung eurozentrischer Raumkonzeptionen (1955), des Weiteren die genannten Arbeiten von Michel Foucault, Henri Lefebvre und Pierre Bourdieu. Siehe Georg Simmel: „Soziologie des Raumes", in: Ders.: *Schriften zur Soziologie. Eine Auswahl*, hg. von Heinz-Jürgen Dahme und Otthein Rammstedt, 6. Aufl. Frankfurt a. M.: Suhrkamp, 2016 [orig. 1903] (= suhrkamp taschenbuch wissenschaft 434), S. 221–242; Ders.: „Der Raum und die räumlichen Ordnungen der Gesellschaft", in: Ders.: *Soziologie. Untersuchungen über die Formen der Vergesellschaftung*, hg. von Otthein Rammstedt. Frankfurt a. M.: Suhrkamp, 1992 [orig. 1908] (= Georg Simmel Gesamtausgabe 11), S. 687–790; Siegfried Kracauer: „Über Arbeitsnachweise. Konstruktionen eines Raumes", in: Ders.: *Schriften*, Bd. 5.2: *Aufsätze 1927–1931*, hg. von Inka Mülder-Bach. Frankfurt a. M.: Suhrkamp, 1990, S. 185–192; Claude Lévi-Strauss: *Traurige Tropen*, aus dem Frz. übers. von Eva Moldenhauer. Frankfurt a. M.: Suhrkamp Verlag, 1978 (= suhrkamp taschenbuch wissenschaft 240).

9   Siehe auch Pierre Bourdieu: „Physischer, sozialer und angeeigneter physischer Raum", in: Martin Wentz (Hg.): *Stadträume*. Frankfurt a. M./New York: Campus-Verlag, 1991 (= Die Zukunft des Städtischen. Frankfurter Beiträge 2), S. 25–34, hier S. 28; Lefebvre: *The Production of Space*, S. 38–40; Edward Soja: *Postmodern Geographies. The Reassertion of Space in Critical Social Theory*. New York: Verso, 1989; Norbert Elias: *Über die Zeit. Arbeiten zur Wissenssoziologie II*, 4. Aufl. Frankfurt a. M.: Suhrkamp, 1994 (= suhrkamp taschenbuch wissenschaft 756), S. 75; Pierre Bourdieu: *Sozialer Raum und ‚Klassen'. Zwei Vorlesungen*, 4. Aufl. Frankfurt a. M.: Suhrkamp, 2016 [orig. 1985] (= suhrkamp taschenbuch wissenschaft 500), S. 9f.; Foucault: „Andere Räume", S. 36f.

10 Zum ‚spatial turn' siehe Soja: *Postmodern Geographies*; Bruno Latour: *Von der Realpolitik zur Dingpolitik*. Berlin: Merve-Verlag (= Merve 280), hier S. 74; siehe außerdem Karl Schlögel: „Kartenlesen, Raumdenken. Von einer Erneuerung der Geschichtsschreibung", in: *Merkur. Deutsche Zeitschrift für europäisches Denken* 4 (2002), S. 308–318, hier S. 309; Jörg Döring und Tristan Thielmann: „Einleitung: Was lesen wir im Raume? Der *Spatial Turn* und das geheime Wissen der Geographen", in: Dies. (Hg.): *Spatial Turn. Das Raumparadigma in den Kultur- und Sozialwissenschaften*, 2. Aufl. Bielefeld: transcript, 2009 (= SozialTheorie), S. 7–45; Doris Bachmann-Medick: „Spatial Turn", in: Dies. (Hg.): *Cultural Turns. Neuorientierungen in den Kulturwissenschaften*, 5. Aufl. Reinbeck bei Hamburg: Rohwolt, 2014, S. 284–328; kritische Auseinandersetzungen u. a. bei Markus Schroer: „‚Bringing space back in' – Zur Relevanz des Raums als soziologischer Kategorie", in: Jörg Döring und Tristan Thiemann (Hg.): *Spatial Turn. Das Raumparadigma in den Kultur- und Sozialwissenschaften*. Bielefeld: transcript, 2008 (= SozialTheorie), S. 125–148; Helmuth Berking: „Raumvergessen – Raumversessen. Im Windschatten des Spatial Turn", in: Anne Honer, Michael Meuser und Michaela Pfadenhauer (Hg.): *Fragile Sozialität – Inszenierungen, Sinnwelten, Existenzbastler*. Wiesbaden: VS Verlag für Sozialwissenschaften, 2010, S. 387–394.

Konstitution herausgestellt. „Räume sind nicht, Räume werden gemacht"[11], formuliert etwa der Geographiehistoriker Hans-Dietrich Schulz programmatisch. Relativistische Ansätze rücken die Handlungen in den Fokus der Betrachtung von Raum, „vernachlässigen aber die strukturierenden Momente bestehender räumlicher Ordnungen"[12]. Diesen Dualismus versucht das mittlerweile in der Sozialforschung vorherrschende relationale Raumkonzept, wie es Martina Löw richtungsweisend entworfen hat, zu überwinden.[13] Löw versteht Raum relational und betrachtet die Wechselwirkung von Handlung und Struktur als konstitutiv. Räume definiert sie damit „als eine relationale (An)Ordnung von Körpern, welche unaufhörlich in Bewegung sind, wodurch sich die (An)Ordnung selbst ständig verändert. Das bedeutet, Raum konstituiert sich auch in der Zeit. Raum kann demnach nicht der starre Behälter sein, der unabhängig von den sozialen und materiellen Verhältnissen existiert, sonden Raum und Körperwelt sind verwoben."[14] Das heißt zum einen: Raum ist nicht gleichzusetzen mit dem physischen Ort. Stattdessen werden ‚Räume' *an* Orten konstituiert. Entsprechend können an einem physischen Ort mehrere Räume entstehen – wenn etwa unterschiedliche Akteur*innen und Gruppen den Ort auf verschiedene Weise nutzen bzw. nutzen können.[15]

Zum anderen betont Löw mit der „(An)Ordnung" die zirkuläre Bewegung, aus der heraus Räume entstehen: Sie werden durch Handeln hervorgebracht – das damit als raumproduzierend gilt –, gleichzeitig sind räumliche Strukturen dem Handeln vorgelagert. Als Teil der gesellschaftlichen Struktur unterliegt die Raumkonstitution entsprechenden Regeln und ist zugleich durch die verfügbaren Ressourcen bedingt.[16] Das bringt zum einen Routinen im Raumhandeln und damit auch Handlungssicherheiten mit sich.[17] Zum anderen konkretisieren sich hier die gesellschaftliche Ordnung

---

11   Hans-Dietrich Schultz: „Räume sind nicht, Räume werden gemacht. Zur Genese ‚Mitteleuropas' in der deutschen Geographie", in: *Europa Regional* 1 (1997), S. 2–14.
12   Silke Steets: „Raum und Stadt", in: Nina Baur, Hermann Korte, Martina Löw und Markus Schroer (Hg.): *Handbuch Soziologie*. Wiesbaden: VS Verlag für Sozialwissenschaften, 2008, S. 391–412, hier S. 393.
13   Jeff Malpas: „Putting Space in Place. Philosophical Topography and Relational Geography", in: *Environment and Planning D. Society and Space* 2 (2012), S. 226–242.
14   Löw: *Raumsoziologie*, S. 131.
15   Siehe Karl Schlögel: *Im Raume lesen wir die Zeit. Über Zivilisationsgeschichte und Geopolitik*. München: Carl Hanser Verlag, 2003, S. 64.
16   Siehe Martina Löw und Gabriele Sturm: „Raumsoziologie. Eine disziplinäre Positionierung zum Sozialraum", in: Fabian Kessl und Christian Reutlinger (Hg.): *Handbuch Sozialraum. Grundlagen für den Bildungs- und Sozialbereich*, 2. Aufl. Wiesbaden: Springer VS, 2019 (= Sozialraumforschung und Sozialraumarbeit 14), hier S. 43.
17   Siehe hierzu grundlegend Erving Goffmann: *Interaktionsrituale. Über Verhalten in direkter Kommunikation*, 3. Aufl. Frankfurt a. M.: Suhrkamp, 1994 (= suhrkamp taschenbuch wissenschaft 594).

und Machtstrukturen, über die die Zugangsmöglichkeiten von Menschen zu materiellen Produkten sowie zur symbolischen Kultur, aber auch Verfügungschancen auf soziale Positionen und Zugehörigkeiten begünstigt oder eingeschränkt werden.[18] Entlang von Differenzkategorien wie dem Geschlecht, der Herkunft, der Ethnizität, dem Alter etc. werden so unterschiedliche Routinen angeeignet und unterscheiden sich so die Möglichkeiten der Zugänge zu Räumen und zum Raumhandeln.[19]

Mit diesem Raumkonzept vor Augen sollen die Laufbahnen der Geiger*innen aus dem Ausbildungszusammenhang um Josef Hellmesberger d. Ä. historisch-biographisch betrachtet werden. Die raumbezogene Perspektive lenkt den Blick nicht nur auf ihre Karrieren, sondern auch auf die jeweiligen Handlungsmöglichkeiten. Sie sensibilisiert für die Möglichkeiten, aber auch die Schwierigkeiten der Professionalisierung und nimmt dabei die Musiker*innen als Akteur*innen der Raumkonstitution wahr, die Positionierungen akzeptieren oder ablehnen, Grenzen anerkennen, ausloten oder gar überschreiten, die Handlungsroutinen durchbrechen, neue etablieren und damit auch ‚Räume' verändern bzw. neue ‚Räume' konstituieren.[20]

---

18   Siehe Löw: *Raumsoziologie*, S. 210f., hier im Anschluss an Reinhard Kreckel: *Politische Soziologie der sozialen Ungleichheit*. Frankfurt a. M./New York: Campus-Verlag, 1992. Damit wird ein ‚Raumvoluntarismus', sprich die beliebige Gestaltbarkeit von Räumen durch die Akteur*innen, wie Schroer („,Bringing space back in'", S. 136f.) ihn dem Konzept Löws vorwirft, nicht denkbar. Strukturen sind dem Handeln vorgelagert und schränken so auch die Raumkonstitution ein.

19   Siehe Renate Ruhne: „(Sozial-)Raum und Geschlecht", in: Fabian Kessl und Christian Reutlinger (Hg.): *Handbuch Sozialraum. Grundlagen für den Bildungs- und Sozialbereich*, 2. Aufl. Wiesbaden: Springer VS, 2019 (= Sozialraumforschung und Sozialraumarbeit 14), S. 203–224, hier S. 204; siehe Gökçen Yüksel: Raum, in: *Gender Glossar / Gender Glossary*, 2018, https://www.genderglossar.de/post/_raum; 25.08.2020; siehe Stefan Hradil: Soziale Ungleichheit, soziale Schichtung und Mobilität", in: Hermann Korte und Bernhard Schäfers (Hg.): *Einführung in die Hauptbegriffe der Soziologie*, 6. Aufl. Wiesbaden: Springer VS, 2016 (= Einführungskurs Soziologie 1), S. 247–275; Katharina Walgenbach: „Intersektionalität als Analyseparadigma kultureller und sozialer Ungleichheiten", in: Johannes Bilstein, Jutta Ecarius und Edwin Keiner (Hg.): *Kulturelle Differenzen und Globalisierung. Herausforderungen für Erziehung und Bildung*. Wiesbaden: Springer VS, 2011, S. 113–130; Gabriele Winker und Nina Degele: *Intersektionalität. Zur Analyse sozialer Ungleichheiten*, 2. Aufl. Bielefeld: transcript, 2010 (= SozialTheorie); Linda Martín Alcoff: *Visible Identities. Race, Gender and the Self*. New York/Oxford: Oxford University Press, 2006 (= Studies in Feminist Philiosophy); siehe Löw: *Raumsoziologie*, S. 173.

20   Die Musikwissenschaft hat der ‚spatial turn' längst nicht im gleichen Maße erfasst wie die Kultur- und Sozialwissenschaften allgemein. Dennoch zeichnet sich auch hier in den letzten fünfzehn Jahren ein wachsendes Interesse an raumtheoretischen Zugängen ab. Siehe Nina Noeske: „Musikwissenschaft", in: Stephan Günzel (Hg.): *Raumwissenschaften*. Frankfurt a. M.: Suhrkamp, 2009 (= suhrkamp taschenbuch wissenschaft 1891), S. 259–273; siehe auch Rode-Breymann und Stahrenberg: „Orte". Auch in der Musikpädagogik ist ein wachsendes Interesse am ‚Raum' zu erkennen: Siehe etwa Peter W. Schatt (Hg): *Musik – Raum – Sozialität*. Münster: Waxmann, 2020 (= Studien zur Musikkultur 1); Ders.: „Transformationen. Musikalische Räume", in: Kristin Westphal (Hg.): *Räume der Unterbrechung. Theater. Performance. Pädagogik*. Oberhausen: Athena Verlag, 2012 (= Pädagogik.

Von dieser Prämisse ausgehend werden die Handlungsräume der Geigerinnen und Geiger untersucht. Unter Handlungsräumen wird damit die Gesamtheit der Bedingungen und Möglichkeiten der Akteur*innen samt der raumkonstituierenden Handlungen verstanden. Es stellt sich nicht allein die Frage, wer wie erfolgreich das Studium am Wiener Konservatorium absolviert und welche Stellen erlangt hat, sondern zugleich auch die Frage nach den Grenzen der individuellen Handlungen sowie deren Folgen.

Intendiert sind keine auf Vollständigkeit zielenden Lebensbeschreibungen, sondern auf die Beschreibung der Handlungsräume der Musiker*innen ausgerichtete biographische Skizzen. Entsprechend fokussieren selbige etwa die sozialen Verhältnisse des Elternhauses sowie die Ausbildungs- und die Karrierewege. Untersucht wird, mit welchen Dispositionen die Musiker*innen bereits durch die familiäre Herkunft ausgestattet waren, zu welchen Institutionen sie vor und nach dem Studium Zugang fanden, inwiefern sie eine Konzertkarriere durchliefen, wo sie aufgetreten sind, welche Anstellungen sie hatten, wer die Konzertpartner*innen und Unterstützer*innen waren. Damit wird die Sicht auf die Karrierestationen und die Handlungspotenziale eröffnet. Betrachtet werden musikalische Handlungsräume, die ineinander verschachtelt und mitunter parallel am gleichen historischen Ort gedacht werden. Gerade über die Frage nach dem Zugang gerät „die Kategorie des Raumes dabei vor allem auch als eine machtdurchdrungene Kategorie sozialer Ungleichverhältnisse in den Blick."[21]

Perspektiven und Theorien 22), S. 105–136; Heinrich Klingmann: „Transkulturelle Musikvermittlung. Musikpädagogik im musikkulturellen Niemandsland?", in: Susanne Binas-Preisendörfer und Melanie Unseld (Hg.): *Transkulturalität und Musikvermittlung. Möglichkeiten und Herausforderungen in Forschung, Kulturpolitik und musikpädagogischer Praxis*. Frankfurt a. M./New York: Peter Lang, 2012, S. 201–218; Thomas Busch: „Das Wer, Wie und Was von (An-)Ordnungen. Überlegungen zu Raumtheorie und Gerechtigkeit im Feld der Musikpädagogik", in: Anne Niessen und Jens Knigge (Hg.): *Theoretische Rahmung und Theoriebildung in der musikpädagogischen Forschung*. Münster/New York: Waxmann, 2015 (= Musikpädagogische Forschung 36), S. 51–65.

21   Ruhne: „(Sozial-)Raum und Geschlecht", S. 204.

1. Ausbildungswege und Karrieren im Überblick

Die Grundlage der Betrachtung von Handlungsräumen der Hellmesberger-Schüler*innen bilden die folgenden Biographien der Musiker*innen. Einem Überblick der Studierenden entlang biographischer Eckdaten in diesem schließen sich ausführlichere Biographien von 14 Studentinnen und Studenten im folgenden Kapitel an.

Tab. 2: Liste der Studierenden Hellmesbergers mit Studienzeiten, alphabetisch sortiert

Anmerkung: Bis 1860/61 gehen die Zuständigkeiten für die Geigenklassen am Konservatorium aus den Verzeichnissen der Studierenden hervor, danach werden sie in den Jahresberichten nicht mehr angegeben und auch in den Matrikeln der Studierenden sind die Lehrer nicht immer notiert. Dazu änderten sich die Zuständigkeiten für die Klassen in der Vor- und der Ausbildungsschule in unregelmäßigen Abständen. Sie können somit nicht für alle Jahrgänge zweifelsfrei nachvollzogen werden. Josef Hellmesberger d. Ä. übernahm ausschließlich den Unterricht der fortgeschrittenen Studierenden in den Ausbildungsklassen, dabei war er teils für sämtliche Ausbildungsklassen, teils für die Ausbildungsklassen II und III und zum Teil auch allein für die dritte Klasse verantwortlich. Die Zugehörigkeiten der Studierenden können über weitere Verzeichnisse in den Jahresberichten wie den Prüfungsprogrammen, den Prüfungsstatistiken oder dem Bericht über Fleiß und Fortschritt rekonstruiert werden.

In der Tabelle sind die Studienzeiten bei Josef Hellmesberger d. Ä. dunkelgrau markiert, hellgraugrau zeigt die Studienzeiten am Konservatorium bei anderen Lehrenden an. Dort, wo weitere Angaben zu den Lehrenden und Fächerbelegungen (im Hauptfach) gemacht werden konnten, sind diese in der Fußnote vermerkt.

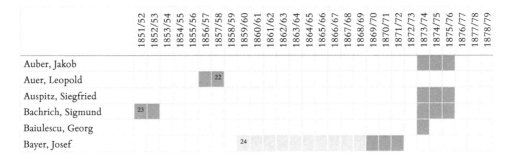

---

22 1857/58: Komposition und Harmonielehre bei Simon Sechter im Hauptfach.
23 1851/52–1852/53: Gesang bei Laurenz Weiß, 1852/53: Harmonielehre und Komposition bei Simon Sechter.
24 Josef Bayer ist für das Studienjahr 1859/60 bereits in der Studierendenliste verzeichnet, in der Matrikel sind dagegen erst die Studienjahre ab 1860/61 dokumentiert. Siehe Gesellschaft der

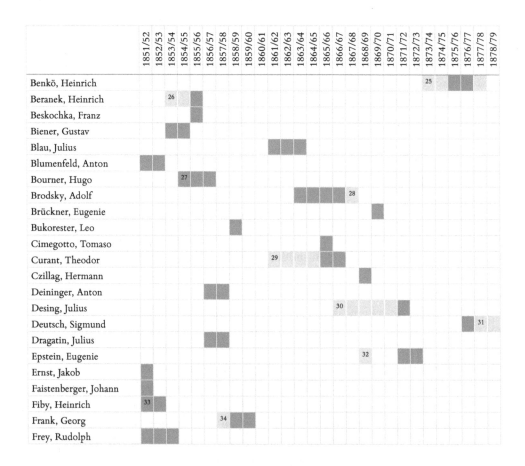

Musikfreunde: *Verzeichnis und Classification der Schüler* 1859/60, S. 4; vgl. Matrikeln Josef Bayer. A-Wgm (ohne Signatur). Neben Violine studierte er Gesang bei Laurenz Weiß und Klavier.

25 1873/74–1874/75: Violine bei Matthias Durst, 1877/78: Violine bei Jakob Moritz Grün.
26 Vor der zwischenzeitlichen Schließung des Konservatoriums, 1846/47: Harmonielehre und Komposition bei Gottfried Preyer, 1853/54–1854/55: Violine bei Georg Hellmesberger d. Ä.
27 1855/56: Klavier bei Eduard Pirkhert, 1855/56–1856/57: Harmonielehre und Komposition bei Simon Sechter.
28 1867/68: Komposition.
29 1861/62: Violine bei Georg Hellmesberger d. Ä., 1862/63–1864/65: Violine bei Carl Heissler.
30 1866/67: Violine bei Georg Hellmesberger d. Ä., 1867/68: Violine bei Anton Thalmann, 1868/69–1870/71: Violine bei Carl Heissler.
31 1877/78: Violine bei Jakob Moritz Grün, 1878/79: Violine bei Josef Hellmesberger d. J.
32 1868/69: Violine bei Carl Heissler.
33 Vor der zwischenzeitlichen Schließung des Konservatoriums, 1842/43–1846/47: Gesang bei Laurenz Weiß, 1846/47: Violine bei Georg Hellmesberger d. Ä., 1851/52: Harmonielehre und Komposition bei Simon Sechter.
34 1857/58: Violine bei Georg Hellmesberger d. Ä.

Biographien und Handlungsräume der Hellmesberger-Schüler*innen

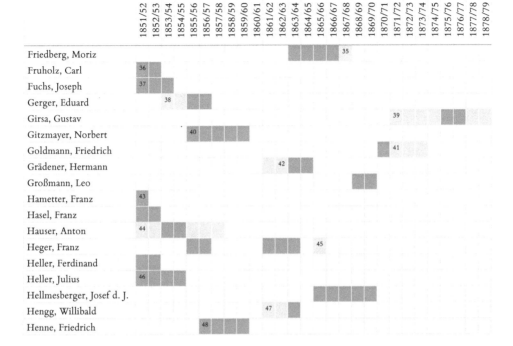

35 1867/68: Komposition.
36 1851/52–1852/53: Harmonielehre und Komposition bei Simon Sechter.
37 1851/52–1853/54: Harmonielehre und Komposition bei Simon Sechter.
38 1853/54–1854/55: Violine bei Georg Hellmesberger d. Ä.
39 1871/72: Violine bei Anton Thalmann, 1872/73–1874/75: Violine bei Matthias Durst.
40 1855/56: Klavier bei Eduard Pirkhert.
41 Friedrich Goldmann wurde nach dem Studienjahr 1870/71 von der Ausbildungsklasse II bei Josef Hellmesberger d. Ä. in die Ausbildungsklasse I von Carl Heissler zurückgestuft und blieb bis 1873/74 bei Heissler.
42 Erst ab 1863/64 kann die Zugehörigkeit zur Klasse Hellmesbergers zweifelsfrei nachvollzogen werden. Zuvor fehlen entsprechende Informationen. Die Matrikel Grädeners für das Jahr 1861/62 ist nicht mehr vorhanden, im Matrikelbogen für das Jahr 1862/63 findet sich keine Angabe zum Lehrer.
43 1851/52: Harmonielehre und Komposition bei Simon Sechter.
44 1851/52: Gesang bei Laurenz Weiß, 1852/53: Violine bei Georg Hellmesberger d. Ä., 1853/54–1857/58: Klarinette bei Thomas Klein, 1853/54–1855/56: Harmonielehre und Komposition bei Simon Sechter.
45 1865/66: Komposition.
46 1851/52–1854/55: Harmonielehre und Komposition bei Simon Sechter.
47 1861/62–1862/63: Violine bei Carl Heissler.
48 1856/57: Klavier bei Franz Ramesch, 1857/58–1858/59: Harmonielehre und Komposition bei Simon Sechter.

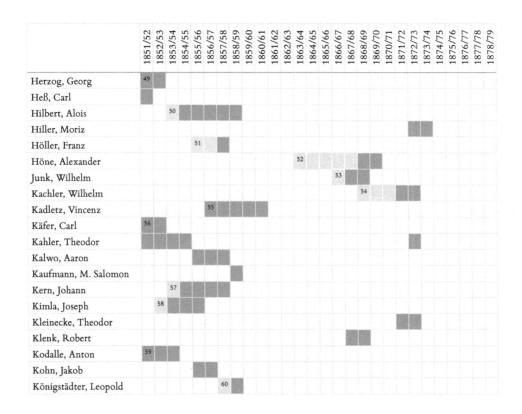

---

49 Vor der zwischenzeitlichen Schließung des Konservatoriums, 1846/47: Violine bei Georg Hellmesberger d. Ä., 1851/52–1852/53: Harmonielehre und Komposition bei Simon Sechter.
50 1853/54: Violine bei Georg Hellmesberger d. Ä., 1855/56–1856/57: Harmonielehre und Komposition bei Simon Sechter.
51 1855/56–1856/57: Violine bei Georg Hellmesberger d. Ä.
52 1863/64–1864/65: Violine bei Georg Hellmesberger d. Ä., 1865/66–1867/68: Violine bei Carl Heissler.
53 1866/67: Violine bei Carl Heissler.
54 1868/69–1870/71: Violine bei Cal Heissler, bei wem Wilhelm Kachler 1871/72 Violine studierte, lässt sich nicht nachvollziehen.
55 1856/57: Trompete bei Adalbert Maschek, 1857/58–1858/59: Harmonielehre und Komposition bei Simon Sechter.
56 Vor der zwischenzeitlichen Schießung des Konservatoriums, 1844/45–1845/46: Violine bei Georg Hellmesberger d. Ä., 1846/47: Violine bei Josef Böhm.
57 1853/54: Violine bei Georg Hellmesberger d. Ä., 1855/56–1856/57: Harmonielehre und Komposition bei Simon Sechter.
58 1852/53: Violine bei Georg Hellmesberger d. Ä.
59 1851/52–1853/54: Trompete bei Adalbert Maschek, 1851/52–1852/53: Harmonielehre und Komposition bei Simon Sechter.
60 1857/58: Violine bei Georg Hellmesberger d. Ä., 1857/58–1858/59: Harmonielehre und Komposition bei Simon Sechter.

Biographien und Handlungsräume der Hellmesberger-Schüler*innen

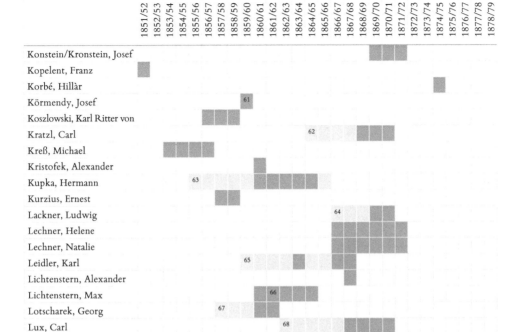

61 Josef Körmendy wurde laut Studierendenverzeichnis während des ersten Studienjahres aufgrund von Nachlässigkeit im Studium entlassen. Siehe Gesellschaft der Musikfreunde: *Verzeichnis und Classification der Schüler*, 1859/60, S. 9.
62 1864/65–1865/66: Violine bei Georg Hellmesberger d. Ä., 1866/67–1867/68: Violine bei Carl Heissler.
63 1855/56–1859/60: Gesang bei Laurenz Weiß, 1857/58–1858/59: Violine bei Georg Hellmesberger d. Ä., 1859/60: Violine bei Carl Heissler, 1862/63–1865/66: Harmonielehre und Komposition bei Simon Sechter.
64 1866/67: Generalbass, 1867/68–1868/69: Violine bei Carl Heissler.
65 1859/60–1863/64: Gesang bei Laurenz Weiß, 1864/65–1865/66: Violine bei Carl Heissler.
66 Max Lichtenstern hatte von 1861/62 bis 1863/64 vermutlich weiterhin Unterricht bei Josef Hellmesberger d. Ä., zweifelsfrei lässt sich diese Zuordnung aber nicht belegen.
67 1857/58: Violine bei Georg Hellmesberger d. Ä., 1858/59–1859/60: Violine bei Carl Heissler, 1861/62 während des Studienjahres entlassen.
68 Für das Studienjahr 1862/63 findet sich weder in der Matrikel noch im Jahresbericht ein Hinweis auf den Lehrer von Carl Lux. 1863/64: Violine bei Georg Hellmesberger d. Ä., 1864/65–1866/67: Violine bei Carl Heissler.
69 1866/67: Violine bei Georg Hellmesberger d. Ä., 1867/68: Violine bei Anton Thalmann, 1868/69–1870/71: Violine bei Carl Heissler. Rudolf Mahr wurde von Seiten des Konservatoriums im laufenden Jahr 1871/72 entlassen. Siehe Gesellschaft der Musikfreunde: *Jahresbericht des Konservatoriums*, 1871/72, S. 28.

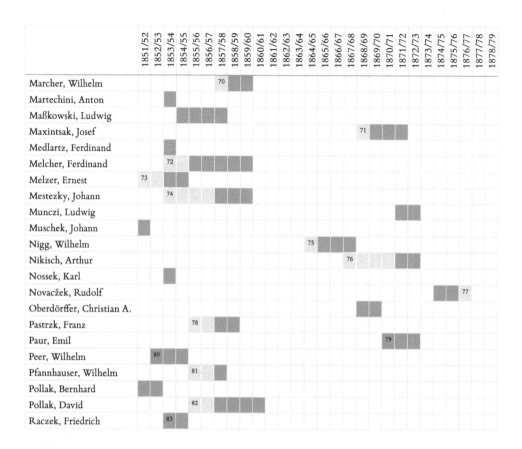

70 1857/58: Violine bei Georg Hellmesberger d. Ä.
71 1868/69: Violine bei Carl Heissler.
72 1853/54–1855/56: Gesang bei Laurenz Weiß, 1854/55: Violine bei Georg Hellmesberger d. Ä, 1856/57–1858/59: Trompete bei Adalbert Maschek und Klavier bei Franz Ramesch, 1857/58–1858/59: Harmonielehre und Komposition bei Simon Sechter.
73 1851/52–1852/53: Violine bei Georg Hellmesberger d. Ä., 1851/52–1854/55: Flöte bei Franz Zierer sowie Harmonielehre und Komposition bei Simon Sechter.
74 1853/54–1854/55: Gesang bei Laurenz Weiß, 1855/56–1856/57: Violine bei Georg Hellmesberger d. Ä.
75 1864/65: Violine, vermutlich bei Josef Hellmesberger d. Ä. In der Matrikel ist als Lehrer lediglich ‚Hellmesberger' eingetragen, womit Georg Hellmesberger d. Ä. auch infrage käme.
76 1867/68–1870/71: Violine bei Carl Heissler.
77 1876/77: Komposition.
78 1855/56–1856/57: Violine bei Georg Hellmesberger d. Ä.
79 1870/71–1872/73: Komposition.
80 Vor der zwischenzeitlichen Schließung des Konservatoriums, 1846/47: Gesang bei Laurenz Weiß, 1853/54: Komposition.
81 1855/56–1856/57: Violine bei Georg Hellmesberger d. Ä.
82 1855/56–1856/57: Violine bei Georg Hellmesberger d. Ä.
83 1853/54: Harmonielehre und Komposition bei Simon Sechter.

Biographien und Handlungsräume der Hellmesberger-Schüler*innen 113

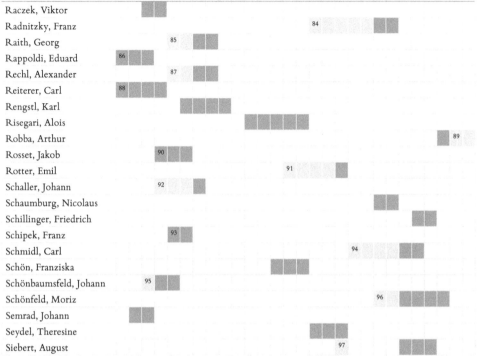

---

84 1866/67: Violine bei Georg Hellmesberger d. Ä., 1867/68–1870/71: Violine bei Carl Heissler.
85 1855/56–1856/57: Violine bei Georg Hellmesberger d. Ä., 1857/58–1858/59: Klavier bei Franz Ramesch.
86 1852/53–1853/54: Harmonielehre und Komposition bei Simon Sechter.
87 1855/56–1856/57: Violine bei Georg Hellmesberger d. Ä.
88 1851/52–1852/53: Harmonielehre und Komposition bei Simon Sechter.
89 1877/78–1878/79: Violine bei Carl Heissler.
90 1855/56: Harmonielehre und Komposition bei Simon Sechter.
91 1864/65–1865/66: Violine bei Georg Hellmesberger d. Ä., 1866/67–1867/68: Violine bei Carl Heissler.
92 1854/55–1856/57: Violine bei Georg Hellmesberger d. Ä., 1854/55–1855/56: Gesang bei Laurenz Weiß.
93 1855/56–1856/57: Harmonielehre und Komposition bei Simon Sechter, 1856/57: Klavier bei Franz Ramesch.
94 1869/70–1871/72: Violine bei Anton Thalmann, 1872/73: Violine bei Carl Heissler.
95 1853/54: Violine bei Georg Hellmesberger d. Ä.
96 1871/72: Violine/Vorbildungsklasse bei Anton Thalmann, 1872/73: Violine/Vorbildungsklasse bei Matthias Durst.
97 1868/69: Violine bei Anton Thalmann, danach Unterbrechung des Studiums.

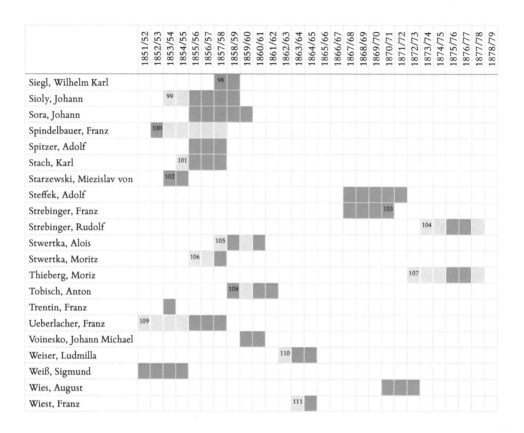

98 1857/58: Harmonielehre und Komposition bei Simon Sechter.
99 1853/54–1854/55: Violine bei Georg Hellmesberger d. Ä.
100 1851/52–1857/58: Trompete bei Adalbert Maschek.
101 1854/55: Violine bei Georg Hellmesberger d. Ä., 1856/57–1857/58: Oboe bei Alexander Petschacher.
102 1853/54: Harmonielehre und Komposition bei Simon Sechter.
103 1870/71 als Volontär.
104 1873/74–1874/75: Violine bei Matthias Durst, 1877/78: Violine bei Jakob Moritz Grün.
105 1857/58: Violine bei Georg Hellmesberger d. Ä., 1859/60: Violine bei Carl Heissler.
106 1855/56–1856/57: Violine bei Georg Hellmesberger d. Ä.
107 1872/73–1874/75: Violine bei Matthias Durst, 1877/78: Violine bei Jakob Moritz Grün.
108 1859/60: Violine bei Carl Heissler, 1861/62 während des Studienjahres entlassen. Bei wem Anton Tobisch 1861/62 studiert hat, geht weder aus der Matrikel noch aus dem Jahresbericht hervor.
109 1851/52–1855/56: Gesang bei Laurenz Weiß, 1853/54–1854/55: Violine bei Georg Hellmesberger d. Ä., 1855/56: Klavier bei Eduard Pirkhert, 1856/57: Klavier bei Franz Ramesch, 1857/58: Oboe bei Alexander Petschacher, 1857/58: Harmonielehre und Komposition bei Simon Sechter.
110 Weder aus der Matrikel noch aus den Studierendenlisten lässt sich nachvollziehen, bei wem Ludmilla Weiser 1862/63 Violine belegte.
111 In den Studierendenlisten ist nicht nachvollziehbar, bei wem Franz Wiest 1863/64 Violine studierte. Die Matrikel ist nicht erhalten.

Folgt man der Konzertberichterstattung in der deutschsprachigen Tages- und Fachpresse, scheint knapp die Hälfte der 154 Schüler*innen (72) keine medial wahrgenommene musikalische Karriere durchlaufen zu haben. Von den verbleibenden 82 Absolvent*innen waren rund 60 Musiker später in Orchestern, Militärkapellen und Unterhaltungskapellen tätig. 37 von ihnen fanden Anstellungen in den großen Wiener Orchestern, vor allem in der Hofoper, bei den Wiener Philharmonikern und in der Hofkapelle.

Hier findet – das ist zu vermuten – noch die ursprüngliche, vom humanistischen Bildungsgedanken getragene Ausrichtung des Konservatoriums am Bedarf der Wiener Musikkultur nach musikalischer Bildung *und* Ausbildung ihren Ausdruck: Der 1815 von Ignaz von Mosel im Auftrag der Gesellschaft der Musikfreunde entworfenen „Verfassung dieser Unterrichtsanstalt"[113] zufolge sei es das Ziel gewesen, mit der Errichtung des Konservatoriums „den guten, geläuterten musikalischen Geschmack in der bürgerlichen Gesellschaft zu verbreiten und zu erhalten; vorzügliche Tonsetzer für alle Fächer der musikalischen Komposition, ausgezeichnete Sänger für Kirchen, Konzerte, und Opernbühnen, und geschickte Instrumental-Musiker für diese drey Fächer zu erziehen"[114], das heißt neben der Ausbildung von Nachwuchs für die städtische Musikkultur auch Musikliebhaber*innen zu bilden. Auch wenn zur Wiedereröffnung des Instituts im Jahr 1851 die sich insgesamt im Musikleben abzeichnenden Professionalisierungsprozesse angestoßen wurden, scheint eine Ausbildung ohne Berufsperspektive weiterhin üblich gewesen zu sein. Dies mag auf die Initiative tonangebender Musikliebhaber*innen zurückzuführen zu sein: Von der Gründung bis zur Verstaatlichung des Konservatoriums im Jahr 1909 zeichneten Musikliebhaber*innen des höheren Beamtentums und der Bourgeoisie als Träger der Gesellschaft der Musikfreunde für die Finanzierung sowie für die rechtlichen, verwaltungstechnischen und nicht zuletzt auch für die künstlerischen Belange des Ausbildungsinstituts verantwortlich.[115]

---

112 1871/72: Violine bei Anton Thalmann, 1872/73–1873/74: Violine bei Matthias Durst.
113 Monatbericht der Gesellschaft der Musikfreunde des Oesterreichischen Kaiserstaates I (1829), S. 10.
114 Ignaz Franz Edler von Mosel: [Entwurf für das Konservatorium der Gesellschaft der Musikfreunde], 1815, zit. nach Beate Hennenberg: *Das Konservatorium der Gesellschaft der Musikfreunde in Wien*, S. 127.
115 Siehe Perger: *Geschichte der K. K. Gesellschaft der Musikfreunde in Wien*, S. 158.

Zu den Schüler*innen, die nach dem Studium offenbar keine Konzertkarriere aufnahmen bzw. nicht mehr als Instrumentalist*innen oder Instrumentallehrer*innen durch die Presse wahrgenommen wurden, zählen Jakob Auber, der in den 1870er Jahren ein nur überschaubares Interesse als Komponist erregte,[116] Georg Baiulescu, Heinrich Beranek, Franz Beskochka, Eugenie Brückner, Leo Bukorester, Tomaso Cimegotto, Theodor Curant, Julius Dragatin[117], Anton Deininger, Sigmund Deutsch, Jakob Ernst, Rudolph Frey, Carl Fruholz, Josef Fuchs und Eduard Gerger. Auch Gustav Girsa, Sohn des Wiener Kapellmeisters Johann Girsa, der schon im Kindesalter aufgetreten war,[118] ließ sich nach dem Studium nicht mehr öffentlich hören – zumindest nicht in jenem von der Presse wahrgenommenen Rahmen. Friedrich Goldmann wurde lediglich während der Studienzeit und im direkten Anschluss hieran durch die Musikkritik beachtet.[119] Weitere in der Presse nicht erwähnte Hellmesberger-Schüler sind Franz Hametter, Franz Hasel, Anton Hauser, Franz Heger, Ferdinand Heller, Georg Herzog, Moriz Hiller, Franz Höller, Vincenz Kadletz, Theodor Kahler, Aaron Kalwo, M. Salomon Kaufmann, Johann Kern, Josef Kimla, Jakob Kohn, Franz Kopelent, Hillàr Korbé, Josef Körmendy, Karl Ritter von Koszlowski, Michael Kreß und Alexander Kristofek. Von Josef Konstein lässt sich nach dem Studium lediglich ein Auftritt in einem Wohltätigkeitskonzert nachvollziehen.[120] Bisher gar keine Hinweise auf eine künstlerische Laufbahn finden sich daneben für Ernest Kurzius, Rudolf Mahr, Wilhelm Marcher, Anton Martechini, Ludwig Maßkowski, Ferdinand Medlartz, Ferdinand Melcher, Johann Muschek, Christian Adolf Oberdörfer, Franz Pastrzk, Wilhelm Peer, Wilhelm Pfannhauser, Bernhard Pollak, Alexander Rechl, Carl Reiterer[121], Karl Rengstl[122], Arthur Robba, Jakob Rosset und Johann Schaller. Auch Nicolas Schaumburg, der vor dem Studium in Wien im Laibacher Musikverein

---

116 Siehe etwa Deutsche Musik-Zeitung 17 (1877), S. 4f.
117 Die *Wiener Zeitung* listet unter den unternehmerischen Konkursen 1888 „Julius Dragatin, Musikmeister, Pianoforte- und Rimessenhändler in Görz" (02.02.1888, S. 156) auf. Ob dieser mit dem Geiger Julius Dragatin identisch ist, oder es sich etwa um einen Verwandten handelt, lässt sich nicht nachvollziehen.
118 Siehe Fremden-Blatt [Wien] 03.06.1871, NP.
119 Siehe bspw. Die Presse [Wien] 15.10.1873, S. 8.
120 Siehe Jägerndorfer Zeitung 06.09.1874, S. 158.
121 In Wien war schon in den 1840er Jahren ein Musikdirektor Carl Reiterer aktiv, der Ballmusiken dirigierte und Kompositionen herausgab. Mit dem Studenten Carl Reiterer, der ab 1851 das Konservatorium besuchte, ist er nicht identisch; denkbar ist ein verwandtschaftliches Verhältnis. Siehe Wiener Zeitung 12.04.1845, S. 783; siehe ebd. 05.07.1845, S. 1438.
122 Karl Rengstl war Schüler des Wiener k. k. Blindeninstituts. Der Unterricht bei Josef Hellmesberger d. Ä. wird in einer Kundmachung des Instituts als unentgeltlicher Dienst durch den Lehrer bedacht. (Siehe Wiener Zeitung 08.02.1859, S. 267). 1871 weist ihn ein Beitrag in der „Presse" weiterhin als Mitglied des Blindenerziehungsinstituts aus. In einem „Concert von Blinden" war er in Pötzleinsdorf aufgetreten. Siehe Die Presse [Wien] 12.09.1871, S. 15.

ausgebildet worden war und ab 1867 in den Konzerten der Laibacher philharmonischen Gesellschaft mitgewirkt hatte,[123] trat später vermutlich nicht mehr öffentlich auf. Dies gilt außerdem für Carl Schmidl, Johann Schönbaumsfeld, Moriz Schönfeld und Wilhelm Karl Siegl. Franz Spindelbauer hatte am Konservatorium auch Trompete studiert und wurde vor allem in diesem Fach wahrgenommen, er starb 1867 jedoch 29-jährig an den Folgen einer Lungentuberkulose.[124] Für Karl Stach, Franz Trentin, Franz Ueberlacher, Franz Wiest, Moritz Wimmer und Johann Winter finden sich gar keine Belege einer Konzertlaufbahn. Moriz Thieberg und Gustav Biener[125] haben sich nach dem Studium kaum mehr als Geiger hören lassen. Beide finden unterdessen als Instrumentallehrer Erwähnung in der österreichischen Presse. Dies gilt auch für Friedrich Henne, der ab den 1860er Jahren als Geigenlehrer in Güns tätig war.[126]

Weder in der (deutschsprachigen) Presse noch in (musik-)historiographischen Beiträgen lassen sich nach bisherigen Forschungen Hinweise auf eine Karriere dieser Musiker*innen als Interpret*innen finden. Inwiefern sie im (halb-)privaten Bereich der Musikkultur aufgetreten sind, lässt sich hierüber indes nicht nachvollziehen. Das wird anschaulich am Beispiel des Hellmesberger-Schülers Johann Mestezky, für den neben seiner Tätigkeit als Orchester- und Kapellmusiker über die zeitgenössische Berichterstattung keine weiteren Auftritte belegt sind. Eine von Fritz Lange verfasste Retrospektive auf den Musiker weist ihn hingegen als umtriebigen Quartettspieler der (halb-)privaten Wiener Musikkultur aus.[127]

Etwa ein Viertel der Hellmesberger-Schüler*innen insgesamt und knapp 45 % derjenigen, die nach dem Studium bekanntermaßen eine Musiker*innenlaufbahn eingeschlagen haben, kamen in Wiener Orchestern unter und fanden hier auch ihre Hauptbeschäftigung.[128]

Siegfried Auspitz (1858, Lomnitz an der Popelka/Böhmen, Lomnice nad Popelkou/Tschechien – 1916, Wien) war von 1880 bis 1916 Mitglied im Hofopernorchester

---

123 Siehe Laibacher Zeitung 20.02.1867, S. 273.
124 Siehe Fremden-Blatt [Wien] 11.01.1867, NP.
125 Siehe ebd. 29.12.1866, NP.
126 Siehe Oedenburger Lokal-Blatt 23.08.1865, S. 277.
127 Fritz Lange: „Aus dem Tagebuch eines Alt-Wiener Musikers. Gagenverhältnisse von Anno dazumal", in: *Neues Wiener Journal*, 08.10.1920, S. 3.
128 Die Informationen zu den Anstellungen im Orchester der Hofoper sowie der Hofmusikkapelle sind folgenden Personallisten entnommen: Albert Josef Weltner, Alois Przistaupinsky und Ferdinand Graf (Hg.): *Das kaiserlich-königliche Hof-Operntheater in Wien. Statistischer Rückblick auf die Personal-Verhältnisse und die künstlerische Thätigkeit* während des Zeitraumes vom 25. Mai 1869 bis 30. April 1894. Wien: Verlag Adolph W. Künast, 1894; Przistaupinsky: *50 Jahre Wiener Operntheater*; Antonicek: „Die Stände der Wiener Hofmusik-Kapelle"; Merlin: *Die Philharmoniker*, Bd. 2. Dort, wo die Lebensdaten ermittelt werden konnten, wurden sie in Klammern notiert.

sowie bei den Wiener Philharmonikern und ließ sich darüber hinaus nur zu wenigen Gelegenheiten solistisch hören.[129]

Anton Blumenfeld (? – 1856, Wien) wurde 1856 ins Opernorchester und bei den Wiener Philharmonikern aufgenommen, verstarb jedoch noch in demselben Jahr.[130]

Auch **Hugo Bourner** (? – 1865, Wien) starb früh. Er hatte nach dem Studium in nur überschaubarem Maße konzertiert, wurde Sologeiger im Theater an der Wien,[131] 1862 außerdem Primgeiger im Hofopernorchester sowie bei den Wiener Philharmonikern und starb 1865.[132]

Julius Desing (1854, Wien – 1927, ebd.) gehörte ebenfalls dem Orchester der Hofoper und den Philharmonikern an (1884–1921). Er wurde 1894 außerdem als Exspektant in die Hofkapelle aufgenommen und hier 1903 zum Mitglied ernannt. Nebenher war er als Lehrer für Violine am israelitischen Blinden-Institut auf der Hohen Warte bei Wien angestellt.[133]

Moriz Friedberg (1850, Lehota (Abászállas)/Ungarn, heute Slowakei – ?) war zweiter Violinist im Hofopernorchester sowie bei den Wiener Philharmonikern (1868–1872) und hatte ergänzend eine Anstellung im Orchester des Theaters an der Wien.[134] In den 1860er und 1870er Jahren ließ er sich wenige Male solistisch in Konzerten in Wien hören.

Norbert Gitzmayer hatte sich nur in den ersten Jahren nach dem Studium als Solist hören lassen. Mit dem Eintritt in das Wiener Hofopernorchester und die Wiener Philharmoniker 1860 konzentrierte er sich auf die Orchesterarbeit. Erst nach drei Jahrzehnten ging er 1890 in Pension. Später wurde er noch als Komponist wahrgenommen.[135]

Leo Großmann (um 1851, Jassy/Moldau, Iași/Rumänien – ?) wurde Ende der 1880er bzw. Anfang der 1890er Jahre zum Konzertmeister am Deutschen Volkstheater Wien ernannt,[136] verstarb allerdings bereits 1892.[137]

---

129 Siehe Eisenberg und Groner: *Das geistige Wien*, S. 6.
130 Siehe Merlin: *Die Philharmoniker*, Bd. 2, S. 24.
131 Siehe Carl Ferdinand Pohl: *Die Gesellschaft der Musikfreunde des Österreichischen Kaiserstaates und ihr Conservatorium. Auf Grundlage der Gesellschafts-Acten.* Wien: Verlag Wilhelm Graumüller, 1871, S. 134.
132 Siehe Deutscher Bühnen-Almanach 30. Jg. (1866), S. 338; siehe auch Merlin: *Die Philharmoniker*, Bd. 2, S. 27.
133 Siehe Die Neuzeit [Wien] 13.05.1887, S. 186; siehe auch Hermann Clemens Kosel (Hg.): *Deutschösterreichisches Künstler- und Schriftsteller-Lexikon*, 2 Bde., Bd. 1. Wien: Druck und Verlag der Gesellschaft für graphische Industrie, 1902, S. 539.
134 Siehe Ferdinand Roeder's Theater-Kalender 9 (1866), S. 346.
135 Bspw. Österreichisch-Ungarische Buchhändler-Correspondenz 25 (1894), S. 354. Hier angekündigt: *Barcarolle* für 3 Violinen.
136 Siehe Neuer Theater-Almanach 3. Jg. (1892), S. 465.
137 Siehe Die Presse [Wien] 06.12.1892, S. [9].

Willibald Hengg (1838, Nesselwängle/Tirol – 1919, Langenlois/Niederösterreich) war mehr als drei Jahrzehnte lang im Hofopernorchester und bei den Wiener Philharmonikern angestellt (1864–1897). Hiervon abgesehen trat der Sohn aus einer Musikerfamilie[138] weder solistisch noch kammermusikalisch in Erscheinung. Als privater Geigenlehrer, unter anderen auch des jungen Erzherzogs Franz Ferdinand von Österreich-Este, fand er einige öffentliche Aufmerksamkeit.[139]

Carl Heß wurde 1852, direkt im Anschluss an sein Studium, in das Hofopernorchester und bei den Wiener Philharmonikern aufgenommen. Nur drei Jahre später schied er wieder aus – einem Brief das Vaters zufolge war er lebensbedrohlich an Typhus erkrankt.[140] Weitere Hinweise auf eine Konzertlaufbahn fehlen.

Alois Hilbert (1840, Wien – 1903, ebd.) wurde 1859 ebenfalls kurz nach Studienabschluss in beide Orchester aufgenommen – zunächst als Mitglied der zweiten Violine, ab 1865 war er erster Violinist. Von 1874 bis 1894 gehörte er außerdem (zunächst als Exspektant, ab 1882 dann als Mitglied) der Hofkapelle an.[141] 1886 wurde er zum Ballettorchesterdirektor der Hofoper ernannt.[142] Zur Pensionierung vom Orchesterdienst Ende des Jahres 1899 wurde ihm „in Anerkennung seiner vieljährigen, vorzüglichen Dienstleistung das goldene Verdienstkreuz mit der Krone"[143] verliehen.

Alexander Höne[144] (um 1851, Wien – ?) war von 1875 bis 1886 Mitglied des Wiener Hofopernorchesters, den Wiener Philharmonikern gehörte er nicht an.[145]

Carl Käfer war in den 1870er Jahren Konzertmeister am Wiener Stadt-Theater.[146] Weitere Hinweise auf seine berufliche Laufbahn fehlen.

Hermann Kupka (1847, Wien – 1894, ebd.) wurde 1869 Mitglied des Hofopernorchesters, 1874 außerdem Exspektant und 1883 Mitglied der Hofkapelle. Ein Auftritt als Bratschist mit dem Hellmesberger-Quartett im Jahr 1893 zählt zu den wenigen dokumentieren Auftritten außerhalb der Orchestertätigkeit.[147] Im Sommer 1894 starb Kupka an den Folgen eines Hitzeschlags.[148]

---

138 Siehe Innsbrucker Nachrichten 21.08.1919, S. 4.
139 Siehe etwa Deutsches Volksblatt [Wien] 10.04.1892, S. 7.
140 Siehe Merlin: *Die Philharmoniker*, Bd. 2, S. 64.
141 Siehe Eisenberg und Groner: *Das geistige Wien*, S. 82; siehe auch Kosel: *Künstler- und Schriftsteller-Lexikon*, S. 551.
142 Siehe Merlin: *Die Philharmoniker*, Bd. 2, S. 65.
143 Wiener Zeitung 24.11.1899, S. 1.
144 Auch: Hönne.
145 Siehe Merlin: *Die Philharmoniker*, Bd. 2, S. 200.
146 Siehe Jahr-Buch des Wiener Stadt-Theaters (1874), S. 9.
147 Siehe Die Presse [Wien] 12.03.1893, S. 10.
148 Siehe ebd. 26.07.1894, S. 3.

Karl Leidler trat 1869 dem Hofopernorchester und den Philharmonikern bei, verließ beide Orchester im Jahr 1870 und war von Januar bis Juli 1874 erneut Mitglied.

Alexander Lichtenstern (1846, Pest, Budapest/Ungarn – ?) war von 1868 bis zur Pensionierung 1899[149] bzw. 1900[150] bei der Hofoper sowie den Philharmonikern angestellt, außerdem gehörte er dem Orchester im Carltheater an.

Sein Namensvetter **Max Lichtenstern** (1847, Preßburg, Poszony/Ungarn, Bratislava/Slowakei – ?) war in beiden Orchestern von 1867 bis 1902 Mitglied, außerdem, wie Alexander Lichtenstern auch, in den 1860er Jahren am Carltheater angestellt.[151]

Die Brüder **Alois (Lazar)**[152] (1841, Austerlitz/Mähren, Slavkov u Brna/Tschechien – 1911, Wien) und **Moritz Stwertka** (1839, Austerlitz/Mähren, Slavkov u Brna/Tschechien – 1926, Wien) spielten im Orchester des Theaters an der Wien.[153] Hier war auch **Johann Michael Voinesko** beschäftigt.[154]

Als Musiker der k. k. Theaterhäuser in Wien verfügten die Geiger und Bratschisten über ein fixes Einkommen. Der Personal- und Besoldungsliste des Hofoperntheaters aus dem Jahr 1873 zufolge[155] verdiente der Kapellmeister 2604 fl.[156] jährlich, der 1. Konzertmeister 2028 fl., der 2. Konzertmeister 1608 fl. und die Geiger zwischen 552 und 732 fl. jährlich. Sonderaufgaben wurden extra vergütet. Ähnliche Gehälter hat Alice M. Hanson auch für die erste Jahrhunderthälfte erhoben.[157] Gemessen an den durchschnittlichen Lebenshaltungskosten in Wien, die Alice M. Hanson für diese Zeit auf 1000 fl. schätzt, zeigt sich, dass Kapell- und Konzertmeister über die Orchesterstelle wohl ihren Lebensunterhalt aufbringen konnten, Orchestermusiker ohne Funktionsstellen hingegen auf weitere Einkünfte angewiesen waren. Angesichts

---

149 Siehe Przistaupinsky: *50 Jahre Wiener Operntheater*, S. 50.
150 Siehe Merlin: *Die Philharmoniker*, Bd. 2, S. 100.
151 Siehe Ferdinand Roeder's Theater-Kalender 9 (1866), S. 343.
152 Zwei Söhne von Alois und Antonie Stwertka geb. Figdor, Joseph und Julius, wurden ebenfalls Musiker. Beide hatten am Wiener Konservatorium studiert – Joseph Violoncello und Julius Violine. Julius Stwertka hatte anschließend Unterricht von Joseph Joachim erhalten. Er konzertierte erfolgreich in Europa, wurde Konzertmeister am Hamburger Stadttheater und im Wiener Hofopernorchester sowie bei den Wiener Philharmonikern. Ab 1903 war er als Lehrer am Wiener Konservatorium angestellt, zwischen 1934 und 1938 wirkte er als Bratschist im Rosé-Quartett. 1942 wurde er deportiert und im Ghetto Theresienstadt ermordet. Siehe Eva Offenthaler: „Stwertka, Julius", in: Österreichische Akademie der Wissenschaften (Hg.): *Österreichisches Biographisches Lexikon 1815–1950*, 16 Bde., Bd. 14, Lfg. 63. Wien: Verlag der Österreichischen Akademie der Wissenschaften, 2015, S. 18.
153 Siehe Ferdinand Roeder's Theater-Kalender 9 (1866), S. 346.
154 Siehe Fremden-Blatt [Wien] 15.01.1862, NP.
155 Siehe etwa Personal- & Besoldungs-Etat des Orchester-Personales am k. k. Hof-Operntheater. Rectifizirt d. 8. März 1873. A-Whh (AT-OeStA/HHStA HA Oper SR 70).
156 fl.: Florin, Österreichischer Gulden, 1 Gulden = 2 Kronen.
157 Alice M. Hanson: *Musical Life in Biedermeier Vienna*. Cambridge/London/New York [u. a.]: Cambridge University Press, 1985 (= Cambridge Studies in Music), S. 20f.

des steigenden Preisniveaus und der im Verhältnis dazu nur unwesentlich angepassten Gehälter scheint der Aufwand für den Unterhalt in den folgenden Jahrzehnten gestiegen zu sein. Wiederholte Gehaltsverhandlungen zwischen Musikern und Theaterleitung sprechen ebenfalls dafür.[158] Viele der oben genannten Musiker waren vor diesem Hintergrund den Philharmonikern beigetreten. Die Wiener Philharmoniker wurden zunächst als „eine lose ‚Gesellschaft'"[159] gegründet, die je Konzertsaison eigene Konzerte veranstalte. Ab 1908 war das Konzertorchester vereinsrechtlich organisiert. Ihm konnten grundsätzlich nur Mitglieder des Hofopernorchesters beitreten, die anteilsmäßig an den Einnahmen des Orchesters beteiligt waren.

Einige Musiker waren zusätzlich noch in der Hofkapelle angestellt. Allerdings wurden sie hier zunächst nur als Exspektanten, und damit unbezahlt aufgenommen.[160] Über das Exspektantensystem wurde die Pensionsunfähigkeit der Hofmusiker aufgefangen, die so auch bei Dienstunfähigkeit volles Gehalt beziehen konnten. Den Exspektankten wurde die Aufnahme als Mitglied mit regelmäßigen Gehaltsbezügen in Aussicht gestellt, die aber – wie auch an den genannten Beispielen nachvollziehbar ist – häufig erst nach vielen Jahren erfolgte.[161]

Von einer Orchesterstelle allein konnten viele Musiker den Lebensunterhalt vermutlich nicht bestreiten. Die Anstellung in mehreren Orchestern aber machte dies offenbar möglich, wie auch die langjährigen Beschäftigungszeiten nahelegen.

Gleichwohl strebten einige Musiker über ihre Orchesterstellen hinaus eine Karriere als Solist beziehungsweise Kammermusiker an oder fanden ein weiteres berufliches Standbein als Instrumentallehrer. Dies gilt etwa für **Josef Bayer, Josef Maxintsak** und **Franz Radnitzky**.[162] Außerdem genannt seien:

Sigmund Bachrich (1841, Nyitra-Zsámbokréth/Ungarn, Žabokreky/Slowakei – 1913, Grimmenstein/Niederösterreich). Er wirkte nach dem Studium an verschiedenen kleineren Theatern als Kapellmeister und hielt sich von 1866 bis 1869 in Paris auf, wo er Kapellmeister am Théâtre-lyrique war. Von 1869 bis 1899 war er Mitglied des Hofopernorchesters sowie der Wiener Philharmoniker (hier Solobratschist). Ebenfalls 1869 wurde er Lehrer am Konservatorium in Wien sowie Mitglied des Hellmesberger-Quartetts (Viola). Später war er Bratschist im Rosé-Quartett.[163] Sigmund Bachrich

---

158   Merlin: *Die Philharmoniker*, Bd. 2, S. 25.
159   Trümpi: *Politisierte Orchester*, S. 47
160   Zum Exspektantensystem siehe auch, S. 77.
161   Siehe Antonicek: „Die Stände der Wiener Hofmusik-Kapelle", S. 172.
162   Siehe die ausführlichen Biographien im folgenden Teilkapitel.
163   Siehe Anonym: „Bachrich, Sigmund", in: Österreichische Akademie der Wissenschaften (Hg.): *Österreichisches Biographisches Lexikon 1815–1950*, 16 Bde., Bd. 1, Lfg. 1. Wien: Verlag der Österreichischen Akademie der Wissenschaften, 1993, S. 42; siehe auch Art. „Bachrich, Sigismund", in: Theodore Baker und Alfred Remy (Hg.): *Baker's Biographical Dictionary*. New York/Boston: G. Schirmer, 1919.

komponierte Werke für Violine, außerdem Kammermusik, Lieder, drei Operetten und zwei Opern.[164] Er war ab 1874 verheiratet mit Mirjam Marie Bachrich geb. Minetti, die Chorsängerin an der Hofoper war. Das Ehepaar hatte fünf Kinder, die sämtlich als Musiker*innen wirkten.[165]

Julius Blau (1846, Pest, Budapest/Ungarn – ?) erhielt in Pest Unterricht von Adolph Spiller und trat schon vor Studienbeginn öffentlich in seiner Heimatstadt auf.[166] 1863 wurde er ins Hofopernorchester sowie bei den Wiener Philharmonikern aufgenommen. Von letzteren erhielt er 1866 eine Kündigung aufgrund von „Undiszipliniertheit und Nichteinhaltung seiner Pflichten trotz zahlreicher Verwarnungen."[167] Noch im selben Jahr fand er Anstellung als Lehrer am Mozarteum Salzburg sowie als Konzertmeister im Mozarteumsorchester.[168] Zu dieser Zeit ließ er sich auch wieder solistisch und kammermusikalisch hören[169] und nahm – laut Auskunft der *Salzburger Zeitung* – möglicherweise kurzzeitig Geigenunterricht bei Joseph Joachim.[170] 1870 wurde der Geiger Konzertmeister und Solist am Pester Nationaltheater und blieb hier bis 1873.[171]

Adolf Brodsky (1851, Taganrog, Таганрóг/Russland – 1929, Manchester) erhielt frühen Unterricht von verschiedenen Lehrern, war bereits im Kindesalter öffentlich als Geiger aufgetreten und fand zu dieser Zeit einen Mäzen, der ihm zunächst Privatunterricht bei Josef Hellmesberger d. Ä.[172] und anschließend das Studium bei demselben am Wiener Konservatorium ermöglichte.[173] 1868/69 war er Violinist (Violine II) im Hellmesberger-Quartett, 1869 wurde er ins Hofopernorchester sowie bei den Wiener Philharmonikern aufgenommen, trat jedoch 1870 aus familiären Gründen von beiden Orchesterstellen wieder zurück. Ab 1870 lassen sich Konzertreisen durch Russland nachvollziehen. 1873 schloss Brodsky ein Studium am Moskauer Konservatorium bei Ferdinand Laub an, wo er 1875 eine Anstellung als Lehrer

---

164 Siehe Eisenberg und Groner: *Das geistige Wien*, S. 7f.
165 Siehe Barbara Boisits: „Bachrich, Familie", in: *Oesterreichisches Musiklexikon online*, 2015, https://musiklexikon.ac.at/0xc1aa5576_0x0001f7a1; 15.11.2020.
166 Siehe bspw. Pesth-Ofner Localblatt und Landbote 22.03.1859, NP.
167 Merlin: *Die Philharmoniker*, Bd. 2, S. 23.
168 Siehe Karl Wagner: *Das Mozarteum. Geschichte und Entwicklung einer kulturellen Institution*. Innsbruck: Helbling, 1993, S. 279f.
169 Siehe u. a. Signale für die musikalische Welt 13 (1868), S. 200.
170 Siehe Salzburger Zeitung 11.12.1869, NP.
171 Siehe Neues Fremden-Blatt [Wien] 08.05.1870, S. 6; ebd. 03.01.1873, NP.
172 Siehe Wilhelm Joseph von Wasielewski: *Die Violine und ihre Meister*, 2. Aufl. Leipzig: Breitkopf & Härtel, 1883, S. 541.
173 Siehe Anna Brodsky: *Recollections of a Russian Home. A Musician's Experiences*. Manchester/London: Sherratt & Hughes, 1904, S. 115; siehe auch Alice Gurschner: „Intimes aus dem Leben eines Geigers. Dem Andenken Adolf Brodskys", in: *Neues Wiener Journal*, 13.04.1929, S. 3.

erhielt.[174] 1879 verließ der Musiker Moskau, hielt sich für einige Zeit in Kiew auf und unternahm zahlreiche Konzertreisen, unter anderem nach Frankreich, England und Deutschland. Von 1883 bis 1891 hatte er eine Lehrstelle am Leipziger Konservatorium und parallel dazu die Konzertmeisterstelle im Gewandhausorchester inne. Ebenfalls in Leipzig gründete er das Brodsky-Quartett, mit dem er internationales Renommee erlangte.[175] 1891 übersiedelte der Geiger in die USA, nahm eine Lehrstelle am Scharwenka Conservatory of Music an und wurde Konzertmeister des New York Philharmonic Orchestra. 1895 kehrte Brodsky nach Europa zurück, und begab sich nach Manchester, wo er ein neues Brodsky-Quartett gründete, Konzertmeister des Hallé Orchestra wurde und 1896 die Nachfolge von Charles Hallé als Leiter des Royal Manchester College of Music antrat, in welcher Funktion er bis 1929 blieb.[176]

Hermann (Otto Theodor) Grädener (1844, Kiel – 1929, Wien) wurde später vor allem als Komponist bekannt. Unterricht erhielt er von seinem Vater, dem Komponisten Carl Grädener, der 1862 bis 1865 Lehrer am Konservatorium in Wien war. 1862 hatte Hermann Grädener bereits eine Anstellung als Organist im Wiener Vorort Gumpendorf, von 1865 bis 1869 war er Mitglied des Hofopernorchesters sowie der Wiener Philharmoniker. 1873 wurde er als Lehrer für Harmonielehre an der Klavierschule Horak angestellt. Von 1877 bis 1913 unterrichtete er Musiktheorie am Konservatorium in Wien. Parallel dazu war er von 1892 bis 1896 Dirigent der Wiener Singakademie sowie des Orchestervereins für klassische Musik, 1899 wurde er außerdem Lektor an der Universität Wien für Harmonielehre, Kontrapunkt und Formenlehre.[177] Sein Œuvre umfasst Orchesterwerke, zahlreiche Ouvertüren, Literatur für Klavier und Violine, Kammermusik und Lieder.[178]

Wilhelm Junk[179] (um 1852, Kassel – ?) trat 1868 – noch vor Ende des Studiums – dem Wiener Hofopernorchester sowie den Wiener Philharmonikern bei und war hier bis 1873 angestellt. Ende 1870 folgte ein solistischer Auftritt in Brünn,[180] im Frühjahr 1871 gab Junk Konzerte in Wien und unternahm im folgenden Jahr eine erste

---

174 Siehe Art. „Brodsky, Adolf", in: Hugo Riemann: *Musik-Lexikon*, 5. Aufl. Leipzig: Verlag Max Hesse, 1900, S. 150.

175 Siehe Alfred Ehrlich [i. e. Albert H. Payne]: *Das Streich-Quartett in Wort und Bild*. Leipzig: Verlag von A. H. Payne, 1898, S. 12.

176 Siehe Art. „Brodsky, Adolph", in: Baker und Remy: *Baker's Biographical Dictionary*, S. 119f., hier S. 119; siehe auch: Anonym: „Adolf Brodsky – Tchaikovsky's Champion, Brahms's Friend, Manchester's Musician", in: *The Strad* 1345 (2002), S. 524–529.

177 Siehe auch Walter Pollak: *Das Hermann Graedener-Buch. Eine Auswahl*. Wien/Leipzig: Adolf Luser Verlag, 1938.

178 Siehe Wladimir von Hartlieb: Rede zum Geburtstag Grädeners [Typoskript, o. J.]. ÖNB Sammlung Handschriften und alte Drucke (Cod. Ser. n. 19116 Han).

179 Auch Junck.

180 Siehe *Musikalisches Wochenblatt* 3 (1871), S. 42.

Konzertreise, die ihn unter anderem nach Hannover und Kopenhagen führte.[181] Nebenher erfolgten Auftritte in kirchenmusikalischem Rahmen. Um 1875 nahm Wilhelm Junk offenbar Unterricht bei Joseph Joachim.[182] Es schlossen sich Auftritte in Krems, Linz und Wien an. 1877 erhielt er eine Anstellung als Tenorsänger am Stadttheater Olmütz.[183] Engagements in Teplitz/Böhmen und Leipzig sowie in Prag und Berlin folgten.[184] Daneben trat der Musiker weiterhin als Violinist auf. 1884 reiste er in die USA,[185] im November des Jahres trat er als Sänger in der New Yorker Steinway Hall sowie in der Metropolitan Opera auf[186] und ließ sich als Geiger in Pittsburgh hören.[187] Nach diesem USA-Aufenthalt verliert sich seine Spur.

Anton Kodalle wurde 1860 als Orchesterdirektor an das Wiener Treumann-Roth-Theater engagiert.[188] Nebenher veranstaltete er regelmäßig Konzerte und Soireen, in denen er vorrangig unterhaltungsmusikalisches Repertoire präsentierte.[189] Wiederholt trat er auch als Dirigent von Ballmusiken in Wien auf.[190] Letzte Hinweise auf die Tätigkeit Anton Kodalles in der Wiener Presse finden sich 1865.

Carl Lux wurde Mitglied des Orchesters am Hofburgtheater. Ab 1878 unterrichtete er Violine an der Privat-Musikschule von Paul Mestrozi.[191] Daneben trat er vor allem im halböffentlichen Rahmen auf. Spätestens 1884 führte Carl Lux eine eigene Musikschule in Wien und unterrichtete Violine, Klavier und Zither.[192]

Wilhelm Nigg (1848, Laxenburg/Niederösterreich – ?) hatte frühen Unterricht von Josef Benesch erhalten und war bereits 11-jährig in Wien aufgetreten. Nach dem Studium trat er dem Wiener Hofopernorchester und den Wiener Philharmonikern bei, die er beide 1873 verließ. Spätestens 1868 war er zweiter Chormeister verschiedener Männergesang-Vereine.[193] Nebenher unterrichtete er Kirchenmusik.[194]

---

181 Siehe Wiener Zeitung 24.02.1872, S. 17.
182 Berliner Musikzeitung 17 (1875), S. 132.
183 Die Neue Zeit [Olmütz] 29.08.1877, NP.
184 Siehe Signale für die musikalische Welt 32 (1877), S. 499.
185 Siehe Passenger Lists of Vessels Arriving at New York, New York 1820–1897. National Archives Microfilm Publication (M273, roll 478).
186 Siehe Milwaukee Daily Sentinel 22.11.1885, S. 7, 11; Gerald Fitzgerald (Hg.): *Annals of the Metropolitan Opera. The Complete Chronicle of Performances and Artists. Tables 1883–1985*. Boston: Macmillan Press, 1989, S. 11.
187 Siehe Pittsburgh Commercial Gazette 21.11.1884, S. 1.
188 Siehe Der Zwischen-Akt [Wien] 28.05.1860, NP.
189 Siehe etwa Fremden-Blatt [Wien] 21.04.1861, S. 10.
190 Siehe etwa ebd. 24.07.1861, NP.
191 Siehe Die Hausfrau 35 (25.10.1878), S. 6.
192 Siehe Deutsche Musik-Zeitung 27 (1884), S. 387; ebd. 44 (1884), S. 634.
193 Siehe Fremden-Blatt [Wien] 05.04.1868, NP.
194 Siehe Protokolle der öffentlichen Sitzungen des Gemeinderathes der k. k. Reichshaupt- und Residenzstadt Wien 2 (1869), S. 1425.

Weiterhin ließ er sich in Wien als Geiger hören. Er wirkte auch als Komponist, kirchenmusikalische Werke führte er selbst mit auf.

David Pollak (um 1841 – 1889, Wien)[195] konzertierte neben seiner Arbeit im Hofopernorchester, dem er von 1861 bis zu seinem Tod 1889 fast drei Jahrzehnte lang angehörte, solistisch und kammermusikalisch mit Musikern wie Wilhelm Junk, den Violoncellisten Heinrich Röver und David Popper und den Pianist*innen Julius Epstein, Marie Baumayer, Ernestine Goldmann und Rosa Löw in Wien. 1885 vertrat er Franz Radnitzky als Primarius von dessen Radnitzky-Quartett.[196]

Eduard Rappoldi (1831, Wien – 1903, Dresden) hatte vor dem Studium am Konservatorium Geigenunterricht von Josef Böhm und Leopold Jansa erhalten.[197] Seine Orchestermitgliedschaft ist nicht zweifelsfrei geklärt: Laut Christian Merlin gehörte er von 1854 bis 1861 dem Hofopernorchester und den Wiener Philharmonikern an,[198] in anderen Personallisten dieser Klangkörper ist sein Name jedoch nicht enthalten.[199] Parallel konzertierte er außerdem in Österreich und Italien sowie in Deutschland, den Niederlanden und Belgien. 1861 bis 1866 war er Konzertmeister an der Deutschen Oper Rotterdam und später Kapellmeister in Lübeck, Stettin, Braunschweig und Prag. Für eine Anstellung an der Königlichen Hochschule für Musik befand er sich von 1871 bis 1877 in Berlin und spielte während dieser Zeit (1872 bis 1877) auch im Joachim-Quartett. 1876 wurde er zum königlich-sächsischen Professor ernannt und war von 1877 bis 1903 Lehrer für Violine und Dirigieren am Dresdner Konservatorium. Von 1877 bis 1898 war er außerdem Konzertmeister der Hofkapelle in Dresden. Als Komponist gab Rappoldi neben zwei Streichquartetten kleine Sinfonien, Sonaten für Klavier und Violine sowie Lieder heraus. Er war verheiratet mit der Pianistin, Klavierlehrerin und Komponistin Laura Rappoldi-Kahrer, geb. Kahrer.[200]

Emil Rotter (1851, Schönberg/Mähren, Šumperk/Tschechien – 1895, Wien) war 1869 direkt nach dem Studium dem Hofopernorchester und den Wiener Philharmonikern beigetreten und bis zu seinem Tod Bratschist ebenda. Solistisch trat er in Wien in kirchenmusikalischem sowie in wohltätigem Rahmen auch als Violinist

---

195 Siehe Signale für die musikalische Welt 9 (1889), S. 136.
196 Siehe Neue Freie Presse [Wien] 04.12.1885, S. 5.
197 Dass er am Konservatorium von Georg Hellmesberger d. Ä. ausgebildet worden sei, ist eine Fehlinformation, die beharrlich über Lexikonartikel kolportiert wurde. Vgl. Gesellschaft der Musikfreunde: *Verzeichnis und Classification der Schüler*, 1851/52–1853/54.
198 Siehe Merlin: *Die Philharmoniker*, Bd. 2, S. 131.
199 Siehe Przistaupinsky: *50 Jahre Wiener Operntheater*, S. 50; Weltner, Przistaupinsky und Graf: *Das kaiserlich-königliche Hof-Operntheater in Wien*, S. 65.
200 Siehe Uwe Harten: „Rappoldi, Ehepaar", in: *Oesterreichisches Musiklexikon online*, 2020, https://www.musiklexikon.ac.at/ml/musik_R/Rappoldi_Ehepaar.xml; 11.12.2020; siehe auch Art. „Rappoldi, Eduard", in: Riemann: *Musik-Lexikon*, S. 914; Art. „Rappoldi, Eduard", in: Wurzbach: *Biographisches Lexikon des Kaiserthums Oesterreich*, Bd. 24, S. 168f., hier S. 169.

auf.²⁰¹ Außerhalb der Donaustadt war er nur selten zu hören. 1874 wirkte er als Chormeister des Männerchores der Wiener Kaufmännischen Gesellschaft,²⁰² ab 1887 war er Dirigent vom Streichorchester der Musikgesellschaft Mozart.²⁰³ 1878 wurde Emil Rotter in die Hofkapelle aufgenommen.²⁰⁴ Im Herbst 1890 eröffnete er eine Privat-Musikschule.²⁰⁵

August Siebert (1856, Wien – 1938, ebd.) war von seinem Vater unterrichtet worden. Nach dem Studium zeigte er sich zunächst vornehmlich solistisch. 1878 wurde er Mitglied des Hofopernorchesters sowie der Wiener Philharmoniker. Ebenfalls in diesem Jahr wurde er als Exspektant in die Hofmusikkapelle aufgenommen, wo er 1889 als wirkliches Mitglied anerkannt wurde und bis 1921 angestellt war. Daneben war er vor allem als Kammermusiker tätig. Mit Franz Radnitzky (Violine I), Anton Stecher (Viola) und Theobald Kretschmann (Violoncello) veranstaltete er ab 1879 Kammermusikabende in Wien.²⁰⁶ Im Herbst 1890 wechselte er in das Rosé-Quartett, wo er die Stelle des zweiten Violinisten von Eduard Loh übernahm und nun neben Arnold Rosé (Violine I), Sigmund Bachrich (Viola) und Reinhold Hummer (Violoncello) spielte.²⁰⁷ 1897 wurde er Mitglied des Prill-Quartetts, dem neben dem Primarius Karl Prill Anton Ruschitzka (Viola) und Josef Sulzer (Violoncello) angehörten.²⁰⁸ 1899 wurde Siebert zum Ballettorchesterdirektor und Sologeiger des Hofopernorchesters ernannt. Während seine kammermusikalische und solistische Tätigkeit im zweiten Jahrzehnt des 20. Jahrhunderts abnahm, behielt er seine Orchesterstellen noch bis 1925. Nebenher wirkte er als Lehrer für Violine und Kammermusik.²⁰⁹

Franz (1855, Wien – 1908, ebd.) und **Rudolf Strebinger** (1862, Wien – 1923, ebd.) waren Söhne des Hofopernkapellmeisters bzw. Ballettorchesterdirektors Mathias Strebinger (1807–1874). Knapp vor Studienabschluss wurde Franz Strebinger zum 01.03.1870 als zweiter Violinist in das Hofopernorchester aufgenommen (ab 1880 erste Violine) und trat wenige Wochen darauf in einer wohltätigen Akademie des Hofoperntheaters solistisch auf. 1870 wurde er als Substitut – als Exspektant erst 1874 – in die Hofkapelle aufgenommen und 1883 als Mitglied anerkannt, das er bis

---

201 Siehe Neues Fremden-Blatt [Wien] 08.12.1869, S. 3; Die Presse [Wien] 13.08.1871, S. 15; Neues Wiener Tagblatt 01.02.1874, S. 3.
202 Deutsche Zeitung [Wien] 15.04.1874, S. 7.
203 Deutsche Musik-Zeitung 9 (1887), S. 85.
204 Siehe Neue Freie Presse [Wien] 15.05.1878, S. 6.
205 Siehe ebd. 07.09.1890, S. 13.
206 Siehe Deutsche Musik-Zeitung 38 (1879), S. 154.
207 Siehe Die Presse [Wien] 05.10.1890, S. 16.
208 Neue Freie Presse [Wien] 05.10.1897, S. 7.
209 Siehe Tages-Post [Linz] 10.08.1904, S. 8.

1908 blieb. 1875 trat Strebinger seinen Militärdienst an.[210] Darüber hinaus lassen sich nur wenige Auftritte außerhalb von Orchester- und Militärdienst nachvollziehen.

Rudolf Strebinger war von 1885 bis zu seinem Tod Mitglied des Hofopernorchesters und der Wiener Philharmoniker. Nur gelegentlich war er außerhalb seiner Orchestertätigkeit zu hören. Privat erteilte er Klavier- und Geigenunterricht und war an der Theresianischen Akademie, einem Gymnasium, als Musiklehrer angestellt.[211] Anders als sein Bruder und Vater trat er nicht der Hofkapelle bei.

Einige Geiger gründeten eigene Orchester beziehungsweise Kapellen in Wien. Zu ihnen zählt **Johann Semrad**, der 1863 ein eigenes Orchester zusammengestellt hatte, mit dem er als Kapellmeister in Wiener Unterhaltungslokalen auftrat, eigene Kompositionen von Salon- und Tanzmusik aufführte und sich solistisch zeigte.[212] Gelegentlich war er hier auch kammermusikalisch zu hören.

Anton Tobisch wirkte als Kapellmeister für Ballmusik in Wien.[213] Spätestens um 1868 trat er mit einer eigenen Kapelle auf, deren Hauptwirkungsort Graz war, weshalb ihm die Presse auch den Titel „Grazer Strauß"[214] verlieh. Im Frühjahr 1869 scheint seine Konzerttätigkeit beendet gewesen zu sein.

Johann Mestezky hatte sich ebenfalls als Unterhaltungsmusiker etabliert. Er war offenbar schon zu Studienzeiten Mitglied in Wiener Tanzmusikorchestern, spielte auch im Orchester des Thaliatheaters Neulerchenfeld sowie im Orchester des Theaters an der Wien, war ständiges Mitglied der Kapelle Strauß in Wien, wirkte nebenher als Lehrer und trat im privaten Rahmen als Quartettspieler auf.[215]

Auch **Franz Schipek**[216] (1842, Wien – 1881, Bukarest) konzentrierte sich später vor allem auf Unterhaltungsmusik. Er war schon früh als Mitglied einer Künstlerfamilie mit seinem Vater Franz und seiner Schwester Marie[217] aufgetreten und hatte in diesem Rahmen unter anderem in Laibach, Wien und Graz konzertiert. Auch nach dem Studium setzte er die Konzerttätigkeit mit dem Familienensemble fort. Um

---

210 Zeitgleich mit ihm wurden hier die Kommilitonen Joseph Hellmesberger d. J. und Reinhold Hummer (Violoncell) aufgenommen. Siehe Neue Freie Presse [Wien] 24.04.1875, S. 1; siehe S. 86, Fn. 86.
211 Siehe Deutsches Volksblatt 7812 (1910), S. 10. Hier wird er als eines „der bekanntesten Mitglieder des Hofopernorchesters und der Philharmoniker" benannt.
212 Siehe Morgen-Post [Wien] 04.10.1863, NP.
213 Siehe Fremden-Blatt [Wien] 07.02.1863, NP.
214 Tagespost [Graz] 25.06.1868, NP.
215 Lange: „Aus dem Tagebuch eines Alt-Wiener Musikers", S. 3.
216 Für eine ausführlichere biographische Beatrachtung siehe ab S. 189.
217 Marie Schipek war Geigerin, Dirigentin und Sängerin und wurde in den 1870er Jahren vor allem als Leiterin einer erfolgreich in Europa konzertierenden Wiener Damenkapelle bekannt. Siehe Annkatrin Babbe (2016): „Schipek, Marie", in: Freia Hoffmann (Hg.): Lexikon „Europäische Instrumentalistinnen des 18. und 19. Jahrhunderts", 2016/2022, https://www.sophie-drinker-institut.de/schipek-marie; 25.08.2022.

1854 berichtet die *Vereinigte Laibacher Zeitung* zudem über selbstständige Auftritte des Musikers ohne Familienmitglieder in Wirtshäusern.[218]

Johann Sioly (1843, Wien – 1911, ebd.) war als Orchestermusiker in einem Unterhaltungslokal in Wien tätig. Daneben wirkte er vor allem als Pianist und Komponist in Wiener Volkssängergesellschaften und tat sich als Komponist von Wienerliedern hervor. Sein Œuvre umfasst über 1000 Lieder.[219]

Ein ausgesprochen erfolgreicher Unterhaltungsmusiker war **Lajos**[220] **Munczi** (1846, Ödenburg, Sopron/Ungarn – 1910). Er leitete bereits um 1864 eine ungarische Salonkapelle in Ödenburg, mit der er in den 1860er und 1870er Jahren in Österreich-Ungarn konzertierte und großes Renommee erwarb. Die *Deutsche Musik-Zeitung* ehrt Munczi 1874 als den „gefeiertste[n] Zigeuner-Kapellmeister Ungarn's"[221]. 1883 hatte Fürst Paul Esterházy Munczi zum Kammerviolinisten und dessen Ensemble zur Fürstlich Esterházyschen Hauskapelle ernannt.[222] Konzertreisen durch Schweden, Spanien, Portugal und nach New York (1886/87 und 1891/92) festigten den Erfolg der Musiker. 1888 hatte Munczi den Austritt aus der Kapelle bekannt gegeben und zwischenzeitlich solistisch mit klassischem Repertoire in Sopron konzertiert. Spätestens 1890 scheint er die Leitung des Ensembles erneut übernommen zu haben. Um 1906 hatte der Musiker seine Arbeit hier jedoch endgültig beendet, das Ensemble trat nun als „Ung. Magnatenkapelle Munczi Lajos Söhne"[223] auf.

Wenige Hellmesberger-Schüler konzentrierten sich auf die Lehrtätigkeit; unter ihnen **Adolf (Josef) Steffek** (1850, Palást/Ungarn, Plášťovce/Slowakei – 1915, Wien): Der Musiker erhielt frühen Geigenunterricht von Karl Brand in Brünn. Nach dem Studium blieb er in Wien und war hier vornehmlich als Lehrer aktiv.[224] Nur gelegentlich ließ er sich auch solistisch und kammermusikalisch hören. 1876 erhielt er eine Anstellung an der Musikschule Horak, deren Kollegium er noch 1910 angehörte.[225] Um 1891 war Adolf Steffek Konzertmeister des Dilettantenorchesters Orchesterklub Haydn,[226] nach der Jahrhundertwende wirkte er hier auch als Dirigent. 1896

---

218 Siehe Vereinigte Laibacher Zeitung 05.11.1857, S. 1120.
219 Siehe Czeike: *Historisches Lexikon Wien*, Bd. 5, S. 235f.; Siehe auch Eisenberg und Groner: *Das geistige Wien*, S. 199; Ninni Lackner und Ernst Weber: „Sioly, Johann", in: Österreichische Akademie der Wissenschaften (Hg.): *Österreichisches Biographisches Lexikon 1815–1950*, 16 Bde., Bd. 12, Lfg. 57. Wien: Verlag der Österreichischen Akademie der Wissenschaften, S. 304.
220 Vor allem in der deutschsprachigen Presse auch Ludwig.
221 Deutsche Musik-Zeitung 30 (1874), S. 3.
222 Siehe Znaimer Wochenblatt 09.06.1883, S. 6.
223 Neues Wiener Journal 02.02.1906, S. 17.
224 Kosel: *Künstler- und Schriftsteller-Lexikon*, S. 589.
225 Siehe Deutsches Volksblatt [Wien] 05.02.1910, S. 4.
226 Siehe Neues Wiener Tagblatt 29.12.1891, S. 7.

gründete er außerdem das Quartett Steffek, dem außer ihm Carl Burkhart (Vlioline II), Hans Salaba (Viola) und Josef Roscher (Violoncello) angehörten.[227]

Ludwig Lackner[228] (1849, Wien – um 1875) wurde schon während des Studiums als Komponist wahrgenommen[229] und auch später vor allem als Komponist und Musiklehrer geschätzt. Zu Studienzeiten und darüber hinaus hatte Lackner Zahlungen aus dem Künstler-Unterstützungsfonds des österreichischen Ministeriums für Kultus und Unterricht erhalten.[230] Er fand spätestens 1873 eine Anstellung als Musiklehrer am k. k. Blinden-Erziehungsinstitut in Wien.[231]

Andere Hellmesberger-Schüler traten eine militärische Laufbahn an. Zu ihnen zählt **Wilhelm Kachler** (1853 Petschau/Böhmen, Bečov nad Teplou/Tschechien – 1899, Salzburg). Er wurde Kapellmeister beim 5. Infanterieregiment König von Rumänien und spätestens Anfang der 1890er Jahre Kapellmeister beim Infanterieregiment Nr. 59 (Rainerregiment).[232] Außerdem trat er als Komponist von Militärmusik hervor.

Leopold Königstädter war in den 1870er Jahren Kapellmeister der Veteranenkapelle von Krems, nebenher trat er als Solist auf[233]. Bekannt war er auch als Komponist von Schrammelmusik.[234]

Auch **György Locsarek / Georg Lotscharek** (1844, Wien – 1885, Klausenburg/Siebenbürgen, Cluj-Napoca/Rumänien) war zunächst Militärmusiker. 1868 fand er eine Anstellung als Geiger im Orchester in Neumarkt am Mieresch/Siebenbürgen (Târgu Mureș/Rumänien), später ebenso in Klausenburg. Er wirkte außerdem als Theaterkapellmeister.[235]

Rudolf Nováček (1860, Weißkirchen (Fehértemplom)/Ungarn, Bela Crkva/Serbien – 1929, Prag) etablierte sich ebenfalls in erster Linie als Militärmusiker. Er hatte frühen Unterricht durch seinen Vater, den Komponisten Martin Nováček, erhalten

---

227 Siehe Deutsche Musik-Zeitung 6 (1896), S. 67.
228 Auch: Lachner.
229 Siehe Blätter für Musik, Theater und Kunst 105 (1868), S. 420; Neues Fremden-Blatt [Wien] 25.07.1869, S. 6; Der Zwischen-Akt [Wien] 10.05.1870, NP.
230 Siehe Die Presse [Wien] 30.01.1872, S. 3.
231 Siehe Friedrich Entlicher: *Der erste europäische Blindenlehrer-Congress in Wien am 3., 4., 5., 6., 7. und 8. August 1873*. Wien: Verlag des ständigen Congress-Comites, 1873, S. 12; Markéta Štědronská (Hg.): *Wilhelm Ambros. Musikaufsätze und -rezensionen. 1872–1876. Historisch-kritische Ausgabe*, 2 Bde., Bd. 1: *1872 und 1873*. Wien: Hollitzer Verlag, 2017 (= Wiener Veröffentlichungen zur Musikwissenschaft 45), S. 415.
232 Siehe Emil Rameis: *Die österreichische Militärmusik – von ihren Anfängen bis zum Jahre 1918*, 2. Aufl. Tutzing: Schneider Verlag, 1978 (= Alta Musica 2).
233 Siehe etwa Kremser Wochenblatt 19.01.1878, S. 6; ebd. 01.12.1877, S. 3.
234 Die Schrammel-Geigen, Philharmonia-Schrammeln Wien, CD. Wien: Kunsthistorisches Museum & Paladino Music, 2014.
235 Siehe Aladár Schöpflin: *Magyar Színművészeti Lexikon. A magyar színjátszás és drámairodalom enciklopédiája*, 4 Bde., Bd. 3. Budapest: Az Országos Szinészegyesület és Nyugdíjintézete, 1931, S. 278.

und die Musikakademie in Budapest besucht. 1877 wurde er Mitglied des Streichquartetts der Kammermusikvereinigung Familie Nováček, dem neben dem Vater zwei Brüder angehörten. Darüber hinaus war er als Militärmusiker im 11. k. u. k. Regiment tätig und um 1882 als Kapellmeister im Regiment Nr. 74. 1884 übersiedelte Nováček nach Prag und wurde hier Kapellmeister im 28. k. u. k. Infanterieregiment.[236] Ebenfalls in Prag trat er dem Künstlerischen Verein/Umělecká beseda bei und gründete mit anderen Mitgliedern ein Streichquartett, dem in den folgenden Jahren unter anderem Hanuš Wihan, František Ondříček, Karel Ondříček, Jan Mařák und Otakar Nováček angehörten. 1890 ging Nováček als Militärkapellmeister nach Sofia, 1891 oder 1892 nach Bukarest. Darüber hinaus wirkte er als Chormeister und Direktor an einem Bukarester Theater. Nováček komponierte, und zwar insbesondere Militärmusik. Er wirkte als Dirigent und Musiklehrer in Russland, Bulgarien, den Niederlanden, Belgien und Deutschland. Nach dem Tod seines Vaters 1904 begab er sich nach Temeswar (Timișoara/Rumänien), wo er weiterhin als Komponist und Musiker aktiv war.[237]

Johann Sora wirkte zunächst im k. k. Infanterieregiment Nr. 79 Graf Huyn, beendete diese Laufbahn jedoch 1868. Während die *Vereinigte Laibacher Zeitung* von dem Vorhaben Soras berichtet, in das Wiener Hofopernorchester aufgenommen werden zu wollen, scheint der Musiker in den entsprechenden Personallisten nicht auf.[238] Stattdessen kehrte er zur Militärmusik zurück. In den 1870er Jahren war er Primgeiger der Grueberschen Regimentsmusikkapelle.[239]

Unter den wenigen Musiker*innen, die ohne Orchesteranstellung im Rücken eine Konzertlaufbahn in Wien durchliefen, befinden sich die Hellmesberger-Schülerinnen, denen der Zutritt zu den Orchestern generell verwehrt war.[240] **Franziska Schön** blieb nach dem Studium in Wien, trat allerdings vor allem im kirchenmusikalischen Rahmen auf. Die Schwestern **Natalie** und **Helene Lechner** konzertierten zunächst als Duo in Wien sowie in weiteren österreichischen Städten und in diversen Kronländern. Beide etablierten sich später als Kammermusikerinnen und nach 1900 als Solistinnen. Auch für **Theresine Seydel** blieb Wien der Hauptwirkungsort. Hier trat sie – wie Franziska Schön – vornehmlich in Wohltätigkeitskonzerten und

---

236 Siehe Christian Fastl: „Nováček, Brüder", in: *Oesterreichisches Musiklexikon online*, 2001, https://musiklexikon.ac.at/0xc1aa5576_0x0001db6c; 10.12.2020; siehe auch H. Nicolussi: „Nováček, Rudolf", in: Österreichische Akademie der Wissenschaften (Hg.): *Österreichisches Biographisches Lexikon 1815–1950*, 16 Bde., Bd. 7, Lfg. 32. Wien: Verlag der Österreichischen Akademie der Wissenschaften, 1976, S. 159f.
237 Siehe Josef Šebesta: „Zdeněk Fibich and Rudolf Nováček. Years of Cooperation in the Umělecká beseda, 1884–1890", in: *Musicologica Olomucensia* 12 (2010), S. 309–320; siehe auch Fastl: „Nováček, Brüder".
238 Siehe Vereinigte Laibacher Zeitung 14.07.1868, S. 1184.
239 Siehe Die Neue Zeit [Olmütz] 10.09.1874, NP.
240 Zu den Geigerinnen siehe die ausführlichen Biographien im folgenden Teilkapitel.

Gottesdiensten auf und nicht auf den Bühnen der öffentlichen Musikkultur. **Ludmilla Weiser** hatte Wien nach dem Studium wieder verlassen und – begleitet von ihrem Vater – Konzertreisen unternommen, unter anderem durch Tschechien, Kroatien und das Baltikum.

Für viele der bisher betrachteten Hellmesberger-Schüler*innen blieb Wien das Zentrum musikalischer Tätigkeit; das entsprach nicht zuletzt auch der oben zitierten Zielerklärung des Konservatoriums.[241] Andere Absolventen verließen den Studienort indes wieder und wirkten andernorts als Interpreten, Lehrer oder Dirigenten:

Leopold (von)[242] **Auer** (1845, Veszprém (Weißbrunn)/Ungarn – 1930, Dresden) hatte vor seinem Studium in Wien bereits seit dem achten Lebensjahr bei David Ridley-Kohne (1812–1892) am Konservatorium in Pest studiert.[243] Im Anschluss ging er nach Paris, wo er seine Ausbildung am Konservatorium in der Klasse von Jean-Delphin Alard (1815–1888) fortsetzte. Unterricht bei Joseph Joachim in Hannover schloss sich an. Auer bekleidete Orchesterstellen in Düsseldorf und Hamburg, wurde 1868 Soloviolinist am Hofe des Zaren in St. Petersburg und trat im selben Jahr eine Lehrtätigkeit am dortigen Konservatorium an (bis 1917).[244] Später wirkte er auch in London, Dresden und Norwegen als Lehrer. 1917, angesichts der bevorstehenden Oktoberrevolution, verließ er Russland und immigrierte in die USA. Er unterrichtete fortan am Institute of Musical Art (heute Juilliard School) in New York und ab 1928 am Curtis Institute of Music in Philadelphia. Auer brachte einige Kompositionen für sein Instrument heraus und verfasste eine achtbändige Violinschule.[245]

Heinrich Benkö (1858, Körmend/Ungarn – 1918, Zürich) kehrte nach seinem Studium in Wien nach Budapest zurück, wo er zunächst eine Anstellung im Orchester des Nationaltheaters erhielt. Ab 1884 war er Mitglied (Viola) im Orchester der Königlichen Ungarischen Oper und wurde hier zum Kapellmeister ernannt.[246] Nebenbei erteilte er Unterricht in Gesang, Komposition und Dirigieren.[247] Nach 1910 war er in der Schweiz ansässig.

---

241 Siehe Ignaz Franz Edler von Mosel: [Entwurf für das Konservatorium der Gesellschaft der Musikfreunde], 1815, zit. nach Beate Hennenberg: *Das Konservatorium der Gesellschaft der Musikfreunde in Wien*, S. 127

242 1895 vom russischen Zaren als Soloviolinist geadelt. Siehe Art. „Auer, Leopold", in: Baker und Remy: *Baker's Biographical Dictionary*, S. 33.

243 Siehe Wasielewski: *Die Violine und ihre Meister*, 1883, S. 455

244 Siehe Art. „Auer, Leopold", in: Wurzbach: *Biographisches Lexikon des Kaiserthums Oesterreich*, Bd. 14, S. 385.

245 Siehe Anonym: „Auer, Leopold", in: Österreichische Akademie der Wissenschaften (Hg.): *Österreichisches Biographisches Lexikon 1815–1950*, 16 Bde., Bd. 1, Lfg. 1. Wien: Verlag der Österreichischen Akademie der Wissenschaften, 1993, S. 34.

246 Siehe Signale für die musikalische Welt 55 (1895), S. 875.

247 Siehe Pester Lloyd 23.01.1897, NP.

Hermann Czillag[248] (1852, Bakony-Telek bei Veszprém, Weißbrunn/Ungarn – nach Juni 1922, vermutl. Wien) wurde vor dem Studium durch Károly Huber (1828–1885), Dávid Ridley-Kohne und in Wien von Josef Böhm unterrichtet.[249] Von 1869 bis 1873 war er als zweiter Violinist im Hofopernorchester sowie bei den Wiener Philharmonikern angestellt.[250] Nach seinem Rücktritt folgten Engagements in Baden-Baden, Düsseldorf, Hamburg, Rotterdam und Mannheim.[251] Im Anschluss an einen weiteren Aufenthalt in Ungarn befand er sich spätestens ab dem Herbst 1887 in Helsinki, wo er am Helsingfors musikinstitut (heute Sibelius-Akademie) als Lehrer wirkte und unter anderen Jean Sibelius unterrichtet hat. Spätestens Anfang der 1890er Jahre kehrte er nach Wien zurück und trat hier als Orchestermusiker und Geigenlehrer in Erscheinung.[252]

Heinrich Fiby (1834, Wien – 1917, Znaim/Mähren, Znojmo/Tschechien) hatte am Konservatorium in Wien Violine, Gesang, Klavier und Komposition studiert. 1853 wurde er Orchesterdirektor und Solospieler am Laibacher Theater und nahm parallel dazu eine Lehrstelle in der Philharmonischen Gesellschaft Laibach an. 1857 wurde er städtischer Musikdirektor in Znaim, eröffnete hier die neue städtische Musikschule sowie die städtische Musikkapelle.[253] 1871 gründete er außerdem einen Musikverein, dem er als artistischer Leiter vorstand, und 1884 den Deutschen Sängerbund in Südmähren. Als Komponist schuf er vor allem Werke für Männerchor.[254]

Auch **Georg Frank** fand außerhalb Wiens seinen Wirkungsort. 1859 – das Jahr, in dem Frank sein Studium in Wien beendet hatte – taucht sein Name in der Liste der Aspiranten der Hofmusik in Darmstadt auf.[255] Ob es sich dabei tatsächlich um den Hellmesberger-Schüler handelt, lässt sich allerdings aufgrund der Verbreitung des Namens nicht auflösen.

Julius[256] **Heller** (1839, Lehota (Abászallás)/Ungarn, heute Slowakei – 1901, Triest/Küstenland, Trieste/Italien) hatte bereits während des Studiums in Wien konzertiert.[257] Vom Konservatorium wurde er in besonderer Weise ausgezeichnet:

---

248 Auch: Csillag.
249 Siehe Wasielewski: *Die Violine und ihre Meister*, 1883, S. 543f., hier S. 543.
250 Siehe Jahrbuch des k. k. Hof-Opernthéaters in Wien (1873), S. 26
251 Siehe ebd., S. 543f.; siehe auch Merlin: *Die Philharmoniker*, Bd. 2, S. 32.
252 Siehe Österreichische Musik- und Theaterzeitung 23 (1892), S. 6; Neue Freie Presse [Wien] 21.09.1893, S. 6.
253 Siehe Art. „Fiby, Heinrich", in: Baker und Remy: *Baker's Biographical Dictionary*, S. 259; Art. „Fiby, Heinrich", in: César Saeärchinger (Hg.): *International Who's Who in Music and Musical Gazeteer. A Contemporary Biographical Dictionary and a Record of the World's Musical Activity*. New York: Current Literature Publishing Company, 1918, S. 188.
254 Siehe Neue Freie Presse [Wien] 25.10.1917, S. 8.
255 Deutscher Bühnen-Almanach 24. Jg. (1860), S. 133.
256 Auch: Giulio.
257 Siehe bspw. Fremden-Blatt [Wien] 02.03.1852, NP.

Ein ungenannter Musikfreund hat der Musikvereinsdirektion eine sehr werthvolle alt-italienische Violine als Geschenk mit dem Wunsche übersendet, daß diese dem ausgezeichnetsten Zöglinge des Konservatoriums übergeben werde. In Folge dessen hat die Direktion beschlossen, dieselbe dem in Hinsicht seiner Befähigung und Verwendung hervorragenden Schüler des artistischen Direktors J. Hellmesberger Herrn Julius Heller in feierlicher Weise einzuhändigen.[258]

1857 übersiedelte Julius Heller nach Triest. In der norditalienischen Stadt gründete der Geiger um 1858 das Triester Quartett bzw. das Heller-Quartett, dessen Primarius er war. In der über vier Jahrzehnte währenden Tätigkeit des Ensembles änderte sich die Besetzung mehrfach. Albert H. Payne fasst zusammen: „vier Cellisten, neun zweite Geiger und zehn Bratschisten! Nur der Stamm, der erste Geiger, ist geblieben, und wir wollen hoffen, dass er den Triestern noch recht lange erhalten bleibt."[259] 1860 wurde Heller ebenfalls in Triest Musikdirektor des in diesem Jahr gegründeten Schillervereins.[260]

Theodor Kleinecke (1855, Lauterberg/Harz – ?) erhielt vor dem Studium Unterricht von dem herzoglich Anhalt'schen Kammermusiker Carl Schröder. Anschließend hatte er Orchesterstellen in Wien, Berlin, Warschau und St. Petersburg inne.[261] Anfang des Jahres 1889 wurde dem Geiger vom Niederösterreichischen Schulrat die Genehmigung zur Errichtung einer Privatschule in Wien erteilt.[262] Das Angebot der Musikschule Kleinecke richtete sich an werdende Berufsmusiker*innen sowie Dilettant*innen und umfasste die Fächer Klavier, Violine, Gesang, Musik- und Harmonielehre, Kontrapunkt, Instrumentation, Musikgeschichte, Pädagogik, Literaturgeschichte, Ästhetik und Kammermusik. Die Musikschule bestand mindestens bis in die 1930er Jahre: 1935 wurde Theodor Kleinecke für seine diesbezüglichen Verdienste „das österreichische Silberne Verdienstzeichen verliehen"[263].

Robert Klenk[264] (1850, Bukarest – 1921, ebd.) hatte bereits vor dem Besuch des Wiener Konservatoriums von 1863 bis 1866 am Konservatorium in Bukarest (heute Nationale Musikuniversität Bukarest) bei Alexandru Flechtenmacher[265]

---

258 Ost-Deutsche Post [Wien] 06.01.1853, NP.
259 Siehe Ehrlich: *Das Streich-Quartett*, S. 70.
260 Siehe Giuseppe Radole: *Ricerche sulla vita musicale a Trieste. 1750–1950*. Trieste: Editione Italo Svevo, 1989, S. 159.
261 Siehe Kosel: *Künstler- und Schriftsteller-Lexikon*, S. 557.
262 Siehe Deutsches Volksblatt [Wien] 04.03.1899, S. 3.
263 Neues Wiener Journal 22.09.1935, S. 20.
264 Auch: Klenck.
265 Alexandru Flechtenmacher war ein rumänischer Violinist, Komponist und Dirigent. Im Fürstentum Moldau aufgewachsen, ging er 14-jährig nach Wien und soll am dortigen Konservatorium

studiert.²⁶⁶ Im Anschluss an die Wiener Studienzeit besuchte der Geiger das Leipziger Konservatorium, wo er von Ferdinand David unterrichtet wurde.²⁶⁷ Er erhielt Konzertmeisterstellen in Riga und St. Petersburg. Ende der 1870er Jahre war er in Montreux/Schweiz ansässig, wo er Geigenunterricht erteilte und Orchesterstellen besetzte. 1888 kehrte Robert Klenk nach Bukarest zurück. Am dortigen Konservatorium übernahm er 1889 die Nachfolge seines ehemaligen Lehrers Flechtenmacher. Die Veröffentlichung einer eigenen Methode des Violinspiels (1892) brachte ihm über Rumänien hinausreichende Bekanntheit ein.²⁶⁸ Als Komponist veröffentlichte er weitere Werke für Violine, Klavier und Gesang.

Carl Kratzl (1852, Wien – 1904, vermutl. ebd.) trat nach dem Studium als Geiger in Leipzig und Pest auf.²⁶⁹ Dass er Mitglied des Hofopernorchesters sowie der Hofkapelle gewesen sei, wie einem Nachruf auf den Musiker von Franz Preyer zu entnehmen ist,²⁷⁰ lässt sich anhand der Personallisten nicht bestätigen. 1879 gründete und leitete er ein eigenes Unterhaltungsorchester, aus dem das Ronacher-Orchester hervorging (ab 1888). Bis zu seinem Tod war Kratzl als Musikdirektor der Kapelle Ronacher im gleichnamigen Etablissement im 1. Wiener Gemeindebezirk angestellt. Er komponierte auch und schrieb vor allem unterhaltungsmusikalische Werke wie Walzer und Walzerlieder.²⁷¹

Ernest Melzer hatte Mitte der 1850er Jahre am Konservatorium studiert und wird ab 1873 als städtischer Kapellmeister und Chormeister des Gesangvereins in Jägerndorf/Schlesien (Krnov/Tschechien) erwähnt.²⁷² Spätestens ab 1875 war er

---

bei Josef Böhm studiert haben – für diese Zeit liegen keine Verzeichnisse vor. Im Anschluss ging er zurück, wirkte als Lehrer für Violine und Violoncello und hatte Anstellungen in verschiedenen Theaterorchestern. Nebenher pflegte er eine Solokarriere, die ihn auch ins Ausland führte. 1864 wurde er Direktor des neugegründeten Konservatoriums in Bukarest. Als Komponist legte er vor allem Bühnenmusik sowie sakrale und profane Chorliteratur vor, die zu einem wichtiger Orientierungspunkt der rumänischen Musikgeschichte wurden.

266 Siehe Moritz Rudolph: *Rigaer Theater- und Tonkünstler-Lexikon nebst Geschichte des Rigaer Theaters und der Musikalischen Gesellschaft*. Riga: Commissions-Verlag R. Kymmel, 1890, S. 118.
267 Siehe Signale für die musikalische Welt 25 (1871), S. 389.
268 Siehe Corneliu Diaconovich: *Enciclopedia română. Publicată din însărcinarea și sub auspiciile Asociațiunii pentru literature română și cultura*, 3 Bde., Bd. 3. Sibiu: W. Krafft, 1904, S. 184.
269 Siehe Eisenberg und Groner: *Das geistige Wien*, S. 108.
270 Siehe Franz Preyer: Karl Kratzl. Biographie [Handschrift], 1904. A-Wst (HIN 4449).
271 Siehe Hans Pemmer: „Kratzl, Karl", in: Österreichische Akademie der Wissenschaften (Hg.): *Österreichisches Biographisches Lexikon 1815–1950*, 16 Bde., Bd. 4. Lfg. 18. Wien: Verlag der Österreichischen Akademie der Wissenschaften, 1986, S. 219.
272 Siehe Jägerndorfer Zeitung 06.07.1873, S. 108; ebd. 06.09.1874, S. 158.

offenbar auch als Gesanglehrer an der Jägerndorfer Realschule tätig,[273] ab 1877 außerdem als Gesangslehrer im Jägerndorfer Männergesang-Verein.[274]

Arthur Nikisch (1855, Lébényi Szent-Miklós, Mosonszentmiklós/Ungarn – 1922, Leipzig) wirkte nach dem Studium von 1874 bis 1877 im Hofopernorchester und bei den Wiener Philharmonikern, außerdem in der Wiener Hofkapelle, etablierte sich später aber in erster Linie als Dirigent. 1878 erhielt er ein Engagement als Chordirigent am Leipziger Stadttheater und vertrat hier die Stelle des ersten Opernkapellmeisters, die er 1879 übernahm. 1889 folgte er dem Ruf als Dirigent des Boston Symphony Orchestras, 1895 übernahm er die Leitung des Leipziger Gewandhausorchesters. In den folgenden Jahren hatte er außerdem die Leitung der Abonnementkonzerte der Berliner Philharmoniker sowie der philharmonischen Konzerte in Hamburg inne. Von 1902 bis 1907 war Nikisch Direktor des Konservatoriums und 1905/06 Operndirektor in Leipzig. Als einer der Ersten unternahm er als Dirigent ausgedehnte Tourneen durch Europa, ab 1904 war er beliebter Gastdirigent des London Symphony Orchestra.[275] Er erwarb sich ein internationales Renomee und wurde insbesondere für die Interpretation spätromantischer Orchestermusik geschätzt.

Karl Vincent Nossek (1835, Hochwald/Mähren, Hukvaldy/Tschechien – 1900, Verrey/Schweiz) veranstaltete nach seinem Studium Konzerte in Österreich und den Kronländern und begab sich anschließend auf ausgedehnte Konzertreisen durch Europa und Russland. Von 1863 bis 1864 war er als Lehrer am Salzburger Konservatorium angestellt und Konzertmeister des Mozarteumsorchesters.[276] Ab 1884 lebte Nossek in Lausanne und wirkte als Violinist und Komponist in der Schweiz. Sein Œuvre umfasst fünf Opern, außerdem Vokal- und Orchestermusik sowie Literatur für Violine.[277]

Christian Adolf Oberdörffer (um 1850, Hamburg – ?) war im Anschluss an sein Studium nach Hamburg zurückgekehrt und trat hier vor allem in kammermusikalischem Rahmen auf.[278] Spätestens 1874 war er zweiter Geiger in einem

---

273 Siehe ebd. 16.01.1876, S. 453.
274 Siehe ebd. 25.02.1877, S. 690.
275 Siehe Marion Brück: „Nikisch, Arthur", in: Historische Kommission bei der bayerischen Akademie der Wissenschaften (Hg.): *Neue Deutsche Biographie*, 27+ Bde., Bd. 19. Berlin: Duncker & Humblot, 1999, S. 257; Heinrich Chevalley (Hg.): *Arthur Nikisch. Leben und Wirken*. Berlin: Bote & Bock, 1922; Ferdinand Pfohl: *Arthur Nikisch. Sein Leben, seine Kunst, sein Wirken*. Hamburg: Alster Verlag, 1925.
276 Siehe Wagner: *Das Mozarteum*, S. 293. *Die Neue Zeit* aus Linz benennt Nossek als Konzertmeister des Mozarteumsorchesters. Siehe Die Neue Zeit [Linz] 20.11.1863, NP.
277 La Tribune de Genève 98 (1900), NP.
278 Siehe Neue Zeitschrift für Musik 52 (1870), S. 486; Signale für die musikalische Welt 21 (1871), S. 325.

Streichquartett mit Johann Marwege, Adolf Schmahl und Magnus Klietz. Bis 1895 lassen sich Auftritte des Ensembles in Hamburg nachvollziehen. 1888 waren die vier Quartettkollegen dem Orchester der Neuen Abonnementkonzerte beigetreten.[279] Oberdörffer betätigte sich darüber hinaus auch als Komponist, unter anderem von kammermusikalischen Werken, Klavierliteratur und Liedern.

Emil Paur (1855, Czernowitz/Bukowina, heute Ukraine – 1932, Friedek-Mistek/ Mähren, heute Tschechien) reüssierte – wie auch sein Kommilitone Arthur Nikisch – vor allem als Dirigent. Er war zunächst am Staatstheater Kassel, anschließend in Königsberg angestellt. 1889 wurde er Nachfolger Nikischs am Neuen Theater in Leipzig, ging 1893 ebenfalls nach Boston, wo er bis 1898 Chefdirigent des Boston Symphony Orchestra war, übernahm von 1898 bis 1902 die Leitung der New Yorker Philharmoniker und 1899 als Nachfolger Antonín Dvořáks die Direktion des National Conservatory of Music of America. 1901/02 reiste er mit dem Paur Symphony Orchestra durch die USA. In den folgenden Jahren übernahm er die Leitung des Pittsburgh Symphony Orchestra, kehrte 1910 nach Europa zurück und war in Berlin als Operndirigent tätig. Als Komponist schuf er vor allem kammermusikalische Werke.[280]

Georg Raith erhielt vermutlich eine Anstellung im Orchester des Nationaltheaters in Bukarest;[281] darüber hinaus trat er offenbar keine Konzertlaufbahn an.

Alois bzw. **Luigi**[282] **Risegari** (um 1849, Triest/Küstenland, Trieste/Italien – 1908, Stockport/Cheshire, UK) war schon während des Studiums in Wien aufgetreten und hatte sich im Anschluss als Solist etabliert. Anfang 1867 wirkte er mit Josef Hellmesberger d. J. (Violine I), dem ehemaligen Kommilitonen Adolf Brodsky (Viola) und Carl Udel (Violoncello) bei der Aufführung von Spohrs Doppelquartett f-Moll in einer Produktion des Hellmesberger-Quartetts mit.[283] Noch im selben Jahr reiste Risegari nach England und konzertierte in London.[284] Um 1870 übersiedelte er nach Manchester.[285] Hier und in den umgebenden Provinzstädten trat er solistisch sowie in (zunächst wechselnder) kammermusikalischer Besetzung auf. 1871 wird er als Mitglied

---

279 Siehe Musikalisches Wochenblatt 42 (1888), S. 497.
280 Uwe Harten: „Paur, Emil", in: Österreichische Akademie der Wissenschaften (Hg.): *Österreichisches Biographisches Lexikon 1815–1950*, 16 Bde., Bd. 7, Lfg. 34. Wien: Verlag der Österreichischen Akademie der Wissenschaften, 1977, S. 356.
281 Siehe Emil Fischer: *Die Kulturarbeit des Deutschtums in Rumänien. Ein Versuch zur Grundlegung ihrer Geschichte*. Sibiu: W. Krafft, 1911, S. 288.
282 Der Name Alois ist eine Variante von Aloisius, diese wiederum die lateinisierte Form einer provenzalischen Variante von Ludwig. Beide Namensformen wurden in der Presse verwendet. In den Hochschulakten ist der Musiker als Alois geführt, in der Presse vornehmlich als Luigi besprochen.
283 Siehe Berliner Musikzeitung 5 (1867), S. 37.
284 Siehe The Athenæum 2270 (1871), S. 535; The Musical World 29 (1867), S. 491.
285 1871 England & Wales Census. The National Archives London (R.G.10/3999).

des Drury Lane Orchestra genannt, 1872 außerdem als Orchestermitglied am Londoner Her Majesty's Theatre.[286] Spätestens ab 1875 spielte er auch im Hallé Orchestra.[287] Ab 1883 veranstaltete Risegari mit Simon Speelman (Viola), Otto Bernhardt und Ernst Vieuxtemps (Violoncello) Kammermusikserien und hatte mit den Kollegen in den folgenden Jahren Auftritte in England und Schottland.[288] Ab 1885 ist in der Presse von dem „Manchester string quartet"[289] zu lesen. Um 1896 finden sich Ankündigungen für das Risegari-Quartett, bestehend aus Luigi Risegari, John Nicholls, Simon Speelman und Henry Smith.[290] Unter den weiteren Kammermusikpartner*innen befanden sich auch Geiger*innen wie Wilma Norman-Neruda, Gabriele Wietrowetz, Joseph Joachim, Ludwig Strauss und die Violoncellisten Franz Neruda, Alfredo Piatti, Julius Klengel und Hugo Becker. 1882 übernahm Luigi Risegari die Leitung der Preston Choral Society und dirigierte hier ein Orchester, das vornehmlich aus Mitgliedern des Hallé Orchestra zusammengesetzt war. Ab 1888 war er außerdem Orchesterdirigent der Blackburn Philharmonic Society und spätestens ab 1894 bei der Manchester Orchestral Association; um 1898 wird er zudem als Dirigent der Philharmonic Society Bolton genannt. Ebenfalls 1898 erhielt er als Nachfolger seines ehemaligen Kommilitonen Adolf Brodsky die Konzertmeisterstelle im Hallé Orchestra. Mehrfach hat er hier auch Charles Hallé als Dirigenten vertreten.[291] Ab 1895 war Risegari außerdem Lehrer für Violine am College of Music in Oldham, daneben unterrichtete er vermutlich auch privat.[292] 1905 musste Luigi Risegari aufgrund einer Erkrankung sämtliche Aufgaben ruhen lassen. Es finden sich keine weiteren Hinweise auf seine musikalische Tätigkeit. Stattdessen scheint sein Sohn Charles – eines von acht Kindern aus der Ehe mit Alice geb. Harvey – von ihm unter anderem die Leitung der Bolton Philharmonic Society übernommen zu haben.[293] Eine Komposition – Elegie für Violine und Klavier (London: F. W. Chanot [1870]) – ist überliefert, die Risegari auch selbst in Konzerten vortrug.

Friedrich[294] **Schillinger** (1856, St. Louis, MO – 1928, ebd.) wurde als Violinist, Pianist und Komponist bekannt. Ersten Unterricht hatte er von seinem Vater, dem deutschen Pianisten und Flötisten Karl Schillinger erhalten. In St. Louis zählten ferner Ernst Spiering, Konzertmeister des St. Louis Symphony Orchestra, und August

---

286 Siehe The Muscial World 15 (1872), S. 240
287 Siehe The Musical Standard 588 (1875), S. 307.
288 Siehe The Lute 12 (1883), S. 285.
289 The Musical Standard 1117 (1885), S. 400.
290 Siehe The Musical Times 645 (1896), S. 756.
291 Siehe ebd. 539 (1888), S. 28; ebd. 598 (1892), S. 747; ebd. 49 (1908), S. 402.
292 Siehe The Musical Standard 90 (1895), S. 190.
293 Siehe The Musical Times 46 (1905), S. 817.
294 Auch: Frederick.

Waldauer (1825/26–1900) zu seinen Lehrern. Nach dem Studium kehrte er in die USA zurück, war von 1908 bis 1916 Mitglied des St. Louis Symphony Orchestra und nebenher als Chorleiter tätig.[295]

Adolf Spitzer (1847, Liebau/Schlesien, Lubawka/Polen – 1911, Breslau/Schlesien, Wrocław/Polen) wurde in der deutschsprachigen Presse nicht als Geiger wahrgenommen und tat sich später vor allem als Dirigent und Instrumentallehrer hervor.[296] Außerdem ist ein von ihm komponierter Klavierwalzer (*Frühlingsduft* op. 1, Leipzig / Wien: Berté & Co. [o. J.]) überliefert.

Mieczyslaw Starzewski (1832, Tarnów/Galizien, heute Polen – ?) war mit einem Stipendium der galizischen Stände versehen zum Studium nach Wien gekommen.[297] Im Anschluss kehrte er nach Galizien zurück und konzertierte hier.

August Wies (um 1852, Blieskastel – ?) erhielt in Zweibrücken Geigenunterricht von Joseph Hess, der *Zweibrücker Zeitung* zufolge ist er außerdem von August Wilhelmij (1845–1908) unterrichtet worden.[298] Der Musiker war blind, was regelmäßig auch in den Konzertbesprechungen thematisiert wurde.[299] Vor, während und im Anschluss an das Studium lassen sich Auftritte in Blieskastel, im rheinland-pfälzischen Zweibrücken, außerdem in Kaiserslautern nachvollziehen.[300] Nach 1876 scheint der Geiger nicht mehr aufgetreten zu sein.

Moritz Wolfthal[301] (1855, Tarnopol/Galizien, Ternopil/Ukraine – 1937) war der Sohn eines Kantors und zusammen mit seinem Vater und sechs seiner Brüder im Familienensemble aufgetreten. In den 1880er Jahren wurde er Lehrer am Konservatorium in Lemberg.[302]

---

295 Siehe Ernst C. Krohn: *A Century of Missouri Music*. St. Louis, MO: Selbstverlag, 1971, S. 126.
296 Siehe Paul Frank [i. e. Carl Wilhelm Merseburger] und Wilhelm Altmann: *Kurzgefaßtes Tonkünstlerlexikon. Für Musiker und Freunde der Tonkunst*, 12. Aufl. Leipzig: Merseburger, 1926.
297 Siehe Albert Slowinski: *Les Musiciens Polonais et Slaves anciens et modernes. Dictionnaire Biographique des Compositeurs, Chanteurs, Instrumentistes, Luthiers, Constructeurs d'Orgues, Poetes Sacrés et Lyriques, Littérateurs et Amateurs de l'Art Musical*. Paris: Librairie Adrien Le Clere, 1857, S. 318.
298 Siehe Zweibrücker Zeitung 13.12.1876, NP.
299 Allgemeine Kunst-Zeitung 13 (1872), S. 207.
300 Siehe bspw. Zweibrücker Zeitung 14.04.1874, NP.
301 Auch: Wolfsthal.
302 Yaron Wolfsthal: „The Wolfsthal Family of Musicians from Galicia: from Local Excellence to Global Influence", 2020, http://www.academia.edu/44375661/The_Wolfsthal_Famil_of_Musicians_From_Local_Excellence_to_Global_Influence; 19.12.2020.

2. Geigerinnen und Geiger – ausführliche Biographien

Angesichts der ungleichen Geschlechterverhältnisse in den Klassen Hellmesbergers – mit 147 Geigern und 7 Geigerinnen –, den unterschiedlichen Studiendauern und variierenden Nebenfachbelegungen kann und soll die Auswahl der detaillierter biographierten Musiker*innen keine repräsentative sein. Gleichwohl wurde ein Rahmen geschaffen, der vergleichende differenzierte Analysen der Handlungsräume entlang von familiärer Herkunft, Ausbildungswegen, Karrierestrategien und der Rezeption ermöglicht. Entsprechend wurde für die ausführlicheren Biographien ein Untersuchungszeitraum (1863–1879) festgelegt, der zum einen begrenzt ist durch den Zeitpunkt, ab dem Geigerinnen die Ausbildungsklassen Josef Hellmesbergers d. Ä. besuchten und zum anderen durch das Ende der Lehrtätigkeit Hellmesbergers, der nach dem Studienjahr 1876/77 seine Professur für Violine niedergelegt hatte, um sich auf die Direktion des Konservatoriums zu konzentrieren.[303] Ausgehend von den Biographien der sieben Schülerinnen wurde eine Auswahl von Schülern getroffen, die ähnliche Dispositionen aufweisen hinsichtlich der familiären bzw. sozialen Herkunft, dem Studienzeitpunkt und der Studiendauer. Im Hinblick auf die Analyse der Handlungsräume sind die Biographien darüber hinaus durch thematische Schwerpunkte in Abschnitte zur familiären resp. sozialen Herkunft, zum Studium und zur Konzertlaufbahn untergliedert.

Bayer, Josef (Mathias)
06.03.1852, Wien – 12.03.1913, ebd.

Familiärer/sozialer Kontext

Josef Bayer war laut Taufbuch bzw. Geburts- und Taufschein der Sohn von Magdalena Bayer geb. Dubowsky und dem Schneidermeister Mathias Bayer und wuchs mit zwei Brüdern und drei Schwestern auf.[304] Der Vater Mathias Bayer war der Sohn von Agnes Bayer geb. Brauensteiner und Johann Bayer, der den Familienunterhalt als Hauer[305] verdiente. Die Großeltern mütterlicherseits waren Katharina Dubowsky geb. Schebasta, und Thomas Dubowsky, der im bereits zitierten Taufbuch als Chalupner[306] bezeichnet wird. Die Patin Johanna Schwab war „bügl. [sic] Schieferdekers-

---

303 Dass der Untersuchungszeitraum noch zwei weitere Studienjahre berücksichtigt, dient dem Zweck, auch das Studium der letzten Hellmesberger-Schüler*innen bis zum Abschluss verfolgen zu können.
304 Siehe Ida Bayer-Aspis: Josef Bayer [Typoskript, o. J.], S. 2. A-Wn (Misc. 17/1).
305 ‚Hauer' oder auch ‚Weinhauer' sind österreichische Begriffe für Winzer, Weinbauer.
306 Der Begriff leitet sich von Chaluppa/Kaluppa ab, wiederum auf die westslawische ‚chalupa' zurückgehend – eine Bezeichnung für ein einfaches (Bauern-)Häuschen mit Garten oder kleinem Acker. Chalupner oder auch Häusler wurden daher Kleinbauern genannt.

Gattin"³⁰⁷, die Frau eines Dachdeckers. Das familiäre Umfeld Josef Bayers war damit in erster Linie handwerklich bzw. landwirtschaftlich geprägt. Musikalische Ausbildung scheinen weder Eltern noch Großeltern gehabt zu haben und auch Josef Bayer sollte eigentlich das Handwerk des Vaters erlernen. Den Aufzeichnungen seiner Tochter Ida Bayer-Aspis zufolge nahm er unterdessen Klavierunterricht bei Johann Nepomuk Fuchs und setzte seinen Wunsch, am Konservatorium zu studieren, gegen anfängliche Einwände der Eltern durch.³⁰⁸

Über die wirtschaftliche Situation der Familie können allein aus den Berufswahlen kaum handhabbare Informationen abgeleitet werden. Demgegenüber lässt der Wohnort auf ein gutes Einkommen schließen: Aufgewachsen ist Josef Bayer im repräsentativen 1. Wiener Gemeindebezirk. Das Taufbuch gibt die Herrengasse 250 als Wohnsitz an, in den 1860er Jahren lebte die Familie im 2. Bezirk, der Leopoldstadt. Auch die Tatsache, dass die Eltern für einen Großteil der Kosten für das zwölfjährige Studium des Sohnes aufkamen, legt die Vermutung nahe, dass die Familie entsprechend gut situiert war – die Matrikeln des Konservatoriums der Gesellschaft der Musikfreunde in Wien weisen Josef Bayer spätestens 1860/61 als vom Schulgeld zur Hälfte und 1861/62 als ganz befreit aus;³⁰⁹ in den folgenden Jahren trugen die Eltern die Kosten. Dass die wirtschaftliche Situation der Familie gut gewesen sein muss, geht auch aus den Notizen der Tochter Josef Bayers, Ida Bayer-Aspis hervor, die hervorhebt, dass man „Sorgen […] in seiner begüterten Familie nicht"³¹⁰ kannte.

Studium

Laut der Studierendenverzeichnisse des Konservatoriums war Josef Bayer ab dem Studienjahr 1859/60 am Konservatorium der Gesellschaft der Musikfreunde in Wien inskribiert und hatte zunächst Gesang im Hauptfach belegt. Zum Studienjahr 1861/62 wechselte er zum Hauptfach Klavier und wählte 1864/65 ergänzend zum Klavierunterricht bei Josef Wilhelm Schenner Violine im Nebenfach bei Georg Hellmesberger d. Ä. Spätestens 1866/67 besuchte er die Geigenklasse von Carl Heissler und studierte bei demselben ab 1868/69 Violine im Hauptfach. Im Nebenfach besuchte er den Generalbassunterricht bei Leopold Alexander Zellner. 1869/70 trat er in die erste Violinausbildungsklasse bei Josef Hellmesberger d. Ä. über und war nun im Nebenfach für Harmonielehre bei Anton Bruckner eingeschrieben. Bis 1871/72 ist er in

---

307 Taufbuch St. Josef, 1850 bis 1855, fol. 66, in: Matriken. Bestände Österreich. Wien/Niederösterreich (Osten): Rk. Erzdiözese Wien / 02., St. Josef, https://data.matricula-online.eu/de/oesterreich/wien/02-st-josef/01-08/?pg=69; 05.10.2020.
308 Siehe Bayer-Aspis: Josef Bayer, S. 2.
309 Siehe Matrikeln Josef Bayer. A-Wgm (ohne Signatur).
310 Bayer-Aspis: Josef Bayer, S. 3.

den Studierendenverzeichnissen vermerkt. Im Matrikelbogen dieses Jahres sind indes keine Eintragungen mehr zu Leistungen und Prüfungen verzeichnet; stattdessen wird angegeben, dass Bayer zuvor aus dem Konservatorium ausgetreten sei. Begleitend zum Studium hatte er die Realschule und Handelsakademie besucht. Ende der 1860er Jahre hatte er außerdem seinen Militärdienst ableisten müssen, in dessen Rahmen er als Trommler in der Kapelle des Infanterieregiments Hoch- und Deutschmeister Nr. 4 wirkte, der auch Josef Hellmesberger d. J. angehörte. Nach Beendigung des Militärdienstes, aber noch zur Studienzeit wurde Josef Bayer als Violinist in das Hofopernorchester und in die Gesellschaft der Wiener Philharmoniker aufgenommen.

Konzertlaufbahn

Die Orchestertätigkeit als Geiger nimmt einen Großteil der Berufszeit Josef Bayers ein. Er war vom 01.05.1870 bis zu seiner Pensionierung am 30.09.1898 als Sekundgeiger im Orchester der Hofoper angestellt, und von 1870 bis 1891 Mitglied der Wiener Philharmoniker.[311] Die Tochter Ida Bayer-Aspis berichtet in einer unveröffentlichten, als Typoskript vorliegenden Biographie ihres Vaters von weiteren Auftritten als Geiger und Pianist. Diese Auftritte müssen unterdessen vornehmlich im privaten bis halböffentlichen Rahmen stattgefunden haben; wie etwa Bayers Tätigkeit als Korrepetitor bei den Tanzstunden am Hofe.[312] Als Instrumentalist wurde Bayer außerhalb seiner Orchesterstellen nicht mehr öffentlich wahrgenommen – dies ergab eine Sichtung der (vornehmlich Wiener) Tages- und Fachpresse der Zeit. Aufmerksamkeit fand er vielmehr in seiner Funktion als Hofopernkapellmeister (ab 1883) und Ballettkapellmeister (ab 1885).[313] Als Dirigent war er auch über Wien hinaus tätig, bereiste als solcher ab Anfang der 1880er Jahre die USA. Daneben trat er als Komponist hervor, schrieb unter anderem 19 Operetten, 70 Ballette, Lieder, Tänze und Märsche, und wurde als „Schöpfer des spezifisch Wienerischen Balletts" gerühmt, „als dessen repräsentabelster Vertreter ‚Die Puppenfee' über die ganze Erde getanzt ist."[314] Tatsächlich hatte Josef Bayer mit dem Ballett *Die Puppenfee* internationale Erfolge gefeiert, selbiges wurde allein an der Wiener Hofoper bis 1999 über 800 Mal aufgeführt. Auch

---

311 Siehe Przistaupinsky: *50 Jahre Wiener Opernttheater*, S. 48.
312 Siehe Riki Raab: 100. Geburtstag Josef Bayer [Sendemanuskript, Typoskript, 1952], S. 5. A-Wst (HIN 237.867).
313 Siehe Eisenberg und Groner: *Das geistige Wien*, S. 11.
314 Signale für die musikalische Welt 12 (1913), S. 453f., hier S. 453. Für eine Übersicht der Kompositionen Bayers siehe R. Wiesinger: „Bayer, Josef", in: Österreichische Akademie der Wissenschaften (Hg.): *Österreichisches Biographisches Lexikon ab 1815*, Online-Edition, Lfg. 2, 2013, https://biographien.ac.at/ID-0.3020954-1; 05.10.2020.

seine weiteren Kompositionen wurden hier vielfach gespielt.[315] Das *Musikalische Wochenblatt* hält für die Saison 1892/93 fest, „dass unter allen vorgeführten Componisten am häufigsten – nämlich über 90 Male – Hr. Josef Bayer, der Autor der ‚Puppenfee', des ‚Tanzmärchens', von ‚Sonne und Erde' und anderen ähnlichen Ausstattungsballetten auf dem Spielplan erschien."[316] Zu seinem 30jährigen Dienstjubiläum an der Hofoper wurde er 1900 mit dem Ritterkreuz des Franz-Joseph-Ordens ausgezeichnet.

Nach seinem Militärdienst hatte Josef Bayer Therese Klein (1851, Wien – 1928, ebd.) geheiratet, eine erfolgreiche Sängerin, die auf Wunsch Bayers mit der Eheschließung ihre Karriere beendete, sich fortan auf Gesangsunterricht konzentrierte und als Privatsekretärin ihres Ehemannes wirkte. Zwei Töchter wurden geboren: Helene und Ida (1881, Wien – 1974, ebd.), später verh. Bayer-Aspis, die beide als Sängerinnen auftraten. Letztere war außerdem als Komponistin tätig, einige ihrer Werke wurden verlegt.

Abb. 15: Josef Bayer[317]

---

315 Dies wurde auch kritisch bewertet. So kommentiert Brzetislav Emil Lvovský für die *Österreichische Musik- und Theaterzeitung*: „Die Hofoper hat ihre gastlichen Pforten bereits eröffnet; vorläufig nur dem Ballette. Für den Musiker ist's bedauerlich, dass seit Jahren der überwiegende Theil der in der Hofoper aufgeführten Ballete mit der Musik Josef Bayer's gegeben wird, welche einen Niedergang der Balletmusik überhaupt bedeutet; ein mit diesen ordinären Tanzrhythmen systematisch regalirtes Publicum verliert schliesslich die Fühlung mit höherer und charakteristischer Balletmusik, wie z. B. Leo Delibes' ‚Coppelia' und ‚Sylvia'." Österreichische Musik- und Theaterzeitung 21/22 (1895), S. 6.
316 Musikalisches Wochenblatt 34 (17.08.1893), S. 474; siehe auch Die Lyra 485 (15.06.1895), S. 206.
317 Einzelblatt aus: Illustrirtes Oesterreichisches Journal 1892, S. 5. A-Wn (Mus Sep.20-D).

Brückner, Eugenie (Eugenia Barbara Josefa)
23.12.1854, Wien – ?

Familiärer/sozialer Kontext

Eugenie Brückner war die Tochter von Katharina Brückner geb. Glieher und Christian Brückner (um 1808 – 19.10.1878, Wien).[318] Der Vater war Assekuranz-Sekretär und später -Direktor. Die Familie lebte in der Mariahilferstr. 45. Bis 1882 sind Kuraufenthalte mit der Mutter in Baden bei Wien dokumentiert. Finanziell war die Familie entsprechend gut situiert – dass Eugenie Brückner ohne jegliche Schulgeldbefreiungen am Konservatorium studierte, fügt sich hier ein.

Studium

1869/70 besuchte Eugenie Brückner das Konservatorium der Gesellschaft der Musikfreunde in Wien und hatte hier im Hauptfach Violine bei Josef Hellmesberger d. Ä. (Ausbilungsschule, Klasse I) und im Nebenfach Harmonielehre (Vorbereitungsschule) bei Franz Krenn belegt. Der Matrikel zufolge wurde ihr am Ende des Studienjahres im Hauptfach die Wiederholung der Klasse nahegelegt – möglicherweise bot dies den Anlass für den Austritt. Im folgenden Jahr ist die Musikerin nicht mehr in den Verzeichnissen der Studierenden aufgeführt.

Konzertlaufbahn

In der zeitgenössischen Presse finden sich keine Hinweise auf eine Konzerttätigkeit oder sonstige öffentliche Wirksamkeit Eugenie Brückners. Naheliegend ist die Erklärung, dass nach dem kurzen Studium bzw. dem frühzeitigen Studienabbruch keine anderen musikalischen Ausbildungsmöglichkeiten wahrgenommen und keine Konzertlaufbahn eingeschlagen wurde.

Epstein, Eugenie
um 1856, Proßnitz/Mähren, Prostějow/Tschechien – ?

Familiärer/sozialer Kontext

Eugenie Epstein stammte aus einer Musikerfamilie. Sie war die Tochter von Charlotte Epstein geb. Winkler (1820 – nach 1880) und dem Proßnitzer Ober-Cantor Ignaz/

---

318 Siehe Taufbuch Mariahilf, 1854 bis 1857, fol. 109, in: Matriken. Bestände Österreich. Wien/Niederösterreich (Osten): Rk. Erzdiözese Wien / 06. Mariahilf, https://data.matricula-online.eu/de/oesterreich/wien/06-mariahilf/01-14/?pg=129; 23.05.2023. Siehe auch Oest. National-Oekonom [Beilage zum Illustrirten Oesterr. Journal, Wien] 15.01.1876; Neue Freie Presse [Wien] 21.10.1878, S. 4.

Ignatz Epstein (1818 – nach 1880) und hatte drei Schwestern: Therese[319], später verh. Keller-Epstein (* 1846), Rudolfine, später verh. Weinmann (* 1850), und Leontine Epstein, später verh. Pollack (1859–1930). Frühen Unterricht auf der Violine erhielt Eugenie Epstein in Proßnitz bei dem Geiger Bernhard Schreiber, einem Absolventen des Wiener Konservatoriums. Weiteren Unterricht erteilte wohl noch vor dem Studium Bernhard Rottenstein. Die *Deutsche Musik-Zeitung* nennt außerdem den Wiener Konservatoriumslehrer Jakob Moritz Grün als Lehrer von Eugenie Epstein.[320]

Studium

Im Studienjahr 1868/69 war Eugenie Epstein im ersten Jahreskurs am Konservatorium der Gesellschaft der Musikfreunde in Wien inskribiert.[321] Im Hauptfach hatte sie Violine bei Carl Heissler und im Nebenfach Klavierbegleitung bei Franz Ramesch belegt und wurde im Jahresbericht als eine der sieben vorzüglichsten von insgesamt 14 Schüler*innen Heisslers geehrt. Für die folgenden beiden Studienjahre ist Eugenie Epstein – ebenso wie die Schwester Rudolfine, die an dem Ausbildungsinstitut ab 1866 Violoncello belegt hatte – nicht in den Listen der Studierenden verzeichnet. Erst 1871/72 scheint sie an das Konservatorium zurückgekehrt zu sein. Seit diesem Studienjahr besuchte sie die zweite Ausbildungsklasse bei Josef Hellmesberger d. Ä. und wurde von ihm am Jahresende als eine der vier vorzüglichsten von insgesamt acht Schüler*innen dieser Klasse ausgezeichnet. Darüber hinaus hatte sie im Preiswettbewerb den ersten Preis erlangt – mit dem Vortrag des letzten Satzes aus Henri Vieuxtemps' Konzert E-Dur op. 10. Im Nebenfach hatte sie sich in der Klasse für Klavierbegleitung II bei Franz Ramesch ebenfalls als vorzüglichste Schülerin hervorgetan. 1872/73 konnte Eugenie Epstein ihr Studium mit Reifezeugnis abschließen.[322] Erneut war sie mit einem ersten Preis aus den Schlusskonkursen hervorgegangen, in deren Rahmen sie Heinrich Wilhelm Ernsts *Papageno-Rondo* vorgetragen hatte.

Konzertlaufbahn

Schon zur Studienzeit trat Eugenie Epstein öffentlich auf. 1872 berichten Zeitungen aus Wien und Brünn von einem Auftritt der Schwestern Therese Keller-Epstein (Klavier), Eugenie Epstein (Violine) und Rudolfine Epstein (Violoncello) in einem Konzert des Männergesang-Vereins in Brünn. Neben dem Vortrag von Ludwig van Beethovens Klaviertrio Es-Dur op. 70 Nr. 2 mit den Schwestern spielte Eugenie Epstein Adagio und Rondo aus einem Violinkonzert von Henri Vieuxtemps

---

319 Auch: Theresia.
320 Siehe Deutsche Musik-Zeitung 4 (1876), S. [8].
321 Siehe Matrikel Eugenie Epstein. A-Wgm (ohne Signatur).
322 Siehe Gesellschaft der Musikfreunde: *Jahresbericht des Konservatoriums*, 1872/73, S. 83.

(vermutlich Nr. 1 E-Dur op. 10, 2. und 3. Satz; infrage kommt aber auch das Konzert Nr. 3 A-Dur op. 25, 2. und 3. Satz). Ab 1873 lassen sich auch Auftritte ohne die Schwestern nachweisen. Am 01.02.1873 wirkte Eugenie Epstein in einem Konzertabend des Vereins der Naßwalder mit.[323] Im September des Jahres konzertierte sie außerdem in einer Wohltätigkeitsveranstaltung in ihrer Heimatstadt Proßnitz. Von dem Olmützer Blatt *Die Neue Zeit* erhielt sie hierfür euphorisches Lob:

> Den eigentlichen Glanzpunkt des ganzen Abends bildete das erste Auftreten der hier weilenden, jugendlichen Künstlerin Eugenie Epstein, welche die Piratenphantasie von Ernst auf der Violine vortrug. Sowo[h]l die blitzschnell und doch perlend vorgetragenen Läufe, als auch der feine seelische Ton, der, dem Herzen entquellend, auch die Herzen trifft, so wie die meisterhafte Technik der junden [sic] Dame brachten das Publikum in eine förmliche Verzückung. Der enthusiastische Beifall legte sich erst dann, als das Fräulein 5 Mal vor die Rampen gerufen worden war.[324]

Anfang des Jahres 1874 trat Eugenie Epstein mit ihrer Schwester Rudolfine und der Pianistin Malvine Brée als Mitglied eines „Damen-Trio's" im Bösendorfer-Saal auf, das von dem *Neuen Wiener Tagblatt* als „neue[] Spezialität für Kammermusik"[325] vorgestellt wurde. Die Musikerinnen bekamen eine breite öffentliche Aufmerksamkeit. Im Fokus der Rezensenten und Redakteure standen indes vor allem das Geschlecht der Musikerinnen und ihr äußeres Erscheinungsbild.[326] Über erotisierenden Besprechungen und misogynen Kommentaren wurde die musikalische Leistung der Frauen – das Programm enthielt unter anderem Ludwig van Beethovens Trio c-Moll op. 1 Nr. 3, Johann Sebastian Bachs Partita für Violine solo Nr. 3 E-Dur BWV 1006 und Schumanns Klaviertrio *Phantasiestücke* op. 88 – vielerorts vernachlässigt.[327] Schon nach dem ersten Konzert wird von der Auflösung des Trios berichtet, wiederum begleitet von abwertender Kritik, anzüglichen Bemerkungen und Geschlechterklischees.[328]

---

323 Siehe Fremden-Blatt [Wien] 05.02.1873, S. 6.
324 Die Neue Zeit [Olmütz] 25.09.1873, NP.
325 Neues Wiener Tagblatt 31.12.1873, S. 5.
326 Siehe Deutsche Musikzeitung 2 (1874), S. 3; Neue Freue Presse [Wien] 16.01.1874, S. 6.
327 „Was die Damen spielten, ist eigentlich Nebensache." Illustrirtes Wiener Extrablatt 08.01.1874, S. 3.
328 Nach dem Debüt ist beispielsweise in der Wiener Presse zu lesen: „Ein schönes Weib kann schon allein für sich gewiß sein, daß es Glück macht, wenn es sich öffentlich zeigt; um so sicherer des Erfolges sind also in diesem Falle drei schöne Frauen. Und sie sind in der That schön, die drei jungen Damen, welche am h. Dreikönigstage im Salon Bösendorfer unter der Kollektivfirma ‚Damen-Trio' ihr erstes Konzert gaben. [...] Den niedlichsten Kontrast in Rudolphinen bildet ihre Schwester, Eugenie Epstein, die Violinistin, eine Brünette mit pikanten Zügen und schelmisch sprechenden

Noch Anfang 1874 schloss sich Eugenie Epstein offenbar zusammen mit der Schwester Rudolfine und Malvine Brée dem Wiener Damenorchester unter der Leitung Marie Schipeks[329] an.[330] Im Frühjahr traten die Schwestern Epstein neben der Zitherspielerin Marie Knebelsberger als Solistinnen mit diesem Orchester im Pariser Casino Cadet auf[331] und gastierten in den nächsten Monaten unter anderem in Amsterdam[332], 's-Hertogenbosch, Scheveningen, Utrecht, Leiden, Arnhem und Ostende. Weitere Ziele des Damenorchesters waren Städte in Nordfrankreich, Belgien und Deutschland. Im August 1874 folgte ein Auftritt in Straßburg, auch hier mit Eugenie und Rudolfine Epstein als Solistinnen, außerdem konzertierten die Musikerinnen in Breslau.[333]

Augen. Beide Schwestern sind kaum über das Alter der kurzen Röcke hinaus. Was die Damen spielten, ist eigentlich Nebensache. Trotzdem wollen wir nicht verschweigen, daß dieselben das C-moll-Trio von Beethoven (Op. 1, Nr. 3), Fantasiestücke von Schumann, ein Langhetto [sic] (Op. 87) von Mozart, die F-moll-Phantasie von Chopin und zwei Sätze aus der H-moll-Sonate von J. S. Bach sehr hübsch zu Gehör brachten." Illustrirtes Wiener Extrablatt 08.01.1874, S. 3; „Frau Brée ist wohl eine gute Pianistin, allein wie eine Schwalbe noch keinen Sommer macht, ebenso wenig vermag eine Pianistin, selbst eine hervorragenden Ranges, was hier aber nicht der Fall ist, die stümperhaften Leistungen der Violine und des Cellos zu verdecken und dadurch das ‚Trio' zu retten. Die Frl. Epstein sind jung und können somit noch viel lernen; was sie jetzt aber zu bieten im Stande sind, gehört in's Schulzimmer und nicht vor die Oeffentlichkeit." Wiener Salonblatt 11.01.1874, S. 21. Anlässlich der Auflösung des Ensembles bemerkt ein Redakteur des Neuen Fremden-Blatts: „wie es heißt, fand sich das Fräulein des Cello's durch die Bemerkung eines Kritikers verletzt, welcher die Ansicht aussprach, daß er die Kniegeige als Damen-Instrument ein wenig – bedenklich finde. Ich weiß nur zwar nicht, worin das Bedenkliche liegt, wenn ein schüchternes Cello zu den Knien einer jungen Dame liegt und sich von ihr zärtlich die Saiten streicheln läßt; ich glaube sogar, daß der strengste Gatte und der eifersüchtigste Liebhaber nichts gegen ein solches Attachement haben könnte." Neues Fremden-Blatt [Wien] 18.01.1874, NP.
329 Zu Marie Schipek und der Damenkapelle siehe Babbe: „Schipek, Marie".
330 Als Direktor dieses Ensembles wird in der Presse wiederholt Franz Wohanka genannt, die künstlerische Leitung unterstand Marie Schipek als Dirigentin. Siehe Revue Musical [Paris] 15.04.1874, S. 84; Het Vaderland [Den Haag] 06.07.1874, NP; Provinciale Noordbrabantsche en 's Hertogenbossche Courant ['s-Hertogenbosch] 28.07.1874, NP.
331 Siehe u. a. Het Vaderland [Den Haag] 04.03.1874, S. 1; L'Evénement [Paris] 15.03.1874, NP; La Comédie [Paris] 05.04.1874, S. 8.
332 Siehe Het Nieuws van den Dag. Kleine Courant [Amsterdam] 30.06.1874, NP.
333 Siehe L'Industriel alsacien. Journal de l'industrie, du commerce et de l'agriculture [Mulhouse] 28.08.1874, S. 1.

Abb. 16: Rudolfine und Eugenie Epstein[334]

Im Dezember 1874 reiste Eugenie Epstein mit ihren Schwestern Rudolfine und Leontine (Violine) nach Proßnitz. Als „Damen-Trio" traten die Musikerinnen am 12.12.1874 in der Feilerschen Localität auf. Neben Streichtrios von Joseh Haydn und Giovanni Battista Viotti spielte Eugenie Epstein Henri Vieuxtemps' *Fantaisie Caprice* op. 11 sowie Charles-Auguste de Bériots Konzert Nr. 6 A-Dur op. 70, begleitet wurde sie von der Schwester Leontine am Klavier. In derselben Besetzung wirkten die Musikerinnen am 27.12.1874 im Musikvereinskonzert in Olmütz mit. Eugenie Epstein spielte hier mit der Schwester Rudolfine ein Duo für Violine und Violoncello von David Popper sowie das von ihr häufig aufgeführte Adagio und Rondo aus Henri Vieuxtemps' Konzert Nr. 1 E-Dur op. 10 (2. und 3. Satz). Im Anschluss sollen die Musikerinnen der *Neuen Zeit* zufolge nach St. Petersburg gereist sein und vor dem Zaren konzertiert haben.[335] Dasselbe Blatt urteilt über Eugenie Epstein:

> Frl. Eugenie Epstein ist eine äußerst begabte Geigerin, die alle ihre Collegin[n]en aus letzterer Zeit um Kopfeslänge überragt. Ihr kräftiger und dabei weicher Ton, die elegante Bogenführung, die bewundernswerthe Technik, aus welcher wir besonders das vortreffliche Staccato hervorheben, sind Vorzüge, die nichts

---

334 Deutsche Musik-Zeitung [Wien] 4 (1876), S. 1.
335 Siehe Die Neue Zeit [Olmütz] 24.12.1874, NP.

mit den süßlichen Manieren aller Geiger weiblichen Geschlechtes gemein haben. Den Vortrag des Frl. Eugenie durchweht ein Zug künstlerischen Temperamentes, und wird bei fortgesetztem Fleiße die noch fast kindliche Künstlerin das Ziel einer echten Virtuosin erreichen. An das Rondo aus dem E-dur-Concerte von Vieuxtemps wagt sich schon wegen der Staccato-Passagen selten ein männlicher Geiger; es sind das eben Klippen, welche nur von vollendeten Violinspielern übersetzt werden können. Wer diese Schwierigkeiten kennt, wird umsomehr geneigt sein[,] die seltene Begabung dieses Fräuleins im vollsten Maße anzuerkennen.[336]

Im Jahr 1875 scheint eine Lücke in der Konzertlaufbahn Eugenie Epsteins auf. Erst im November lässt sich ein weiterer Auftritt der Geigerin in Wien nachweisen. Ihr ehemaliger Lehrer Josef Hellmesberger d. Ä. hatte sie zur Mitwirkung in einer Veranstaltung des Hellmesberger-Quartetts am 18.11.1875 im Kleinen Musikvereinssaal eingeladen. In Mendelssohns Oktett spielte sie die Violine II des zweiten Quartetts, das außer ihr mit den ehemaligen Komilitoninnen Theresine Seydel (Violine I) und Helene Lechner (Viola) sowie der Schwester Rudolfine Epstein besetzt war.

Zwischen 1876 und 1880 lässt sich ausschließlich eine gemeinsame Konzerttätigkeit der Schwestern Eugenie und Rudolfine Epstein nachweisen, die in dieser Zeit vor allem außerhalb Wiens konzertierten. Im Frühjahr 1876 unternahmen die Musikerinnen eine Reise durch die Moldau und Walachei (heute Rumänien), im Sommer folgten nach kurzen Stationen in Wien und Marienbad Aufenthalte in Böhmen und Mähren, und im Herbst in Schlesien und Deutschland. 1877 konzertierten die Schwestern vor allem in Deutschland und reisten Anfang des folgenden Jahres in die Niederlande, wo sie sich unter anderem in Arnhem, Amsterdam und Deventer hören ließen. Weitere Konzerte gaben sie noch im selben Jahr in Nürnberg, Prag, Linz, Graz, Laibach, Bozen und Meran; Anfang 1879 folgte nach einem Aufenthalt in Bayreuth eine weitere Konzertreise nach Belgien, mit Stationen in Antwerpen und Brüssel. Im März ließen sich Eugenie und Rudolfine Epstein in Schweinfurt hören. Die Mitwirkung in einer Wohltätigkeitsveranstaltung Anfang des Jahres 1880 in Wien ist der derzeit letzte Beleg für die gemeinsame Konzerttätigkeit der beiden Musikerinnen. Rudolfine Epstein heiratete noch im selben Jahr Armin Hermann Weinmann, einen Mitarbeiter der Zeitung *Die Presse*. Am 22.02.1881 wurde der Sohn Rudolph Paul geboren. Nur fünf Tage später starb Rudolfine Weinmann.

---

336 Ebd. 29.12.1874, NP.

Eugenie Epstein ließ sich offenbar erst gegen Ende 1881/Anfang 1882 wieder öffentlich hören. Das *Mährische Tagblatt* berichtet von ihrer Mitwirkung in einem Wohltätigkeitskonzert in Proßnitz, Mitte Februar 1882 folgte ein Aufritt mit der Schwester Therese Keller-Epstein in Pest. Darüber hinaus hatte Eugenie Epstein ihre Konzerttätigkeit mit nur noch geringer Intensität vorangetrieben. Im April 1882 trat sie in einer Akademie des Barons Klesheim auf, Ende November 1885 war sie außerdem noch an einem Konzert des Proßnitzer Sänger- und Musikvereins beteiligt. Danach verliert sich die Spur der Musikerin – für das abrupte Karriereende fehlen bislang Erklärungen.

Ihre Konzertprogramme lassen rückblickend auf ein begrenztes Repertoire schließen; auf Konzertreisen spielte Eugenie Epstein meist über längeren Zeitraum in den verschiedenen Städten die gleichen Stücke. Einen besonderen Stellenwert nimmt Henri Vieuxtemps' Konzert Nr. 1 E-Dur op. 10 ein, das die Geigerin auffallend oft vortrug. Dass sie diese Komposition „in Paris in Anwesenheit des Componisten [gespielt] und [...] nicht nur beim Publikum, sondern selbst bei dem Componisten enthusiastischen Beifall"[337] ausgelöst habe, wird an mehreren Stellen berichtet, bleibt bislang aber eine nicht weiter belegbare Anekdote. Vielgespielte Werke waren daneben außerdem Heinrich Wilhelm Ernsts *Rondo Papageno* op. 20, dessen *Pirata-Fantaisie* op. 19, Hubert Léonards *Grande Fantaisie militaire* op. 15, Antonio Bazzinis *Ronde des lutins* op. 25 und einzelne Sätze aus Felix Mendelssohn Bartholdys Violinkonzert e-Moll op. 64. Außerdem spielte sie Konzerte von Louis Spohr, Charles-Auguste de Bériot (Nr. 6 A-Dur op. 70) und Salonstücke von Henri Vieuxtemps und Henryk Wieniawski.

---

337 Ebd. 24.12.1874, NP.

Lechner, Natalie (Anna Juliana), verh. Bauer-Lechner[338]
* 09.05.1858[339], Penzing bei Wien – 08.06.1921, ebd.

Lechner, Helene[340], verh. Schlenk-Lechner
* 28.07.1859, Penzing bei Wien – 24.03.1940, ebd.

Familiärer/sozialer Kontext

Natalie und Helene Lechner wurden in Penzing bei Wien (1892 als 14. Bezirk Wiens eingemeindet) geboren. Sie waren Töchter von Julia/Julie geb. von Winiwarter (1831–1905) und Rudolf Anton Lechner (1822–1895) und sind zusammen mit drei weiteren Geschwistern aufgewachsen: Wilhelmine Anna Zäzilia[341], später verh. Drexler (1862–1934), Oskar (1868–1928) und Auguste Lechner (1868–1874). Die Familie Lechner zählte zum gehobenen Wiener (Bildungs-)Bürgertum; die Adresse des Elternhauses – laut Matrikel des Konservatoriums: Kärntnerstraße 10 – im repräsentativsten, ersten Wiener Stadtbezirk, verleiht dem gesellschaftlichen Status räumlichen Ausdruck.

Rudolf Lechner hatte ab 1842, nach philosophischem Studium an der Universität Wien, eine Anstellung in der von seinem Vater Michael Lechner geführten Universitätsbuchhandlung. Nach dessen Tod übernahm er selbige 1847. 1874 verkaufte er die R. Lechner'sche Hof- und Universitätsbibliothek und konzentrierte sich erfolgreich auf Verlagsgeschäfte und Kommissionsbuchhandel. Sein Sohn Oskar trat während der 1880er Jahre in das väterliche Unternehmen ein, das fortan unter dem Namen „Rudolf Lechner & Sohn" geführt wurde.[342] Parallel zum Geschäft hatte sich Rudolf Lechner weitreichender für das (österreichische) Buchwesen engagiert.[343] Er hatte die Gründung des Vereins der österreichisch-ungarischen Buchhändler (1859) initiiert und sich als dessen Vorstandsmitglied für standardisierte Verfahren und Abläufe im Buchwesen eingesetzt, war an der Herausgabe der *Österreichisch-Ungarischen Buchhändler-Correspondenz* sowie des *Oesterreichischen Catalogs* beteiligt und – so

---

338 Auch: Lechner-Bauer.
339 Taufregister Penzing, 1858 bis 1865, fol. 15, in: Matriken. Bestände Österreich. Wien/Niederösterreich (Osten): Rk. Erzdiözese Wien / 14., Penzing, https://data.matricula-online.eu/de/oesterreich/wien/14-penzing/01-13/?pg=18; 10.06.2020.
340 Auch: Helena, Ellen.
341 Taufregister Hütteldorf 1850 bis 1867, fol. 174, in: Matriken. Bestände Österreich. Wien/Niederösterreich (Osten): Rk. Erzdiözese Wien / 14., Hütteldorf, https://data.matricula-online.eu/de/oesterreich/wien/14-huetteldorf/01-07/?pg=350; 10.06.2020.
342 Siehe Norbert Bachleitner, Franz M. Eybl und Ernst Fischer: *Geschichte des Buchhandels in Österreich*. Wiesbaden: Harrassowitz Verlag, 2000, S. 226.
343 1848 hatte Rudolf Lechner außerdem die politische Zeitschrift *Grad – aus!* gegründet, die jedoch im Zuge der Oktoberrevolution noch im selben Jahr wieder eingestellt wurde.

formuliert es Rudolf Schmid in seinem Nachschlagewerk über *Deutsche Buchhändler* – machte „endlich Wien zum Centralpunkte des Buchhandels der Donauländer"[344].

Julia von Winiwarter war ebenfalls in einer Familie des gehobenen Wiener Bürgertums aufgewachsen. Ihr Vater, Joseph Ritter von Winiwarter, war ein bekannter Jurist. Er war zunächst Hochschullehrer an der Universität zu Lemberg, zeitweilig auch deren Rektor. Ab 1827 lehrte er an der Universität zu Wien. Ebenda wurde er 1829 zum Aushilfszensor sowie 1847 zum Wirklichen Zensor ernannt und übernahm darüber hinaus die Leitung der Universitätsbibliothek. Das gesellschaftliche Ansehen der Familie Winiwarter wurde noch gesteigert durch die Ernennung Jospeh Winiwarters zum Regierungsrat (1822) bzw. Wirklichen Regierungsrat (1826) und nicht zuletzt durch die Erhebung in den erblichen Adelsstand (1846).

Die aufscheinenden Verbindungslinien zwischen Universitätsbibliothek und Universitätsbuchhandlung bzw. Joseph von Winiwarter und Michael Lechner lassen persönliche Beziehungen zwischen den Familien vermuten. Dass vor diesem Hintergrund die Ehe zwischen Rudolf Lechner und Julia von Winiwarter eine arrangierte war, ist nicht auszuschließen – soziales, ökonomisches und auch kulturelles Kapital konnten auf diese Weise erhalten oder sogar akkumuliert werden. Die Vermutung wird durch die Tatsache gestützt, dass die Ehe der Tochter Natalie mit dem 22 Jahre älteren Alexander Anton Emil Bauer arrangiert war.[345]

Helene und Natalie Lechner fanden in ihrem Elternhaus schon früh musikalische Anregung. Entsprechend formuliert Natalie Bauer-Lechner in ihren autobiographischen Notizen[346]: „[D]em allabendlich gemeinsamen, dank Gott vortrefflichen, Musizieren meiner Eltern verdanke ich nicht nur mit den ersten wonnigen musikalischen Eindrücken, die Erweckung der Liebe und des Sinnes für diese, mein späteres Leben durchleuchtende und in gewissem Sinne bestimmende Kunst, sondern auch eine über Erwarten glückliche Entfaltung meines ursprünglich unbedeutenden Talentes." Sie verweist auf „das Spiel des Vaters, die Stimme der Mutter" sowie den Vortrag von

---

344 Rudolf Schmidt: *Deutsche Buchhändler. Deutsche Buchdrucker. Beiträge zu einer Firmengeschichte des deutschen Buchgewerbes*, 6 Bde., Bd. 4. Berlin/Eberswalde: Verlag Rudolf Schmidt, 1907, S. 601–604, hier S. 602.

345 Siehe Claudia Schweitzer: „Bauer-Lechner, Natalie", in: Freia Hoffmann (Hg.): *Lexikon „Europäische Instrumentalistinnen des 18. und 19. Jahrhunderts"*, 2013, https://www.sophie-drinker-institut.de/bauer-lechner-natalie; 27.06.2020; siehe auch Martina Bick: „Bauer-Lechner, Natalie", in: Beatrix Borchard und Nina Noeske (Hg.): *MUGI. Musikvermittlung und Genderforschung: Musikerinnen-Lexikon und multimediale Präsentationen*, 2018, https://mugi.hfmt-hamburg.de/receive/mugi_person_00000052; 25.06.2022.

346 Kapitel „Selbst-Biographisches", in: Natalie Bauer-Lechner: *Fragmente. Gelerntes und Gelebtes*. Wien: Verlag von Rudolf Lechner & Sohn, 1907.

„einem Liede oder Klaviersatz"[347] und weiter: „[W]ann immer der Vater von der Anstrengung des Geschäftes heimkam, sogleich setzte er sich an den Flügel zu üben und phantasieren, oder wir sahen ihn mit Blei und Kohle zeichnend vor seiner Staffelei, oder er schrieb und las, oder, da wir größer wurden, musizierte er mit uns"[348]. Ab dem fünften Lebensjahr sollen Helene und Natalie Lechner Unterricht auf der Geige erhalten haben.[349] Natalie Lechner hebt die Progressivität dieser Förderung vor dem Hintergrund der zeitgenössischen Geschlechterrollenbilder hervor und verweist hierzu vor allem auf die Reaktionen der Gesellschaft:

> In der Körper- und Geistespflege und Heranbildung begann es endlich auch für die Mädchen langsam aufzudämmern. Während man ihnen noch kurz zuvor alle physischen und geistigen Tätigkeiten verwehrt und abgesprochen hatte, die, so hieß es, ungesund und ‚unpassend' für das weibliche Geschlecht seien, wurden die enggesteckten niederträchtig hemmenden Grenzen nach und nach durchbrochen. Mein Vater, unter den Vorwärtsschreitenden immer einer der Ersten, ließ uns – eine hochbegabte jüngere Schwester und mich – vom fünften Jahr an Schlittschuhlaufen, Schwimmen und – Violinspielen lernen. Auf dem Eis und im Geigen gehörten wir zu den ersten Mädels und die Eltern mußten nicht wenig Widerspruch und Abmahnen von Fremden und Bekannten über sich ergehen lassen, die behaupteten, wir würden krumm und lahm davon werden und unsere ‚Weiblichkeit' total einbüßen. Für uns aber wurden die körperlichen Übungen eine Quelle der Lust und kräftiggesunden Entfaltung und – was bei der Erziehung das Wichtigste ist – zur Disziplin und köstlichen Gewöhnung fürs ganze Leben. Daneben entwickelten sich die frühesten schwachen Ansätze des Violinspiels zu einem immer stärkern Pflänzchen, aus dem uns, wenigstens im bescheidenen Maße, Arbeit und Beruf, das Dasein durchdringend und umschlingend zum Segen erwuchsen.[350]

Studium

Im jungen Alter von 8 und 7 Jahren wurden Natalie und Helene Lechner 1866 in die Geigenklasse von Josef Hellmesberger d. Ä. aufgenommen, ab 1869/70 belegten beide im Nebenfach Klavierbegleitung bei Franz Ramesch. Allgemeinbildenden Unterricht erhielten sie privat durch Hauslehrer*innen.[351]

---

347 Ebd., S. 3.
348 Ebd., S. 4.
349 Siehe ebd., S. 8.
350 Ebd.
351 Siehe ebd., S. 8f.

Das Schulgeld in Höhe von je 120 fl. per anno wurde von den Eltern getragen. Im Juni 1867 ist in den Matrikelbögen beider Schülerinnen vermerkt, dass diese „ausgetreten" seien, entsprechend fehlen in der Leistungsübersicht die Vermerke für den Monat Juli. Für das folgende Studienjahr waren beide wieder inskribiert, ihr erneutes Fehlen ab März 1868 ist diesmal in den Matrikelbögen begründet: „Ausgetreten wegen Landaufenthalt"[352]. Letzterer scheint auch eine Erklärung für den vorzeitigen Austritt im ersten Studienjahr und weitere Fehlzeiten in den folgenden zu sein. Die Familie Lechner verbrachte einen Großteil der Sommerzeit, die Sommerfrische, außerhalb Wiens, wie aus den Aufzeichnungen Natalie Bauer-Lechners hervorgeht: „Meine Geschwister und ich als arme Großstadtpflänzchen aufwachsend, fanden uns doch fünf Monate des Jahres ins Freie eines ländlichen Aufenthalts des Wienerwaldes versetzt, wo wir prächtig gediehen; und da wir älter wurden, gings zur Seligkeit für die Ferien ins Gebirge."[353]

Durch die Wiener Presse wurden die Leistungen der beiden Geigerinnen in Zöglingskonzerten und Konkursen des Konservatoriums öffentlich wahrgenommen. In den Konkursen erlangten sie 1871 und 1872 je einen zweiten Preis.[354] Im Sommer 1872 schlossen die Schwestern ihr Studium am Konservatorium ab. Während Natalie Lechner angibt, dass beide im Anschluss, „nach früh absolviertem Geigenstudium als Hospitantinnen die Orchesterübungen unter Hellmesberger besuchten"[355], fehlen entsprechende Angaben in den Unterlagen des Konservatoriums.

Konzertlaufbahn

13- und 14-jährig verließen Natalie und Helene Lechner im Sommer 1872 das Konservatorium und traten in den folgenden Jahren als feste Duo-Konzertformation auf. Schon während ihrer Studienzeit hatten sie sich öffentlich als Konzertpartnerinnen präsentiert. 1871 dokumentieren diverse Zeitungen die Mitwirkung der Musikerinnen in einem Festkonzert des Salzburger Mozarteums anlässlich des Geburtstages Kaiser Franz Josephs I. am 18. August in der Salzburger Aula academica.[356] Nach dem Studium ließen sich die Schwestern Lechner vornehmlich in Wien hören, traten hier in Veranstaltungen verschiedener Vereine wie des Musikvereins Harmonie (Dezember 1872), des Geselligkeitsvereins Epheu (31.10.1873), des karitativen Vereins der

---

352 Matrikeln Natalie Lechner, Helene Lechner. A-Wgm (ohne Signatur).
353 Bauer-Lechner: *Fragmente*, S. 7.
354 Siehe etwa Neue Freie Presse [Wien] 26.07.1871, S. 7; Die Presse [Wien] 27.07.1872, S. 15f., hier S. 16.
355 Natalie Bauer-Lechner: *Erinnerungen an Gustav Mahler*. Leipzig/Wien/Zürich: E. P. Tal & Co. Verlag, 1923, S. 1.
356 Siehe etwa Salzburger Zeitung 10.08.1871, NP; auch: Salzburger Chronik für Stadt und Land 12.08.1871, S. 324; Blätter für Musik, Theater und Kunst 68 (1871), S. 272.

Naßwalder (20.12.1873) oder des Österreichischen Touristenclubs (02.01.1874) auf. Viel beachtet war ihre Mitwirkung im April 1874 in einem Konzert des Frauenwohltätigkeitsvereins im Städtischen Theater Olmütz. Die Interpretation von Duos von Charles Dancla und Johann Wenzel Kalliwoda sowie eines Konzertstücks von Henri Vieuxtemps (durch Helene Lechner) fand beifällige Aufnahme. Das *Deutsche Volksblatt für Mähren* schreibt: „Bei dem Schwesternpaare Helene und Nathalie Lechner, welches ungeachtet ihres noch sehr jugendlichen Alters schon ziemliche technische Fertigkeit aufzuweisen vermag, heben wir die sichere Bogenführung hervor, welche diese beiden Jüngerinnen der Violinkunst auszeichnet."[357] Es folgten weitere Auftritte in Wien, darunter in Konzerten des Wiener Sängerbundes (02.05.1874), des slawischen Gesangvereins (07.12.1874), des Kirchenmusikvereins Pfarre Alservorstadt (14.03.1875), in einem Künstlerabend in Wien (20.03.1875) und in einem Gottesdienst in der Augustinerkirche (01.11.1875). Der Auftritt in der Musikalischen Akademie des Kirchenmusikvereins der Pfarre Alservorstadt scheint eine der ersten Gelegenheiten gewesen zu sein, in deren Rahmen eine der Schwestern als Bratscherin aufgetreten ist; wer das war, ist nicht mehr nachvollziehbar – beide Musikerinnen spielten neben Geige auch Bratsche. Zu ihrem weiteren Repertoire liegen wenig Informationen vor, es enthielt unter anderem eines der Doppelkonzerte von Louis Spohr.

Natalie Lechner setzte ihre Konzerttätigkeit 1875 aus: Sie heiratete Ende des Jahres Alexander Anton Emil Bauer und zog sich für die folgende Zeit aus dem öffentlichen Kulturleben zurück. Die Mitteilung im *Fremden-Blatt*, derzufolge sie am 12.03.1876 in einem Konzert des Wiener Männergesang-Vereins mit der Schwester zusammen den ersten Satz (Allegro maestoso) aus Mozarts *Sinfonia concertante* für Violine und Viola in Es-Dur KV 364 spielte, scheint nicht zuzutreffen.[358] An anderer Stelle ist Theresine Seydel als Konzertpartnerin Helene Lechners angegeben, die hier Viola gespielt haben soll. Begleitet wurden die beiden Musikerinnen von dem gemeinsamen ehemaligen Lehrer Josef Hellmesberger d. Ä. am Klavier.[359]

Natalie Lechner

Nach den gemeinsamen Auftritten mit der Schwester in den 1870er Jahren weist die Konzertlaufbahn Natalie Bauer-Lechners eine auffällige Lücke auf. Ursächlich scheint die Eheschließung der Musikerin gewesen zu sein. Am 27.12.1875 hatte sie, arrangiert durch die Eltern, den im Jahr zuvor verwitweten Dr. Alexander Anton

---

357 Deutsches Volksblatt für Mähren [Olmütz] 11.04.1874, NP.
358 Fremden-Blatt [Wien] 14.03.1876, S. 5.
359 Siehe Neue Freie Presse [Wien] 05.03.1876, S. 7.

Emil Bauer (1836–1921) geheiratet. Bauer war Professor für chemische Technologie an der Technischen Hochschule in Wien und hatte drei kleine Töchter[360] in die Ehe mit der 17-jährigen Natalie geb. Lechner gebracht. Nach einigen Jahren wurde diese Ehe einvernehmlich geschieden, über den Zeitpunkt liegen abweichende Informationen vor. Ein Schreiben der Technischen Hochschule Wien hinsichtlich des Ruhestandes von Alexander Bauer nennt 1892 als Scheidungsjahr, genealogische Datenbanken geben die Jahre 1890 und 1883 an[361], und Herbert Killian – Historiker und Großneffe Natalie Bauer-Lechners – datiert die Scheidung auf das Jahr 1885.[362] Ihren Doppelnamen führte Natalie Bauer-Lechner weiter.

Während ihrer Ehejahre war die Musikerin nicht aufgetreten, bewegte sich aber weiterhin in den musikkulturellen Kreisen Wiens. Zu ihren näheren Bekannten zählten der Dichter Siegfried Lipiner, der Dirigent und Pianist Bruno Walter, die Komponisten Johannes Brahms und Hugo Wolf und die Sängerin Anna von Mildenburg. 1890 begegnete Natalie Bauer-Lechner im Haus der Familie des ehemaligen Kommilitonen Rudolf Pichler Gustav Mahler. Jahrzehnte zuvor hatte sie ihn am Konservatorium kennengelernt und pflegte mit ihm über die folgenden Jahre eine enge Freundschaft. Sie besuchte Gustav Mahler an seinen jeweiligen Wirkungsorten in Budapest, Hamburg, München und Berlin und verlebte mit ihm und seinen Schwestern Justine und Emma ausgiebige Sommeraufenthalte, etwa in Berchtesgaden, Steinbach am Attersee, Tirol oder Maiernigg am Wörthersee.[363] Die Musikerin hatte diese

---

360 Aus der Ehe mit Emily geb. Russell (1841–1874): Rhoda Franziska, später verh. Arzberger (1864–1954), Georgia Emilia, später verh. Schrödinger (1867–1921) und Minie Emély, später verh. Bamberger (1874–1956).

361 Siehe etwa den Eintrag in der Datenbank MyHeritage, https://www.myheritage.de/research/collection-1/myheritage-stammbaume?s=755486231&itemId=293341431-1-505058&action=showRecord; 17.06.2020.

362 Siehe Herbert Killian (Hg.): *Gustav Mahler in den Erinnerungen von Natalie Bauer-Lechner, mit Anmerkungen und Erklärungen von Knud Martner*, rev. und erw. Aufl. Hamburg: Wagner Verlag, 1984, S. 209.

363 Die Beziehung von Gustav Mahler und Natalie Bauer-Lechner stellte die Musikerin selbst einerseits als geschwisterliche, (siehe Killian: *Gustav Mahler*, S. 22) andererseits als Liebesbeziehung dar; letzteres etwa in einem Brief an Hans Riehl, Februar 1917, zit. nach Morten Solvik und Stephen E. Hefling: „Natalie Bauer-Lechner on Mahler and Women: A Newly Discovered Document", in: *The Musical Quarterly* 3 (2014), S. 12–65, hier S. 33. Sie bot reichlich Stoff für anekdotische Erzählungen, in denen Natalie Bauer-Lechner nicht selten als abgewiesene Liebhaberin diskreditiert wurde. Durch den – zeitlich mit der Eheschließung Gustav Mahlers und Alma Schindlers korrespondierenden – Kontaktabbruch zwischen Gustav Mahler und Natalie Lechner wurden selbige nur noch befeuert und bis ins 20. und 21. Jahrhundert auch von wissenschaftlicher Seite weitgehend unreflektiert übernommen, siehe etwa die dahingehend unkommentierte Wiedergabe der Erzählung Alma Mahlers bei Henry-Louis de La Grange und Günther Weiß (Hg.): *Ein Glück ohne Ruh'. Die Briefe Gustav Mahlers an Alma*. Berlin: Siedler Verlag, 1995, S. 33; siehe auch Jens Malte Fischer: „Mahler. Leben und Welt", in: Bernd Sponheuer und Wolfram Steinbeck (Hg.): *Mahler Handbuch*. Kassel: Bärenreiter, Stuttgart/Weimar: J. B. Metzler, 2010, S. 14–59, hier u. a. S. 36.

Zeit neben dem gemeinsamen Wandern, Schwimmen und Radfahren auch zum ausgiebigen Üben genutzt, wofür ihr offenbar eine ganze Unterkunft zur Verfügung stand – sie selbst schreibt vom „Geigenhaus"[364], möglicherweise handelt es sich dabei um das Ferienhaus selbst, auf das hier referiert wird; Gustav Mahler zog sich zum Komponieren in ein kleines Häuschen auf demselben Grundstück zurück.

Natalie Bauer-Lechner hatte ihre Unterhaltungen mit Gustav Mahler, insbesondere aber seine Aussprüche und Ansichten, in umfangreichen Notizen (etwa 30 Hefte) dokumentiert, deren auszugsweise Veröffentlichung sie selbst anvisierte. Tatsächlich aber wurden sie erst posthum herausgegeben, und zwar von Johann Killian, dem Ehemann von Natalie Bauer-Lechners Nichte Friederike Killian.[365] Zuvor waren bereits Auszüge aus ihren Tagebüchern in der Zeitschrift *Der Merker*[366] (anonym) und in den *Musikblättern des Anbruch*[367] erschienen. Ihre Aufzeichnungen wurden nicht allein von der Mahler-Forschung viel beachtet, sondern tragen bis heute grundlegend zur Bekanntheit Natalie Bauer-Lechners bei. Dabei überdeckt das Narrativ der Gefährtin, Muse oder gar Liebhaberin Gustav Mahlers dasjenige der erfolgreichen eigenständigen Instrumentalistin.[368]

Nach der langen Unterbrechung ihrer Konzertlaufbahn trat Natalie Bauer-Lechner erstmals 1895 wieder öffentlich in Erscheinung. Am 11.03.1895 debütierte sie mit einem Frauenensemble: „In Wien hat sich ein Damen-Streichquartett gebildet, welches sich noch im Laufe dieses Winters öffentlich hören lassen wird. An der Spitze des Unternehmens steht die bekannte Violin-Virtuosin Frau Marie Soldat-Röger. Die zweite Violine wird von Frau Elly Finger, die Viola von Frau Natalie Lechner, das Violoncell von einer jungen Amerikanerin Miß Lucy Herbert-Campbell gespielt."[369] Offenbar hatte Marie Soldat-Roeger Natalie Bauer-Lechner einige Zeit zuvor für ihr Quartett als Bratschistin angeworben. Beide Musikerinnen bewegten sich in Wien in ähnlichen gesellschaftlichen Kreisen, könnten sich etwa im Haus der

---

364 Bauer-Lechner: *Erinnerungen an Gustav Mahler*, S. 38.
365 Ebd.
366 Anonym: „Aus einem Tagebuch über Mahler", in: *Der Merker* 5 (1912), S. 184–188.
367 Natalie Bauer-Lechner: „Mahler-Aussprüche", in: *Musikblätter des Anbruch. Monatsschrift für moderne Musik* 7–8, Sonderheft Gustav Mahler (1920), S. 306–309.
368 Ausweis hiervon ist auch der Spiel-Dokumentarfilm „Meine Zeit wird kommen. Gustav Mahler in den Erinnerungen von Natalie Bauer Lechner" (Österreich, 2010; Regie: Beate Thalberg). Die Tagebücher Bauer-Lechners, auf denen der Film basieren soll, werden hier als Steinbrüche für Zitate verwendet, die aus dem Kontext gerissen und vollkommen unkritisch dem Narrativ der ‚liebenden Frau' an der Seite des ‚großen Meisters' beigeordnet werden. Das eigene musikkulturelle Schaffen Bauer-Lechners als erfolgreiche Instrumentalistin verkommt dabei zur Nebensache.
369 *Signale für die musikalische Welt* 10 (1895), S. 153.

Familien Wittgenstein oder Fellinger begegnet sein.[370] Im März 1895 ließen sich die Quartettmusikerinnen erstmals hören, das Programm ihres Kammermusikabends im Bösendorfer-Saal enthielt unter anderem Haydns Streichquartett C-Dur op. 74 Nr. 1 und Mendelssohns Quartett Nr. 5 Es-Dur op. 44 Nr. 3. Werke der Wiener Klassik bildeten zunächst den Schwerpunkt des Repertoires, gespielt wurden außerdem Kompositionen von Franz Schubert, Robert Schumann, Mendelssohn und Brahms. Nach der Jahrhundertwende wurde vermehrt auch zeitgenössische Literatur gespielt. Ergänzt wurde das Programm durch Solovorträge der Geigerinnen und der Violoncellistin, außerdem durch Kammermusikwerke in Trio-, Quintett- oder Oktettformation, für die Kolleg*innen gewonnen werden konnten. Auffällig ist die Zusammenarbeit der Musikerinnen mit renommierten Konzertpartner*innen wie den Pianist*innen Bruno Walter, Leonard Borwick, Eugen d'Albert, Clothilde Kleeberg, Fanny Davies und Marie Baumayer, dem Klarinettisten Richard Mühlfeld, dem Violinisten Alfred Finger und dem Violoncellisten Robert Hausfeld. Außerdem spielten die Musikerinnen in Wien wiederholt mit dem Joachim-Quartett.[371]

Das Soldat-Roeger-Quartett war nach dem Hellmesberger-Quartett, dem Rosé-Quartett und dem Fitzner-Quartett eine der frühen festen Quartettvereinigungen Wiens. Dass das Ensemble ausschließlich mit Frauen besetzt war, sorgte noch Ende des 19. Jahrhunderts für Aufsehen. Noch immer galten Violine, Viola und Violoncello als eine für Frauen ungewöhnliche Instrumentenwahl. Als nicht minder außergewöhnlich wurde es aufgefasst, dass sich die Musikerinnen mit der Kammermusik einen Konzertbereich zu eigen machten, der ausdrücklich männlich konnotiert und bisher allein Männern vorbehalten war.[372] Entsprechend ist in Alfred Ehrlichs Schrift *Das Streich-Quartett in Wort und Bild* zu lesen:

---

370 In ihrem Buch *Fragmente* schreibt Natalie Bauer-Lechner zur Mitwirkung im Soldat-Roeger-Quartett: „Da, wo meine Kraft nicht ausgereicht hätte selbständig ein Bestes zu leisten, erblühte mir's, einer genialsten Geigerin und Musikerin zu begegnen und unter deren Führung ein erstes, ernstes Frauenquartett mit zu begründen: dem, in der Heimat und auf Reisen, seit vielen Jahren anzugehören, zum Hochgenuß und Hochgewinn meines Lebens ward." Bauer-Lechner: *Fragmente*, S. 15.
371 Siehe Barbara Kühnen: „Marie Soldat-Roeger (1863–1955)", in: Kay Dreyfus, Margarethe Engelhardt-Krajanik und Dies. (Hg.): *Die Geige war ihr Leben. Drei Geigerinnen im Porträt*. Strasshof: Vier-Viertel-Verlag, 2000 (= Frauentöne 4), S. 13–98, hier S. 35.
372 Siehe Christina Bashford: „The String Quartet and Society", in: Robin Stowell (Hg.): *The Cambridge Companion to the String Quartet*. Cambridge/New York: Cambridge University Press, 2003, S. 3–18, hier S. 4; siehe Kühnen: „Marie Soldat-Roeger", S. 58; siehe auch Ehrlich: *Das Streich-Quartett*, S. 76: „Nachdem sich die Damen in den letzten Jahren mit Macht auf das Studium der Streichinstrumente geworfen haben, konnte es natürlich nicht ausbleiben, dass sie auch Quartett spielen. Immerhin ist aber gerade auf diesem Felde das Vordringen des weiblichen Geschlechts nicht so erfolgreich gewesen wie auf dem des Virtuosenthums, denn es giebt, meines Wissens, bei uns, resp. in Oesterreich nur ein Damen-Streichquartett, nämlich das der Frau Soldat-Roeger in Wien und selbst dieses war nicht das erste, denn schon im Jahre 1886 wurde von Fräulein Emily

> Wie in jedem anderen Beruf, so beginnt auch in der Kunst die ‚Frauenfrage'
> eine Rolle zu spielen. Zunächst bemächtigten sich die Damen des Claviers. Sie
> theilen sich in dessen Meisterung heute ziemlich gleichmässig mit dem stärkeren Geschlechte. [sic] Hierauf wandten sie sich auch dem Violinspiel zu. Die
> Anzahl der weiblichen Meister auf diesem Instrumente ist vorläufig noch eine
> relativ kleine. Sie steigt jedoch fortwährend. Die Zahl der Virtuosen auf dem
> Violoncello, dem sie sich später ebenfalls zuwendeten, ist naturgmäss eine noch
> kleinere. In Gartenkonzerten von Damen-Orchestern, deren Erfolge mehr auf
> deren Erscheinung als auf der Leistung beruhen, sind wohl auch schon Contrabassistinnen und Bläserinnen zu sehen. [...] Damen-Orchester giebt es nun
> schon eine ganze Reihe, und auch einige Damen-Streichquartette, unter denen
> das Quartett Soldat-Roeger jedenfalls den ersten Rang einnimmt.[373]

Als nicht minder beachtenswert wurde das hohe Ausbildungsniveau der Musikerinnen behandelt. Auch Ehrlich hebt hervor:

> [Lucy Campbell,] eine Amerikanerin, ist Schülerin von Professor Hausmann
> in Berlin. Die Damen Soldat-Roeger und Finger-Bailetti sind Schülerinnen
> der Hochschule in Berlin, während Frau Bauer-Lechner eine Schülerin Hellmesbergers ist. Dieses Quartett und das sogenannte Shinner-Quartett, nach
> der Vertreterin der ersten Geige, Miss Emily Shinner (jetzt Mrs. Liddell) so
> genannt, sind in London wohl die ersten Streich-Quartette, die nur aus Damen
> bestehen. Das Soldat-Roeger-Quartett errang auf seinen Reisen grosse Erfolge
> und hat jedenfalls noch eine bedeutende Zukunft.[374]

Tatsächlich etablierte sich das Soldat-Roeger-Quartett innerhalb der 19 Jahre seines Bestehens zu einem Ensemble, dessen Bekanntheit und Erfolge weit über Wien hinausreichten und das in einem Atemzug mit dem Hellmesberger-, Rosé-, Winkler-, Fitzner- oder Prill-Quartett genannt wurde.[375] Es zählte, so Barbara Kühnen, „zur Zeit seines Bestehens (1895–1913) zu den besten der etablierten Streichquartette in

---

Shinner in London das sogenannte Shinner-Quartett gegründet". Ähnlich lautende Anmerkungen finden sich in der zeitgenössischen Presse: „Nun haben wir auch das Streichquartett Fin de siècle, das Damenquartett Soldat-Röger. Frauen emancipiren sich vom Clavier und vereinigen sich zum Streichquartett, das bisher als Männertugend galt." Die Presse [Wien] 23.03.1895, S. 1); siehe auch Prager Tagblatt 09.03.1897, S. 8; Teplitz-Schönauer Anzeiger 29.01.1898, S. 7.

373 Ehrlich: *Das Streich-Quartett*, S. 24.
374 Ebd.
375 Siehe ebd., S. 17, 22.

Wien"[376]. Wenngleich Wien zentraler Wirkungsort des Ensembles blieb, unternahm es zahlreiche Konzertreisen, unter anderem durch Österreich, Böhmen, Deutschland, Frankreich, Italien und England. Bis 1902 stand es bei der Konzertdirektion von Hermann Wolff, einem der frühen und erfolgreichsten Konzertorganisatoren, unter Vertrag. Nach der Jahrhundertwende ließ die gemeinsame Reisetätigkeit merklich nach – Marie Soldat-Roeger fokussierte sich mehr auf die solistische Konzertlaufbahn.

Das Soldat-Roeger-Quartett hatte im Laufe der Jahre zahlreiche Erfolge gefeiert, eine enorme Popularität erlangt und damit im Bereich der Kammermusik eine für die Professionalisierung von Musikerinnen wichtige Pionierleistung erbracht. Natalie Bauer-Lechner ist bis 1900 fast ausschließlich mit diesem Ensemble aufgetreten. Die Beteiligung mit Marie Soldat-Röger an einem Kammermusikabend der Pianistin Paula Dürrnberger am 07.04.1900 im Wiener Bösendorfer-Saal bildet eine Ausnahme.[377] Gänzlich ohne Mitglieder des Quartetts, allerdings mit engen Konzertpartner*innen des Ensembles wie Marie Baumayer, Richard Mühlfeld und Alfred Finger, ließ sich Natalie Bauer-Lechner im Frühjahr desselben Jahres in einem Konzert des Tschampa-Quartetts, dem auch als Erstes Österr. Damenquartett (EÖD) bekannten Gesangsensemble der Schwestern Franziska, Marie und Amalie Tschampa, hören.[378]

1907 hatte Natalie Bauer-Lechner im Verlag ihres Vaters und Bruders ein Buch herausgebracht: *Fragmente. Gelerntes und Gelebtes* stellt eine Sammlung von Aphorismen und essayistischen Beiträgen zu vielfältigen Themen, darunter Kunst, Philosophie, Psychologie, Politik, Gesellschaft und Medizin, dar. Im Fokus steht die ‚Frauenfrage', die Bauer-Lechner entlang der verschiedenen Themenbereiche erörtert und dabei eine klar emanzipatorische Haltung offenbart, indem sie sich wiederholt für die wirtschaftliche und soziale Unabhängigkeit der Frau und das kritische Hinterfragen bestehender Geschlechterrollen ausspricht. Im Eingangskapitel „Selbstbiografisches" geht sie daneben auf ihre Kindheit und Jugend sowie die eigene künstlerische und geistige Entwicklung ein, wobei sie einen hohen Grad an Selbstreflexion erkennen lässt.

Um 1907 lassen sich erstmals auch Auftritte Natalie Bauer-Lechners außerhalb des personellen Zusammenhangs des Soldat-Roeger-Quartetts nachweisen, wenngleich die Musikerin noch bis 1913 mit dem Ensemble konzertierte. Am 11.03.1908 veranstaltete sie ein erstes eigenes Konzert im Kleinen Musikvereinssaal Wien.[379] Für die folgende Zeit wurden Auftritte im Musikverein zu einer festen Größe – bis 1912 lassen sich alljährlich Konzerte Bauer-Lechners ebenda nachweisen. Daneben war die Musikerin – zum Teil auch mit Quartett-Kolleginnen – in Konzerten anderer

---

376 Kühnen: „Marie Soldat-Roeger", S. 58.
377 Das Vaterland [Wien] 04.04.1900, S. 6.
378 Ebd. 23.04.1905, S. IV.
379 Siehe Neues Wiener Tagblatt 11.03.1908, S. 12; Die Zeit [Wien] 11.03.1908, S. 5.

Musiker*innen zu hören. Zu ihren Konzertpartner*innen zählten unter anderem Pianist*innen wie Wilhelm Scholz, Clarence Bird, Paula Dürrnberger, Josef Zöhrer, Tony Colbert und Martha Schmidt, Violinist*innen wie Otti Reiniger, Rudolf Gerstner und Margarethe Kolbe, der Violoncellist Rudolf Paulus sowie die Sängerinnen Flore Kalbeck und Anna Stretti.

Dass Natalie Bauer-Lechner als Bratscherin eigene Konzerte gab, wurde durchaus als Besonderheit wahrgenommen, entsprechend berichtet etwa die Wiener *Arbeiter-Zeitung* von der „Spezialität eigener Bratschen-Abende"[380]. Hierin fügt sich auch das Repertoire ein, das eine Reihe neuer Literatur für Viola und andere Instrumente enthielt. Dazu zählt etwa Paul Klengels Serenade für Violine und Viola op. 45, die Natalie Bauer-Lechner in einem ihrer Konzerte im Kleinen Wiener Musikvereinssaal zusammen mit der Geigerin Margarethe Kolbe uraufführte, ebenso die Sonate für Klavier und Viola F-Dur von Josef Zöhrer, die die Bratscherin aus dem Manuskript und wiederholt zusammen mit dem Komponisten selbst vorgetragen hat, sowie die Bratschenlieder von Heinrich Steiner. Zu ihrem weiteren Repertoire zählten Werke für Viola und Klavier wie die Duette op. 60 von Robert Fuchs, dessen Sonate d-Moll op. 86, Robert Schumanns *Märchenbilder* op. 113, Jean-Paul-Égide Martinis *Plaisir d'amour*, die Chaconne G-Dur von Marin Marais, Louis-Toussaint Milandres Andante et Minuett, und die *Hebräischen Melodien* (nach Eindrücken der Byron'schen Gesänge) op. 9 von Joseph Joachim. Außerdem spielte sie Mozarts Konzert für Viola und Orchester A-Dur KV 622, sein Duo für Violine und Viola Nr. 1 G-Dur KV 423, Max Bruchs *Kol Nidrei* op. 47 in einer Fassung für Viola und Klavier sowie Brahms' *Zwei Gesänge* für Altstimme, Viola und Klavier op. 91.

Dem *Grazer Tagblatt* zufolge war die Musikerin im Besitz einer „kostbare[n] Amati-Geige"[381], über die sich im Zuge bisheriger Forschungen allerdings keine weiteren Informationen eruieren ließen.

Einer ihrer letzten Auftritte erfolgte im Zuge eines Kammermusikabends der Kollegin Leontine Gärtner (Violoncello) am 06.02.1917 im Kleinen Musikvereinssaal. Zusammen mit Margarethe Kolbe (Violine), Clara Nigrin (Violine), Marta Kupka (Violine) und der Konzertgeberin spielte sie bei dieser Gelegenheit Camillo Horns Streichquintett G-Dur.

Offenbar konnte Natalie Bauer-Lechner mit ihrem Instrumentalspiel ihren Lebensunterhalt finanzieren.[382] Dass sie bei nachlassender Konzerttätigkeit des Soldat-

---

380 Arbeiter-Zeitung [Wien] 17.01.1911, S. 9.
381 Grazer Tagblatt 24.02.1910, S. 7. Möglicherweise ist die Bratsche gemeint.
382 In ihrem Buch *Fragmente* spricht sie sich deutlich für die finanzielle Unabhängigkeit von Frauen aus. (Siehe u. a. Bauer-Lechner: *Fragmente*, S. 67, 74, 152f.) Ebenda schreibt sie von ihrer „geringe[n] Habe" (S. 156). Damit scheint es unwahrscheinlich, dass die Musikerin von dem familiären Vermögen

Roeger-Quartetts die eigene solistische Karriere vorantrieb bzw. erst aufnahm, stützt diese Vermutung. Zusätzlich verdiente sie Geld mit dem Erteilen von Unterricht. Seit wann sie als Lehrerin tätig war, lässt sich jedoch nicht nachvollziehen. 1915 weist die *Fremden-Liste des Curortes Baden bei Wien* sie als „Musiklehrerin"[383] aus. Unter ihren Schüler*innen befand sich auch Bernhard Paumgartner, der Gründungsmitglied und Präsident der Salzburger Musikfeste (dem Vorläufer der Salzburger Festspiele) war.[384] 1919 erhielt Natalie Bauer-Lechner eine Anstellung als Hilfslehrerin am Salzburger Mozarteum und war dort die erste Frau im Kollegium dieses Faches.[385] Nach nur einem Studienjahr verließ die Musikerin das Ausbildungsinstitut indes wieder und kehrte in die Heimatstadt Wien zurück, wo sie wenige Monate später starb.[386]

Die Rezeption Natalie Bauer-Lechners ist vor allem auf ihre Tätigkeit als Biographin Gustav Mahlers bezogen. Als Instrumentalistin wurde sie demgegenüber kaum erinnert. Während sich dies bereits in den Nachrufen der Musikerin abzeichnet, wurde die Tendenz noch durch das posthume Erscheinen ihrer *Erinnerungen an Gustav Mahler* (1923) verstärkt. Vielfach werden die Aufzeichnungen Bauer-Lechners als Direktzitate Gustav Mahlers verwendet und darüber hinaus die Literarizität des Werkes nur wenig reflektiert.[387] Als Künstlerin sowie als Schriftstellerin wird die Autorin dahinter unsichtbar. Unterdessen fügt sich ihre selbständige Tätigkeit bzw. Erwerbsarbeit als Geigerin und Bratscherin, als Kammermusikerin und Solistin, als Lehrerin und auch als Autorin ein in ein überaus progressives Lebensmodell einer Frau dieser Zeit. Dies wird nicht zuletzt durch die Scheidung von Alexander Bauer

---

profitiert hat und vielmehr selbst für ihren Lebensunterhalt aufgekommen ist. Gleichwohl konnte sie offenbar weiterhin auf die Unterstützung der Familie – zumindest des Bruders Oscar – zählen. Das zumindest legt die Veröffentlichung ihres Buches *Fragmente* im Verlag des Vaters und Bruders nahe. Siehe zu diesem Aspekt auch Kühnen: „Marie Soldat-Roeger", S. 50, 92.

383 Fremden-Liste des Curortes Baden bei Wien 11.09.1915, NP.
384 Siehe Eva Neumayr (2017): „‚… den Unterricht im Mozarteum auch auf das weibliche Geschlecht … auszudehnen …'. Frauen am Mozarteum 1841–1922", in: Julia Hinterberger (Hg.): *Von der Musikschule zum Konservatorium. Das Mozarteum 1841–1922*. Wien: Hollitzer Verlag, 2017 (= Veröffentlichungen des Arbeitsschwerpunktes Salzburger Musikgeschichte 4. Geschichte der Universität Mozarteum Salzburg 1 / Veröffentlichungen zur Geschichte der Universität Mozarteum Salzburg 10), S. 212–237, hier S. 225.
385 Siehe Internationale Mozart-Stiftung (Hg.): *Jahres-Bericht des Konservatoriums ‚Mozarteum' in Salzburg über das 20. Schuljahr*. Salzburg: Verlag des Konservatoriums Mozarteum, 1920, S. 5. Die Annahme Herbert Killians, dass sie in dieser Zeit eine Gefängnisstrafe verbüßte, erscheint vor diesem Hintergrund unwahrscheinlich. Killian gibt an, dass die Musikerin für ihr 1918 herausgebrachtes Buch *Schrift über den Krieg* wegen Hochverrats angeklagt und verurteilt wurde. Siehe Killian: *Gustav Mahler*, S. 12; siehe auch Helmut Brenner und Reinhold Kubik (2014): *Mahlers Menschen. Freunde und Weggefährten*. Salzburg/Wien: Residenz Verlag, 2014, S. 20.
386 Siehe Paul Stefan: „Eine Jugendfreundin Gustav Mahlers", in: *Neues Wiener Journal*, 14.06.1921, S. 4.
387 Siehe etwa die Beiträge in: Sponheuer und Steinbeck: *Mahler Handbuch*.

und die hierauf erfolgte Wiederaufnahme der intensiven künstlerischen Tätigkeit unterstrichen.

Am 11.06.1921 wurde Natalie Bauer-Lechner im Familiengrab Lechner auf dem Wiener Zentralfriedhof bestattet.[388]

Helene Lechner

Helene Lechner trat bis 1875 nur gemeinsam mit der Schwester Natalie auf. Ihre Mitwirkung in einer Veranstaltung des Hellmesberger-Quartetts Ende dieses Jahres (16.12.1875) markiert einen Wendepunkt. Unter der Leitung ihres ehemaligen Lehrers war die Musikerin als Bratscherin zusammen mit dem renommierten Quartett, den ehemaligen Kommilitoninnen Theresine Seydel und Eugenie Epstein sowie Rudolfine Epstein (Violoncello) an der Aufführung von Felix Mendelssohns Oktett op. 20 beteiligt.[389] In der Folgezeit trat Helene Lechner sowohl mit der Geige als auch der Bratsche auf. Als Geigerin wirkte sie am 19.01.1876 neben der Pianistin Gabriele Joël und einem Quartett des Wiener Männergesang-Vereins in einer Veranstaltung im Militärkasino mit. Als Bratscherin trat sie am 12.03.1876 in einem Konzert des Männergesang-Vereins auf. Beim Vortrag von Mozarts *Sinfonia concertante* für Violine und Viola Es-Dur KV 364 wurde sie von Josef Hellmesberger d. Ä. am Klavier begleitet, Konzertpartnerin war Theresine Seydel.[390] Ebenfalls als Bratscherin wirkte sie im Frühjahr des Jahres in einem Konzert der Wiener Singakademie mit. Gemeinsam mit Theresine Seydel und dem Flötisten (und ehemaligen Konservatoriumslehrer) Franz Doppler trug sie in diesem Rahmen Beethovens Serenade für Flöte, Violine und Viola D-Dur op. 25 vor.

Die Auftrittsdichte dieser Zeit ist niedrig. Bis 1879 folgten nur wenige Auftritte in Wien, der Sommerresidenz Bad Aussee und Graz, wiederholt auch zusammen mit der Pianistin Marie Baumayer. Das nachweisbare Solorepertoire Helene Lechners ist entsprechend überschaubar und umfasst unter anderem Konzertstücke von Henri Vieuxtemps, dessen Violinkonzert Nr. 4 d-Moll op. 31, Antonio Bazzinis Konzert Nr. 5 D-Dur op. 42 (*Concert militaire*) und Jean-Marie Leclairs *Sarabande et Tambourin*. In Gottesdiensten und Veranstaltungen der Pfarrkirche Oberdöbling und der Wiener Salvatorkirche spielte sie außerdem Soli in verschiedenen Messkompositionen und mit Pianist*innen wie Marie Baumayer und Hermann Zechner Sonaten für Klavier und Violine, darunter Ludwig van Beethovens Violinsonate Nr. 10 G-Dur und Franz Schuberts Sonate für Klavier und Violine D-Dur D 384 Nr. 1.

---

388 Siehe Verzeichnis Wiener Friedhöfe, https://www.friedhoefewien.at/grabsuche_de; 12.06.2020.
389 Siehe Die Presse [Wien] 14.12.1875, S. 9.
390 Siehe Neue Freie Presse [Wien] 21.03.1876, S. 2.

Nach 1879 finden sich zunächst keine weiteren Nachweise der Konzerttätigkeit Helene Lechners. Vornehmlicher Grund hierfür scheint nicht die Eheschließung der Musikerin gewesen zu sein. Sie hatte erst einige Jahre später, am 12.05.1884[391], Carl Heinrich Schlenk (26.11.1856, Wien – 09.01.1924, ebd.) geheiratet. Schlenk war Ingenieur, hatte Bauingeneurwesen und Maschinenbau an der Technischen Hochschule in Wien studiert, und wurde später Professor für Elektrotechnik am Technologischen Gewerbemuseum, Vorstand der Eichstation für Elektrizitätszähler und Wasserstandverbrauchsmesser sowie Hofrat im Arbeitsministerium. In den nächsten fünf Jahren wurden zwei Söhne geboren: Felix (09.02.1888 – 1958)[392] und Rudolf (21.01.1890 – 21.03.1975).

Abgesehen von gelegentlichen Auftritten in der Zwischenzeit nahm die Musikerin erst nach mehr als zwanzig Jahren ihre öffentliche Konzertkarriere wieder auf. In den Jahren ab 1903 wirkte sie – nun unter dem Namen Ellen Schlenk-Lechner – regelmäßig in Veranstaltungen des Volksbildungsvereins sowie des Wiener Schubertbundes mit, außerdem in Geistlichen Konzerten und Gottesdiensten der Wiener Salvatorkirche. Die Programme weisen sie nur noch als Geigerin aus, die sich zudem vor allem als Kammermusikerin zeigte. 1905 kündigt das *Neue Wiener Journal* sie als Primaria und Namensgeberin eines eigenen Quartetts an; in einem Konzert in der altkatholischen St. Salvatorkirche Wien sollte „das Streichquartett der Frau Schlenk-Lechner"[393] mitwirken. Ein Konzertbericht fehlt und auch davon abgesehen gibt es in der Presse dieser Zeit keine weiteren Hinweise auf das Ensemble. Ellen Schlenk-Lechner trat weiterhin in unterschiedlichen kammermusikalischen Besetzungen auf. Bis 1908 konzertierte sie wiederholt mit Violinist*innen wie Oskar Vetter, Christian Eder, Josef Vavra und Margarethe Kolbe, den Bratschist*innen Theodor Heim, Fritz Nowatschek und Clara Nigrin, den Violoncellist*innen Stefan Auber, Kornelius Vetter, Josef Hasa und Josefine Donat, dem Kontrabassisten Eduard Madensky sowie den Pianist*innen Hermann Zechner, Tony Colbert und Margarete Demelius. Ihr kammermusikalisches Repertoire umfasste Johannes Brahms' Streichquartett Nr. 2 a-Moll op. 51 sowie sein Klavierquartett Nr. 1 g-Moll op. 25, außerdem Alexander von Zemlinskys Streichquartett Nr. 1 A-Dur op. 4, Karl Nawratils Klaviertrio Nr. 2 F-Dur op. 11 und Johanna Müller-Hermanns Sonate d-Moll für Violine und Klavier. Wiederholt gespielte Kompositionen waren Schuberts Forellenquintett A-Dur D 667 sowie dessen Oktett F-Dur D 803.

---

391 Trauungsbuch St. Peter, 1863 bis 1884, fol. 333, in: Matriken. Bestände Österreich. Wien/Niederösterreich (Osten): Rk. Erzdiözese Wien / 01., St. Peter, https://data.matricula-online.eu/de/oesterreich/wien/01-st-peter/02-06/?pg=338; 25.08.2020.
392 Siehe Österreichische Ingenieurzeitschrift 1958, S. 99.
393 Neues Wiener Journal 01.06.1905, S. 11.

Ab 1908 finden sich erneut Presseeinträge für ein eigenes Ensemble. Das *Neue Wiener Tagblatt* dokumentiert die Beteiligung des „Quartett Schlenk-Lechner-Grümmer"[394] an einem Wohltätigkeitskonzert, im Dezember des Jahres kündigt die *Neue Freie Presse* außerdem den „erste[n] Kammermusikabend des Quartetts Ellen Schlenk-Lechner"[395] für Januar 1909 an. Dem *Neuen Wiener Journal* zufolge war dieses Quartett unter Vertrag bei der Wiener Konzertdirektion Albert Gutmann und gesellte sich hier in eine Reihe mit dem „Brüsseler-, Fitzner-, Ondricek-, Rosé-, […], Sevcik-, Soldat-Roeger- und Triestiner-Quartett"[396]. Neben der Namensgeberin und Primaria gehörten dem Ensemble zu diesem Zeitpunkt Heinrich Graeser (Violine), Fritz Nowatschek (Viola) und Paul Grümmer (Violoncello) an. Ab der Saison 1909/10 veranstalteten die Musiker*innen Abonnementkonzerte im Bösendorfer-Saal. Der erste dieser Kammermusikabende fand am 06.01.1910 statt.[397] Die beiden Streichsextette von Brahms (G-Dur op. 36 und B-Dur op. 18) standen auf dem Programm; die Konzertvereinsmitglieder Florian Wittmann (Viola) und Josef Hasa (Violoncello) wirkten hier mit.

Bis 1913 fanden Abonnementkonzerte im Bösendorfer-Saal statt, 1914 gab es eine Reihe von Kammermusikabenden im Beethoven-Saal. Danach nimmt die Aktivität des Quartetts bis 1920 merklich ab. Mit dem Brauhausrestaurant Zur Kohlstaude in Schwechat scheint zu dieser Zeit eine neue Lokalität gefunden worden zu sein, in der das Schlenk-Lechner-Quartett bis 1923 mehrere Kammermusikabende pro Saison veranstaltete. Gelegentlich wirkte das Ensemble auch in Veranstaltungen anderer Künstler*innen und Vereinigungen, wie dem Neuen Wiener Frauenclub, mit. 1924 stellte das Quartett die Bühnenauftritte ein und konzentrierte sich stattdessen auf Radioeinspielungen. Bis 1931 lassen sich regelmäßig Aufzeichnungen für Radio Wien nachweisen. Das Repertoire weist einen Schwerpunkt auf kanonischer klassisch-romantischer Literatur aus, auffallend oft wurden Kompositionen von Haydn, Beethoven, Mozart, Franz Schubert, Antonin Dvořák, Johannes Brahms und Edvard Grieg gespielt. In den ersten Jahren der Konzerttätigkeit dieses Quartetts standen dagegen noch mehr zeitgenössische Kompositionen auf den Programmen, darunter solche von Franz Mittler (UA), Bruno Walter, Ernö von Dohnányi, Alfred von Arber, Johanna Müller-Hermann und Sergei Iwanowitsch Tanejew. Mehrfach wurden für größer besetzte Werke Kolleg*innen herangezogen.

Auffallend sind die zahlreichen personellen Umbesetzungen in den knapp zwei Jahrzehnten des Bestehens vom Schlenk-Lechner-Quartett. Über Konzertankündi-

---

394 Neues Wiener Tagblatt 17.03.1908, NP.
395 Neue Freie Presse [Wien] 04.12.1908, S. 13.
396 Neues Wiener Journal 25.09.1909, S. 15.
397 Siehe Neues Wiener Tagblatt 17.12.1909, S. 11; Neue Freie Presse [Wien] 06.01.1910, S. 14.

gungen und -besprechungen lassen sie sich nachvollziehen, allerdings kaum genau datieren. Die anfängliche Besetzung mit Ellen Schlenk-Lechner (Violine I), Heinrich Graeser (Violine II), Fritz Nowatschek (Viola) und Paul Grümmer (Violoncello) blieb bis mindestens Anfang 1911 bestehen. Beim Kammermusikabend am 08.03.1912 im Bösendorfer-Saal wirkte anstelle von Fritz Nowatschek Karl Doktor als Bratschist mit. Anfang 1913 wird in den Konzertankündigungen und -besprechungen mit Felix Delgrange ein neuer Violoncellist erwähnt.[398] Weitere Ensemblemitglieder waren die Violinist*innen Fritz Nowatschek (um 1914, vorher Viola), Th. Hesch und Clara Nigrin (um 1931), die Bratschist*innen Jenny Kichler, Karl Sögner (um 1914) und die Violoncellist*innen Josef Hasa, Frieda Krause (um 1923), O. Stiglitz (um 1927) und Hans Sperlich (um 1931).

Nach der Gründung des Quartetts trat Ellen Schlenk-Lechner nur noch gelegentlich ohne die Ensemblekolleg*innen auf. Andere Konzertpartner*innen waren daneben in der Regel bereits aus früheren Jahren bekannt, etwa Oskar (Viola) und Kornelius (Violoncello) Vetter, Eduard Mandenski (Kontrabass) und Hermann Zechner (Klavier).

Im Frühjahr 1921 debütierte Ellen Schlenk-Lechner mit dem Wiener Frauen-Symphonieorchester, dessen Mitbegründerin sie wohl auch war.[399] Mit Maria Rodosi und Josefine Donat war sie im Wechsel Konzertmeisterin und vertrat das Orchester zusammen mit Maria Rodosi in der Frauenorganisation Panthea.[400] Wiederholt trat Ellen Schlenk-Lechner auch als Solistin auf, unter anderem mit Johann Sebastian Bachs Violinkonzert g-Moll BWV 1056, seinem Doppelkonzert d-Moll BWV 1043, Arcangelo Corellis Concerto grosso g-Moll op. 6 Nr. 8 (Weihnachtsmusik, mit Maria Rodosi als zweiter Solistin) und Georg Friedrich Händels Concerto grosso e-Moll op. 6 Nr. 3 (mit Maria Rodosi als zweiter Solisitin). Ergänzend lassen sich Kammermusikauftritte mit Kolleginnen aus dem Orchester nachweisen, etwa mit Annie Haldenwang-Baradieser (Viola) und Liberta Kottek (Violoncello).

Bis 1931 enthält die Wiener Presse Hinweise auf Auftritte bzw. Radioaufzeichnungen des Schlenk-Lechner-Quartetts. In den Programmen des Frauen-Symphonieorchesters ist der Name Ellen Schlenk-Lechners nur bis 1928 nachzuvollziehen. Folgt man dagegen dem Nachruf Carl Lafites auf Ellen Schlenk-Lechner im Frühjahr 1940, war die Geigerin noch bis kurz vor ihrem Tod sowohl im Orchester als auch mit ihrem Quartett aktiv.[401] Lafite ehrt die Musikerin als eine „hervorragende Repräsentantin der älteren Wiener Musikergeneration", verweist auf ihr Studium bei Josef

---

398 Siehe Neue Freie Presse [Wien] 27.01.1913, S. 3.
399 Siehe Die Frau 154 (1921), S. 5; Der Bezirksbote für den politischen Bezirk Bruck a. d. Leitha 06.11.1921, S. 2. Siehe das Kapitel Das Wiener Frauen-Symphonieorchester, S. 261.
400 Neues Wiener Tagblatt 07.05.1921, S. 4.
401 Carl Lafite: „Ellen Schlenk-Lechner gestorben", in: *Neues Wiener Tagblatt*, 28.03.1940, S. 9.

Hellmesberger d. Ä., schreibt ihr – irrtümlich – die Mitgliedschaft im Soldat-Roeger-Quartett zu, und verweist auf ihre weitreichenden Netzwerke im Wiener Musikleben mit Johannes Brahms und Franz Schalk an zentraler Stelle: „Es wird kaum einen in der Oeffentlichkeit stehenden Künstler in Wien gegeben haben, der nicht mit Ellen Schlenk-Lechner musiziert hätte."[402]

Am 28.03.1940 wurde Ellen Schlenk-Lechner auf dem Friedhof Hietzing bestattet.[403]

Maxintsak[404], Josef (Ferdinand)
07.05.1848, Prag – 19.12.1908, Wien

Familiärer/sozialer Kontext

Josef Maxintsak wurde in Prag geboren.[405] Sein Vater, Andreas Maxintsak, war als Schneider beim 53. Infanterieregiment Erzherzog Leopold angestellt.[406] Über die Mutter liegen keine biographischen Informationen vor. Auch zur musikalischen Ausbildung Josef Maxintsaks vor dem Studium ist bislang nichts bekannt.

Studium

20-jährig wurde der Musiker zum Studienjahr 1868/69 am Wiener Konservatorium immatrikuliert, wo er zunächst Violine im Hauptfach bei Carl Heissler sowie Generalbass und Klavier im Nebenfach belegte. Ab 1869/70 besuchte er die Geigenklasse von Josef Hellmesberger d. Ä. und nahm im Sommer 1870 erstmals an den Preiskonkursen des Konservatoriums teil, in denen er – wie auch 1871 – mit dem ersten Preis ausgezeichnet wurde. Spätestens ab dem Studienjahr 1870/71 hatte er einen Stiftsplatz inne. Im Sommer 1871 absolvierte er sein Studium mit dem Diplom. Bei dieser Gelegenheit wurde ihm die silberne Gesellschaftsmedaille verliehen.[407] Nach

---

402 Ebd.
403 Siehe Verzeichnis Wiener Friedhöfe, https://www.friedhoefewien.at/grabsuche_de; 25.07.2020.
404 Auch: Maxincsak.
405 Siehe Christian Fastl: „Maxincsak (Maxintsak), Familie", in: *Oesterreichisches Musiklexikon online*, 2015, https://musiklexikon.ac.at/0xc1aa5576_0x003119e3; 07.11.2020.
406 Siehe Matrikel Josef Maxincsak. A-Wgm (ohne Signatur).
407 Siehe Gesellschaft der Musikfreunde: *Jahresbericht des Konservatoriums*, 1870/71, S. 45f. Die silberne Gesellschaftsmedaille war eine Auszeichnung für jene Studierende, „welche, bei, auch sonstiger vorzüglicher Haltung und Verwendung während der ganzen Lehrdauer, rücksichtlich ihrer Studienzeit den Bedingungen des §. 77 [regelkonformes Studium mit guten Prüfungsergebnissen, Anm. AB] entsprochen haben, in den beiden letzten Jahrgängen zu den Konkursen ihres Hauptfaches zugelassen wurden, dieselben bestanden haben und aus jedem derselben mit einem Preise, aus dem letzten Konkurse aber mit einem ersten Preise hervorgegangen sind." Gesellschaft der Musikfreunde: *Grundverfassungs-Statut nebst Vollzugsvorschrift des Konservatoriums der Gesellschaft der Musikfreunde in Wien*. Wien: Verlag Wallishauser, 1872, S. 19, §. 72.

dem Studienabschluss besuchte er noch ein weiteres Jahr als Volontär[408] die Geigenklasse Hellmesbergers. Nebenher trat er bereits öffentlich im Wiener Musikleben in Erscheinung. Die *Signale für die musikalische Welt* bemerken: „Von den ausgetretenen Schülern haben Schmerholsky, Prohaska, Maxintsak u. A. sogleich einen Wirkungskreis in der Kunst gefunden"[409].

Konzertlaufbahn

Noch vor Beendigung seines Studiums fand Josef Maxintsak zum 01.02.1870 eine Anstellung im Hofopernorchester sowie bei den Wiener Philharmonikern.[410] Wohl in den nächsten Jahren heiratete er Josefa Elisabeth Sebestin. 1873 wurde die Tochter Eleonora Josefa geboren († 1951), die ab 1888 am Konservatorium in Wien bei Julius Epstein Klavier studierte. Am 27.01.1874 kam der Sohn Hugo zur Welt († nach 1931); er wurde später Harfenist und bekleidete Orchesterstellen in Wien, Bayreuth und Wiesbaden.[411]

Im April 1871 wurde der Geiger von seinem ehemaligen Lehrer für die Aufführung von Mendelssohns Oktett Es-Dur op. 20 zur Mitwirkung im Hellmesberger-Quartett eingeladen. Maxintsak übernahm hier den Part der zweiten Violine im zweiten Quartett, in dem außerdem die Orchesterkollegen beziehungsweise ehemaligen Kommilitonen Wilhelm Junk (Violine I) und Wilhelm Nigg (Viola) sowie Wilhelm Kupfer (Violoncello) mitwirkten.[412] Im Sommer 1872 reiste Josef Maxintsak nach Bayreuth, wo er neben Musikern wie August Wilhelmij, Jakob Moritz Grün, Josef Hellmesberger d. J. und anderen unter der Leitung Richard Wagners beim Festakt der Grundsteinlegung des Festspielhauses mitspielte.[413]

Eines der ersten eigenen Konzerte veranstaltete der Geiger am 23.08.1873 im Reichenauer Kurhaus, in dem die Sängerin Marie von Steinburg, der Violoncellist Reinhold Hummer und der Pianist Emil Weeber beteiligt waren. Die *Neue Freie Presse* bemerkt: „Herr Maxintsak gab durch den Vortrag mehrerer Piecen ein schönes Zeugniß von der technischen Fertigkeit und von dem Verständnisse, mit welchem er die Violine behandelt."[414]

---

408 Absolvent*innen, die in ihrem letzten Konkurs mit einem Preis ausgezeichnet wurden, hatten die Möglichkeit, „zu ihrer weiteren Vervollkommnung" (Ebd., S. 10, §. 28) ein weiteres Jahr am Konservatorium zu bleiben. Sie wurden als Volontär*innen bezeichnet und erhielten ein sogenanntes Frequentationszeugnis.
409 Signale für die musikalische Welt 33 (1871), S. 519.
410 Siehe Merlin: *Die Philharmoniker*, Bd. 2, S. 107.
411 Siehe Fastl: „Maxincsak (Maxintsak), Familie".
412 Siehe Blätter für Musik, Theater und Kunst 30 (1871), S. 120.
413 Siehe Neue Zeitschrift für Musik 23 (1872), S. 232.
414 Neue Freie Presse [Wien] 27.08.1873, S. 6.

Davon abgesehen konzentrierte sich der Musiker in den frühen Jahren seiner Laufbahn offenbar auf seine Orchestertätigkeit. Die Mitwirkung in kirchenmusikalischem Rahmen oder in Konzerten von anderen Musikern, Vereinsabenden und Wohltätigkeitsveranstaltungen in Wien bilden gelegentliche Ausnahmen.

Nebenher hatte sich Josef Maxintsak als Lehrer etabliert. Zum 01.11.1876 übernahm er die Abteilung für Kammermusik an der renommierten Wiener Musikschule Horak.[415] 1878 teilen Wiener Blätter mit, dass der Musiker zum Februar des Jahres die Leitung des Violinunterrichts der Hofsängerknaben übernommen habe.[416]

Am 14.03.1878 wirkte er erneut in einer Veranstaltung des Hellmesberger-Quartetts mit. Josef Hellmesberger d. Ä. hatte ihn als zweiten Bratschisten zur Aufführung von Mendelssohns Streichquintett Nr. 1 A-Dur op. 18 herangezogen.[417] Am 21.11. des Jahres trat er ein weiteres Mal mit dem Ensemble auf und übernahm wiederum die zweite Viola in Beethovens Streichquintett Nr. 1 Es-Dur op. 4. Zum Studienjahr 1878/79 erhielt er eine Anstellung am Konservatorium, und zwar zunächst als Lehrer der Vorbereitungsklassen für Violine.[418] Ab 1880 wurde er dort als Lehrer der Vorbildungsschule eingesetzt.[419] Privat unterrichtete er über Vermittlung seines ehemaligen Lehrers Carl Flesch, den Josef Hellmesberger d. Ä. noch nicht in die Ausbildungsklasse am Konservatorium aufnehmen wollte. Fleschs *Erinnerungen* enthalten eine Charakterisierung dieses Unterrichts – der Ton fügt sich in den insgesamt scharf urteilenden Gestus des Autors ein:

> Im Herbst 1885 begann mein Unterricht bei Josef Maxintsak. […] Geigerisch gehörte er zur guten, orchestermäßig durchgebildeten Mittelklasse. Als Lehrer war er grob, unbeherrscht und äußerst jähzornig, kümmerte sich wenig oder gar nicht um die Bogentechnik, war aber ungemein empfindlich für die Reinheit der Intonation und für alles Rhythmische. Die haarscharfe Einstellung meines Gehörs, der Schrecken meiner Schüler, ist zum größten Teil sein Werk, und dafür bin ich ihm mein Leben lang dankbar geblieben, wenngleich der gute Einfluß, den er diesbezüglich auf meine Entwicklung ausgeübt hat, mir erst später zum Bewußtsein kam; denn in der ersten Rückerinnerung erschien mir sein Unterricht allzu unkünstlerisch-phantasielos, und erst in reiferen

---

415 Siehe Elisabeth Th. Hilscher: „Horak Musikschule (ab 1941 Konservatorium)", in: *Oesterreichisches Musiklexikon online*, 2002, https://musiklexikon.ac.at/0xc1aa5576_0x00025525; 11.11.2020.
416 Siehe Die Presse [Wien] 29.01.1878, S. 10; Morgen-Post [Wien] 29.01.1878, NP.
417 Siehe u. a. Wiener Zeitung 03.03.1878, S. 5.
418 Siehe Gesellschaft der Musikfreunde: *Jahresbericht des Konservatoriums*, 1878/79, S. 7; Neue Freie Presse [Wien] 29.11.1878, S. 1.
419 Siehe Gesellschaft der Musikfreunde: *Jahresbericht des Konservatoriums*, 1880/81, S. 59; Signale für die musikalische Welt 13 (1880), S. 194.

Jahren erkannte ich, daß ich die Solidität alles Handwerklichen in erster Linie ihm zu verdanken habe. Da ich wöchentlich zwei- bis dreimal Unterricht bekam, fand mein Lehrer genügend Zeit, um im Laufe von zehn Monaten ein riesenhaftes Etüdenmaterial mit mir zu verarbeiten: Kreutzer, Rode, Fiorillo, Rovelli, Mayseder wurden nicht einmal, sondern drei- bis viermal hintereinander so gründlich durchgenommen, daß ich noch heute imstande bin, die meisten dieser Etüden meinen Schülern auswendig vorzuspielen. Daneben sorgten Konzerte von Viotti, Kreutzer, Rode, auch etwas Bériot für Abwechslung. Dadurch gelang es meinem Lehrer, meiner Technik in verhältnismäßig kurzer Zeit ein solides Fundament zu verleihen, auf dem sich mit Erfolg weiterbauen ließ.[420]

Im November 1880 wurde Josef Maxintsak als ständiges Mitglied in das Hellmesberger-Quartett aufgenommen. In der Presse hatte die personelle Umbesetzung einige Aufmerksamkeit erregt. In der *Morgen-Post* heißt es etwa:

In der Zusammensetzung des Quartetts, das seit Jahren eine der glänzendsten Zierden des Musiklebens der Residenz bildet, hat sich ein bedeutender Personenwechsel vollzogen; blos das Haupt der Geigerdynastie und ihr Stammhalter sind an ihren Pulten geblieben, jene Künstler aber, in deren Hand wir die Viola und das Cello zu sehen gewohnt waren, sind in das Lager des rivalisirenden Quartetts Grün hinübergezogen und haben an den Herren J. Maxintsak und J. Sulzer entsprechende Ersatzmänner gefunden.[421]

Weniger positiv bewertet Eduard Hanslick den Wechsel:

Allerdings hat Herrn Hellmesberger's Quartett eine empfindliche Einbuße erlitten durch das Ausscheiden zweier bewährter Mitspieler, welchen er neue, noch unerprobte Kräfte rasch hat substituiren müssen. Nun ist der Bratschist Herr Maxintsak keineswegs ein Ersatz für Herrn Bachrich, noch weniger ist es der Cellist Herr Sulzer für den eminenten, geradezu unersetzlichen Herrn Hummer. Trotzdem dürfte keine der neu entstandenen Quartett-Gesellschaften der Hellmesberger'schen ernstlich Eintrag thun.[422]

---

420 Carl Flesch: *Erinnerungen eines Geigers*. Freiburg i. Br./Zürich: Atlantis Verlag, 1960, S. 26f.
421 Morgen-Post [Wien] 19.11.1880, NP.
422 Neue Freie Presse [Wien] 23.11.1880, S. 6.

Die *Wiener Allgemeine Zeitung* bemerkt einige Monate später denn auch: „Die Herren Maxintsak und Sulzer haben sich verhältnismäßig schnell in die neue Verbindung eingelebt und von Meister Hellmesberger ungemein viel gelernt."[423] Nach einem Auftritt des Ensembles im Linzer Redoutensaal kommentiert das *Linzer Volksblatt* explizit auch Maxintsaks Spiel. Dieser „lenkte durch einige, mit sehr großer Feinheit und Weichheit gespielte Passagen die Aufmerksamkeit in der vortheilhaftesten Weise auf sich."[424]

Mit dem Eintritt in das Hellmesberger-Quartett änderten sich auch die Gelegenheiten, zu denen sich Josef Maxintsak im Musikleben zeigte. Weit häufiger als zuvor trat er in breiter beachteten Konzerten mit renommierteren Künstler*innen auf. Noch im November 1880 zählte er neben Anton Door, Josef Hellmesberger d. Ä., Josef Hellmesberger d. J. und Josef Sulzer zu den Mitwirkenden im Konzert von Caroline Montigny-Remaury.[425] Am 12.12.1880 trat er mit Xaver Scharwenka, Josef Hellmesberger d. J., Max Lichtenstern und Josef Sulzer in einem Künstlerabend der Gesellschaft der Musikfreunde auf.[426] Darüber hinaus wirkte er auch mit einzelnen Quartettkollegen in anderen Zusammenhängen, etwa im Januar 1881 mit Josef Hellmesberger d. Ä. und Josef Sulzer in einer Soirée de Poésie et de Musique im Wiener Bösendorfer-Saal[427] und in einer Soirée beim Fürsten Hohenlohe im Augarten.[428] Mit den Konservatoriumskollegen Josef Hellmesberger d. J., Franz Simandl (Kontrabass), Anton Zamara (Harfe), Leopold Alexander Zellner und dem Orchesterkollegen Hermann Kupka wirkte er Mitte März zudem in einem Konzert des akademischen Gesangvereins im Großen Musikvereinssaal mit.[429] Vor allem mit Josef Hellmesberger d. Ä. und Josef Sulzer trat Josef Maxintsak wiederholt in Konzerten von Künstlerkolleg*innen und anderen Konzertveranstaltungen auf, etwa von den Pianist*innen Marie Baumayer, Paula Dürnberger, Caroline Montigny-Remaury, Eduard Schütt, Johanna von Seemann und Emil Weeber. Unter seinen weiteren Konzertpartner*innen waren die Pianist*innen Anton Ciol, Viktor Gemperle, Alfred Grünfeld, Friedrich Jokl, Christoph Friedrich Leschen, Ernst Löwenberg und Julie Wocher, die Geiger Siegfried Auspitz, Julius Egghard und Jakob Moritz Grün, der Bratschist Theodor Schwendt, die Violoncellisten Ferdinand Hellmesberger, Reinhold Hummer und Carl Udel, die Flötisten Roman Kukula und Alois Markl, die

---

423 Wiener Allgemeine Zeitung 29.11.1881, S. 3.
424 Linzer Volksblatt 23.03.1883, NP.
425 Siehe Wiener Zeitung 21.11.1880, S. 2.
426 Siehe Wiener Allgemeine Zeitung 12.12.1880, S. 5.
427 Siehe Neue Freie Presse [Wien] 09.01.1881, S. 7.
428 Siehe Wiener Allgemeine Zeitung 31.01.1881, S. 2.
429 Siehe Das Vaterland [Wien] 17.03.1881, S. 7.

Klarinettisten Franz Otter und Franz Pokorny, der Fagottist Wilhelm Krankenhagen, der Trompeter Franz Thoms, der Hornist Josef Schantl und Sänger*innen wie Hans Frei, Adele Passy-Cornet, Anna Riegl und Franz Wiesmayer. Weiterhin war Josef Maxintsak vielfach in Wohltätigkeitsveranstaltungen in Wien zu hören. Nur selten trat er solistisch auf; entsprechend überschaubar war das Solo-Repertoire: Es überwiegen Kompositionen von Jean-Delphin Alard und Charles-Auguste de Bériot. Wiederholt hatte Maxintsak Bériots *Grand duo concertant pour piano et Violon sur des motifs de l'opéra ‚Les Huguenots'* de Meyerbeer in der Bearbeitung von Sigismund Thalberg (op. 43) gespielt, außerdem Bériots *Scène de Ballet* op. 100 sowie dessen Konzert Nr. 6 A-Dur op. 70. Von Alard hatte er mehrfach die *Symphonie concertante* Nr. 2 D-Dur für zwei Violinen mit Klavier op. 33 vorgetragen, außerdem die *Fantaisie sur ‚La Traviata'* op. 38, die *Fantaisie de concert sur ‚Faust'* op. 47 und *L'Aragonesa* op. 42. Darüber hinaus umfasste sein Repertoire Beethovens Violinromanze Nr. 2 F-Dur op. 50, Robert Schumanns *Abendlied* op. 85 Nr. 12 in einer Bearbeitung für Violine und Klavier sowie Henri Vieuxtemps' Salonstück *Rêverie* op. 22 Nr. 3.

Insgesamt blieb der Musiker in seinem musikalischen Wirken auf Wien fokussiert. Ein Auftritt am 29.08.1885 in Gföhl bei Krems zählt zu den Ausnahmen. Josef Maxintsak war hier als Geiger aufgetreten und hatte zusammen mit dem Violinisten Eugen Haas die *Symphonie concertante* Nr. 2 D-Dur für zwei Violinen mit Klavier op. 33 von Jean-Delphin Alard vorgetragen, von selbigem spielte er auch die *Fantaisie sur ‚La Traviata'* op. 38 sowie eine weitere Komposition für Violine solo.[430] Weitere Konzertpartner in diesem Rahmen waren Georg Benesch (Kontrabass), Johann Böhm (Fagott) und Johann Zink (Oboe). Im Dezember 1885 befand sich Josef Maxintsak in Prag. Mit Josef Hellmesberger[431], Theodor Schwendt (Viola) und Ferdinand Hellmesberger (Violoncello) spielte er als zweiter Violinist das Quartett Nr. 4 e-Moll op. 35 von Robert Volkmann sowie einzelne Sätze aus Quartetten von Dvořák, Schubert und Beethoven.[432] 1886 wirkte der Musiker außerdem in einem Wohltätigkeitskonzert im niederösterreichischen Senftenberg mit. Das *Kremser Volksblatt* hebt bei dieser Gelegenheit auf das Renommee Maxintsaks ab: „Herr Professor Maxintsak ist uns seit langem bekannt. Die Kunde seiner Mitwirkung genügt, um Saal und Garten zu füllen. Mit Entzücken lauschte man auch diesmal den weichen, süßen Tönen, die Herr Maxintsak der Geige entlockt. Insbesondere die tadellose Reinheit seines Spieles, im einfachen wie im Doppeltone, erfüllt das Ohr mit ungestörter Harmonie.

---

430 Kremser Volksblatt 22.08.1885, S. 3.
431 Hier ist nicht nachzuvollziehen, ob es sich um Josef Hellmesberger d. Ä. oder Josef Hellmesberger d. J. handelt.
432 Siehe Prager Tagblatt 27.12.1885, S. 4; Neue Zeitschrift für Musik 12 (1886), S. 129.

Da ist alles Ausgeglichenheit, alles Vollendung."[433] Im Frühjahr 1887 befand sich Josef Maxintsak kurzzeitig in Krems. Am 09.03.1887 trat er in einem Konzert von Ferdinand Hellmesberger auf. Mit Friedrich Jockl spielte er erneut Alards *Symphonie concertante* Nr. 2, solistisch dessen *Fantaisie sur ‚La Traviata'* op. 38, Beethovens Violinromanze Nr. 2 F-Dur op. 50, Robert Schumanns *Abendlied* op. 85 Nr. 12 in einer Bearbeitung für Violine und Klavier sowie Alards *L'Aragonesa* op. 42.[434] Im Frühjahr 1888 war Josef Maxintsak mit dem Hellmesberger-Quartett für ein Konzert nach Preßburg gereist,[435] im Mai wirkten die Musiker in einem Kammermusikkonzert des Steiermärkischen Musikvereins in Graz mit.[436] Auch 1889 ließ sich das Ensemble in einer Kammermusikveranstaltung dieses Vereins hören,[437] außerdem in Krems.[438] 1889 feierte das Hellmesberger-Quartett sein 40-jähriges Jubiläum, das im Dezember des Jahres mit der 300. Quartettproduktion zusammenfiel und breite Beachtung in der Presse fand.[439] Im Oktober 1890 verließ Maxintsak das Ensemble – die Wiener Presse begründet diesen Schritt mit seiner „anstrengenden Lehrtätigkeit"[440]. 1889 brachte der Musiker ein Lehrwerk, *Akkord-Studien für Violine* (Wien: Wetzler), heraus.[441]

Ab 1890 wirkte er wiederholt als Lehrer für Methodik des Violinunterrichts im Instruktionskurs für Chordirigenten, Organisten und Gesangslehrer mit, den der Ambrosius-Verein jährlich veranstaltete.[442] Als Interpret ließ sich Josef Maxintsak nur noch selten in Wohltätigkeitsveranstaltungen hören. Das *Deutsche Volksblatt* berichtet im Oktober 1897 von einer schweren Erkrankung des Musikers,[443] der danach auch nicht mehr im öffentlichen Musikleben in Erscheinung getreten ist.

---

433 Kremser Volksblatt 07.08.1886, S. 4.
434 Siehe ebd. 22.01.1887, S. 5.
435 Wiener Allgemeine Zeitung 21.03.1888, S. 6.
436 Siehe Musikalisches Wochenblatt 20 (1888), S. 228; Neue Zeitschrift für Musik 24 (1888), S. 280.
437 Siehe Grazer Volksblatt 23.01.1889, NP.
438 Siehe Kremser Zeitung 02.03.1889, S. 5.
439 Siehe Wiener Zeitung 24.12.1889, S. 3; Signale für die musikalische Welt 5 (1890), S. 72.
440 Die Presse [Wien] 14.10.1890, S. 11.
441 Siehe Musikalisch-literarischer Monatsbericht über neue Musikalien, musikalische Schriften und Abbildungen 12 (1889), S. 532.
442 Siehe Deutsche Musik-Zeitung 19 (1891), S. 182.
443 Siehe Deutsches Volksblatt [Wien] 28.10.1897, S. 6.

Raczek[444], Friedrich (Vincenz)

19.07.1841, Troppau/Böhmen, Opava/Tschechien – 18.02.1892, Veszprém (Weißbrunn)/Ungarn

Raczek, Viktor[445] (Anton)

11.05.1846, Troppau/Böhmen, Opava/Tschechien – 24.09.1859, St. Petersburg

Familiärer/sozialer Kontext

Friedrich und Viktor Raczek waren die Söhne von Antonia Raczek geb. Pranke und Vincenz Raczek (1812 – nach 1865). Antonia Raczek stammte aus Trebitsch (Mähren, heute Třebíč/Tschechien) und war die Tochter des dortigen Magistratskanzelisten Felix Pranke sowie seiner Frau Josepha geb. Swoboda.[446] Vincenz Raczek war der Sohn des Trebitscher Tuchmachermeisters Mathias Raczek und von Clara Raczek geb. Dworžak. Er hatte zunächst die theologische Laufbahn betreten, diese aber verlassen, um als Musiker – anfangs durch Violinunterricht – seinen Unterhalt zu verdienen. Es folgte eine Anstellung als Organist in Brünn. In Troppau, dem späteren Wohnort der Familie, war Vincenz Raczek vornehmlich als Privat-(Musik-)lehrer[447] tätig. Er wirkte außerdem als Primarius eines Streichquartetts, dem unter anderen Johann Ziswa als Bratschist und der Musiklehrer Franz Bobretzky als Violoncellist angehörten. Zu hören war das Quartett vor allem im halbprivaten Rahmen der Hausmusik – regelmäßig auch im Haus der Familie Raczek.[448]

Seinen Kindern Friedrich, Sofie (Josephine) (08.02.1843, Troppau/Böhmen, Opava/Tschechien – 27.12.1919, Klausenburg/Siebenbürgen, heute Cluj-Napoca/Rumänien)[449] und Viktor erteilte Vincenz Raczek frühzeitig Geigenunterricht und präsentierte sie Anfang der 1850er Jahre als Kindervirtuos*innen der Öffentlichkeit. Während erste Auftritte laut biographischen Skizzen und lexikalischen Beiträgen 1851 stattgefunden haben sollen, liegen erst ab 1852 Ankündigungen und Besprechungen

---

444 Auch: Racžek.
445 Auch: Victor.
446 Siehe Geburtenbuch 1840–1843, Heiliggeistkirche/Opava. Zemský archiv v Opavě (Op II 7).
447 Im Eintrag seines Sohnes Friedrich im Geburtenbuch wird er als Privat-Musiklehrer genannt, in den Einträgen der beiden jüngeren Kinder als Privatlehrer. Constant von Wurzbach verweist außerdem auf eine Anstellung als Musiklehrer an der Troppauer Hauptschule. Siehe Wurzbach: *Biographisches Lexikon des Kaiserthums Oesterreich*, Bd. 24, S. 168f.
448 Siehe Edmund Starowski: „Zur Geschichte der Entwicklung des Musiklebens in Troppau I", in: *Zeitschrift für Geschichte und Kulturgeschichte Österreichisch-Schlesiens* 1 (1910/11), S. 1–24, hier S. 24.
449 Zu Sofie Raczek siehe auch Volker Timmermann: „Raczek, Sophie", in: Freia Hoffmann (Hg.): Lexikon „Europäische Instrumentalistinnen des 18. und 19. Jahrhunderts", 2013, https://www.sophie-drinker-institut.de/raczek-sophie; 07.01.2020.

von Auftritten der jungen Musiker*innen vor.[450] Hinter der Vordatierung des Debüts und den hartnäckig kolportierten jüngeren Altersangaben der Geschwister[451] um bis zu zwei Jahre lassen sich bewusste Strategien der ‚Vermarktung' der Musiker*innen als ‚Wunderkinder' vermuten: Je jünger die Kinder, je früher der Auftritt, desto größer die öffentliche Sensation angesichts der fortgeschrittenen musikalischen Leistungen.

Nach gemeinsamen Auftritten von Friedrich und Sofie Raczek, unter anderem in Troppau, Olmütz und Teschen, war Viktor Raczek im September 1852 im Olmützer Kasino wohl erstmals öffentlich zu hören.[452] Noch im Herbst des Jahres übersiedelte Vincenz Raczek[453] mit seinen Kindern zur weiteren musikalischen Ausbildung nach Wien. Als Impulsgeber für diesen Schritt wird wiederholt Josef Freiherr Kalchegger von Kalchberg, zu diesem Zeitpunkt Statthalter von Schlesien, genannt, der die Geschwister in Troppau gehört hatte.[454] In Wien folgte am 24.01.1853 ein

---

450 Die *Troppauer Zeitung* nennt die Mitwirkung in einer Wohltätigkeitsveranstaltung am 26.05.1852 als ersten öffentlichen Auftritt der Geschwister. (Siehe Troppauer Zeitung 17.11.1857, NP; siehe auch Edmund Starowski: „Zur Geschichte der Entwicklung des Musiklebens in Troppau II", in: *Zeitschrift für Geschichte und Kulturgeschichte Österreichisch-Schlesiens* 1/2 [1913], S. 13–39, hier S. 30). In der Wochenschrift *Das Inland* wird retrospektiv die Mitwirkung „im J. 1851 in einem Localwohltätigkeitsconcerte" (Das Inland 10 [1858], Sp. 163–165, hier Sp. 163) als erster öffentlicher Auftritt bezeichnet, ebenso in der Rheinischen Musik-Zeitung (Anonym [1857]: „Die Geschwister Raczek", in: *Rheinische Musik-Zeitung für Kunstfreunde und Künstler* 36 [1857], S. 281–283, hier S. 281) und bei Wurzbach: *Biographisches Lexikon des Kaiserthums Oesterreich*, Bd. 24, S. 168f.

451 Wurzbach etwa gibt für Friedrich Raczek das Geburtsjahr 1843, für Sofie 1845 und für Viktor 1847 an. (Siehe Wurzbach: *Biographisches Lexikon des Kaiserthums Oesterreich*, Bd. 24, S. 168f.). Diese Information findet sich auch in den zuvor genannten Kurzbiographien (siehe Fn. 450). Dass diese Texte weitgehend wortgleich sind, legt die Vermutung nahe, dass Pressetexte vorgelegen haben, die Vincenz Raczek den Redaktionen zukommen ließ. Auch später wandte sich der Musiker an die Zeitungen. Das *Sonntags-Blatt für Gewerbe, Industrie, Handel und geselliges Leben* zitiert aus einem Brief, in dem Raczek die Erfolge seiner Kinder hervorhebt: „‚… meine Kinder errangen sich bald die Ehre, daß Se. Majestät der Kaiser Alexander und ihre Majestät die Kaiserin sie zu einem Hofkonzert zog und sich beide Majestäten so herablassend, so gütig gegen uns betrugen, daß ich gestehen muß, daß mir eine so huldvolle, herzliche Aufnahme in manchem Bürgerhause nicht zu Theil wurde. Wir wurden bei Se. Majestät zum Thee geladen und nach einigen Tagen kamen uns durch Se. Exzellenz den Grafen Wielhorsky, welcher oberster Hofmarschall ist, die Hofgeschenke zu. Die beiden Knaben erhielten Jeder einen Brillantring, Sophie eine goldene Uhr mit Diamanten, goldener Kette, Nadel und Brosche. Auch erhielt ich von Sr. Majestät selbst die Erlaubnis, ein Konzert im Hoftheater geben zu dürfen. In der heurigen Konzertsaison waren meine Kinder die hervorragendste Erscheinung, und Recensionen in russischer, französischer und deutscher Sprache sind in Menge über sie erschienen.'" (09.05.1858, NP).

452 Fremden-Blatt [Wien] 11.09.1852, NP.

453 In der Liste der in Wien angekommenen Gäste ist nur sein Name aufgeführt. Antonia Raczek ist nicht genannt. Siehe Die Presse [Wien] 17.12.1852, NP.

454 Siehe Anonym: „Die Geschwister Raczek", S. 281; siehe auch Wurzbach: *Biographisches Lexikon des Kaiserthums Oesterreich*, Bd. 24, S. 168f.

Auftritt von Friedrich und Sofie Raczek in einer Soiree im Salon Seuffert, über den *Der Humorist* notiert:

> Zwei interessante Kinder, welchen der Eltern Wille die Geige in die Hand und die Natur das Talent dazu gegeben, produzirten sich ehevorgestern im Seuffert'schen Salon auf der Wieden. Friedrich und Sophie Raczek stehen mit der Violine in einem vertrauteren Verhältnisse, als man es bei ihrem neun- [recte: 11-] und siebenjährigen [recte: 9-jährigen] Alter erwarten möchte. Besonders kündigt in dem Spiele Friedrichs das bereits erworbene Maß von Technik und die angenehme Expression ein schönes künstlerisches Werden an.[455]

Mit dem bekannten Wiener Klavierbauer Eduard Seuffert war in der Donaumetropole ein wichtiger Patron gefunden. Selbiger stellte den jungen Musiker*innen mit seinem Salon auch künftig einen Auftrittsort zur Verfügung und veranstaltete hier zudem Wohltätigkeitssoireen zugunsten der Familie Raczek,[456] die sich der *Ost-Deutschen Post* zufolge in wirtschaftlich misslichen Verhältnissen befand.[457] Weitere Wiener Familien förderten die Künstlerfamilie finanziell. Mit Josef Hellmesberger d. Ä. war darüber hinaus ein Lehrer gefunden, der die Kinder – wohl spätestens ab dem Frühjahr 1853 – unentgeltlich unterrichtete.[458]

Studium

Im September des Jahres 1853 wurden Friedrich und Viktor Raczek in die Geigenklasse Hellmesbergers am Konservatorium aufgenommen – ein Weg, der Sofie Raczek als Mädchen noch per Statut verwehrt war.[459] Für die Studiengebühren kamen offenbar wohlhabende Troppauer Musikfreunde auf.[460]

Am Konservatorium belegte Friedrich Raczek 1853/54 neben Violine auch Harmonie- und Kompositionslehre bei Simon Sechter. Im Verzeichnis der Studierenden für das Jahr 1854/55 findet sich für die Brüder die Bemerkung, dass sie „mit Bewilligung der Direction abwesend"[461] seien. Möglicherweise sind Auftritte mit

---

455 Der Humorist 22 (1853), S. 88.
456 Siehe Fremden-Blatt [Wien] 18.02.1853, NP; Neue Wiener Musik-Zeitung 48 (1853), S. 202.
457 Siehe Ost-Deutsche Post [Wien] 12.02.1854, NP.
458 Siehe Troppauer Zeitung 23.04.1853, S. 367; siehe auch Ost-Deutsche Post [Wien] 29.11.1853, NP; Die Presse [Wien] 30.11.1853, NP; Ost-Deutsche Post [Wien] 12.02.1854, NP.
459 Siehe Kap. III.3.3. Geigerinnen und Geiger: Konservatoriumsausbildung für „Zöglinge beyderley Geschlechtes"?, S. 231.
460 Siehe Starowski: „Zur Geschichte der Entwicklung des Musiklebens in Troppau", 1913, S. 30/Fn. 1.
461 Gesellschaft der Musikfreunde: *Verzeichnis und Classification der Schüler*, 1854/55, S. 8.

dem Geschwisterensemble, aber auch solistische Auftritte[462] Grund für die Abwesenheit. Neben weiteren Soireen im Salon Seuffert und im Theater an der Wien folgten Konzerte in Bielitz, Lemberg und Brünn. Im Frühjahr 1855 – noch vor den Abschlussprüfungen am Wiener Konservatorium – übersiedelte die Familie nach Pest.[463] Hier wurden die Kinder mutmaßlich für einige Monate von David Ridley-Kohne unterrichtet – entsprechende Hinweise finden sich später etwa in der *Rheinischen Musik-Zeitung*, weitere Belege fehlen allerdings.

Konzertlaufbahn

In Pest wurde die Konzerttätigkeit der „Kindertrias"[464] fortgesetzt. Zu dieser Zeit fanden die Musiker*innen wachsende Aufmerksamkeit durch die regionale und auch überregionale Fach- und Tagespresse.[465] Nachdem sie „in allen öffentlichen und Privatkreisen, wo sie sich produzirten, so großen Beifall fanden"[466], plante Vincenz Raczek offenbar eine Konzertreise ins Ausland, der im Sommer 1855 Konzerte in den ungarischen Provinzen (heute Rumänien), unter anderem in Arad, Temeswár, Großwardein, Klausenburg, Hermannstadt und Kronstadt, vorangingen. Im Frühjahr 1856 konzertierten die Geschwister in Bukarest, anschließend wiederum in Pest und Wien und brachen im Herbst zu einer Konzertreise nach Deutschland auf, auf deren Weg Konzerte in Troppau und Prag veranstaltet wurden. In Leipzig fand Ende des Jahres wohl das Deutschland-Debüt statt. Anfang 1857 konzertierten Friedrich, Sofie und Viktor Raczek außerdem in Weimar. Aufenthalte in Halle, Jena, Erfurt, Bremen, Hannover, Hamburg, Berlin, Kassel, Frankfurt a. M., Mainz, Köln, Naumburg, Wiesbaden und Barmen folgten. Dass die drei Musiker*innen während ihrer Aufenthalte in Weimar und Hannover bei Edmund Singer und Joseph Joachim Unterricht genommen hätten, wie in ausführlicheren biographischen Skizzen mitgeteilt wird,[467] ist allein aufgrund der Kürze der Aufenthalte und der hohen Dichte der Auftritte – auch an einem Ort – unwahrscheinlich. Vorstellbar ist indes, dass Vincenz Raczek seine Kinder den namhaften Geigern vorstellte. Dies zumindest geschah in Kassel

---

462 Siehe etwa Fremden-Blatt [Wien] 14.01.1855, NP; Der Humorist 31 (1855), S. 127.
463 Siehe Pesth-Ofener Localblatt und Landbote 13.04.1855, NP.
464 Die Presse [Wien] 30.11.1853, NP.
465 Siehe etwa Signale für die musikalische Welt 7 (1855), S. 52; Berliner Musikzeitung 4 (1855), S. 30; Neue Zeitschrift für Musik 9 (1855), S. 93; Berliner Musikzeitung 11 (1855), S. 86f.; The Musical World 38 (1857), S. 602.
466 Pesth-Ofener Localblatt und Landbote 10.05.1855, NP.
467 Siehe bspw. Das Inland 10 (1858), Sp. 163–165, hier Sp. 164; Anonym: „Die Geschwister Raczek", S. 282.

bei Louis Spohr und dem Hofkapellmeister Carl Reiß, deren Empfehlungen für die jungen Musiker*innen im Anschluss von der Presse aufgegriffen wurden.[468]

Im September 1857 reiste die Familie Raczek in die Niederlande.[469] Gemeinsam mit der Johannesberger Capelle unter der Leitung von Julius Langenbach[470] gastierte sie in Arnhem, Nijmegen, Utrecht, Haarlem, Leiden und Amsterdam. Auch hier war die Rezeption der Musiker*innen ausnahmslos positiv.[471] Anfang Oktober befanden sie sich wieder in Deutschland, hielten sich Anfang November noch für einige Zeit in Leipzig auf und reisten anschließend nach Wien, wo sie offenbar noch einmal bei Josef Hellmesberger privaten Unterricht nahmen und sich unter seiner Anleitung auf eine Tournee durch Russland vorbereiteten.[472] Im Anschluss hielten sie sich in ihrem Heimatort Troppau auf, der jedoch nur Zwischenhalt auf dem Weg nach St. Petersburg war, wohin die Musiker*innen der *Troppauer Zeitung* zufolge „einem überaus ehrenvollen Rufe einer hochgestellten Persönlichkeit"[473] folgten.

Im Laufe der Wintersaison traten sie in Prag, Königsberg, Tilsit, Riga und Dresden auf[474] und erreichten im März St. Petersburg, wo sie nach einigen Konzerten auch vor dem Zaren spielten. Im Frühjahr konzertierten sie in Narva und Dorpat. Den Sommer 1858 verbrachten sie in Pawlowsk bei Petersburg. Hier „brannten die armen Leute […] gänzlich ab und büßten all ihre Habe ein." Nach kurzer Erholung reisten sie nach

> Moskau, gingen weiter in das Innere von Rußland und befinden sich jetzt [im Frühjahr 1859] in Saratoff an der asiatischen Grenze. Der Vater schreibt, daß er starke Lust habe, nach Sibirien zu gehen, ‚wo es ungemein viel Gold haben soll.' – Nicht nur in Deutschland war man von den merkwürdigen Leistungen

---

468 Siehe etwa Die Neue Zeit [Olmütz] 05.06.1857, NP: „Die Geschwister Raczek konzertieren gegenwärtig in Frankfurt [a. M.]. Altmeister Spohr äußert sich ganz entzückt über die kleinen Violinvirtuosen." Siehe auch István Lakatos: „Ruzitskáné Raczek Zsófia, a Kolozsvári Zenekonzervatórium hegedûtanárnöj (1843–1919)", in: *Zenetudományi írások* 1986, S. 180–186, hier S. 182.
469 Siehe Signale für die musikalische Welt 38 (1857), S. 390.
470 Julius Langenbach stammte aus einer Musikerfamilie und lernte frühzeitig Geige. Anfang der 1840er Jahre war er Schüler Louis Spohrs in Kassel und konzertierte zu dieser Zeit in seiner Heimat Iserlohn und in Hohenlimburg. Er übernahm Kapellmeisterstellen in verschiedenen Städten und konzertierte später mit einer eigenen Kapelle. Dass die Kooperation zwischen Langenbach und der Familie Raczek über die Vermittlung durch Louis Spohr – oder infolge seiner Empfehlung – zustande kam, ist anzunehmen.
471 Siehe etwa Utrecht provinciaal en stedelijk dagblad 05.09.1857, NP; Algemeen Handelsblad [Amsterdam] 21.09.1857, NP.
472 Siehe Lakatos: „Ruzitskáné Raczek Zsófia", S. 183.
473 Troppauer Zeitung 17.11.1857, NP; siehe auch Das Inland 10 (1858), Sp. 163–165, hier S. 163.
474 Siehe u. a. Rigasche Zeitung 12.01.1858, NP.

der Kinder auf das angenehmste überrascht, wie man uns mittheilt sind auch die Russen und Tartaren von ihrem Spiel und den Stücken, welche sie vortragen, auf das tiefste ergriffen, und sie würden glänzende Geschäfte machen, wäre diese Reise (zu sieben Personen) nicht gar so kostspielig und beschwerlich.[475]

Zu den sieben Personen, von denen hier die Rede ist, zählen die zweite Ehefrau Vincenz Raczeks, Franziska Raczek, sowie zwei Kinder aus dieser Ehe: Antonia (* 1852) und Johann Baptist Raczek (* 1856).[476] Den Sommer verbrachte die Familie wieder in Pawlowsk. Unter der Leitung von Vincenz Raczek bereiteten sich die drei Geschwister hier auf die nächste Konzertsaison vor. Noch vor dem Antritt weiterer Reisen erlitt jedoch Viktor Raczek einen Herzinfarkt, in dessen Folge er starb.[477]

Acht Jahre lang hatten die drei Geschwister bis hierhin erfolgreich in Europa konzertiert und sich ein ansehnliches Repertoire erarbeitet. Darin fest verankert und vielgespielt war ein *Trio concertant* von Georg Hellmesberger d. Ä. und *Capriccios für drei Violinen* op. 13 von Friedrich Hermann. Dass beide Kompositionen den Raczek-Geschwistern gewidmet wurden,[478] wie verschiedentlich angegeben wurde, trifft nicht zu. Hellmesbergers Trio blieb zudem unveröffentlicht. Der Komponist hatte es mit seinen Söhnen Josef und Georg am 29.12.1847 in Wien aufgeführt. Naheliegend ist, dass die Geschwister über den Unterricht bei Josef Hellmesberger d. Ä. an die Noten gelangt sind, es vermutlich sogar hier erstmals gespielt haben. Zur weiteren Literatur für drei Violinen zählte auch Hermanns *Burlesque* op. 9. Vielfach spielten die drei Geiger*innen außerdem Sololiteratur unisono, darunter Virtuosenstücke wie Heinrich Wilhelm Ernsts *Le carneval de Venise* op. 18, Niccolò Paganinis *Moto perpetuo* op. 11, David Ridley-Kohnes *Csárdás* und Henri Vieuxtemps' *Souvenir d'Amerique* ('Yankee Doodle'). Solistisch trugen Friedrich, Sofie und Viktor außerdem einzelne Sätze aus Violinkonzerten von Jean-Delphin Alard, Charles-Auguste de Bériot und Felix Mendelssohn, *Airs variés* von Bériot, Vieuxtemps und Josef Mayseder sowie Hubert Léonards *Grande fantaisie militaire* op. 15 vor, außerdem Opernfantasien und -variationen, etwa von Alexandre-Joseph Artôt, Bériot, Mayseder und

---

475 Signale für die musikalische Welt 14 (1859), S. 153.
476 Siehe Anonym: „Die Geschwister Raczek", S. 281–283. Siehe auch Wurzbach: *Biographisches Lexikon des Kaiserthums Oesterreich*, Bd. 24, S. 168f., hier S. 169. Die Geburtsjahre von Antonia und Johann Baptist Raczek sind einem Aufnahmebogen der Stadt Mißlitz/Mähren (Miroslav/Tschechien) aus dem Jahr 1864 entnommen, siehe Aufnahmsbogen vom Jahre 1857, Misslletz, unterzeichnet am 1. November 1864. Landesarchiv Opava, Okresní úřad Opava I (NAD 535), http://digi.archives.cz/da/MenuBar.action; 03.01.2020. Antonia Raczek trat später auch als Geigerin auf. Siehe etwa Prager Tagblatt 21.10.1883, S. 4.
477 Siehe Lakatos: „Ruzitskáné Raczek Zsófia", S. 184.
478 Siehe etwa Rigasche Zeitung 13.02.1858, NP.

Vieuxtemps. Kompositionen für zwei Geigen von Bériot, Charles Dancla, Wilhelm Meves und Johann Wenzel Kalliwoda waren ebenfalls in den Programmen enthalten. Während Soloauftritte mit anspruchsvollerer Literatur das Gros der Konzertprogramme ausmachte, sahen sich Rezensenten vor allem durch das Unisono-Spiel der drei Geiger*innen zu begeisterten Beurteilungen veranlasst. Die *Neue Zeitschrift für Musik* etwa schreibt nach den Konzerten in Leipzig:

> Das Höchste, was an Präcision gehört und gesehen werden kann, ist das Unisono-Spiel der Geschwister im Carneval de Venise, im Perpetuum mobile von Paganini und ähnlichen mit allen möglichen Virtuosenkunststückchen ausgestatteten Musikstücken. Sind diese vollkommen gleichmäßig sich bewegenden Violinbogen, diese in voller Uebereinstimmung ausgeführten figurenreichen Ritardandi und Accelerandi ec. auch nur nach einem strengen musikalischen Exercier-Reglement eingeübte Kunststücke, so sind doch auch selbst dergleichen Dinge ohne große Begabung und ohne auf solche begründete Beherrschung des Instruments nicht zu erreichen.[479]

Ähnlich liest sich auch ein Kommentar in den *Signalen für die musikalische Welt*:

> „Es ist aber auch eine Begabung ganz ungewöhnlicher Art, welche diese Kinder auszeichnet, und ihre Leistungen stehen nicht im Verhältniß zu ihren jungen Jahren, sondern man vergißt häufig die letzteren über den ersteren. In dem Capriccio von Hermann entwickelten sie eine solche Geschlossenheit des Zusammenspiels, wie man es nicht besser von gewiegten, ältern Musikern verlangen kann. […] Der Unisono-Vortrag des Paganini'schen Stückes gab nicht minder von großer Beherrschung, als von bedeutender Ausdauer Zeugniß."[480]

Abseits überschaubarer Kritik, die in erster Linie auf das Phänomen ‚Wunderkind' abhob,[481] stießen die drei Musiker*innen auf außerordentlich positive Resonanz. Die *Signale für die musikalische Welt* bezeichnen sie als „die das Gespräch des Tages bildenden Wunderkinder"[482]. Einstimmig ist das Lob der „für ihr Alter wahrhaft bewundernswerthen Leistungen"[483]. Dabei wird das Sensationspotenzial der Kindervirtuosität mitunter weit ausgereizt. So schreibt der *Österreichische Zuschauer* nach einem

---

479 Neue Zeitschrift für Musik 26 (1856), S. 274.
480 Signale für die musikalische Welt 52 (1856), S. 587.
481 Siehe etwa Ost-Deutsche Post [Wien] 19.01.1855, NP.
482 Signale für die musikalische Welt 52 (1856), S. 587.
483 Neuigkeiten [Brünn] 08.11.1854, NP.

Konzert der Geschwister – mittlerweile 9, 11 und 14 Jahre alt – Anfang des Jahres 1855 im Theater an der Wien: „Man denke sich Kinder von 5–7 Jahren, welche die schwierigsten Piecen unserer hervorragendsten Komponisten mit einer Sicherheit und Prägnanz auf der Violine ausführen, welche jedem eingeschulten, geübten alten Musikus zur Ehre gereichen könnte."[484] Und ein Korrespodet der *Signale für die musikalische Welt* fügt seiner euphorischen Laudatio auf die Geschwister an: „Das nächste Wunderkind muß nun ein Wickelkind sein, das sein Geschrei in Skalen kunstgerecht ausführt. Alles Uebrige ist schon dagewesen!"[485]

Bei allem enthusiastischen Lob: Die Beurteilungen der Rezensenten reichen nicht über den Radius der ‚Wunder*kinder*' hinaus; eine natürliche Grenze der musikalischen Leistungsfähigkeit wird stets vorausgesetzt, etwa wenn die *Blätter für Musik, Theater und Kunst* bemerken, dass die Musiker*innen „alles bei solcher Jugend Mögliche leisten."[486] Hierauf macht auch die *Neue Zeitschrift für Musik* aufmerksam: Sie berichtet von den „kleinen violinisirenden Geschwister[n] und Wunderkinder[n] Raczek aus Wien, von denen das Allerhöchste zu erwarten wäre, wenn sie nicht eben Wunderkinder wären."[487] Expliziter wird noch ein Kommentar in den *Signalen für die musikalische Welt*:

> Die drei violinspielenden Wunderkinder Raczek, die bei nicht stark besuchtem Hause zwei Concerte gaben, sind unstreitig in ihren Leistungen zu bewundern. Gute Schule, Reinheit in den schwierigen Läufern [sic], elegante Bogenführung, sind Vorzüge, die dieses Kleeblatt im vollen Maße besitzt; nur ist natürlich bei Kindern weder Seele noch Leidenschaft zu suchen. Daher sind die Leistungen von Kindern, sie mögen noch so viel Technik besitzen, doch unvollkommen zu nennen.[488]

Nach dem Tod Viktor Raczeks nahmen Sophie und Friedrich Raczek mit einigen Monaten Unterbrechung die gemeinsame Konzerttätigkeit 1860 wieder auf. Nach Konzerten in St. Petersburg reiste die Familie Richtung Ural und gastierte unter anderem in Jekaterinburg. Für das folgende Jahr ist eine weitere Konzertreise mit Aufenthalt im ukrainischen Charkiv belegt.[489] 1862 kamen die Geschwister über Finnland nach Schweden, traten hier unter anderem in Stockholm auf und begaben sich

---

484 Der Österreichische Zuschauer 6 (1855), S. 95.
485 Signale für die musikalische Welt 14 (1855), S. 52.
486 Blätter für Musik, Theater und Kunst 90 (1857), S. 358.
487 Neue Zeitschrift für Musik 7 (1857), S. 73.
488 Signale für die musikalische Welt 21 (1858), S. 186.
489 Lakatos: „Ruzitskáné Raczek Zsófia", S. 184.

im Anschluss für weitere Konzerte nach Kopenhagen, wo sie unter anderem unter der Leitung von Niels Wilhelm Gade spielten.[490] Anfang des folgenden Jahres hielten sie sich in Prag auf, befanden sich anschließend in Hamburg und schließlich für einige Monate in Berlin. 1864 zog die Familie in die Nähe von Mißletz, wo sie mit den Einkünften aus den Russland-Reisen ein Anwesen erworben hatte.[491]

Nach längerer Abwesenheit kehrten die Geschwister Anfang 1865 nach Wien zurück – wo sie im Bösendorfer-Saal einige Konzerte veranstalteten und darüber hinaus im halbprivaten Rahmen auftraten –, reisten anschließend erneut nach Prag und konzertierten im März im Heimatort Troppau. Für die nächste Zeit geplante Auftritte in Olmütz kamen nicht zustande, stattdessen folgten Konzerte in Czernowitz, Jassy, Odessa und auf der Krim. Anfang 1866 konzertierte das Geschwisterpaar in Kiew. Im Anschluss zwang der preußisch-österreichische Krieg die beiden Musiker*innen, ihre Konzertreise zu unterbrechen, woraufhin sie sich nach Siebenbürgen begaben. Im Juni 1866 befanden sie sich in Klausenburg. Sofie Raczek lernte hier den Finanzberater Béla (Albert) Ruzitska (1825–1890) kennen, mit dem sie sich nach nur kurzer Zeit verlobte. Gleichwohl setzte sie die Konzertreise mit dem Bruder fort und gastierte mit ihm unter anderem in Sibiu, Sebeș und Orăștie. In Arad erfolgte der letzte gemeinsame Auftritt der Geschwister.

Wie aus den Konzertbesprechungen ersichtlich wird, hatten die Musiker*innen den Status ‚Wunderkind' mittlerweile hinter sich gelassen. Verweise auf das Alter bleiben weitgehend aus; allein im Hinblick auf die frühere Konzerttätigkeit und den Tod des Bruders wird das Narrativ noch bemüht: „Die treffliche Leistung ließ um so lebhafter den frühzeitigen Tod Victor Raczek's bedauern, der dem russischen Klima erlag und hie[r]durch das vielversprechende jugendliche Künstlerkleeblatt auf ein Bifolium reduzirte."[492]

Friedrich und Sofie Raczek traten mit teils bekannten Werken auf, erweiterten ihr Repertoire aber auch um Kompositionen wie Alards *Symphonies concertantes* Nr. 2 und 3 für zwei Violinen und Orchester, Ernsts *Othello-Fantasie* op. 11 und ein Adagio von Spohr für zwei Violinen. Daneben griffen sie regelmäßig auf die früher schon erfolgreich unisono aufgeführten Stücke zurück.

Die Urteile der Rezensenten fielen um einiges differenzierter und weniger überschwänglich aus als noch zuvor: Die Ansprüche an die mittlerweile erwachsenen Musiker*innen waren andere als jene an Kindervirtuos*innen. Nach Auftritten in

---

490 Siehe Signale für die musikalische Welt 49 (1862), S. 674.
491 Siehe Aufnahmsbogen vom Jahre 1857, Missletz, unterzeichnet am 1. November 1864. Landesarchiv Opava, Okresní úřad Opava I (NAD 535), http://digi.archives.cz/da/MenuBar.action; 03.01.2020.
492 Recensionen und Mittheilungen über Theater und Musik 12 (1863), S. 181.

Wien bemerkt etwa die *Neue Freie Presse*, dass „das Concert der talentvollen Geschwister Sophie und Friedrich Raczek, deren bedeutende Fertigkeit auf der Violine Aufmunterung und Anerkennung verdient."[493] Am Repertoire kritisiert ein Wiener Korrespondent der *Neuen Zeitschrift für Musik*, dass neben wenigen Ausnahmen „nur feilste Virtuosenwaare zu Gehör"[494] gebracht wurde. Daneben verweisen die *Blätter für Musik, Theater und Kunst* auf „eine überraschende Gleichmäßigkeit und Ausdrucksnuancen" im Spiel sowie die „Reinheit, Fertigkeit und Natürlichkeit des Vortrags [...]; es zeugt von Talent und zugleich von der tüchtigen Schule Hellmesberger's, die ihnen zu Theil geworden." Hier wird aber auch angemerkt: „Der Ton schien uns zu dem [sic] am wenigsten developirten Partien ihrer Technik zu gehören; es ist indessen möglich, daß dieß zum großen Theile an der geringen Qualität ihrer Instrumente liegt."[495]

Sofie Raczek heiratete im Oktober 1866 Béla Ruzitska und lebte mit ihm in Klausenburg. Hier trat sie gelegentlich noch öffentlich auf. Daneben veranstaltete das Ehepaar regelmäßig Hausmusik, in deren Rahmen beide Partner mitwirkten und teils auch mit Quartettpartnern musizierten. 1873 wurde die Geigerin zum Ehrenmitglied des Klausenburger Musikvereins sowie des dortigen Konservatoriums ernannt. Nach dem Tod ihres Ehemannes bekleidete Sofie Ruzitska eine Lehrstelle am Klausenburger Konservatorium,[496] dessen Direktor ihr Schwiegervater György Ruzitska war. Hier leitete sie ab 1891 die Geigenabteilung.[497]

Friedrich Raczek fand in Veszprém eine Anstellung als Konzertmeister. 1882 gründete er hier ein eigenes Streichquartett. Dem Raczek-Quartett gehörten Antal Kohl, ein Musiker namens Suchi (ab 1884 durch Lőrinc Ritter ersetzt) und László Mátrai an. Es bestand bis zum Tod Friedrich Raczeks im Jahr 1892.[498] Um 1886 war der Geiger offenbar auch als Kirchenmusiker an der Kathedrale in Veszprém tätig. Er wurde außerdem als Komponist – vornehmlich von Messen und Liedern – wahrgenommen.

---

493 Neue Freie Presse [Wien] 31.01.1865, NP.
494 Neue Zeitschrift für Musik 36 (1865), S. 313.
495 Blätter für Musik, Theater und Kunst 6 (1865), S. 24.
496 Siehe István Lakatos: „Brassai Sámuel és a muzsika", in: *Keresztény Magvető* 74 (1942), S. 135–146, hier S. 143.
497 Lakatos: „Ruzitskáné Raczek Zsófia", S. 185; siehe auch Ders.: *A muzsikus-Ruzitskák Erdélyben*. Cluij-Kolozsvár: Minerva Irodalmi és Nyomdai Műintézet Rt. Nyomása, 1939 (= Erdélyi Tudományos Füzetek 111).
498 Siehe Antal M. Tóth: „Közlemények. Arcképvázlat Ritter Lőrincről (1864–1941)", in: *Veszprémi Szemle* 1 (2018), S. 2–16, hier S. 7.

Radnitzky[499], Franz
01.04.1855, Wien – 15.08.1934

Familiärer/sozialer Kontext

Franz Radnitzky war vermutlich der Sohn von Emerich Radnitzky († 25.07.1893, Wien). Die Wiener Adressbücher weisen Franz und Emerich Radnitzky ab 1875 als Bewohner desselben Haushalts in Neulerchenfeld aus.[500] Letzterer war Musiker, wurde in den Adressbüchern später aber auch als Cassadiener bzw. Central-Cassadiener geführt. Er stammte aus dem böhmischen Rakonitz (Rakovník/Tschechien) und starb 1893 an einem Magengeschwür.[501] Über die Mutter Franz Radnitzkys liegen keine Informationen vor. Es ist anzunehmen, dass Franz Radnitzky im Elternhaus musikalisch gefördert wurde. Über weiteren privaten Instrumentalunterricht im Kindesalter gibt es keine Auskunft. 11-jährig wurde er in das Konservatorium der Gesellschaft der Musikfreunde in Wien aufgenommen.

Studium

Im Studienjahr 1866/67 belegte Franz Radnitzky im 1. Jahreskurs Violine im Haupt- und Klavier im Nebenfach.[502] 1867/68 wählte er die Nebenfächer Gesang und Generalbass hinzu.[503] In den folgenden Studienjahren variieren die Nebenfächer: 1868 belegte er Klavierbegleitung, 1869 allein Harmonielehre, 1870 wählte er Kontrapunkt, Klavierbegleitung und Literaturgeschichte, 1871 Klavierbegleitung, deutsche Literatur und Musikgeschichte, und 1872 Kontrapunkt. 1868 hatte der junge Musiker einen Stiftplatz erhalten, den er bis zu seinem Studienende behielt.

Im Sommer 1871 fand er erstmals Beachtung durch die (Wiener) Presse, die ihn als Gewinner des 2. Preises in den Preiskonkursen erwähnt.[504] Auch in den folgenden beiden Studienjahren wurde er in den Konkursen mit dem 2. Preis ausgezeichnet.[505] 1873 schloss der Geiger das Studium ab.

---

499 Auch: Radnicky, Radniky.
500 Siehe Lehmann: *Allgemeiner Wohnungs-Anzeiger*, 1859, S. 631; 1875, S. 430.
501 Sterbebuch Hernals, 1893, fol. 174, in: Matriken, Bestände Österreich. Wien/Niederösterreich (Osten): Rk. Erzdiözese Wien / 17., Hernals, https://data.matricula-online.eu/de/oesterreich/wien/17-hernals/03-40/?pg=176; 10.04.2020; siehe auch Wiener Zeitung 03.08.1893, S. 10, Die Presse [Wien] 03.08.1893, NP.
502 Gesellschaft der Musikfreunde: *Jahresbericht des Konservatoriums*, 1866/67, S. 42.
503 Ebd. 1867/68, S. 43.
504 Signale für die musikalische Welt 33 (1871), S. 519; Die Presse [Wien] 26.07.1871, S. 14; Wiener Zeitung 26.07.1871, S. 348.
505 Siehe Fremden-Blatt [Wien] 27.07.1872, S. 6; Blätter für Musik, Theater und Kunst 57 (1872), S. 228; Morgen-Post [Wien] 13.07.1873, NP; Neue Freie Presse [Wien] 13.07.1873, S. 6.

Konzertlaufbahn

Noch im selben Jahr wurde Franz Radnitzky als Mitglied der zweiten Violine in das Hofopernorchester sowie die Wiener Philharmoniker aufgenommen,[506] 1878 wurde er außerdem Exspektankt und 1888 Mitglied der Hofkapelle. Solistisch ließ er sich nebenher kaum hören. Stattdessen trat er Ende des Jahres 1875 als Kammermusiker hervor. Er hatte für eine Saison Josef Hellmesberger d. J. als zweiten Violinisten im Hellmesberger-Quartett vertreten und hier neben Josef Hellmesberger d. Ä. sowie Sigmund Bachrich (Viola) und Friedrich Hilpert (Violoncello) gewirkt.[507] Auch in den folgenden Jahren trat Franz Radnitzky neben seiner Orchestertätigkeit sporadisch als Kammermusiker auf. Im Juni 1877 wirkte er zusammen mit den Geigern Jakob Moritz Grün und Dragomir Krancsevics, dem Bratschisten Sigmund Bachrich und dem Violoncellisten Reinhold Hummer beim Salzburger Musikfest mit.[508] 1878 ließ er sich im Konzert der Pianistin Clara Stein im Wiener Bösendorfer-Saal hören und spielte im Februar 1879 zusammen mit Jakob Moritz Grün, Anton Loh und Reinhold Hummer in einer Soiree zugunsten des Hofoperntheater-Pensions-Instituts. Gegen Ende des Jahres, spätestens zum November, gründete Franz Radnitzky ein eigenes Quartett, dem er bis 1885 nominell als Primarius angehörte.[509] Seine Kollegen waren der Hellmesberger-Schüler August Siebert[510], der Bratschist Anton Stecher und der Violoncellist Theobald Kretschmann. Im Bösendorfer-Saal veranstalteten die Musiker in der Regel sechs Quartett-Abende je Saison. Auftritte außerhalb Wiens bilden die Ausnahme.[511] Nach der dritten Saison urteilt der Wiener Musikkritiker Eduard Schelle: „Das Quartett Radnitzky hat in dieser Saison seine Feuerprobe bestanden; wir werden es willkommen heißen, wenn es im nächsten Winter sich wieder zum Turnier einstellen sollte."[512] Schon zuvor, Ende 1881, hatte

---

506 Siehe Merlin: *Die Philharmoniker*, Bd. 2, S. 131.
507 „An Stelle des jungen Hellmesbergers ist ein Schüler des Directors Hellmesberger, Herr Franz Radnitzky, Orchesternmitglied der Hofoper, getreten", Neue Freie Presse [Wien] 31.10.1875, S. 7.
508 Darunter im Herbst 1880 ein Auftritt in Salzburg. Siehe etwa Deutsche Musik-Zeitung 22 (1877), S. 3; Salzburger Volksblatt 21.07.1877, NP. 1884 war das Quartett einer Einladung der hohen Fürstinnen des hannoverschen Hofes in das oberösterreichische Gmunden gefolgt und spielte hier vor Königin Marie von Sachsen-Altenburg.
509 Siehe Neue Freie Presse [Wien] 11.11.1879, S. 2; Wiener Sonn- und Montags-Zeitung 24.11.1879, S. 1.
510 August Siebert hatte ab 1873/74 die Ausbildungsklasse bei Josef Hellmesberger d. Ä. am Konservatorium besucht.
511 Siehe Wiener Allgemeine Zeitung 29.09.1880, S. 2.
512 Die Presse [Wien] 08.02.1881, S. 10. (Karl) Eduard Schelle war Nachfolger Eduard Hanslicks als Musikreferent bei der Zeitung *Die Presse*.

Max Kalbeck mit Blick auf die Streichquartett-Landschaft in Wien und das drohende Überangebot bemerkt:

> Bei der Uneinigkeit, welche in Intonation und Tempo unter vier reizbaren Künstlern so leicht zu entstehen pflegt, muß man befürchten, daß, etwa wie Goethe's Zauberbesen, jedes Quartett wieder zwei neue in seinem Schooße birgt, die sich dann in die Unendlichkeit fortpflanzten. Man würde in der Woche wenigstens sieben Quartett-Abende zu hören bekommen, während es jetzt erst deren vier gibt. Und wenn sie noch schlechte Musik brächten, so brauchte man nicht erst hinzugehen. Aber da lockt das vortreffliche Quartett Grün, dort das löbliche Quartett Radnitzky – ‚ach, und hundert Flüsse stürzen auf mich ein!'[513] Der Beifall der Guten ist allen jenen künstlerischen Bestrebungen gewiß; um jede dieser Vereinigungen schaart sich ein andächtiger Kreis von Enthusiasten, Kennern und Dilettanten, die unermüdlich im Hören, Applaudiren und Kritisiren sind. Wir haben nichts dagegen.[514]

Eduard Hanslick betrachtet das Radnitzky-Quartett daneben auch im weiteren Zusammenhang der Entwicklung der Kammermusik in Wien. Er sah mit der Gründung dieses und weiterer Ensembles „[d]ie Kammermusik [...] nach kurzem Stocken wieder in Fluß gerathen."[515] Weniger überzeugt zeigte sich der Korrespondent der *Wiener Allgemeinen Zeitung* G. Dömpke:

> Besitzt Wien auch keine Genossenschaft von der in aller Welt einzigen Größe und Vollendung des Joachim'schen Quartetts in Berlin, so erfreut es sich doch fürwahr einer hinlänglich großen Zahl vortrefflicher Kammermusiker, die durch beständige Darbietung edler Genüsse an der Bildung des besten musikalischen Publicums arbeiten und die durch ihre Concurrenz dessen Ansprüche im Ganzen und auf die Dauer steigern müssen, wenngleich durch die Thatsache, daß gegenwärtig die ersten dieser Kräfte nicht beisammen, sondern unter die drei Haupt-Associationen eigenthümlich verstreut sind – wie zum Beispiel das Quartett Grün Herrn Hummer, den vorzüglichsten Wiener Violoncellisten zu den Seinen zählt – sich die Concurrenz zwar um so interessanter gestaltet, jedoch die Vollendung einstweilen unerreichbar bleibt. [...] Es muß in der wesentlichen Verschiedenheit eines Publicums und zugleich in der besonderen Vorliebe Wiens für Quartettmusik begründet sein, wenn wir neben den drei

---

513 Zitat aus Johann Wolfgang Goethe, „Der Zauberlehrling", Str. 7/V. 7f.
514 Wiener Allgemeine Zeitung 29.11.1881, S. 3.
515 Neue Freie Presse [Wien] 24.01.1882, S. 2.

Vereinen von Hellmesberger, Grün und Rosé auch viel geringere Productionen mit ansehnlichem Erfolge belohnt sehen. So hat das Quartett Radnitzky trotz seiner auffallend marklosen Primgeige sein regelmäßiges und beifallslustiges Auditorium. Wir wollen ihm diese Freude keineswegs verkümmern, wenn wir wenigstens die Bedingung stellen, daß es auf den späteren Beethoven Verzicht leiste. Wie strenge, fast überstrenge wird nicht selbst über einen Geiger wie Arnold Rosé von gut musikalischen Hörern geurtheilt, wenn dieser einmal hinter Beethoven's Sonnenflug allzu merklich zurückzubleiben scheint. Wenn bei einem so vortrefflichen, beständig anerkannten Künstler ein gewisser Mangel an Größe und Feuer nicht unempfunden bleibt, wie soll der schwache Bogen Radnitzky's bestehen in einem der höchsten und schwierigsten Werke, welche bis vor nicht gar so langer Zeit für ein unnahbares Heiligthum galten, in Beethoven's Cis-moll-Quartett [Nr. 14 op. 131]! [...] Was außer der Qualität der Ausführung noch das Quartett Radnitzky von den Quartetts Hellmesberger, Grün und Rosé unterscheidet, ist ein allzu geneigtes Ohr für die Sehnsucht kleinerer einheimischer Compositionen nach der Oeffentlichkeit, der sie im Grunde wenig Eigenes zu sagen haben.[516]

Das Repertoire des Radnitzky-Quartetts umfasste neben bekannten Trios und Quartetten von Mozart, Beethoven, Haydn, Brahms, Schubert, Robert Schumann und Dvořák, auch eine Reihe weitgehend unbekannter beziehungsweise neuer Kompositionen, darunter Werke von Camillo Horn, Eduard Kremser, Anton Rückauf, Josef Labor, Hans Schläger, Johann Rufinatscha und Eduard Schütt. Insgesamt erfuhr das Quartett, wie es auch schon in der zuvor zitierten Rezension anklingt, einige Kritik für die Programmauswahl, vor allem mit Blick auf Kompositionen, die etwa böhmische Volksmusik einbeziehen. Bedřich Smetanas 1876 veröffentlichtes Streichquartett Nr. 1 (*Aus meinem Leben*) fand keine gute Aufnahme durch die *Deutsche Musik-Zeitung*: Die Komposition sei „voll Leben und Schwung, auch Kraft und doch nicht sehr mundend; macht es die Nationalität des Componisten, deren Wiederhall in den Werken zu erkennen ist? Wir gestehen, von allen jenen ‚nationalisirenden' Stücken, die um jeden Preis auch interessant sein wollen, nicht besonders entzückt zu sein"[517]. Eduard Hanslick zeigte sich mit der Wahl des Streichquartetts von Karel Šebor wenig zufrieden: „Sebor's Quartett verräth einen gutgeschulten und mit ernster Sorgfalt arbeitenden Musiker. National-Slawisches klingt nicht heraus, leider auch wenig original Individuelles."[518] Die Wahl von Camille Saint-Saëns' Septett Es-Dur

---

516 Wiener Allgemeine Zeitung 13.02.1884, S. 2.
517 Deutsche Musik-Zeitung 45 (1880), S. 284.
518 Neue Freie Presse [Wien] 24.01.1882, S. 2.

op. 65 stieß ebenfalls auf Kritik; *Die Lyra* urteilt: „Ueber die künstlerische Berechtigung eines mehr äußeren Momentes in Saint-Säens' [sic] Septett, das neben Clavier, Streichquartett und Contrabaß, die Trompete als obligat aufnimmt, wollen wir nicht streiten. Wenn ein Experiment dieser Art einen so geistreichen Vertreter findet wie Saint-Saëns, so mag immerhin das Herkommen eine Bresche erhalten."[519] Auch ein Streichquartett von Otto Bach überzeugte die Rezensenten nicht. Für die *Allgemeine Kunst-Chronik* schreibt H. M. Schuster: „Hingegen konnte eine Novität, ein Streichquartett von Otto Bach, trotz hübscher Themen und verdienstvoller Einzelheiten doch nicht durchdringen, schon wegen des sehr unquartettmässigen und klangwidrigen Satzes."[520] Resümierend heißt es schließlich im Frühjahr 1884 in der *Deutschen Musik-Zeitung*: „Die Quartettisten sollten künftig in der Wahl ihrer Novitäten vorsichtiger sein."[521]

Bis 1884 setzten die Musiker ihre sechsteiligen Quartettzyklen ununterbrochen fort. Zu Beginn der Saison 1884/85 indes mussten Quartettabende aufgrund einer Erkrankung Franz Radnitzkys mehrfach verlegt werden.[522] Offenbar besserte sich sein Gesundheitszustand im Laufe des nächsten Jahres nicht, zumindest kündigen die Wiener Zeitungen für die Saison 1885/86 an, dass der erkrankte Franz Radnitzky alternierend von Julius Winkler, David Pollak, Johann/Hans Kreuzinger und E. Kopta vertreten würde.[523] Franz Radnitzky kehrte nicht mehr in sein Ensemble zurück. Seine Stelle hatte schließlich Johann Kreuzinger, ein Kollege aus dem Hofopernorchester und bei den Wiener Philharmonikern, übernommen.[524] Das Quartett wirkte als Kreuzinger-Quartett beziehungsweise – alternativ benannt nach dem Violoncellisten – Kretschmann-Quartett fort.

Franz Radnitzky hatte sich aus dem öffentlichen Musikleben zurückgezogen. Auch von seinen Orchesterstellen trat er 1887 wegen seines schlechten Gesundheitszustandes in Pension.[525] Nach einigen Jahren der Erholung kehrte der Geiger auf die Bühne zurück, wirkte Ende 1890 in einer Silvesterfeier des Wiener Männergesang-Vereines mit. In der *Wiener Sonn- und Montags-Zeitung* ist kurz darauf zu lesen: „[E]s war – wie wir glauben – seit Jahren zum ersten Male, daß der ehemalige Führer des ‚Quartett Radnitzky' sich wieder der Oeffentlichkeit zuwendete, mit der er von jetzt

---

519 Die Lyra 7 (1883), S. 3.
520 Österreichische Kunst-Chronik 51 (1883), S. 765.
521 Deutsche Musik-Zeitung 9 (1884), S. 118.
522 Siehe Die Presse [Wien] 14.11.1884, S. 11; Deutsche Musik-Zeitung 41 (1884), S. 577.
523 Siehe Wiener Zeitung 04.10.1885, S. 5; Morgen-Post [Wien] 06.10.1885, S. 4; Wiener Allgemeine Zeitung 06.10.1885, S. 6.
524 Siehe Deutsche Musik-Zeitung 43 (1886), S. 430; Wiener Sonn- und Montags-Zeitung 10.01.1887, NP.
525 Siehe Merlin: *Die Philharmoniker*, Bd. 2, S. 131.

an wohl neuerdings verbunden bleiben wird."⁵²⁶ Tatsächlich folgten im Jahr 1891 einige weitere Auftritte. Im April trat Franz Radnitzky zusammen mit dem ehemaligen Kollegen aus dem Hofopernorchester Rudolf Zöllner (Violine II) sowie den Dilettanten Franz Kohlert und Friedrich Zechner im Rahmen eines Kammermusikabends des Musivereins in Leoben auf.⁵²⁷ Im Mai folgte ein solistischer Auftritt mit Werken von Henri Vieuxtemps bei einer Liedertafel des Neulerchenfelder Männergesang-Vereines. Am 09.11.1891 wirkte er außerdem in einem Konzert der Wiener Pianistin Adele Mandlick im Wiener Bösendorfer-Saal mit. Hierauf zog sich Franz Radnitzky erneut aus dem Musikleben zurück. Erst 1895 wird die Presse wieder auf den Musiker aufmerksam, und zwar anlässlich seiner Eheschließung mit Adele Mandlick (1864–1932) am 06.07.1895. Die Trauung in der Wiener Karlskirche fand breite Beachtung: „Ein aus etwa vierhundert Personen bestehendes Publicum, das den distinguiertesten Gesellschaftskreisen und insbesondere der musikalischen Welt angehörte, wohnte dem feierlichen Acte bei."⁵²⁸ Die gesellschaftliche Geltung dieser Heirat wird nicht zuletzt auch am Trauzeugen der Braut, „Oberst im Generalstabe Herr Franz Conrad v. Hötzendorf"⁵²⁹, ablesbar. Trauzeuge Franz Radnitzkys war der Kollege Rudolf Zöllner. Adele Radnitzky-Mandlick setzte ihre öffentliche Karriere als Pianistin nicht fort, wie die *Neue Freie Presse* hervorhebt. Stattdessen beschränkte sie sich künftig auf den halbprivaten Rahmen und ihre Lehrtätigkeit: „Die Künstlerin bleibt auch nach ihrer Verheiratung ihrem Berufe als Lehrerin treu, in welchem sie sich eine so angesehene Stellung erworben hat; auch werden die Kammermusik-Nachmittage, die seit vielen Jahren im Hause der Pianistin vor einem geladenen Publicum stattfinden und einen gewissen Ruf erlangt haben, fortdauern."⁵³⁰ Neben diesen Musikveranstaltungen organisierte das Ehepaar außerdem noch bis in die frühen Jahre des 20. Jahrhunderts hinein gemeinsame Schüler*innenkonzerte im Ehrbar-Saal.⁵³¹ Als Geiger trat Franz Radnitzky selbst nur noch selten auf. Rückblickend bemerkt indes noch 1904 ein Korrespondent der *Badener Zeitung*: „In seinem Spiele lebten die Traditionen der Vortragskunst des alten Hellmesberger."⁵³²

Schon vor Beendigung seiner Geigerlaufbahn war Franz Radnitzky auch als Komponist hervorgetreten. Im Wiener Musikleben wurde er vor allem als Liederkomponist wahrgenommen. Schon 1884 hatte er *Neun Wanderlieder von L. Uhland*

---

526 Wiener Sonn- und Montags-Zeitung 02.03.1891, NP.
527 Siehe Grazer Volksblatt 26.04.1891, NP.
528 Neue Freie Presse [Wien] 09.07.1895, S. 8.
529 Ebd.
530 Ebd.
531 Siehe etwa Neues Wiener Tagblatt 08.04.1906, S. 13.
532 Badener Zeitung 29.10.1904, S. 3f., hier S. 4.

für 1 Singstimme mit Pfte. (Wien: Wetzler) in zwei Heften herausgegeben.[533] Darüber hinaus komponierte er Werke für sein Instrument. Eine Serenade für Violine und Klavier wurde 1909 bei Schott in London publiziert.[534]

Es erweist sich als schwieriges Unterfangen, ein musikalisches Profil Franz Radnitzkys erstellen zu wollen. Solistisch war der Musiker nur selten aufgetreten. Zu den wenigen bekannten Kompositionen, die er spielte, gehören eine 1878 neu erschienene Sonate für Klavier und Violine von Robert Fuchs, Charles-Auguste de Bériots *Grand duo concertant pour piano et Violon sur des motifs de l'opéra ‚Les Huguenots' de Meyerbeer* in der Bearbeitung von Sigismund Thalberg (op. 43), ein Konzertstück für zwei Violinen mit Klavierbegleitung von Jean-Delphin Alard sowie Salonstücke und Variationen von Henri Vieuxtemps.

Schipek[535], Franz (Johann)
18.12.1842, Wien – 04.06.1881, Bukarest

Familiärer/sozialer Kontext

Franz Schipek war der Sohn der Handarbeiterin Josepha Schipek geb. Kozaczek (* 1815) und des Flügelhornisten Franz Schipeck (um 1807 – um 1860). Selbiger war als Sohn eines böhmischen Schneiders in einem handwerklich geprägten Umfeld aufgewachsen. Nach seiner Mitgliedschaft bei den Wiener Flügelhornisten unter der Leitung von A. Fuchs gründete er spätestens 1843 ein eigenes Ensemble: das Flügel-Hornisten-Corps bzw. Wiener Flügelhornisten-Corps.[536]

Franz Schipek d. J. erhielt wie seine Halbschwester aus der ersten Ehe des Vaters, Katharina Josepha, später verh. Göhler (1836–1875), und die Schwester Marie/Maria (Antonia Josefa) (1844–1895) schon früh Instrumentalunterricht. Spätestens ab 1852 trat er mit seinem Vater und seiner Halbschwester Katharina (Physharmonika, Gesang) als Künstlerfamilie Schipek in Wien und Umgebung sowie in Brünn auf. Länger währende und teils auch parallele Engagements in verschiedenen Unterhaltungslokalen mit wöchentlichen Auftritten zeugen von der hohen Auftrittsdichte des Familienensembles.

---

533 Siehe Musikalisch-literarischer Monatsbericht über neue Musikalien, musikalische Schriften und Abbildungen 7 (1884), S. 202.
534 *Sérénade pour Violon avec Accompagnement de Piano*, London 1909.
535 Auch: Schipeck/Šipek.
536 Siehe Monika Kornberger: „Schipek, Familie", in: *Oesterreichisches Musiklexikon online*, 2019, https://musiklexikon.ac.at/0xc1aa5576_0x0033f770; 22.12.2020.

Studium

1855 wurde Franz Schipek an das Konservatorium in Wien aufgenommen und studierte hier Violine bei Josef Hellmesberger d. Ä. sowie Harmonie- und Kompositionslehre bei Simon Sechter. Im darauffolgenden Jahr belegte er außerdem Klavier als obligates Fach für Studierende der Harmonie- und Kompositionslehre. Obwohl per Revers für insgesamt vier Jahre am Konservatorium eingeschrieben, schloss der Musiker sein Studium schon nach dem zweiten Jahr ab. Er wurde mit der Gesellschaftsmedaille ausgezeichnet.[537]

Konzertlaufbahn

Auch während des Studiums wirkte Franz Schipek weiter im Familienensemble mit.[538] Spätestens ab 1857 trat auch die jüngere Schwester Marie als Mitglied der Künstlerfamilie Schipek auf.[539] Es folgten Engagements in Marburg, Graz, Laibach und Triest.

Neben den zahlreichen Konzertankündigungen sind zunächst kaum Berichte überliefert, was auf die Auftrittsorte der Musiker*innen zurückzuführen ist, schließlich wurden musikalische Veranstaltungen in Gaststätten und Unterhaltungslokalen von der Musikkritik kaum berücksichtigt. Nach Auftritten in Graz und Marburg finden sich unterdessen 1857 einige Besprechungen. Die Grazer *Tagespost* etwa bemerkt:

> Die Familie Schipek, welche schon seit einiger Zeit in den Gasthaus-Localitäten unserer Stadt Concert-Soireen veranstaltet, erfreut sich mit Recht eines zahlreichen Zuspruches und bildet eine Ausnahme von den vielen musicirenden Gesellschaften, welche unsere Gasthäuser überschwemmen. In der That besitzt diese Familie in der Person des fünfzehnjährigen Violinspielers Franz, eines Schülers des Professors Helmesberger [sic] in Wien, einen Künstler, und nicht wenig waren wir erstaunt, als er uns dieser Tage in der Restauration zum ‚Brandhof' eine schwierige Concert-Piece von Beriot mit einer Meisterschaft vortrug, mit der er in jedem Concerte oder Theater sich Anerkennung und Beifall errungen hätte. Eine schwungvolle Bogenführung, schöner weicher Ton, ein seelenvoller Vortrag, verbunden mit einem reinen Flageolet und eleganten Staccato, kennzeichnen ihn als hoffnungsvollen Kunstjünger. Aufrichtig bedauern wir aber diesen jungen Mann von so entschieden ausgesprochenem Talente, daß er leider verurtheilt scheint, in den lärmenden Gasthäusern

---

537 Siehe Gesellschaft der Musikfreunde: *Verzeichnis und Classification der Schüler*, 1856/57, S. 5.
538 Siehe etwa Fremden-Blatt [Wien] 05.12.1855, NP.
539 Jörgel Briefe 4 (1857), S. 12.

das Brot zu verdienen. Möchte sich eine ‚rettende Hand' seiner erbarmen und ihn von diesem verderblichen Wege auf die edlere Bahn der höheren künstlerischen Ausbildung zurücklenken.[540]

Auch die *Vereinigte Laibacher Zeitung* nimmt vor allem die Leistungen Franz Schipeks d. J. in den Blick:

> Gleich bei den ersten ausgeführten Konzertpiecen von Beriot, Vieutemps [sic], Mayseder u. s. w. mußten wir seine große Technik und die kräftige, schwungvolle Bogenführung bewundern. Derselbe bewies in allen von ihm vorgetragenen Stücken, daß er alle Eigenschaften besitzt, ein tüchtiger Violin-Virtuose zu werden: große Reinheit in Doppelgriffen, reizendes Staccato, außerordentliche Fertigkeit und Sicherheit im Flageolet! Was aber bei diesem jungen Manne so wohlthuend wirkt, ist der Umstand, daß sein Vortrag, trotz seiner großen Jugend, nicht den Eindruck von etwas Eingelerntem zurückläßt, sondern durchaus selbstständig, – man kann sagen – männlich erscheint. Verdientermaßen erscholl nach jeder Nummer reichlicher Beifall, und wir wünschen von Herzen, daß dem jugendlichen Virtuosen stets ein höheres Kunstspiel vorschwebe, und er so die Erwartungen erfüllen möge, zu denen sein eminentes Talent so sehr berechtigt.[541]

Erstmals zu dieser Zeit ließ sich Franz Schipek auch außerhalb des Familienensembles solistisch hören und trat – wie schon zuvor mit der Familie – vor allem in Gaststätten auf. Die *Vereinigte Laibacher Zeitung* merkt dazu an, es sei

> bedauerlich [...], zu sehen, wie das junge Talent sich abmüht, in Wirthshäusern das Publikum zu unterhalten. Sollte unsere Zeit wirklich so der wahren Kunst entfremdet sein, daß sich Niemand fände, der durch glückliche Umstände in den Stand gesetzt wäre, den jungen Mann in den eigentlichen Tempel der Kunst führen zu lassen? Soll wirklich die Kunst verdammt sein, sich selbst zu erniedrigen und nur nach Brot zu gehen?[542]

In der Saison 1857/58 unternahm der Geiger wiederum mit dem Familienensemble eine Konzertreise nach Italien. Im Frühjahr 1858 gastierten die Musiker*innen in

---

540 Tagespost [Graz] 19.09.1857, NP.
541 Vereinigte Laibacher Zeitung 21.10.1857, S. 969.
542 Ebd. 05.11.1857, S. 1020.

Graz und kehrten anschließend nach Wien zurück.[543] Franz Schipek d. J. begab sich im Anschluss offenbar allein auf eine Konzertreise. Im Spätsommer des Jahres befand er sich unter anderem in Ungarisch-Brod und Olmütz. Am 26.12.1858 feierte Franz Schipek sein Wiener Debüt als Solist in einem Konzert im Saal der Gesellschaft der Musikfreunde, in dem auch eine seiner Schwestern als Sängerin mitwirkte,[544] und spielte hier Louis Spohrs Violinkonzert Nr. 8 a-Moll op. 47, Heinrich Wilhelm Ernsts *Othello-Fantasie* op. 11, Henri Vieuxtemps' *Lombardi-Fantasie* op. 29 und Niccolò Paganinis *La Campanella*. Die öffentliche Reaktion war reserviert bis ablehnend.[545] Weitere Hinweise auf eigene Konzerte fehlen zunächst. Auch die gemeinsamen Auftritte der Künstlerfamilie scheinen 1859 ein Ende gefunden zu haben. Franz Schipek d. Ä. starb 1860. Erst ab 1862 sind weitere Auftritte der Geschwister Schipek dokumentiert. Das *Fremden-Blatt* kündigt im April eine Gesangssoiree im Casino in Hetzendorf/Wien an.[546] Für das Frühjahr 1863 verweist der *Mährische Correspondent* auf einen Auftritt Franz Schipeks in einem Wohltätigkeitskonzert in Brünn.[547] Ebenfalls in Brünn veranstaltete der Geiger am 11.04.1863 ein eigenes Konzert im Redoutensaal, fand allerdings weiterhin keine positive Resonanz. Ein Brünner Kritiker formuliert fast entschuldigend:

> Es gehört viel Muth und Glück dazu, als Virtuose jetzt noch erfolgreich zu wirken; denn bei der Verallgemeinerung der Musik in allen Schichten der Gesellschaft, bei der Uebersättigung des Publikums mit den raffinirtesten Kunststückchen der modernen Technik, muß der Virtuose entweder ein vollendeter Künstler sein, oder er muß es verstehen, Capriolen der verschiedensten Art, musikalische Salto mortales auszuführen, um die Menge zu verblüffen und so jenen Ruhm (?), jene Reclame zu gewinnen, die ihm beifällige und materielle Anerkennung sichern. Diese Gedanken lagen uns so nahe, als wir in den, diesmal nur zu geräumigen Redoutensaal traten, um den Productionen des Hrn. Schipek beizuwohnen, welcher zwar als kein vollendeter Künstler, aber auch als kein musikalischer Charlatan erschien.[548]

---

543 Siehe Grazer Zeitung 20.02.1858, S. [123].
544 Siehe Fremden-Blatt [Wien] 24.12.1858, NP.
545 Siehe Der Humorist 289 (1858), S. 3; Morgen-Post [Wien] 28.12.1858, NP; Blätter für Musik, Theater und Kunst 17 (1858), S. 239.
546 Fremden-Blatt [Wien] 20.04.1862, NP.
547 Siehe Mährischer Correspondent [Brünn] 06.04.1863, S. 4.
548 Ebd. 13.04.1863, S. 5.

Erst zwei Jahre später ließ sich Franz Schipek wieder in einem öffentlich wahrgenommenen Konzert hören. Im März 1865 gastierte er in Olmütz und veranstaltete hier einige ausnehmend positiv besprochene Konzerte.[549] Auch in Brünn fand er kurze Zeit später wohlwollende Resonanz.[550]

Anfang der 1870er Jahre trat Franz Schipek erneut als Kammermusiker hervor. Im Herbst 1871 kündigt das *Fremdenblatt* den ersten Auftritt von „Ohehlschlegel's Salon-Quintett"[551] in der Neuen Dreherschen Bierhalle an, bestehend aus den Herren Oelschlegel (Harmonium), Swaczek (Violoncello), Waranitsch (Klavier), Markgraf (Flöte) und Schipek (Violine). Wöchentliche Auftritte des Ensembles in der Neuen Dreher'schen Bierhalle schlossen sich an.

Während das Quintett nach 1872 offenbar nicht mehr konzertierte, scheint Franz Schipek in der Folgezeit gelegentlich mit seiner Schwester Marie zusammengewirkt zu haben. Für den April 1872 findet sich in der Wiener Presse außerdem die Ankündigung eines Auftritts der Damenkapelle Marie Schipeks „unter der Leitung der Geschwister Schipek"[552] – was allerdings eine einmalige Gelegenheit gewesen zu sein scheint. Im Dezember 1878 und Januar 1879 wirkte Franz Schipek in Konzerten der Damenkapelle in Linz mit und trat hier auch solistisch sowie im Duo mit seiner Schwester auf.[553] In den Konzerten der Kapelle wurde auch Musik von Franz Schipek aufgeführt, darunter der Walzer *Abschiedsklänge*.[554] Nachweise für weitere Auftritte des Musikers fehlen. Dass er Konzertmeister gewesen sei, wie Richard Perger in seiner *Geschichte der K. K. Gesellschaft der Musikfreunde in Wien* angibt,[555] lässt sich nicht über anderweitige Quellen bestätigen.

Schön, Franziska[556]
* 16.07.1845, Krönau/Mähren, Křenov/Tschechien – ?

Familiärer/sozialer Kontext

Die familiäre Herkunft von Franziska Schön ist nicht eindeutig zu bestimmen. Dem Matrikelbogen des Konservatoriums der Gesellschaft der Musikfreunde für das Studienjahr 1863/64 zufolge war die zu diesem Zeitpunkt 16-jährige Studentin gebürtig

---

549 Siehe Die Neue Zeit [Olmütz] 14.03.1865, NP; Recensionen und Mittheilungen über Theater und Musik 20 (1865), S. 311.
550 Allgemeine musikalische Zeitung 22 (1865), Sp. 366.
551 Fremden-Blatt [Wien] 01.10.1871, NP.
552 Neues Fremden-Blatt [Wien] 14.04.1872, NP.
553 Siehe Tages-Post [Linz] 24.12.1878, S. 3; ebd. 03.01.1879, S. 3.
554 Siehe ebd. 01.01.1879, S. 5.
555 Siehe Perger: *Geschichte der K. K. Gesellschaft der Musikfreunde in Wien*, S. 332.
556 Auch: Fanny, Fanni.

aus Krönau und die Tochter des Musikers Johann Schön. In den Matrikelbögen der folgenden beiden Studienjahre wird Letzterer nicht mehr als Musiker, sondern als ‚Portier' aufgeführt.[557] Die Kirchenbücher für den Ort Krönau verzeichnen für den 16.07.1845 die Geburt von Franziska Schön, Tochter von Johann Schön – Sohn des Häuslers Franz Schön und von Viktoria Schön geb. Richter – und Franziska Schön geb. Proksch.[558] Allerdings weicht das in den Hochschulakten vermerkte Alter der Musikerin um mindestens ein Jahr ab.

Diesen Auskünften zum familiären Umfeld aus den Hochschulakten und Kirchenbüchern stehen Presseberichte gegenüber, die für den Sommer 1862 Auftritte des „Virtuosen Geschwisterpaar[es] Albert u. Franziska Schön aus Breslau"[559] dokumentieren, und hier ganz andere verwandtschaftliche Bezüge herstellen. Aus der Olmützer Zeitung *Die Neue Zeit* ist etwa zu erfahren: „Hr. Schön[560] ist noch ein junger Mann von 22–24 J., der den 1sten Unterricht von seinem Vater, dem Vorstand der in ganz Deutschland anerkannten Musikschule ‚Schön' in Breslau und seine weitere Ausbildung durch Vieuxtemps erhalten hatte. Die 14jährige anmuthige Franziska genießt, wie man uns mittheilt, erst seit 4 Jahren den Unterricht im Violinspiel und ist Schülerin ihres Vaters."[561] Während zu Albert bzw. Adalbert Schön weitere biographische Informationen bislang fehlen, stimmen Alter und Instrumentenwahl der hier erwähnten Geigerin mit denen der Studentin Franziska Schön am Konservatorium überein. Indes weicht der benannte Verwandtschaftsbezug grundlegend ab: „Vorstand der in ganz Deutschland anerkannten Musikschule ‚Schön'" war der gebürtige Krönauer Geiger, Komponist und Dirigent Moritz Schön (1808–1885), der seine Ausbildung unter anderem in Berlin bei Karl Möser, von 1831 bis 1834 bei Karl Friedrich Müller in Braunschweig und von Louis Spohr in Kassel erhalten hatte. Nach einigen Konzertreisen durch Deutschland, Österreich und die Niederlande sowie mehreren Anstellungen – in der Privatkapelle der Fürstin Friederike Juliane zu Lynar in Drehna bei Luckau (Niederlausitz), der Königlichen Kapelle in Berlin und als Orchesterdirektor in Breslau (1835–1841) – gründete er 1841 in Breslau die Violinschule Schön. Darüber hinaus war er Mitbegründer und Dirigent der Philharmonischen Gesellschaft in Breslau, wofür er zum Kgl. Musikdirektor ernannt wurde. Weithin wahrgenommen wurde Moritz Schön auch über seine zahlreichen

---

557 In den Adressbüchern der Jahre 1864 und 1865 ist kein entsprechender Eintrag zu Johann Schön mit passender Berufsangabe enthalten. Siehe Lehmann: *Allgemeiner Wohnungs-Anzeiger*, 1864 und 1865.
558 St. Joannis, Křenov. Geburts- und Taufmatrik 1829–1866, fol. 29.
559 Die Neue Zeit [Olmütz] 13.08.1862, NP.
560 In diesem Beitrag Adalbert Schön genannt. Ebd. 15.08.1862, NP.
561 Ebd.

Lehrwerke und Übungsstücke für Violine.⁵⁶² Sein Ausbildungsinstitut sei, so das *Schlesische Tonkünstler-Lexikon*, „ein Violin-Unterrichts-Institut – nach dem Muster größerer Conservatorien [...]. [Es] soll zunächst Violinspieler bilden, welche, auf Grund einer bestimmten und tüchtigen Schule, sowohl im Orchester mit der gehörigen Präcision und Uebereinstimmung wirken, als auch, bei besondern Anlagen und Fortschritten, eine höhere künstlerische Laufbahn einschlagen wollen, – nach dem Muster der größeren Conservatorien."⁵⁶³

Angesichts der in der zweiten Hälfte des 19. Jahrhunderts zwar steigenden, weiterhin aber noch übersichtlichen Zahl öffentlich konzertierender Geigerinnen scheint es unwahrscheinlich, dass es sich hier um zwei Geigerinnen gleichen Namens handelt. Damit ist vorstellbar, dass die Musikerin Franziska Schön, die als Teil des Virtuosenpaares auftrat, identisch ist mit der Studentin des Wiener Konservatoriums. Gleichwohl müssen die genauen familiären Bezüge offenbleiben. Es mag sein, dass es sich bei der Hellmesberger-Schülerin um die in den Kirchenbüchern Krönaus dokumentierte Franziska Schön handelt. Die spätere Berufsangabe des Vaters in den Konservatoriumsmatrikeln als Portier stützt die Annahme – der mit diesem Beruf verknüpfte geringe gesellschaftlich-soziale Status stimmt mit der in den Krönauer Kirchenbüchern nachvollziehbaren Herkunft als Sohn eines Häuslers (d. h. Kleinstbauern ohne Besitz) überein. Ebenso schlüssig ist demgegenüber die Annahme, dass der Vater Franziska Schöns Geiger gewesen sei; nicht zuletzt sprechen die frühe musikalische Sozialisation und die Instrumentenwahl dafür. Indes fehlen für eine verwandtschaftliche Beziehung zu Moritz Schön genealogische Belege, auch wenn Geburtsort und musikkultureller Wirkungskreis übereinstimmen und zumindest eine entferntere Verwandtschaft Franziskas zu Moritz und auch zu Albert bzw. Adalbert Schön nahelegen. Letzterer wird in der Presse noch später als Sohn von Moritz Schön benannt. Für Franziska Schön bleiben solche Vermerke aus.

Studium

Franziska Schön war die erste Studentin Josef Hellmesbergers d. Ä. am Konservatorium.⁵⁶⁴ Zum Studienjahr 1863/64 wurde sie in den 1. Jahreskurs für Violine auf-

---

562 Siehe Uwe Harten: „Schön, Moritz", in: Österreichische Akademie der Wissenschaften (Hg.): *Österreichisches Biographisches Lexikon. 1815–1950*, 16 Bde., Bd. 11, Lfg. 51. Wien: Verlag der Österreichischen Akademie der Wissenschaften, 1995, S. 39.

563 Koßmaly und Carlo [Carl Koßmaly und Carl Heinrich Herzel]: *Schlesisches Tonkünstler-Lexikon*, 4 Hefte in 1 Bd. Repr. Hildesheim/New York: Olms, 1982 [orig. 1846], S. 85.

564 Für die Jahrgänge 1860/61 bis 1868/69 ist die Zuständigkeit für die Violinklassen nicht nachvollziehbar. Der Personalliste lassen sich die Violinlehrer entnehmen, allerdings nicht ihre Zuständigkeiten. In den Schülerlisten werden Lehrernamen nicht erwähnt, eine Zuordnung über die Jahreskurse scheint nicht zielführend. Für diese Jahre lassen sich lediglich einzelne Schüler*innen

genommen, studierte im Nebenfach außerdem Gesang und Musiktheorie. Der im entsprechenden Jahresbericht enthaltene „Bericht über den Fleiss und Fortschritt der Zöglinge" weist sie schon für dieses Jahr neben Julius Blau, Adolf Brodsky und Franz Heger als eine der vorzüglichsten der insgesamt 12 Schüler*innen der Ausbildungsklasse unter der Leitung Josef Hellmesbergers aus.[565] Auch in den folgenden Studienjahren wurde ihr diese Auszeichnung verliehen. Bis 1865/66 besuchte sie den Unterricht bei Josef Hellmesberger.[566] Schon in dieser Zeit wurde die Wiener Fachpresse auf Franziska Schön aufmerksam. Die *Blätter für Musik, Theater und Kunst* etwa konstatieren mit Blick auf die Prüfungen in Hellmesbergers Ausbildungsklasse im Sommer 1864:

> Zeigte sich zwar an jedem der vorgeführten Eleven der unverkennbare Einfluß der eminenten Schule Hellmesberger's, die auf gründliche Technik, großen Ton, charakteristischen, edlen Vortrag und elegante Haltung gleichmäßig hinwirkt, so ist es natürlich, daß diese Merkmale bei den reicher Begabten auch in bestimmteren Formen zur Erscheinung gelangten. Zu diesen vom Hause aus mit dem Weihekuß der Kunst Versehenen sind namentlich zu zählen: Brodsky, Blau, Risegari und in vielleicht noch höherem Grade Frln. Fanny Schön. Dieses Fräulein hat uns durch die Kraft, Größe und Noblesse ihres Tones, die Sicherheit und Reinheit ihres Passagenspiels, die Glut und Energie ihres Vortrages wirklich überrascht, stellenweise geradezu hingerissen. Wenn aus diesem Fräulein keine große Violinvirtuosin wird, die gleich der Milanollo ihren glänzenden Weg zu machen bestimmt ist, so mag die Wissenschaft der Prophezeiung einer künstlerischen Zukunft nur gleich in Pension gehen.[567]

Ebenfalls 1864 wirkte Franziska Schön in einer Veranstaltung des Konservatoriums bei der Aufführung von Mozarts Klarinettenquintett A-Dur KV 581 mit. Klarinette spielte Karl Franz von Lengerke, Franziska Schön die erste Geige, ihre Kommilitonen aus der Hellmesberger-Klasse Alois Risegari und Willibald Hengg zweite Geige und Viola sowie Franz Giller Violoncello.[568]

    Lehrern zuordnen, nämlich jene, die in den Prüfungen mit guten Leistungen aufgefallen sind. (Siehe ‚Bericht über Fleiß und Fortschritt der Zöglinge' in den jeweiligen *Jahresberichten des Konservatoriums*) Auch in diesem Fall konnte über eine solche Liste nachgewiesen werden, dass Franziska Schön Schülerin Josef Hellmesbergers war.

565 Gesellschaft der Musikfreunde: *Jahresbericht des Konservatoriums*, 1863/64, S. 48.
566 Siehe ebd. 1865/66, S. 35, 61.
567 Blätter für Musik, Theater und Kunst 61 (1864), S. 243f., hier S. 244.
568 Neue Zeitschrift für Musik 28 (1864), S. 245.

Konzertlaufbahn

Schon vor dem Studium war Franziska Schön öffentlich aufgetreten. Ein früher Beleg ihrer Konzerttätigkeit stammt aus dem *Deutschen Bühnen-Almach*, der für das Jahr 1860 einen Auftritt der „Violin-Virtuosin Franziska Schön, von Breslau"[569] als Gast in einer Veranstaltung einer reisenden Gesellschaft in Salzbrunn dokumentiert. Für das Jahr 1862 sind in der Presse die bereits benannten Auftritte des „Virtuosen Geschwisterpaar Albert u. Franziska Schön aus Breslau"[570], unter anderem in Troppau, Teschen und Olmütz verzeichnet. Das Blatt *Recensionen und Mittheilungen über Theater und Musik* berichtet außerdem von erfoglreichen „öffentlichen Produkzionen in der Heimath [Breslau]" und von der Absicht des Geschwisterpaares, „nach Brünn zu reisen"[571].

Am 13.08.1862 ließen sich Franziska und Albert bzw. Adalbert Schön im Olmützer Kasinosaal hören. Das Programm der beiden Geiger*innen umfasste Doppelvariationen von Wilhelm Meves und zwei Duos von Charles-Auguste de Bériot, außerdem trug Franziska Schön solistisch Alexandre-Joseph Artôts *Souvenirs de Bellini* op. 4 vor. *Die Neue Zeit* fällt ein anerkennendes Urteil: Das

> stattgehabte Konzert der Geschwister Adalbert und Franziska Schön rechtfertigte vollkommen den ehrenvollen Ruf, der diesem künstlerischen Geschwisterpaare seit der kurzen Zeit seines ersten öffentlichen Auftretens in der Kunstwelt […] überall vorangeht. Sowol [sic] in Adalbert Schön, als in seiner noch jüngeren Schwester Franziska lernten wir ganz vorzügliche hervorragende Talente kennen, deren virtuoses Spiel schon jetzt den Beifall des Publikums im lebhaftesten Grade herausfordert u. die bei fortgeschrittener Ausbildung mit der Zeit neben den Matadoren der Violine, der Königin aller Instrumente, einen ebenbürtigen Rang einnehmen dürften.[572]

Für die ersten Jahre nach dem Studium fehlen Belege der Konzerttätigkeit Franziska Schöns. Im Sommer 1870 weist die Wiener Presse auf ihre Mitwirkung in Gottesdiensten in der Dominikaner- und der Universitätskirche hin. Kirchenmusik scheint auch im weiteren Verlauf der kurzen Konzertkarriere, die sich bis 1877 nachvollziehen lässt, der Schwerpunkt der Musikerin gewesen zu sein. Regelmäßig trat sie in der Dominikanerkirche und der Minoritenkirche, aber auch in der Neuen

---

569 Deutscher Bühnen-Almanach (1860), S. 314f., hier S. 315.
570 Die Neue Zeit [Olmütz] 13.08.1862, NP.
571 Recensionen und Mittheilungen über Theater und Musik 33 (1862), S. 527.
572 Die Neue Zeit [Olmütz] 15.08.1862, NP.

Protestantischen Kirche Wiens auf. Auftritte im weltlichen Musikbetrieb bildeten demgegenüber die Ausnahme. Hierunter fällt zum Beispiel die Mitwirkung in einem Konzert der Sängerin Katharina Plaschesky-Bauer am 26.08.1872 im Kasinosaal Bad Ischl. Solistisch trug Franziska Schön *Lieder ohne Worte* op. 1 von Josef Vockner vor. Mit der Konzertgeberin, Josef Vockner und einer Pianistin namens Caromaldi spielte sie außerdem Bach-Gounods *Ave Maria* in einer Bearbeitung für Gesang, Violinsolo, Klavier und Physharmonika.

Ein weiterer Auftritt Franziska Schöns im weltlichen Rahmen erfolgte am 17.12.1871 in einer Festfeier des Wiener Rudolfinums, in der sie zusammen mit zwei nicht genannten Kolleg*innen Wilhelm Meves' Concert-Variationen für zwei Violinen und Klavier vortrug. Im August 1873 hielt sich die Musikerin in Wiesbaden auf. Hier wirkte sie in einem Kirchenkonzert mit, in dem sie zusammen mit August Wilhelmj ein Largo für zwei Violinen und Orgel von Johann Sebastian Bach spielte, wozu die Zeitung *Die Presse* aus Wien bemerkt: „Sie zeigte als Virtuosin einen fein nuancirten Vortrag und tüchtige Schule. Muß es doch schon als ein sehr günstiges Zeugniß für ihre Meisterschaft gedeutet werden, daß Wilhelmj sich herbeiließ, mit ihr ein Duo zu spielen."[573] Wie ein Eintrag in der *Berliner Musikzeitung* nahelegt, ließ sich Franziska Schön in Wiesbaden mehrfach „mit dem Virtuosen Herrn Wilhelmj mit vielem Erfolge"[574] hören. Tatsächlich fällt ein Auftritt mit dem hochrenommierten August Wilhelmj aus der Reihe der sonstigen Konzertgelegenheiten der Geigerin heraus. Nachträglich nicht mehr sichtbare Beziehungsnetzwerke sind ein naheliegender Erklärungsansatz für diese ungewöhnliche Zusammenarbeit.

Entsprechend ihrer Spezialisierung auf Kirchenmusik liegt auch der Repertoireschwerpunkt Franziska Schöns auf der sakralen Literatur. Vielfach trug sie in den Gottesdiensten nicht weiter definierte Einlagen für Gesang- und Violinsolo vor, darunter vornehmlich welche von Wiener beziehungsweise österreichischen Komponisten wie Josef Blahak, Johann Gänsbacher, Leopold Jansa, Heinrich Proch, Ludwig Rotter und Joseph von Wenusch, außerdem von Luigi Cherubini und Louis Spohr.

Die Konzertpartner*innen waren namentlich kaum bekannt; unter ihnen waren die Sänger*innen Auguste von Jäger, Michael Kugler, Marie Raith und Amalie Erner.

Zu Beginn ihrer Konzerttätigkeit war die Geigerin wiederholt als „Fanni Schön aus Berlin"[575] vorgestellt worden. Indes lässt sie sich weder in den Berliner Adressbüchern dieser Zeit nachweisen, noch scheint sie in Berlin in einem öffentlich wahrgenommenen Rahmen aufgetreten zu sein.

---

573 Die Presse [Wien] 20.08.1873, S. 10.
574 Berliner Musikzeitung 36 (1873), S. 287.
575 Etwa: Die Presse [Wien] 16.07.1870, NP.

1877 endet die Konzertlaufbahn der Musikerin ebenso unvermittelt wie sie begonnen hatte. Nach einem Auftritt am 06.01.1877 in der Wiener Minoritenkirche lassen sich keine weiteren Auftritte Franziska Schöns nachweisen.

Seydel, Theresine, verh. Schuster-Seydel
01.11.1853, Wien – 18.07.1934, ebd.

Familiärer/sozialer Kontext

Theresine Seydel (laut Taufbuch: Theresia Elisabeth Josepha Seydel[576]) wuchs als eines von neun Kindern[577] von Anna geb. Gruber (1822–1900) und Dominik Seydel (1819–1876) in einer wohlhabenden Wiener Familie auf. Beide Eltern entstammten Beamtenfamilien. Der Großvater mütterlicherseits, Liborius Gruber (1800–1851), war k. k. pens. Rentmeister[578] in Pawlowitz in Mähren und mit Franziska geb. Maly verheiratet. Väterlicherseits waren die Großeltern Karoline/Katharina geb. Kolhanek (1796–1847) und Karl Franz Heinrich Seydel (1792–?). Letzterer war Beamter des Unterkammeramtes in Wien. Auch Dominik Seydel gehörte dem (hohen) Beamtentum an; er war Buchhalter respektive Generalbuchhalter der k. k. Südbahn, die später auch Arbeitgeber seines Sohnes Paul wurde. Der ohnehin hohe gesellschaftliche Status der Familie wurde durch die Nobilitierung Dominik Seydels noch erhöht. Er wurde zum Ritter des preußischen sowie des italienischen Kronenordens, außerdem des päpstlichen Gregor-Ordens ernannt.[579] Die Familie zählte damit „zur Elite der Residenz"[580]. Öffentlich wahrnehmbar tat sie sich vor allem im Kulturleben hervor. Sie empfing, so der Schauspieler und Musikschriftsteller Martin Perels in einem Porträt Theresine Seydels für die *Deutsche Musik-Zeitung*, „mit liebenswürdigster Gastlichkeit unsere künstlerischen Notabilitäten, ‚Ritter' und – Knappen des Geistes, die Musen haben hier stets ein traulich ‚Daheim' gefunden."[581] Noch

---

576 Taufbuch St. Johann Nepomuk, 1852 bis 1855, fol. 147, in: Matriken. Bestände Österreich / Wien/Niederösterreich (Osten): Rk. Erzdiözese Wien / 02., St. Johann Nepomuk, https://data.matricula-online.eu/de/oesterreich/wien/02-st-johann-nepomuk/01-10/?pg=149; 30.05.2020. Namensvarianten: Theresina/Theresie/Theresia/Theresa/Therese Seydl/Seidl/Seidel, verh. Schuster-Seydl/Schuster-Seidl.

577 Maria Anna (18.02.1845–01.02.1930), Dominik (* um 1855), Anna Maria Magdalena (02.04.1856–?), Karoline (* um 1858), Paul Maria Josef (19.09.1860–?), Corona Maria Theresia Josepha (13.10.1863–20.01.1946), Pauline Maria Josepha (29.05.1865–?).

578 Leiter des Rentamtes, der Behörde landesherrlicher oder kirchlicher Finanzverwaltung. Siehe Sterbebuch St. Johann Nepomuk, 1841 bis 1853, fol. 291, in: Matriken. Bestände Österreich / Wien/Niederösterreich (Osten): Rk. Erzdiözese Wien / 02., St. Johann Nepomuk, https://data.matricula-online.eu/de/oesterreich/wien/02-st-johann-nepomuk/03-05/?pg=292; 19.05.2023.

579 Siehe Vereinigte Laibacher Zeitung 07.09.1876, S. 1605.

580 Deutsche Musik-Zeitung 29 (1874), S. [1].

581 Ebd.

in Nachrufen wird Dominik Seydel, der auch Mitglied der Gesellschaft der Musikfreunde in Wien war, als „ein eifriger Förderer der musikalischen Kunst, überhaupt ein großer Kunstfreund"[582] geehrt. Die Kinder Anna und Dominik Seydels wuchsen entsprechend in einem musikalisch anregenden Umfeld auf. Vier von ihnen traten als Musiker*innen hervor, eine Tochter wurde Malerin. Nach Theresine Seydel studierte der Bruder Dominik am Konservatorium der Gesellschaft der Musikfreunde. Er war 1868/69 mit dem Hauptfach Violoncello eingeschrieben. Auch Caroline Seydel besuchte das Konservatorium, wo sie von 1872 bis 1877 Klavier im Hauptfach belegte. Die Schwester Marie wurde ebenfalls als Pianistin bekannt. Ihr Name ist indes nicht in den Studierendenlisten des Konservatoriums enthalten; sie scheint privaten Klavierunterricht bei dem Konservatoriumslehrer Julius Epstein erhalten zu haben.[583] Später wird sie auch als Schülerin Liszts erwähnt.[584] Die Schwester Anna Maria Magdalena schlug anstelle der musikalischen eine künstlerische Laufbahn ein und wirkte später als Malerin in Prag.[585]

Studium

Abseits der Hinweise auf das kulturell reiche Umfeld der Familie liegen über den frühen Unterricht Theresine Seydels keine Informationen vor. Der Name der jungen Musikerin wird von 1866/67 bis 1868/69 in den Matrikeln des Konservatoriums der Gesellschaft für Musikfreunde in Wien geführt.[586] 1866/67 war sie als einzige Schülerin in die Ausbildungsklasse Josef Hellmesbergers d. Ä. eingetreten. Am Ende ihres ersten Studienjahres wird sie im „Bericht über den Fleiss und Fortschritt der Zöglinge" als eine der den „vorzüglichsten" Schüler*innen „zunächststehend[en]" aufgeführt.[587] In den darauffolgenden beiden Jahren ist ihr Name in der Liste der sechs „vorzüglichsten" Schüler*innen enthalten.[588]

Schon die Beiträge Theresine Seydels in den Konzerten und Prüfungen des Konservatoriums fanden beifällige Aufnahme durch die Wiener Presse. So wird sie zum Ende ihres ersten Studienjahres von den *Blättern für Musik, Theater und Kunst* nach dem Vortrag von Pierre Rodes Konzert a-Moll bereits als „jugendlich[e] Kunstnovize" gelobt, die „ein ungewöhnliches, für die Zukunft vielversprechendes Talent"[589] bekunde. Mit Blick auf die Prüfungs- und Konzertprogramme fällt auf, dass die

---

582 Vereinigte Laibacher Zeitung 07.09.1876, S. 1603.
583 Siehe Die Presse [Wien] 08.04.1875, S. 10.
584 Innsbrucker Nachrichten 15.11.1879, S. 6.
585 Prager Tagblatt 19.04.1893, S. 7.
586 Matrikel Theresina Seidl. A-Wgm (ohne Signatur).
587 Siehe Gesellschaft der Musikfreunde: *Jahresbericht des Konservatoriums*, 1866/67, S. 71f.
588 Siehe ebd. 1867/68, S. 71; 1868/69, S. 57.
589 Blätter für Musik, Theater und Kunst 61 (1867), S. 244.

Geigerin im Studium mehrfach gemeinsam mit Josef Hellmesberger d. J., ihrem Kommilitonen und Sohn ihres Lehrers, aufgetreten ist. Er blieb noch einige Jahre über das Studium hinaus regelmäßiger Konzertpartner der Geigerin.

Konzertlaufbahn

Theresine Seydels erster öffentlicher Auftritt nach dem Studium erfolgte im Rahmen des Debüts von Josef Hellmesberger d. J. Dieses Konzert fand am 27.04.1869 im Bösendorfer-Saal statt.[590] Angesichts des Alters des Debütanten – zu diesem Zeitpunkt knapp 14 Jahre – liegt es nahe, dass der Vater Josef Hellmesberger d. Ä. für die Konzertorganisation verantwortlich zeichnete und damit auch für die Wahl der Konzertpartnerin. Fraglos hat er damit ebenso die Karriere seiner Absolventin angestoßen. Auch darüber hinaus nahm er Einfluss auf die Konzerttätigkeit Theresine Seydels: Wiederholt trat er als Klavierbegleiter und Konzertpartner der Geigerin auf[591] und lud sie zur Mitwirkung in eigenen Konzerten ein.

Zu Beginn der Konzertlaufbahn Theresine Seydels mehren sich die Auftritte mit der Schwester Marie. Als feste Formation gaben die Musikerinnen in den folgenden Jahren gemeinsam Konzerte und ließen sich auch bei vielen anderen Gelegenheiten gemeinsam hören. Auftritte Theresine Seydels ohne die Schwester erfolgten bis 1873 nur selten und in diesen Fällen vor allem im kirchenmusikalischen Rahmen. Auch an einem Künstlerabend der Gesellschaft der Musikfreunde am 27.01.1872, an dem wiederum Josef Hellmesberger d. Ä. beteiligt war, wirkte die Geigerin ohne ihre Schwester mit. Neben Georg Hellmesbergers d. J. Salonstück[592] *Melancholie* spielte sie zusammen mit Studierenden ihres ehemaligen Lehrers unter dessen Leitung Paganinis *Moto perpetuo* unisono.

Zwei Jahre später wurde die Musikerin von Hellmesberger zur Mitwirkung in einem Konzert des Hellmesberger-Quartetts am 26.03.1874 im Kleinen Musikvereinssaal eingeladen. Auf dem Programm stand Spohrs Doppelquartett e-Moll op. 77. Für die zweite Quartettformation hatte Hellmesberger Theresine Seydel als Primaria vorgesehen und ihr seinen ehemaligen Studenten Arthur Nikisch (Violine II) sowie Richard Zellner (Viola) und Wilhelm Kupfer (Violoncello) an die Seite gesetzt. Das Hellmesberger-Quartett spielte in der Stammbesetzung mit Josef Hellmesberger

---

590 Siehe Blätter für Musik, Theater und Kunst 33 (1869), S. 132.
591 Siehe Signale für die musikalische Welt 28 (1870), S. 437; Berliner Musikzeitung 18 (1870), S. 140; Deutsche Zeitung [Wien] 21.03.1873, S. 7.
592 In der Presse wird die Komposition mehrfach Josef Hellmesberger d. Ä. zugeschrieben. Hofmeister stellt dieselbe in seinem *Musikalisch-literarischen Monatsbericht über neue Musikalien, musikalische Schriften und Abbildungen* 1850 als Werk von Georg Hellmesberger vor: „Hellmesberger, G., 6 Morceaux de Salon p. Violin av. Pfte. Cah. 1, la Mélancolie, Op. 88 posth." Musikalisch literarischer Monatsbericht 10 (1850), S. 356.

d. Ä. (Violine I), Josef Hellmesberger d. J. (Violine II), Sigmund Bachrich (Viola) und Heinrich Röver (Violoncello). Die Presseresonanz war, gerade auch für Theresine Seydel, eine durchaus vorteilhafte. Die *Wiener Zeitung* urteilt:

> Die Primgeige der zweiten Quatuorgruppe spielte Fräulein Therese Seydel, die wir als treffliche Violinspielerin schon kennen. Wie sie sich hier im Ensemble nirgends vordrängte und dabei mit fester, sicherer Hand als Führerin ihrer Gruppe leitend dastand, die größte Sorgfalt, die feinste Ausführung anwendete, wo von einem speciellen Erfolg für ihre Person keine Rede sein konnte, macht dem jungen Mädchen Ehre.[593]

Abb. 17: Photographie von Theresine Seydel, Reuter & Pokorny, Wien (o. J.)[594]

Breite Aufmerksamkeit fand Theresine Seydel auch für ihren Auftritt mit Josef Hellmesberger d. J. in einem Hofkonzert in Schönbrunn am 29.06.1874. Selbiger brachte ihr nicht nur die Wertschätzung der Notabilitäten ein, sondern auch äußerst beifällige Pressereaktionen, etwa durch das *Illustrierte Österreichische Journal*:

> „Geradezu Sensation erregte die junge Künstlerin bei einem Hofkonzerte in Schönbrunn, wo sie mit dem jungen Hellmesberger zusammen spielte. Bei dieser Gelegenheit ward Theresina Seiner Majestät dem Kaiser vorgestellt,

---

593 Wiener Zeitung 31.03.1874, S. 580.
594 Privatbesitz der Familie Moshuber. Mit Dank für die freundliche Genehmigung an Jöran Moshuber.

welcher die huldvollsten Worte an sie richtete und ihr nach wenigen Tagen durch den Obersthofmarschall Fürsten von Hohenlohe ein prachtvolles Medaillon an schwerer, goldener Kette mit dem Ausdruck Allerhöchster Zufriedenheit überreichen ließ."[595]

Kaum weniger Resonanz fand die Geigerin durch ihre Mitwirkung Ende des folgenden Jahres im 2. Gesellschaftskonzert der Wiener Musikfreunde. Ihr Vortrag von Johann Sebastian Bachs Violinkonzert a-Moll mit einer, wie die Zeitschrift *Signale für die musikalische Welt* herausstellt, eigens für sie komponierten Kadenz aus der Feder ihres Lehrers,[596] brachte ihr gar internationale Beachtung ein.[597]

Wenig später, am 15.12.1875, trat Theresine Seydel ein weiteres Mal in einer Veranstaltung des Hellmesberger-Quartetts auf. Für die Aufführung von Mendelssohns Oktett hatte Josef Hellmesberger d. Ä. drei seiner ehemaligen Studentinnen engagiert: Theresine Seydel (Violine I), Eugenie Epstein (Violine II) und Helene Lechner (Viola). Den Violoncellopart spielte Rudolfine Epstein, ebenfalls Absolventin des Wiener Konservatoriums und Schwester von Eugenie Epstein.[598]

Ein ebenso vielbeachteter Auftritt fand wenig später im Kleinen Musikvereinssaal statt. Mit der ehemaligen Kommilitonin Helene Lechner und dem Flötenprofessor Franz Doppler trug Theresine Seydel am 02.02.1876 im Konzert der Wiener Singakademie Beethovens Serenade für Violine, Viola und Flöte op. 25 vor. Außerdem spielte sie hier, von Josef Hellmesberger d. Ä. am Klavier begleitet, Tartinis *Teufelstrillersonate*.[599]

Neben solchen Auftritten in den Sälen gehobener bürgerlicher Musikkultur, mit renommierten Konzertpartner*innen, überwiegt bei einem Überblick der Konzerttätigkeit Theresine Seydels die Mitwirkung in Wohltätigkeitskonzerten, in Veranstaltungen verschiedener regionaler Verbände sowie in Gottesdiensten (in der Dominikanerkirche, der Hofpfarrkirche St. Augustin und der Minoritenkirche). Geographisch war die Geigerin in ihrer Konzerttätigkeit auf die Heimatstadt Wien fokussiert, die sie nur selten für Konzerte verließ. Erstmals im Juli 1875 begab sie sich auf eine kurze Konzertreise: Zusammen mit ihrer Schwester Marie folgte sie einer Einladung der Kurdirektion aus Wiesbaden. Kleinere Konzertreisen schlossen sich an. Nach einem gemeinsamen Auftritt im Januar 1876 mit der Pianistin Marie Aub im Bösendorfer-Saal bereisten beide Musikerinnen Süddeutschland und konzertierten unter anderem

---

595 Illustriertes Österreichisches Journal [Wien] 21.04.1875, NP.
596 Siehe Signale für die musikalische Welt 3 (1875), S. 37.
597 Siehe etwa Monthly Musical Record 1 (1876), S. 8.
598 Zu Rudolfine Epstein siehe oben, S. 144–148.
599 Siehe Wiener Singakademie (Hg.): *Jahresbericht über das VIII. Vereinsjahr*. Wien: Verlag Wallishauser, 1876, S. 5f.

in Landshut und München.⁶⁰⁰ Im April gastierte Theresine Seydel kurzzeitig in Graz und mit Marie Seydel im Sommer des Jahres auch in Prag. Ab dem Spätsommer konzertierte sie allein außerhalb Wiens, bis Jahresende bereiste sie Wiesbaden, Innsbruck, Meran und Triest. Anfang des Jahres 1878 folgte eine Konzertreise mit der Pianistin Vera Timanoff⁶⁰¹ durch Ungarn. Im selben Jahr soll Theresine Seydel mit ihrer Schwester durch Deutschland gereist sein,⁶⁰² im März konzertierte sie in Dresden, reiste Ende 1878/Anfang 1879 mit Marie Seydel durch Galizien und Schlesien. Im November gastierten die Schwestern in Innsbruck. In einem Konzert des steiermärkischen Musikvereins Graz am 30.11.1879 konzertierte Theresine Seydel erstmals auch zusammen mit ihrer Schwester Caroline. Möglicherweise war dies eine Station auf der Konzertreise, die Caroline und Theresine Seydel zu dieser Zeit gemeinsam unternahmen. Halt machten sie auch in Salzburg, Innsbruck, Meran, Laibach, Triest und Marburg. Zwischen 1880 und 1882 schlossen sich weitere gemeinsame Auftritte mit Caroline Seydel an, unter anderem in Trautenau, Leitmeritz, Wels, Linz, und Marburg.

Um 1880 nahm die Konzertdichte Theresine Seydels merklich ab. Die Veränderung fällt zeitlich zusammen mit ihrer Eheschließung mit Maximilian Leopold Franz Schuster (20.10.1854–07.01.1905) am 04.06.1882 in Wien. Mit dieser Heirat konnte die Musikerin den gesellschaftlichen Status ihrer Familie ebenso wie ihre wirtschaftliche Absicherung aufrechterhalten – als Beamter der Unionbank und k. k. Leutnant in der Reserve konnte Maximilian Schuster beides garantieren. Dass Theresine Seydel schon vor der Ehe auf ihre Konzerttätigkeit finanziell nicht angewiesen war, hatte die *Wiener Sonn- und Montags-Zeitung* bereits 1875 herausgestellt: „Befindet sich Frl. Seydel (wie wir vernehmen) in der angenehmen Lage, mit der Geige nicht auf Erwerb ausgehen zu müssen, so ist es nur um so löblicher, daß sie die Kunst nicht als Profession, sondern als Confession in Ehren hält"⁶⁰³. Die Beobachtung, dass die Geigerin häufig in Wohltätigkeitskonzerten aufgetreten ist und die Mitwirkung in renommierteren Konzertveranstaltungen mit Kolleg*innen mehr in Ausnahmefällen erfolgte, fügt sich hier ein.

---

600 Siehe Kurier für Niederbayern [Landshut] 02.03.1876, NP.
601 Siehe Kadja Grönke: „Timanoff, Vera", in: Freia Hoffmann (Hg.): *Lexikon „Europäische Instrumentalistinnen des 18. und 19. Jahrhunderts"*, 2012, https://www.sophie-drinker-institut.de/timanoff-vera; 21.11.2022.
602 Siehe Innsbrucker Nachrichten 15.11.1879, S. 6.
603 Wiener Sonn- und Montags-Zeitung 08.12.1875, NP.

Abb. 18: Caroline und Theresine Seydel, Photographie N. Stockmann, Wien (o. J.)[604]

Von 1883 bis 1887 brachte Theresine Schuster-Seydel vier Kinder zur Welt: Maximilian (1883–1964), Gustav (1884–1933), Dominik (1886–1965) und Theresina, später verh. Gradisch (1887–1960). Die Konzerttätigkeit hatte sie in diesen Jahren deutlich zurückgefahren, ließ sich vereinzelt aber in Konzerten gemeinnütziger Vereine hören. 1885 folgten außerdem einige Konzerte mit der Schwester Caroline. Selbige, „Professorin an dem Hernalser Officierstöchter-Institut", trat spätestens im Herbst des Jahres „in den Orden der Schwestern vom Sacré-Coeur"[605] ein und zog sich damit aus dem weltlichen Leben zurück.

---

604 Privatbesitz Gerhard Finding. Mit Dank für die freundliche Genehmigung, https://www.myheritage.de/research/collection-1/myheritage-stammbaume?itemId=388916872-1-500109&action=showRecord&recordTitle=Theresia+Elisabeth+Josefa+Schuster+%28geb.+Seydel%29; 07.08.2021.
605 Die Presse [Wien] 28.10.1885, S. 10.

Vor allem ab 1887 mehren sich wieder die Auftritte Theresine Schuster-Seydels, deren Konzertlaufbahn sich bis 1910 nachvollziehen lässt. Nach 1910 war sie vor allem in Gottesdiensten und Wohltätigkeitskonzerten zu hören. Am 04.04.1888 gab sie im Bösendorfer-Saal erstmals wieder ein Konzert unter eigenem Namen, wofür sie von der *Deutschen Musik-Zeitung* als „eine der besten Violonistinnen [sic] Wiens" bezeichnet wurde, „die vermöge ihrer bedeutenden technischen Fertigkeit und ihres edlen Vortrages ihr Publicum stets zu fesseln weiß."[606] Spätestens ab 1893 veranstaltete die Geigerin regelmäßig einmal im Jahr ein eigenes Konzert im Kleinen Musikvereinssaal.

Wien verließ Theresine Schuster-Seydel auch in dieser zweiten Phase ihrer Karriere verhältnismäßig selten. Im Frühjahr 1893 befand sie sich kurzzeitig in Prag.[607] In der dortigen Presse fand vor allem ihr zweimaliges Auftreten vor der Erzherzogin Maria Josepha Beachtung. Maria Josepha Prinzessin von Sachsen, Erzherzogin von Österreich (1867–1944), scheint im Folgenden großen Anteil an der Konzerttätigkeit Theresine Schuster-Seydels genommen zu haben. 1894 hielt sich die Geigerin für einige Zeit bei der Erzherzogin auf Schloss Persenbeug auf. Auch die Einladungen zum Hofkonzert nach Dresden vor dem sächsischen Königspaar Anfang des Jahres 1895 und zu Privatsoireen vor der Großherzogin von Toskana im November 1900 und Dezember 1902 in Wien gehen wohl auf deren Initiative zurück, schließlich handelte es sich bei Albert von Sachsen um den Bruder ihres Vaters Georg von Sachsen, den späteren sächsischen König; die Großherzogin Alice von der Toskana war ihre Schwägerin. Erzherzogin Maria Josepha lud die Geigerin wiederholt zu Privatsoireen zu sich ein und wird auch mehrfach als Besucherin von Konzerten Theresine Schuster-Seydels erwähnt, 1897 wird sie gar als Protektorin eines ihrer Konzerte genannt. Ihr widmete Theresine Schuster-Seydel auch einen Konzertwalzer, den sie ab 1899 in den eigenen Programmen spielte.[608]

Weitere Konzertaufenthalte führten die Geigerin nach Linz (1894, 1899), Ybbs an der Donau (1894), Krems (1895, 1897, 1900, 1902, 1904, 1907), Marburg (1897), Olmütz (1898), Salzburg (1900, 1902, 1905, 1906), Innsbruck (1900) und Leoben (1905). 1903 unternahm sie außerdem eine Konzertreise mit der Pianistin Olga von Hueber durch Bosnien und Dalmatien. Im November des Jahres konzertierten beide Musikerinnen in Czernowitz.

Wiederholt wirkte sie mit Kolleg*innen zusammen. Der Name der Schwester Marie taucht indes kaum noch auf; die gemeinsame Konzerttätigkeit war auf nur

---

606 Deutsche Musik-Zeitung 14 (1888), S. 107.
607 Siehe Prager Tagblatt 19.04.1893, S. 7.
608 Eine weitere Komposition, *Crescence-Gavotte* für Violine und Klavier (Wien: Gutmann 1899) (siehe Musikalisch-literarischer Monatsbericht über neue Musikalien, musikalische Schriften und Abbildungen 6 [1899], S. 250) trug sie selbst offenbar nicht öffentlich vor.

noch wenige Gelegenheiten beschränkt. Am 22.11.1893 ließ sich die mittlerweile verheiratete Marie Furlani-Seydel im Konzert ihrer Schwester im Kleinen Musikvereinssaal hören, im März 1896 wirkte die Geigerin im Konzert der Pianistin im Saal der Filarmonica in Triest mit. Ein gemeinsames Konzert veranstalteten die Schwestern außerdem am 14.12.1897 in Klagenfurt.

Zu den weiteren Konzertpartner*innen dieser zweiten Phase in der Karriere Theresine Schuster-Seydels zählen Pianist*innen wie Ella Kerndl, Louis Mayer, Lilli Szita, Caroline von Radio, Robert Erben, Gabriele Frankl-Joël, Marie von Grünzweig, Roderich Bass, Josef Armin Töpfer, Albertine Meyer von Tenneburg, Gustav Grube, Olga von Hueber und Fanny Basch-Mahler. Unter den weiteren Instrumentalist*innen, mit denen sich Theresine Schuster-Seydel hören ließ, befanden sich die Harfenistin und Konservatoriumslehrerin Therese Zamara, dann die Geiger*innen Anna von Baumgarten, Adele Kohn und Johanna Benda sowie die Violoncellist*innen Josefine Donat, Theobald Kretschmann und Franz Klein.

Die ehemaligen Kommiliton*innen, mit denen die Geigerin in den ersten Jahrzehnten ihrer Konzertlaufbahn gelegentlich auftrat, sind nicht mehr unter den Konzertpartner*innen, auch die Zusammenarbeit mit Josef Hellmesberger d. J. wurde nicht fortgesetzt.

Dass Theresine Schuster-Seydel Mitglied einer festen Kammermusikformation war – Eva Marx und Gerlinde Haas geben für das Jahr 1889 die Gründung eines Damenstreichquartetts mit Adele Kohn, Johanna Benda und Josefine Donat an[609] – ist unwahrscheinlich. Zu selten trat die Musikerin überhaupt in kammermusikalischer Besetzung auf. Ausnahmen bildeten etwa die Aufführung von Chopins Trio g-Moll mit Ella Kerndl und Josefine Donat in Kerndls Konzert am 19.03.1887 im Bösendorfer-Saal oder die Interpretation von Haydns Variationen über *Gott erhalte Franz den Kaiser* mit Amalie Mollner (Violine II), Anna von Baumgarten (Viola) und Theobald Kretschmann (Violoncello) in der Chorakademie des Ambrosius-Vereins am 22.11.1888 in Wien. Mit Adele Kohn, Johanna Benda und Josefine Donat – der oben genannten Besetzung des ‚Damenstreichquartetts' – konzertierte Theresine Schuster-Seydel einmalig, und zwar in einem eigenen Konzert am 13.01.1890; auf dem Programm stand Haydns Kaiserquartett. Anfang des folgenden Jahres trat sie mit Gabriele Frankl-Joël, Anna von Baumgarten, Josefine Donat und Franz Simandl (Kontrabass) im Wiener Militärkasino auf und spielte mit ihnen Schuberts Forellenquintett. Weitere Auftritte in kammermusikalischer Besetzung folgten erst wieder 1895, 1900 und 1901.

---

609 Siehe Eva Marx und Gerlinde Haas: *210 Österreichische Komponistinnen vom 16. Jahrhundert bis zur Gegenwart. Biographie, Werk und Bibliographie*. Salzburg/Wien: Residenz Verlag, 2001, S. 527.

Solistische Auftritte mit Klavierbegleitung blieben über die knapp vierzigjährige Konzertlaufbahn hinweg die Regel. Mit Pianist*innen, mit denen sie häufiger konzertierte – wie den eigenen Schwestern, außerdem mit Marie Aub, Caroline Gröber, Marie von Grünzweig, Josef Armin Töpfer, Albertine Meyer von Tenneburg, Olga von Hueber und anderen –, studierte Theresine Schuster-Seydel auch Literatur für Violine und Klavier ein. Es häufen sich die Aufführungen von Karl Goldmarks Suite für Violine und Klavier E-Dur op. 11, außerdem von Sonaten für Violine und Klavier von Beethoven; insbesondere die Sonaten G-Dur op. 30 Nr. 3 und F-Dur op. 24 (*Frühlingssonate*). Mit wechselnden Konzertpartner*innen spielte die Geigerin wiederholt auch Eduard Schütts Suite Nr. 1 für Klavier und Violine op. 44 und Joachim Raffs Duo für Klavier und Violine über Motive aus Richard Wagners *Fliegender Holländer* op. 63 Nr. 1.

Überschaubar war die Zahl der Werke für Solovioline mit Orchester. Recht häufig spielte die Geigerin Johann Sebastian Bachs Konzert a-Moll BWV 1041, mit dem sie 1876 beachtlichen Erfolg gefeiert hatte. Mehrfach trug sie auch Henri Vieuxtemps' Konzert Nr. 4 d-Moll op. 31 vor, außerdem Heinrich Wilhelm Ernsts heute kaum noch gespieltes Konzert fis-Moll op. 23, Felix Mendelssohns Konzert e-Moll op. 64 und Karol Lipińskys Konzert Nr. 2 op. 21 (*Concert militaire*).

Daneben wählte Theresine Schuster-Seydel vor allem Salonstücke für ihre Programme. Vielgespielt waren Henri Vieuxtemps' *6 Morceaux de Salon* op. 22 (hieraus insbesondere *L'Orage*, *Rêverie* und *Tarantella*). Georg Hellmesbergers d. J. *La Mélancolie* war anfangs vielfach in den Konzertprogrammen enthalten; nach 1876 nicht mehr. Umso häufiger spielte Theresine Schuster-Seydel Vieuxtemps' *Fantaisie sur Faust de Gounod* o. op. sowie dessen *Fantaisie Caprice* op. 11, außerdem Kompositionen von Henryk Wieniawski – wie dessen *Adagio* élégiaque op. 5, *Sielanka* aus den *Deux Mazourkas de Salon* op. 12, die *Légende* op. 17 und die *Polonaise Brillante* in A-Dur op. 21. Auch Giuseppe Tartinis *Teufelstrillersonate* war fest in ihrem Repertoire verankert, ebenso Jean-Marie Leclairs *Sarabande et Tambourin* für Violine, Frédéric Chopins *Polonaise Brillante* op. 26 Nr. 1 in der Bearbeitung August Wilhelmijs, *Ungarische Tänze* von Johannes Brahms in der Bearbeitung Joseph Joachims, Beethovens Romanze F-Dur, Ferdinand Laubs *Polonaise de Concert* in G-Dur op. 8 und Antonio Bazzinis *La ronde des Lutins* op. 25. In den 1880er Jahren brachte sie mehrfach auch Werke der Komponistin Ernestine von Bauduin zur Aufführung, darunter das *Adagio religioso* für Violine, Violoncello und Harfe sowie verschiedene kirchenmusikalische Einlagen. Später enthielten ihre Programme auch eine nichtüberlieferte Eigenkomposition, eine *Valse de Concert*.

Gemessen an der Länge ihrer Konzertlaufbahn bleibt das Repertoire der gespielten Werke Theresine Schuster-Seydels auffallend begrenzt. Im gleichen Zuge fällt die Langlebigkeit vieler Werke in den Programmen der Geigerin auf. Kompositionen wie Vieuxtemps' *L'Orage*, die sie bereits im Rahmen ihres Studiums spielte, führte sie auch noch nach 1900 regelmäßig auf. Dauerhaft hielten sich auch weitere Salonstücke Vieuxtemps' und Wieniawskys in den Programmen, ebenso Werke wie Bachs a-Moll-Konzert, Beethovens Romanze F-Dur, Tartinis *Teufelstrillersonate* und andere. Insgesamt hatte sie damit ihren Schwerpunkt auf populäre Kompositionen gelegt, die es ihr gleichzeitig erlaubten, technische Fertigkeiten herauszustellen.[610]

Neben ihrer Konzerttätigkeit war Theresine Schuster-Seydel als Geigenlehrerin tätig. Die Besprechung eines Auftritts im Rahmen eines am 15.12.1888 in Döbling veranstalteten Konzerts des Deutschen Schulvereins weist auf die private Lehrtätigkeit der Geigerin hin. Mit Adele Kohn trat eine ihrer Schülerinnen in diesem Konzert auf, die später vereinzelt auch in kammermusikalischer Besetzung mit der Lehrerin zu hören war. Wie die *Wiener Zeitung* im Herbst 1898 mitteilt, hatte Theresine Schuster-Seydel zu diesem Zeitpunkt die „Bewilligung zur Errichtung einer Privat-Violinschule"[611] erhalten. Inwiefern dies aber realisiert wurde, muss offenbleiben – in der Presse finden sich keine weiteren Hinweise auf ein solches Ausbildungsinstitut. Stattdessen wurde Theresine Schuster-Seydel 1900 vom Reichskriegsministerium „zur Lehrerin für den Violoncurs am k. k. Officierstöchterinstitut in Hernals ernannt"[612], einer Höheren Töchterschule für die Ausbildung von Erzieherinnen und Lehrerinnen an Volks- und Bürgerschulen.

Ihre Konzerttätigkeit setzte sie nebenher fort. Im Jahr 1900 trat sie erstmals zusammen mit ihrer Tochter Therese bzw. Theresina auf. Mit ihr und dem Sohn Max nahm sie außerdem am 13.03.1905 an der Akademischen Schiller-Gedächtnisfeier teil und ließ die Geschwister am 05.02.1906 in einem ihrer eigenen Konzert mitwirken. Therese und Max Schuster waren ab dem Studienjahr 1903/04 am Konservatorium der Gesellschaft der Musikfreunde in Wien eingeschrieben. Max Schuster studierte das Hauptfach Harfe – zunächst bei Therese Zamara, ab 1906/07 bei Alfred Zamara – und war bis mindestens 1908/09 eingeschrieben. Therese Schuster belegte, ausgestattet mit einem Hellmesberger-Stipendium, das Hauptfach Violine bei Jakob Moritz Grün, ab 1904 hatte sie zudem einen Stiftplatz inne, in ihrem letzten Studienjahr 1905/06 war sie Trägerin des höher dotierten Baron Hoffmann Stipendiums.

Im März 1906 ließ sich Theresine Schuster-Seydel im Laufe eines Abonnementkonzerts des Wiener A-capella-Chores „in der zweiten Abteilung von ihrer Tochter

---

610 Siehe Monika Tibbe, Volker Timmermann und Christiane Barlag: „Seydel, Theresine", in: Freia Hoffmann (Hg.): *Lexikon „Europäische Instrumentalistinnen des 18. und 19. Jahrhunderts"*, 2012/2023, https://www.sophie-drinker-institut.de/seydel-theresine; 30.05.2023.
611 Wiener Zeitung 20.10.1898, S. 4.
612 Frauen-Werke 4 (1900), S. 3.

vertreten"[613] – offenbar ein taktischer Zug, um die junge Geigerin dem Wiener Publikum bekannt zu machen. Unter demselben Vorzeichen lassen sich auch die weiteren gemeinsamen Auftritte verstehen. Bei einem Empfangsabend des Vorstandes des Österreichischen Touring-Clubs im Wiener Militärkasino am 02.03.1907 trugen Theresine Schuster-Seydel und ihre Tochter gemeinsam das Adagio aus Louis Spohrs Doppelkonzert h-Moll op. 88 und David Poppers *Elfentanz* in einer Bearbeitung für zwei Violinen und Klavierbegleitung vor. In einem weiteren Konzert spielte Theresine Schuster-Seydel zusammen mit Therese und Max Schuster auch ihre *Valse de Concert* in einer Bearbeitung von Josef Böhm für zwei Geigen und Harfe. Seit 1907 mehren sich die eigenständigen Auftritte Therese Schusters. Gleichzeitig nimmt die Dichte der Auftritte Theresine Schuster-Seydels spürbar ab. Sie ließ sich 1909 noch einmal mit ihrer Tochter in einer Produktion der Tänzerin Madeleine G. im Salon des Baron Robert Biedermann mit einem Wiener Walzer hören. Im April desselben Jahres spielte sie außerdem in einer Veranstaltung des Volksbildungsvereins in Wien und trug hier *Ungarsche Tänze* von Brahms-Joachim vor. Die Beteiligung am Winzerfest im Wiener Rathaus Mitte Oktober 1910 ist der letzte Nachweis für die Konzerttätigkeit der Geigerin.

Weiser, Ludmilla Aloysa, verh. Guleke
09.08.1847, Zagreb – 25.12.1933, Jena

Familiärer/sozialer Kontext

Ludmilla Weiser entstammte väterlicherseits einem handwerklich geprägten Umfeld. Zur Familie der Mutter Anna geb. Tomurad (1807–1893) fehlen bislang Informationen.

Der Großvater Anton Weiser war Schreiner und hatte nach der Übersiedelung der Familie von Wildschütz (Vlčice/Tschechien) nach Zagreb ein Unternehmen ebenda begründet. Seine Söhne hatten das Handwerk weitergeführt. Auch Johann (Ivan) Weiser (1809–1884), Vater der Musikerin, hatte zunächst eine Ausbildung als Schreiner absolviert und wurde später Geschäftspartner seines Vaters. Nach Erhalt des Meisterzertifikats wandte er sich dem Instrumentenbau zu und konzentrierte sich auf Streichinstrumente, Tamburas[614] und Gitarren.[615] Dass er selbst auch Geige spielte, legen spätere Pressemitteilungen nahe, die ihn nicht nur als Begleiter seiner

---

613 Neuigkeits-Welt-Blatt [Wien] 21.03.1906, NP: „Es war ein rührender Beweis von Mutterliebe, bei dem das Publikum nicht zu Schaden kam."

614 Die Tambura ist eine Langhalslaute, die als Volksmusikinstrument vornehmlich in Mazedonien und im südlichen Bulgarien sowie in Kroatien – hier v. a. als Tamburica – Verwendung findet.

615 Siehe Jadran Jeić: „The Weiser Family of Zagreb and the Forgotten ‚Amati tambura' Ivan Weiser", in: *Etnološka istraživanja* 21 (2016), S. 59–77, hier S. 66f., https://hrcak.srce.hr/178987; 09.05.2020.

Tochter auf einer Konzertreise, sondern zugleich als Konzertpartner ausweisen. Ludmilla Weiser erhielt schon frühzeitig Unterricht, und zwar von Anton Schwarz (1823–1891), Lehrer an der Societas filharmonica zagrabiensis – dem Kroatischen Musikverein (seit 1925 Hrvatski glazbeni zavod) – in Zagreb. Selbige war 1827 zur Förderung der kroatischen Musikkultur gegründet worden, ab 1829 war ihr auch eine Musikschule angegliedert. Schwarz hatte seiner Schülerin die Komposition *Fantasia pour Violon avec accompagnement de piano sur la Walser* [sic] *de Schubert* zugeeignet, die das Mädchen laut Widmungstext bereits 1852 öffentlich gespielt haben soll.[616] 1861 widmete Schwarz der Geigerin eine weitere Fantasie.[617] Spätestens ab 1856 besuchte Ludmilla Weiser die Musikschule des Kroatischen Musikvereins.

Studium

1862 trat Ludmilla Weiser in das Konservatorium der Gesellschaft der Musikfreunde in Wien ein und war die erste Geigenstudentin an diesem Ausbildungsinstitut. Wer ihr anfänglicher Hauptfachlehrer war, lässt sich über die Studierendenverzeichnisse nicht zweifelsfrei nachweisen. Ein Zeugnis, das der Mutter Ludmilla Weisers Anfang des folgenden Jahres übermittelt wurde, weist sie indes für das Studienjahr 1862/63 als Schülerin der Ausbildungsklasse aus, die der Leitung von Josef Hellmesberger d. Ä. unterstand.[618] Zum Studienjahr 1864/65 ist Hellmesberger in der Matrikel explizit als Hauptfachlehrer verzeichnet. Im entsprechenden Jahresbericht wird Ludmilla Weiser als den „vorzüglichsten" Schülerinnen und Schülern seiner Klasse „zunächststehend"[619] gelistet. Im Nebenfach hatte die Musikerin ab 1862 Klavier, im folgenden Studienjahr außerdem Musiktheorie und ab 1864/65 Generalbass belegt.[620]

---

616 „Questa composition fato per la Ludmilla Weiser. Sonava in Concerto. August 1852", Autograph, National- und Universitätsbibliothek Zagrab, NSK, Zbirka muzikalija i audiomaterijala, zit. nach Jadran Jeić: „Weiser, Ludmilla", in: Freia Hoffmann (Hg.): *Lexikon „Europäische Instrumentalistinnen des 18. und 19. Jahrhunderts"*, 2020, https://www.sophie-drinker-institut.de/weiser-ludmilla; 09.05.2020.

617 Siehe Jeić: „Weiser, Ludmilla".

618 „Über Ansuchen der Frau Weiser aus Agram bestätigen wir hiermit, daß ihre Tochter, Fräulein Ludmilla Weiser in der Violin-Ausbildungsklasse des Wiener Conservatoriums – sich mit entsprechendem Fleiße u. gutem Erfolge verwendet u. bei ihrem unzweifelhaft guten Musik-Talente und voraussichtlich fortgese[t]zten und unermüdlichen Verwendung, die Erreichung einer höheren Kunstfertigkeit in Aussicht stellt, in Folge dessen Fräul Ludmilla Weiser, einer wohlwollenden u. fördernden Unterstützung vollkommen würdig, hiermit bestens anempfohlen wird. Wien 24. Jänner 1863", unterzeichnet vom Präses-Stellvertreter der Gesellschaft der Musikfreunde Friedrich Drahtschmidt und Josef Hellmesberger d. Ä. als artistischem Direktor, abgedruckt in: Jadran Jeić: „Ludmilla Weiser – prva profesionalna hrvatska violinistica i violinska virtuoskinja. Bio-bibliografska studija prigodom 170 godina od njezina rođenja", in: *Arti musices* 1 (2018), S. 69–108, hier S. 77.

619 Gesellschaft der Musikfreunde: *Jahresbericht des Konservatoriums*, 1863/64, S. 41.

620 Siehe ebd., S. 32 und 1864/65, S. 41.

Finanzielle Unterstützung für ihr Studium erhielt Ludmilla Weiser aus ihrer Heimatstadt. Schon 1862 war die junge Musikerin mit einem Stipendium des Kroatischen Musikvereins in Höhe von 120 Forint[621] ausgestattet worden. 1863 beantragte die Mutter Anna Weiser offenbar eine weitere Unterstützung. Darauf weist auch das Zeugnis Ludmilla Weisers vom Januar 1863 hin, in dem sich Josef Hellmesberger d. Ä. für eine Förderung der jungen Musikerin ausspricht. Auf weitere Empfehlung des Kroatischen Musikvereins wurde Ludmilla Weiser eine Zahlung für zwei Jahre durch den Königlichen Statthalter (Königreich Kroatien und Slawonien; heute Teil von Kroatien und Serbien) zugesichert.[622]

Konzertlaufbahn

Abgesehen von den Veranstaltungen der Zagreber Musikschule spielte Ludmilla Weiser erstmals 1861 öffentlich vor Publikum, und zwar in einem Konzert der Sängerin Liduini Capelli in Zagreb. Weitere wenige Auftritte in Zagreb und Varaždin folgten. Die eigentliche Konzertlaufbahn mit kontinuierlichen Auftritten in höherer Dichte nahm die Geigerin erst nach dem Studienabschluss im Herbst 1865 auf. Geographisch konzentriert sich ihre Konzerttätigkeit auf die Kronländer der Habsburgermonarchie. Im September 1865 berichten die *Blätter für Musik, Theater und Musik* von einer bevorstehenden Reise in den ‚Orient', in deren Zuge die Künstlerin bis zum Dezember des Jahres in Pest, Osijek, Novi Sad und Belgrad konzertieren sollte. Ab Dezember 1866 unternahm sie eine Konzertreise mit der Sängerin und Pianistin Anna Kupka, ebenfalls Absolventin des Wiener Konservatoriums. Stationen waren unter anderem Laibach, Triest und Marburg. Im September 1867 ließen sich die beiden Musikerinnen gemeinsam in Linz und Salzburg hören. Außer Anna Kupka hatte Ludmilla Weiser nur wenig weitere Konzertpartner*innen, darunter den Violoncellisten Stanisław Szczepanowski und den ehemaligen Kommilitonen und Geiger Julius Blau. Mit Letzterem veranstaltete die Musikerin im Sommer 1867 ein Konzert im Reichenhaller Kursalon.[623]

Die Hinweise auf das Repertoire der Geigerin sind überschaubar. Neben Werken ihres Lehrers Anton Schwarz spielte sie häufiger *La Mélancolie* von Georg Hellmesberger d. J., wiederholt auch Antonio Bazzinis Violinkonzert Nr. 5 op. 42 (*Concert militaire*), die Caprice *Les arpèges* op. 12 von François Prume sowie Beethovens Sonate für Klavier und Violine D-Dur op. 12 Nr. 1. Außerdem enthielten die Programme Rodolphe Kreutzers Konzert Nr. 18 e-Moll KWV 28, Beethovens 2. Violinromanze

---

621 Ungarische Währung, mit der Währungsreform von 1892 durch die österreichische Krone abgelöst.
622 Siehe Jeić: „Ludmilla Weiser – prva profesionalna hrvatska violinistica i violinska virtuoskinja", S. 76.
623 Siehe Salzburger Zeitung 06.07.1867, NP.

F-Dur op. 50 sowie Kompositionen von Charles-Auguste de Bériot, Jakob Dont, Louis Spohr und Henri Vieuxtemps.

Auf den Konzertreisen wurde Ludmilla Weiser von ihrem Vater begleitet, wie unter anderem die Fremdenliste aus Gmunden für den Juli 1867 belegt.[624] Ivan Weiser begab sich mit seiner Tochter auch zwischen September 1867 und Januar 1868 auf eine Tournee durch Böhmen, mit Stationen in Budweis, Strakonitz, Kolin, Kutna, Prag, Chrudim und Leitmeritz. Anfang des Jahres 1868 schloss sich die Geigerin einer Gruppe tschechischer und kroatischer Musiker*innen an, die der Karlstädter Drucker, Verleger und Buchhändler Abel Lukšić versammelt hatte. Zu ihnen zählten die kroatische Opernsängerin Irma Trputec, verh. Teree, die tschechische Kontraaltistin Alberta Ferlis, der Bariton Jakob Wajzar sowie der Pianist Bomugli Wacek. Mit ihnen – und wiederum in Begleitung ihres Vaters – begab sich Ludmilla Weiser im März 1868 auf eine Konzertreise durch das Baltikum. Nach zwei Auftritten in Warschau verliert sich die Spur des Unternehmens, in Vilnius trennte sich die Reisegruppe schließlich. Ludmilla und Ivan Weiser reisten allein weiter. Auftritte folgten unter anderem in Riga und Tartu (Estland). Hier wirkte auch Ivan Weiser mit, der in Konzertankündigungen als Konzertmeister vorgestellt wurde.[625] Ende des Jahres befanden sich beide Musiker*innen wieder in Zagreb. Nach der Mitwirkung in einem Wohltätigkeitskonzert am 6. Dezember im Volkstheater lassen sich keine weiteren Belege für Auftritte Ludmilla Weisers finden.

Am 2. Mai 1869 heiratete die Geigerin den estnischen Architekten Reinhold Ludwig Ernst Guleke (1834–1927). Der Ehevereinbarung folgend zog sie sich hiermit gänzlich aus dem Musikleben zurück.[626] Ludmilla Guleke scheint nicht einmal mehr im halböffentlichen oder karikativen Rahmen aufgetreten zu sein.[627] Ausnahmen bildeten private Feierlichkeiten, bei denen sich die Musikerin gelegentlich hören ließ.[628]

---

624 Siehe Gmundner Wochenblatt 23.07.1867, S. 391.
625 Siehe Jeić: „The Weiser Family of Zagreb", S. 69f.
626 Siehe Jeić: „Ludmilla Weiser – prva profesionalna hrvatska violinistica i violinska virtuoskinja", S. 89.
627 Siehe Neue Dörptsche Zeitung 1881ff.
628 Siehe Eduard von Bergmann: *Das Säcularfest der Familie von Bergmann in der Pfarre Rujen (Als Manuscript gedruckt)*. Berlin: A. Haack, 1885, S. 28.

3. Handlungsräume der Professionalisierung von Geiger*innen am Konservatorium der Gesellschaft der Musikfreunde in Wien

Die Auseinandersetzung mit den Handlungsräumen der Geigerinnen und Geiger aus den Hellmesberger-Klassen nimmt ihren Ausgangspunkt an der buchstäblichen ‚Schwelle' zum Konservatorium. Nur wenige Quellen geben Aufschluss über das Verfahren der Aufnahme von Bewerber*innen an das Konservatorium und damit auch darüber, wie viel Macht einzelnen Akteur*innen in diesem Zusammenhang zukam. Laut den Verordnungen entschied eine Prüfungskommission – anfangs bestehend aus Mitgliedern der Gesellschaft der Musikfreunde und des Konservatoriums, in der zweiten Hälfte des 19. Jahrhunderts nur noch aus Konservatoriumspersonal zusammengesetzt –[629] über die Aufnahme. Dass aber nicht nur das formalisierte Verfahren der Aufnahmeprüfung mit paritätischem Stimmrecht der Prüfer*innen den Zugang bestimmte, sondern einzelne Akteur*innen in diesem Zusammenhang entscheidende Machtpositionen einnehmen konnten, legen etwa die Erinnerungen des Geigers Carl Flesch, einer Schlüsselfigur des Violinspiels im 20. Jahrhundert,[630] nahe. Mit zynischem Unterton berichtet er von einem erfolglosen Vorspiel bei Josef Hellmesberger d. Ä., das ihn als 11-Jährigen Anfang des Jahres 1885 in Begleitung seiner Mutter, Johanna Flesch geb. Klein, an das Wiener Konservatorium geführt hatte: „Der Schuldiener [...] kam mit dem Bescheid wieder, daß vorerst ein Honorar von 10 Gulden zu entrichten sei. Nachdem dies geschehen war, wurde uns bedeutet, eine Weile zu warten, da der Direktor gerade eine Probe des Schülerorchesters zu leiten hätte; wir könnten jedoch, wenn es uns interessierte, derselben beiwohnen."[631] Der Einladung nachkommend, verfolgte Carl Flesch die Probe der *Nouvelle fantaisie sur ‚Faust'* op. 13 von Pablo de Sarasate und bewunderte hier den knapp eineinhalb Jahre jüngeren Fritz Kreisler als Solisten:

---

629 Die Verordnung aus dem Jahr 1869 benennt den Direktor, ein Mitglied des Schulausschusses aus dem Kollegium sowie die entsprechenden Fachlehrer*innen als Mitglieder der Prüfungskommission. Siehe Gesellschaft der Musikfreunde: *Grundverfassungs-Statut des Konservatoriums der Gesellschaft der Musikfreunde in Wien (§. 22 der Gesellschaftsstatuten vom 26. Februar 1869)*. Wien: Verlag Wallishauser[, 1869], S. 16, §. 51a; vgl. Gesellschaft der Musikfreunde: *Instruction für das, von der Gesellschaft der Musikfreunde des österreichischen Kaiserstaates, zu Wien gestiftete Conservatorium*. Wien: Verlag Wallishauser, 1832, S. 12, §. 28; Gesellschaft der Musikfreunde: *Instruction für das von der Gesellschaft der Musikfreunde des österreichischen Kaiserstaates zu Wien gestiftete Conservatorium*. Wien: Verlag Wallishauser, 1852, S. 8, §. 9.

630 Er war nicht nur hochrenommierter Solist und Kammermusiker, sondern etablierte sich vor allem als Lehrer. Als solcher bildete er eine Vielzahl später namhafter Violinist*innen aus. Seine Lehrwerke sind darüber hinaus noch heute wichtiger Bestandteil des Violinunterrichts.

631 Flesch: *Erinnerungen eines Geigers*, S. 25.

Nach Beendigung der Probe wurden wir durch den Schuldiener ins Allerheiligste, das Sprechzimmer des Direktors, geführt. Er erkundigte sich vorerst über den Eindruck, den mir mein kleiner Kollege gemacht hätte, und auf meine bewundernden Worte äußerte er: ‚Ja, der kleine Kreisler wird noch viel von sich reden machen; wenn er bloß eine bessere Haltung hätte!' Ich hatte also am gleichen Tage zwei Menschen kennengelernt, die gleichermaßen auf meine künstlerische Entwicklung wie auf mein menschliches Schicksal in grundverschiedener Weise großen Einfluß ausüben sollten; denn Kreisler wurde mir, ebenso wie allen anderen Geigern meiner Generation, der Wegweiser zum modernen Geigenspiel in Fortsetzung der durch Ysaye eingeleiteten Evolution, während Hellmesberger späterhin infolge seiner Animosität gegen mich die unbeabsichtige Ursache meiner Übersiedlung nach Paris[632] und damit meiner geigerischen Karriere überhaupt wurde. Die ‚Prüfung' selbst zeitigte übrigens nicht das geringste positive Ergebnis, das als Richtschnur für künftige Pläne hätte gelten können. Der Direktor begnügte sich damit, einige Phrasen über Talent, fleißiges Weiterarbeiten und günstige Aussichten zu murmeln, worauf er uns gnädig wieder entließ.[633]

Die Eltern stellten ihren Sohn daraufhin dem Konservatoriumslehrer Jakob Moritz Grün[634] als zweiter Instanz vor, der Carl Flesch wiederum an Josef Maxintsak[635] – Lehrer der Vorbereitungsklasse am Konservatorium – verwies, bei dem der junge Geiger in der Folgezeit Privatunterricht nahm. 1886 meldete er sich schließlich zur regulären Aufnahmeprüfung an und wurde hierauf in die Ausbildungsklasse von Grün aufgenommen.

Josef Hellmesberger war zu dieser Zeit nicht mehr als Violinlehrer tätig, sondern hatte sich schon seit 1877/78 auf die Direktion des Konservatoriums und die Leitung des Konservatoriumsorchesters konzentriert. Dennoch zeigt er sich hier als wichtiger Ansprechpartner und Vermittler, der den Weg ans Konservatorium entscheidend befördern oder auch verhindern konnte.

Ausgehend von der Frage danach, wer Zugang zur Geigenausbildung am Konservatorium gefunden hat, widmen sich die folgenden Überlegungen den Voraus-

---

632 1890 ging Flesch nach Paris, studierte am dortigen Konservatorium bei Eugène Sauzay und Martin-Pierre Marsick.
633 Flesch: *Erinnerungen eines Geigers*, S. 25f.
634 Zu Jakob Moritz Grün siehe S. 328–330.
635 Siehe S. 166.

setzungen für die Professionalisierung der Musiker*innen im institutionellen Rahmen. Der Blick richtet sich auf die Dispositionen der Bewerberinnen und Bewerber, die ihnen (als Teil der räumlichen Struktur) Handlungsräume erschließen oder begrenzen konnten.[636] Gemeint sind Kategorien gesellschaftlicher Machtverhältnisse, mit denen untrennbar Begünstigungen und Benachteiligungen einhergehen:[637] Das Geschlecht der Bewerber*innen, ihr familiäres ökonomisches und soziales Umfeld sowie die geographische Herkunft werden als wesentliche Differenzierungsgrößen in den Fokus gerückt. Entlang dieser Dimensionen sollen die Studien- und im Anschluss daran auch die Karrieremöglichkeiten der Geiger*innen diskutiert werden. Dem Geschlecht wird dabei ein größeres Gewicht beigemessen.

Für Geigerinnen bedeutete der Zugang ans Konservatorium einen entscheidenden Schritt in Richtung Professionalisierung. Im Rahmen ihrer Ausbildung bei Josef Hellmesberger d. Ä. erfuhren sie nicht nur eine hochqualifizierte Ausbildung, sondern konnten hier bereits das geschlechterheterogene Ensemble- und Orchesterspiel erproben und damit Handlungsräume betreten, die ihnen im öffentlichen Konzertleben noch lange verschlossen blieben. Das Konservatorium avancierte damit für die Musikerinnen zu einer Art Schutz- und Erprobungsraum, in dem sie bereits Kompetenzen erwerben konnten, deren Einsatz ihnen im Musikleben noch weitgehend verwehrt blieb. Gleichwohl konnten einige der Geigerinnen diese im Laufe ihrer Karrieren nutzen, um sich mitunter eigene Handlungsräume zu erschließen.[638]

Im Folgenden werden die unterschiedlichen Studienvoraussetzungen diskutiert. Beginnend mit den finanziellen Bedingungen gilt das Interesse im Weiteren der Herkunft der Studierenden sowie der Bedeutung des Geschlechts für die Aufnahme ans Konservatorium.

---

636 Löw und Sturm: „Raumsoziologie", S. 43.
637 Siehe Jürgen Kocka: „Stand – Klasse – Organisation: Strukturen sozialer Ungleichheit in Deutschland vom späten 18. bis zum frühen 20. Jahrhundert im Aufriß", in: Hans-Ulrich Wehler (Hg.): *Klassen in der europäischen Sozialgeschichte*. Göttingen: Vandenhoeck & Ruprecht, 1979, S. 137–165, hier S. 137.
638 Siehe das Kapitel Das Wiener Frauen-Symphonieorchester, S. 261.

3.1. Finanzielle Hürden auf dem Weg zur Professionalisierung

Ein grundlegendes Hindernis für den Zugang zum Konservatorium bildeten die finanziellen Beschränkungen, die mit der Einführung von Studiengebühren geschaffen wurden. Seit Mitte der 1840er Jahre wurde der Konservatoriumsbetrieb über Studiengebühren teilfinanziert.[639] Deren Einführung hatte die Konservatoriumsleitung mehr als ein Jahrzehnt lang hinausgezögert: Bereits 1829 wurde sie diskutiert, in der folgenden Instruktion (1832) auch festgeschrieben,[640] aus Sorge um rückläufige Studierendenzahlen und unausgewogene Fächerbelegung allerdings zunächst noch ausgesetzt. Wohl erst 1844/45 wurden entsprechende Zahlungen verpflichtend.[641] Nach der Wiedereröffnung im Jahr 1851 betrugen die jährlichen Gebühren für die Gesangs-, Streicher- und Generalbassabteilung 30 fl., für die Blasinstrumentalklassen 20 fl. und für den Besuch jedes weiteren Faches[642] 10 fl. Damit war allein der Unterricht in den Hauptfächern abgedeckt, Nebenfachbelegung wurde (bis 1869) zusätzlich berechnet.[643] Mit weiteren Erhöhungen wurde wiederholt auf die problematische Finanzlage des Konservatoriums reagiert. 1859 wurde eine Anhebung um durchschnittlich 50 % der bisher erhobenen Gebühren umgesetzt, weitere Anpassungen um bis zu 50 % folgten zwischen 1870 und 1897.[644]

---

639 Siehe Gesellschaft der Musikfreunde: *Instruction*, 1852, S. 12, §. 15; Gesellschaft der Musikfreunde: *Grundverfassungs-Statut des Konservatoriums*, [1869], S. 10, §. 30; Gesellschaft der Musikfreunde: *Schulordnung (Vollzugsvorschrift zum Grundverfassungsstatute des Conservatoriums für Musik und darstellende Kunst der unter dem Protectorate Ihrer k. und k. Hoheit der durchlauchtigsten Kronprinzessin-Witwe Erzherzogin Stephanie stehenden Gesellschaft der Musikfreunde in Wien)*. Wien: Verlag Wallishauser, 1892, S. 11, §. 28.
640 Gesellschaft der Musikfreunde: *Instruction*, 1832, S. 13, §. 33.
641 Siehe Hennenberg: *Das Konservatorium der Gesellschaft der Musikfreunde in Wien*, S. 312; siehe auch Perger: *Geschichte der K. K. Gesellschaft der Musikfreunde in Wien*, S. 71. Es fehlen Quellen, die den Zeitpunkt der Einführung zweifelsfrei belegen.
642 Mit Ausnahme der Fächer Deutsch, Italienisch und Deklamation, die unentgeltlich angeboten wurden.
643 Siehe Gesellschaft der Musikfreunde: *Instruction*, 1852, S. 11f., §. 15.
644 Siehe Babbe: „Das Konservatorium der Gesellschaft der Musikfreunde in Wien", S. 118.

Tab. 3: Schulgeld 1851 bis 1897

Vorbildungsschule						
Fächer	1851[645]	1870/1871[646]	1875/1876[647]	1880/1881[648]	1891/1892[649]	1897[650]
Sologesang[651]	30 fl.	100 fl.	120 fl.	150 fl.		180 fl.
Klavier		80 fl.	100 fl.	120 fl.	120 fl.	120 fl.
Violine	30 fl.	80 fl.	100 fl.	100 fl.	120 fl.	120 fl.
Violoncello	30 fl.	80 fl.	100 fl.	100 fl.	120 fl.	120 fl.
Kontrabass	30 fl.	80 fl.	100 fl.	100 fl.	120 fl.	120 fl.
Blasinstrumente	20 fl.	80 fl.	100 fl.	100 fl.	120 fl.	120 fl.
Harfe		80 fl.	100 fl.	120 fl.	120 fl.	120 fl.
Orgel			100 fl.	100 fl.	120 fl.	120 fl.
Ausbildungsschule						
Operngesang		150 fl.	150 fl.	180 fl.		200 fl.
Klavier		120 fl.	120 fl.	150 fl.	150 fl.	150 fl.
Violine		120 fl.	120 fl.	120 fl.	150 fl.	150 fl.
Violoncello		120 fl.	120 fl.	120 fl.	150 fl.	150 fl.
Kontrabass		120 fl.	120 fl.	120 fl.	150 fl.	150 fl.
Blasinstrumente		120 fl.	120 fl.	120 fl.	150 fl.	150 fl.

---

645 Siehe Perger: *Geschichte der K. K. Gesellschaft der Musikfreunde in Wien*, S. 81. Für die Belegung weiterer Fächer wurden zusätzlich 10 fl. (Gulden) erhoben, Deutsch, Italienisch und Deklamation wurden unentgeltlich angeboten. Es handelt sich hier und für die folgenden Studienjahre je um die Jahresbeiträge.
646 Siehe Gesellschaft der Musikfreunde: Lehrplan des Konservatoriums der Gesellschaft der Musikfreunde in Wien. Für das Schuljahr 1870–1871. Nebst einem Anhange über den fakultativen Vorbereitungskurs. A-Wgm (10800 135).
647 Siehe Gesellschaft der Musikfreunde: Lehrplan des Konservatoriums der Gesellschaft der Musikfreunde in Wien. Für das Schuljahr 1875–1876. Nebst einem Anhange über den fakultativen Vorbereitungskurs. A-Wgm (10800 135).
648 Siehe Gesellschaft der Musikfreunde: Conservatorium für Musik und Schauspiel-Schule der Gesellschaft der Musikfreunde in Wien. Lehrplan für das Schuljahr 1880–1881. A-Wgm (10800 135).
649 Gesellschaft der Musikfreunde: Conservatorium für Musik und Schauspiel-Schule der Gesellschaft der Musikfreunde in Wien. Lehrplan für das Schuljahr 1891–1892. A-Wgm (10800 135).
650 Gesellschaft der Musikfreunde: *Schul-Statut des Conservatoriums für Musik und darstellende Kunst der unter dem Protectorate Ihrer k. u. k. Hoheit der durchlauchtigsten Kronprinzessin-Witwe Erzherzogin Stephanie stehenden Gesellschaft der Musikfreunde in Wien (Beschlossen in der Directions-Sitzung am 10. Juli 1893, vervollständigt durch die Erweiterung der Chorgesang-Schule in der Directions-Sitzung am 23. Juli 1894.)*. Wien: Verlag Wallishauser, 1897, S. 30–42.
651 In der Vor- und Ausbildungsschule wird für alle Hauptfächer eine Einschreibegebühr von 3 fl. erhoben.

Orgel		120 fl.	120 fl.	120 fl.	150 fl.	150 fl.
Harfe		120 fl.	120 fl.	150 fl.	150 fl.	150 fl.
Musiktheorie		120 fl.[652]	[653]			
Harmonielehre			120 fl.	120 fl.	120 fl.	120 fl.
Kontrapunkt			120 fl.	120 fl.	150 fl.	150 fl.
Komposition			120 fl.	120 fl.	150 fl.	150 fl.
Opernschule				180 fl.	180 fl.	200 fl.

Wer konnte sich ein Studium unter diesen Bedingungen leisten? Ein großer Teil der Wiener Gesellschaft war kaum in der Lage, die finanziellen Mittel für ein Studium am Konservatorium aufzubringen. In der demographisch zügig wachsenden Donaumetropole hatte sich Armut in der Bevölkerung seit der zweiten Hälfte des 17. Jahrhunderts zu einem grundlegenden sozialen und wirtschaftlichen Problem entwickelt und nahm mit der Frühindustrialisierung noch weiter zu.[654] In den 1840er Jahren wurden für Wien bei einer Bevölkerungszahl von 400.000 40.000 Unterstützungsbedürftige, mindestens 9.000 Erwerbs- und Obdachlose sowie etwa 9.000 Bettler*innen verzeichnet.[655] Um 1880 waren schätzungshalber 10 % und temporär gar 20 % der Einwohner*innen auf Unterstützungen angewiesen, die zum einen durch das staatliche Gesundheitswesen und die Armenfürsorge, zum anderen durch private Wohltätigkeitsorganisationen geleistet wurden.[656] Hiervon abgesehen machen variable Lohn- und Preisniveaus sowie die von Ort und Stand abhängigen notwendigen und standesgemäßen Lebenshaltungskosten belastbare Aussagen hinsichtlich des relativen finanziellen Aufwands für die Eltern beziehungsweise Vormünder der Studierenden kaum möglich. Noch dazu liegen bislang keine Lohnreihen für die entsprechenden Zeiträume vor.[657] Bei aller gebotenen Vorsicht – insbesondere mit Blick auf die

---

652 Musiktheorie ist zugleich Nebenfach, Schüler, die das Fach als obligates Nebenfach belegen, müssen kein Schulgeld zahlen.
653 Belegung im Nebenfach unentgeltlich.
654 Siehe Andreas Weigl: „Armut – Armenhilfe – Fürsorge. ‚Sozialpolitik' und ihre Träger in Wien vom ausgehenden 18. Jahrhundert bis zum Vorabend des Ersten Weltkriegs", in: *Informationen zur modernen Stadtgeschichte* 2 (2014), S. 13–22, hier S. 14f.
655 Siehe Peter Feldbauer und Hannes Stekl: „Wiens Armenwesen im Vormärz", in: Renate Banik-Schweitzer et al. (Hg.): *Wien im Vormärz*. Wien: Verein für Geschichte der Stadt Wien, 1980 (= Forschungen und Beiträge zur Wiener Stadtgeschichte 8), S. 175–201, hier S. 175f.
656 Siehe Weigl: „Armut – Armenhilfe – Fürsorge", S. 15f.
657 Das FWF-Projekt „Preise und Löhne in Salzburg und Wien, 1450–1850" am Institut für Wirtschafts- und Sozialgeschichte der Universität Wien lässt die Veröffentlichung entsprechender Datenerhebungen in der nächsten Zeit erwarten, siehe Institut für Wirtschafts- und Sozialgeschichte, Universität Wien. Forschungsprojekte, https://wirtschaftsgeschichte.univie.ac.at/forschung/forschungsprojekte/einzelprojekte/#c181053; 21.07.2023.

zeitliche Distanz – sei dennoch eine Erhebung der Jahreseinkommen verschiedener Berufsgruppen für die Jahre 1815 bis 1837 herangezogen, die Alice M. Hanson vorgelegt hat.[658] 30 fl. entsprachen dieser Aufstellung zufolge zwischen 1 und 1,2 % des Jahreseinkommens eines Hofrates der Niederösterreichischen Landesregierung, zwischen 1,5 und 3 % des Einkommens eines Kapellmeisters der Hofkapelle, für einen Oberst machten 30 fl. ca. 1,7 % des Einkommens aus, für Konzertmeister der Hofoper etwa 2,8 %, für einen Normalschullehrer 4,3 bis 6 %, für Kanzlisten der Staatsbuchhaltung mindestens 6 %, für Hochschullehrer etwa 6,7 bis 12 % und für Postmitarbeiter 7,5 %. Für eine Fabrikarbeiterin entsprachen 30 fl. 25 bis 75 % des Jahreseinkommens, für städtische Arbeiter (public laborer) ca. 30 % und bei einfachen Soldaten der Infanterie machte dies das gesamte Einkommen eines Jahres aus. So wenig überraschend diese Einkommensunterschiede an sich sind, fallen die hohen Durchschnittsgehälter von Beamten und hohen Militärs auf. Auch die Bezahlung von Kapellmeistern – vergleichbar jener von Hof- und Staatsbeamten – fällt ins Auge. Veränderte Lohn- und Preisniveaus ebenso wie die schwierige Datenlage berücksichtigend kann zumindest mit Blick auf die dargelegten Relationen festgehalten werden, dass das Ausbildungsangebot des Konservatoriums in erster Linie von Mitgliedern des höheren Beamtentums sowie der Bourgeoisie wahrgenommen werden konnte und somit jenen Gesellschaftsgruppen, die zugleich Träger des Konservatoriums waren und es bis zu dessen Verstaatlichung im Jahr 1909 auch blieben.[659] Dass wohl ein Großteil der Studiengebühren von den Eltern der sogenannten ‚höheren' Töchter gezahlt wurde, haben unlängst Severin Matiasovits und Erwin Strouhal herausgearbeitet. Für die zweite Hälfte des 19. Jahrhunderts und das beginnende 20. Jahrhundert konnten sie aufzeigen, dass die (Teil-)Finanzierung des Konservatoriums durch Studiengebühren ganz wesentlich über die Belegung im Fach Klavier – mit einem auffallend hohen Frauenanteil – gesichert wurde. Hinsichtlich der Frage nach den finanziellen Beschränkungen des Studiums am Konservatorium fielen hier somit sozialer beziehungsweise ökonomischer Status und das Geschlecht als entscheidende Kategorien zusammen.[660] Im Gegensatz zu anderen Fächern wurden in der Klavierabteilung weit weniger Freistellen und Stipendien[661] zur Verfügung gestellt.

---

658 Siehe Hanson: *Musical Life in Biedermeier Vienna*, S. 20–22.
659 Siehe auch Heller: „Das Konservatorium für Musik in Wien", S. 211.
660 Siehe Severin Matiasovits und Erwin Strouhal: „Von ‚tüchtigen Orchester-Mitgliedern' und Meister*innen: Ausbildungskonzepte im Wandel", in: Annkatrin Babbe und Volker Timmermann (Hg.): *Konservatoriumsausbildung von 1795 bis 1945. Beiträge zur Bremer Tagung im Februar 2019*. Hildesheim: Olms, 2021 (= Schriftenreihe des Sophie Drinker Instituts 17), S. 50–72, hier insb. S. 55–58.
661 Ab 1833 ermöglichten die Erträge aus Subskriptionskonzerten die Einrichtung von Stipendien. Weiteres Kapital kam von sogenannten ‚Unterstützern' des Konservatoriums, die für ihre Einzahlungen

Selbige wurden vielmehr Studierenden von Orchesterinstrumenten zugesprochen. Darin offenbart sich wiederum die ursprüngliche Ausrichtung des Wiener Konservatoriums auf die Ausbildung von Nachwuchs für die Orchester und Opernensembles.[662] Entsprechend war auch per Statut geregelt, dass die Freiplätze in der Regel an Bewerber*innen und Studierende vergeben werden sollten, deren Aufnahme beziehungsweise Studium im Interesse der Institution lag – das galt vor allem für gering belegte Fächer wie Kontrabass oder Blasinstrumente, die von vornherein von der Zahlung der Studiengebühren ausgenommen waren.[663]

Nach der Wiedereröffnung des Konservatoriums zum Studienjahr 1851/52 war ein Großteil aller Studierenden – im genannten Jahr 117 von insgesamt 152, und damit gut drei Viertel der Musiker*innen – von der Zahlung der Studiengebühren befreit. 1856/57 wurden von 209 Studienplätzen 129 (60 %) ganz und 40 (19 %) halb durch das Konservatorium finanziert. 1861/62 traf dies auf 44 % beziehungsweise 9 % der Studienplätze zu, 1866/67 auf 33 % beziehungsweise 4 %. In den folgenden Jahren setzt sich – bei steigenden Studierendenzahlen – der rückläufige Trend der Freistellenanteile fort: 1871/72 waren von 494 Studienplätzen 20 % ganz und 6 % halb befreit, 1876/77 von 674 13 % ganz und 5 % halb und 1881/82 14 % ganz und 6 % zur Hälfte befreit.[664] In dieser Entwicklung spiegelt sich die finanzielle Situation des Konservatoriums beziehungsweise der Gesellschaft der Musikfreunde als Träger wider. Der Einbruch der Befreiungen in den 1860er Jahren wird etwa rücksichtlich der steigenden Ausgaben im Zusammenhang mit dem Bau des neuen Musikvereinsgebäudes am Karlsplatz nachvollziehbar, aus dem der Gesellschaft eine massive finanzielle Belastung erwuchs. Der Börsencrash im Jahr 1873, außerdem die Reform des Studienangebotes, Erhöhungen der Gehälter der Lehrenden, die Umgestaltung des Pensionsvereins etc. griffen den Haushalt in der Folgezeit zusätzlich an.

Auch in der Geigenabteilung vollzieht sich die skizzierte Entwicklung der Studiengeldbefreiung. Dabei geben die Studierendenverzeichnisse nur sporadisch Auskunft darüber, welche Geiger*innen zur Zahlung von Studiengebühren verpflichtet oder hiervon befreit waren. Entsprechende Angaben finden sich erstmals für die Jahre 1855/56 bis 1860/61. Daraus geht hervor, dass in den Geigenklassen nur wenige Schüler Studiengebühren zahlten und die Zahl der Befreiungen mit steigendem

---

in den Unterstützungsfonds Zutritt zu den Gesellschaftskonzerten, Zöglingsproduktionen, Bällen und Abendunterhaltungen erhielten, ohne aber als wirkliche Mitglieder der Gesellschaft der Musikfreunde zu gelten. Siehe Perger: *Geschichte der K. K. Gesellschaft der Musikfreunde in Wien*, S. 67.

662 Siehe Babbe: „Das Konservatorium der Gesellschaft der Musikfreunde in Wien", S. 105.

663 Gesellschaft der Musikfreunde: *Grundverfassungs-Statut des Konservatoriums*, 1872, S. 13, §. 41, auch Gesellschaft der Musikfreunde: *Grundverfassungs-Statut des Konservatoriums*, [1869], S. 11, §. 39; Gesellschaft der Musikfreunde: *Schulordnung*, 1892, S. 13, §. 37.

664 Die Daten sind den jeweiligen Jahresberichten des Konservatoriums entnommen.

Ausbildungsniveau zunahm. In den Klassen Josef Hellmesbergers d. Ä. war das Gros der Studierenden von der Zahlung befreit. 1855/56 etwa waren allein 5 von 24 Schülern Hellmesbergers zur Zahlung von Studiengebühren verpflichtet, die anderen waren ganz, einige auch halb befreit. In den folgenden Jahren änderte sich diese Tendenz zunächst nicht – zwischen 70 und 83 % der Studierenden blieben von der Zahlung der Studiengebühren entbunden (siehe Tab. 4). In den 1860er Jahren fehlen Angaben zur Studiengeldzahlung in den Studierendenlisten; erst ab 1866/67 wurden sie wieder aufgeführt. Die Verhältnisse hatten sich nun auch in der Geigenabteilung gewandelt. Josef Hellmesberger d. Ä. unterrichtete insgesamt weniger Geiger*innen, von denen im Verhältnis weniger Befreiungen erhielten. Gleichwohl war noch ein Drittel von ihnen ganz oder halb befreit. Dazu studierten einige Geiger*innen mittlerweile auf Stiftplätzen. Selbige wurden seit 1868 vergeben. Die Gesellschaft der Musikfreunde hatte sich mit der Einführung von Stiftern und Gründern bemüht, der durch das Bauvorhaben für das Musikvereinsgebäude entstandenen finanziellen Belastung zu begegnen.[665] Stifter und Gründer ließen erhebliche Beträge in den Baufonds einfließen und erhielten im Gegenzug das vererbliche Recht, jährlich eine*n Studierende*n für einen unentgeltlichen Studienplatz zu präsentieren. Da die Kosten eines Studienplatzes die Zinsen des Stiftbeitrags jedoch weit überstiegen, erwuchsen dem Konservatorium bzw. der Gesellschaft der Musikfreunde hieraus langfristig deutliche Verluste.

Tab. 4: Studiengeldbefreiungen unter den Studierenden von Josef Hellmesberger d. Ä.

Jahr	1855/56	1856/57	1857/58	1858/59	1859/60	1866/67	1867/68	1868/69
Studierende	24	25	30	23	12	9	12	15
Davon befreit[666]	19 (79 %)	17 (68 %)	21 (70 %)	16 (70 %)	10 (83 %)	3 (33 %)	4 (33 %)	7 (47 %)
Jahr	1869/70	1870/71	1871/72	1872/73	1873/74	1874/75	1875/76	1876/77
Studierende	15	13	17	10	7	8	11	8
Davon befreit	9 (60 %)	6 (46 %)	8 (47 %)	6 (60 %)	4 (57 %)	4 (50 %)	8 (73 %)	5 (63 %)

Noch in den 1850er Jahren scheint der Zugang zur Geigenausbildung bei Hellmesberger in der Regel weniger von der ökonomischen Situation der Familie abhängig gewesen zu sein. In den 1860er Jahren bildeten die Studiengebühren jedoch auch hier

---

665 Siehe Perger: *Geschichte der K. K. Gesellschaft der Musikfreunde in Wien*, S. 113f.
666 Darunter verstanden: durch das Konservatorium von der Bezahlung ganz beziehungsweise halb befreit, Stipendiat*innen, Studierende auf Stiftplätzen.

eine größere Hürde für Bewerber*innen. Die Untersuchung ihres familiären Umfeldes mit Blick auf den gesellschaftlichen Status und die ökonomische Situation bleibt eine Aufgabe zukünftiger Konservatoriumsforschungen. Auf die methodischen Probleme, die damit einhergehen, hat bereits Freia Hoffmann hingewiesen: Die Matrikeln und Studierendenlisten enthalten als Information zur familiären Herkunft der Studierenden in der Regel nur den Namen und Beruf der Väter. Ableitungen von hier auf das Bildungs- und Ausbildungsniveau, die ökonomische Situation und auch den gesellschaftlichen Status der Familie können näherungsweise gemacht werden, bleiben aber weitgehend spekulativ.[667] Probleme bereitet auch die schwierige Konkretisierbarkeit einiger Berufsbezeichnungen wie ‚Kaufmann', ‚Cassier' oder ‚Lehrer', außerdem die kaum abschätzbaren Differenzen, die sich über den Wohnort, die dortigen Lebenshaltungskosten etc. ergeben.

Von nur einigen Studierenden Josef Hellmesbergers d. Ä. ist die familiäre Herkunft bekannt. Von den eingehender biographierten 13 Geiger*innen stammten sieben aus Musikerfamilien beziehungsweise hatten Eltern, die auch als Musiker*innen tätig waren, zwei Geiger stammten aus einem handwerklich geprägten familiären Umfeld, vier Geiger*innen kamen aus Familien des gehobenen Wiener Bürgertums. Schon an ihrem Beispiel wird ablesbar, wie wenig aussagekräftig die Gegenüberstellung der familiären Herkunft mit der Höhe des gezahlten Studiengeldes war.

Die Väter von Josef Bayer und Josef Maxintsak waren beide Schneider. Das Studium von Josef Bayer finanzierte die Familie weitgehend selbst – auch während seiner Studienzeit in der Klasse Josef Hellmesbergers d. Ä. wurde er nicht befreit –, Josef Maxintsak hingegen hatte während der Ausbildung bei Hellmesberger einen Stiftplatz inne und wurde noch als Volontär im Jahr 1871/72 zur Hälfte von der Zahlung der Studiengebühren befreit.[668]

Eugenie Epstein, Tochter des Proßnitzer Oberkantors Ignaz Epstein, war im letzten der beiden Studienjahre bei Josef Hellmesberger d. Ä. zur Hälfte von den Studiengebühren befreit. Franz Radnitzky wurde für beide Studienjahre in der Hellmesberger-Klasse mit einem Stiftplatz bedacht. Für Franz Schipek, der auch während des Studiums weiter mit dem Familienensemble konzertiert hatte, wurde keine Befreiung vom Studiengeld verfügt.

---

667 Siehe Freia Hoffmann: „Soziale und geographische Herkunft von Studierenden am Beispiel Sondershausen und Straßburg", in: Annkatrin Babbe und Volker Timmermann (Hg.): *Konservatoriumsausbildung von 1795 bis 1945. Beiträge zur Bremer Tagung im Februar 2019*. Hildesheim: Olms (= Schriftenreihe des Sophie Drinker Instituts 17), S. 229–242, hier S. 231.

668 Ida Bayer-Aspis, die Tochter Josef Bayers, gibt in der Biographie ihre Vaters an, dass die Familie wohlhabend gewesen sei. Siehe Bayer-Aspis: Josef Bayer, S. 3.

Ludmilla Weiser, deren Vater Instrumentenbauer war – damit dem handwerklichen Milieu zugeordnet werden kann – und sich auch als Geiger hören ließ, war nicht von den Studiengebühren befreit. Indes ist bekannt, dass ihr Studium durch den Kroatischen Musikverein finanziert wurde. Franziska Schön wurde ab 1864/65 teils von der Zahlung befreit. Für die Zeit, in der die Brüder Friedrich und Viktor Raczek bei Hellmesberger studierten, gibt es keine Aufzeichnungen zu den Studiengeldzahlungen in den Studierendenlisten. Aus anderen Quellen aber ist bekannt, dass die Familie finanziell auf Unterstützung angewiesen war, wie nicht zuletzt auch die Wohltätigkeitsveranstaltungen zugunsten der Musiker*innen nahelegen, die Eduard Seuffert in Wien veranstaltete. Eugenie Brückner, die Schwestern Natalie und Helene Lechner sowie Theresine Seydel – Töchter aus Familien des gehoben Wiener Bürgertums – wurden nicht von der Studiengeldzahlung befreit. Dass ihre Studiengebühren vollumfänglich von der Familie gezahlt wurden, spricht für das wohlhabende Umfeld.

Die Übersicht erlaubt keine generalisierbaren Aussagen zum Zusammenhang zwischen familiärer Herkunft und der Studiengeldzahlung. Dass allerdings vier der sechs Geigerinnen aus wohlhabenden Wiener Familien, die Geiger demgegenüber eher aus Musikerfamilien oder einem handwerklichen Umfeld stammten, keiner von den hier genannten aber aus dem gehobenen Bürgertum, sei mit aller Vorsicht vor Verallgemeinerung als Auffälligkeit angemerkt. Davon abgesehen zeigt sich auch hier, dass sich in der Regel vor allem die Bourgeoisie das Studium ihrer Kinder am Konservatorium leisten konnte, die Vergabe von Freistellen und Stipendien demgegenüber aber auch Bewerber*innen aus einem familiär weniger wohlhabenden Umfeld das Studium ermöglichte. Gerade die Geigenausbildung war vergleichsweise hoch subventioniert – vor allem in den 1850er Jahren, aber auch später konnten viele Studierende finanzielle Unterstützung seitens des Konservatoriums sowie einiger Wiener Mäzene in Anspruch nehmen. Als ein vorsichtiges Resümee kann dabei festgehalten werden, dass Geigerinnen seltener finanzielle Förderung durch das Konservatorium erhielten und damit der ökonomische Status der Familie bei Ihrer Aufnahme eine größere Rolle gespielt haben mag als bei den Kommilitonen. Auch hier zeigt sich die Ausrichtung des Konservatoriums auf die Nachwuchsbildung für die Wiener Orchester. Noch dazu lag die Ausbildung von Geigerinnen weniger im Interesse des Ausbildungsinstituts als jene der Kommilitonen, schließlich hatten nur Letztere die Aussicht auf renommierte Positionen im Musikleben, was wiederum dem Ruf des Konservatoriums zuträglich sein konnte.

3.2. „Aus den gesamten k. k. österreichischen Staaten" – Zur Herkunft der Studierenden

Neben dem ökonomischen Status der Familie war auch die geographische Herkunft ein entscheidendes Kriterium für den Zugang zum Konservatorium in Wien und damit auch für den weiteren Karriereverlauf der Geiger*innen. Seitens der Gesellschaft der Musikfreunde war die Konservatoriumsgründung durch national-patriotische Bestrebungen motiviert, die sich auch in einem deutlich umrissenen geographischen Radius bei der Auswahl von Bewerber*innen abzeichnen.[669] Schon in ihren ersten Statuten äußerten die Musikfreunde 1814 die Absicht, „Zöglinge […] aus den gesamten k. k. österreichischen Staaten"[670] auszubilden. Die Zielrichtung fügt sich ein in breitere gesellschaftliche Entwicklungen: Vor dem Hintergrund der Auseinandersetzung mit Frankreich im Zuge der Napoleonischen Kriege um die Wende zum 19. Jahrhundert erstarkten auch in der Habsburgermonarchie patriotische Bewegungen. In diesem Zusammenhang sollte über die Hebung der nationalen Musikkultur auch kulturelle Überlegenheit demonstriert und das Selbstbewusstsein des österreichischen und nicht zuletzt des Wiener Bürgertums gestärkt werden.[671]

Tab. 5: Herkunft der Studierenden am Konservatorium in Wien 1857 bis 1900[672]

	1857/58	1858/59	1871/72	1872/73	1873/74	1874/75	1875/76	1880/81	1885/86	1890/91	1895/96	1900/01
Niederösterreich	154	143	308[673]	291	343	366	404	447	531	609	479	538
Davon aus Wien	144	134										
Oberösterreich	4	5	8	12	14	14	7	11	13	7	11	7
Salzburg	1											

---

669 Auch wenn sich das Streben, wie Otto Biba betont, auf das übernationale Konglomerat der k. u. k. Monarchie und die vaterländischen Ideale über nationale Grenzen hinweg bezog, bleibt es hierin patriotisch motiviert. Vgl. Otto Biba: „Das Einzugsgebiet des Konservatoriums der Gesellschaft der Musikfreunde in Wien", in: Annkatrin Babbe und Volker Timmermann (Hg.): *Konservatoriumsausbildung von 1795 bis 1945. Beiträge zur Bremer Tagung im Februar 2019*. Hildesheim: Olms, 2021 (= Schriftenreihe des Sophie Drinker Instituts 17), S. 243–254, hier S. 244.

670 Gesellschaft der Musikfreunde: *Statuten der Gesellschaft der Musikfreunde des österreichischen Kaiserstaates*. Wien 1814, §. 3, zit. nach Eusebius Mandyczewski: *Zusatz-Band zur Geschichte der K. K. Gesellschaft der Musikfreunde in Wien*. Wien: Verlag Holzhausen, 1912, S. 197.

671 Siehe auch Heller: „Das Konservatorium für Musik in Wien", S. 207–209. Siehe weiterführend das Kapitel Exkurs: ‚Musikstadt Wien', S. 319.

672 Bereits abgedruckt in Babbe: „Das Konservatorium der Gesellschaft der Musikfreunde in Wien", S. 126f. Die Daten sowie die Orts- und Ländernamen sind den Tabellen zur Herkunft der Studierenden in den Jahresberichten entnommen.

673 Hier einschließlich Wien, auch 1872/73, 1873/74, 1874/75, 1875/76, 1885/86, 1890/91, 1895/96, 1900/01.

Steiermark	3	2	7	11	14	14	11	7	11	12	5	18
Kärnten			2	2	4	7	6	4	7	1	2	10
Krain										7	6	5
Tirol			1	2	4	5	2	3	2	6	2	7
Triest			1	2[674]	5	6	3	9	8	3	8	10
Böhmen	10	3	23	25	40	47	41	47	38	29	25	40
Mähren	9	4	21	24	35	37	34	35	39	44	34	52
Bukowina			3	4	2	2			4	4	9	4
Dalmatien			2	2	2	2	1		1		3	4
(österr.) Schlesien	3	3	2	5	6	4	4	8	8	2	7	7
Galizien	6	6	15	12	20	17	16	20	13	29	24	19
Istrien												1
Ungarn	8	12	56	45	65	61	63	63	66	54	76	45
Kroatien	1		1	1	1			7	7	7	5	8
Militärgrenze[675]			1	2	2	2	2					
Siebenbürgen			7	6	11	10	10	11	7	8	8	8
Slavonien	1	1	2	3	7	5	1	3		1	6	5
Woiwodina[676]	2	2										
Küstenland[677]	1	1										
Ausland	8	8										
Amerika				4	4	4	2	1	6	5	8	6
Kalifornien											1	
Australien												1
Ägypten										1		
Asien								1				
Indien								1				1
Bayern						1			3			1
Deutschland			14	9	7	10	12	16	17	9	11	9
Belgien							1				10	1

674 Hier Triest und Küstenland, auch 1873/74, 1874/75, 1875/76, 1880/81, 1885/86, 1890/91, 1895/96, 1900/01.
675 Bezeichnung für das militärisch besetzte Grenzgebiet des Habsburgerreiches zum Osmanischen Reich.
676 Teil des Kronlandes Woiwodschaft Serbien und Temeser Banat.
677 Auch: Österreichisches Küstenland. Bezeichnung für die habsburgischen Besitzungen an der oberen Adria.

Land										
Frankreich			1					1	2	4
England		1		1	1		2	1	1	2
Italien	2	5	5	4	10	6	3	2	1	4
Griechenland							3	1		
Schweiz		2	1	1				1	2	
Rumänien	2	2	3	7	3	6	2	12	5	9
Bulgarien									1	5
Russland	9	14	17	11	10	20	19	18	43	26
Osmanisches Reich	2	1	1	1		2	2	2		7
Serbien								1	3	6
Walachei	4	5	7	3	2					
Schottland				2					1	
Württemberg				2	2					
Spanien									1	
Syrien									1	

Für etwas mehr als die ersten vier Jahrzehnte seines Bestehens liegen kaum Informationen über die Herkunft der Studierenden am Wiener Konservatorium vor. Erst ab 1860/61 sind Matrikeln überliefert, die neben der Leistungsübersicht Angaben zum Alter, zum Vater beziehungsweise Vormund samt dessen Beruf und auch zu dem Heimatort[678] der Studierenden enthalten. Ab 1857/58 finden sich in den Studierendenverzeichnissen gelegentlich auch statistische Übersichten zur Herkunft, die jedoch keine Aufschlüsselung nach Instrumentalabteilungen und Klassen erlauben.[679] Insgesamt spiegelt sich hier die Intention der Gesellschaft der Musikfreunde wider, vornehmlich Bewerber*innen aus der Habsburgermonarchie, insbesondere aus der österreichischen Reichshälfte, auszubilden: Das Gros der Studierenden stammte aus Österreich beziehungsweise den Kronländern.[680] Das kann auch für die 94 der 154 Studierenden aus den Klassen Josef Hellmesbergers d. Ä. festgehalten werden, deren Herkunft bekannt ist: 82 von ihnen stammten aus der Habsburgermonarchie – davon 33 aus Wien –, nur 12 kamen aus dem Ausland (siehe Tab. 6).

---

678 In den Matrikeln benannt als „Heimat des Schülers" (siehe bspw. Matrikel Franziska Schön. A-Wgm [ohne Signatur]). Damit kann sowohl der Wohnort der Familie vor Beginn des Studiums als auch der Geburtsort gemeint sein. Zur Problematik des Begriffs siehe u. a. Heinz Faßmann: „Migration in Österreich 1850–1900. Migrationsströme innerhalb der Monarchie und Struktur der Zuwanderung nach Wien", in: *Demographische Informationen* (1986), S. 22–36, hier S. 22f.
679 Siehe auch Babbe: „Das Konservatorium der Gesellschaft der Musikfreunde in Wien", S. 125.
680 Siehe auch Biba: „Das Konservatorium der Gesellschaft der Musikfreunde", S. 30.

Tab. 6: Herkunft der Studierenden Josef von Hellmesberger d. Ä.[681]

Studierende	Herkunft
Auber, Jakob	Tarnau/Galizien (Tarnów/Polen)
Auer, Leopold	Veszprém (Weißbrunn)/Ungarn
Auspitz, Siegfried	Lomnitz an der Popelka/Böhmen (Lomnice nad Popelkou/Tschechien)
Bachrich, Sigmund	Nyitra-Zsámbokréth/Ungarn (Žabokreky/Slowakei)
Baiulescu, Georg	Kronstadt/Siebenbürgen (Brașov/Rumänien)
Bayer, Josef	Wien
Benkö, Heinrich	Kronstadt/Siebenbürgen (Brașov/Rumänien)
Beranek, Heinrich	unbekannt
Beskochka, Franz	unbekannt
Biener, Gustav	Wien
Blau, Julius	Pest, Budapest/Ungarn
Blumenfeld, Anton	unbekannt
Bourner, Hugo	unbekannt
Brodsky, Adolf	Odessa/Russland (heute Ukraine)
Brückner, Eugenie	Wien
Bukorester, Leo	Brody/Galizien (heute Ukraine)
Cimegotto, Tomaso	Padua/Lombardo-Venetien (Padova/Italien)[682]
Curant, Theodor	Hultschin/Preußisch-Schlesien (Hlučín/Tschechien)
Czillag, Hermann/Armin	Bakony-Telek bei Veszprém (Weißbrunn)/Ungarn
Deininger, Anton	unbekannt
Desing, Julius	Wien
Deutsch, Sigmund	Wien
Dragatin, Julius	Görz/Küstenland (Gorizia/Italien)
Epstein, Eugenie	Proßnitz/Mähren (Prostějov/Tschechien)
Ernst, Jakob	unbekannt
Faistenberger, Johann	Wien
Fiby, Heinrich	Wien
Frank, Georg	unbekannt
Frey, Rudolph	unbekannt
Friedberg, Moriz	Lehota (Abászállás)/Ungarn (heute Slowakei)
Fruholz, Carl	unbekannt
Fuchs, Joseph	unbekannt
Gerger, Eduard	unbekannt
Girsa, Gustav	Wien
Gitzmayer, Norbert	unbekannt
Goldmann, Friedrich	Großwardein/Ungarn (Oradea/Rumänien)
Grädener, Hermann	Kiel
Großmann, Leo	Jassy/Moldau (Iași/Rumänien)
Hametter, Franz	unbekannt
Hasel, Franz	unbekannt

---

681 An erster Stelle stehen in der Regel die historischen bzw. deutschen Ortsangaben, in Klammern die heutigen Namen und Zugehörigkeiten.
682 Wiederholt, und auch von 1814 bis 1866, unter österr. Herrschaft.

Studierende	Herkunft
Hauser, Anton	unbekannt
Heger, Franz	Kladrau/Böhmen (Kladruby/Tschechien)
Heller, Ferdinand	unbekannt
Heller, Julius	Lehota (Abászállas)/ Ungarn (heute Slowakei)
Hellmesberger, Josef d. J.	Wien
Hengg, Willibald	Nesselwängle/Tirol
Henne, Friedrich	unbekannt
Herzog, Georg	unbekannt
Heß, Carl	unbekannt
Hilbert, Alois	Wien
Hiller, Moriz	Mohilesk Podolsk/ Russland (heute Ukraine)
Höller, Franz	unbekannt
Höne, Alexander	Wien
Junk, Wilhelm	Kassel
Kachler, Wilhelm	Petschau/Böhmen (Bečov nad Teplou/ Tschechien)
Kadletz, Vincenz	Kojetein/Mähren (Kojetín/Tschechien)
Käfer, Carl	unbekannt
Kahler, Theodor	unbekannt
Kalwo, Aaron	unbekannt
Kaufmann, M. Salomon	unbekannt
Kern, Johann	unbekannt
Kimla, Joseph	unbekannt
Kleinecke, Theodor	Bad Lauterberg/Harz
Klenk, Robert	Bukarest
Kodalle, Anton	unbekannt
Kohn, Jakob	unbekannt
Königstädter, Leopold	unbekannt
Konstein/Kronstein, Josef	Lemberg/Galizien (Lwiw/Ukraine)
Kopelent, Franz	unbekannt
Korbé, Hillàr	Sankt Petersburg

Studierende	Herkunft
Körmendy, Josef	unbekannt
Koszlowski, Karl Ritter v.	Stanislau/Galizien (Iwano-Frankiwsk/ Ukraine)
Kratzl, Carl	Wien
Kreß, Michael	unbekannt
Kristofek, Alexander	unbekannt
Kupka, Hermann	Wien
Kurzius, Ernest	unbekannt
Lackner, Ludwig	Wien
Lechner, Helene	Wien
Lechner, Natalie	Wien
Leidler, Karl	Wien
Lichtenstern, Alexander	Pest, Budapest/ Ungarn
Lichtenstern, Max	Preßburg (Pozsony)/ Ungarn (Bratislava/ Slowakei)
Lotscharek, Georg	Wien
Lux, Carl	Wien
Mahr, Rudolf	Wien
Marcher, Wilhelm	unbekannt
Martechini, Anton	unbekannt
Maßkowski, Ludwig	unbekannt
Maxintsak, Josef	Prag
Medlartz, Ferdinand	unbekannt
Melcher, Ferdinand	unbekannt
Melzer, Ernest	Wien
Mestezky, Johann	unbekannt
Munczi, Ludwig	Sopron (Ödenburg)/ Ungarn
Muschek, Johann	unbekannt
Nigg, Wilhelm	Laxenburg bei Wien
Nikisch, Arthur	Szigetszentmiklós (Nigglau)/Ungarn
Nossek, Karl	Hochwald/Mähren (Hukvaldy/Tschechien)

Studierende	Herkunft
Novaček, Rudolf	Weißkirchen (Fehértemplom)/Ungarn (Bela Crkva/Serbien)
Oberdörffer, Christian Adolf	Hamburg
Pastrzk, Franz	unbekannt
Paur, Emil	Czernowitz/Bukowina (heute Ukraine)
Peer, Wilhelm	unbekannt
Pfannhauser, Wilhelm	unbekannt
Pollak, Bernhard	unbekannt
Pollak, David	Troppau/Böhmen (Opava/Tschechien)
Raczek, Friedrich	Troppau/Böhmen (Opava/Tschechien)
Raczek, Victor	Troppau/Böhmen (Opava/Tschechien)
Radnitzky, Franz	Wien
Raith, Georg	unbekannt
Rappoldi, Eduard	Wien
Rechl, Alexander	unbekannt
Reiterer, Carl	unbekannt
Rengstl, Karl	Wien
Risegari, Alois	Triest/Küstenland (Trieste/Italien)
Robba, Arthur	Triest/Küstenland (Trieste/Italien)
Rosset, Jakob	unbekannt
Rotter, Emil	Schönberg/Mähren (Šumperk/Tschechien)
Schaller, Johann	unbekannt
Schaumburg, Nicolaus	Wien
Schillinger, Friedrich	St. Louis/Missouri
Schipek, Franz	Wien
Schmidl, Carl	Wien
Schön, Franziska	Krönau/Mähren (Křenov/Tschechien)
Schönbaumsfeld, Johann	unbekannt
Schönfeld, Moriz	Veszprém (Weißbrunn)/Ungarn

Studierende	Herkunft
Seydel, Theresine	Wien
Semrad, Johann	unbekannt
Siebert, August	Wien
Siegl, Wilhelm Karl	unbekannt
Sioly, Johann	Wien
Sora, Johann	unbekannt
Spindelbauer, Franz	unbekannt
Spitzer, Adolf	Liebau/Böhmen (Libava/Tschechien)
Stach, Karl	unbekannt
Starzewski, Miezislav von	Tarnau/Galizien (Tarnów/Polen)
Steffek, Adolf	Palást/Ungarn (Plášťovce/Slowakei)
Strebinger, Franz	Wien
Strebinger, Rudolf	Wien
Stwertka, Alois	Austerlitz/Mähren (Slavkov u Brna/Tschechien)
Stwertka, Moritz	Austerlitz/Mähren (Slavkov u Brna/Tschechien)
Thieberg, Moriz	Auschwitz/Galizien (Oświęcim/Polen)
Tobisch, Anton	Wien
Trentin, Franz	unbekannt
Ueberlacher, Franz	unbekannt
Voinesko, Joh. Mich.	Bukarest
Weiser, Ludmilla	Zagreb
Weiß, Sigmund	unbekannt
Wies, August	Blieskastel
Wiest, Franz	Bukarest
Wimmer, Moritz	unbekannt
Winter, Johann	Ebensee/Oberösterreich
Wolfthal, Moritz	Tarnopol/Galizien (Ternopil/Ukraine)

Knapp 90 % der Geiger*innen aus den Klassen Josef Hellmesbergers d. Ä., deren Herkunft bekannt ist, stammten aus der Habsburgermonarchie. Zu Österreich-Ungarn gehörten die Territorien der heutigen Staaten Österreich, Ungarn, Tschechien (abgesehen vom Hultschiner Ländchen), Slowakei, Slowenien, Kroatien, Bosnien und Herzegowina, außerdem (weite) Teile Rumäniens, Montenegros, Polens, der Ukraine, Italiens und Serbiens. Die Realunion erstreckte sich weit über Europa. Viele der Bewerber*innen aus dem Habsburgerreich und dem Ausland mussten somit für das Studium den Wohnort wechseln, was für die Familien wiederum mit erheblichen Kosten verbunden war und damit durchaus auch Ausschlusskriterium für das Studium der Kinder sein konnte. Damit Friedrich und Viktor Raczek am Wiener Konservatorium studieren konnten, übersiedelte die Familie mit ihnen in die Donaustadt.[683] Die Auftritte mit dem Familienensemble reichten nicht aus, um den Unterhalt zu bestreiten – dies wurde erst durch die finanzielle Unterstützung von Wiener Musikliebhaber*innen möglich. Für andere Familien fehlen die Informationen darüber, welchen Aufwand sie für das Studium ihrer Kinder in Wien betrieben beziehungsweise betreiben mussten. Gleichwohl soll hier angefügt werden, dass der Aufwand der Unterbringung von Geigerinnen höher war als der ihrer Kommilitonen, mussten sie doch ungleich höheren Ansprüchen der bürgerlichen Gesellschaft an Anstand und Schicklichkeit erfüllen. Dort, wo sie nicht bei Verwandten unterkommen konnten, boten sich Mädchenpensionate[684] an, die allerdings große finanzielle Ausgaben bedeuteten.

3.3. Geigerinnen und Geiger: Konservatoriumsausbildung für „Zöglinge beyderley Geschlechtes"?

In Auseinandersetzung mit dem vorliegenden Quellenmaterial erweist sich neben der Herkunft der Studierenden sowie der ökonomischen Verhältnisse ihrer Familien das Geschlecht als eine maßgebliche Kategorie, an der sich die Zugangsmöglichkeiten von Geiger*innen zur Konservatoriumsausbildung bei Josef Hellmesberger d. Ä. unterschieden. Dabei hatte die Gesellschaft der Musikfreunde in ihren bereits zitierten Gründungsstatuten aus dem Jahr 1814 die Absicht formuliert, ein „Conservatorium errichten [zu wollen], in welchem Zöglinge beyderley Geschlechtes aus den gesammten k. k. österreichischen Staaten im Gesang, in der Declamation, auf Instrumenten, im praktischen Generalbaß, im Tonsatze, in Sprachen, und andern

---

683 Siehe S. 174f.
684 Hier sind weniger die als Pensionat bezeichneten Internate gemeint, sondern vielmehr Familien oder Privatpersonen, die Mädchen als Pensionärinnen beherbergten. Siehe u. a. Juliane Jacobi: *Mädchen- und Frauenbildung in Europa. Von 1500 bis zur Gegenwart.* Frankfurt a. M./New York: Campus-Verlag, 2013., S. 148–158.

Nebengegenständen gebildet werden sollen"[685]. Auch die ersten veröffentlichten Statuten aus dem Jahr 1832 benennen die Aufnahme von Musikerinnen und Musikern als Ziel und die vier Jahrzehnte später herausgegebene Vollzugsvorschrift erklärt für sämtliche Fächer „Schüler beider Geschlechter zulässig"[686]. Und tatsächlich blieb die Ausbildung von Mädchen und Jungen gleichermaßen zunächst kein leeres Versprechen: Mit der Eröffnung der Singschule als erster Stufe des Konservatoriums im Jahr 1817 wurden zwölf Mädchen und zwölf Jungen in die Gesangsklassen aufgenommen. 1818 verdoppelte sich ihre Zahl auf 48. Für die folgenden Jahre sind keine Quellen überliefert, die entsprechende Auskünfte geben könnten. Ernst Tittel weist unterdessen darauf hin, dass in den 1830er Jahren eine Gesamtstudierendenzahl von 160 mit nicht mehr als 30 Studentinnen vorgesehen war.[687] Mit dem erweiterten Studienangebot stieg entsprechend der Anteil der Jungen gegenüber dem der Mädchen deutlich, wie auch die vorliegenden Studierendenzahlen für die 1840er Jahre belegen. Studentinnen machten in diesem Jahrzehnt zwischen 23 und 29 % der Studierenden aus.

Nach der Wiedereröffnung des Konservatoriums im Jahr 1851 setzte sich der Trend steigender Studierendenzahlen fort. Gleichzeitig wuchs auch der Anteil der Studentinnen. Er lag Mitte der 1850er Jahre bei einem Drittel. Im Studienjahr 1864/65 besuchten erstmals mehr Schülerinnen als Schüler das Konservatorium (w: 179, m: 178), ab 1869/70 (w: 227, m: 204) blieb ihr Anteil kontinuierlich höher als der ihrer Kommilitonen. 1874/75 betrug er etwa 60 % und hielt sich in den folgenden Jahrzehnten auf diesem Niveau.[688] Qualifizierte Musikausbildung war zu einem gewichtigen Teil Frauenbildung geworden. Das ist vor allem deshalb bemerkenswert, da Frauen der Zugang zu höheren Ausbildungsinstitutionen im deutschsprachigen Raum in der Regel erst seit Ende des 19. Jahrhunderts gestattet war.[689] Hier zeichnet sich somit ein erweiterter Aktionsradius von Frauen ab, die mit dem Konservatorium Zugang zur bis dahin verschlossenen Hochschulausbildung erhielten.

---

685 Eusebius Mandyczewski: *Zusatz-Band zur Geschichte der K. K. Gesellschaft der Musikfreunde*, S. 197.
686 Gesellschaft der Musikfreunde: *Schulordnung*, 1892, S. 10, §. 19.
687 Siehe Ernst Tittel: *Die Wiener Musikhochschule. Vom Konservatorium der Gesellschaft der Musikfreunde zur Staatlichen Akademie für Musik und darstellende Kunst*. Wien: Verlag Elisabeth Lafite, 1967 (= Publikationen der Wiener Musikakademie 1), S. 27.
688 1879/80: 61 %, 1884/85: 61 %, 1889/90: 60 %, 1894/95: 58 %, 1899/1900: 63 %. Siehe Babbe: „Das Konservatorium der Gesellschaft der Musikfreunde in Wien", S. 122–124.
689 Für Österreich siehe Doris Ingrisch: „100 Jahre Frauenstudium", in: *650 plus – Geschichte der Universität Wien*, 2016, https://geschichte.univie.ac.at/de/artikel/frauenstudium; 03.11.2019; Sylwia Bukowska: „Rückblicke, Einblicke, Ausblicke", in: Abteilung Gleichstellung und Diversität der Universität Wien (Hg.): *Gender im Fokus. Frauen und Männer an der Universität Wien* 5. Wien: Universität Wien, 2015, S. 8.

So fortschrittlich die Öffnung der Konservatoriumsausbildung in Wien für Frauen war: Der Ausbildungsraum selbst blieb grundsätzlich von gesellschaftlichen Machtstrukturen geprägt.[690] So war das Studienangebot für Frauen – entgegen der breiten Aufnahme von Bewerberinnen – auf nur wenige Fächer begrenzt. Während die Gesangsabteilung für Mädchen schon frühzeitig ausgebaut wurde, bestand die Option Instrumentalfächer zu belegen, in den ersten Jahrzehnten ausschließlich für Jungen. Bis 1847 studierten Mädchen und Frauen in der Regel allein Gesang im Hauptfach, später kam noch Klavier hinzu. Lässt sich diese Situation der Fächerbelegungen zunächst nur aus den Listen der Schüler*innen ableiten, wird die erste gedruckte Verordnung des Ausbildungsinstituts, die 1832 publizierte *Instruction für das, von der Gesellschaft der Musikfreunde des österreichischen Kaiserstaates, zu Wien gestiftete Conservatorium* explizit:[691] Das umfassende Versprechen „Zöglinge beyderley Geschlechtes"[692] in sämtlichen Fächern ausbilden zu wollen, wird hier relativiert, indem allein Jungen die Möglichkeit eröffnet wird, nach Absolvierung der sogenannten Vorbereitungsklasse – einem obligatorischen einjährigen Modul, in dem alle Studierenden in Gesang und ergänzend musiktheoretischen Grundlagen unterrichtet wurden –, „in die von ihnen erwählten, oder ihnen zugewiesenen Instrumentalschulen über[zu]gehen"[693]. Zur Auswahl standen die Fächer Violine (mit angegliedertem Bratschenunterricht), Violoncello, Kontrabass, Oboe, Flöte, Klarinette, Fagott, Horn, Trompete und Posaune. Mädchen waren demgegenüber nur in die Gesangsabteilung zugelassen. Ab 1833 konnten sie außerdem die in diesem Jahr eröffnete Klavierabteilung besuchen und zur Wiedereröffnung des Konservatoriums im Jahr 1851 wurde ihnen der Zutritt zu den Fächern Harmonie- beziehungsweise Generalbass- und Kompositionslehre gestattet, 1853/54 gleichfalls zu den Fächern Ästhetik und Deklamation.[694]

Bereits an den unterschiedlichen Zahlen der Studentinnen und Studenten sowie dem ungleichen Fächerangebot werden Inklusions- und Exklusionsmechanismen nachvollziehbar, über die ein Nebeneinander von Räumen am Konservatorium und darüber hinaus konstituiert wurde. In den ersten fünfzig Jahren seines Bestehens wurden Musikerinnen zwar (in hoher Zahl) in das Konservatorium aufgenommen, allerdings vom Studium all jener Instrumente ausgeschlossen, die als ‚unschicklich' für Frauen erachtet wurden.[695] Mit solchen Grenzziehungen wurden am Ausbil-

---

690 Siehe auch Ingrisch: „Frauen* an der mdw".
691 Siehe Gesellschaft der Musikfreunde: *Instruction*, 1832, S. 3–6.
692 Mandyczewski: *Zusatz-Band zur Geschichte der K. K. Gesellschaft der Musikfreunde*, S. 197.
693 Ebd., S. 226.
694 Siehe das Kapitel Studierende: Geschlechterverhältnisse, in: Babbe: „Das Konservatorium der Gesellschaft der Musikfreunde in Wien", S. 127f.
695 Siehe Hoffmann: *Instrument und Körper*; Freia Hoffmann und Volker Timmermann: „Einleitung", in: Dies. (Hg.): *Quellentexte zur Geschichte der Instrumentalistin im 19. Jahrhundert*. Hildesheim/

dungsinstitut vorgelagerte gesellschaftliche Strukturen reproduziert.[696] Vor diesem Hintergrund zeigt sich zum einen, wie wirkmächtig die Argumentationsmuster gegen eine weitgefächerte Instrumentenwahl von Frauen waren, und zum anderen, inwiefern das Weiblichkeitsideal mit den Anforderungen musikalischer Professionalisierung konfligierte, die vielen Instrumentalistinnen zumindest im institutionellen Rahmen noch bis weit ins 19. Jahrhundert hinein verwehrt blieb – sie sollten auch im Musikleben auf die Liebhaberkultur beschränkt bleiben.[697]

Anfang der 1860er Jahre zeichnet sich eine vorsichtige Öffnung der Instrumentalabteilungen für Musikerinnen ab. Mit Ludmilla Weiser wurde zum Studienjahr 1862/63 eine erste Bewerberin in die Geigenabteilung aufgenommen. Ihr folgten unter anderem Franziska Schön (ab 1863/64), Elise Arming (ab 1864/65), Josefine Friedl sowie Helene und Natalie Lechner (ab 1866/67). 1866/67 wurde Rudolfine Epstein als erste Studentin in die Abteilung für Violoncello aufgenommen, 1867/68 studierte hier auch Antonia Reisser. 1869/70 folgte die Eröffnung einer Harfenklasse, die auch einige Schülerinnen besuchten. 1898/99 erst findet sich eine erste Organistin, nämlich Wilhelmine Dörrich, am Konservatorium. Bläserinnen wurden bis 1900 gar nicht aufgenommen.

Es erweist sich entlang der Quellenlage als eine grundlegende Schwierigkeit, jene Prozesse zu identifizieren, durch die die Veränderungen dieser räumlichen Konstitutionen am Konservatorium – in konkreten Fall die Öffnung der Geigenabteilung für Bewerberinnen – vorangetrieben wurden. In den Verordnungen des Ausbildungsinstituts spiegeln sie sich nicht wider und können damit nicht auf die Entscheidungen der Mitglieder der Gesellschafts- und Konservatoriumsdirektion zurückgeführt werden. In der nach der Wiedereröffnung verabschiedeten Instruktion aus dem Jahr 1852 wurden hinsichtlich der Aufnahmekriterien beziehungsweise Zugangsmöglichkeiten keine Neuerungen formuliert und eine neue Verordnung wurde erst 1869 beschlossen. Auf welche und wessen Handlungen die strukturellen Veränderungen letztlich zurückzuführen sind, bleibt damit weitgehend Mutmaßung. Dass aber Lehrer wie Carl Heissler[698] und auch Josef Hellmesbegrer d. Ä. maßgeblichen Anteil

---

Zürich/New York: Olms, 2013 (= Studien und Materialien zur Musikwissenschaft 77), S. 7–20.

696 Siehe Anthony Giddens: *Central Problems in Social Theory. Action, Structure and Contradiction in Social Analysis*. London: Macmillan, 1979, S. 69; Siehe Löw: *Raumsoziologie*, S. 172.

697 Siehe Ruth Heckmann: „Mann und Weib in der ‚musicalischen Republick'. Modelle der Geschlechterpolarisierung in der Weltanschauung 1750–1800", in: Rebecca Grotjahn und Freia Hoffmann (Hg.): *Geschlechterpolaritäten in der Musikgeschichte des 18. bis 20. Jahrhunderts*, Herbolzheim: Centaurus, 2002, S. 19–30, hier S. 20.

698 Carl Heissler/Heißler, eigtl. Häußler, war von 1858 bis 1878 als Lehrer am Konservatorium tätig. Er hatte nach frühem Unterricht im Elternhaus von 1834 bis 1840 am Wiener Konservatorium bei Josef Böhm, Georg Hellmesberger d. Ä. und Matthias Durst studiert. 1841 wurde er Mitglied im

daran hatten, dass Geigerinnen ans Konservatorium aufgenommen wurden, ist höchst wahrscheinlich. Entsprechend formuliert auch ein Korrespondent der „Signale für die musikalische Welt":

> Vor zwanzig Jahren gab es in Wien nur höchst selten Damen, welche die Violine spielten. Das Violoncell, die Blasinstrumente oder gar der Contrabaß waren damals bei dem zarten Geschlecht gänzlich verpönt. Seitdem ist bei den Wiener Damen ein Umschwung eingetreten. Hellmesberger und der im vorigen Winter zu früh dahingeschiedene Professor Heißler haben seit einer Reihe von Jahren eine ganz stattliche Anzahl tüchtiger Violinspielerinnen herangebildet, von denen viele wieder die musikalischen Culturträgerinnen für die Provinzen wurden.[699]

Insbesondere Josef Hellmesberger d. Ä. kann als dem Direktor der Einrichtung entsprechender Einfluss unterstellt werden. Seine grundsätzliche Bereitschaft zur Ausbildung von Geigerinnen spiegelt sich auch im Kreis seiner Privatschüler*innen wider, dem einige Mädchen und Frauen angehörten, darunter Alice Hirschl,[700] die Gräfin Cavriani[701] und vermutlich auch Sofie Raczek.[702]

Anfang der 1860er Jahre, zur Zeit der Aufnahme erster Geigerinnen ans Konservatorium, war die Anwesenheit von Frauen und Mädchen am Ausbildungsinstitut längst vertraut. Nichtsdestotrotz blieben die räumlichen Konstitutionen von geschlechtlicher Distinktion geprägt. In den Geigenklassen sowie dem Gros der weiteren Instrumentalabteilungen fanden Musikerinnen einen vornehmlich männlich geprägten Raum vor. Offensichtlichster Beleg hierfür sind die Quantitäten. Unter den 154 Studierenden, die Josef Hellmesberger d. Ä. zwischen 1851 und 1876/77 am Konservatorium ausbildete, befanden sich nur 7 Geigerinnen.

Hofopernorchester (hier wohl bis 1864). Ab 1843 spielte er in der Hofkapelle, dessen Mitglied er von 1860 bis 1878 war. Nebenher hatte er ab 1869 die Leitung des Orchesters der Gesellschaft der Musikfreunde inne und war in verschiedenen Streichquartetten tätig.

699 Signale für die musikalische Welt 41 (1879), S. 651.
700 Siehe Exhibitenprotokoll des Konservatoriums der Gesellschaft der Musikfreunde in Wien, Akt 26 ex 1866. A-Wgm (ohne Signatur).
701 Der Name Cavrianis entstammt einem Brief Hellmesbergers ohne überlieferte*n Adressat*in. Siehe Josef Hellmesberger d. Ä.: Brief an Unbekannt, Wien, o. D. A-Wst (HIN 1550073). Es handelt sich vermutlich um Auguste Gräfin von Cavriani geb. Vecsey, die auch Widmungsträgerin von Hellmesberegrs *Ball-Szene. Nach einer Violin-Etude von Mayseder* für Violine und Klavier (Wien/Leipzig: Universal-Edition [o. J.]) ist.
702 Zu Sofie Raczek siehe S. 173–182.

Als weiterer Ausweis der Distinktion lassen sich die ungleichen Aktionsradien von Geigern und Geigerinnen benennen. So konnten Geiger den Ausbildungsraum ungehinderter ‚durchschreiten' als die Kommilitoninnen, für die eine Vielzahl von Undurchlässigkeiten bestand. Sie wurden etwa per Statuten von den Ensemble- und Orchesterübungen ausgeschlossen. Erst mit der Verordnung aus dem Jahr 1869 wurde ihnen hier die Mitwirkung eröffnet: „Aller Unterricht, ausgenommen die Gesammtübungen aller Art und die kunstwissenschaftlichen Vorträge, findet in der Regel in nach Geschlechtern getrennten Abtheilungen statt."[703] 1892 wurden solche Möglichkeiten formell wieder aufgehoben. Explizit heißt es in der Schulordnung:

> Der Unterricht in allen Gegenständen, welche am Conservatorium gelehrt werden, ist Schülern beider Geschlechter zugänglich – ausgenommen Violoncell, Contrabaß und sämmtliche Blasinstrumente, in welche Fächer Zöglinge weiblichen Geschlechtes überhaupt nicht, und Violine, in welches Fach sie nur bei hervorragender Begabung und jenem Grade der Vorbildung, der sie zum sofortigen Eintritt in die Ausbildungsschule befähigt, aufgenommen werden. An den Orchesterübungen können diese jedoch nicht theilnehmen.[704]

In die Geigenklasse sollten Bewerberinnen nur noch im Ausnahmefall aufgenommen werden, Violoncello durften sie nicht mehr belegen und von den Orchesterübungen waren Frauen wieder kategorisch ausgeschlossen. Mit dem Erlass dieser Verordnung hat die Konservatoriums- und Musikvereinsleitung zweifellos raumkonstitutiv gehandelt. Was unterdessen Movens dieser Entscheidungen war, lässt sich nur punktuell nachvollziehen. Mitte des 19. Jahrhunderts waren es etwa polizeiliche Verordnungen, an denen sich das Direktorium diesbezüglich orientierte. Das geht beispielsweise aus einem Brief des Direktors Hellmesberger an den Lehrer Josef Fischhof[705] hervor, in dem dieser hinsichtlich der Vorlesungen in Musikgeschichte mitteilt, „daß nach

---

703 Gesellschaft der Musikfreunde: *Grundverfassungs-Statut des Konservatoriums*, [1869], S. 10, §. 20.
704 Gesellschaft der Musikfreunde: *Schulordnung*, 1892, S. 9, §. 20; vgl. Gesellschaft der Musikfreunde: *Schul-Statut des Conservatoriums für Musik und darstellende Kunst der unter dem Protectorate Ihrer k. u. k. Hoheit der durchlauchtigsten Kronprinzessin-Witwe Erzherzogin Stephanie stehenden Gesellschaft der Musikfreunde in Wien (Beschlossen in der Directions-Sitzung am 10. Juli 1893, vervollständigt durch die Erweiterung der Chorgesang-Schule in der Directions-Sitzung am 23. Juni 1894)*. Wien: Verlag Wallishauser, S. 9.
705 Josef Fischhof hatte von 1833 bis 1855 am Konservatorium Klavier unterrichtet. Im Studienjahr 1854/55 hielt er zudem Vorlesungen in Musikgeschichte.

den bestehenden polizeilichen Schul Vorschriften u. Gesetzen ein Unterricht für <u>beiderlei Geschlechte</u> in ein u. demselben Raume"[706] nicht gestattet sei.

Auch Geigenunterricht sollte in nach Geschlecht getrennten Klassen erteilt werden.[707] Rein formell wurden Geigerinnen somit nicht in die zuvor schon von den Kommilitonen genutzten Räume zugelassen, stattdessen wurden exklusive Räume konstituiert. Es ist allerdings fraglich, ob angesichts des geringen Anteils von Studentinnen in der Geigenabteilung, und auch vor dem Hintergrund der stets angespannten wirtschaftlichen Situation des Konservatoriums, Geigerinnen und Geiger tatsächlich getrennt voneinander unterrichtet wurden. Dagegen spricht auch, dass in den Stundeneinteilungen für die Geigenabteilung keine unterschiedlichen Zeitfenster für Geigerinnen und Geiger vorgesehen waren.[708] Darüber hinaus enthielten die Prüfungen Gesamtvorträge aller Schülerinnen und Schüler, die eine gemeinsame Probenarbeit im Klassenverband voraussetzten. Für Hellmesbergers Klasse findet sich im Prüfungsprogramm am Ende des Studienjahres 1863/64 etwa: „Scherzo für 4 Violinen und 2 Bratschen von [Matthias] Durst, dann Sonate (bearbeitet von Direktor Hellmesberger) von Corelli; vorgetragen von sämmtlichen Schülern und Schülerinnen dieser Klasse."[709] Auch in den Geigenklassen von Georg Hellmesberger d. Ä. und Carl Heissler war die Praxis der Gesamtvorträge geläufig.

Anders als in Abteilungen mit einem hohen Frauenanteil scheint die Forderung nach geschlechtergetrennten Klassen in der Geigenabteilung letztlich mehr einer Geste gleichzukommen, durch die suggeriert werden konnte, dass bürgerliche Normen am Konservatorium geachtet und befolgt wurden.[710] Mit diesem Anspruch nicht vereinbar – und offenbar auch von Seiten des Ausbildungsinstituts unterbunden – war das öffentliche Auftreten von Geigerinnen (wie auch vielen weiteren Instrumentalistinnen) außerhalb des Konservatoriums. Zwar war es grundsätzlich allen Studierenden untersagt, „[o]hne ausdrückliche und schriftliche Bewilligung des Schulausschusses […] vor seinem gänzlichen Austritte […], sich an öffentlichen und von der Direktion nicht veranstalteten Produktionen als Solist oder Ripienist zu betheiligen, einem fremden musikalischen Vereine beizutreten, oder ein Engagement

---

706 Josef Hellmesberger d. Ä.: Brief an Josef Fischhof, Wien, 06.10.1854. A-Wst (HIN 4150). Hervorhebungen im Original.
707 Siehe Gesellschaft der Musikfreunde: *Grundverfassungs-Statut des Konservatoriums*, [1869], S. 10, §. 20.
708 Siehe Gesellschaft der Musikfreunde: *Jahresbericht des Konservatoriums*, 1863/64, S. 49f.
709 Ebd., S. 41.
710 Maßnahmen die tatsächlich zu diesem Zweck ergriffen wurden, war die wiederholte Aufforderung an die Lehrenden, das ‚sittliche Betragen' der Studierenden auch über den Unterricht hinaus zu beaufsichtigen sowie die Anstellung weiblichen Aufsichtspersonals. Siehe Gesellschaft der Musikfreunde: *Instruction*, 1832, S. 8, §. 13; Gesellschaft der Musikfreunde: *Instruction*, 1852, S. 21, §. 51.

anzunehmen."[711] Geigern wurde jedoch wiederholt die Erlaubnis zur Teilnahme an musikalischen Produktionen außerhalb des Ausbildungsinstituts erteilt, sie wurden von der Direktion teilweise explizit zur Mitwirkung an Konzertveranstaltungen anderer Häuser oder Vereine aufgefordert. Den Kommilitoninnen blieben solche durchaus berufsqualifizierenden Möglichkeiten verwehrt.[712] Ihre Grenzen waren auch hier deutlich enger gesteckt und der Aktionsradius ganz wesentlich auf den Konservatoriumsraum beschränkt.

Neben allen Disparitäten in der Ausbildung von Geigerinnen und Geigern am Konservatorium zeigen sich aber auch zahlreiche Überschneidungen. Den Verordnungen, Prüfungsprogrammen und Presseberichten folgend wird sichtbar, dass Studentinnen und Studenten dieser Instrumentalabteilung eine inhaltlich gleiche Ausbildung entlang desselben Curriculums erhalten konnten. Auch über die gleichberechtigte Teilnahme an Vortragsabenden, den (geschlechterheterogenen) Preiswettbewerben und Konservatoriumskonzerten zeichnet sich eine weitreichende Parität ab.[713] Mit dem Diplom schließlich konnten Studierende unabhängig vom Geschlecht das gleiche Qualifikationsniveau erreichen. Das Konservatorium bot Geigerinnen wie Geigern die Möglichkeit einer hochqualifizierenden Ausbildung bei renommierten Lehrenden in einem vom öffentlichen Musikleben abgegrenzten, geschützten Rahmen.

An differierenden Vorgaben und Zugängen bleibt gleichwohl erkennbar, dass der Konservatoriumsraum von den Akteurinnen und Akteuren nicht in Gänze als gemeinsamer Raum konstituiert werden konnte und wurde. Unterschiede werden innerhalb des Konservatoriums aber auch nach außen hin sichtbar, wo die Grenzen für Geigerinnen wesentlich undurchlässiger gesteckt waren. Ihr Handlungsrahmen blieb eng auf den Konservatoriumsraum bezogen. Gerade mit dieser Abgrenzung nach außen, zum öffentlichen Musikleben, konnte das Konservatorium wiederum zu einer Art Erprobungs- und Schutzraum werden.[714] Gleichzeitig blieb damit der Aktionsradius von Geigerinnen geringer als der ihrer Kommilitonen. Ihre Entfaltungsmöglichkeiten waren mit dem Zutritt zur institutionellen Ausbildung zwar deutlich in Richtung Professionalisierung erweitert worden, gleichzeitig aber wurden bereits bestehende Disparitäten weiter reproduziert, indem räumliche Grenzen aufrechterhalten wurden.

---

711 Siehe Gesellschaft der Musikfreunde: *Grundverfassungs-Statut des Konservatoriums*, [1869], S. 24, §. 103.

712 Dies hat die Durchsicht der Geschäftsprotokolle der Gesellschaft der Musikfreunde bzw. des Konservatoriums ergeben. Siehe Exhibitenprotokolle 1862/63 bis 1878/79. A-Wgm (ohne Signatur).

713 Siehe Gesellschaft der Musikfreunde: *Grundverfassungs-Statut des Konservatoriums*, [1869], S. 16, §. 73.

714 Siehe Martin Loeser: „Privatheit/Öffentlichkeit", in: Annette Kreutziger-Herr und Melanie Unseld (Hg.): *Lexikon Musik und Gender*. Kassel: Bärenreiter, Stuttgart/Weimar: J. B. Metzler, 2010, S. 440–441, hier S. 440.

4. (Berufs-)Wege von Geiger*innen im Wiener Musikleben der zweiten Hälfte des 19. Jahrhunderts

Die Zugangsmöglichkeiten von Geigerinnen und Geigern zur Konservatoriumsausbildung, aber auch zum professionellen Musikleben sind neben den konkreten Ausschlussmechanismen ganz wesentlich durch die (gesellschaftlichen) Wahrnehmungs- und Denkmuster beeinflusst, die über die Ausprägung von Normen und Konventionen in enger Wechselwirkung mit der Entstehung sozialer ‚Realitäten' stehen. Sie sind die Grundlage für die Definition gesellschaftlich geachteter Möglichkeiten und wirken so als Teil der gesellschaftlichen Struktur auch auf die Handlungsräume von Musikerinnen und Musikern ein. Im Folgenden sollen daher zunächst am Beispiel der Wiener Musikkritik die Wahrnehmungs- und Denkmuster zu Geiger*innen skizziert werden, bevor hieran anschließend die unterschiedlichen Karrierewege der Hellmesberger-Schüler*innen mit einem besonderen Interesse für die jeweiligen Möglichkeiten und Herausforderungen in den Blick genommen werden. Überlegungen zur Bedeutung des Mediums Presse sind der Untersuchung vorangestellt.

4.1. Wahrnehmungs- und Denkmuster – Zum Stellenwert der Musikkritik

Der Presse kommt als einem zentralen Vermittler von Wahrnehmungs- und Denkmustern eine nicht zu unterschätzende Bedeutung bei der Konstitution von Handlungsräumen zu. Medien insgesamt, das hebt der Medienwissenschaftler Jürgen Wilke hervor, sind „vom sozialen Wandel abhängig, […] beeinflussen ihn aber ihrerseits. Beispielsweise wirken sich gesellschaftliche Normveränderungen und Einstellungen auf Medieninhalte und die Mediennutzung aus. Zum anderen ziehen die Medien solche sozialen Normabweichungen nach sich. […] Denn durch die Medien gezeigte und legitimierte Normen und Normabweichungen wirken sich auf die Werthaltungen der Gesellschaft aus."[715] Grundlegende Voraussetzung hierfür ist der große Wirkungskreis: Zeitungen und Zeitschriften, die sich im Laufe des 19. Jahrhunderts zum ersten multifunktionalen Massenmedium entwickelten und eine Reichweite in vorher ungekanntem Ausmaß erzielten, waren prädestinierter Ort für die Etablierung und Entwicklung gesellschaftlicher Diskurse, die auf (massenmediale) Verbreitung und Vermittlungsinstanzen angewiesen sind.[716] In Wien war die Zahl der Zeitungen und Zeitschriften zwischen 1848 und dem Ende der 1860er Jahre im Zuge technischer

---

715 Jürgen Wilke: „Theorien des Medienwandels – Versuch einer typologischen Systematisierung", in: Susanne Kinnebrock, Christian Schwarzenegger und Thomas Birkner (Hg.): *Theorien des Medienwandels*. Köln: Halem, 2015 (= Öffentlichkeit und Geschichte 8), S. 29–52, hier S. 38.

716 Siehe Tina Theobald: *Presse und Sprache im 19. Jahrhundert. Eine Rekonstruktion des zeitgenössischen Diskurses*. Berlin: Akademie Verlag, 2012 (= Lingua Germanica Historica 2), S. 97.

Neuerungen und presserechtlicher Liberalisierungen nahezu explodiert und stieg auch im Folgenden noch weiter an.[717] Mitte der 1880er Jahre wurden in der Donaustadt 500 Zeitschriften verlegt, von denen 20 auf Kunst und Musik spezifiziert waren.[718] Daneben enthielten auch die Tageszeitungen ein umfangreiches Feuilleton mit einer Vielzahl an Konzert- und Theaterkritiken aus Wien und entsprechenden Korrespondentenberichten aus zahlreichen europäischen Städten. Sie waren, so Elisabeth Hilscher, der eigentliche „Schauplatz der Musikkritik ab 1848"[719]. Eduard Hanslick, der wohl einflussreichste Wiener Musikkritiker der zweiten Jahrhunderthälfte, schrieb vornehmlich für *Die Presse* (1853–1864) und die *Neue Freie Presse* (1864–1901) und damit für zwei der auflagenstärksten und am breitesten rezipierten Tageszeitungen der Habsburgermonarchie.[720] Dass seine Texte auch gesondert gedruckt wurden, zeigt eindrücklich die Reichweite seiner Schriften und damit implizit auch seiner Urteile und Wertungen.

Die Konstitution von Handlungsräumen beginnt hier mit den journalistischen Einzelleistungen von Autoren wie Hanslick.[721] Selbige wiederum münden in übergeordnete soziale Strukturen und dynamische Phänomene, die nur noch als Ganzes betrachtet werden und nicht mehr auf individuelle Handlungen zurückgeführt werden können.[722] Entsprechend gilt auch für die Wahrnehmung von Geigerinnen: Verfasser von Konzertberichten und -kritiken sind in ihrem Schreiben einerseits durch die soziale Struktur, durch gesellschaftliche Normen und Konventionen vorgeprägt. Zugleich können sie mit ihren Aussagen Denkmuster formen, die wiederum – als Dispositive der Wahrnehmung ebenso wie als Teil von Normen und Konventionen –

---

717 Siehe Gabriele Melischek und Josef Seethaler: „Die Tagespresse der franzisko-josephinischen Ära", in: Matthias Karmasin und Christian Oggolder (Hg.): *Österreichische Mediengeschichte. Band 1: Von den frühen Drucken zur Ausdifferenzierung des Mediensystems (1500 bis 1918)*. Wiesbaden: Springer VS, 2016, S. 167–192, hier S. 170–172.

718 Siehe Leon Botstein: *Music and its Public: Habits of Listening and the Crisis of Musical Modernism in Musical Vienna, 1870–1914*, Dissertation. Harvard University, 1985, S. 863, 874.

719 Elisabeth Th. Hilscher: „Das 19. Jahrhundert (circa 1790/1800 bis 1918)", in: Dies. und Helmut Kretschmer (Hg.): *Wien. Musikgeschichte. Von der Prähistorie bis zur Gegenwart*. Wien/Berlin: LIT Verlag, 2011, S. 271–358, hier S. 349.

720 Siehe Barbara Boisits: „Hanslick, Eduard", in: *Oesterreichisches Musiklexikon online*, 2021, https://musiklexikon.ac.at/0xc1aa5576_0x0001d073; 01.03.2021.

721 Siehe Wes Sharrock und Graham Button: „The Social Actor: Social Action in Real Time", in: Graham Button (Hg.): *Ethnomethodology and the Human Science*. Cambridge/New York/Melbourne: Cambridge University Press, 1991, S. 137–176, hier S. 162, 170.

722 Siehe Hans-Jürgen Bucher: „Journalismus als kommunikatives Handeln. Grundlagen einer handlungstheoretischen Journalismustheorie", in: Martin Löffelholz (Hg.): *Theorien des Journalismus. Ein diskursives Handbuch*, 2. vollst. überarb. und erw. Aufl. Wiesbaden: Springer Fachmedien, 2004, S. 263–285, hier S. 263.

auf die öffentliche Meinung einwirken.⁷²³ Über die Produktion, Reproduktion oder Veränderung von Denkmustern werden damit auch die Grenzen von Räumen in ihrer mentalen Konstitution und schließlich auch die konkreten Handlungsrahmen der Geigerinnen gezogen, gestärkt oder verändert.

Aus musikwissenschaftlicher Perspektive hat Beatrix Borchard diesbezüglich auf die Bedeutung von Musikkritik für die musikhistorische Forschung hingewiesen: Diese sei „[v]or der Erfindung der Schallplatte und im Zeitalter einer vergleichsweise geringen Mobilität [...] das zentrale Medium für die Entwicklung von mentalen Künstlerbildern und für ästhetische Maßstäbe"⁷²⁴ gewesen. Auch Ulrich Tadday hebt die intersubjektiv gültigen Aussagen hervor, die das Format ebenso beinhalte wie subjektive Geschmacks- und Werturteile. Neben ästhetischen Referenzen seien es vor allem soziale Fragestellungen, namentlich soziale Normen und Ideale der bürgerlichen Gesellschaft, die hier entlang musikalischer Ereignisse verhandelt würden.⁷²⁵

4.2. Geigerinnen in der (Wiener) Musikkritik der zweiten Hälfte des 19. Jahrhunderts⁷²⁶

Im Folgenden soll die Wahrnehmung von Geigerinnen im Wiener Musikleben der zweiten Hälfte des 19. Jahrhunderts samt den auszumachenden Kontinuitäten und Änderungen nachgezeichnet werden. Ganz grundsätzlich kann für den Musikdiskurs dieser Zeit festgehalten werden, dass er, wie etwa die philosophischen, naturwissenschaftlichen, anthropologischen und politischen Diskurse auch, grundlegend vom Geschlechterdiskurs durchzogen war – Cordelia Miller macht in ihm sogar einen „Stellvertreter- oder Scheindiskurs" aus, „bei dem es in Wirklichkeit um die Geschlechterfrage geht: Das Schreiben über Musik wird zum Schreiben über das Geschlecht."⁷²⁷

---

723 Siehe auch Knut Hickethier: *Einführung in die Medienwissenschaft*, 2., aktual. und überarb. Aufl. Stuttgart/Weimar: Metzler, 2010, S. 360.
724 Borchard: „Mit Schere und Klebstoff", S. 49f.
725 Siehe Ulrich Tadday: *Die Anfänge des Musikfeuilletons. Der kommunikative Gebrauchswert musikalischer Bildung in Deutschland um 1800*. Stuttgart/Weimar: Metzler, 1993; siehe auch Susan Holtfreter: *Die Musikkritik im Wandel. Eine soziologisch-textlinguistische Untersuchung*. Frankfurt a. M.: Peter Lang, 2013 (= Angewandte Sprachwissenschaft 24), S. 43.
726 Die folgenden Ausführungen finden sich verkürzt wieder in Babbe: „(Handlungs-)Räume für Geigerinnen am Konservatorium der Gesellschaft der Musikfreunde".
727 Siehe auch Miller: *Musikdiskurs als Geschlechterdiskurs*, S. 11. Zum Geschlechterdiskurs des 19. Jahrhunderts siehe etwa Claudia Honegger: *Die Ordnung der Geschlechter. Die Wissenschaften vom Menschen und das Weib 1750–1850*. Frankfurt a. M./New York: Campus-Verlag, 1991; Ute Frevert: „Bürgerliche Meisterdenker und das Geschlechterverhältnis. Konzepte, Erfahrungen, Visionen an der Wende zum 18. und 19. Jahrhundert", in: Dies. (Hg.): *Bürgerinnen und Bürger. Geschlechterverhältnisse im 19. Jahrhundert*. Göttingen: Vandenhoeck & Ruprecht, 1988 (= Kritische Studien zur Geschichtswissenschaft 77), S. 17–48; Hausen: „Die Polarisierung der ‚Geschlechtscharaktere'". Zu Wahrnehmungs- und Denkmustern, die das Instrumentalspiel von Frauen reglementierten,

Im musikkulturellen Diskurs wurden entlang der Geschlechterideologie stark divergierende Handlungsräume geschaffen, die bei der Instrumentenwahl ansetzen.[728] Unvermeidbare Armbewegungen, die Spielhaltung mit der Auflage des Instruments an der Brust beziehungsweise dem Einklemmen zwischen Schulter und Kinn, aber auch sexualisierte Konnotationen, die über die Form des Korpus begründet wurden, waren grundlegende Argumente gegen das Geigenspiel durch Frauen.[729] Die Geige – das galt noch Mitte des 19. Jahrhunderts als weitverbreiteter Konsens im musikkulturellen Diskurs – gehörte der Sphäre des Männlichen an. Wie ein roter Faden zieht sich eine ablehnende Haltung gegenüber Geigerinnen durch die Konzertbesprechungen in der Tages- und Fachpresse vor allem der ersten Hälfte des 19. Jahrhunderts.[730] Die Akzeptanz einzelner Musikerinnen als Ausnahmen schmälert dabei nicht die Rigidität der vorherrschenden Denkmuster. Vor diesem Hintergrund hat Volker Timmermann „ein Umdenken der Kritiker in den 1830er Jahren, auf breiterer Front dann im Zusammenhang mit den Auftritten der Schwestern Teresa und Maria Milanollo in den 1840er Jahren"[731] konstatiert.

---

siehe ganz grundlegend Hoffmann: Hoffmann: *Instrument und Körper*); für einen Überblick siehe auch Hoffmann und Timmermann: „Einleitung".

728 Richtungsweisend war in diesem Zusammenhang ein von Carl Ludwig Junker schon vor der Jahrhundertwende anonym herausgegebener Katalog: [Carl Ludwig Junker]: „Vom Kostüm des Frauenzimmer Spielens", in: *Musikalischer Almanach auf das Jahr 1784*, Freyburg, S. 85–99. Die Prämissen des Handelns, mit denen sich Instrumentalistinnen vor dem Hintergrund dieser Zuschreibungen konfrontiert sahen, wurden bereits erforscht, namentlich in der Arbeit von Freia Hoffmann (*Instrument und Körper*). Untersuchungen zu Geigerinnen hat zuletzt Volker Timmermann vorgelegt: „*…wie ein Mann mit dem Kochlöffel." Geigerinnen um 1800*. Oldenburg: BIS-Verlag, 2017 (= Schriftenreihe des Sophie Drinker Instituts 14), siehe hier insb. S. 49–57. Als relevante Beiträge zur Geschichte der Professionalisierung von Geigerinnen sei auch verwiesen auf den Sammelband von Carolin Stahrenberg und Susanne Rode-Breymann (*„… Mein Wunsch ist, Spuren zu hinterlassen…". Rezeptions- und Berufsgeschichte von Geigerinnen*. Hannover: Wehrhahn, 2011) sowie die Arbeit von Kay Dreyfus, Margarethe Engelhardt-Krajanek und Barbara Kühnen (*Die Geige war ihre Leben. Drei Frauen im Portrait*. Strasshof: Vier-Viertel-Verlag 2000 [= Frauentöne 4]).

729 Siehe auch Hoffmann: *Instrument und Körper*, S. 181–187.

730 Bis heute, wenn auch in veränderten Ausprägungen und – wie es mit Blick auf die Geige scheint – teils unter neuen Vorzeichen, haben geschlechtsspezifische Konnotationen der Musikinstrumente Auswirkungen auf die Instrumentenwahl von Kindern und Jugendlichen sowie die professionelle Musikausübung. Siehe Ilka Siedenburg: *Geschlechtstypisches Musiklernen. Eine empirische Untersuchung zur musikalischen Sozialisation von Studierenden des Lehramts Musik*. Osnabrück: Electronic Publishing Osnabrück, 2009 (= Osnabrücker Beiträge zur Musik und Musikerziehung 7); siehe auch Christian Ahrens: *Der lange Weg von Musikerinnen in die Berufsorchester. 1807–2018*. Bremen: Sophie Drinker Institut, 2018 (= Online-Schriftenreihe des Sophie Drinker Instituts I), https://www.sophie-drinker-institut.de/files/Sammel-Ordner/Online-Schriftenreihe/Der%20lange%20Weg%20von%20Musikerinnen%20in%20die%20Berufsorchester%201.4.pdf; 29.07.2023.

731 Timmermann: „*…wie ein Mann mit dem Kochlöffel"*, S. 20; siehe auch Hoffmann: *Instrument und Körper*, S. 191f.

Auch abseits der Diskussion der Instrumentenwahl avancierte das Geschlecht zu einer konzeptuellen Kategorie der Beschreibung und Bewertung von Musik: Sowohl die Werk- als auch die Aufführungskritik war von Geschlechtermetaphorik durchzogen. Männliche Kraft und weibliche Anmut etwa waren verbreitete Narrative im Sprechen und Schreiben über Kompositionen wie Interpretationen. Im Rückgriff auf die dichotomen und als naturgegeben verstandenen Geschlechterbilder wurden wertende Differenzierungen in der Beurteilung von Geigerinnen und Geigern beziehungsweise allgemeiner von Musikerinnen und Musikern vorgenommen und somit Hierarchien geschaffen: Das Männliche wurde ganz grundlegend mit musikalischer Qualität assoziiert,[732] Musikerinnen selbige mit Verweis auf vermeintlich restriktive physische und psychische Dispositionen dagegen abgesprochen. Musikkritik war hier entscheidend mit dem Geschlechterdiskurs verknüpft: Geschlecht als ein wesentliches Strukturprinzip der bürgerlichen Gesellschaft im 19. Jahrhundert war zugleich eine zentrale Kategorie der Bewertung musikalischer Leistungen.[733] Die hierarchische Platzierung von Musikerinnen und Musikern galt als Common Sense. Die Beständigkeit dieses Denkmusters wurde dazu noch durch die Tatsache gestärkt, dass das Gros der Diskursakteur*innen Männer waren und der Diskurs entsprechend männlich geprägt war.

Wendet man sich vor diesem Hintergrund dem Wiener Musikleben der zweiten Hälfte des 19. Jahrhunderts zu, lassen sich hier Veränderungen von Wahrnehmungs- und Denkmustern nachvollziehen – namentlich im Zusammenhang mit einer zunehmenden Präsenz von Geigerinnen. Musikerinnen wie Wilma Neruda, die Schwestern Carolina und Virginia Ferni, Marie Soldat oder Natalie Bauer-Lechner wurden in den Blättern häufig erwähnt und nun zunehmend als Künstlerinnen und nicht mehr – wie zuvor noch – in erster Linie ob ihrer Neuigkeit als Sensationen gewürdigt. Entsprechend bilanziert auch Timmermann: „Hier, an der künstlerisch-qualitativen

---

[732] Ein Beispiel hierfür ist etwa der ‚männliche Ton' als verbreiteter Topos in der Interpretationskritik. Ein Korrespondent der *Allgemeinen musikalischen Zeitung* bescheinigt etwa Georg Hellmesberger d. Ä., er spiele „mit männlich kraftvoll schönem Tone" (25 [1829], Sp. 413) und die *Signale für die musikalische Welt* attestieren Edmund Singer: „nie auch haben wir eine sicherere, entschiedenere, männlich kräftigere und graziösere Bogenführung gesehen" (52 [1851], S. 466). Auch Musikerinnen wie Caroline Krähmer und Gabriele Neusser werden männliche Bogenführung und Tongebung bestätigt. Siehe Allgemeine musikalische Zeitung 24 (1833), Sp. 395; Wiener Sonn- und Montags-Zeitung 22.03.1886, NP.

[733] Siehe Miller: *Musikdiskurs als Geschlechterdiskurs*, S. 11; siehe auch Marion Gerards: „‚Faust und Hamlet in Einer Person'. The Musical Writings of Eduard Hanslick as Part of the Gender Discourse in the Late Nineteenth Century", in: Nicole Grimes, Siobhán Donovan und Wolfgang Marx (Hg.): *Rethinking Hanslick. Music, Formalism, and Expression*. Rochester, NY: University of Rochester Press, 2013, S. 212–235, hier S. 226f.

Spitze, fand sich offenbar ein zunehmend akzeptierter Platz für Frauen."[734] Das soll nicht darüber hinwegtäuschen, dass die Entwicklung keineswegs stringent verlief. Vielmehr zeichnet sich eine Gleichzeitigkeit von Stimmen für und wider das Auftreten von Geigerinnen ab, wobei die Zahl negativer Urteile im Laufe der Jahrzehnte abnimmt. Insgesamt sind explizit formulierte Werthaltungen – ob befürwortend oder ablehnend – immer seltener vorzufinden. Freia Hoffmann verweist diesbezüglich auf die tiefe Verankerung entsprechender gesellschaftlicher Normen, die ausdrückliche Stellungnahmen obsolet erscheinen ließen: „Eine Gesellschaft, die ihre Normen im Bewußtsein ihrer Mitglieder fest verankert weiß, braucht sie nicht immer wieder zu betonen."[735] Eine Ausnahme bildet ein noch frühes Statement Josef Planks[736] vor der Jahrhundertmitte. 1845 druckten die Wiener *Sonntagsblätter* einen zynischen Kommentar ihres Musikredakteurs ab, der sich darin angesichts eines bevorstehenden Auftritts der Cellistin Lise Cristiani auch über Geigerinnen äußerte. In seinem bissigen Lamento entwirft Plank eine Klimax unweiblichen Verhaltens, an dessen Spitze er nach Kämpfen, Reiten, Rauchen und intellektuellen Tätigkeiten wie dem Verfassen von Büchern oder der Partizipation an Politik das Spiel männlich konnotierter Instrumente setzt:

> Einem Frauenzimmer läßt Alles gut; am Meisten die Verleugnung seines Geschlechtes; – quae maribus solum tribuuntur, mascula sunto[737] hat keine Geltung mehr. Klebt sich ein Frauenzimmer einen Bart auf, ach, wie reizend! Führt es das Schwert, ach, wie kühn! Setzt es sich zu Pferd, ach, wie lieblich! Raucht es Zigarren, ach, wie charmant! Schreibt es ein Buch, ach, wie geistreich! Treibt es Politik, ach, welch' diplomatische Gewandtheit! Spielt es ein Instrument, das sich mehr für männliche Finger eignet, ach, wie herrlich! Violinistinnen und Flötistinnen haben wir schon gehabt, ein Damengesangsverein machte seine Inizien, nun kommt ein Mädchen mit einer Baßgeige, das ist

---

734 Timmermann: „…*wie ein Mann mit dem Kochlöffel*", S. 125.
735 Hoffmann: *Instrument und Körper*, S. 39.
736 Josef Plank galt unter Kollegen als durchaus streitbar. Alfred Julius Becher – Vorgänger Planks – distanzierte sich explizit von dessen Haltungen. (Siehe Sonntagsblätter 17.03.1846, S. 470) Auch Eduard Hanslick äußerte sich ablehnend; siehe Barbara Boisits: „Die Bedeutung der *Sonntagsblätter* Ludwig August Frankls für die Wiener Musikkritik", in: Louise Hecht (Hg.): *Ludwig August Frankl (1810–1894). Eine jüdische Biographie zwischen Okzident und Orient*. Köln/Weimar/Wien: Böhlau, 2016, S. 157–182, hier S. 159f.
737 Eigentlich: „Nomina quae maribus tribuuntur, mascula sunto." [Namen, die Männern gegeben werden, sollen männlich sein.] Zitat aus: Franz Xaver Schöneberger: *Gedächtniß-Verse de generibus nominum und de praeteritis et supinis verborum, zum Privat-Gebrauche für die studierende Jugend*. Wien/Triest: Geistinger'sche Buchhandlung, 1819, S. 3. – ein Band mit Merksätzen zum Lernen lateinischer Syntax. Hier übersetzt mit: „Die Namen der Männer sind des männlichen Geschlechtes."

ganz neu, ganz originell, nun werden wir auch bald ein Orchester haben, das aus lauter Frauenzimmern besteht. Die Emanzipation macht rasche Fort-, die Musik rasche Rückschritte, denn sie scheint ganz in die Hände der Kinder und Frauen zu kommen![738]

Wie überzogen Planks Aufzählung ist, wird deutlich, wenn man bedenkt, wie rigide Frauen per Gesetz etwa von Militär und politischen Ämtern ausgeschlossen waren – der Verweis auf solche Tätigkeiten also rein imaginäre Bilder evozierte. Mit seiner Kritik an der Instrumentenwahl von Frauen wendet er sich indes gegen eine bestehende Entwicklung, die er ganz offensichtlich lieber unterbunden wüsste und hierin noch vor der Jahrhundertmitte mit vielen Zeitgenossen übereinstimmt. Einen weiteren Vorwurf richtet Plank gegen die – hiermit zugleich unterstellte – pauschale Offenheit vieler Zeitgenossen gegenüber Frauen. Er negiert im gleichen Zuge nicht nur Einschränkungen ihrer Handlungsmöglichkeiten, sondern prangert auch ihre Sonderbehandlung, den unreflektierten und ungerechtfertigten Zuspruch, an – *wie* ungerechtfertigt dieser sei, betont er mit einem dystopischen Ausblick: Verdrängung von Männern und qualitativer Verfall der Musikkultur.[739]

Zeitlich und gedanklich nahe erweist sich ein Beitrag im *Österreichischen Morgenblatt*. In nicht weniger spöttischem Tonfall kommentiert hier ein namentlich nicht genannter Autor in einer Spielzeitankündigung für das Jahr 1846 die Auftritte der Schwestern Milanollo:

Auch ein paar Violinistinnen bedrohen noch unsere musikalische Jahreszeit, ein Paar auf einmal … kennimus nos[740] schon . . . das Schwesternpaar Milanollo. Ob Papa auch mit kommt? Nu, ‚that is no question,‘ würde Hamlet sagen, wenn er noch lebte. Damit aber unsere ‚Season‘ nicht ganz weiblich werde, will das Schicksal Hrn. Servais, den uns gleichfalls schon bekannten Violoncell-König der Niederlande, dazwischen schieben.[741]

Solch explizit diskreditierende Kommentare lassen sich für den folgenden Zeitraum nicht mehr nachweisen. Vielmehr drücken Verfasser späterer Beiträge eine gewisse Gewohnheit im Anblick von Geigerinnen aus, so auch der renommierte Wiener Musikkritiker Eduard Hanslick. Zwar betont er nach dem Debüt der Schwestern

---

738 Sonntagsblätter [Wien] 18.05.1845, S. 479.
739 Ähnlicher Argumentationsmuster bedienen sich heute Vertreter der (neurechten) antifeministischen Männerrechtsbewegung, die Männer zu Opfern der Bevorzugung von Frauen stigmatisieren.
740 Wohl ein Wortspiel in Wiener Mundart und Latein für: wir kennen uns.
741 Österreichisches Morgenblatt [Wien] 31.01.1846, S. 50.

Carolina und Virginia Ferni in der Donaumetropole noch den Neuigkeitswert von Geigerinnen im öffentlichen Konzertleben, macht aber in den über zehn Jahre zurückliegenden ersten Auftritten der Schwestern Teresa und Maria Milanollo einen paradigmatischen Wechsel in der Wahrnehmung von Geigerinnen aus. Daran knüpft er in einem weiteren Schritt sein Plädoyer, die Geige als ein weibliches Instrument zu verstehen:

> Erst seit den Milanollo's hat man sich neuerdings in Deutschland daran gewöhnt, die Violine in Frauenhänden zu sehen. Und doch könnte man dies Instrument, übereinstimmend mit der deutschen Benennung desselben, ein echt weibliches heißen.[742] Der Maler wird uns gern beistimmen, in dankbarer Erinnerung an die vielen allerliebsten Geigenspielerinnen auf alten Bildern, und ebenso gern wird der Musiker dem geistreichen Berlioz Recht geben, wenn dieser in der Geige ‚die eigentliche Frauenstimme des Orchesters' feiert.[743]

Was auf den ersten Blick affirmativ in Richtung einer Förderung der musikalischen Praxis von Geigerinnen erscheint, relativiert sich im Weiteren. Zum einen lenkt der Verweis auf die „allerliebsten Geigenspielerinnen auf alten Bildern" den Fokus weg von den ausübenden Musikerinnen hin zum Visuellen, den stummen Abbildungen.[744] Auch mit der Referenz auf Berlioz' Instrumentationslehre unterstreicht Hanslick seinen Vorschlag – die Geige als ein weibliches Instrument zu bezeichnen – nicht mit den musikalischen Fähigkeiten von Geigerinnen, sondern mit den klanglichen Eigenschaften des Instrumentes im Orchester. So heißt es bei Berlioz zur Geige: „Das ist die wahre Frauenstimme des Orchesters, leidenschaftlich zugleich und züchtig, herzzerreißend und lieblich, die Stimme, welche weint und schreit und klagt, oder singt und bittet und träumt, oder in Freudentöne ausbricht, wie keine andere

---

742 Eine ähnliche Argumentation findet sich in einer früheren Rezension von Konzerten der Schwestern Milanollo in Prag: „Dann aber ist das ungewohnte Schauspiel, ein weibliches Wesen mit einer Violine im Arme zu erblicken, und die sich aufdringende Wahrheit, daß die Solo-Violine, wie zwar nicht ihr italienischer Name (il violino) wohl aber ihr deutscher (die Geige) andeutet, ein ächt weibliches Instrument ist, was zu diesem Eindrucke so sehr beiträgt." Bohemia. Unterhaltungsblätter für gebildete Stände [Prag] 21.01.1844, NP.
743 Die Presse [Wien] 18.11.1858, NP.
744 Noch dazu weisen die Abbildungen von Geigerinnen eine deutliche Diskrepanz der dargestellten Pose zur spieltechnisch erforderlichen Körperhaltung auf. Als unschicklich erachtete Haltungen und Bewegungen sollten damit zumindest in der bildlichen Darstellung korrigiert werden. Siehe hierzu Timmermann: „...wie ein Mann mit dem Kochlöffel", S. 74. Den Ansprüchen der „allerliebsten Geigenspielerinnen auf alten Bildern" konnten die ausübenden Musikerinnen somit gar nicht gerecht werden.

es vermögte."⁷⁴⁵ Mit den gesellschaftlichen Ansprüchen an das Verhalten von Frauen ließe sich das von Berlioz beschriebene, zumal dualistisch entworfene, Ausdrucksrepertoire nicht vereinen. Stattdessen sollten Spielhaltungen, Spielbewegungen und Ausdrucksfacetten von Geigerinnen – und anderen Musikerinnen – auf den Rahmen des ‚Schicklichen', das heißt des Anmutigen, Zarten und Lyrischen begrenzt bleiben.⁷⁴⁶ Hanslick wirft mit dem Vorschlag, die Geige „ein echt weibliches" Instrument zu nennen, letzten Endes die Frage nach der Akzeptanz von Geigerinnen im öffentlichen Musikleben auf, manövriert sich mit Rekurs auf den Instrumentalklang und das Visuelle indes um eine explizite Antwort herum. Implizit aber positioniert er sich: Das ‚Weibliche' assoziiert auch er mit „musikalischen Schwachheiten" und mokiert sich am Ende noch über den uneingelösten Anspruch an die Präsentation des ‚schönen Geschlechts' durch die Interpretation der von ihm auch andernorts als anspruchslose Virtuosenliteratur verfemten Variationen *Le Carnaval de Venise* op. 18 von Heinrich Wilhelm Ernst:

Sobald die Geigen erklingen, hört man freilich, daß es der Bestechung nicht bedurfte. Beide Schwestern haben eine Sicherheit und Vielseitigkeit der Technik, die nur der glückliche Erwerb einer von Kindheit auf spielend fortgesetzten Uebung und einer durchaus musikalischen Erziehung sein kann. Was uns an ihrem Spiel vor allem erfreute, ist der entschiedene, kräftige Ausdruck; da hat man keinen unsicheren Einsatz, keine schwankende Cantilene, keine verwischte Passage zu fürchten. Von einem mächtigen, tiefen Eindruck können wir nicht berichten, es war auch das aus den flachsten Salon-Compositionen gebildete Programm nicht danach; allein der Vortrag selbst dieser Sächelchen zeugte von einem männlicheren Geist, der jede affectirte Zimperei und Ueberschwenglichkeit verschmäht. Von jenen schwer zu definirenden kleinen musikalischen Schwachheiten, auf welche wir bei den Schwestern Ferni aus

---

745 Hector Berlioz: *Die Kunst der Instrumentirung*, aus dem Frz. übers. von J. A. Leibrock. Leipzig: Breitkopf & Härtel, 1843, S. 17. Es handelt sich um eine vom Autor nicht autorisierte Übersetzung einer 1841/42 unter dem Titel „De l'instrumentation" in der *Revue et Gazette musicale de Paris* erschienenen Artikelserie. Berlioz selbst veröffentlichte seine Artikel 1844 in Buchform (*Grand Traité d'Instrumentation et d'Orchestration modernes*. Paris/Brüssel: Henry Lemoine & Co.), eine autorisierte deutsche Übersetzung wurde 1864 herausgegeben: *Instrumentationslehre. Ein vollständiges Lehrbuch zur Erlangung der Kenntniß aller Instrumente und deren Anwendung, nebst einer Anleitung zur Behandlung und Direction des Orchesters*. Leipzig: Verlag Gustav Heinze, siehe hier S. 28: „Hier ist die wahre Frauenstimme des Orchesters, eine Stimme so leidenschaftlich als keusch, so eindringend als lieblich, welche weint und schreit und jammert oder singt und bittet und träumt, oder ausbricht in Jubel, wie keine andere es vermöchte."
746 Siehe auch Miller: *Musikdiskurs als Geschlechterdiskurs*, S. 45.

dem doppelten Grunde ihres Geschlechts und ihrer Nationalität gefaßt waren, haben wir sehr wenige und nur in schwacher Andeutung (z. B. in dem nachdrücklichen Zerpflücken der Melodienschlüsse) gefunden. Der Ton war immer kräftig und rein, der Passagenschmuck zierlich, die Reinheit des Octavenspiels und der Flageoletstellen oft überraschend.[747]

Zum *Carnaval de Venise* äußert Hanslick ferner: „So virtuos es bewältigt wurde, so fehlte diesem Stücke doch die Keckheit eines gleichsam improvisirenden Humors; die manchmal gar zu unflåthigen Scherze dieses ‚Carnevals' gefallen uns am wenigsten aus schönem Frauenmund."[748] Der Kritiker greift auf bekannte Geschlechterdichotomien zurück und wertet auf ihrer Grundlage die Interpretationsleistung der Geigerinnen von vornherein ab, indem er sie mit dem grundlegenden Vorurteil mangelnder Leistungsfähigkeit konfrontiert. Dort aber, wo geigerische Qualität attestiert wird, wird zugleich auch eine Verletzung des (bürgerlichen) Weiblichkeitsideal angemahnt.[749] Ganz in diesem Sinne bemerkt auch ein Rezensent der Zeitung *Die Gegenwart* über Teresa und Maria Milanollo: „Die Milanollo's sind doch wenigstens noch große Violinspielerinnen geworden, wenn sie auch schwerlich jemals glückliche Frauen werden!"[750] Das heißt: Wenn Geigerinnen Räume der professionellen Musikausübung betraten, überschritten sie zugleich gesellschaftlich konstituierte Grenzen, wodurch sie gewissermaßen zu Außenseitern im räumlichen Gefüge der bürgerlichen Gesellschaft wurden.

Während die Hierarchisierung von Geigerinnen und Geigern entlang von Geschlechterklischees im Musikdiskurs der folgenden Zeit weiter fortgeschrieben wurde, finden sich nur noch wenige allgemeine Meinungstexte zu Geigerinnen in der Wiener Presse. Eine Ausnahme bildet ein weiterer Artikel Hanslicks, der Mitte der 1880er Jahre in der *Neuen Freien Presse* publiziert wurde. Der Autor spricht sich hierin für die Aufnahme von Geigerinnen in Orchester aus und bezieht sich unmittelbar auf Schülerinnen Josef Hellmesbergers d. Ä.:

Auch hier regt sich das allerwärts thätige Bestreben der Frauenwelt, sich neue Erwerbszweige zu schaffen. Nicht künstlerischer Ehrgeiz allein, die bittere Noth des Lebens drängt sie zur Concurrenz mit den Männern auch im

---

747 Die Presse [Wien] 18.11.1858, NP.
748 Ebd.
749 Zur Etablierung solcher Hierarchisierung entlang der bürgerlichen Geschlechterstereotype in der Musikkritik und Musikliteratur des 19. Jahrhunderts, auch in Bezug auf die musikalische Professionalisierung, siehe Miller: *Musikdiskurs als Geschlechterdiskurs*, S. 23–47.
750 Die Gegenwart. Politisch-literarisches Tagblatt [Wien] 13.02.1847, S. 165–168, hier S. 167.

Virtuosenthum. Und hier wünschen wir dem musikalischen Talent der Frauen einen neuen vortheilhaften Seitenweg eröffnet zu sehen: die Mitwirkung im Orchester. Die Harfe war ehedem im Orchester fast überall von Damen gehandhabt; [...] Warum nicht die Geige und manches andere leichtwiegende Instrument? Lehrt nicht die täglich wachsende Erfahrung, daß Frauen und Mädchen, die sich überhaupt ernsthaft einem selbstständigen Beruf widmen, ihn pflichtgetreu, ruhig und unverdrossen erfüllen, obendrein mit bescheideneren Ansprüchen? Die Furcht, sie würden die Oberherrschaft im Orchester an sich reißen, ist kindisch; es werden verhältnißmäßig [sic] immer nur Wenige sich finden, die hier mit Männern in die Schranken treten können. Diesen Wenigen sollte es aber nicht principiell verwehrt sein. Wir erinnern uns aus früheren Jahren einiger Schülerinnen Hellmesberger's, die in den öffentlichen Zöglingsconcerten des Conservatoriums schwierige Symphonien und Ouvertüren sehr wacker mitgeigten. Wenn im Conservatoriums-Concert, warum nicht auch in einem andern, einem stabilen Orchester? Mit Ausnahme von Joachim's ‚Hochschule' in Berlin verweigert unseres Wissens kein Conservatorium grundsätzlich die Aufnahme von Mädchen in die Violinclasse; die Conservatorien von Wien, Prag, Paris, Mailand u. s. w. haben wiederholt gute Violinspielerinnen ausgebildet. Ist es nicht eine Art Grausamkeit, eine talentvolle junge Geigerin durch mehrere Jahre im Conservatorium festzuhalten, um ihr dann beim Austritt alle Orchester zu versperren und damit die Möglichkeit, sich durch ihre Kunst selbstständig zu erhalten? Denn die Zahl Jener, die sich zu großen Virtuosinnen aufschwingen, ist sehr klein; [...] Unsere Hoftheater brauchen keineswegs den Anfang zu machen mit der Zulassung tüchtiger Orchesterspielerinnen; aber die kleineren Bühnen sollten es, bei denen im eigentlichsten Sinne oft Noth am Mann ist. Es ist ein fruchtbares, social wichtiges Thema, das wir hier gestreift haben – nur gestreift, nicht ausgeführt. Möge wenigstens die Anregung nicht ganz verloren gehen![751]

Der Vorschlag ist progressiv, schließlich hatten Frauen bisher – mit Ausnahme von Harfenistinnen[752] – keinen Zugang zu den Bühnen- und Konzertorchestern gefunden und erhielten ihn bis Anfang des 20. Jahrhunderts auch nicht.[753] Seit Ende der 1860er

---

751 Neue Freie Presse [Wien] 13.02.1883, S. 1.
752 Siehe etwa Ahrens: *Der lange Weg von Musikerinnen in die Berufsorchester*, S. 9f.
753 In Europa war es nach derzeitigem Kenntnisstand das Londoner Queen's Hall Orchestra unter der Leitung von Henry Wood, das sich als erstes Orchester zur Saison 1913/1914 gegenüber Instrumentalistinnen öffnete. Der *Musical Herald* schreibt: „Of the ladies chosen by Sir Henry Wood for the Queen's Hall Orchestra four will play the violin and two the viola. They will receive the same pay as

Jahre traten in Europa Frauenorchester in Erscheinung, die jedoch weder institutionelle Anbindung noch sonstige finanzielle oder soziale Absicherung hatten und damit in ihren Arbeitsbedingungen nicht mit den Männerorchestern gleichgestellt waren.[754] In der Rezeption dieser Ensembles zeigt sich zudem, dass ihr Auftreten noch in den 1870er Jahren mehr als Sensation denn als professionelle Leistung aufgefasst wurde,[755] was die Fortschrittlichkeit von Hanslicks Vorschlag unterstreicht. Dass es sich hiermit um einen durchaus realisierbaren Gedanken handelt, betont der Autor selbst, wenn er auf die Geigerinnen im Orchester des Wiener Konservatoriums verweist. Indem er hiervon ausgehend die drohende berufliche Perspektivlosigkeit hochqualifizierter Musikerinnen anmahnt, macht er zugleich auf die wirtschaftliche Bedeutung seines Ansinnens aufmerksam und stellt seine Überlegungen damit auch in den Kontext der „Frauenfrage" beziehungsweise „Frauenerwerbsfrage".[756] Mit dem Verweis auf die Zuverlässigkeit berufstätiger Frauen spricht er dabei zum einen die Verfechter*innen von Frauenerwerbsarbeit an,[757] wiederholt und festigt im selben Zuge aber auch bestehende geschlechterstereotype Attribuierungen wie jene der weiblichen Hingabe, Emsigkeit und Bescheidenheit. Gleiches gilt für seine Anmerkung,

---

the men. The six were selected from fifty applicants. It was the increase of the band to 110 members that gave Sir Henry Wood the opportunity of admitting women, which he had advocated for twenty years." The Musical Herald 788 (1933), S. 327.

754 Siehe Annkatrin Babbe: *„Ein Orchester, wie es bisher in Europa noch nicht gesehen und gehört worden war". Das „Erste Europäische Damenorchester" von Josephine Amann-Weinlich.* Oldenburg: BIS, 2011 (= Schriftenreihe des Sophie Drinker Instituts 8).

755 Siehe ebd., S. 53–55.

756 Mit der „Frauenfrage" oder „Frauenerwerbsfrage" wird der breite öffentliche Diskurs um die soziale, ökonomische, politische und rechtliche Stellung von Frauen innerhalb der gesamtgesellschaftlichen Verhältnisse bezeichnet. Virulent wurden Fragen nach der Beteiligung von Frauen am gesellschaftlichen Leben während des 19. Jahrhunderts mitunter im Zuge des Strukturwandels der bürgerlichen Familienverfassung als Konsequenz der Industrialisierung. Mit der funktionellen Beschränkung der bürgerlichen Kleinfamilie auf Sozialisation und Konsumption fielen Bereiche der Produktion, die zuvor im häuslichen bzw. familiären Kontext angesiedelt waren und auch in den Tätigkeitsbereich von Frauen gehörten, in die außerhäusliche Erwerbsarbeit. Für die materielle Versorgung zeichneten damit allein die erwachsenen männlichen Familienmitglieder verantwortlich. In diesem Zuge und einhergehend mit einer relativen Zunahme der Zahl unverheirateter Frauen in der zweiten Hälfte des 19. Jahrhunderts erhöhte sich so der ökonomische Druck auf bürgerliche Familien. Siehe etwa Ute Gerhard: *Verhältnisse und Verhinderungen. Frauenarbeit, Familie und Rechte der Frauen im 19. Jahrhundert*, Frankfurt a. M.: Suhrkamp, 1878, S. 25. Von der noch jungen bürgerlichen Frauenbewegung wurde die „Frauenfrage" aufgegriffen und das Recht der Frau auf Erwerbsarbeit zwischenzeitlich zu ihrem programmatischen Hauptziel erklärt. Siehe beispielsweise Louise Büchner: *Praktische Versuche zur Lösung der Frauenfrage*. Berlin: Janke; Philipp Nathusius: *Zur Frauenfrage*. Halle: Mühlmann, 1871; Clara Zetkin: *Die Arbeiterinnen- und Frauenfrage der Gegenwart*. Berlin: Verlag der Expedition des „Vorwärts" Berliner Volksblatt, [1892].

757 Siehe auch Timmermann: „Ein fruchtbares, social wichtiges Thema", S. 128.

dass „verhältnißmäßig immer nur Wenige sich finden, die hier mit Männern in die Schranken treten können"[758]. Zum wiederholten Mal bedient Hanslick hier das Vorurteil der geringeren Leistungsfähigkeit von Geigerinnen. Im Weiteren rückt der Autor auch weniger die Professionalisierung und Anerkennung von Geigerinnen als vielmehr das (ökonomische) Problem der „Frauenfrage" in den Fokus. So stellt Hanslick „die bittere Noth des Lebens" seitens der Frauen, dem „künstlerischen Ehrgeiz" gegenüber, den er als Movens der männlichen Kollegen benennt. Mit den musikalischen Leistungen von Geigerinnen aber untermauert er sein Plädoyer nicht. Ausnahme ist der Verweis auf die Studentinnen Hellmesbergers, die im Konservatoriumsorchester „sehr wacker mitgeigten", wobei die Formulierung ‚wacker mitgeigen' selbst einen auffallend despektierlichen Unterton besitzt, dazu an besagte weibliche Attribuierungen anknüpft und eben nicht das Künstlerische im Schaffen der Musikerinnen anerkennt. Schließlich greift Hanslick noch möglichen Einwänden seiner Adressaten vor, indem er die mangelnde Konkurrenzfähigkeit der Musikerinnen betont („die Zahl Jener, die sich zu großen Virtuosinnen aufschwingen, ist sehr klein"). Die Empfehlung der Geigerinnen an die kleinen Bühnen fügt sich hier ein: Erwerbsarbeit soll den Geigerinnen gestattet werden, allerdings ohne hierfür die prestigeträchtigen Institutionen des Wiener Musiklebens wie jene der Wiener Philharmoniker und des Hofopernorchesters anzutasten.

Hanslicks Vorschlag, Frauen die „Mitwirkung im Orchester" zu eröffnen, mag durchaus ein ernst gemeinter gewesen sein. Gleichwohl verweigert der Kritiker den Instrumentalistinnen die Anerkennung als konkurrenzfähige Akteurinnen des Musiklebens und hält damit an bestehenden Wahrnehmungs- und Denkmustern in Bezug auf Geigerinnen sowie den darauf bezogenen Normen fest. Auf die Erweiterung ihrer Handlungsräume wirkt er damit höchstens marginal ein.

Dass Hanslick darüber hinaus kein Verfechter der Professionalisierung und Gleichberechtigung von Musikerinnen in der öffentlichen Musikkultur war, legen weitere seiner Schriften nahe. Marion Gerards hat beispielreich aufgezeigt, in welchem Maße Hanslick in seinen Werkanalysen und Konzertbesprechungen Genderkonnotationen als konzeptuelle Kategorien heranzieht und sich hiermit im zeitgenössischen Genderdiskurs positioniert.[759] Wie viele seiner Kollegen nahm auch er im Rückgriff auf un-

---

[758] Neue Freie Presse [Wien] 13.02.1883, S. 1.
[759] Siehe Gerards: „Faust und Hamlet in Einer Person'". Zu Hanslicks Positionierung innerhalb des Genderdiskurses siehe auch Inge Kovács und Andreas Meyer: „Nichts für ‚schöne Seelen'? Aus den Anfängen der akademischen Musikforschung", in: Rebecca Grotjahn und Sabine Vogt (Hg.): *Musik und Gender. Grundlagen – Methoden – Perspektiven*. Regensburg: Laaber, 2010 (= Kompendien Musik), S. 69–80; Nina Noeske: „Body, Soul, Content and Form. On Hanslick's Use of the Organism Metaphor", in: Nicole Grimes, Siobhán Donovan und Wolfgang Marx (Hg.): *Rethinking Hanslick. Music, Formalism, and Expression*. Rochester, NY: University of Rochester Press, 2013, S. 236–258;

terstellte Geschlechterdichtotomien Wertungen vor, die Musikerinnen hinsichtlich der physischen und intellektuellen Fähigkeiten abqualifizieren. Dabei äußerte sich der Wiener Musikkritiker nur selten explizit. Eine ausdrückliche Positionierung findet sich allerdings in seiner 1894 publizierten Autobiographie *Aus meinem Leben*. Darin paraphrasiert er ein Gespräch mit dem befreundeten Theodor Billroth, einem der renommiertesten Chirurgen seiner Zeit, über die ‚Rezensionswürdigkeit' von Konzerten. Auf Billroths Ausspruch – „Ein großes politisches Blatt sollte in seinem Feuilleton doch nur Hervorragendes beurteilen, hingegen alles ignorieren dürfen, was weder Bedeutung für die Kunst noch Interesse für einen weiten Leserkreis hat. Erwirbt denn wirklich jedermann durch das bloße Anschlagen eines Konzertzettels den Rechtsanspruch, von allen Musikkritikern der Stadt angehört und in allen Zeitungen besprochen zu werden? Ich glaube nicht"[760] – entgegnet der Autor:

> Ich auch nicht. Die Konzertgeber jedoch sind davon überzeugt. Meinen Lesern gegenüber empfände ich nicht den leisesten Gewissensbiß, wenn ich die Mehrzahl dieser Produktionen unbeachtet ließe. Aber die Konzertgeber! Vor allem die Schar der Pianistinnen, der kleinen Sängerinnen, Geigenfeen und Geigenhexen! Sie alle wollen gehört und beurteilt sein. Je bescheidener manche selbst von ihrer Kunst denken mögen, desto beweglicher appellieren sie an unser rein menschliches Gefühl. Man wird beim Mitleid gepackt. Rein aus Mitleid opfert man unersetzliche Abende, erduldet zum tausendstenmal dieselben Rhapsodien von Liszt, Nocturnes von Chopin, Phantasien von Wieniawsky, lediglich, weil die ‚Virtuosin' mit ihrer Kunst eine Schwester oder Mutter erhält. Sie will Lektionen geben, oder in der Provinz konzertieren, beides gelingt ihr nur aufgrund einer günstigen Konzertkritik aus Wien. Und so ist es immer der geplagte Kritiker, welcher da hilfreich beispringen und über Leistungen schreiben muß, die ihm und seinen Lesern völlig gleichgültig sind.[761]

Auffällig ist Hanslicks beispielhafte Auswahl jener Konzerte, die er für nicht rezensionswürdig erachtet: Er nennt ausschließlich Auftritte von Frauen, die er in patriarchaler Misogynie als „kleine Sängerinnen, Geigenfeen und Geigenhexen" bagatellisiert. Keine künstlerische Anerkennung bringt er den Musikerinnen entgegen – deren Konzerte er

---

Martina Bick: „Eduard Hanslick", in: Beatrix Borchard und Nina Noeske (Hg.): *MUGI. Musikvermittlung und Genderforschung: Musikerinnen-Lexikon und multimediale Präsentationen*, 2013, https://mugi.hfmt-hamburg.de/receive/mugi_person_00000329; 25.07.2022.

760 Eduard Hanslick: *Aus meinem Leben*, 2 Bde., Bd. 2, 3. Aufl. Berlin: Allgemeiner Verein für Deutsche Litteratur, 1894, S. 294.
761 Ebd., S. 294f.

lediglich „erduldet" –, sondern „Mitleid". Kaum expliziter kann er in seiner Abwertung werden, wenn er abschließend herausstellt, dass es sich um Leistungen handle, die nicht nur ihm, sondern auch seinen Leser*innen „völlig gleichgültig" seien.

Abseits der bis hierhin skizzierten Wahrnehmungs- und Denkmuster in der Wiener Presse wird von den Redakteuren und Rezensenten im Laufe der zweiten Hälfte des 19. Jahrhunderts eine wachsende Präsenz von Geigerinnen im Musikleben der Donaumetropole festgestellt. Korrespondentenberichte zeigen auch einen Anstieg der Zahl öffentlich konzertierender Geigerinnen im weiteren europäischen Raum an. Ein Redakteur der Zeitschrift *Der Humorist* bemerkt etwa 1858 anlässlich eines Auftritts der Schwestern Carolina und Virginia Ferni den zunehmenden Stellenwert italienischer Geigerinnen auf dem (Wiener) Musikmarkt, wenn er schreibt: „[B]esonders aber kommen aus dem Lande des Gesanges wie ehedem auch jetzt noch die interessantesten Violinistinnen. Seit der [Regina] Strinasacchi, mit welcher Mozart spielte, [...] sind viele Violinspielerinnen aus Wälschland erschienen, welche die Aufmerksamkeit der Kunstfreunde aller Länder zu fesseln wussten."[762] Knapp acht Jahre später verweist ein Mitarbeiter des Wiener Blattes *Das Vaterland* auf die Geigerinnen im Orchester des Konservatoriums und lobt sie zusammen mit den weiteren Instrumentalist*innen: „Es ist ein herzerfreuender Anblick, diese jungen Geiger und Geigerinnen (denn auch Mädchen sitzen an den Violinpulten), so wie die anderen jungen Instrumentalisten mit jugendlicher Frische darauf losarbeiten zu sehen[.]"[763]

Ende der 1870er Jahre finden sich weitere Anmerkungen zur steigenden Anzahl von Geigerinnen. Die Zeitungen *Die Presse* und die *Neue Freie Presse* verweisen 1878 auf die „in Paris ziemlich zahlreich auftretenden Violinistinnen"[764]. Auch für Wien wird an mehreren Stellen auf die „ganz stattliche Anzahl tüchtiger Violinspielerinnen"[765] aufmerksam gemacht. Noch 1892 wird die fortschreitende Entwicklung angemerkt; für die *Neue Freie Presse* schreibt Eduard Hanslick: „Auffallend wächst die Zahl der jungen Violinspielerinnen. War das ein Staunen beim Erscheinen der Milanollos, daß auch Mädchen sich auf der Geige hören lassen! Nun haben in Wien innerhalb weniger Tage die Violin-Virtuosinnen Rosa Hochmann, Irene v. Brennerberg, Therese Schuster-Seydel und Gabriele v. Amann-Neusser Concerte gegeben, auch Bianca Panteo ist bereits in Sicht."[766]

Im Jahrzehnt zuvor hatte ein Korrespondent der *Signale für die musikalische Welt* auch für den weiteren europäischen Raum bemerkt: „Nicht unansehnlich ist die

---

762 Der Humorist 267 (1858), S. 2.
763 Das Vaterland [Wien] 02.05.1866, NP.
764 Die Presse [Wien] 18.01.1878, S. 11; Neue Freie Presse [Wien] 18.01.1878, S. 6.
765 Signale für die musikalische Welt 41 (1879), S. 651; Neue Freie Presse [Wien] 17.06.1879, S. 6.
766 Neue Freie Presse [Wien] 07.12.1892, S. 2.

Anzahl der Violinistinnen".[767] Ende der 1880er Jahre findet sich im *Musikalischen Wochenblatt* aus Leipzig ein ähnlicher Vermerk, wobei der Autor die Unvorhersehbarkeit der Entwicklung betont: „Eine merkwürdige Erscheinung bilden die zahlreichen Geigerinnen, die während des letzten Jahrfünfts sozusagen plötzlich aufgetaucht sind."[768] Im darauffolgenden Jahr liefert ein Redakteur desselben Blattes eine mögliche Erklärung, dabei auf die Geigerinnen am Leipziger Konservatorium rekurrierend: „Das k. Conservatorium der Musik zu Leipzig hat dank der ausgezeichneten bez. Lehrkräfte (HH. Prof. Hermann, Brodsky, Sitt. u. A. für Violine und Klengel und Schröder für Violoncell) unter seinen Unterrichtsclassen für Streichinstrumente noch nie so viele Schülerinnen zu verzeichnen gehabt, wie jetzt."[769] In London, darauf macht die *Neue Zeitschrift für Musik* aufmerksam, sind Geigerinnen 1890 ebenfalls keine Seltenheit mehr. Auch hier klingt Überraschung ob der beobachteten Entwicklung an und auch hier wird auf die Bedeutung der Ausbildung, besonders einzelner Lehrpersonen verwiesen:

> Ein höchst bemerkenswerthes Factum ist die Anzahl außergewöhnlicher guter Violinspielerinnen, welche wirklich aus der Erde zu wachsen scheinen, denn man kann in keinem Theile der Stadt sich bewegen, ohne jungen Mädchen zu begegnen, welche selbst ihre Violinkasten tragen, welches vor noch wenig Jahren für höchst unpassend und unladylike gehalten worden wäre. Der Nestor der Violine, Prosper Sainton, der trotz der 78 Jahre noch selbst tüchtig geigte, war einer der beschäftigsten Lehrer in den Hauptinstituten und seine Schülerinnen sind erstaunlich energisch in ihrem Spiele, welches einem das Geschlecht vergessen läßt.[770]

Viele Redakteure, Korrespondenten und Musikkritiker weisen der institutionellen Ausbildung eine grundlegende Bedeutung hinsichtlich der zunehmenden Anzahl öffentlich konzertierender Geigerinnen zu, ebenso der Initiative einzelner Konservatoriumslehrer. Auch für Wien betont ein Korrespondent der *Signale für die musikalische Welt* die Leistungen einzelner Akteure: „Hellmesberger und der im vorigen Winter zu früh dahingeschiedene Professor Heißler haben seit einer Reihe von Jahren eine

---

767 Signale für die musikalische Welt 9 (1880), S. 131.
768 Musikalisches Wochenblatt 21 (1887), S. 259.
769 Ebd. 6 (1888), S. 72. Wohl ab 1861 waren Geigerinnen am Leipziger Konservatorium eingeschrieben, für das Fach Violoncello lässt sich nicht ermitteln, wann Frauen aufgenommen wurden. Siehe Kadja Grönke: „Das Kgl. Konservatorium der Musik zu Leipzig", in: Freia Hoffmann (Hg.): *Handbuch Konservatorien. Institutionelle Musikausbildung im deutschsprachigen Raum des 19. Jahrhunderts*, 3 Bde., Bd. 3. Lilienthal: Laaber, 2021, S. 165–211, hier S. 182.
770 Neue Zeitschrift für Musik 47 (1890), S. 552.

ganz stattliche Anzahl tüchtiger Violinspielerinnen herangebildet, von denen viele wieder die musikalischen Culturträgerinnen für die Provinzen wurden."[771]

Ein Redakteur der *Neuen Zeitschrift für Musik* hebt dezidiert auch die Relevanz des Ausbildungsstandortes Wien für die Professionalisierung von Geigerinnen (in Europa) hervor. Anlässlich eines Auftritts der Geigerin Marianne Eissler, die von 1873/74 bis 1879/80 unter anderem bei Carl Heissler am Wiener Konservatorium Violine studiert hatte, formuliert er: „Marianne Eißler hat eine vielverheißende Zukunft und wir halten es für eine glückliche Vorbedeutung, daß sie mit Wilma Neruda in derselben Stadt geboren ist. Brünn scheint in der That die Heimath der besten Violinistinnen zu sein, und Wien die beste Schule für sie."[772]

Im Laufe der zweiten Hälfte des 19. Jahrhunderts wandelten sich die auf Geigerinnen bezogenen Wahrnehmungs- und Denkmuster merklich. Mehrten sich noch zur Jahrhundertmitte Äußerungen von Kritikern gegen öffentlich konzertierende Geigerinnen, die an den bestehenden Grenzen entlang des Geschlechts im Wiener Kulturleben festhielten, zeichnet sich in den folgenden Jahrzehnten eine breitere Akzeptanz der Instrumentalistinnen seitens der Wiener Presse ab. Mit Hanslicks Plädoyer zur Öffnung der Orchester für Geigerinnen im Jahr 1883 schien gar eine ideologische Kehrtwende eingetreten zu sein. Hingegen zielte der Vorschlag des Wiener Kritikers weniger auf eine grundsätzliche Akzeptanz von Geigerinnen als gleichberechtigten Akteurinnen auf dem Musikmarkt, als vielmehr auf die Lösung ökonomischer beziehungsweise gesellschaftlicher Angelegenheiten. Davon abgesehen werden entlang der bloßen Feststellung der (wachsenden) Präsenz von Geigerinnen im öffentlichen Konzertleben sich verändernde Denkmuster nachvollziehbar. Zwar wurden weiterhin genderkonnotierte Werturteile formuliert, doch schwinden allmählich explizit ablehnende Stimmen. Auch wenn damit die Öffnung von Orchestern, von geschlechterheterogenen Kammermusikensembles und Konservatoriumskollegien noch lange nicht in Sicht war, hatte sich das Klima für das künstlerische Schaffen von Geigerinnen gegen Ende des 19. Jahrhunderts spürbar gewandelt. Mit der veränderten öffentlichen Meinung wurden so neue Handlungspotentiale der Akteurinnen vorstellbar und die Weitung ihrer Handlungsräume zumindest angebahnt.

4.3. Vom Konservatorium ins Konzertleben – Chancen und Karrieren

Von den Wahrnehmungs- und Denkmustern wendet sich der Blick im Folgenden auf die Akteur*innen selbst. Bei der vergleichenden Betrachtung der Karrierewege der Geigerinnen und Geiger aus den Klassen Josef Hellmesbergers d. Ä. soll dabei auch diskutiert werden, inwiefern der Lehrer von seiner exponierten Stellung

---

[771] Signale für die musikalische Welt 41 (1879), S. 651.
[772] Neue Zeitschrift für Musik 33 (1881), S. 341.

im Wiener Musikleben aus für die Studierenden als Vermittler fungierte und ihnen Handlungsräume eröffnen konnte bzw. eröffnet hat. Mehrfach wurde bereits auf das enge personelle Netzwerk verwiesen, das sich zwischen dem Konservatorium und Institutionen des Wiener Musiklebens – wie dem Hofopernorchester, den Wiener Philharmonikern, der Hofkapelle und dem Hellmesberger-Quartett – aufspannt. An dieser Stelle soll es nachgezeichnet und auf seine Bedeutung für die Handlungsräume der Musiker*innen hin betrachtet werden. Josef Hellmesberger d. Ä. besaß in verschiedenen Institutionen des Wiener Musiklebens einflussreiche Positionen mit Entscheidungsmacht, war hier in die verwaltungstechnischen und organisatorischen Belange eingebunden und konnte so auch vielen seiner Studierenden Berufswege eröffnen.[773]

Schon in der Geigenabteilung des Konservatoriums zeichnet sich eine deutliche personelle Kontinuität aus Geigern des Wiener Ausbildungszusammenhanges ab. Den Verordnungen zufolge fiel die Zuständigkeit der Berufung von Lehrenden in die Verantwortung des Vorstandes der Gesellschaft der Musikfreunde. Bei aller Kritik, die ob dieser strukturellen Verfasstheit, vor allem hinsichtlich der Leitung und Aufsicht des künstlerischen Personals durch Musikliebhaber, laut wurde – Georg und Josef Hellmesberger scheinen ihre Personalpolitik in der Violinabteilung weitgehend uneingeschränkt betrieben zu haben, wie auch die konsequente Berufung ehemaliger Studierender des Konservatoriums ins Kollegium nahelegt. In den ersten sieben Jahren nach der Wiedereröffnung des Ausbildungsinstituts zeichneten allein Josef und Georg Hellmesberger für die Geigenausbildung verantwortlich. Mit Carl Heissler[774] wurde 1858 ein weiterer Geiger in das Kollegium aufgenommen, der von 1834 bis 1840 bei Josef Böhm, Georg Hellmesberger d. Ä. und Matthias Durst am Wiener Konservatorium studiert hatte. Knapp 15 Jahre später erst wurde Anton Thalmann[775], der vermutlich Privatschüler Böhms gewesen war, als weiterer Geigenlehrer eingestellt. 1871 folgte Jakob Dont[776], der ab 1826 ebenfalls bei Josef Böhm und außerdem

---

773 Siehe auch Hellsberg: *Demokratie der Könige*, S. 24f.
774 Siehe S. 234, Fn. 698.
775 Anton Thalmann übersiedelte 1851 nach Wien, wo er Unterricht von Josef Böhm erhielt. 1867–1888 war er Mitglied der Hofkapelle, außerdem Orchesterdirektor am Burgtheater.
776 Jakob Dont erhielt seinen ersten Geigenunterricht von seinem Vater, Johann Valentin Dont. Es folgte ein Studium am Wiener Konservatorium bei Georg Hellmesberger d. Ä. und Josef Böhm. 1831 wurde er in das Orchester am Hofburgtheater aufgenommen, ab 1834 war er Mitglied der Hofkapelle, ab 1856 Vizedirektor des Hoftheaterorchesters. Nebenher unterrichtete er in Wien.

bei Georg Hellmesberger d. Ä. am Konservatorium studiert hatte.[777] Mit Sigmund Bachrich[778] wurde ein erster Schüler Josef Hellmesbergers d. Ä. in das Kollegium aufgenommen. Aus dessen Klassen fanden insgesamt drei Geiger Eingang in das Konservatoriumkollegium; neben Sigmund Bachrich waren dies Josef Maxintsak[779] und Josef Hellmesberger d. J.[780]. Auch in der Folge setzt sich die Personalpolitik der bevorzugten Berufung von Geigern aus dem eigenen Ausbildungszusammenhang fort. Dabei wird immer deutlicher, in welchem Maße hier eine personelle Kontinuität geschaffen wurde, die bei Josef Böhm als dem ersten Geigenprofessor am Konservatorium ihren Ursprung hat. Nur zwei Geiger fallen heraus, die nicht am Wiener Konservatorium studiert hatten: Carl Hofmann und Karl Prill. Als Lehrer von Carl Hofmann[781] ist der Wiener Geiger und Komponist Franz Grutsch bekannt, der ebenfalls in Wiener Orchestern angestellt war und damit einem ähnlichen Wirkungskreis angehörte wie die anderen Geiger im Konservatoriumskollegium: Er wurde 1816 Mitglied im Orchester am Theater an der Wien und hier 1825 zum Orchesterdirektor ernannt. 1830 erhielt er eine Anstellung im Hofopernorchester und zählte – wie Georg Hellmesberger d. Ä. auch – zu den Gründungsmitgliedern der Wiener Philharmoniker.[782] Hofmann war von 1855 bis 1886 Mitglied des Hofopernorchesters sowie der Wiener Philharmoniker, ab 1861 oder 1866 Expektant und von 1874 bis 1884 Mitglied der Wiener Hofkapelle. Karl Prill hatte von 1879 bis 1882 an der Berliner Hochschule für Musik bei Emanuel Wirth und Joseph Joachim Violine studiert und nach Konzertreisen durch Europa in verschiedenen deutschen Orchestern Anstellungen gefunden. Von 1891 bis 1897 war er Konzertmeister des Leipziger Gewandhausorchesters, siedelte dann nach Wien über und wurde hier ebenfalls als Konzertmeister am Wiener Hofopernorchester sowie bei den Wiener Philharmonikern angestellt.

---

777 Siehe Wurzbach: *Biographisches Lexikon des Kaiserthums Oesterreich*, Bd. 14, S. 429f.
778 Siehe die biographische Skizze auf S. 121f.
779 Siehe die Biographie ab S. 166.
780 Siehe die biographische Skizze innerhalb der Familienbiographie ab S. 85.
781 1835, Wien – 1909, ebd.
782 Siehe u. a. Anonym: „Grutsch, Franz", in: Österreichische Akademie der Wissenschaften (Hg.): *Österreichisches Biographisches Lexikon 1815–1950*, 16 Bde., Bd. 2, Lfg. 6. Wien: Verlag, 1957, S. 95.

Tab. 7: Lehrer in der Geigenabteilung des Konservatoriums in Wien, 1851–1900

Lehrer in der Geigenabteilung		Ausbildung bei
Georg Hellmesberger d. Ä.	1821–1867	Josef Böhm
Josef Hellmesberger d. Ä.	1851–1877	Georg Hellmesberger d. Ä.
Carl Heissler	1858–1878	Georg Hellmesberger d. Ä., Matthias Durst, Josef Böhm
Anton Thalmann	1867–1877	Josef Böhm
Jakob Dont	1872–1873	Georg Hellmesberger d. Ä., Josef Böhm
Matthias Durst[783]	1872–1874	Georg Hellmesberger d. Ä., Josef Böhm
Carl Hofmann	1875–1880	Franz Grutsch
Sigmund Bachrich	1877–1899	Josef Böhm, Josef Hellmesberger d. Ä.
Jakob Moritz Grün	1877–1908	Gustav Ellinger (Budapest), Josef Böhm
Josef Maxintsak	1878–1908	Josef Hellmesberger d. Ä.
Josef Hellmesberger d. J.	1879–1902	Josef Hellmesberger d. Ä., Georg Hellmesberger d. Ä.
Arnold (Josef) Rosé[784]	1893–1924	Carl Heissler
Theodor Schwendt[785]	1897–1898	Josef Hellmesberger d. J., Carl Hofmann
Julius Egghard[786]	1897–1930	Carl Heissler
Karl Prill	1897–1929	Joseph Joachim (1841/42 Schüler von Josef Böhm)

Fast ausnahmslos gehörten jene Geigenlehrer, die zwischen 1851 und 1900 am Konservatorium angestellt waren, auch dem institutionellen Wiener Ausbildungszusammenhang an. Das Kollegium der Geigenabteilung am Konservatorium der Gesellschaft der Musikfreunde erweist sich damit als ein exklusiver Kreis, zu dem Geiger von außen nur dann Zugang fanden, wenn eine andere einschlägige Verbindung nach Wien – sei es über die eigene Ausbildung oder Orchesterengagements – bestand.

---

783 Matthias Durst war Orchestermitglied am Burgtheater, ab 1841 Mitglied der Hofkapelle, Mitglied des Jansa- sowie des Hellmesberger-Quartetts. Dazu war als Lehrer am Kirchenmusikverein St. Anna tätig.
784 Zur Biographie Rosés siehe S. 327f.
785 Theodor Schwendt war Geiger und Bratschist. Von 1886 bis 1916 war er Mitglied des Wiener Hof- bzw. Staatsopernorchesters sowie der Wiener Philharmoniker, 1885 Exspektant, ab 1895 Mitglied der Hofmusikkapelle und ab 1890 Bratschist im Hellmesberger-Quartett.
786 Julius Egghard wurde 1885 als Exspektant in das Wiener Hofopernorchester und bei den Philharmonikern aufgenommen und war hier von 1886 bis 1909 Mitglied, von 1894 bis 1915 war er Mitglied der Hofkapelle. 1882/83 war er Gründungsmitglied und 2. Violinist des Rosé-Quartetts und von 1887 bis 1901 2. Violinist im Hellmesberger-Quartett.

Die personelle Kontinuität setzte sich auch im Wiener Musikleben fort. Zahlreiche personelle Überschneidungen sowie die Besetzung von Stellen mit Absolventen vom Konservatorium offenbaren, wie weitreichend und auch wie dicht das Netzwerk zwischen dem Konservatorium und den Wiener Musikinstitutionen strukturiert war. So finden sich fast sämtliche Namen der Geigenlehrer auch in den Besetzungslisten der Wiener Klangkörper wieder.

Tab. 8: Personelle Kontinuität der Geiger im Wiener Musikleben

Personal Geigenabteilung	Hofopernorchester / Wiener Philharmoniker	Hofkapelle	Hellmesberger-Quartett
Georg Hellmesberger d. Ä.	•	•	
Josef Hellmesberger d. Ä.	•	•	•
Carl Heissler	•	•	
Anton Thalmann		•	
Jakob Dont	•	•	
Matthias Durst	•		•
Carl Hofmann	•	•	
Sigmund Bachrich	•		•
Jakob Moritz Grün	•		
Josef Maxintsak	•	•	•
Josef Hellmesberger d. J.	•	•	•
Arnold (Josef) Rosé	•	•	•
Theodor Schwendt	•	•	•
Julius Egghard	•	•	•
Karl Prill	•		

Dazu fand rund ein Viertel der Schüler Josef Hellmesbergers d. Ä. eine Anstellung in den großen Wiener Orchestern; unter den 82 Schüler*innen, die eine nachvollziehbare Karriere durchliefen, machen sie knapp die Hälfte aus. Schon die Quantitäten legen nahe, dass Josef Hellmesberger d. Ä. hier ganz entscheidend als Vermittler für seine Studierenden fungiert hat. Den Eindruck unterstützt auch ein Blick auf die Besetzung des Hellmesberger-Quartetts, deren Mitglieder sämtlich dem Schüler- bzw. Kollegenkreis Josef Hellmesbergers d. Ä. angehörten. (Siehe Tab. 1, S. 50)

Die Studentinnen fanden in den genannten Institutionen noch keine bleibenden Wirkungsräume. Auch wenn eine wachsende Präsenz von Geigerinnen im Wiener Musikleben zu verzeichnen ist, bleibt ihr Ausschluss aus professionellen Bühnen- und Konzertorchestern sowie den männlich geführten Kammermusikensembles bestehen. Auch für die Hellmesberger-Schülerinnen führte das Netzwerk über den

‚Knotenpunkt Hellmesberger' in diese Richtung nicht weiter. Es gibt jedoch Ausnahmen, die eine Förderung der Geigerinnen durch den ehemaligen Lehrer erkennen lassen. Dazu zählen Gastauftritte der Musikerinnen mit dem Hellmesberger-Quartett. Absolventinnen wie Eugenie Epstein, Theresine Seydel und Helene Lechner engagierte Hellmesberger für die Aufführung von größer besetzter Kammermusik. Inklusive der Genannten finden sich unter den 35 Gastmusikerinnen und Gastmusikern des Quartetts, die sich bis 1887 nachweisen lassen, 15 Absolventinnen und Absolventen aus den Klassen Josef Hellmesbergers d. Ä. Weitere Beispiele einer Karriereförderung lassen sich im Lebenslauf von Theresine Seydel ausmachen. Josef Hellmesberger d. Ä. ließ sie im Debütkonzert seines Sohnes Josef Hellmesberger d. J. am 27.04.1869 im Bösendorfer-Saal auftreten. Darüber hinaus wirkte er in den Anfangsjahren ihrer Karriere wiederholt als ihr Klavierbegleiter und Konzertpartner. Auch Josef Hellmesberger d. J. war mehrfach Konzertpartner Theresine Seydels.

Abgesehen von wenigen Beispielen konnten die Geigerinnen jedoch nicht von den Netzwerkbildungen um das Konservatorium und die weiteren Wiener Musikinstitutionen profitieren. Stattdessen wurden räumliche Disparitäten über die Dimension des Geschlechts weiter aufrechterhalten. Und doch zeichnet sich in der zweiten Hälfte des 19. Jahrhunderts eine deutliche Weitung der Handlungsräume von Geigerinnen in Wien ab. Veränderte Werthaltungen in der Musikkritik stehen hier in Wechselwirkung mit verbesserten Ausbildungs- und Professionalisierungsmöglichkeiten sowie erfolgreichen Berufsbiographien von Geigerinnen, die wiederum als Role Model fungieren konnten. Die bloße Feststellung der (wachsenden) Präsenz von Geigerinnen zusammen mit dem Schwinden grundlegender Kritik an ihrem öffentlichen Auftreten trug zu einer größeren Akzeptanz dieser Musikerinnen bei, deren Auftreten fast schon zu einem selbstverständlichen Teil des Musiklebens wurde. Während die Ausbildungsmöglichkeiten dabei wesentlich auf das Engagement einzelner Akteure, im konkreten Fall Josef Hellmesberger d. Ä., zurückzuführen sind, waren Geigerinnen im Musikleben vornehmlich auf eigene Initiativen angewiesen. Zusätzlich zu einer solistischen Karriere oder Laufbahn als Instrumentallehrerin fanden sie sich häufig mit Kolleginnen zu Kammermusikensembles zusammen. Grenzen, die – abgesehen von wenigen Ausnahmen – bis zum Beginn des 20. Jahrhundert noch nicht überwunden werden konnten, waren jene zur Bildung geschlechterheterogener Ensembles.

Die Hellmesberger-Schülerin Eugenie Epstein trat in verschiedenen Damen-Trios – mit den Schwestern Leontine Epstein (Klavier) und Rudolphine Epstein (Violoncello) sowie Malvine Bree (Klavier) – auf, Natalie Bauer-Lechner wirkte als Bratscherin im renommierten Soldat-Roeger-Quartett mit, und ihre Schwester Ellen Schlenk-Lechner gründete ein eigenes Quartett, das ab 1908 unter dem Namen Schlenk-Lechner-Quartett in Wien konzertierte. Letzteres war eines der wenigen – noch dazu von einer Frau geleiteten – geschlechterheterogenen Ensembles. Daneben konnte sich Ellen

Schlenk-Lechner als einzige der Hellmesberger-Schülerinnen auch als Orchestermusikerin behaupten. Sie war eine der Konzertmeisterinnen des 1921 gegründeten Wiener Frauen-Symphonieorchesters. Selbiges ist damit nicht nur ein Beispiel für Handlungsräume von Hellmesberger-Schülerinnen in Wien – an diesem Ensemble wird zugleich nachvollziehbar, wie die Raumstrukturen im Wiener Musikleben in der ersten Hälfte des 20. Jahrhunderts entlang der Kategorie Geschlecht ausgehandelt wurden: An seiner Entwicklung werden widerstrebende Bemühungen von Akteur*innen sichtbar, neue Handlungsräume zu etablieren, etablierte Räume und Grenzen zu verfestigen oder gar zu verteidigen und alternative Raumkonzepte zu entwickeln.

4.4. Das Wiener Frauen-Symphonieorchester

Das Wiener Frauen-Symphonieorchester wurde im Dezember 1920 als Verein gegründet und feierte im Frühjahr 1921 sein Debüt. Es stand unter der Leitung Julius Lehnerts[787], der zu diesem Zeitpunkt Kapellmeister an der Wiener Staatsoper war. Die Gründungsgeschichte des Ensembles ist uneinheitlich überliefert. Zum einen wird Julius Lehnert als Gründer vorgestellt.[788] An anderer Stelle wird das Orchester mehr noch als sein ‚Experiment' bezeichnet, „die Wiener Musikerinnen […] zur Pflege ernsterer Musik"[789] anzuregen, was im gleichen Zuge – gänzlich ungeachtet früherer Initiativen wie jenen von Josefine Amann-Weinlich und Mary Wurm – als Neuheit dargestellt wird. Lehnert, so heißt es weiter „befaßt sich nun seit längerer Zeit – zuerst theoretisch, dann praktisch – mit diesem Problem, ohne selbst durch das Experiment zu der Ueberzeugung bekehrt worden zu sein, daß Frauen sich zur Ausführung ernster Orchestermusik nicht eignen. Er hat den Versuch unternommen, aus bekannten Solistinnen ein Orchester zusammenzustellen."[790] Von der österreichischen Frauenzeitschrift *Die Frau* wird er demgegenüber mehr für „seine[] geniale[] Initiative als der wichtigste verdienstvollste Mitschöpfer des Frauen-Sinfonieorchesters"[791] geehrt. In diesem Sinne wird Lehnert durch die Linzer *Tagespost* auch als ein von den Musikerinnen ‚gewählter' Dirigent dargestellt.[792] Der *Bezirksbote für den politischen*

---

787 Julius Lehnert studierte nach dem Besuch des Lehrerseminars in St. Pölten am Konservatorium in Wien Harmonielehre, Kontrapunkt und Komposition. Im Anschluss hatte er verschiedene Engagements als Theaterkapellmeister, etwa in Bayreuth, Frankfurt a. M., Graz, St. Petersburg und Moskau. Auf Gustav Mahlers Initiative hin kam er 1903 an die Wiener Hofoper und war hier bis 1923 Erster Ballettmusikdirigent und Solokorrepetitor. Zwischen 1923 und 1948 war er außerdem Leiter des Orchestervereins der Gesellschaft der Musikfreunde.
788 Siehe u. a. Neues Wiener Tagblatt 04.03.1921, S. 3.
789 Neues Wiener Journal 04.03.1921, S. 5f., hier S. 5.
790 Ebd.
791 Die Frau 154 (1921), S. 5.
792 Siehe Tagespost [Linz] 17.03.1921, S. 7f., hier S. 7.

Bezirk Bruck a. d. Leitha nennt wiederum Ellen Schlenk-Lechner als alleinige Gründerin des Orchesters,[793] und die Zeitung *Der Tag* gibt die Konzertmeisterinnen Ellen Schlenk-Lechner, Maria Rodosi und Josefine Donat als Gründerinnen an, die Julius Lehnert als Dirigenten berufen haben sollen.[794] Auch die Programmzeitschrift *Radio Wien* legt einen personellen Zusammenschluss als Leitung des Orchesters nahe.[795]

Die Organisation des Ensembles wurde von mehreren Musikerinnen verantwortet. Gräfin Valerie Caboga, Geigerin im Orchester, agierte zugleich als dessen Präsidentin (bzw. später 1. Vorstandsmitglied), in welcher Funktion sie administrative Aufgaben übernahm. Rosa Tandler war spätestens ab 1931 2. Vorstandsmitglied. Maria Rodosi und Ellen Schlenk-Lechner vertraten das Orchester nach außen hin in der Panthea, dem Zusammenschluss künstlerischer Frauenorganisationen in Österreich, dem das Orchester kurz nach der Gründung beigetreten war.

Vertreten durch die in Wien ansässige Internationale Konzertdirektion IKA veranstaltete das Orchester ab der Wintersaison 1921/22 Abonnementkonzerte im Großen Saal des Wiener Musikvereins.[796] Nebenher traten die Musikerinnen auch in kleineren Besetzungen auf. Für den Winter 1921/22 werden „Kammermusikabende vom Kammerquartett des I. Wiener Frauen-Sinfonie-Orchesters"[797] mit Ellen Schlenk-Lechner als Primaria angekündigt. Zur Wintersaison 1923/24 wechselten die Musikerinnen in den Neuen Saal der Wiener Hofburg, ab 1925 wurden die Orchesterkonzerte im Festsaal des Militärkasinos veranstaltet, zwischendurch trat das Ensemble aber weiterhin im Großen Musikvereinssaal auf. Seit 1926 erhielt es jährliche Subventionen des Bundes. Spätestens 1927 stand es unter Vertrag bei der Konzertdirektion Georg Kugel. Gelegentlich erfolgten Auftritte in Konzerten anderer Veranstalter, ab 1930 traten die Musikerinnen regelmäßig in Konzerten des Wiener Schubertbundes auf. Nach 1933 lassen sich allerdings fast nur noch Radioaufzeichnungen und kaum mehr Bühnenauftritte nachweisen.

Die Programme des Frauen-Symphonieorchester weisen einen deutlichen Schwerpunkt auf der Literatur für Streichorchester auf. Originalkompositionen für diese Besetzung von Mozart, Pjotr Iljitsch Tschaikowsky, Antonin Dvořák, Johann Sebastian Bach, Niels Wilhelm Gade, Edvard Grieg und zeitgenössischen österreichischen Komponist*innen wie Rudolf Braun, Emma Fischer, Robert Fuchs, Hans Gál, Paul Graener, Richard Heuberger d. Ä., Frieda Kern, Mathilde Kralik, Josef Marx, Johanna Müller-Hermann, Heinrich Potpeschnigg, Hugo Reinhold, Richard Stöhr,

---

793 Der Bezirksbote für den politischen Bezirk Bruck a. d. Leitha 06.11.1921, S. 2.
794 Der Tag [Wien] 14.05.1925, S. 7.
795 Siehe Radio Wien 36 (1934), S. 48.
796 Siehe u. a. Neues Wiener Tagblatt 22.01.1922, S. 21.
797 Der Bezirksbote für den politischen Bezirk Bruck a. d. Leitha 06.11.1921, S. 2

Oskar Strauß, Josef Suk, Leopold Welleba und Elsa Wellner waren ebenso im Repertoire enthalten wie Konzerte für Soloinstrument und Streichorchester, etwa von Johann Sebastian Bach, Mozart, Johann Joachim Quantz und Franz Liszt. Bearbeitungen von Kammermusik und Sololiteratur von Franz Schubert, Johannes Brahms, Anton Bruckner und Felix Mendelssohn für Streichorchesterbesetzung wurden ebenfalls gespielt; außerdem Kompositionen von Carl Maria von Weber, Camille Saint-Saëns, Henry Purcell, Ralph Vaughan Williams, Frank Bridge, Percy Grainger, Gustav Holst und anderen. Auch Werke für großes Orchester – darunter Sinfonien von Joseph Haydn, Ludwig van Beethoven und Anton Bruckner – wurden vom hierfür um weitere Musiker*innen erweiterten Orchester aufgeführt.

Nach dem Anschluss Österreichs an das nationalsozialistische Deutsche Reich wurde das Wiener Frauen-Symphonieorchester zum 21.11.1938 aufgelöst. Dem hierauf gegründeten Frauen-Symphonie-Orchester Gau Wien gehörten einige der früheren Mitglieder an. Initiiert durch die designierte Präsidentin des früheren Wiener Frauen-Symphonieorchesters, Valerie Caboga, wurde selbiges 1946 neugegründet und bestand bis zur endgültigen Auflösung im Jahr 1959 fort.

Das Wiener Frauensinfonieorchester spielt am Montag, 30. Mai, unter Leitung von Julius Lehnert Werke österreichischer Komponisten

Aufn. Hans Madensky

Abb. 19: Wiener Frauen-Symphonieorchester, um 1932[798]

Als das Wiener Frauensymphonieorchester am 06.03.1921 sein erstes Konzert gab, waren reine Frauenorchester längst kein Novum mehr. Gegen Ende des

---

798 Radio Wien 35 (1932), S. 27.

18. Jahrhunderts hatten sich bereits Frauenensembles herausgebildet, die keiner übergeordneten Institution angehörten. Prekäre wirtschaftlich-soziale Verhältnisse infolge von Urbanisierung und Industrialisierung waren zu dieser Zeit ursächlich für eine Renaissance des Wandermusikantentums, zu dem auch die Damenkapellen gerechnet werden können. Anfangs als Straßenmusikerinnen unterwegs, entwickelten sich diese Musikerinnen nicht nur zu einer weitverbreiteten Modeerscheinung, sondern wurden fester Bestandteil der urbanen (bürgerlichen) Unterhaltungskultur, und fanden hier ökonomische Selbständigkeit und Unabhängigkeit.[799] In den Wiener Praterlokalen waren Damenkapellen derart präsent, dass sie fast schon als Aushängeschild der Wiener Unterhaltungskultur gelten können. Umfangreiches Werbematerial, darunter Annoncen in der Presse, Repertoirelisten und Werbepostkarten zeugen von ihrer Popularität. Dabei ermöglicht gerade auch das Bildmaterial einen Einblick in die Vielfalt dieser Ensembles, die sich etwa an der Namensgebung, der Besetzung und der Inszenierung abzeichnet. Auf Werbepostkarten präsentieren sich Gruppen wie das Russische Damenorchester ‚Alexandrow', das Damen Trompeter-Corps und Gesangs-Ensemble ‚Alpenveilchen', das Holländische Damen-Orchester (Leiterin: Anny Becker), das Elite-Damen-Orchester ‚Bon Fortuna' (Leiter: Wilhelm Riemann), die Kroatische Original-Tamburitza-Kapelle ‚Siavul', das Janietz-Elite-Damen-Blas- u. Streich-Orchester, die Sudetendeutsche Damenkapelle, die Damen-Kapelle ‚Wiener Rosen' sowie das Japanese Ladies Orchestra. Die Musikerinnen inszenierten sich in Volkstrachten, Matrosen- und Militärkostümen oder aufwendigen Kleidern. Ihre Besetzung reicht von kammermusikalischen Formationen, Streichorchestern und Bläsercorps zu verschiedenen Salonorchesterbesetzungen. Repertoirelisten weisen einen Schwerpunkt in der Unterhaltungsmusik auf, die die Ensembles in der Regel in Restaurants, Cafés und Unterhaltungslokalen präsentierten.[800]

Mit diesem Schwerpunkt hatten sich die Musikerinnen einen Raum innerhalb des Wiener Musiklebens geschaffen, der ihnen auch zugestanden wurde. Daneben bildeten sich in der zweiten Hälfte des Jahrhunderts – mit personellen Überschneidungen zu den Damenkapellen – vermehrt auch Gruppen von Musikerinnen heraus, die sich nicht auf den ihnen zugebilligten Bereich der Unterhaltungsmusik beschränkten,

---

799 Vgl. Annkatrin Babbe: „Von der Straße in den Konzertsaal. Damenkapellen und Damenorchester im 19. Jahrhundert", in: Michael Ahlers, Martin Lücke und Matthias Rauch (Hg.): *Musik und Straße*. Wiesbaden: Springer VS, 2019 (= Jahrbuch für Musikwirtschafts- und Musikkulturforschung 2), S. 127–146, hier S. 128f. Sammlungen von Werbepostkarten der Frauenensembles finden sich unter anderem hier: Sammlung Bildpostkarten, Sammlung Prof. Dr. Sabine Giesbrecht, https://bildpostkarten.uni-osnabrueck.de/frontend/; 05.08.2022; auch das Forschungszentrum Musik und Gender in Hannover und das Archiv Frau und Musik in Frankfurt a. M. verfügen über umfangreiche Sammlungen von Bildpostkarten.
800 Vgl. Babbe: „Von der Straße in den Konzertsaal", S. 129f.

sondern sich in den bis dahin männlich dominierten Räumen des bürgerlichen Kulturlebens etablieren wollten. Orchester wie das von Josephine Amann-Weinlich gegründete Erste Europäische Damenorchester oder das Berliner Damenorchester von Mary Wurm legten ihren Schwerpunkt auf ein vornehmlich klassisches Repertoire, mit dem sie sich auch auf den größeren Konzertbühnen hören ließen. Dass sie hiermit im Musikdiskurs fest etablierte Geschlechtergrenzen überschritten, zeigt sich an dem Widerstand, dem die Musikerinnen unter anderem in der Presserezeption begegneten – in Form von Marginalisierung ihrer Leistungen oder Beschränkung auf Sensationsaspekte.

Ebenfalls in der zweiten Hälfte des 19. Jahrhunderts strebte mit den erweiterten Ausbildungsmöglichkeiten – in Wien besuchten Geigerinnen ab 1862, Violoncellistinnen ab 1866 das Konservatorium der Gesellschaft der Musikfreunde – eine wachsende Zahl hochqualifizierter Musikerinnen in das Musikleben, die hier eine wirtschaftliche Existenz suchten. Eduard Hanslick hatte schon 1883 auf diese Entwicklungen hingewiesen, die sich in den folgenden Jahrzehnten nur noch verstärkten. Seine schon damals geäußerte Anregung, „Frauen einen neuen vortheilhaften Seitenweg eröffnet zu sehen: die Mitwirkung im Orchester"[801], war bislang bekanntermaßen nicht realisiert worden. Gerade in Wien erwiesen sich die ungleichen Geschlechterverhältnisse als ausgesprochen statisch. Vor allem die Spitzenorchester verwehrten Frauen hartnäckig den Zutritt: Erst ab 1997 wurden auf politischen Druck hin Frauen zur Bewerbung auf Orchesterstellen an der Wiener Staatsoper zugelassen und auch in diesem Jahr wurde – ebenfalls gegen erheblichen Widerstand des Orchesters – mit Anna Lelke die erste Frau in den Verein der Wiener Philharmoniker aufgenommen.[802] Hanslicks über ein Jahrhundert zuvor geäußerter Vorschlag, die Orchester für Frauen zu öffnen, läuft vor diesem Hintergrund Gefahr, zu einer Geste patriarchaler Generosität zu verkommen, die kaum als konkreter Impuls gemeint gewesen sein dürfte. So schließt der Autor auch mit den Worten: „Es ist ein fruchtbares,

---

801 Neue Freie Presse [Wien] 13.02.1883, S. 1. Siehe hierzu S. 248.
802 Siehe Nadine Dietrich (2007): „Herr-liche Orchester. Über die Situation von Frauen im Orchester", in: *Das Orchester* 9 (2007), S. 32–35, hier S. 32f. Dass es sich hierbei um eine Harfenistin handelt, unterstreicht nur die Hartnäckigkeit der Verhältnisse. Harfenistinnen hatten schon lange in deutschen und österreichischen Hof- und Theaterorchestern Anstellungen gefunden. Entsprechend formuliert Christian Ahrens: „Dass angesichts dieser langen Tradition [...] die Wiener Philharmoniker in der Republik Österreich unter erheblichen Bedenken erst 1997 eine Entwicklung akzeptierten, die bereits fast 200 Jahre zuvor in der Monarchie durch kaiserlichen Erlass ihren Anfang genommen hatte, ist eine besondere Ironie der Geschichte." (Ahrens: *Der lange Weg von Musikerinnen in die Berufsorchester*, S. 12)

social wichtiges Thema, das wir hier gestreift haben – nur gestreift, nicht ausgeführt. Möge wenigstens die Anregung nicht ganz verloren gehen!"[803]

Knapp 40 Jahre nach Hanslicks Anregung wurde das Frauen-Symphonieorchester gegründet. Mittlerweile hatten soziale Umwälzungen in der Folge von Wirtschaftskrisen, Börsencrashs und dem Ersten Weltkrieg dazu geführt, dass zunehmend auch Frauen des Bürgertums auf Erwerbsarbeit angewiesen waren. Entsprechend suchten auch immer mehr Musikerinnen ein Auskommen. Die bestehenden Orchester behaupteten sich dessen ungeachtet weiterhin als exklusive Männerräume. Die einzige Möglichkeit für Musikerinnen, sich dennoch in der Orchesterlandschaft zu etablieren, blieb die Gründung reiner Frauenorchester.

Vor diesem Hintergrund wurde auch das Wiener Frauen-Symphonieorchester als ein „auf Gewinn berechnende[r] Verein"[804] gegründet. Es bestand laut Information des *Neuen Wiener Tagblatts* schon in seiner ersten Konzertsaison aus 50 Berufsmusikerinnen, darunter die drei Konzertmeisterinnen Ellen Schlenk-Lechner, Maria Rodosi und Josefine Donat. Eine Mitgliederliste wurde nicht überliefert. Aus Einträgen in Zeitungen und Zeitschriften konnten namentlich aber insgesamt 41 Musikerinnen ermittelt werden, darunter 22 Violinistinnen, 4 Bratscherinnen, 9 Cellistinnen, 2 Kontrabassistinnen, je eine Harfenistin und Paukistin, sowie zwei weitere Musikerinnen (siehe Tab. 9, S. 275). 18 der nachgewiesenen Orchestermusikerinnen hatten ein Studium absolviert, die meisten von ihnen am Konservatorium der Gesellschaft der Musikfreunde beziehungsweise dessen Nachfolgeinstitut, der Akademie und späteren Hochschule für Musik und darstellende Kunst Wien. Für 19 weitere Musikerinnen ist die Quellenlage derart spärlich, dass über ihre Ausbildung und Konzertlaufbahn bislang kaum Aussagen getroffen werden können.

Auffallend viel Raum nimmt in den Pressebeiträgen die Frage nach dem ‚Status' dieser Musikerinnen ein. Vielerorts wird angegeben, dass es sich um „Berufsmusikerinnen"[805] handele. Die *Reichspost* bezeichnet das Ensemble demgegenüber dezidiert als „Nichtberufsorchester"[806]. Ein Redakteur desselben Blattes hebt später wiederum hervor, dass „die Damen dieses Orchesters [...] übrigens durchaus Berufsmusikerinnen"[807] seien.

---

803 Neue Freie Presse [Wien] 13.02.1883, S. 1.
804 Sabine Böck: „Frauen in der Musikpädagogik am Beispiel Wien", in: Andrea Ellmeier, Birgit Huebener und Doris Ingrisch (Hg.): *spiel|mach|t|raum. frauen* an der mdw 1817–2017^{plus}*. Wien: mdw – Universität für Musik und darstellende Kunst Wien, 2019, https://www.mdw.ac.at/spielmachtraum/artikel/frauen-in-der-musikpaedagogik; 02.08.2023.
805 Siehe Neues Wiener Tagblatt 04.03.1921, S. 3; Tagespost [Linz] 17.03.1921, S. 7f., hier S. 7.
806 Reichspost [Wien] 10.03.1926, S. 10.
807 Ebd. 05.01.1928, S. 9.

An anderen Stellen wird umfangreicher argumentiert und entlang der Frage nach dem Berufsmusikerinnentum jene der Professionalität diskutiert. So greift die Zeitschrift *Die Frau* dem Vorurteil vor, „daß man hier bloß dilettantenhafter Frauenkunst, das heißt mehr Liebhaberei als tüchtigem Musizieren begegnen wird" und betont dagegen, dass „manche aus nicht zu lang vergangenen Konzertzeiten Wiens als Solistinnen und Kammermusikspielerinnen unvergessene Tonkünstlerinnen, [...] vereint mit vortrefflichem [sic] Instrumentalistinnen der jüngeren Generation ideale Bürgen sind für ein ehrliches Können und auch für das Bestreben, eine vollendete Körperschaft zu vertreten, welche Freunden der sinfonischen Tonkunst Geist und Gemüt veredelnde Musik zu vermitteln im Begriffe ist."[808] Auch das *Neue Wiener Journal* verweist auf die „bekannte[n] Namen unter den Mitgliedern dieses Orchesters"[809] als Ausweis seiner Professionalität. Letztere erwachse, wie beide Zeitungen argumentieren, aus der Erfahrung der Musikerinnen, die sich bereits im öffentlichen Musikleben haben etablieren können. Wiederholt wird auch das Repertoire als Argument für Professionalität herangezogen, etwa wenn das *Wiener Journal* hervorhebt, dass die Musikerinnen beabsichtigten, „vollendet gute, ernste Orchestermusik zu machen"[810] oder die Zeitschrift *Die Frau* nicht zuletzt im Programm „Proben einer durchaus seriösen Kunstbetätigung"[811] erkennt. In diesem Sinne wird auch mehrfach eine Abgrenzung gegenüber den Damenkapellen vorgenommen: „Der Erfolg des ersten Auftretens dieser Körperschaft [...] war vielverheißend. Wien eifert also in dieser Hinsicht größeren Städten wie Berlin, Neuyork nach, während es bisher bloß ‚Damenkapellen' besaß."[812]

Implizit wird, wie hier, wiederholt der Neuigkeitswert des Vorhabens betont. Und tatsächlich scheint mit dem Wiener Frauen-Symphonieorchester erstmals ein Ensemble in Erscheinung getreten zu sein, das für sich bereits nominell beanspruchte, in der gleichen Besetzung, mit dem gleichen Repertoire und an den gleichen Konzertorten aufzutreten wie die längst etablierten (Männer-)Orchester Wiens. Die politisch relevante Frage, die hier stellvertretend anhand der Themen Professionalität und beruflicher Status diskutiert wurde, scheint vor diesem Hintergrund vielmehr zu sein: Kann das Frauenorchester mit den bestehenden Wiener Männerorchestern konkurrieren? Rückblickend formuliert in diesem Sinne auch das *Neue Wiener Tagblatt*: „Als vor einigen Jahren nach Ueberwindung zahlreicher Schwierigkeiten die ersten Konzerte stattfanden, da war man vielfach der Meinung, daß es dem neuen Orchester

---

808 Die Frau [Wien] 154 (1921), S. 5.
809 Neues Wiener Journal 04.03.1921, S. 5f., hier S. 6.
810 Ebd.
811 Die Frau 154 (1921), S. 5.
812 Tagespost [Linz] 17.03.1921, S. 7f., hier S. 8.

nicht gelingen wird, sich inmitten der großen und anerkannten Wiener Orchestervereinigungen zu behaupten."[813]

Schon Mitte der 1920er Jahre scheinen grundlegende Zweifel zerstreut. Das Frauen-Symphonieorchester hatte sich im Wiener Musikleben etablieren können, wovon nicht zuletzt die regelmäßig veranstalteten Abonnementkonzerte zeugen. Die staatlichen Subventionen hatten zudem das längerfristige Fortbestehen des Orchesters gesichert. Was demgegenüber nicht gelang, war die ursprünglich geplante und auch im Namen des Ensembles festgehaltene symphonische Besetzung zu realisieren. Die vom *Neuen Wiener Tagblatt* angesprochenen ‚Schwierigkeiten' – andernorts konkreter als „Schwierigkeit" benannt, „Kontrabässe und einzelne Blasinstrumente zu besetzen"[814] – blieben somit bestehen und bestimmten ganz grundlegend die Konstitution des Orchesters, die letztlich nicht mit jener der Männerorchester gleichzusetzen war.

An dem Mangel der Musikerinnen für Kontrabass, Blasinstrumente und Pauke zeichnen sich zum einen die zu dieser Zeit noch immer begrenzten Qualifikationsmöglichkeiten ab. Seit den 1860er Jahren hatten Musikerinnen in Wien zwar auch abseits der Fächer Gesang und Klavier einen breiteren Zugang an das Konservatorium erhalten, abgesehen von den Fächern Violine und Violoncello blieben sie aber weiterhin vom Studium der Orchesterinstrumente ausgeschlossen. Hier wirken noch immer die mittlerweile über Jahrhunderte verfestigten Geschlechterstereotype mit hinein, die im Musikdiskurs maßgeblich die Instrumentenwahl von Frauen auf der einen und die Akzeptanz von Musikerinnen mit als bisher als ‚unschicklich' erachteten Instrumenten auf der anderen Seite beeinflussten.

Mit den verbesserten Professionalisierungsmöglichkeiten wurden somit vor allem die Handlungsräume von Geigerinnen, Bratscherinnen und Violoncellistinnen im Laufe des letzten Drittel des 19. Jahrhunderts spürbar ausgeweitet.[815] Erstmals hatten sie eine hochqualifizierte Ausbildung entlang eines standardisierten Curriculums erfahren, die sie mit dem Diplom und damit einem konkreten Ausweis ihres Leistungsniveaus abschließen konnten. Ein weiterer entscheidender Unterschied zur privaten Ausbildung – als der bisher einzig möglichen – war der Ensembleunterricht. Die Studentinnen konnten am Konservatorium neben den Kammermusikübungen auch die statutarisch nur für die Kommilitonen geöffneten Orchesterübungen besuchen und fanden damit zu diesem bisher verschlossenen Arbeitsfeld Zugang. Außerhalb des geschützten institutionellen Raums blieb die Ungleichbehandlung von Musikerinnen

---

813 Neues Wiener Tagblatt 13.12.1924, S. 6.
814 Siehe Neues Wiener Journal 04.03.1921, S. 5f., hier S. 6.
815 Weitere Aspekte der veränderten Handlungsräume von Geigerinnen zur Mitte des 19. Jahrhunderts, vor allem die Wahrnehmung von Geigerinnen, erörtert Volker Timmermann in seiner Dissertation: Timmermann: „*…wie ein Mann mit dem Kochlöffel*".

und Musikern aber bestehen. Trotz des gleichen Ausbildungsniveaus erhielten die Frauen keinen Zugang zu den Wiener Orchestern. Gleiches gilt für die Aufnahme in das Kollegium des Konservatoriums. Geregeltes Einkommen und Altersvorsorge im Sinne von Pensionsansprüchen blieben für diese Instrumentalfächer weiterhin ein Privileg von Männern.

Hier werden widerstrebende Dynamiken in der Raumkonstruktion sichtbar, nämlich die Weitung der Handlungsmöglichkeiten von Geigerinnen (sowie Bratscherinnen und Violoncellistinnen) auf der einen und der fortwährende Ausschluss von Frauen aus den männlich besetzten Orchestern auf der anderen Seite. Grenzen, die innerhalb des Konservatoriums bereits aufgeweicht waren, wurden außerhalb dieser Institution noch über Jahrzehnte aufrechterhalten.

Schon für den Beginn der Wirksamkeit des Frauen-Symphonieorchesters werden die Beschränkungen sichtbar: „Die beiden ersten Konzerte werden nur vom Streichorchester ausgeführt, ein drittes Konzert mit Bläsern ist geplant. Bläserinnen sind vorläufig für alle Gattungen Instrumente noch nicht vorhanden."[816] Ein Redakteur des *Wiener Journals* weist darauf hin, dass der Mangel „sicherlich die Veranlassung bilden [dürfe], daß sich ernsthafte Musikerinnen auch der Erlernung des Spieles auf diesen Instrumenten zuwenden werden. Aber eigentlich wird durch die Unduldsamkeit einiger männlicher Kollegen das Damen-Symphonieorchester zu einer Demonstration veranlaßt, die durchaus nicht geplant war."[817] Konkret hatte die Orchesterleitung beabsichtigt, fehlende Stimmen so lange durch männliche Kollegen zu besetzen, bis Musikerinnen für diese Stellen vorhanden seien. Die Intoleranz der männlichen Kollegen hatte dieses Vorhaben aber grundlegend durchkreuzt. Wie das zu verstehen ist, wurde in der unter der Redaktion von Ottilie Krautmann herausgegebenen Zeitschrift *Die Frau* konkretisiert:

Der gärende Zeitgeist ist auch an diese Schar ernstgewillter Orchestermusikerinnen herangetreten, indem ihren hochgebenden Plänen nach einem durch männliche Kollegen (Bläser) ergänzten großen Orchester, das modernen Ansprüchen vollkommen gerecht wird, eine Schranke gesetzt wurde. Die Organisation der Wiener Musiker verhängte über die Mitwirkung der für das Sonntagskonzert geplanten Heranziehung von Spielern der Blasinstrumente eine Sperre, so daß man diesesmal nur ein reines Streichorchester zu hören bekam.[818]

---

816 Neues Wiener Tagblatt 04.03.1921, S. 3.
817 Siehe Neues Wiener Journal 04.03.1921, S. 5f., hier S. 6.
818 Die Frau 154 (1921), S. 5.

Und die *Linzer Tages-Post* kommentiert die Besetzung folgendermaßen:

> Neben dem stattlichen Streichchore waren noch zwei Harfenspielerinnen beschäftigt, während sieben Baßgeigen vom starken Geschlechte bedient wurden. Eine achte lehnte melancholisch an der Wand und träumte von den Zeiten, wo es noch keine Organisationen gab. Der Musikerverband lehnte nämlich jede Mitwirkung von Bläsern, Baßgeigern, Paukisten etc. ab. Die dermaligen Vertreter dieses ungefügen Instrumentes waren daher sehr jugendlichen Alters, wahrscheinlich Akademieschüler. Die ausübenden Mitglieder der neuen Musikvereinigung rekrutierten sich aus Backfischchen mit offenem Haare, Damen jedes Alters bis zur weißhaarigen Matrone. Gleichwohl spielten die mutigen Künstlerinnen nach und nach sich und die Zuhörerschaft warm.[819]

Das *Neue Wiener Journal* hatte als Grund für die ausbleibende Mitwirkung von Männern anstelle der Vorgaben des Musikerverbandes die Vertragskonditionen von Orchestermusikern genannt, denen zufolge die Mitwirkung in einem zweiten Orchester untersagt war.[820]

Aller Wahrscheinlichkeit nach handelt es sich bei der „Organisation der Wiener Musiker" bzw. dem „Musikerverband" um die Berufsorganisation Österreichischer Musikerverband. 1872 wurde mit dem Wiener Musikerbund eine erste gewerkschaftsähnliche Interessenvertretung gegründet, im Jahr darauf jedoch behördlich aufgelöst. 1874 folgte die Gründung der von denselben Personen konstituierten Musikervertretung, die unter dem Namen Wiener Musikerbund fortbestand. Ab 1896 kristallisierte sich parallel zur Wahrnehmung überregionaler Aufgaben der gewerkschaftliche Charakter der Organisation zunehmend heraus, die nun unter dem Namen Österreichisch-Ungarischer Musikerverband agierte.[821] Zu Beginn des 20. Jahrhunderts vertrat sie vor allem Orchestermusiker, hatte den Wirkungskreis in den folgenden Jahren aber ausgeweitet und auch Salonkapellen und reisende Musikgesellschaften berücksichtigt.[822] Der Musikerverband bemühte sich im 20. Jahrhundert zunehmend, die von ihm vertretenen Berufsmusiker vor der Konkurrenz durch

---

819 Tages-Post [Linz] 17.03.1921, S. 7f., hier S. 8.
820 Siehe Neues Wiener Journal 04.03.1921, S. 5f., hier S. 6.
821 Siehe Georg Schinko: *Über die Produktion von Tönen. Beziehungen von Arbeit und Musizieren, Österreich 1918–1938*. Wien: Böhlau, 2019 (= Sozial- und wirtschaftshistorische Studien 39), S. 32. Siehe hierzu Fritz Trümpi: *Musik als Arbeit. Der Oesterreichisch-Ungarische Musikverband als Gestalter des Musikbetriebs in der späten Habsburgmonarchie (1872–1914)*. Wien: Böhlau, 2024 (= Wiener Veröffentlichungen zur Musikgeschichte), S. 25.
822 Siehe Georg Schinko: „Annäherungen an den Musikberuf in Österreich (ca. 1900–1938)", in: Alexander Mejstrik, Sigrid Wadauer und Thomas Buchner (Hg.): *Die Erzeugung des Berufs /*

Dilettant*innen bzw. Nicht-Berufsmusiker*innen zu schützen, denen das erwerbsbezogene Musizieren untersagt werden sollte. Maßnahmen für den „Musikerschutz", das heißt den „Schutz der berufsmäßigen Musiker vor den nichtberufsmäßigen"[823], wurden ergriffen.[824] In diesen Zusammenhang ist auch die Diskussion um den Status der Musikerinnen sowie der Widerstand gegen das Frauen-Symphonieorchester einzuordnen. Entsprechend versuchten die Mitglieder der Berufsverbände, das Berufsmusikertum als exklusiv männlichen Raum zu behaupten. Entlang der Opposition von Berufsmusikern und Nicht-Berufsmusikern wurde so durch berufsorganisatorische Verordnung die Unterstützung für die Musikerinnen untersagt, die hiermit in ihrer Professionalität abgewertet wurden.

Dass dabei nicht die Fähigkeit der Musikerinnen im Fokus des Interesses stand und statt ökonomischer vielmehr geschlechterpolitische Interessen verfolgt wurden, legt der bereits zitierte Redakteur des *Neuen Wiener Journals* nahe: „[I]n Erwerbsfragen hört bei den meisten Männern die Galanterie auf, ja, die sonst Damen gegenüber liebenswürdigsten werden seltsamerweise ganz besonders schroff, wenn Frauen ihnen bei Ausübung ihres Berufs ins Gehege kommen." Ergänzend schließt er:

> Aber – fast möchte man sagen gewohnheitsmäßig – ergeben sich immer noch Widerstände, wenn Frauen ein neues Gebiet betreten. Eine Verschlechterung der Bedingungen auf dem Arbeitsmarkt ist, wie bereits erwähnt, bei der jetzigen Hochkonjunktur für Musiker nicht zu befürchten, die Gesamtleistung kann aber gerade bei Künstlern nur Gegenstand künstlerischer Rivalität sein. Es wird sich ja zeigen, ob das Damen-Symphonieorchester so hoch steht, daß es als Konkurrent ernst genommen werden muß, dann aber kann es erst recht nicht durch Schikane, sondern nur durch bessere künstlerische Leistungen der anderen unschädlich gemacht werden. Ein Kampf zwischen Künstlern um künstlerische Leistungen aber ist gesund, denn er spornt die Rivalen zu erhöhter Kunstentfaltung an und er ist der typische Wettstreit zwischen zweien, bei dem sich der Dritte, das Publikum, freuen kann.[825]

Die Leitung des Frauen-Symphonieorchesters begegnete den Besetzungsproblemen kurzfristig mit dem Engagement von männlichen Studierenden der Wiener Akademie, die den gewerkschaftlichen Verordnungen noch nicht unterlagen. Langfristig

---

Production of ‚Beruf'. Innsbruck/Wien: Studienverlag, 2013 (= Österreichische Zeitschrift für Geschichtswissenschaften 24), S. 150–171, hier S. 154.
823 Ebd., S. 155.
824 Siehe hierzu Trümpi, *Musik als Arbeit*, S. 226–232.
825 Neues Wiener Journal 04.03.1921, S. 5f., hier S. 6.

aber begrenzte sie das Repertoire weitgehend auf Literatur für Streichorchester. Im Diskurs wurde diese Schwerpunktsetzung unterschiedlich verhandelt. Auffällig ist die Verschiebung in der Zuweisung der richtungsweisenden Handlungen. So deutet die *Neue Freie Presse* den Mangel in der Sektion der Blasinstrumente und Kontrabässe als Folge davon, dass „männliche Assistenz stolz verschmäht"[826] würde und stellt damit die Musikerinnen als diejenigen dar, die ihren eigenen Handlungsraum einengten; und zwar sowohl hinsichtlich der Besetzung des Orchesters als auch der Repertoireauswahl. Vier Jahre nach der Gründung des Orchesters lobt daneben das *Neue Wiener Tagblatt*: „Sehr verdienstvoll ist es, daß das Frauen-Symphonieorchester sich die Pflege von wenig bekannter klassischer Musik angelegen sein läßt. Wiederholt wurden in das Konzertprogramm reizvolle Stücke aufgenommen, die man sonst nicht zu hören bekommt."[827] Im selben Zuge wird hierüber aber auch eine spezifisch weibliche ‚Richtung' definiert, die sich gegenüber den Männerorchestern durch instrumentale Begrenztheit und entsprechend geringeres Klangvolumen auszeichne: „Gewiß, das Orchester klingt nicht so kräftig wie unsre großen, berühmten Männerorchester, es ist nicht so hinreißend und blendend. Aber es entzückt durch Innigkeit und Weichheit, durch eine lyrische Ausdrucksfähigkeit. Sollte die Stärke der musizierenden Frauen in dieser Richtung liegen?"[828] Das Klangergebnis, das dem Vergleich mit den symphonisch besetzten Männerorchestern nicht standhält, wird als spezifisch weiblich markiert. Bekannte Stereotype werden aufgegriffen und die Leistungen der Musikerinnen über geschlechterideologische Argumentationen marginalisiert. Aus historischer Perspektive hatte sich im Musikdiskurs ein solches Vorgehen bereits als erfolgreicher Weg der Verteidigung von Machtverhältnissen erwiesen. Hartnäckig wurden über Zuschreibungen dieser Art stark divergierende Handlungsräume für Musikerinnen und Musiker definiert und Musikerinnen aus den Orchestern ausgeschlossen. Und in diesem Fall wurde nun mit der untersagten Unterstützung des Frauenorchesters die strikte Trennung von Frauen- und Männerräumen aufrechterhalten.

Seit der Mitte des 19. Jahrhunderts schlossen sich in Österreich und Europa immer mehr Frauen zu Verbänden zusammen. Ziel der Verbandsarbeit war die gleichberechtigte Teilhabe von Frauen und Männern am öffentlichen, sozialen und kulturellen Leben und damit die Dekonstruktion bestehender Machtverhältnisse.

Für das Frauen-Symphonieorchester ist vor diesem Hintergrund der Eintritt in die 1920 gegründete Frauenorganisation Panthea von großer Bedeutung. Dieser Verband künstlerischer Frauenorganisationen hatte sich zum Ziel gesetzt, „die Altersversorgung und Krankenunterstützung der Künstlerinnen" auszubauen und „ihre

---

826 Neue Freie Presse [Wien] 24.10.1921, S. 1.
827 Neues Wiener Tagblatt 13.12.1924, S. 6.
828 Ebd.

wirtschaftliche Existenz [zu] konsoli[dieren]"[829]. Wiederholt war das Orchester in Veranstaltungen der Panthea zu hören. Auch darüber hinaus engagierten sich die Musikerinnen des Frauen-Symphonieorchesters in Frauenverbänden, traten etwa im Rahmen von Kongressen der Internationalen Frauenliga für Friede und Freiheit (1921) und dem Internationalen Frauenbund (1930) auf. Mit den Programmen „Wiener Komponistinnen", in denen sie Werke von Elsa Werner, Mathilde Kralik, Emma Fischer, Johanna Müller-Herrmann, Frieda Kern und anderen interpretierten, zeigten sie weiteres geschlechterpolitisches Engagement. Gleiches gilt für den Gastauftritt Hilde Firtels als Dirigentin im Frühjahr 1933.[830]

Das Orchester erfuhr Zuspruch durch andere Frauenverbände.[831] Die unter der Ägide der Katholischen Frauen-Organisation für die Erzdiözese Wien herausgegebene Zeitschrift *Frauen-Briefe* äußerte etwa 1932 den Wunsch:

Die Ravag [Radio Verkehrs AG, 1924 als erste österreichische Rundfunkgesellschaft gegründet; Anm. AB] möge Orchester, deren Spiel so viel zu wünschen übrig läßt, durch andere ersetzen. […] Warum beschäftigt man ferner das Frauensymphonieorchester nur viermal im Jahr? Uns steht das Frauensymphonieorchester gesinnungsmäßig gewiß ferne[832] – das wird niemand besser wissen als die Ravag – aber das hindert uns nicht, seine schönen Leistungen anzuerkennen und ebendeshalb seine größere Beschäftigung vor die der schlampig spielenden Berufsmusiker zu stellen. Wenn es richtig ist, daß die Ravag den größten Musikexport unter allen europäischen Sendern hat, dann hat sie auch die Verpflichtung, ihre Leistungsunfähigkeit nicht aus politischen Gründen von den tatsächlichen Leistungen in den Schatten stellen zu lassen.[833]

Konkrete frauenpolitische Schritte unternahm der Bund Österreichischer Frauenvereine, der sich 1933 mit einer Petition an das Bundesministerium für Handel

---

829 Siehe ebd. 07.05.1921, S. 4.
830 Siehe Der Tag [Wien] 04.05.1933, S. 12.
831 1924 schreibt das *Neue Wiener Tagblatt* entsprechend: „Die Wiener Frauen, deren organisatorische Tätigkeit nicht immer jene Resonanz findet, die der fortschrittlichen Frauenarbeit in andern Ländern und Städten entgegengebracht wird, begrüßen es voll Freude und Genugtuung, daß Wien auf einem Gebiet eine vorbildliche Frauenorganisation besitzt, wie sie anderwärts nicht zu finden ist, auf dem Gebiete der Musik, wo Wien auch sonst führend ist." Neues Wiener Tagblatt 13.12.1924, S. 6.
832 Warum sich die Katholische Frauen-Organisation (KFO) in der Gesinnung von dem Frauen-Symphonieorchester distanziert, lässt sich nicht leicht beantworten. Tatsächlich trat die KFO gegen die soziale und wirtschaftliche Benachteiligung von Frauen in der Gesellschaft ein und offenbart darin vielmehr eine Nähe zur Arbeit des Frauen-Symphonieorchesters.
833 Frauen-Briefe. Österreichische Frauenzeitung 12 (1932), NP.

und Gewerbe wandte: „Um die Interessen eines anderen Bundesvereines, des Frauensymphonieorchester's, zu wahren, hat der B. Ö. F. V. an das Bundesministerim für Handel und Gewerbe sowie an die Leitung der Ravag eine Petition gerichtet, das Frauensymphonieorchester im Rundfunk öfter zur Mitwirkung heranzuziehen."[834] Offenbar war diese Petition erfolgreich – ab 1934 war das Orchester nahezu ausschließlich über Radioaufzeichnungen zu hören.

Auf mehreren Ebenen erweiterten die Musikerinnen so über die Vernetzung im Frauenverband die eigenen Handlungsräume: Sie erhielten Unterstützung in wirtschaftlichen Belangen, verstärkten über die von den Verbänden goutierte Aufnahme der Werke von Komponistinnen in die eigenen Programme die Präsenz des kulturellen Schaffens von Frauen und erfuhren im Gegenzug kulturpolitischen Zuspruch.

Bestehende Machtverhältnisse in der Konstitution des Wiener Musiklebens konnten darüber nicht grundlegend verändert werden. Berufsorganisationen und Orchesterleitungen der rein männlich besetzten Ensembles hielten beharrlich an ihrer Macht fest. Diese institutionalisierten Männerbünde bewiesen entlang konkreter Ausschlüsse und Zugangsbeschränkungen, berufsorganisatorischen Verordnungen und geschlechterideologischen Argumentationen das starke Bemühen um die männlichen Privilegien in den Räumen der Orchestermusik und des Berufsmusikertums. Zwar konnten die Musikerinnen mit der Gründung des Frauen-Symphonieorchesters einen eigenen Handlungsraum etablieren, die von außen gesetzten Grenzen erwiesen sich indes als undurchlässig. Innerhalb dieses Rahmens konnten sie als Akteurinnen der Raumkonstruktion allein alternative Räume schaffen, indem sie etwa Akademieschüler engagierten oder sich auf Streichorchesterliteratur konzentrierten. Räume der Symphonieorchester aber blieben ihnen damit weiterhin verwehrt und damit auch das Renommee, das die Männerorchester weiterhin für sich beanspruchten.

---

834 Die Österreicherin 3 (1933), NP.

Tab. 9: Nachgewiesene Musikerinnen des Frauen-Symphonieorchesters, 1921–1938

	Name	Lebensdaten	Biographische Anmerkungen
Violine	Ast, Anita	1901, Wien – 1996, Baden/ Niederösterreich	1919–1925 (mit Unterbrechung) Studium an der Akademie für Musik und darstellende Kunst Wien bei Arnold Rosé und Julius Stwertka. Anfang der 1920er Jahre Lehr- und Konzerttätigkeit in den USA, nach der Rückkehr solistische Karriere in Wien. Ab spätestens 1925 Mitglied des Orchesters. 1927 Gründung des Anita-Ast-Quartetts (bis mind. 1955 aktiv). Ab 1943 Primgeigerin im Großen Orchester des Österreichischen Rundfunks (heute Radio-Symphonieorchester Wien). Lehrtätigkeit in St. Pölten und Wiener Neustadt. 1946 Gründung der Wiener Konzertschrammeln, 1946–1966 Mitglied des Orchesters des Wiener Burgtheaters.[835]
	Bauer, Grete (Vl. II)	unbek.	Um 1923 Mitglied des Orchesters. Weitere Lebensdaten unbekannt.[836]
	Bruckmayer, Marie[837]	unbek.	In den 1910er und 1920er Jahren Musikschulinhaberin in Wien, Lehrtätigkeit in den Fächern Geige, Klavier und Gesang. Um 1936 Mitglied im Orchester.[838] Mitte der 1940er Jahre kammermusikalische Tätigkeit in Wien, 1944 Auftritte mit dem Quartett Marie Bruckmayer.[839]
	Büllik[840], Anna Maria verh. Koschin-Büllik	1900, Purkersdorf/Niederösterreich – 1935	1915–1921 Studium an der Akademie für Musik und darstellende Kunst Wien bei Julius Egghard und Karl Prill.[841] Abseits weniger Presseeinträge keine Informationen zur Biographie. 1921 Auftritt mit Mehmed Seiffeddin (Vl.) und Piroska Goitein (Vl.) in Wien, Anfang 1925 Quartettauftritt (als Vl. I) mit Fritzi Goldstein (Vl. II), Anna von Baumgarten (Vla.) und Erna Gahr (Vlc.).[842] Seit spätestens 1929 Mitglied im Orchester, im Frühjahr 1932 Mitwirkung bei Radioaufzeichnung als Pianistin unter der Leitung Julius Lehnerts,[843] eine weitere Radioaufzeichnung im Jahr 1935.[844]

---

835 Siehe Andrea Harrandt und Christian Fastl: „Ast, Familie", in: *Oesterreichisches Musiklexikon online*, 2015, https://musiklexikon.ac.at/0xc1aa5576_0x0001f762; 30.07.2020.
836 Rohö-Flugblatt 3 (1923), S. 3.
837 Auch: Maria.
838 Neues Wiener Journal 19.02.1936, S. 15.
839 Illustrierte Kronen-Zeitung 18.03.1944, S. 7.
840 Auch: Büllig, Bullik
841 Neues Wiener Tagblatt 16.07.1921, S. 8.
842 Siehe Neue Freie Presse [Wien] 06.02.1925, S. 1.
843 Siehe Allgemeiner Tiroler Anzeiger [Innsbruck] 12.03.1932, S. 17.
844 Siehe Radio Wien 30 (1935), S. 18.

Violine	Caboga, Valerie[845] (Vl. II)	1870, Angoris/ Italien – 1956, Graz	Spätestens ab 1923 Mitglied des Orchesters,[846] 1929–1938 und 1946–1956 Präsidentin ebd., administrative Organisation.[847] Nach der behördlichen Auflösung des Orchesters 1938 betrieb Caboga die 1946 erfolgte Neugründung.
	Finger-Bailetti, Ella[848]	1866, Scharka bei Prag/Böhmen (Šárka/ Tschechien) – 1945, Wien	1876–1881 Studium am Konservatorium der Gesellschaft der Musikfreunde (1876/77, 1878–1880, 1881–1886 Klv.; 1877/78–1880/81 Vl.); 1889–1891 Studium an der Königlichen Hochschule für Musik Berlin bei Heinrich Jacobsen und Joseph Joachim. 1893 Eheschließung mit dem Violinisten und Bratschisten Alfred Finger. Vorrangig kammermusikalische Tätigkeit. 1895–1897 (Vl. II) im Streichquartett Soldat-Röger. Ab 1903 kammermusikalische Konzerttätigkeit in Österreich, häufig auch gemeinsam mit dem Ehemann.[849] 1921 bereits Mitglied im Orchester.
	Goitein, Anna[850]	1900, Budapest – ?	1916–1921 Studium an der Akademie für Musik und darstellende Kunst Wien bei Arnold Rosé und Julius Egghard (Vl., 1919/20 außerdem Musiktheorie im Hauptfach), spielte auch Bratsche. Ab 1921 solistische Auftritte und Konzerttätigkeit mit der Schwester Piroska Goitein.[851] Spätestens ab 1924 Mitglied des Orchesters.[852] Verlobung mit dem Leipziger Fabrikanten Jakob Rothenstein.[853] 1926 Trioauftritt (Vl.) mit Olga Hueber-Mansch (Klv.) und Richard Fränkl (Vlc.)[854]

---

845 Eigtl. Marie Valerie Freiin Caboga geb. Locatelli von Eulenburg und Schönfeld.
846 Rohö-Flugblatt 3 (1923), S. 3.
847 Siehe Neues Wiener Tagblatt 13.12.1924, S. 6.
848 Eigentl. Helene.
849 Siehe Annkatrin Babbe: „Finger-Bailetti, Ella", in: Freia Hoffmann (Hg.): *Lexikon „Europäische Instrumentalistinnen des 18. und 19. Jahrhunderts"*, 2013/2022, https://www.sophie-drinker-institut.de/finger-bailetti-ella; 03.05.2022.
850 Auch: Anny.
851 Siehe Neues Wiener Tagblatt 17.03.1921, S. 9; Neue Freie Presse [Wien] 22.02.1925, S. 13.
852 Siehe Neues Wiener Tagblatt 13.12.1924, S. 6.
853 Siehe Neue Freie Presse [Wien] 08.09.1925, S. 6. Die Verlobung ist auf den 01.09.1925 datiert.
854 Siehe Reichspost [Wien] 05.01.1926, S. 4.

Violine	Goitein, Piroska	1901, Budapest – ?	1917–1921 Studium an der Akademie für Musik und darstellende Kunst Wien bei Arnold Rosé und Julius Egghard (Vl., 1919/20 außerdem Musiktheorie), spielte auch Bratsche. Ab 1921 Konzerttätigkeit, v. a. kammermusikalisch, intensive Konzerttätigkeit mit der Schwester Anna Goitein, 1923 gemeinsame Konzerttournee durch Deutschland, Skandinavien und Italien.[855] Spätestens ab 1924 Mitglied des Orchesters.[856] Anfang der 1930er Jahre mit der Schwester erste Radioaufzeichnungen, ab dieser Zeit kaum noch Bühnenauftritte.[857] Nebenher Tätigkeit beider Schwestern als Lehrerinnen für „Violine, Kammermusik, theoretische Fächer, Klavier, Vorbereitung für Staatsprüfung"[858]
	Gröber-Neusser, Gabriele	1865, Neunkirchen/ Niederösterreich – 1936, Wien	1875–1882 Studium am Konservatorium der Gesellschaft der Musikfreunde bei Carl Heissler und Jakob Moritz Grün. Erfolgreiche Karriere als Solistin, diverse Konzertreisen durch Europa. 1888 in Lissabon Eheschließung mit dem Witwer Ebo Amann (zuvor verheiratet mit Josefine Amann-Weinlich, Leiterin des Ersten Europäischen Damenorchesters). Mit Amann Übersiedelung nach Linz, hier Lehrtätigkeit am Musikverein (1890/91), anschließend Umzug nach Wien, ebd. Fortsetzung der Konzerttätigkeit, nebenher private Lehrtätigkeit (Klv., Vl.), Anstellung als Geigenlehrerin am k. u. k. Offiziers-Töchter-Erziehungs-Institut in Hernals (1892–1899).[859] 1921 bereits Mitglied im Orchester.
	Kupka, Marta[860] Theresia	1877, Wien – 1964, ebd.	Tochter von Hermann Kupka (Hellmesberger-Schüler, Hofmusiker), 1899–1902 Studium an der Königlichen Hochschule für Musik in Berlin bei Emanuel Wirth und Joseph Joachim, wohl auch Unterricht bei Marie Soldat-Roeger.[861] Veranstaltung eigener Konzerte vor allem in Wien. 1911 Auftritt (Vl.) mit einer Triovereinigung (mit Emma von Fischer, Klv., und Josefine Donat, Vlc.), ab 1912 Geigerin und Bratscherin im neugegründeten Streichquartett Kolbe (Margarethe Kolbe, Vl. I; Else Alberdingk, Vla./Vl. II; Elisabeth Bockmayer, Vlc.).[862] 1921 bereits Mitglied im Orchester.

---

855 Siehe Neue Freie Presse [Wien] 23.09.1923, S. 17.
856 Siehe Neues Wiener Tagblatt 13.12.1924, S. 6.
857 Siehe Innsbrucker Nachrichten 30.01.1932, S. 17.
858 Der Wiener Tag 20.09.1936, S. 26.
859 Siehe Monika Kornberger: „Neusser (eig. Neußer), Familie", in: *Oesterreichisches Musiklexikon online*, 2019, https://musiklexikon.ac.at/0xc1aa5576_0x003ac095; 31.07.2020.
860 Auch: Martha.
861 Siehe Neues Wiener Tagblatt 29.01.1904, S. 9.
862 Siehe Neue Freie Presse [Wien] 31.10.1912, S. 14; Neues Wiener Tagblatt 12.11.1912, S. 21.

Violine	Lammatsch[863], Erna	1895, Wien – 1996	1918/19 Studium an der Akademie für Musik und darstellende Kunst Wien. Öffentliche Auftritte spätestens ab 1919, vor allem als Kammermusikerin tätig; Mitglied der Wiener Trio-Vereinigung mit Dora Pachmann (Sopran) und Rudolf Prehm (Klv.). Lehrtätigkeit am Neuen Wiener Konservatorium.[864] 1921 bereits Mitglied im Orchester.
	Ludmer, Lilly (Vl. I)	unbek.	Um 1923 Mitglied des Orchesters.[865] 1948 Mitglied des Müller-Quartetts (mit Hans Müller, Walter Ebner und Max Axmann).[866]
	Meyerhausen, Margot (Vl. I)	unbek.	Um 1923 Mitglied des Orchesters. Weitere Lebensdaten unbekannt.[867]
	Nagy, Philomene[868] von (Vl. II)	unbek.	Ab 1910 Auftritte in Wien belegt, Kammermusik u. a. mit Anna von Baumgarten (Vla.) und Erna Gahr (Vlc.). Um 1923 Mitglied des Orchesters.[869]
	Neuwaldner, Rosa (Vl. II)	unbek.	Um 1923 Mitglied des Orchesters. Weitere Lebensdaten unbekannt.[870]
	Plank, Elsa von	? – nach 1942	1898–1913 Mitglied im Soldat-Roeger-Quartett (Vl. II), hier Nachfolgerin von Ella Finger-Bailetti. 1921 bereits Mitglied im Orchester.
	Rodosi, Maria, geb. Schlesinger	1876, Wien – 1972, Göteborg	1908 Auftritt in Wien mit einer Triovereinigung (Vl., mit Margarete Demelius, Klv., und Josefine Donat, Vlc.)[871], weitere Auftritte in Wien, im Frühjahr 1920 Debüt mit dem Rodosi Quartett (Maria Rodosi, Vl. I; Erna Lammatsch, Vl. II; Alice Goldschmied, Vla.; Josefine Donat, Vlc.),[872] um 1926 Auftritt des Rodosi-Quartetts mit Nelli Popper (Vl. II), Clara Nigrin (Vla.) und Melanie Deutsch-Dradiy (Vlc.). Kammermusik in verschiedenen Besetzungen. Konzertmeisterin im Frauen-Symphonieorchester, hier vielfach als Solistin aufgetreten. Mind. 1929–1933 Lehrtätigkeit am Neuen Wiener Konservatorium.[873] Spielte auch Bratsche.

---

863 Auch: Lamatsch.
864 Böck: „Frauen in der Musikpädagogik".
865 Rohö-Flugblatt 3 (1923), S. 3.
866 Siehe Wiener Zeitung 04.11.1948, S. 4.
867 Rohö-Flugblatt 3 (1923), S. 3.
868 Auch: Filomena, Mena.
869 Rohö-Flugblatt 3 (1923), S. 3.
870 Ebd.
871 Siehe Neues Wiener Tagblatt 08.12.1908, S. 31.
872 Neues Wiener Tagblatt 20.04.1920, S. 3.
873 Siehe [Prospekt] Neues Wiener Konservatorium, XX. Schuljahr. Wien: Karner (o. J.), NP. Und ebd. XXIII. Schuljahr. Wien: Karner (o. J.), NP.

Biographien und Handlungsräume der Hellmesberger-Schüler*innen

Violine	Schlenk-Lechner, Ellen	1859, Penzing bei Wien – 1940, Wien	1869–1872 Studium am Konservatorium der Gesellschaft der Musikfreunde bei Josef Hellmesberger d. Ä. (im Studienjahr 1869/70 außerdem Klavierbegleitung bei Franz Ramesch). Vor allem als Kammermusikerin aufgetreten, ab 1908 mit dem Schlenk-Lechner-Quartett.
	Schlosser, Gerta	Um 1897, Brünn/Mähren (Brno/Tschechien) – ?	Konzertkarriere als Kindervirtuosin begonnen. Studium am Konservatorium in Prag bei St. Suchy,[874] später Unterricht bei Carl Flesch und Ottokar Ševčík[875]. 1921 bereits Mitglied im Orchester.
	Stadtherr, Luise	1893 – ?	1910–1913 Studium an der Akademie für Musik und darstellende Kunst Wien bei Karl Prill. Konzerttätigkeit in Wien ab 1914 nachweisbar. Orchestermitglied ab 1921.[876]
	Tesar, Elsa	unbek.	Spätestens ab 1934 Mitglied des Wiener Frauen-Symphonieorchesters.[877]
	Wanner, Rosa	unbek.	Ausbildung bei František Ondříček – ob privat oder am Neuen Wiener Konservatorium ist unklar.[878] Ab 1896 Auftritte in Wien, vor allem in Gottesdiensten und Wohltätigkeitskonzerten. Seit spätestens 1909 Musik- bzw. Geigenlehrerin, wiederholt als „Frau Professor Rosa Wanner" in der Presse erwähnt.[879] Spätestens 1928 Mitglied des Frauen-Symphonieorchesters.[880]

---

874 Siehe Prager Tagblatt 08.05.1908, S. 8; auch Pilsner Tagblatt 09.08.1908, S. 6.
875 Czernowitzer Allgemeine Zeitung 08.01.1918, S. 3.
876 Siehe Der Bezirksbote für den politischen Bezrik Bruck a. d. Leitha 23.10.1921, S. 2.
877 Siehe Salzburger Volksblatt 22.12.1934, S. 15.
878 Siehe Die Zeit [Wien] 24.01.1909, S. 8.
879 Siehe Neues Wiener Journal 14.02.1909, S. 13; Reichspost [Wien] 01.02.1928, S. 8.
880 Siehe Reichspost [Wien] 01.02.1928, S. 8.

Viola			
	Baumgarten, Anna von[881]	Um 1858, Lemberg/ Galizien (Lwiw/Ukraine) – nach 1934	1873–1878 Studium am Wiener Konservatorium der Gesellschaft der Musikfreunde, Gesangsausbildung. Spätestens 1891–1899 Lehrerin an der Vereinsschule des Wiener St. Ambrosius-Vereins (allg. Musiklehre und Sologesang). Um 1900 Gründung einer eigenen Gesangschule in Wien, Tätigkeit als Chorleiterin, Chordirektorin. Als Instrumentalistin v. a. kammermusikalisch tätig: Bratscherin im Quartett Duesburg/Erstes Wiener Volksquartett für klassische Musik (etwa 1892–1898), Auftritte in weiteren kammermusikalischen Besetzungen. 1921 bereits Mitglied im Orchester. Ehrenmitglied der Wiener Singakademie und des Wiener Singvereins, 1934 Verleihung des silbernen Ehrenzeichens für Verdienste um die Republik.[882]
	Goldstein, Fritzi	unbek.	Auftritte in Wien als Pianistin bzw. Klavierbegleiterin, Violinistin und Bratscherin. 1923 Kammermusik (wohl als Vl. II) mit Annie Baradieser-Haldenwang, Lucie Bloch und Hedy Gerald, 1925 mit Maria Büllik (Vl.), Anna von Baumgarten (Vla.) und Erna Gahr (Vlc.). Ab 1927 v. a. Auftritte als Pianistin, um 1930 Kammermusik in verschiedenen, auch geschlechterheterogenen Besetzungen. Spätestens ab 1924 Mitglied im Orchester.[883]
	Haldenwang, Anna[884]	1892, Wien – 1945, ebd.	1908–1913 Studium an der Akademie für Musik und darstellende Kunst Wien bei Arnold Rosé (1912/13 außerdem im Lehrerbildungskurs). V. a. als Kammermusikerin aktiv; in den 1920er und 1930er Jahren Mitglied des Anita-Ast-Quartetts. 1921 bereits Mitglied im Orchester. Um 1940 Gründung des Haldenwang-, auch Conrad-Haldenwang-Quartetts (bis 1944 aktiv). Daneben Auftritte in weiteren kammermusikalischen Formationen mit verschiedenen Kolleg*innen.[885]

---

881 Möglicherweise Tochter des Feldmarschallleutnants Freiherr Maximilian von Baumgarten, siehe https://de.wikipedia.org/wiki/Liste_der_Feldmarschallleutnante; 25.07.2020; siehe Eintrag im Linzer Volksblatt 15.04.1893, S. 3: „Baronesse Anna von Baumgarten (Tochter Sr. Excellenz des Herrn Feldmarschall-Lieutnants Freiherrn von Baumgarten)".

882 Siehe Volker Timmermann: „Baumgarten, Anna von", in: Freia Hoffmann (Hg.): *Lexikon „Europäische Instrumentalistinnen des 18. und 19. Jahrhunderts"*, 2016, https://www.sophie-drinker-institut.de/baumgarten-anna-von; 03.08.2020.

883 Siehe Neues Wiener Tagblatt 13.12.1924, S. 6.

884 Auch: Annie.

885 Siehe Kleine Wiener Kriegszeitung 21.03.1945, S. 4.

Violoncello	Strauß, Grete	unbek.	Um 1913 Annoncen einer staatlich geprüften Klavierlehrerin namens Grete Strauß in der Wiener Presse[886] veröffentlicht, ebenso 1917. Ab 1923 Auftritte in Wien nachweisbar, spätestens ab diesem Jahr auch Mitglied des Frauen-Symphonieorchesters.[887] In den 1920er Jahren außerdem solistische Auftritte in Wien.[888] Anfang der 1930er Jahre Bratscherin im Streichquartett Anita Ast (Anita Ast, Vl. I; Nelly Schück, Vl. II; Lucy Weiß, Vlc.). Um 1932 Auftritte mit der „Triovereinigung Grete Strauß"[889].
	Bernstein, Helen	unbek.	Um 1923 Mitglied des Orchesters.[890] 1925 Auftritt mit dem Frauenoktett: Maria Rodosi, Maria Büllik, Fritzi Goldstein, Therese Kugler, Anna von Baumgarten, Alice Rodosi, Helen Bernstein und Erna Gahr.[891]
	Chalupny, Steffi	1891, Wien – 1964, ebd.	1906–1910 Studium am Konservatorium der Gesellschaft der Musikfreunde /an der Akademie für Musik und darstellende Kunst Wien bei Friedrich Buxbaum. Ausgiebige Konzerttätigkeit mit der älteren Schwester Franziska Chalupny (Vl., ebenfalls am Konservatorium ausgebildet). Solistische und kammermusikalische Tätigkeit. Ab 1909 feste Besetzung der Schwestern Chalupny mit Irmengild und Steffi Schachner, in diesem Rahmen vielfach solistische Auftritte.[892] 1921 bereits Mitglied im Orchester.
	Donat, Josefine	1867, Wien – 1974, ebd.[893]	Schülerin von Ferdinand Weidunger (Violoncellist der Wiener Hofkapelle) und Reinhold Hummer (Solocellist der Hofkapelle; Konservatoriumslehrer). Diverse Konzertreisen, u. a. nach Schweden, Norwegen, Russland, in die Niederlande und nach Deutschland. Neben solistischen Programmen v. a. kammermusikalische Tätigkeit in wechselnden Formationen.[894] Gründungsmitglied des Orchesters.

---

886 Siehe Neues Wiener Tagblatt 14.09.1913, S. 54.
887 Ebd. 13.12.1924, S. 6; auch Rohö-Flugblatt 3 (1923), S. 3.
888 Siehe Neues Wiener Journal 29.01.1927, S. 10.
889 Arbeiter Zeitung [Wien] 01.05.1932, S. 11.
890 Siehe Rohö-Flugblatt 3 (1923), S. 3.
891 Siehe Neues Wiener Journal 15.12.1925, S. 10.
892 Siehe Fuchs: „Die ersten Violoncello-Studentinnen", S. 262–265.
893 Verzeichnis Wiener Friedhöfe, https://www.friedhoefewien.at/verstorbenensuche-detail?fname=Josefine+Donat&id=031C%3E7PBTH&initialId=031C%3E7PBTH&fdate=1974-08-12&c=010&hist=false; 08.08.2020.
894 Freia Hoffmann: „Donat, Josefine", in: Dies. (Hg.): *Lexikon „Europäische Instrumentalistinnen des 18. und 19. Jahrhunderts"*, 2013/2023, https://www.sophie-drinker-institut.de/donat-josefine; 01.08.2023

Gahr, Erna	unbek.	Auftritte in Wien als Kammermusikerin ab 1915 nachweisbar (mit Julia Mancio, Klv.; Marie Cohal-Lehert, Vl.; Frieda Khuner, Vl.; Anna von Baumgarten, Vla.). Spätestens ab 1925 Mitglied des Orchesters.[895]
Kottek, Liberta	unbek.	Lebensdaten unbekannt.
Krause, Frieda, verh. Litschauer-Krause	1903 – 1992	Studium an der Wiener Akademie für Musik (Kirchenmusik, 1918–1920; Vlc., 1921–1924). Ab Mitte der 1920er Jahre als Kammermusikerin aktiv, u. a. Mitglied des Edith Steinbauer-Quartetts und des Schlenk-Lechner-Quartetts. 1940–1955 Anstellung am Konservatorium der Stadt Wien, 1947–1952 Solocellistin des Wiener Kammerorchesters, 1955–1969 und 1985–1988 Lehrtätigkeit an der Wiener Musikakademie (Vlc.; Gambe). 1957 Verleihung des Professoren-Titels, 1966 Verleihung des Ehrenkreuzes für Wissenschaft und Kunst.[896]
Rößler, Elisabeth von	1913, Wien – 1994, ebd.	1929–1931 Studium am Musikpädagogischen Seminar der Staatsakademie für Musik und darstellende Kunst Wien im Lehrgang für Musiklehrer in Einzelfächern (Vlc.). 1949–1951 Studium als außerordentliche Hörerin (Vlc.) bei Karl Schwamberger. Um 1936 Mitglied im Frauen-Symphonieorchester. In den 1940er Jahren Auftritte in Wien. Kammermusik, u. a. zwischen 1943 und 1947 im festen Quintett (Luise Bilek, Vl.; Rosa Rylka, Vl.; Adele Pribil, Vla.; Marie Lueger, Klv.).
Wimmer, Luitgarde (Wilhelmine Theresia), verh. Wimmer-Stöhr	1905, Wien – 2009, ebd.	1923–1928 Studium an der Akademie für Musik und darstellende Kunst Wien bei Paul Grümmer und Walter Kleineke (ab 1926/27). Ab 1925 Konzerttätigkeit in Wien, zu diesem Zeitpunkt Mitglied des neugegründeten Alberdingk-Quartetts[897] (mit Erny Alberdingk, Vl. I; Tina Koppensteiner/ab 1927 Lilly Sieber, Vl. II; Hilde Wimmer, Vla.). Ab 1929 Auftritte mit dem „Wiener Trio" (mit Annie Bach-Walters, Klv., und Erny Alberdingk, Vl.), 1929/30 Auftritte mit dem Gamben-Violoncello-Quartett (mit Frieda Krause, Hilde Folger und Olga Kern). 1930 – nach 1939 Mitglied des Anita Ast-Quartetts (mit Anita Ast, Vl. I; Lilly Sieber, Vl. II; Hilde Koller/ab 1935: Alba Poppy, Vla.), 1939 im Kolbe Quartett (mit Margarethe Kolbe-Jülich, Vl. I; Hedi Haupt, Vl. II; Herta Schachermeier, Vla.). Nebenher solistische Auftritte und Mitwirkung in anderen kammermusikalischen Formationen. Spätestens ab 1932 Mitglied des Wiener Frauen-Symphonieorchesters.[898]

---

895 Siehe Neues Wiener Journal 18.02.1925, S. 11.
896 Siehe Rausch: „Litschauer, Familie".
897 Vorherige Besetzung: Erny Alberdingk, Vl. I; Susanna Lachmann, Vl. II; Alba Poppy, Vla.; Elisabeth Bockmayer, Vlc.
898 Siehe Radio Wien 7 (1932), S. 54.

Kontrabass	Weiß, Lucy	unbek.	Um 1928 Mitglied des Orchesters.[899] Nebenher kammermusikalische Auftritte.
	Kraus[900], Hedwig	1895, Wien – 1985, ebd.	1815–1819 Studium der Musikwissenschaft an der Universität Wien, 1919 Promotion. Ab 1917 Mitarbeiterin am Institut für Musikwissenschaft. Ab 1919 Bibliotheksassistentin, ab 1923 Amanuensis von Bibliothek, Archiv und Sammlungen. Spätestens 1923 Mitglied des Orchesters.[901] 1930–1962 Archivdirektorin der Gesellschaft der Musikfreunde. Um 1941 gelegentlich Auftritte mit dem Steinbauer-Quartett.
	Waschnitius, Louise	unbek.	In den 1930er Jahren Mitglied des Orchesters.[902] Weitere Lebensdaten unbekannt.
Harfe	Charlemont, Elisabeth[903]	1902, Wien – ?	1915–1920 Studium an der Wiener Akademie für Musik und darstellende Kunst bei Alfred Zamara und Steffy Goldner. Spätestens 1930 Mitglied des Frauen-Symphonieorchesters.[904]
Pauke	Kugler, Therese	unbek.	Etwa ab 1924 Mitglied des Orchesters.[905] 1925 Auftritt mit dem Frauenoktett: Maria Rodosi, Maria Büllik, Fritzi Goldstein, Therese Kugler, Anna von Baumgarten, Alice Rodosi, Helen Bernstein und Erna Gahr.[906] Möglicherweise besteht eine Verbindung zur Damenkapelle Kugler.
Weitere	Tandler, Rosa	unbek.	Spätestens ab 1931 zweite Vorsitzende im Vorstand des Frauen-Symphonieorchesters[907]. Wohl nicht identisch mit der ab 1928 in der Wiener Presse vielgenannten Polizeidirektorsgattin Rosa Tandler.[908]
	Weiß, Trude	unbek.	Um 1936 Mitglied im Orchester.[909] Weitere Lebensdaten unbekannt

---

899 Siehe Allgemeiner Tiroler Anzeiger [Innsbruck] 07.04.1928, S. 21.
900 Auch: Krauß.
901 Rohö-Flugblatt 3 (1923), S. 3.
902 Siehe Rudolf Effenberger: *71, die in die Augen stechen. Wiener Philharmoniker, Symphoniker und Symphonikerinnen in Karikatur und Reim.* Wien: Karner (Durstmüller)[, ca. 1935], NP.
903 Auch: Ilse.
904 Siehe Kleine Volks-Zeitung 20.04.1930, S. 24.
905 Siehe Neues Wiener Tagblatt 13.12.1924, S. 6.
906 Siehe ebd. 15.12.1925, S. 10.
907 Siehe Das Wort der Frau [Wien] 22.03.1931, NP.
908 Siehe Die Österreicherin 1 (1928), S. 13.
909 Neues Wiener Journal 19.02.1936, S. 15.

IV. Die ‚Hellmesberger-Schule'

In der Festschrift zum 100-jährigen Bestehen der Gesellschaft der Musikfreunde erklärt Richard von Perger – langjähriger Konzertdirektor der Gesellschaft der Musikfreunde und Direktor des Konservatoriums – die „Schule Hellmesberger" zu einem „Ehrentitel in der musikalischen Welt"[1]. Robert Hirschfeld spricht in seinem Nekrolog auf Josef Hellmesberger d. Ä. davon, dass es in Wien kein „Kunstinstitut [gäbe] […], das nicht einen Theil seiner Mitarbeiter von dem Geiste, von der Schule Hellmesberger's herleitet, kein Institut, dem nicht die Silberfäden seines Spiels eingewirkt waren, Musiker bildend für die Nacheifernden."[2] Parallel dazu ist auch die Rede von der „Wiener Violinschule", als deren Galionsfigur Josef Hellmesberger d. Ä. dargestellt wird. Ein Redakteur der *Wiener Zeitung* etwa schreibt 1867 nach einem Konservatoriumskonzert, die Musiker würden „heut und morgen aus einander gehen und den Ruhm und Ehrpreis des Wiener Conservatoriums tragen in alle Welt. Und obenan wird stehen unsere Wiener Violinschule und ihr unvergleichlicher Lehrmeister."[3]

In Institutionengeschichten, der zeitgenössischen Tages- und Fachpresse, in Laudationes, Biographien und Autobiographien sowie in allgemeineren auf das Wiener Musikleben bezogenen Darstellungen des 19. und 20. Jahrhunderts begegnet die ‚Schule' als ein wiederkehrendes Motiv der Hellmesberger-Rezeption, das mitunter verschiedentlich assoziiert, jedoch über wiederkehrende Aussagen und Vorstellungen begründet wird. Mit der breiten Beachtung der ‚Schule' durch die Presse zeichnet sich ein Prozess der diskursiven Verdichtung und Verfestigung dieser Idee zu einem zentralen Topos in der Wahrnehmung der Geigenausbildung bei Josef Hellmesberger und darüber hinaus des Geigenspiels in Wien insgesamt ab. In diesem Zusammenhang wird auch eine Verschiebung sichtbar: Das Konzept der ‚Hellmesberger-Schule' wird zunehmend von jenem der ‚Wiener Schule' abgelöst beziehungsweise in das letztere überführt und die Idee der ‚Schule' hiermit in einen breiteren Zusammenhang eingebettet. Sie lässt sich später als eines von weiteren Argumenten einer Wiener Identitätspolitik identifizieren, in deren Zuge Musik zur Charakterisierung eines städtischen wie gleichermaßen nationalen Bewusstseins herangezogen wurde. Wien sollte als ‚Musikstadt' etabliert und Assoziationen wie die ‚Wiener Klassik', die ‚Wiener Philharmoniker' oder auch die ‚Wiener Schule' und der ‚Wiener Klang'

---

1 Richard von Perger: *Geschichte der K. K. Gesellschaft der Musikfreunde in Wien. 1. Abteilung: von 1812–1870.* Wien: Verlag Holzhausen, 1912, S. 78.
2 Hirschfeld, Robert: Josef Hellmesberger †. Nachruf, gesprochen vor den Lehrern und Schülern des Conservatoriums in der Vortrags-Uebung am 4. November 1893, Wien. A-Wgm (4566/53).
3 Wiener Zeitung 03.04.1867, S. 19.

zentral mit dem Selbstbild und der Wahrnehmung der Stadt verknüpft werden.[4] Der Idee der ‚Hellmesberger-Schule' wie auch der ‚Wiener Schule' oder der ‚Wiener Violinschule' kommt vor diesem Hintergrund gleichwohl ideologische wie ökonomische bzw. später auch tourismuswirtschaftliche Bedeutung zu. Im Folgenden soll der Topos der ‚Hellmesberger-Schule' auf die mit ihm assoziierten Vorstellungen, Konzepte und Bilder hin untersucht werden. Überlegungen zum Schulenbegriff in der Musikgeschichtsschreibung sind vorangestellt.

1. „Gibt es in der Musik, wie in der Malerey, verschiedene Schulen"? Einleitende Überlegungen zu einem verbreiteten Topos

Spätestens mit der Etablierung von Musikgeschichtsschreibung als einer historisch-philologisch ausgerichteten Geisteswissenschaft im frühen 19. Jahrhundert avancierte der vornehmlich aus der Kunstgeschichte entlehnte Schulenbegriff zu einer bedeutenden Kategorie musikgeschichtlicher Gliederung und erfuhr im Laufe des 19. Jahrhunderts seine Konjunktur. Schon früh aufgerufene Schulenzusammenhänge sind etwa die St.-Martial-Schule und die Notre-Dame-Schule um 1200,[5] die Niederländische bzw. Frankoflämische Schule für die Vokalmusik des 15. und 16. Jahrhunderts[6] und auch die Neapolitanische Schule als herausragender Stil in der Opernkomposition.[7] Abseits der kompositorischen ‚Schulen' wurden Schulenzusammenhänge auch um ausübende Musikerinnen und Musiker konstatiert. Christian Friedrich Daniel Schubart gliedert in seinen *Ideen zu einer Ästhetik der Tonkunst* die Musikgeschichte in ‚Schulen' – „von den Hebräern, Griechen, und Römern an, bis auf die grossen musikalischen Schulen der Italiener, Deutschen und Franzosen"[8] – und bedenkt hierbei „Componisten und Virtuosen"[9] gleichermaßen. Auch Franz Brendel

---

[4] Siehe Martina Nußbaumer: *Musikstadt Wien. Die Konstruktion eines Images*. Wien: Rombach Verlag, 2007 (= Rombach Wissenschaften. Edition Parabesen 6), S. 10.

[5] Siehe Edmond de Coussemaker: *L'art harmonique aux XIIe et XIIIe siècles*. Paris: A. Durand/V. Didron, 1865, S. 27f.

[6] Friedrich Theodor Vischer: *Aesthetik oder Wissenschaft des Schönen: Dritter Theil. Zweiter Abschnitt: Die Künste, Viertes Heft*. Stuttgart: Mäcken, 1857.

[7] Bei Raphael Georg Kiesewetter sind Schulenzusammenhänge eine zentrale Ordnungskategorie seiner Darstellung von Kompositionsgeschichte. Siehe Raphael Georg Kiesewetter: *Geschichte der europäisch-abendländischen oder unserer heutigen Musik. Darstellung ihres Ursprungs, ihres Wachsthums und ihrer stufenweisen Entwicklung. Von dem ersten Jahrhundert des Christenthums bis auf die heutige Zeit*. Leipzig: Breitkopf & Härtel, 1834. Die Abgrenzung verschiedener kompositorischer Schulen findet sich auch bei Emil Naumann: *Die Tonkunst in ihren Beziehungen zu den Formen und Entwickelungsgesetzen alles Geisteslebens*. Berlin: Behr's, 1869 (= Die Tonkunst in der Culturgeschichte 1), hier insbesondere S. 735–738.

[8] Christian Friedrich Daniel Schubart: *Ideen zu einer Ästhetik der Tonkunst*. Wien: Degen, 1806.

[9] Ebd., S. V.

bezieht in seine Überlegungen zu Schulenbildungen, wie er sie in der *Geschichte der Musik* präsentiert, Komponisten und Interpreten ein.[10] Während der Schulenbegriff in diesen Darstellungen als bekannt vorausgesetzt wird, unternimmt der Komponist und Musikschriftsteller Georg Carl Friedrich Lobedanz frühe systematische Überlegungen. 1825 erschien sein Beitrag „Gibt es in der Musik, wie in der Malerey verschiedene Schulen, und wie wären solche wohl zu bestimmen?"[11] in dem Fachblatt *Cäcilia, eine Zeitschrift für die musikalische Welt*. Der Autor liefert hier eine terminologische Bestandsaufnahme: Er eröffnet den Beitrag mit einer Definition von ‚Schule', diskutiert im Folgenden ihre konstitutiven Merkmale, liefert Beispiele für ‚Schulen' und deren Repräsentanten und schließt mit Fragen, die eine weiterführende Diskussion anregen.

Lobedanz zufolge konstituierten sich Schulen über

> diejenigen Kunstmittel […], die, auch selbst wenn sonst wesentliche Bedingnisse in Schatten gestellt seyn sollten, für sich selbst schon hinreichen, grosse Wirkungen auf das Gemüth hervorzubringen. Dann wären nur die Meister zu nennen, die zuerst sich eines solchen Kunstmittels in ihren Werken als vorherrschend bedienten, Erfolg hatten, und so Stifter einer Kunstschule wurden.[12]

Er schließt in diese Ausführungen Komposition und Musikausübung gleichermaßen ein und erkennt in ihrer Verbindung auch das „Ideal aller Musik". Selbiges sei nämlich die

> höchst innige Vereinigung von Melodie, Harmonie und Rhythmus, dargestellt in solchen Tönen, die vermöge des eigenthümlichen Charakters des sie hervorbringenden Mediums, es sey Menschenstimme, oder Instrument, das fühlende Herz in die beabsichtete Stimmung setzen. Ist also von voller Orchestermusik die Rede, so kommt, zu Melodie, Harmonie und Rhythmus, noch Instrumentation hinzu, bei jeder Vocalmusik Declamation, oder, wenn man lieber will, Behandlung des Textes.[13]

---

10 Siehe Franz Brendel: *Geschichte der Musik in Italien, Deutschland und Frankreich. Von den ersten christlichen Zeiten bis auf die Gegenwart*. Leipzig: Bruno Hinze, 1852, S. 506.

11 Georg Carl Friedrich Lobedanz: „Gibt es in der Musik, wie in der Malerey verschiedene Schulen und wie wären solche wohl zu bestimmen?", in: *Cäcilia, eine Zeitschrift für die musikalische Welt* 2 (1825), S. 264–268.

12 Ebd., S. 264. Hervorhebung im Original.

13 Ebd.

In der Beantwortung der Frage, was hiervon ausgehend unter ‚Schule' zu verstehen sei, fokussiert er – über die Bezugnahme auf den Werkbegriff – vor allem die Komposition, berücksichtigt aber auch Instrumental- und Vokalschulen:

> Kein Meister ist in allen diesen Gegenständen gleich vollkommen gewesen; [...] Die Stifter der Musikschulen haben aber durch neue, vorhin nicht bekannte, vorzugsweise in ihren Werken bemerkbare Ausbildung eines dieser Theile, auf ihre Zeitgenossen solchergestalt gewirkt, dass eine Menge Nachahmer entstanden, die, mit mehr oder weniger Glück, die hervorstechende Stärke des Meisters sich zu eigen machten und schon darum in der Geschichte der Musik rühmlich erwähnt werden. Das Aggregat dieser besseren Nachahmer kann man eine Musikschule nennen. Es fragt sich nun, welche Meister als Stifter einer Schule zu betrachten sind? Hier werden zwar die Meinungen verschieden seyn, in so ferne Namen genannt werden sollen, aber man wird darin übereinkommen, dass nur derjenige Stifter einer Musikschule sey, der sich einen früher unbekannten Styl bildete, welcher von den Besten seiner Zeit als musterhaft anerkannt wurde.[14]

Lobedanz erklärt kompositions- bzw. interpretationsästhetische Charakteristika zur Voraussetzung der Konstitution einer ‚Schule', weicht in seiner Erklärung aber mit dem Verweis auf den ‚Stil' auf ein ebenso diffuses Konzept aus.[15] Er bestimmt des Weiteren das Urteil der Experten im Sinne eines Qualitätsprädikats bzw. richtungsweisenden Werturteils als maßgeblich für Schulenbildung, die er letztlich als ein beobachtbares Phänomen begreift. In der Komposition differenziert er im Anschluss hieran die harmonische Schule mit Johann Sebastian Bach als prominentem Vertreter von der rhythmischen Schule, für die er Joseph Haydn als Exponenten benennt. Für die Komposition von Vokalmusik gibt er die Schule der Deklamation an, die Christoph Willibald Gluck vornehmlich vertrete. Allein für die Schule der Instrumentation legt sich Lobedanz nicht auf nur einen Repräsentanten fest, sondern verweist auf Mozart, Beethoven, Luigi Cherubini und Carl Maria von Weber.

Schlaglichter wirft er im Folgenden auch auf die Interpretation. Als beispielhaft für den Gesang verweist er auf die „ächte[] italienische[] Gesangschule"[16] und versteht hierunter die im Rahmen institutioneller Ausbildung an den italienischen

---

14   Ebd., S. 265. Hervorhebung im Original.
15   Siehe etwa Wolfgang Brückle: „Stil (kunstwissenschaftlich)", in: Karlheinz Barck, Martin Fontius, Friedrich Wolfzettel und Burkhart Steinwachs (Hg.): *Ästhetische Grundbegriffe. Historisches Wörterbuch in sieben Bänden*, 7 Bde., Bd. 5. Stuttgart/Weimar: Metzler, 2003, S. 665–688.
16   Lobedanz: „Gibt es in der Musik", S. 266.

Konservatorien vermittelte Gesangstechnik, die er von jener ‚Schule' unterscheidet, „welche, durch die Compositionen einiger neuer italienischer Meister gebildet, den Gesang durch Coloraturen zu erdrücken strebt und auf unverbildete Ohren wirkt, wie die buntschäckigen Figuren unserer neuesten Modejournale auf ein unverbildetes Auge."[17] Für das Klavierspiel verortet Lobedanz eine neuere Schule um Muzio Clementi und eine ältere um Carl Philip Emanuel Bach.[18] Für die Violinpädagogik nennt er die zu Beginn des 19. Jahrhunderts maßgebliche ‚französische Schule' mit Giovanni Battista Viotti, Pierre Baillot und Pierre Rode als den zentralen Akteuren. Rodolphe Kreutzer, neben Baillot und Viotti Verfasser der richtungsweisenden *Méthode de Violon* (1803), findet hier keine Erwähnung. Lobedanz gibt als spieltechnisches Charakteristikum „einen eigenthümlichen Gebrauch des Bogens"[19] an und verweist zudem auf die für Schulenbildung konstitutive und in diesem Fall zahlreiche Nachahmerschaft.[20]

Abschließend stellt Lobedanz Fragen zur Debatte und regt damit eine Diskussion des Konzepts ‚Schule' an. Systematische Überlegungen an dieser[21] und anderer Stelle blieben indes bis auf wenige Ausnahmen aus. Zu diesen Ausnahmen zählt das von Eduard Bernsdorf herausgegebene *Neue Universal-Lexikon der Tonkunst*, das einen Eintrag zur ‚Schule' enthält. Nach der hier zu findenden Definition bezeichne der Terminus

in seiner ersten und allgemeinen Bedeutung auch in der Musik eine Pflanzstätte der Bildung junger Talente, oder kürzer: eine Musik-Bildungsanstalt. Dann bedeutet es zweitens so viel wie Lehrbuch oder theoretische Anweisung, wonach oder woraus sich jene Bildung, in welcher Beziehung nun oder nach

---

17 Ebd., S. 266f.
18 Beide haben weit rezipierte theoretisch-praktische Anleitungen verfasst. Von Clementi sind etwa die *Introduction to the Art of Playing the Pianpforte* op. 42 mit einer Klavierschule im Anhang (op. 43), außerdem die Sammlung von Etüden, Präludien und Fugen, Kanons, Sonatensätzen und Charakterstücken *Gradus ad Parnassum* op. 44 zu nennen, von Carl Philip Emanuel Bach das für das 18. Jahrhundert maßgebliche Lehrwerk: *Versuch über die wahre Art das Clavier zu spielen*, 2 Teile (1753/1762).
19 Lobedanz: „Gibt es in der Musik", S. 267. Tatsächlich war die hier vorgestellte Bogenhaltung ein wesentliches Charakteristikum der neuen Methode; ermöglicht wurde sie erst durch die jüngeren bogenbaulichen Entwicklungen, namentlich den Tourte-Bogen. Siehe Marianne Rônez: „Pierre Baillot, ein Geiger an der Schwelle zum 19. Jahrhundert. Ein Vergleich seiner Violinschulen von 1803 und 1835", in: Claudio Bacciagaluppi, Roman Brotbeck und Anselm Gerhard (Hg.): *Spielpraxis der Saiteninstrumente in der Romantik. Bericht des Symposiums in Bern, 18.–19. November 2006*. Schliengen: Edition Argus, 2011 (= Musikforschung der Hochschule der Künste Bern 3), S. 23–57, hier S. 34.
20 Lobedanz: „Gibt es in der Musik", S. 267.
21 In den folgenden Jahrgängen der *Cäcilia, eine Zeitschrift für die musikalische Welt* wurden keine Antworten auf Lobedanz' Beitrag publiziert, auch andere thematisch verwandte Aufsätze sind hier nicht zu finden.

welcher Seite hin, erwerben läßt. Ein anderer Ausdruck für Schule in diesem Sinne ist: Methode [...]. Drittens bezeichnet man mit dem Worte S. in der Musik – wie in der Malerei, der Philosophie u. s. w. – auch wohl einen Kreis von Männern, welche durch Ansichten oder Methode eines originellen Lehrers und Meisters, welchem sie in ihren Werken gefolgt sind, oder durch Nationalität einen gemeinschaftlichen Charakter angenommen haben, und redet z. E. von einer Römischen, Venetianischen, Wiener, Neapolitanischen Schule u. s. w. Viertens endlich wird das Wort S. auch in dem Sinne von Styl, Schreibart, Manier etc. gebraucht und man spricht von einer klassischen, modernen, deutschen, italienischen, französischen Schule u. s. w., je nachdem sowohl ihre inneren als äußeren charakteristischen Merkmale voneinander abweichen; auch kann in diesem Sinne ein einzelner großer Künstler schon eine eigene Schule beschreiben, und man spricht z. E. von einer Mendelssohn'schen, Mozart'schen, Weber'schen u. s. w. Schule.[22]

‚Schule' wird hier, wie auch bei Lobedanz, über verschiedene, sich teils auch überlagernde Argumentationen bestimmt, darunter fallen institutionelle ebenso wie stilistische, spieltechnische und – damit zusammenhängend – didaktische sowie methodische. Außerdem werden genealogisierende, klangästhetische, kompositionsstilistische und – mit Rekurs auf den an die Nationalität geknüpften „gemeinschaftlichen Charakter"[23] – auch essentialistische Begriffsbestimmungen angeführt. Über letztere wurden im 19. Jahrhundert eine Vielzahl an Kulturklischees ausgebildet. Dazu zählt der unterstellte ‚Volkscharakter', der sich auch in der Musikpraxis und -rezeption ausdrücke.[24] Damit wiederum ist auch das Konzept der ‚nationalen Schu-

---

22 Eduard Bernsdorf: *Neues Universal-Lexikon der Tonkunst. Für Künstler, Kunstfreunde und alle Gebildeten.* Offenbach: Verlag Johann André, 1861, S. 523.
23 Ebd.
24 Für Wien wurde eine sowohl geographisch als auch biologisch begründete Neigung der Einwohner*innen zur Musik unterstellt, die sich im Laufe des 19. Jahrhunderts zu einem festen Stereotyp entwickelte. Noch im 20. Jahrhundert war dieses weit verbreitet. Der Geiger, Bratscher, Komponist und Musiktheoretiker Hugo Kauder formuliert etwa Anfang der 1920er Jahre: „Vielmehr wurzelt der musikalische Charakter Wiens zutiefst in der ganzen Art der Bevölkerung. Man darf also, wie gesagt, zum Maßstabe für Wiens eigentliches musikalisches Wesen nicht etwa Kunstleistungen, schöpferische wie reproduktive nehmen, die, wie bedeutend sie auch seien, doch immer nur einer verhältnismäßig eng begrenzten Gesellschaftsschicht zugänglich sind; sondern man kann dieses Wesen nur nach dem ermessen, was die Musik – und sei's in ihren rohesten und primitivsten Erscheinungsformen – im Leben der gesamten Bevölkerung bedeutet. Demnach sind es nicht die großen Meister, die hier gelebt haben, noch die Leistungen und die Tradition seiner Oper, Konzertinstitute und Konservatorien, denen Wien seine Bedeutung und seinen Ruf als ‚Musikstadt' verdankt, sondern vor allem jene Musik, die unmittelbar mit dem Leben des Volkes verknüpft ist und überall an dessen Erholungs- und Belustigungsstätten erklingt: in Kaffeehäusern

len' verknüpft, das in einem Prozess von Identitätsfindung sowie nationaler Interessensbildung und Abgrenzung nach außen hervorgebracht wurde.²⁵

Bereits hier wird die Mehrdeutigkeit des Schulenbegriffs ablesbar, die sich auch im weiteren Diskurs wiederfindet. Die (musikalische) ‚Schule' entwickelte sich etwa ab den 1820er Jahren und im weiteren Verlauf des 19. Jahrhundert zu einem verbreiteten Topos in musikgeschichtlichen Abhandlungen, biographischen Arbeiten und der Berichterstattung in der musikbezogenen Presse. In der Musikkritik wurde die ‚gute', ‚treffliche' oder auch ‚vorzügliche Schule' zu einer feststehenden Wendung entfaltet, die vielfach synonym zum Ausbildungsstand und Leistungsniveau der Interpret*innen, teils aber auch in zuvor genannten Bestimmungen gelesen werden kann.²⁶ Bei aller Präsenz bleibt der Begriff auffallend diffus. Die Unschärfe wird noch durch die Ambiguität des Schulenbegriffs im Allgemeinen verstärkt, wie etwa der entsprechende Eintrag im *Deutschen Wörterbuch* von Jacob und Wilhelm Grimm veranschaulicht.²⁷ Demnach werde mit dem Terminus unter anderem auf die Institution,

---

und Wirtshausgärten, in den Praterbuden und Heurigenschenken, ja selbst in den Höfen der Wohnhäuser. Und die Tatsache, daß der Wiener, um seinen Kaffee oder sein Bier mit dem richtigen Behagen schlürfen zu können, der Musikbegleitung bedarf, charakterisiert sein Verhältnis zur Musik besser als der Umstand, daß Oper und Konzertsäle fast allabendlich ausverkauft sind. Denn jene urwüchsige Wiener Volksmusik ist der eigentliche Ausdruck des Charakters der Stadt und ihrer Bewohner (allerdings ist diese Musik heute nahe daran, im Schmutz der modernen Operette unterzugehen)." Hugo Kauder: „Das Musikalische im Wiener Volkscharakter", in: *Musikblätter des Anbruch. Monatsschrift für moderne Musik* 13/14, Sonderheft Wien (1921), S. 234–236, hier S. 235.

25 Zum Konnex von Musik und Nationalität bzw. (kultureller) Identität siehe die Beiträge im Band: Detlef Altenburg und Rainer Bayreuther (Hg.): *Musik und kulturelle Identität. Bericht über den XIII. Internationalen Kongress der Gesellschaft für Musikforschung. Weimar 2004*, 3 Bde. Kassel: Bärenreiter, 2004; siehe auch Miriam Noa: *Volkstümlichkeit und Nationbuilding. Zum Einfluss der Musik auf den Einigungsprozess der deutschen Nation im 19. Jahrhundert*. Münster/New York/München/Berlin: Waxmann, 2013 (= Populäre Kultur und Musik 8); Bernard Banoun: „‚Klänge der Heimat'. Paradigmenwechsel des Nationalen in der Musik Zentraleuropas im 19. und im 20. Jahrhundert", in: Moritz Csáky und Klaus Zeyringer (Hg.): *Inszenierungen des kollektiven Gedächtnisses. Eigenbilder, Fremdbilder*. Innsbruck/Wien: StudienVerlag, 2002 (= Paradigma: Zentraleuropa 4), S. 83–97. Mit dem Fokus auf Wien bzw. Österreich siehe auch den Band: Gernot Gruber, Barbara Boisits und Björn R. Tammen (Hg.): *Musik – Identität – Raum. Perspektiven auf die österreichische Musikgeschichte*. Wien/Köln/Weimar: Böhlau, 2021 (= Wiener musikwissenschaftliche Beiträge 27).

26 Siehe etwa Wiener Theater-Zeitung 17.05.1838, S. 435; Illustrirte Zeitung [Leipzig] 11.01.1845, S. 29; Wiener Zeitung 15.07.1855, S. 1907; Blätter für Musik, Theater und Kunst 37 (1857), S. 148; Niederrheinische Musik-Zeitung 5 (1859), S. 39; Neue Zeitschrift für Musik 21 (1865), S. 185; Berliner Musikzeitung 20 (1875), S. 134; Signale für die musikalische Welt 5 (1883), S. 74; Neue Zeitschrift für Musik 27 (1887), S. 316.

27 Siehe unter dem entsprechenden Lemma in: Deutsches Wörterbuch von Jacob Grimm und Wilhelm Grimm, 16 Bde. in 32 Teilbdn. Leipzig 1854–1961, digitalisierte Fassung im Wörterbuchnetz des Trier Centre for Digital Humanities, https://woerterbuchnetz.de/?sigle=DWB2&lemid=A00001; 03.11.2019.

den Unterricht, zugleich aber auch auf die Ausbildung, die Methode und auf Lehrwerke verwiesen. Trotz aller Unbestimmtheit bildet der Topos der ‚Schule' bis heute eine wichtige Ordnungskategorie der Musikhistoriographie, ohne dabei in seinem Bedeutungsgehalt grundlegend diskutiert worden zu sein.[28]

Im Folgenden wird die Anwendung des Schulenbegriffs am Beispiel der ‚Hellmesberger-Schule' analysiert und in diesem Zuge zentrale Deutungsmuster und Wahrnehmungskategorien herausgearbeitet.

2. Was ist die ‚Hellmesberger-Schule'?

Die ‚Hellmesberger-Schule' erweist sich als ein Topos, der sich vornehmlich in der Rezeption der Ausbildungs- und Arbeitszusammenhänge um das Violinspiel in Wien nachvollziehen lässt. In Autobiographien[29], Retrospektiven und weiteren Egodokumenten von Hellmesberger, seinen Kolleg*innen und Schüler*innen,[30] die auf Rekurse auf die ‚Hellmesberger-Schule' hin untersucht wurden, wird er nicht aufgerufen. Es handelt sich damit um eine Rezeptionskategorie, um eine Zuschreibung von außen, die die Wahrnehmung eines unterschiedlich argumentierten Zusammenhangs von Akteur*innen repräsentiert, nicht aber notwendig mit dem Selbstverständnis der

---

28 Eine Ausnahme bildet der Beitrag von Kilian Sprau und Franz Körndle: „‚… und sonderlich ein herrlicher Pralltriller'. Beiträge zur Erforschung künstlerischer ‚Schulenbildung'", in: Gabriele Puffer, Andreas Becker, Franz Körndle und Kilian Sprau (Hg.): *Musik – Pädagogik – Professionalität. Festschrift für Bernhard Hoffmann zum 60. Geburtstag*. Innsbruck/Esslingen/Bern: Helbling, 2019, S. 91–117. Hier wird ‚Schule' in erster Linie als genealogischer Begriff verstanden und ihre Bedeutung für eine kollektive Identitätsfindung herausgestellt.

29 Siehe etwa Leopold Auer: *Violin Playing as I Teach it*. London: Gerald Duckworth & Co., 1921; S.[igmund] Bachrich: *Aus verklungenen Zeiten. Erinnerungen eines alten Musikers*. Wien: Verlag Paul Knepler (Verlag Wallishauser), 1914; Natalie Bauer-Lechner: *Fragmente. Gelerntes und Gelebtes*. Wien: Verlag von Rudolf Lechner & Sohn, 1907; Ida Bayer-Aspis: Josef Bayer [Typoskript, o. J.]. A-Wn (Misc. 17/1); Robert Fischhof: *Begegnungen auf meinem Lebensweg. Plaudereien, Erinnerungen und Eindrücke aus jungen Jahren*. Wien/Leipzig: Hugo Heller & Co, 1916; Carl Flesch: *Erinnerungen eines Geigers*. Freiburg i. Br./Zürich: Atlantis Verlag, 1960; Karl Goldmark: *Erinnerungen aus meinem Leben*. Wien: Rikola Verlag, 1922; Joseph Sulzer: *Ernstes und Heiteres aus den Erinnerungen eines Wiener Philharmonikers*. Wien/Leipzig: Verlag J. Eisenstein & Co, 1910.

30 Die erhaltenen Konvolute der Hellmesberger-Korrespondenz sind vornehmlich in Wiener Archiven und Bibliotheken verwahrt: ÖNB (Sammlung von Handschriften und alten Drucken, Musiksammlung), Archiv der Gesellschaft der Musikfreunde Wien (A-Wgm), Handschriftensammlung und Musiksammlung der Wienbibliothek (A-Wst), Historisches Archiv der Wiener Philharmoniker (A-Wph). Sie sind ausgesprochen fragmentarisch. Vielfach handelt es sich um beruflichen Schriftwechsel, häufig um knappe Terminvereinbarungen, Absprachen zur Vergabe von Sitzplätzen in Konzerten, Briefe an die Direktion der Gesellschaft der Musikfreunde und ähnliches. Josef Hellmesberger d. Ä. erwähnt hier weder die ‚Hellmesberger-Schule' noch finden sich Hinweise auf einen entlang verschiedener Merkmale konturierten Ausbildungszusammenhang um ihn selbst als Lehrperson.

letzteren übereinstimmt. Es ist nicht abzuschätzen, inwiefern sich die Musiker*innen selbst innerhalb und als Teil dieser ‚Schule' verorteten, ob sie ihr Selbstbewusstsein darauf gründeten und ob sie sich selbst als Vermittler*innen der hierauf bezogenen Traditionsvorstellung verstanden.

In der Diskussion der Frage, was unter der ‚Hellmesberger-Schule' zu verstehen ist, wird selbige daher als konzeptuelle Kategorie, als Ergebnis einer diskursiven Praxis verstanden. Unter diesen Vorzeichen wird im Folgenden der Diskurs der ‚Hellmesberger-Schule' auf die hiermit verbundenen Wahrnehmungskategorien und Deutungsmuster hin untersucht. Die ‚Schule' als Konstrukt zu begreifen, bedeutet dabei keineswegs, ihr eine reale Wirkungskraft abzusprechen. Wie wenig Konstruktion und Wirklichkeit konträr zu denken sind, hat Bruno Latour mit der anschaulichen Metapher des Hauses verdeutlicht: Das Haus ist – von Architekten entworfen und von vielen Akteur*innen errichtet – zwar ein Konstrukt, deswegen aber keinesfalls weniger real.[31] Die Betonung des Konstruktcharakters öffnet vielmehr den Blick auf die (sprachliche wie nichtsprachliche) diskursive Praxis. Entsprechend bilden Diskurse, mit Michel Foucault gesprochen, „systematisch die Gegenstände [...], von denen sie sprechen"[32], sie bilden Wirklichkeit nicht nur ab, sondern bringen sie hervor. Damit sind Wissen und Wirklichkeit durch Konstruktionsprozesse hervorgebracht, über die Gesellschaften ihre Umwelt mit Bedeutungsmustern ausstatten. Das heißt nicht, dass es keine außersprachliche Wirklichkeit gäbe, wohl aber, dass die Wahrnehmung der Dinge außerhalb von Sprache und Diskursen nicht möglich ist.[33] Die Analyse von Diskursen muss sich entsprechend die Aufdeckung der sprachlichen Praktiken und ihrer Regeln zum Ziel setzen. Leitende Fragen sind: *Wer* sagt *was, wo* und *zu welcher Zeit*? Aus historiographischer Perspektive soll außerdem danach gefragt werden, „wie und warum sich solche Diskurse im historischen Prozess verändern und damit zugleich eine veränderte Wirklichkeit hervorbringen"[34].

Methodischer Bezugspunkt der folgenden Betrachtungen ist der Ansatz der historischen Diskursanalyse, wie ihn Achim Landwehr vorgestellt hat. Landwehr stützt sich auf den richtungsweisenden Diskursbegriff Foucaults, den er für die historiographische

---

31 Siehe Bruno Latour: *Eine neue Soziologie für eine neue Gesellschaft. Einführung in die Akteur-Netzwerk-Theorie*, 4. Aufl. Frankfurt a. M.: Suhrkamp, 2017 (= suhrkamp taschenbuch wissenschaft 1967), S. 157.

32 Michel Foucault: *Archäologie des Wissens*, 18. Aufl. Frankfurt a. M.: Suhrkamp, 2018 (= suhrkamp taschenbuch wissenschaft 356), S. 74.

33 Siehe Philip Sarasin: „Diskurstheorie und Geschichtswissenschaft", in: Reiner Keller, Andreas Hirseland, Werner Schneider und Willy Viehöver (Hg.): *Handbuch Sozialwissenschaftliche Diskursanalyse*, 2 Bde., Bd. 1: *Theorien und Methoden*. Opladen: Leske + Budrich, 2001, S. 53–79, hier S. 59.

34 Achim Landwehr: *Historische Diskursanalyse*, 2. Aufl. Frankfurt a. M.: Campus-Verlag, 2018, S. 21.

Arbeit präzisiert.[35] Er hat ein Operationalisierungskonzept vorgeschlagen, das bei der Identifizierung wiederkehrender thematischer Zusammenhänge wie der ‚Hellmesberger-Schule' respektive der ‚Wiener Schule' ansetzt. Hieran schließt sich die Zusammenstellung eines Korpus aus Einzeltexten an, die durch ähnliche Aussagen in einem inhaltlichen Zusammenhang stehen. Sie werden in weiteren Schritten einer Analyse ihrer situativen, medialen, institutionellen und historischen Kontexte unterzogen, bevor das Material in seiner Makro- und Mikrostruktur untersucht und schließlich mit den Wahrnehmungskategorien und Bedeutungskonstruktionen der Diskurs als Ganzes betrachtet wird. Landwehrs Konzept ermöglicht ein strukturiertes Vorgehen der Diskursanalyse, ohne jedoch für jeden Text die strikte Einhaltung der einzelnen Untersuchungsschritte vorzugeben. Stattdessen bewertet der Autor selbst die einzelnen Schritte als „grobe Richtmarken"[36] der Untersuchung, die je nach Beschaffenheit der Quellen angepasst werden können und sollen. In diesem Verständnis bietet Landwehrs Konzept einen Orientierungsrahmen der folgenden Betrachtungen.

Dass Diskurse die Handlungsräume beeinflussen und raumkonstituierend sein können, hat Foucault herausgestellt.[37] Insofern berührt die Auseinandersetzung mit dem Narrativ der ‚Hellmesberger-Schule' auch die Frage nach den im vorigen Kapitel thematisierten Chancen und Karrieren der Studierenden des Geigers. An dieser Stelle wird in einem ersten Schritt nachvollzogen, was unter der ‚Hellmesberger-Schule' verhandelt wurde, und wie sich der Diskurs im Laufe der Jahrzehnte entwickelt hat. Fragen nach den konkreten verbindenden spieltechnischen bzw. interpretationsästhetischen Eigenschaften und Merkmalen der Akteur*innen werden in diesem Zusammenhang diskutiert, stehen allerdings nicht im Vordergrund – der Fokus bleibt auf die diskursive Verhandlung der ‚Hellmesberger-Schule' gerichtet.

Grundlage der Auseinandersetzung ist ein Quellenkorpus, das Publikationen des 19. und 20. Jahrhunderts, vor allem feuilletonistische Presseberichte und biographisches Material, aber auch Schriften und Aktenmaterial der Institutionen sowie institutionengeschichtliche und musikhistoriographische Literatur umfasst. Aufgerufen wird der Topos in Konzertbesprechungen von Josef Hellmesberger d. Ä., dessen Kolleg*innen und Schüler*innen, in Erinnerungen von Zeitgenossen, in Studierendenlisten, Jahresberichten, Konzert- und Prüfungsprogrammen des

---

35   Siehe Landwehr: *Historische Diskursanalyse*, S. 21. Siehe auch Peter Haslinger: „Diskurs, Sprache, Zeit, Identität. Plädoyer für eine erweiterte Diskursgeschichte", in: *Österreichische Zeitschrift für Geschichtswissenschaften* 4 (2005), S. 33–59, hier S. 33.
36   Landwehr: *Historische Diskursanalyse*, S. 109.
37   Michel Foucault: „Andere Räume", in: Karlheinz Barck (Hg.): *Aisthesis. Wahrnehmung heute oder Perspektiven einer anderen Ästhetik. Essais*. Leipzig: Reclam, 1990 (= Reclams Universal-Bibliothek. Neue Folge 1352: Kulturwissenschaften), S. 34–46.

Konservatoriums, in (Geschäfts-)Berichten des Ausbildungsinstituts und jenen der Gesellschaft der Musikfreunde, außerdem in Ehrungen Hellmesbergers (etwa anlässlich von Künstlerjubiläen), in biographischen Beiträgen zur Familie Hellmesberger, in Festschriften Wiener Institutionen, im Feuilleton der Wiener Presse und der weiteren wienbezogenen Musikhistoriographie. Auffällig ist der enge geographische Rahmen. Der Wahrnehmungsradius reicht kaum über Wien bzw. die Kronländer hinaus. Außerhalb Wiens wurde nur selten auf die ‚Hellmesberger-Schule' rekurriert. Sie zeigt sich damit vornehmlich als Kategorie einer städtischen Selbstpräsentation, die Orientierungspunkte für die Identitätsfindung nach innen und die Abgrenzung nach außen bietet.

3. Die ‚Schule' in der Hellmesberger-Rezeption

Erste Verweise auf einen Schulenzusammenhang um Josef Hellmesberger d. Ä. sind um 1840 in der Wiener Presse zu finden. Nach einem Auftritt des 11-jährigen Geigers in einer musikalischen Akademie, die unmittelbar vor einer Ballettaufführung im Hofopernntheater veranstaltet wurde, urteilt etwa der Rezensent J. B. Sorger in der Wiener Zeitung *Der Adler*: „Der Knabe entwickelte eine treffliche Schule, korrekten Vortrag, Leichtigkeit und Gefühl, und wird sich unter der leitenden Meisterhand seines Vaters zum bedeutenden Künstler heranbilden."[38] Das Lob richtet sich auf die Korrektheit der Ausführung und weitere Eigenschaften, die als Ergebnis oder Bestandteil der „trefflichen Schule" vorgestellt werden. Sie kann in diesem Sinne als Spieltechnik oder auch als Leistungsstand beziehungsweise Fähigkeit des Geigers aufgefasst werden. Ihre Entwicklung wird dabei eng auf den Unterricht beim Vater bezogen.

In der weiteren frühen Hellmesberger-Rezeption ist eine ähnliche Verwendung des Schulenbegriffs bei gleichzeitiger Weitung des Bedeutungszusammenhangs zu beobachten. In einer in den Wiener *Sonntagsblättern* erschienenen Besprechung eines Konzertes der Brüder Josef und Georg Hellmesberger ist zu lesen: „Die beiden Konzertgeber vereinigten am Schlusse ihren Vortrag in dem Andantino und Rondo aus Spohr's zweitem Violinkonzerte [d-Moll op. 2], und hier bekundete sich vorzüglich ihre gute Schule und die stete und tüchtige Leitung, welche sie von ihrem Vater erhielten"[39]. Die „gute Schule" steht hier als Synonym für erfolgreichen Unterricht, schließt aber weitere Bedeutungen, wie etwa das Ausbildungsniveau, mit ein. Das gilt auch für die Verwendung des Begriffs in einer Rezension zum Debüt der Brüder

---

38 Der Adler [Wien] 13.01.1840, S. 86.
39 Sonntagsblätter [Wien] 30.03.1845, S. 300. Ähnlich formuliert auch ein Korrespondent der Leipziger *Allgemeinen musikalischen Zeitung*: „Beide Knaben, in der Schule ihres Vaters gebildet, [...] versprechen die kleine Anzahl solider Violinisten zu vermehren." (45 [1844], Sp. 723).

Josef und Georg Hellmesberger am 11.02.1844 im Saal der Gesellschaft der Musikfreunde. Ein Redakteur der *Wiener Zeitschrift*, schreibt hierzu:

> Wir haben es in diesen Blättern oft erwähnt, wie reichhaltig in unserem Musik begünstigten Wien der Nachwuchs an talentvollen Violinspielern seine Blüthen entfalte, und wie viel man in dieser Beziehung den verdienstvollen Professoren Böhm, Hellmesberger und Jansa zu verdanken habe. Die beyden, aus der Schule ihres kunsttüchtigen Vaters hervorgegangenen ganz jugendlichen Virtuosen, der musikalischen Welt bereits seit mehreren Jahren angehörend, bekräftigten diesen Ausspruch in ihrem heutigen Concerte aufs erfreulichste.[40]

Anders als in früheren Besprechungen wird die ‚Schule' hier zudem auf den regionalen Wiener Kontext bezogen und der Donaumetropole hierüber eine herausgehobene musikkulturelle Bedeutung zugeschrieben, für die Josef und Georg Hellmesberger wiederum als beispielhaft erwähnt werden.

In keinem der Beiträge wird die genannte ‚Schule' explizit bestimmt. Gleichwohl lassen sich hier vor allem zwei Bedeutungsebenen ausmachen. In den ersten Beispielen ist ‚Schule' in erster Linie als Fertigkeit, die entwickelt oder erworben werden kann – als Ausbildungsstand oder Leistungsniveau – zu verstehen. In weiteren Beiträgen wird demgegenüber mehr auf den Ausbildungszusammenhang zwischen Lehrer und Schülern abgehoben, der in diesem konkreten Fall zugleich als familiärer identifiziert wird. Der als ‚kunsttüchtig'[41] attribuierte Vater wird als einflussreicher Mentor benannt, dessen erzieherischer Einfluss noch dadurch betont wird, dass die Brüder als ‚ganz jugendlich'[42] – und damit als noch wenig anderweitig beeinflusst – bezeichnet werden. Über den Schulenbegriff wird damit zugleich ein künstlerisch-genealogischer Zusammenhang aufgerufen und eine Abstammungslinie künstlerischer Produktivität nachgezeichnet, die auf der Annahme basiert, dass Lehrende unmittelbaren Einfluss auf ihre Schüler*innen nehmen.[43] Das Zusammenfallen der Lehrer-Schüler-Genealogie mit dem verwandtschaftlichen Verhältnis wird in diesem Zusammenhang vielfach betont. Ein Redakteur des Österreichischen Morgenblatts bemerkt nach dem Auftritt in einer wohltätigen Akademie zugunsten der Annakirche, in deren Rahmen die Brüder zusammen mit dem Vater ein *Concertino* des Wiener Komponisten Franz Grutsch für zwei Violinen und Viola vorgetragen hatten:

---

40 Wiener Zeitschrift für Kunst, Literatur, Theater und Mode 32 (1844), S. 255.
41 Ebd.
42 Ebd.
43 Siehe Sprau und Körndle: „‚… und sonderlich ein herrlicher Pralltriller'", S. 92.

> Sämmtliche Stücke waren von dem Verstorbenen [Franz Schubert], und nur ausnahmsweise wurde ein Concertino für zwei Violinen und Viola von Franz Grutsch componirt, vom Professor Hellmesberger und dessen beiden Söhnen, besser Söhnchen, Joseph und Georg, gespielt; das genaue Ineinandergreifen des Spiels, die Reinheit, Sicherheit, Schönheit des Tones, die ungezwungene edle Bogenführung sprachen zur Genüge von dem entschiedenen Talente, Fleiße und gut genossenem Unterrichte dieser Knaben; der Apfel fällt nicht weit vom Stamme.[44]

Der gelungene Vortrag der Brüder wird auf Talent und Fleiß zurückgeführt, die – mit der Redewendung: ‚der Apfel fällt nicht weit vom Stamme' – wiederum als Ergebnis von Vererbung und hier sogar patriarchalischer Genealogie dargestellt werden, womit auch explizit an den Diskurs der Musikerfamilie angeknüpft wird.[45] Das Diminutiv ‚Söhnchen' wirkt verstärkend auf diese Lesart. Außerdem wird hierüber der Einfluss des Lehrers und Vaters – oder andersherum: die (künstlerische) Beeinflussbarkeit der noch jungen Schüler bzw. Söhne – betont. Das Verwandtschaftsverhältnis tritt als Beschreibungskategorie in den folgenden Jahren mit dem fortschreitenden Alter der Brüder zurück, wohingegen der Ausbildungskontext zur Einordnung in die künstlerische Genealogie der Musiker weiterhin relevant bleibt.

Mit der Berufung Josef Hellmesbergers d. Ä. als Direktor und Professor für Violine an das Konservatorium der Gesellschaft der Musikfreunde wird der Schulenbegriff auch in neuen Zusammenhängen aufgerufen. Damit einhergehend zeichnen sich wiederum Veränderungen resp. Erweiterungen im Bedeutungsgehalt ab. In Studierendenlisten, Konzert- und Prüfungsprogrammen sowie Jahresberichten des Konservatoriums wird hierüber zunächst auf den institutionellen Ausbildungszusammenhang, auf die Lehrer-Studierenden-Konstellation am Konservatorium Bezug genommen. Mit dem Begriff der ‚Hellmesberger-Schule' wird dabei vor allem die Zugehörigkeit von Studierenden zur Geigenabteilung bzw. -klasse am Konservatorium angezeigt. Auch in knappen Pressemitteilungen über Veranstaltungen des Konservatoriums verweisen die Redakteure mit der „Schule Hellmesberger"[46] auf den genannten Unterrichtszusammenhang. Häufig wird hiermit auch ein Werturteil

---

44 Österreichisches Morgenblatt [Wien] 24.03.1841, S. 151.
45 Systematische Untersuchungen zur Musikerfamilie stehen noch aus. Zur Auseinandersetzung mit Verwandtschaft siehe Christina von Braun: *Blutsbande. Verwandtschaft als Kulturgeschichte.* Berlin: Aufbau Verlag, 2018.
46 Beispielsweise Blätter für Musik, Theater und Kunst 58 (1870), S. 210; Die Presse [Wien] 23.07.1870, NP; Deutsche Zeitung [Wien] 26.07.1872, S. 9.

verknüpft. Für die *Wiener Zeitung* formuliert ein Mitarbeiter nach einem Prüfungskonzert im Frühjahr 1861:

> Wenn dieses Institut, dessen Gesammtzustand zur Stunde noch einen so wenig erfreulichen Anblick bietet, in neuerer Zeit die energischesten Anstrengungen wahrnehmen läßt, sich zu einer würdigeren Stufe emporzuschwingen, so können wir demselben auch nachrühmen, daß seine Zöglinge sich in keinem der früheren Jahre ein so glänzendes Zeugniß ausgestellt haben, als durch ihr diesjähriges Prüfungskonzert. Wenigstens gilt dies unbedingt von der Schule der (unter der Leitung des Herrn Prof. Hellmesberger stehenden) Violinspieler.[47]

Ähnlich äußert sich auch ein Redakteur der österreichischen Wochenzeitung *Blätter für Musik, Theater und Kunst* nach einer Konservatoriumsprüfung am Ende des Schuljahres 1861/62:

> Von der Prüfung der dritten Violin-Classe (Director J. Hellmesberger), welche den Reigen der Conservatoriumsprüfungen auf das Würdigste schloß, kann man zwar nicht sagen: ‚Ende gut, Alles gut,' weil nur der Vordersatz und nicht auch der Nachsatz richtig ist, denn Alles war an den dießjährigen Prüfungen eben nicht gut. Der Vordersatz aber findet in seiner vollsten Bedeutung Anwendung, denn vorzügliche Resultate ergab diese Prüfung, wie alljährlich, auch dießmal wieder, und zwar Resultate wirklicher Ausbildung. Zwischen den Ergebnissen, [sic] der Hellmesberger'schen Classe und jenen anderer Zweige liegt, abgesehen von der relativen und nach Maßgabe des specifischen Talents der Schüler variablen Vortrefflichkeit der Leistungen, der gewichtige Unterschied, daß sich die Resultate hier als die einer wirklichen Schule im höheren Sinne darstellen, während in anderen Fächern eben nur mehr oder minder gut unterrichtete Individuen ans Licht gebracht wurden. Schule im ebengedachten Sinne kann nur jene genannt werden, die in einem ganz bestimmten Geiste geleitet wird; wo die Entwicklung der Individualität zwar als das höchste Ziel stets vor Augen gehalten wird, wo aber hingegen auch die Systematik und Einheitlichkeit des Entwicklungsprocesses herrscht. Alle diese Merkmale weist Hellmesberger vollauf aus. Hellmesberger bildet eine Schule. So wie Geßler Tell's Pfeil augenblicklich aus der Sicherheit des Schusses erkannte, so kennt man Hellmesberger'sche Schüler aus hundert anderen heraus. Man erkennt sie an ihrer eleganten, freien, großen, allseitig ausgebildeten Bogenführung, an der Energie und Breite des Vortrags, an

---

47 Wiener Zeitung 10.05.1861, S. 427.

der Wohlbildung des Tons, und noch anderen, kleineren Eigenthümlichkeiten. Daß einer Schule nicht in jedem Jahre die gleiche Zahl von Talenten zufließt, daß einmal das Zusammentreffen ein größeres, einmal wieder ein geringeres ist, liegt in der Natur der Sache. So viel ist aber gewiß, daß Hellmesberger in jedem Jahre wenigstens einen Schüler hinstellt, der den Ruhm dieser Schule zu verkünden vermag und den factischen Beweis liefert, daß man aus Hellmesberger's Händen als durchgebildeter Violinspieler hervorgehen kann.[48]

Die Leistungen der Geiger aus der Klasse Hellmesberger dienen beiden Autoren als Folie ihrer Kritik an Leistungen der Studierenden weiterer Instrumental- und Gesangsabteilungen. Das Konzept ‚Schule' ist dabei unmittelbar auf den institutionellen Kontext bezogen. In seiner ausführlichen Besprechung nutzt es der Rezensent der *Blätter für Musik, Theater und Kunst* zudem ganz zentral, um Unterschiede zu formulieren und stellt hierzu das Kollektiv musikalischen Einzelleistungen gegenüber: Die ‚Schule' setze anstelle vieler separater Musiker*innen ein Kollektiv voraus, das durch systematischen Unterricht und parallele Entwicklungsprozesse eine homogene und kennzeichnende Klangästhetik entwickle. Das Spiel der Hellmesberger-Schüler sei entsprechend durch eine ausbalancierte Bogenführung, Energie, einen reich nuancierten Vortrag und gute Tonbildung charakterisiert. Als Grundlage hierfür nennt der Autor einen „bestimmten Geiste"[49] – im Sinne musikästhetischer Ideale oder auch methodischer Ansätze, die konstitutiv für ‚Schulen' im Allgemeinen und die ‚Hellmesberger-Schule' im Besonderen seien. Die ‚Hellmesberger-Schule' wird so als ein spieltechnisch und klangästhetisch charakterisierter Zusammenhang definiert. Auch andernorts findet sich eine solche Begründung wieder. Die Annahme, dass die Geiger*innen über ihr Spiel als Angehörige der ‚Schule' identifiziert werden können, bildet einen breiten Konsens. Ebenfalls in den *Blättern für Musik, Theater und Kunst* erschien im Sommer 1864 eine Besprechung von Konservatoriumsprüfungen, in der weitere charakteristische Merkmale benannt werden. Der Einschätzung des Rezensenten zufolge, „[z]eigte sich zwar an jedem der vorgeführten Eleven der unverkennbare Einfluß der eminenten Schule Hellmesberger's, die auf gründliche Technik, großen Ton, charakteristischen, edlen Vortrag und elegante Haltung gleichmäßig hinwirkt". Es sei dennoch „natürlich, daß diese Merkmale bei den reicher Begabten auch in bestimmteren Formen zur Erscheinung gelangten. Zu diesen vom Hause aus mit dem Weihekuß der Kunst Versehenen sind namentlich zu zählen: Brodsky, Blau, Risegari und in vielleicht noch höherem Grade Frln. Fanny Schön. Dieses Fräulein

---

48   Blätter für Musik, Theater und Kunst 62 (1862), S. 248.
49   Ebd.

hat uns durch die Kraft, Größe und Noblesse ihres Tones, die Sicherheit und Reinheit ihres Passagenspiels, die Glut und Energie ihres Vortrages wirklich überrascht, stellenweise geradezu hingerissen."[50]

Im Feuilleton finden sich einige derartige Erläuterungen zur ‚Hellmesberger-Schule'. Der Rezensent eines im Frühjahr 1865 veranstalteten Konservatoriumskonzertes formuliert für die *Wiener Zeitung*: „Jubel, unendlicher Jubel aber folgte dem Paganini'schen Perpetuum mobile [Moto perpetuo op. 11], von 22 Schülern unter Joseph Hellmesbergers Commando vorgetragen. Diese Production muß man hören; ja, wir haben hier in Wien eine ‚Schule der Violine!'"[51]. Auch hier wird die Homogenität des Klangs – als Ergebnis einheitlicher Technik und ästhetischer Ideale – zum Ausweis der ‚Schule' erklärt und das gelungene Unisonospiel als anschaulicher Beleg der Zugehörigkeit der Studierenden zur Hellmesberger-Schule angeführt. Während in diesem Fall und in den bereits zitierten Beiträgen allein die Studierenden aus den Klassen Hellmesbergers als Akteur*innen der ‚Hellmesberger-Schule' berücksichtigt wurden, wird der Schulenzusammenhang von einigen Musikkritikern durchaus auf die gesamte Streichersektion am Konservatorium ausgeweitet und hierin Hellmesbergers Einfluss als Leiter der Orchesterübungen herausgestellt. Ein Korrespondent der Fachzeitschrift *Signale für die musikalische Welt* schreibt: „Die Wiedergabe der Musik zu ‚Egmont', wie auch die Begleitung zu den Concertstücken zeugte für die längst anerkannte Vortrefflichkeit der Schule des Directors Hellmesberger."[52] Hier wie auch insgesamt ab Mitte der 1870er Jahre wird die ‚Hellmesberger-Schule' mittlerweile als bekanntes Phänomen vorausgesetzt. In einer Laudatio auf Josef Hellmesberger d. Ä. anlässlich seines 25-jährigen Dienstjubiläums formuliert etwa ein Redakteur der *Presse*, Hellmesberger dürfe sich

> glänzender Erfolge im Hinblick auf seine zahlreichen Schüler als Lehrer rühmen. Mit gerechtem Selbstbewusstsein kann Hellmesberger in Betracht der Schule, die er gegründet, von sich sagen, in seiner Person habe sich das gegenwärtige Musikleben Wiens völlig verkörpert. Wohin sein Blick sich wendet, fällt er auf Einen oder den Anderen aus dem großen Chor seiner Schüler, aus deren Anzahl wir nur hier gelegentlich die Herren Auer, Rappoldi, Krancevics, Heller, Fräulein Theresine Seidl hervorheben wollen.[53]

---

50   Ebd. 61 (1864), S. 244.
51   Wiener Zeitung 22.04.1865, S. 266.
52   Signale für die musikalische Welt 34 (1877), S. 532f., hier S. 532.
53   Die Presse [Wien] 21.10.1876, S. 2.

Daneben äußert sich auch ein Mitarbeiter der *Neuen Freien Presse* 1877 in der Rezension eines Konzerts des Vereins Concordia über die Mitwirkung von „Meister Hellmesberger [...] mit einer erlesenen Schaar von Mitgliedern des Opern-Orchesters und Zöglingen seiner berühmten Schule"[54].

Die Schule wird als ‚anerkannt', als ‚berühmt' benannt und mit dem Verweis auf die ‚Vortrefflichkeit' erneut die exzeptionelle Leistung der mit ihr verbundenen Musiker*innen hervorgehoben. Allein die Zugehörigkeit zur ‚Hellmesberger-Schule' wird dabei schon als Ausweis oder gar als Garant anspruchsvoller musikalischer Leistungen gewertet. Die *Deutsche Musik-Zeitung* lobt etwa Theodor Schwendt „für sein tüchtiges Violinspiel, das die gediegene Schule Hellmesberger's bekundete"[55], ohne weitere Erläuterungen zum Spiel anzufügen.

Spätestens in den 1880er Jahren nutzen ehemalige Studierende Hellmesbergers dieses Etikett auch zur Eigenwerbung. Im *Neuen Wiener Tagblatt* annonciert ein Geiger: „Tüchtiger Violinspieler (ehemaliger Schüler des Prof. Hellmesberger) ertheilt Violinunterricht nach der Lehrmethode des Wiener Konservatoriums"[56]. In der *Wiener Allgemeinen Zeitung* inseriert daneben im Sommer 1884 auch ein Interessent: „Zum Violinunterricht wird ein tüchtiger Conservatorist höheren Jahrganges, Schule Hellmesberger, gesucht."[57] Möglicherweise wird hier mit dem Schulenbegriff mittlerweile auf den Ausbildungszusammenhang um Josef Hellmesberger d. J. verwiesen, der seit 1878/79 eine Professur in der Violinabteilung des Konservatoriums bekleidete. Aus institutioneller Perspektive und auch mit Blick auf das Konservatorium wurde der Topos der Hellmesberger-Schule durchaus auf Josef Hellmesberger d. J. ausgeweitet, allerdings wird er weit seltener im Zentrum dieser ‚Schule' verortet, sondern eher – wie die anderen Schüler seines Vaters auch – als einer von vielen Vertreter*innen genannt. Nach einer öffentlichen Veranstaltung des Ausbildungsinstituts formuliert die *Neue Zeitschrift für Musik*: „Die Schule Hellmesberger, welche bereits in der dritten Generation ihre erfolgreiche Lehrtätigkeit dem Conservatorium widmet, hat in ihrem jüngsten Repräsentanten, Professor Joseph Hellmesberger, einen ebenso zielbewußten, wie pflichtgetreuen Jugendbildner."[58]

Der Schulen-Topos begegnet in weiteren Rezensionen von Auftritten aktueller und ehemaliger Studierender Hellmesbergers. Wie in den Besprechungen der Konservatoriumsveranstaltungen wird auch hier auf ein personelles Netzwerk rekurriert, deren Angehörige sich durch eine spezifische Spielweise auszeichneten. Wiederholt

---

54 Neue Freie Presse [Wien] 01.05.1876, S. 1.
55 Deutsche Musik-Zeitung 31 (1880), S. 183.
56 Neues Wiener Tagblatt 24.09.1883, S. 7.
57 Wiener Allgemeine Zeitung 05.06.1884, S. 12.
58 Neue Zeitschrift für Musik 2 (1899), S. 486.

werden unter dem Topos auch Privatschüler Hellmesbergers berücksichtigt. Im Anschluss an ein Konzert von Dragomir Krancsevics im Frühjahr 1862 in Wien äußert sich ein Rezensent der *Blätter für Musik, Theater und Kunst*:

> Das Abendconcert des jungen Kranczevics, das ein ziemlich zahlreiches und besonders gewähltes Auditorium versammelte, hatte für den überaus talentirten Sprößling der Hellmesberger'schen Schule einen ihn, gleichwie seinen genialen Lehrer gleich ehrenden Erfolg. Kranczevics bewährte in allen vorgetragenen Piecen eine ungemein glänzende Technik. Er bewältigt die größten Schwierigkeiten mühelos, sicher, kühn und mit Bewahrung äußerlicher Ruhe. Kurz, er spielt mit ihnen. Zu dieser brillanten Ausbildung der Fertigkeit sowohl am Griffbrette als in der Bogenführung kommt als musikalisch wichtiger Moment ein feuriger, eleganter, frischer, aller falschen Sentimentalität fernstehender Vortrag. Was noch einer weiteren Ausbildung bedarf, ist: innerliche Ruhe und gesteigerte Schönheit des Tones. Beides bedingt sich gegenseitig. Kommt der junge Künstler einmal dahin, sein ungestümes Blut zu zähmen, das ihn jetzt über manche Stelle leichter hinwegzuhuschen treibt, als es sein sollte, so wird er auch dadurch den zeitlichen Raum gewinnen, mehr Ton zu entfalten und ihn edler, runder zu bilden. Kranczevics wurde durch reichlichen und höchst aufmunternden Beifall ausgezeichnet, von welchem sein Lehrer immerhin einen guten Theil für sich in Anspruch nehmen darf.[59]

Anlässlich der Aufnahme Dragomir Krancsevics' in das Hellmesberger-Quartett, in dem er für die Saisons 1867/68 und 1869/70 als zweiter Violinist wirkte, finden sich weitere Charakterisierungen seines Spiels, die auf seinen Unterricht bei Hellmesberger rückbezogen werden. In den *Signalen für die musikalische Welt* ist entsprechend zu lesen: „An Herrn Hoffmanns Stelle ist vom neuen Jahre an Herr Dragomir Krancewic getreten; ein junger Künstler, der einen großen Ton, ungewöhnliche Fertigkeit und alle edlen Eigenschaften der Schule seines Meisters, des Herrn Hellmesberger, besitzt."[60] Nach einem weiteren Auftritt des Geigers in einem Konzert der Gesellschaft der Musikfreunde, in dem er zusammen mit Josef Hellmesberger d. Ä. Johann Sebastian Bachs Doppelkonzert für 2 Violinen d-Moll vortrug, äußert ein Mitarbeiter des *Fremdenblatts*, der Musiker spielte „in jener stylvollen, durchempfundenen Weise, die man an dem Meister und seiner Schule genugsam [sic] kennt."[61] Die Charakterisierung bleibt abstrakt. Dies gilt auch für weitere Besprechungen von

---

59 Blätter für Musik, Theater und Kunst 26 (1862), S. [101].
60 Signale für die musikalische Welt 5 (1867), S. 78.
61 Fremden-Blatt [Wien] 16.01.1867, S. 6.

Hellmesberger-Schüler*innen. Nach einem Auftritt Theresine Seydels spricht ein Rezensent der *Presse* von „einer Violin-Virtuosin aus der Schule Hellmesberger's, welche das Concertstück ‚l'Orage' von Vieuxtemps mit lobenswerther Fertigkeit und brillantem Erfolge spielte; es war in der That eine Leistung, welche dem Streben der noch sehr jugendlichen Künstlerin und nicht minder dem Meister, dem sie ihre Ausbildung verdankt, zur großen Ehre gereicht."⁶² Auch die Rezension eines Auftrittes des ehemaligen Privatschülers Alois Bruck in Baden-Baden erlaubt keine konkreten Rückschlüsse auf Spielcharakteristika der Akteur*innen aus dem Ausbildungszusammenhang: „Br. ist aus der guten Schule Hellmesberger's hervorgegangen, seine Bogenführung ist solid, seine Technik gut, sein Vortrag einfach, natürlich und musikalisch, was ihm noch fehlt, ist mehr Wärme der Empfindung und ein gewisser Schwung in der Interpretation"⁶³.

Mit Blick auf das Hellmesberger-Quartett, das Ende der 1880er Jahre aus den Brüdern Josef Hellmesberger d. J. als Primarius und Ferdinand Hellmesberger als Violoncellist sowie Julius Egghard (Violine II) und Josef Maxintsak (Viola) – Letztere ehemalige Studenten von Josef Hellmesberger d. Ä. – bestand, schreibt ein Redakteur der Österreichischen Kunst-Chronik:

> Die jungen Brüder Hellmesberger mit ihren tüchtigen Secundanten Egghard und Maxintsak gehen feste sichere Wege; ist doch in jedem Bogenstrich der mächtige Einfluss zu erkennen, welchen die in ihrer Art unvergleichliche Schule Vater Hellmesberger's ausübt. Tadellose Intonation, klares Auseinanderhalten der Stimmen und üppiger Wohlklang zeigen sich auch in diesem Jahre bei den Vorträgen des Hellmesberger'schen Quartettvereins.⁶⁴

Anders als in bisherigen Bezügen auf die Hellmesberger-Schule wird diese hier zudem über negativ konnotierte Merkmale beschrieben. Der Autor verweist auf „die traditionellen Sonderlichkeiten im Vortrage, besonders in dem der Cantilenen [...]. Wir meinen jenes gekünstelte Säuseln, Rutschen und Biegen, jenes unbegründete Hervorheben eines Tons, jenes oft allzu rasche Uebergehen vom Forte zum Pianissimo, welches der Natur des Gesangs widersprechend ist, aber auf die grosse Menge freilich den äusseren Effect selten verfehlt."⁶⁵ Transparenter, gleichwohl üppiger Ensembleklang standen demzufolge einem ausgeprägten Gebrauch des Portamento, dem Verbinden zweier Töne durch kleine Schleifer oder Glissandi – einem vor allem

---

62 Die Presse [Wien] 11.05.1870, NP.
63 Neue Zeitschrift für Musik 27 (1877), S. 282.
64 Österreichische Kunst-Chronik 49 (1888), S. 1217.
65 Ebd.

gegen Ende des 19. Jahrhunderts gebräuchlichen Ausdrucksmittel –, gegenüber. Negativ bewertet der Rezensent außerdem eine Überakzentuierung einzelner Töne, zusammen mit zu starken Diminuendi und wirft den Musikern Effekthascherei vor.

Eine im Hinblick auf die Spielästhetik konkretere Anmerkung zur ‚Hellmesberger-Schule' findet sich auch bei Carl Flesch, der retrospektiv – das heißt, Jahrzehnte nach seiner persönlichen Begegnung mit Hellmesberger – das langsame Vibrato als ein Kennzeichen benennt, das sich wiederum vom früheren Klangideal absetze: „Die älteren Generationen bevorzugen (mit Ausnahme der Wiener Hellmesbergerschen Schule) eine Art äußerst engen Bebens, das der Geschmacksrichtung der gegenwärtig herrschenden Vertreter unseres Instruments anscheinend nicht mehr entspricht – das heute gebräuchliche Tempo der einzelnen Vibratoschwingungen ist unvergleichlich langsamer geworden als vor 40 Jahren."[66]

Daneben wird wiederholt Josef Hellmesberger d. Ä. selbst eine spezifische Klang- und Interpretationsästhetik zugeschrieben, dieselbe als ebenso charakteristisch wie schulebildend konturiert und damit auch nach außen hin von anderen ‚Schulen' abgegrenzt. Ein Korrespondent der *Neuen Zeitschrift für Musik* zieht etwa einen Vergleich zu Ferdinand David, dem Primarius des Leipziger Gewandhaus-Quartetts und Konzertmeister des Gewandhausorchesters. Anlass war ein gemeinsamer Auftritt von Josef Hellmesberger d. Ä., August Kömpel, Ferdinand David und Friedrich Grützmacher im Rahmen der Tonkünstlerversammlung im Mai 1870 in Weimar: „Bei ihrem Erscheinen rauschender, wohl minutenlanger Applaus, hierauf athemlose Stille. Wenn sich vier Meister, von denen drei nicht anders gewöhnt sind, als ganz selbstständig Orchester oder Streichquartette anzuführen, ganz ausnahmsweise einmal auf zwei Tage zu einem Ensemble vereinigen, so ist es unsere Pflicht, dasselbe vor Allem von diesem Gesichtspuncte aus zu betrachten." Vor diesem Hintergrund betont der Autor die

> interessanten Berührungspuncte allein zwischen der David'schen und Hellmesberger'schen Schule, der Intensivität und Ruhe des Tons der David'schen Schule gegenüber der entweder ätherisch verflüchtigenden Zartheit oder oft wahrhaft südlichen Gluth und Schönheit des Hellmesberger'schen Tones mit seinem selbst durch die Tutti des Streichorchesters noch hindurchschwingenden Vibriren südlicher Empfindung und anderen, den Nordländer eigenartig berührenden jedoch in so ästhetischer Grenze und Eleganz weit mehr fesselnden als erkältenden Vortragsmanieren. Und hierzu diese Tonpracht von vier so kostbaren Instrumenten.[67]

---

66 Carl Flesch: *Die Kunst des Violinspiels*, 2 Bde., Bd. 1. Berlin: Ries & Erler, 1926, S. 26.
67 Neue Zeitschrift für Musik 24 (1870), S. 227.

Der Rezensent attestiert David einen intensiven und ruhigen Ton, Hellmesberger demgegenüber eine facettenreiche Klanggebung zwischen Zartheit und Glut und stellt damit die schlichtere Tongebung einer variantenreicheren gegenüber; auch der Verweis auf die nicht näher erläuterten ‚Vortragsmanieren' ist hier einzuordnen. Im gleichen Zuge bemüht der Autor den Nord-Süd-Kontrast als wesentliche Unterscheidung der Spieltechnik bzw. Interpretationsästhetik und greift damit auf Argumente des musikalischen Nationalismus zurück, denen nicht nur im Konstitutionsprozess der bürgerlichen musikkulturellen Identität grundlegende Bedeutung beigemessen wurden, sondern die seit Ende des 18. Jahrhunderts im musikhistorischen Denken insgesamt immer präsenter wurden.[68] Eine ähnliche Metaphorik samt der Kulturklischees vom nordisch kalten und südlich warmen Ausdruck bemüht ein Rezensent der *Wiener Zeitung* in Bezug auf Josef Hellmesberger d. Ä. und Joseph Joachim. Nach einem Quartettabend im Mai 1881 schreibt er: „Hellmesberger kennt ein großes Geheimniß: Er spielt stylvoll und warm zugleich. Gewöhnlich ist der ‚stylvolle' Geiger kühl bis ans Herz hinan, wie er großgezogen wird in der Schule des bei allem Können eiseskalten Joachim. Hellmesberger hat dagegen warme Empfindung; er vereinigt den innigen Ernst der deutschen Kunst mit der sinnlichen Wärme des Südens."[69]

In der Bestimmung der ‚Hellmesberger-Schule' und ihrer Abgrenzung nach außen kehren solche Beschreibungsmuster wieder. In der *Berliner Musikzeitung* findet sich die Besprechung eines Auftritts von Wilhelm Junk. Der Geiger hatte 1867 bis 1869 bei Josef Hellmesberger studiert, war noch vor Ende des Studiums in das Hofopernorchester sowie die Wiener Philharmoniker aufgenommen worden und wirkte hier bis 1873. Um 1875 nahm er Unterricht bei Joseph Joachim. Über sein Konzert ist in dem Fachblatt zu lesen:

> Der früher aus Hellmesberger's und in letzter Zeit aus Joachim's Schule hervorgegangene hiesige Geiger, Wilhelm Junk, liess in seinem selbstständigen Concerte erhebliche Fortschritte seines errungenen Könnens, gepaart mit eben nicht gewöhnlicher Begabung, vernehmen. Alle Ehre einem Virtuosen gegenwärtiger Epoche und vollends süddeutscher Zone, der jenen der Spohr'schen Schule eigen gewesenen Tonadel und Tonschmelz, so wie die bis in das Einzelste verzweigte Nüancirungsart dieser längst schon als blosse Ueberlieferung fortlebenden Darstellerphase dergestalt in sein Künstlerselbst verwebt hat, um den Schlusssatz von Spohr's 11. Concerte [G-Dur op. 70] so trefflich zu Gehör

---

68 Siehe Miller: *Musikdiskurs als Geschlechterdiskurs*, S. 20. Siehe auch Peter Schleuning: *Der Bürger erhebt sich. Geschichte der deutschen Musik im 18. Jahrhundert.* Stuttgart/Weimar: J. B. Metzler, 2000.
69 Wiener Zeitung 25.05.1881, NP.

bringen zu können, als es diesem Sprossen der Wiener und Berliner Schule thatsächlich gelungen ist!⁷⁰

Auch nachdem Hellmesberger 1877 seine Professur für Violine niedergelegt hatte, wurde an der Idee der mit ihm verknüpften ‚Schule' festgehalten, wenngleich die Gesellschaftsdirektion anlässlich von Hellmesbergers Niederlegung seiner Violinprofessur in ihrem Rechenschaftsbericht 1876/77 aus dezidiert institutioneller Perspektive festhält: „Und so hat die ‚Schule Hellmesberger', ein 25 jähriger Glanzpunkt des Wiener Conservatoriums – aufgehört zu sein"⁷¹.

Bei der Gelegenheit des 300. Quartettabends des Hellmesberger-Quartetts ehrt ein Mitarbeiter der Wiener Zeitung *Das Vaterland* Josef Hellmesberger d. Ä. und schreibt in diesem Rahmen über dessen Spiel:

> Schon in ‚jüngeren Jahren' [...] hat man die Virtuosität, die Feinheit, Mannigfaltigkeit und Süße des Hellmesberger'schen Bogens – er hat Schule gemacht für Wien, und man kann sie in jedem Concerte hören – gerühmt. Ein Adagio von Beethoven zu spielen, war nur Joseph Hellmesberger gegeben. Er allein wußte den Schatz, den Beethoven da hineingelegt hatte, aus seiner fast mystischen Tiefe zu heben. Das wild leidenschaftlich Bewegte, das Beethoven innewohnt, sein sprühender Humor: an Joseph Hellmesberger fanden diese Grundelemente des Beethoven'schen Wesens intuitiv ihren feurigen musikalischen Propheten. Hellmesberger hat auch das echt Beethoven'sche Anwachsen vom leisesten Tone bis zum stärksten Zusammenklange des Quartettes poetisch derart wiedergegeben, daß die Dynamik des Tones frappirte und die seelenvolle Steigerung entzückte.⁷²

Während hier die Bogenführung als charakteristisches spieltechnisches Merkmal und zugleich als konstitutives Moment der ‚Hellmesberger-Schule' gewertet wird, hatte ein Redakteur des Fachblattes *Recensionen und Mittheilungen über Theater und Musik* noch zur Zeit der Lehrtätigkeit Hellmesbergers im Rahmen einer Abgrenzung verschiedener Schulenzusammenhänge in der Ausbildung von Geiger*innen am Wiener Konservatorium die charakteristische Bogenführung weniger Hellmesberger, sondern vielmehr dem Kollegen Carl Heissler zugeschrieben:

---

70   Berliner Musikzeitung 17 (1875), S. 132.
71   Gesellschaft der Musikfreunde: *Rechenschaftsbericht der Direktion der Gesellschaft der Musikfreunde für das Verwaltungsjahr 1876–77*. Wien: Verlag Wallishauser, 1878, S. 17.
72   Das Vaterland [Wien] 19.12.1889, S. 4.

Während Georg Hellmesberger [d. Ä.] mit seiner Schülerabtheilung das Rohmaterial zu bezwingen hat, besorgt Professor Heißler die feinere, Josef Hellmesberger [d. Ä.] die feinste Arbeit. Mit den Leistungen der Heißler'schen zwölf Schüler konnte man zufrieden sein; auch bei den schwächsten war die Stärke des Meisters in der Bogenführung kennbar. Darin steht Jos. Hellmesberger seinem Kollegen nach, während er ihm wieder in der Tonbildung überlegen ist. Da die Schüler Heißler's in die Schule Hellmesberger's übertreten, so gleicht sich das in der Folge aus. Aber ein Unterschied zwischen beiden Lehrern gleicht sich nicht so leicht aus. Heißler nimmt die Schüler, wie sie sind, baut auf dem Vorgefundenen weiter, und beachtet die Entwicklungsstufe des Einzelnen. Eine Ausnahme unter zwölf Fällen muß der Lehrereitelkeit zu Gute gehalten werden. Ich meine den sehr begabten Schüler Ritter, der offenbar zu rapid vorwärtsgetrieben wurde. Der junge Mann steht hart an der Virtuosenbrücke, mit dem Rücken gegen die Kunst gekehrt. Der Lehrer mag sehen, wie er ihn zurechtbringt. – J. Hellmesberger nimmt die Schüler, wie sie sein sollen; findet nicht Zeit und Mühe das nachzuholen, was er voraussetzt, was aber nicht da ist; liebt keine Beschränkung in Maß und Ziel und setzt, so scheint es wenigstens, den Erfolg des Augenblicks höher, als es in einer Kunstschule zugestanden werden kann. Ich will hier nicht mißverstanden werden, am wenigsten von Jos. Hellmesberger selbst, den ich als Künstler hochachte, und dessen Verdienst um die Orchesterübungen ich besonders gewahrt wissen will. – Ein Lehrer auf seinem Standpunkte kann sich nicht mit der feinen Feile begnügen, oder er darf nur Schüler aufnehmen, die der groben Feile nicht bedürfen. Sonst bleibt ihm nichts übrig, als sie für den Dienst des Augenblicks mit Lappen zu behängen, was bei der Prüfung theilweise der Fall war.[73]

In der kontrastierenden Gegenüberstellung nennt der Rezensent Unterschiede und Charakteristika der drei Geigenklassen, weist implizit aber zugleich auch auf die Unschärfe seiner Zuordnung hin. Die Studierenden Hellmesbergers hatten in der Regel dem Studienaufbau entsprechend den Unterricht bei Georg Hellmesberger d. Ä. und Carl Heissler besucht, bevor sie in die Ausbildungsklasse Josef Hellmesbergers d. Ä. eintraten. (Siehe Tab. 2, S. 107) Demnach brächten sie bereits eine fortgeschrittene Bogentechnik mit. Erstmals werden hier auch methodische und didaktische Merkmale des Unterrichts bei den verschiedenen Lehrern als charakteristisch benannt: Während Heissler methodisch die individuelle Förderung seiner Studierenden priorisiere, sei die Ausbildung bei Josef Hellmesberger weniger kompetenz-, sondern stärker

---

73 Recensionen und Mittheilungen über Theater und Musik 36 (1861), S. 562.

zielorientiert. Die Anforderungen überstiegen mitunter die Kompetenzen einiger Studenten, wie der Rezensent im Folgenden noch an Beispielen veranschaulicht.[74] Auch der Musikschriftsteller Bernhard Vogel wertet die Methode als ein Charakteristikum der ‚Hellmesberger-Schule'. Er formuliert 1893 für die *Illustrirte Zeitung* aus Leipzig: „Nicht minder groß sind seine Verdienste als Pädagog. Alle preisen sich glücklich, die bei ihm Violinunterricht genossen haben, und so mancher vortreffliche Virtuos, der aus seiner Schule hervorgegangen ist, wird zum Verkünder seiner ergebnißreichen Methodik. Weit über Oesterreichs Grenzen hinaus lassen sich denn auch die Spuren seines Schaffens beobachten[.]"[75]

Wie bereits eingangs für den musikalischen Schulenbegriff im Allgemeinen bemerkt, kann an dieser Stelle auch für den Topos der ‚Hellmesberger-Schule' festgehalten werden, dass sich in ihm verschiedene Argumentationsmuster überlagern. Angefangen mit der genealogisierenden Begründung wird die ‚Schule' vielfach als Lehrer-Schüler-Folge dargestellt. Josef Hellmesberger d. Ä. wird hierüber – als Schüler seines Vaters – zu Beginn seiner Karriere selbst in einen Schulenzusammenhang eingeordnet. In diesem Kontext wird häufig auch die familiäre Beziehung hervorgehoben und die Einflussnahme von Georg Hellmesberger d. Ä. als Lehrer noch durch das Argument der Vererbung herausgestellt. Mit fortschreitender Karriere rückt die Musikerfamilie als Rahmenkonzept für die ‚Schule' Josef Hellmesbergers d. Ä. zunehmend in den Hintergrund. Stattdessen wird der Geiger selbst weiter in das Zentrum gerückt. Mit seiner Anstellung am Konservatorium der Gesellschaft der Musikfreunde wird dazu eine institutionelle Perspektive hervorgebracht. In diesem Sinne wird die ‚Hellmesberger-Schule' vornehmlich als institutioneller Ausbildungszusammenhang konzipiert, über den Zugehörigkeiten geklärt werden. In Bezug darauf mehren sich auch Ansätze, die ‚Schule' über ästhetische Merkmale zu beschreiben. Dass die Geiger*innen über ein charakteristisches Spiel der ‚Hellmesberger-Schule'

---

74 „Der Schüler Stwertka ist ein ordinärer Geiger, und wird sein Lebtag nichts als Orchesterfutter werden; warum behängt ihn Hr. Hellmesberger mit dem Kunstmäntelchen und weiset ihm eine Aufgabe zu, die eben für Künstler schwierig genug ist? Der Schüler Kristofek entbehrt der musikalischen Grundbildung; er ist Naturalist mit einseitig entwickeltem Tonsinn, mit dressirtem Bogen- und Fingerspiel. Warum hat ihn Hr. Hellmesberger in die Ausbildungsklasse gesteckt, die Experimente dieser Art von sich fern halten sollte? Will Hr. Hellmesberger diese Mißgriffe nicht auf sich nehmen, so fallen sie der Direkzion zur Last, welche die Schüler nach ihrer individuellen Fähigkeit zu vertheilen, und dem artistischen Direktor, der sie mit seinem kunstgewiegten Rathe zu unterstützen hat. Für den höchsten Kursus im Violinspiel und für einen Lehrer von der Natur Hellmesberger's wären die drei Schüler Pollak, Tobisch und Kadletz eine hinreichende Aufgabe gewesen. Sie stehen auf solider Grundbildung, besitzen den ernsten Trieb nach Fortbildung und vertragen eine Einwirkung, die nicht nach der Zahl von Lehrstunden, sondern nach dem Vorbilde des Meisters rechnet." Ebd.
75 Bernhard Vogel: „Josef Hellmesberger", in: *Illustrirte Zeitung* 2627 (1893), S. 525.

zugeordnet werden könnten, ist dabei eine verbreitete Annahme. Die Beschreibungen bleiben weitgehend abstrakt und verlaufen sich oftmals in Allgemeinplätzen. Viele Rezensenten weisen zentral auf die Bogenführung hin – ohne dass dabei jedoch Ableitungen zu spieltechnischen Merkmalen fassbar werden.

Es ist eine lohnende Aufgabe zukünftiger Forschungen die Diskussion spieltechnischer und interpretationsästhetischer Charakteristika auf Lehrwerke aus dem personellen Zusammenhang der ‚Hellmesberger-Schule' zu beziehen. Zu diesem Zeitpunkt lässt die Quellenlage dies jedoch kaum zu. Josef Hellmesberger d. Ä. selbst hat keine instruktiven Werke vorgelegt, die eine Gegenüberstellung seiner ästhetischen und methodischen Ansätze mit der Rezeption ermöglichen. Es liegen lediglich Bearbeitungen von Kammermusik und Sololiteratur, außerdem von einigen Etüden vor.[76] Für sämtliche Lehrbücher, die unter dem Namen Josef Hellmesberger herausgegeben wurden, ist daneben retrospektiv Josef Hellmesberger d. J. als Urheber auszumachen. Die *Musikalisch-literarischen Monatsberichte über neue Musikalien, musikalische Schriften und Abbildungen* erfassen seit 1884 Studienwerke des Geigers, die später in Sammlungen zusammengefasst wurden: dem *Modernen Violincursus* (Leipzig: Cranz)[77] und den *Instructiven Violinwerken* (Wien: Doblinger). Davon zugänglich sind heute nur noch die *Skalen-Uebung* (Hamburg: Cranz), die *Ausbildungsstudien* op. 220 und die *Übungen in Tonleiterform* op. 219 aus dem *Modernen Violincursus* sowie die *Instructiven Violin-Werke*.

1915 wurden *Tonleiterstudien* von Josef Hellmesberger in einer Neubearbeitung durch Gustav Mäurer herausgebracht. In Gestalt und Aufbau weichen sie grundlegend von den vorliegenden Tonleiterstudien von Josef Hellmesberger d. J. ab. Ob es sich um eine weitere Publikation dieses Geigers oder doch seines Vaters handelt, bleibt offen. Mäurer nimmt keinen Bezug auf den Autor und legitimiert seine Erklärungen auch nicht über den ursprünglichen Verfasser – der Bezug wird allein über den Titel hergestellt.

Die Werke Josef Hellmesbergers d. J. zur Diskussion der Spieltechnik und -ästhetik der ‚Hellmesberger-Schule' heranzuziehen wäre gerade mit Blick auf die Idee der Schulenbildung und der damit transportierten Vorstellung der Tradierung über Lehrer-Schüler-Folgen naheliegend; gleichwohl erweist sich das Material für eine Gegenüberstellung als zu fragmentarisch. Einen Großteil der zugänglichen

---

76 Am Konservatorium aufgeführt wurden unter anderem Bearbeitungen von Etüden Mayseders (aus dessen 6 Etüden op. 29), die in der Bearbeitung Hellmesbergers unter dem Namen „Gewitter-Scene" und „Ball-Scene" bekannt sind. Zweifelsfrei lässt sich die Urheberschaft indes nicht nachweisen. Während auf den Notenausgaben lediglich ‚Josef Hellmesberger' angegeben ist, werden in der zeitgenössischen Presse sowohl Josef Hellmesberger d. Ä. als auch sein Sohn als Arrangeur des Werks benannt. Siehe Die Presse [Wien] 20.01.1889, S. 16; Signale für die musikalische Welt 22 (1890), S. 345.

77 Siehe Musikalisch-literarischer Monatsbericht über neue Musikalien, musikalische Schriften und Abbildungen 1 (1899), S. 5.

Noten machen Tonleiterübungen aus. Darüber hinaus gibt es keine Wortbeiträge und – ausgenommen die *Ausbildungsstudien* op. 220 mit Fingersätzen und Legatobögen – nur wenig Vortragsanmerkungen. Die Erschließung weiterer Notenausgaben, deren Existenz bisher nur aus Neuerscheinungslisten des 19. Jahrhunderts wie Hofmeisters *Musikalisch-literarischen Monatsberichten* abgeleitet werden kann, bildet vor diesem Hintergrund eine aussichtsreiche Aufgabe für künftige Untersuchungen.

4. Von der ‚Hellmesberger-Schule' zur ‚Wiener Schule'

Erstmals Ende der 1840er und regelmäßiger dann ab den 1860er Jahren wird der Topos der ‚Hellmesberger-Schule' in eine auffällige Wechselbeziehung zur ‚Wiener Schule' gestellt und zum einen synonym hierzu gebraucht, zum anderen aber auch als ein Element der ‚Wiener Schule' verstanden.

Nach der Rückkehr der Brüder Josef und Georg Hellmesberger von einer Konzertreise aus England bilanziert etwa ein Redakteur der Zeitschrift *Der Humorist*: „Die Brüder Hellmesberger sind von ihrer erfolgreichen Kunstreise nach England wieder hier angekommen. Sie und der mit ihnen gleichzeitig anwesende Joachim haben der Wiener Schule wieder neue Ehre gemacht, und es fehlte den jungen Künstlern an keinerlei Anerkennung; sie erwarben Geld, Applaus und auch Kränze, an welchen letztern das heurige Jahr überhaupt ergiebig gewesen ist."[78] Wurde noch in früheren Besprechungen von Auftritten der Brüder die ‚Hellmesberger-Schule' gerühmt, wird hier nun auf die ‚Wiener Schule' rekurriert und Josef und Georg Hellmesberger zusammen mit Joseph Joachim als deren Repräsentanten geehrt. Indem über die Herausstellung der musikalischen Leistungen der Interpreten der Anspruch auf die Exzeptionalität der speziell Wienerischen Musikkultur erhoben wird, wird das Konzept der ‚Schule' dabei für identitätspolitische Interessen beansprucht. Eine solche Verwendung des Schulenbegriffs wird auch in einem 1852 gedruckten Beitrag aus der Zeitschrift *Der Humorist* nachvollziehbar. Der Autor nimmt darin konkrete Abgrenzungen verschiedener lokal bzw. national geprägter Schulen vor, wobei er der ‚Wiener Schule' eine Vorrangstellung zuweist. Anlässlich von Gastauftritten des Geigers Horace Poussards in der Donaustadt formuliert er:

> Herr Poussard ist ein Hauptpreisgewinner des Pariser Conservatoriums und eben im Zuge, sich dieses Zeugniß seines Fleißes und Talentes von der Welt durch ein Anerkennungs-Prämium bekräftigen zu lassen. Wir halten im Allgemeinen zwar weit weniger von der gegenwärtigen Pariser Schule als von andern, namentlich der Brüßler und der Wiener, aus welchen letztern die

---

78 Der Humorist 172 (1847), S. 688.

Ernst, Vieuxtemps, Milanollo, Joachim, Hellmesberger, Leonard u. A. hervorgegangen, deren Violinspiel als das bestklingende in der Welt gilt. Allein manchmal geht doch auch aus der Pariser eine bedeutende Erscheinung hervor, wie z. B. Allard.[79]

Mit der ‚Wiener Violinschule' wird wie hier wiederholt eine personelle Traditionslinie benannt, über die die historische Entfaltung des Phänomens betont und in die Josef Hellmesberger d. Ä. als ein namhafter Vertreter eingeordnet wird. In der Wiener Tageszeitung *Das Vaterland* formuliert ein Redakteur 1875:

[W]elcher Musikfreund von einiger Theilnahme für die Kunst und ihre Vertreter erinnert sich bei dem Namen Joseph Böhm nicht sofort an den ersten Begründer und Stammherrn der Wiener Violin-Künstlerschule! Er war der Meister und Bildner des kaum um 10 Jahre jüngeren Georg Hellmesberger, der – sein Nachfolger im Lehrfache – des Meisters Lehrmethode sich angeeignet und als weitere Verbreiter dieser Methode wieder seinen eigenen Sohn Joseph Hellmesberger (den gegenwärtigen artistischen Director des Wiener Conservatoriums) für die Kunstschule herangebildet hat. Und was für Kunstgrößen sind aus der Schule Böhm's nicht hervorgegangen! Da haben wir vor Allem Ernst, Joachim, Ludwig Strauß, Louis Minkus, Louis Böhm, Christian Hauser, von denen die Meisten, heute in der Blüthe ihres Kunstwirkens stehend, die dem Meister abgelauschte Bogenführung in alle Gegenden der Erde tragen; da sind ferner in Wien selbst Männer in bescheideneren Wirkungskreisen, wie Dont, Heißler, Durst, Grün, Meßmer, Dobihal; ja selbst unser Proch, der gewandte Capellmeister, ist Böhm's Schüler gewesen[80].

Noch über vierzig Jahre später nimmt der österreichische Musikkritiker Julius Korngold eine ganz ähnliche Zuordnung vor. Seine „Erinnerungen", die er 1917 in der *Neuen Freien Presse* publiziert, sind dabei dezidiert auf den institutionellen Rahmen am Wiener Konservatorium bezogen:

Dreißig Jahre tätig, hat Josef Böhm eine berühmte Geigergeneration des Wiener Konservatoriums herangebildet. Ernst, Joachim, Ludwig Straus, M. Hauser und J. M. Grün gingen aus seiner Schule hervor, nicht zuletzt Georg Hellmesberger, der auch sein Nachfolger werden sollte. Diesem war es auch

---

79   Ebd. 30.11.1842, S. 1128.
80   Das Vaterland [Wien] 26.02.1875.

beschieden, in seinem Sohne Josef Hellmesberger sich nicht nur als Lehrer fortzusetzen, sondern auch dem Konservatorium einen für dessen Geist und Entwicklung entscheidenden Führer zu geben. Dies nach der schweren Krise, die die ‚Gesellschaft' nach dem Jahre 1848 zu überstehen hatte. Im Konservatorium waren da auf längere Zeit Geige und Sängermund verstummt, die Deckel der Klaviere zugefallen. Mit Josef Hellmesberger, der durch mehr als vierzig Jahre, von 1851 bis 1893, die Geschicke der Anstalt leitete, wurde das Konservatorium zum Wiener Konservatorium, das vom Wiener Musikgeiste empfing und dem Wiener Musikgeiste gab.[81]

In den Anmerkungen zur ‚Wiener Violinschule' als einem personellen Zusammenhang – zumal in der Presse und Literatur des 19. Jahrhunderts – wird weitgehend einstimmig Josef Böhm an die Spitze gestellt. Das *Neue Wiener Blatt* etwa ehrt ihn als „Gründer und Altmeister der Wiener Violinschule"[82], „aus dessen Schülerkreis Künstler wie Ernst, Hellmesberger sen. (†), Joachim, Auer, Singer etc. hervorgingen"[83]. Ende des Jahrhunderts schreibt auch der Joachim-Biograph Andreas Moser: „Zwischen Schuppanzigh, Mayseder und Clement nahm Joseph Böhm (geboren 1795 zu Pest, gestorben 1876 in Wien) eine Sonderstellung ein. Wir begrüßen in ihm das Haupt der neueren Wiener Geigerschule, ja vielleicht den bedeutendsten Violin-Pädagogen des ganzen Jahrhunderts."[84] Als erster Professor für Violine am Konservatorium der Gesellschaft der Musikfreunde wurde Böhm eine Schlüsselposition in der Geigenausbildung in Wien beigemessen. Gleichzeitig wird an seiner Biographie deutlich, wie konstruiert die Idee der ‚Wiener Schule' gerade mit Blick auf den Beginn der vielerorts aufgerufenen Geigergenealogie ist. Böhm, Sohn von Anna geb. Dorfmeister und Michael/Michaelis Böhm, war zunächst zusammen mit seinem Bruder Franz Ludwig durch den Vater unterrichtet worden, der Konzertmeister eines Theaterorchesters in Pest war. Weiteren Unterricht erhielt er in St. Petersburg von Pierre Rode, der sich seit 1803 dort aufhielt und von 1804 bis 1807 eine Anstellung als erster Violinist am Hoftheater innehatte. Über Dauer und Frequenz des Unterrichts fehlen weitere Informationen, allerdings scheint der Zeitraum überschaubar gewesen

---

81 Julius Korngold: „Vom Wiener Konservatorium. Erinnerungen anläßlich des hundertjährigen Bestandes", in: *Neue Freie Presse* [Wien], 06.10.1917, S. 1–4, hier S. 2.
82 Neues Wiener Blatt 26.02.1875, S. 4.
83 Ebd. Zu Böhm als ‚Gründer' der ‚Wiener Violinschule' siehe auch den oben zitierten Beitrag in: Das Vaterland [Wien] 26.02.1875.
84 Andreas Moser: „Joseph Joachim's Lehrjahre in Wien", in: *Neue Freie Presse* [Wien], 23.10.1898, S. 17–21, hier S. 18.

zu sein.[85] Um 1813 ging Josef Böhm nach Wien und übernahm hier 1819 die Geigenausbildung am Konservatorium. In einer Bekanntmachung seiner Anstellung, die der Geiger bei dieser Gelegenheit in der *Wiener Zeitung* und der Wiener *Allgemeinen musikalischen Zeitung* inserierte, gab er an, dass er den Unterricht „nach der bisher bekannten besten Lehrmethode des Pariser Conservatoriums von Rode, Kreuzer und Baillot […] zu halten beginnen werde."[86] Er verortet sich also selbst in dem Zusammenhang der französischen Geigenausbildung und entsprach damit gleichzeitig der von der Gesellschaftsdirektion geforderten Ausrichtung der Instrumental- und Gesangsausbildung an jener in Paris.[87] Darüber hinaus verpflichtete er sich hiermit dem modernen Violinspiel, schließlich hatten Pierre Rode, Rodolphe Kreutzer und Pierre Baillot das Geigenspiel mit ihrer *Méthode* Anfang des 19. Jahrhunderts grundlegend reformiert und einen bisher nicht vergleichbaren Einfluss auf die zeitgenössische Spielpraxis ausgeübt.[88] Der oben zitierte Lobedanz bemerkt 1825: „fast alle neue berühmte Violin-Virtuosen haben sie mehr oder weniger angenommen."[89] Auch aus gegenwärtiger Perspektive wertet Christine Hoppe, Böhm habe seinen Unterricht „noch vor Amtsantritt durch eine, wenn nicht *die* international anerkannte Autorität des zeitgenössischen Violinspiels [legitimiert]: Er wird seine Lehrmethode an den

---

85 Auch sein Bruder Franz Ludwig und dessen spätere Frau Maria Moravek gehörten zu den Schüler*innen Rodes in St. Petersburg. Franz Böhm wurde später Kapellmeister am Petersburger Hoftheater. Siehe Galina Glinkevich: „Violinists Franz, Joseph and Ludwig Böhm, Soloists and Pedagogues of 19th Century", in: *The Scientific Heritage* 51 (2020), S. 3–14, hier S. 3f.; siehe auch Dies.: „The Böhms, Family of Violinists", in: *Musicus* 5 (2010), S. 54–59, hier S. 54; siehe auch Beate Hennenberg: *Das Konservatorium der Gesellschaft der Musikfreunde in Wien. Beiträge zur musikalischen Bildung in der ersten Hälfte des 19. Jahrhunderts*, Wien: praesens, 2013, S. 397.
86 Hier zit. aus Wiener Zeitung 20.09.1819, S. 553.
87 Siehe Gesellschaft der Musikfreunde: *Statuten der Gesellschaft der Musikfreunde des österreichischen Kaiserstaates*. Wien 1814, zit. nach Eusebius Mandyczewski: *Zusatz-Band zur Geschichte der K. K. Gesellschaft der Musikfreunde in Wien*. Wien: Verlag Holzhausen, 1912, S. 198–215; siehe Gesellschaft der Musikfreunde: *Instruction für das, von der Gesellschaft der Musikfreunde des österreichischen Kaiserstaates, zu Wien gestiftete Conservatorium*. Wien: Verlag Wallishauser, 1832, S. 7, §. 6.
88 Siehe Christine Hoppe: „Das Spezifische im Allgemeinen? Auf der Suche nach dem Lehrer Joseph Böhm in Techniken, Lehrmethoden, Lehrwerken und Widmungskompositionen seiner Schüler", in: Annkatrin Babbe und Volker Timmermann (Hg.): *Konservatoriumsausbildung von 1795 bis 1945. Beiträge zur Bremer Tagung im Februar 2019*. Hildesheim: Olms, 2021 (= Schriftenreihe des Sophie Drinker Instituts 17), S. 189–208; siehe auch Douglas Macnicol: „The French School of Violin Playing between Revolution and Reaction: A Comparison of the Treatises of 1803 and 1834 by Pierre Baillot", in: *Nineteenth-Century Music Review* 1 (2020), S. 1–30, hier S. 1; siehe auch Robin Stowell: „The Nineteenth-Century Bravura Tradition", in: Ders. (Hg.): *The Cambridge Companion to the Violin*, 12. Aufl. Cambridge/New York: Cambridge University Press, 2008, S. 61–78, hier S. 61; Clive Brown: *The Decline of the 19th-Century German School of Violin Playing*, 2011, https://mhm.hud.ac.uk/chase/article/the-decline-of-the-19th-century-german-school-of-violin-playing-clive-brown/; 05.06.2023.
89 Lobedanz: „Gibt es in der Musik", S. 265.

Empfehlungen des Pariser Konservatoriums orientieren, eine Fokussierung auf eine solistisch-virtuose, technisch-mechanische Ausbildung ist damit offenkundig."[90]

Dass mit Josef Böhm nicht der Anfangspunkt des Geigenspiels in Wien gefunden ist, sondern die Geschichte dieser Instrumentalpraxis in der Donaumetropole weiter zurückreicht, muss kaum erwähnt werden. Die Frage nach dem Ursprung der ‚Wiener Geigenschule' beantworten zeitgenössische Autoren indes durchaus unterschiedlich. Eduard Hanslick etwa schreibt in seiner *Geschichte des Concertwesens in Wien*: „Dennoch war der jüngere der Brüder Wranitzky, Anton, für das Wiener Violinspiel sehr wichtig, gewissermaßen kann er mit Dittersdorf als Begründer der Wiener Geigenschule angesehen werden; diese beiden waren jedenfalls die ersten namhaften einheimischen Geiger; vor ihnen galten fast ausschließlich italienische Muster."[91] Ein Redakteur des *Linzer Volksblatts* verortet den Beginn der Spieltradition ebenfalls bei Carl Ditters von Dittersdorf und betont in diesem Zuge die Nähe zur ‚Wiener Klassik'. Über einen Kammermusikzyklus in Linz äußert er: „Das letzte Konzert führt uns in das musikalische Reich der Wiener Klassiker Dittersdorf (den Begründer der österreichischen Geigenschule) und Beethoven."[92] In der *Neuen Freien Presse* wurde dagegen Georg Hellmesberger d. Ä. als „Begründer der weltbekannten Wiener Geigenschule"[93] bezeichnet. Wilhelm Josef von Wasielewski beginnt seine Ausführungen zur besagten ‚Schule' wiederun mit Josef Schuppanzigh und zeichnet im Weiteren eine nahezu geschlossene Lehrer-Schüler-Genealogie[94] über Geiger wie Josef Mayseder, dessen Schüler Heinrich Panofka, Heinrich Wolff, Karl Hafner, Heinrich de Ahna und Miska Hauser. Bezüglich Josef Böhm bemerkt er, dass dieser außerhalb des skizzierten Zusammenhangs stand, gleichwohl richtungsweisend für die Entwicklung der ‚Wiener Geigerschule' war,[95] was nicht zuletzt mit dem Hinweis auf dessen renommierte Schüler Joseph Joachim, Heinrich Wilhelm Ernst, Georg Hellmesberger, Jakob Moritz Grün und Jakob Dont gestützt wird.

Vielfach werden verschiedene Phasen der ‚Wiener Violinschule' benannt und daran orientiert zentrale Akteure herausgestellt. Die Institutionalisierung der Instrumentalausbildung durch die Konservatoriumsgründung wird vor diesem Hintergrund als eine entscheidende Zäsur gewertet und Josef Böhm in diesem Zusammenhang weitgehend übereinstimmend am Beginn einer neuen Phase verortet.

---

90   Hoppe: „Das Spezifische im Allgemeinen?", S. 190.
91   Eduard Hanslick: *Geschichte des Concertwesens in Wien*. Wien: Wilhelm Braumüller, 1869, S. 113.
92   Linzer Volksblatt 29.10.1929, S. 7.
93   Neue Freie Presse [Wien] 26.07.1881, S. 6.
94   Siehe Wilhelm Joseph von Wasielewski: *Die Violine und ihre Meister*, 4., überarb. und erw. Aufl. Leipzig: Breitkopf & Härtel, 1904, S. 479–493.
95   „Joseph Böhm […] wuchs nicht unter den Einflüssen der von ihm vertretenen Wiener Schule auf, sondern genoß zuerst den Unterricht seines Vaters und dann den Rodes." Ebd., S. 483.

Andreas Moser bezeichnet ihn etwa als „Haupt der neueren Wiener Geigerschule"[96]. Eine solche Einordnung findet sich auch an anderen Stellen und setzt sich noch im 20. Jahrhundert durch.[97]

Wie die Zuschreibung der Gründung der ‚Wiener Violinschule' variieren auch die Namen jener Geiger, die der ‚Schule' zugeordnet werden. Mit Heinrich Wilhelm Ernst, Joseph Joachim, Miska Hauser und Jakob Moritz Grün kehren indes auch hier bekannte Namen wieder. Als zentrale Figuren wird davon abgesehen mit Georg Hellmesberger d. Ä. und Josef Hellmesberger d. Ä. auf weitere Lehrende des Konservatoriums verwiesen und die ‚Wiener Violinschule' damit zugleich entlang der institutionellen Geigenausbildung skizziert. Dazu führen die Wege der meisten genannten Geiger nicht nur am Konservatorium, sondern auch im Hofopernorchester sowie bei den Wiener Philharmonikern zusammen. In der Regel wird damit eine personelle Kontinuität mit engem regionalem Bezug als konstitutiv für die ‚Wiener Schule' gewertet.

Interessanterweise werden aber auch Geiger dieser Traditionslinie zugeordnet, deren Berührungspunkte mit dem Wiener Ausbildungszusammenhang nur gering waren, die jedoch aufgrund ihres Renommees der ‚Wiener Schule' weiteres Ansehen versprachen. Dies gilt etwa für Heinrich Wilhelm Ernst. Er hatte zwischen 1825 und 1828 als Schüler von Josef Böhm am Wiener Konservatorium studiert, sich in der Folge aber unabhängig vom Wiener Ausbildungskontext als Geiger etabliert.[98] 1937 ist im Programmheft *Radio Wien* über ihn zu lesen: „An den Namen Heinrich Wilhelm Ernst knüpft sich eines der glänzendsten Kapitel in der Geschichte des Virtuosentums, das auch ein strahlendes Ruhmesblatt in der Geschichte der Wiener Geigerschule bildet. [...] Er bezog 1825 das Wiener Konservatorium und wurde Schüler von Josef Böhm, dem Vater jener weit verzweigten Schule, deren Tradition noch heute unverwelkt fortwirkt."[99]

Ähnlich verhält es sich mit Joseph Joachim, der als einer der renommiertesten Geiger der zweiten Hälfte des 19. Jahrhunderts gilt und wie Ernst für die ‚Wiener Geigerschule' vereinnahmt wurde. Mit dem Wiener Ausbildungszusammenhang verbindet ihn allerdings vor allem der Unterricht in seiner Kindheit. Um 1840 hatte

---

96 Moser: „Joseph Joachim's Lehrjahre in Wien", S. 18.
97 In diesem Sinne wird von der ‚neuen' oder der ‚zweiten Wiener Geigerschule' respektive ‚Violinschule' gesprochen. Siehe auch Sittner: „Zur Tradition der Wiener Geigerschule", S. 139.
98 Zur Biographie Ernsts siehe etwa Mark W Rowe.: *Heinrich Wilhelm Ernst. Virtuoso Violinist*, 2. Aufl. Abingdon, Oxon/New York: Routledge, 2016; siehe auch den Sammelband: Christine Hoppe, Melanie von Goldbeck und Maiko Kawabata (Hg.): *Exploring Virtuosities. Heinrich Wilhelm Ernst, Nineteenth-Century Musical Practice and Beyond*. Hildesheim: Olms, 2018 (= Göttinger Studies in Musicology/Göttinger Studien zur Musikwissenschaft 10).
99 Radio Wien 14 (1937), S. 3.

er Privatunterricht bei Georg Hellmesberger d. Ä. genommen[100] und für einige Zeit bei Josef Böhm am Wiener Konservatorium studiert, das er nach dem Studienjahr 1841/42 – im Alter von 11 Jahren – wieder verließ.[101]

Auch Karl Prill wird der Wiener Geigerschule zugerechnet. Prill wurde 1897 Konzertmeister des Hofopernorchesters sowie der Wiener Philharmoniker und folgte in demselben Jahr einem Ruf als Professor für Violine an das Wiener Konservatorium. Musikalisch sozialisiert und ausgebildet wurde er allerdings in anderen Kontexten: Er hatte nach frühem Geigenunterricht durch seinen Vater bei Emmanuel Wirth und Joseph Joachim an der Königlichen Hochschule in Berlin studiert und später unter anderem in Hamburg, Berlin, Magdeburg, Leipzig und Bayreuth gewirkt, bevor er 1897 nach Wien ging. An seinem Spiel bemerkt ein Korrespondent des *Grazer Volksblattes* Kennzeichen der ‚Wiener Geigerschule': „Meister Prill ist kein Blender, kein Sensationsvirtuose, aber er hat das volle Können eines Virtuosen und dazu den goldig warmen Ausdruck der Wiener Geigerschule, ihren süßen, singenden Ton und den empfindungstiefen Vortrag."[102]

Auffällig ist die Nähe der Beschreibungen zu denen der ‚Hellmesberger-Schule', wobei auch hier Verweise wie jene auf die Bogenführung weitgehend abstrakt bleiben. Mehrfach wird auch die Kantilene als charakteristisch benannt. Ein Redakteur des *Grazer Volksblattes* schreibt nach einem Kammermusikabend in Graz über einen Geiger namens Handl: „Ich habe Herrn Handl im Verdachte, ein Wiener Konservatorist zu sein. Denn diese Kantilene, die er besitzt, wird nur in der Wiener Geigerschule gelehrt."[103] Ganz ähnlich äußert sich ein Rezensent in der Wiener Zeitung *Die Zeit* über das Spiel des Hellmesberger-Schülers Adolf Brodsky nach dessen Auftritt im Wiener Gesellschaftskonzert Anfang des Jahres 1914: Er sei

> als Schüler des alten Hellmesberger aus der berühmten Wiener Schule hervorgegangen [...] und [leite] jetzt die Musikakademie in Manchester [...]. Brodsky, der viele Jahre in Wien als Geiger nicht mehr aufgetreten ist, ist ein Spieler von klassischem Stil; Ruhe und Größe des Vortrages, edle Beseeltheit

---

100 Siehe Der Humorist 63 (1840), S. 251f., hier S. 252.
101 Siehe Otto Biba: „‚Ihr Sie hochachtender, dankbarer Schüler Peppi'. Joseph Joachims Jugend im Spiegel bislang unveröffentlichter Briefe", in: *Die Tonkunst* III (2007), S. 200–203, hier S. 200; siehe auch Andreas Moser: *Joseph Joachim. Ein Lebensbild*. Berlin: B. Behr's Verlag (E. Bock), 1898, S. 22. Zur Biographie Joachims siehe Beatrix Borchard: *Stimme und Geige. Amalie und Joseph Joachim. Biographie und Interpretationsgeschichte*, 2. Aufl. Wien/Köln/Weimar: Böhlau, 2007 (= Wiener Veröffentlichungen zur Musikgeschichte 6).
102 Grazer Volksblatt 06.11.1912, S. 1.
103 Ebd. 22.12.1903, S. 2.

der Kantilene haben seinen Vortrag des Bach'schen A-Moll-Violinkonzerts [BWV 1041] ausgezeichnet, der mit Recht bejubelt wurde.[104]

Entlang spieltechnischer Merkmale und genealogischer Begründungen werden eine Reihe von Geigern der ‚Wiener Violinschule' zugeordnet, wobei die Listen der Namen – abgesehen von wenigen festen Referenzen – durchaus variieren. An den sich wandelnden Zuschreibungen wiederum wird deutlich: Für das Konzept der ‚Schule' war es kaum erheblich, welche Akteur*innen ihr beigeordnet wurden. Als konzeptuelle Kategorie konnte sie verschiedentlich gefüllt sein, ohne dabei ihre Bedeutung als kollektiver Orientierungs- und Identifikationspunkt einzubüßen.

Über die genealogisierenden und ästhetischen Merkmale hinaus wurde die ‚Wiener Schule' auch essentialistisch bestimmt, indem etwa das genuin ‚Wienerische' betont, das hiermit Gemeinte aber nicht weiter erläutert wurde. Julius Korngold formuliert etwa, wiederum mit Josef Hellmesberger d. Ä. im Fokus:

> Hellmesberger lehrte aus dem Wiener Musikempfinden heraus, das er seinerseits wieder als Haupt seines berühmten Quartetts nährte und stärkte. Dieses wienerische Musikempfinden geht von einem sicheren Verhältnis zu den Klassikern aus, deren Schönes klar, ohne Sentimentalität und Schwere erfaßt, mit einer heiteren Liebe wiedergegeben und genossen wird. Vielleicht mit einem Scherz auf den Lippen, aber mit Ehrfurcht im Herzen, mit dem glücklichsten Ausgleich zwischen Sinnlichkeit und Gefühl.[105]

Bezugspunkt ist die zum Ideal erhobene ‚Wiener Klassik', zu der Hellmesberger eine direkte Verbindung unterstellt und ihm im gleichen Zuge die Autorität der Vermittlung und Pflege der damit verbundenen ästhetischen Qualität zugesprochen wird.

Übereinstimmend wird Josef Hellmesberger d. Ä. als ein zentraler Akteur der ‚Wiener Schule' dargestellt und sein Unterricht in diesem Zuge als beispielhaft für die Geigenausbildung bzw. darüber hinaus auch für das Orchesterspiel in Wien benannt. Nach einem Konservatoriumskonzert im Frühjahr 1867 schreibt etwa ein Redakteur der *Wiener Zeitung* euphorisch:

---

104 Die Zeit [Wien] 11.01.1914, S. 5.
105 Korngold: „Vom Wiener Konservatorium", S. 2. Essentialistischer noch formuliert Robert Lach: In Wien habe sich ein „immer deutlicher und klarer sich bemerkbar machendes Hervortreten spezifisch einheimischer, bodenständiger Begabungen und damit einer charakteristischen Lokalfärbung, einer spezifisch für diesen topographisch eng begrenzten Kreis typischen Physiognomie und Tradition" bemerkbar gemacht. Robert Lach: „Wien als Musikstadt", in: Othenio Abel (Hg.): *Wien, sein Boden und seine Geschichte. Vorträge gehalten als außerordentlicher volkstümlicher Universitätskurs der Universität Wien*. Wien: Wolfrum, 1924, S. 384–445, hier S. 384f.

> Wir gratuliren dem unermüdlichen artistischen Director Hellmesberger, wie schon zu so vielen, so auch zu dem heutigen Tage. Zöglingsproductionen heißen diese musikalischen Kundgebungen?! Wer die Augen schlösse, glaubte wohl ein Orchester vor sich aus gewiegten, gereiften Künstlern, nicht aber so zarte jugendliche Sprossen. Sie werden heut und morgen aus einander gehen und den Ruhm und Ehrenpreis des Wiener Conservatoriums tragen in alle Welt. Und obenan wird stehen unsere Wiener Volinschule und ihr unvergleichlicher Lehrmeister.[106]

Die Leistungen der Geiger*innen werden als herausragend beurteilt und zugleich als ein Ausweis für den Ausbildungsstandort Wien gewertet. Die ‚Wiener Schule' wird dabei als spezifische bzw. abgrenzbare Art des Violinspiels außergewöhnlicher Qualität eingeführt, ohne in ihrer Spezifik konkret erläutert zu werden. Hellmesberger selbst wird nicht genannt – seine Bedeutung aber wird durch die elliptische Wendung betont: Mit der Benennung als „unvergleichlicher Lehrmeister" wird seine Bekanntheit vorausgesetzt und sein Einfluss hervorgehoben.

Es zeichnet sich hier eine Entwicklung ab, in deren Zuge der Topos der ‚Hellmesberger-Schule' zunehmend in einen kulturpolitischen Bedeutungszusammenhang eingereiht wurde, der vor allem in der zweiten Hälfte des 19. Jahrhunderts im musikkulturellen Diskurs präsent war: Mit der Überführung in den Diskurs der ‚Wiener Schule' wird er eingebunden in Prozesse der diskursiven Verfestigung der Idee der ‚Musikstad Wien' zum zentralen Image der Stadt. Entsprechend halten auch Severin Matiasovits und Erwin Strouhal fest: „In Anknüpfung an die ‚Wiener Schule' und deren verehrte Meister konnte mit der Benennung nach der Stadt ein nicht nur topographisch logischer, sondern auch inhaltlich codierter Begriff einen Bezug zum Ansehen Wiens als ‚Musikstadt' mit historischer Tradition herstellen und in der Vergangenheit bewiesene Qualität auf die aktuelle Zeit übertragen."[107]

---

106 Wiener Zeitung 03.04.1867, S. 19.
107 Severin Matiasovits und Erwin Strouhal: „Innen(an)sichten – Außenwirkungen", in: Cornelia Szabó-Knotik und Anita Mayer-Hirzberger (Hg.): „Be/Spiegelungen". Die Universität für Musik und darstellende Kunst Wien als kulturvermittelnde bzw. -schaffende Institution im Kontext der Sozial- und Kulturgeschichte. Wien: Hollitzer Verlag, 2018 (= Anklaenge. Wiener Jahrbuch für Musikwissenschaft 2017), S. 9–59, hier S. 14.

Exkurs: ‚Musikstadt Wien'

Die Genese des Topos der ‚Hellmesberger-Schule' hin zur ‚Wiener Schule' ist eng in Prozesse eingebunden, die in Wien seit der Mitte des 19. Jahrhunderts nachvollzogen werden können und in deren Zuge die sogenannte klassisch-romantische musikalische Tradition als ein normativer kultureller Wert gesetzt und zu einem Kernelement der Wiener Identitätspolitik bestimmt wurde.[108] Es handelt sich um Prozesse, die ganz wesentlich auf die Etablierung und Emanzipation des Wiener Bürgertums bezogen sind, das in der Musikkultur seine kollektive Identität begründete.

---

108 Forschungen zur ‚Musikstadt Wien' liegen bereits relativ zahlreich vor. Eine jüngere Auseinandersetzung mit dem Topos haben Severin Matiasovits und Erwin Strouhal vorgenommen, die zum einen auf der Grundlage eines umfangreichen Quellenkorpus aus Literatur- und (Fach-)Pressebeiträgen des 19. Jahrhundert den Topos der Musikstadt analysiert und im Anschluss hieran Tradierungsprozesse im Umkreis des Konservatoriums der Gesellschaft der Musikfreunde untersucht haben. Ihre darauf bezogenen Überlegungen zur Entwicklung eines kollektiven Gedächtnisses am Ausbildungsinstitut, das an der sogenannten Wiener ‚Musiktradition' ansetzt, dienen als Anknüpfungspunkte für die hier vorgenommene Analyse der ‚Wiener Schule'. Siehe Matiasovits und Strouhal: „Innen(an)-sichten – Außenwirkungen". Martina Nußbaumer hat mit einer umfangreichen Diskursanalyse die bisher weitreichendste Studie zur ‚Musikstadt Wien' vorgelegt, und die diskursive Verhandlung des Topos in Reiseführern und Kulturgeschichten, aber auch in der Topographie der Stadt sowie anlässlich herausstechender musikkultureller Veranstaltungen und Ereignisse untersucht. Siehe Martina Nußbaumer: *Musikstadt Wien. Die Konstruktion eines Images*. Wien: Rombach Verlag, 2007 (= Rombach Wissenschaften. Edition Parabesen 6). Ihre Studie knüpft an Arbeiten von Cornelia Szabó-Knotik an, siehe Dies.: „Musikalische Elite in Wien um 1900: Praktiken, Prägungen und Repräsentationen", in: Susan Ingram, Markus Reisenleitner und Dies. (Hg.): *Identität – Kultur – Raum. Kulturelle Praktiken und die Ausbildung von Imagined Communities in Nordamerika und Zentraleuropa*. Wien: Turia + Kant, 2001, S. 41–58. Weitere Beiträge konzentrieren sich auf die Konstruktion der ‚Musikstadt Wien' im 20. Jahrhundert: Siehe Cornelia Szabó-Knotik: "Music City Unlimited? A Case Study of Contemporary Vienna", in: Susan Ingram und Markus Reisenleitner (Hg.): *Placing History. Themed Environments, Urban Consumption and the Public Entertainment Sphere/ Orte und ihre Geschichte(n): Themenwelten, Urbaner Konsum und Freizeitöffentlichkeit*. Wien: Turia + Kant, 2003, S. 201–222; Dies.: „Mythos Musik in Österreich: die Zweite Republik", in: Emil Brix, Ernst Bruckmüller und Hannes Stekl (Hg.): *Memoria Austriae. Menschen, Mythen, Zeiten*. Wien: Verlag für Geschichte und Politik, 2004, S. 243–270; Martina Nußbaumer: „Musik im ‚Kulturkrieg'. Politische Funktionalisierung von Musikkultur in Österreich 1914–1918", in: Petra Ernst, Sabine A. Haring und Werner Suppanz (Hg.): *Aggression und Katharsis. Der Erste Weltkrieg im Diskurs der Moderne*. Wien: Passagen Verlag, 2004 (= Studien zur Moderne 20), S. 299–317; Siehe allgemein zur Musikstadt auch Alenka Barber-Kersovan: „Topos Musikstadt als Politikum. Eine historische Perspektive", in: Dies., Volker Kirchberg und Robin Kuchar (Hg.): *Music City. Musikalische Annäherungen an die „kreative Stadt"/Musical Approaches to the „Creative City"*. Bielefeld: transcript, 2014 (= Urban Studies), S. 61–82; Fritz Trümpi: „Der ‚Musikstadt Wien'-Topos als Instrument der nationalsozialistischen Herrschaftssicherung", in: Markus Stumpf, Herbert Posch und Oliver Rathkolb (Hg.): *Guido Adlers Erbe. Restitution und Erinnerung an der Universität Wien*. Göttingen: V+R unipress, 2017 (= Bibliothek im Kontext 1), S. 31–44.

Bereits im ausgehenden 18. und beginnenden 19. Jahrhundert maß das sich neukonstituierende Wiener Bürgertum, vor allem aber die – wegen ihrer Zusammensetzung aus der (teils neu nobilitierten) Bourgeoisie und dem höheren Beamtentum in Abgrenzung zur aus Hohem Adel und Uradel bestehenden ersten Gesellschaft so genannte – zweite Gesellschaft, Musik und musikalischer Bildung identitätsstiftende Bedeutung bei.[109] Der österreichische Hofkonzipist, Komponist und Musikschriftsteller Ignaz von Mosel attestiert der Donaumetropole zu Beginn des 19. Jahrhunderts ein überreiches, dilettantisch geprägtes Musikleben.

Die „Ausübung der Tonkunst" sei, so formuliert es von Mosel in seiner „Uebersicht des gegenwärtigen Zustandes in Wien", „zu einem stehenden und unentbehrlichen Artikel in der Reihe der Kenntnisse geworden, welche nur einigermassen vermögliche Eltern ihren Kindern lehren lassen. Man würde ersteren das Gegentheil als eine unverzeihliche Vernachlässigung in der Erziehung ihrer Familie anrechnen, und wirklich ist es eine Art von Seltenheit geworden, einen Jüngling oder ein Mädchen aus einem Hause des gebildeten Mittelstandes zu sehen, welchem diese Kunst fremd geblieben wäre."[110]

Die Fokussierung von Musik im bürgerlichen Alltag ist keine zufällige. Vielmehr findet hier die Kunstanschauung des deutschen Idealismus – wie sie etwa von August Wilhelm Schlegel, Ludwig Tieck und Friedrich Wilhelm Joseph Schelling formuliert wurde – ihren Ausdruck, derzufolge Musik der größte Stellenwert unter den Künsten beigemessen wurde.[111] Über die Musik strebte das Wiener Bürgertum danach, sich als Bildungselite zu behaupten und hierüber nicht nur das eigene Selbstbewusstsein zu stärken, sondern diesen Anspruch auch über die Donaumetropole und Österreich hinaus vertreten zu können. Musik und musikalische Bildung geraten so zu einer Chiffre des Strebens nach gesellschaftlicher Hegemonie.[112] Im Europa des 19. Jahrhunderts,

---

109 Mit der Abschaffung des feudalabsolutistischen Ständesystems hatte der Adel seine Vormachtstellung eingebüßt, vollkommen entmachtet wurde er aber nicht. Viele Spitzenfunktionen in Staat und Gesellschaft blieben bis zum Ende der Monarchie Mitgliedern der Aristokratie vorbehalten, wobei sich tendenziell eine stärkere bürgerliche Ausrichtung der Eliten abzeichnet. Siehe Karl Vocelka: *Österreichische Geschichte*. München: C. H. Beck, 2005 (= Beck'sche Reihe 2369), S. 69.
110 Ignaz Franz Edler von Mosel: „Uebersicht des gegenwärtigen Zustandes der Tonkunst in Wien", in: *Vaterländische Blätter für den österreichischen Kaiserstaat* [Wien], 27.05.1808, S. 39–44 [I], 31.05.1808, S. 49–54 [II], hier I, S. 39.
111 Siehe Szabó-Knotik: „Musikalische Elite in Wien", S. 50; siehe auch Nußbaumer: *Musikstadt Wien*, S. 17.
112 Siehe auch Lena Dražić: „‚[...] den guten, geläuterten Geschmack in der bürgerlichen Gesellschaft zu verbreiten [...]'. Das Konzept musikalischer Bildung in den Ego-Dokumenten des Konservatoriums der Gesellschaft der Musikfreunde in Wien", in: Cornelia Szabó-Knotik und Anita Mayer-Hirzberger (Hg.): *„Be/Spiegelungen". Die Universität für Musik und darstellende Kunst Wien als*

das, mit Jürgen Kocka gesprochen, als „das Jahrhundert des *Nationalismus* im Sinn einer mächtigen Integrations- und Expansionskraft"[113] betrachtet werden kann, stand dies – auch vor dem Hintergrund tiefgreifender wirtschaftlicher und gesellschaftlicher Veränderungen – zunächst ganz im Zeichen der Sehnsucht nach einer kollektiven Identität: In Wien und Österreich bot Musik einen wesentlichen Identifikations- und Orientierungspunkt – nach innen wie nach außen – und wurde seit der Mitte des 19. Jahrhunderts, vor allem aber ab den 1860er Jahren vermehrt und dezidiert in den Dienst der Kultur- und Stadtpolitik gestellt. Nachvollziehbar wird das vor allem in Wiener Selbstdarstellungen, in Autobiographien, in der Wiener Presse, in Festschriftliteratur und der weiteren Musikhistoriographie. Hier findet der Anspruch auf das Ansehen Wiens als ‚Musikstadt'[114] zunehmend sprachlichen Ausdruck.[115] Unter dem Etikett der ‚Musikstadt' wurde etwa auf das musikkulturelle Angebot in der Donaumetropole verwiesen, ebenso auf die Leistungen der Musiker*innen und Klangkörper sowie auf den hohen musikalischen Bildungsgrad der Wiener Bevölkerung. Auch die im europäischen Vergleich frühe Konservatoriumsgründung in Wien wurde als Argument und zugleich als Folge der ‚Musikstadt' angeführt.

---

kulturvermittelnde bzw. -schaffende Institution im Kontext der Sozial- und Kulturgeschichte. Wien: Hollitzer Verlag, 2018 (= Anklaenge. Wiener Jahrbuch für Musikwissenschaft 2017), S. 61–82, hier S. 80. Auch die Gründung des Wiener Konservatoriums im Jahr 1814 hatte damit nicht nur kulturpolitische Bedeutung, sondern besaß auch identitätspolitische Schlagkraft.

113 Jürgen Kocka: *Das lange 19. Jahrhundert. Arbeit, Nation und bürgerliche Gesellschaft*, 10., völlig neu bearb. Aufl. Stuttgart: Klett Cotta, 2001 (= Handbuch der deutschen Geschichte 13), S. 82. Hervorhebung im Original.

114 Der Anspruch auf den Titel einer ‚Musikstadt' war kein exklusiver. Vielmehr traten verschiedene Städte in Konkurrenz zueinander, darunter neben Wien etwa Leipzig, Berlin, München und Budapest. Siehe auch Matiasovits und Strouhal: „Innen(an)sichten – Außenwirkungen", S. 11. Vor allem zwischen Wien und Berlin entwickelte sich entlang der politischen Veränderungen im Zuge der sogenannten ‚kleindeutschen' Reichsbildung unter der Ausgrenzung Österreichs ein Konkurrenzverhältnis, auf das die konfessionellen Unterschiede noch verstärkend einwirkten. Siehe Manfred Hermann Schmid: „Wien und die Folgen für die Musikwissenschaft. Klärungen zur ‚Münchner Schule'", in: Sebastian Bolz, Moritz Kelber, Ina Knoth und Anna Langenbruch (Hg.): *Wissenskulturen der Musikwissenschaft. Generationen – Netzwerke – Denkstrukturen*. Bielefeld: transcript, 2016 (= Musik und Klangkultur), S. 41–57, hier S. 43.

115 Anlässlich der Gründung der *Wiener Allgemeinen Musik-Zeitung* formuliert ein Redakteur der *Wiener Zeitung*: „Nicht leicht dürfte ein Ort für die Begründung eines musikalischen Zeitblattes günstiger seyn, als eben Wien, welche Stadt schon in literarischer und artistischer Hinsicht seit lange [sic] ein Central-Punct für die ganze Monarchie ist, aber in musikalischer Beziehung wohl ohne Uebertreibung seit mehr als einem halben Jahrhundert unwandelbar **ein Centrum der ganzen musikalischen Welt genannt zu werden verdient** [Hervorhebung AB]. Abgerechnet die Matadore der Tonkunst, welche in unserer Kaiserstadt lebten, war Wien stets ein Sammelplatz von tüchtigen Kräften in theoretischer und practischer Musik, von Virtuosen, gründlichen Lehrern und ausgezeichneten Tonsetzern." Wiener Zeitung 17.08.1841, S. 1693.

Musik war nicht nur dem Selbstverständnis nach charakterisierendes Element der Wiener Gesellschaft, auch aus dem Ausland wurde ein entsprechendes Wien- oder Österreichbild an die Donaumetropole herangetragen. Noch in der ersten Jahrhunderthälfte war die Idee der ‚Musikstadt' sogar vielmehr Teil der Außenwahrnehmung und weniger im Selbstverständnis der Wiener Bevölkerung verankert. Um 1800 hatte sich die Stadt als letzter Wohnsitz des hochgeschätzten Joseph Haydn zu einem Anziehungspunkt für Musiker*innen und Musikliebhaber*innen aus ganz Europa entwickelt. Zu dieser Zeit war in Wien – wie auch in anderen europäischen Städten – ein öffentliches Konzertleben noch kaum existent. Abseits von Hof und Kirche fanden musikalische Veranstaltungen um 1800 vornehmlich im privaten bis halböffentlichen Rahmen statt. In den ersten Jahrzehnten des neuen Jahrhunderts wuchs die Zahl von Konzertveranstaltern nur langsam, parallel dazu stieg das Angebot an Musikunterricht allmählich. „Die Wertschätzung von Kunstmusik als zukünftig wesentliches Projekt setzt zu dieser Zeit ein."[116] Die Gründung der Wiener Philharmoniker im Jahr 1842 ist ein in diese Richtung wegweisendes Ereignis, allerdings konnte sich das Orchester, das mit den Wirren der Revolutionsereignisse 1848 ins Straucheln geriet, erst Ende der 1850er Jahre langfristig etablieren.[117] Daneben wuchs ab den 1830er Jahren die Wertschätzung der Komponisten aus der sogenannten ‚Wiener Klassik', die (durchaus auch unter nationalistischen Vorzeichen) „als Gegenbewegung zu italienischem Virtuosentum und italienischer Oper"[118] vorangetrieben wurde. Zusammen mit der zu beobachtenden Etablierung eines musikalischen Kanons ist die wachsende Verehrung von Komponisten wie Haydn, Mozart und Beethoven als Musiker der ‚Wiener Klassik' im zunehmend professionalisierten Konzertbetrieb Ausweis der Verfestigung einer musikalischen ‚Tradition', die ganz wesentlich auf die Vergangenheit bezogen ist. Mit dem Wirtschaftsaufschwung der 1860er und 1870er Jahre wurde diese Entwicklung weiter begünstigt, wovon ein florierendes Konzertangebot, die Ausweitung der institutionalisierten Musikausbildung und nicht zuletzt die Errichtung von zentralen Repräsentationsbauten wie der Hofoper und der Ringstraße, aber auch von Komponistendenkmälern zeugen. Über letztere fand das Selbstverständnis als ‚Musikstadt' schließlich auch Eingang in die städtische Topographie.[119]

Für die Festigung des Topos nicht zu vernachlässigen ist darüber hinaus der wachsende Stellenwert und die institutionelle Verankerung von Musikgeschichte. Auch am Konservatorium wurde das Bewusstsein für die musikkulturelle Bedeutung Wiens befördert und dazu, wie Matiasovits und Strouhal bemerken, ein Geschichtsverständnis

---

116 Szabó-Knotik: „Musikalische Elite in Wien", S. 49.
117 Siehe Hellsberg: *Demokratie der Könige*, S. 93–116.
118 Szabó-Knotik: „Musikalische Elite in Wien", S. 49.
119 Siehe Nußbaumer: *Musikstadt Wien*, S. 17.

kolportiert, demzufolge durch die Pflege der eigenen Geschichte eine unmittelbare Verbindung zur Vergangenheit hergestellt würde. Hierauf gründet wiederum die Verehrung der ‚Wiener Klassiker': „Der Bezug auf die ‚Meister', die Vorfahren bzw. Ahnen stärkt ein Gemeinschaftsgefühl, trägt dazu bei, ein kollektives Gedächtnis zu entwickeln"[120], und bietet damit fruchtbare Anknüpfungspunkte für die Kräftigung der nationalen Identität.[121]

Waren es bis zur Mitte des 19. Jahrhunderts primär die kulturellen Repräsentationsbedürfnisse des Wiener Bürgertums, lassen sich in der Folge weitere Funktionalisierungen von Musik im Rahmen identitätspolitischer Initiativen beobachten.[122] Im Vormärz, unter der Ägide Metternichs als Staatskanzler und Außenminister, dessen ‚System' jegliche politische Aktivitäten untersagte, mag dem Rekurs auf die urbane Musiktradition – gerade auch mit der Ausprägung der Idee der ‚Musikstadt Wien' – bereits eine kompensatorische Funktion zugekommen sein.[123] Das Bedürfnis nach Markenbildung, nach Betonung der Einzigartigkeit und Unvergleichbarkeit der Musikkultur Wiens wuchs vor diesem Hintergrund stetig und erfuhr im Weiteren sowohl durch die auf internationaler Ebene wachsende Städtekonkurrenz als auch durch die außenpolitischen Niederlagen Österreich-Ungarns seit dem Ende der 1850er Jahre wesentliche Impulse:[124] Die Beschränkung des Einflusses in Europa mit der Gründung des Deutschen Reiches 1870/71, der Zusammenbruch der Monarchie nach dem Ersten Weltkrieg mit dem Austritt Ungarns aus der Realunion und der Auflösung der österreichischen Reichshälfte sowie der sogenannte ‚Anschluss', d. h. die Eingliederung Österreichs in das nationalsozialistische Deutsche Reich im Jahr

---

120 Matiasovits und Strouhal: „Innen(an)sichten – Außenwirkungen", S. 17.
121 Siehe ebd.
122 Schon früher wurden Wien und Musikkultur eng zusammengedacht. Martina Nußbaumer verweist darauf, dass das Konzept der ‚Musikstadt Wien' bereits im späten 18. Jahrhundert aufkam. Mit Rudolf Flotzinger und Gernot Gruber nimmt sie an, dass der Ruf Wiens als Musikstadt im Zuge der Kanonisierung von Komponisten wie Haydn, Mozart und Beethoven als ‚Wiener Klassiker' entstanden sei. Der Begriff der ‚Wiener Klassik' – als offensichtliche Analogie zur ‚Weimarer Klassik' – verweist dabei selbst schon auf regionale Konkurrenzverhältnisse im Feld der Hochkultur. Identitätspolitische Erwägungen hätten den Diskurs der ‚Musikstadt Wien' entsprechend von vornherein geprägt. Siehe Nußbaumer: *Musikstadt Wien*, S. 15; siehe auch Rudolf Flotzinger: „Musik als Medium und Argument", in: Franz Kadrnoska (Hg.): *Aufbruch und Untergang. Österreichische Kultur zwischen 1918 und 1938*. Wien/München/Zürich: Europa Verlag, 1981, S. 373–382, hier S. 381; Gernot Gruber: „Einleitung zum 2. Band", in: Rudolf Flotzinger und Ders. (Hg.): *Musikgeschichte Österreichs*, 3 Bde., Bd. 2: *Vom Barock zum Vormärz*, 2., überarb. und stark erw. Aufl. Wien/Köln/Weimar: Böhlau, 1995, S. 11–13, hier S. 13.
123 Siehe Gruber: „Einleitung zum 2. Band", S. 13.
124 Siehe auch Szabó-Knotik: „Musikalische Elite in Wien", S. 50f.; siehe auch Matiasovits und Strouhal: „Innen(an)sichten – Außenwirkungen", S. 10f.; siehe auch Alenka Barber-Kersovan: „Topos Musikstadt als Politikum. S. 61–82.

1938, bildeten wesentliche Anstöße, die Bemühungen um den Anspruch der musikkulturellen Überlegenheit Wiens im europäischen und außereuropäischen Raum zu intensivieren und damit auch die außenpolitischen Niederlagen zu kompensieren.[125] In eben diesem Zusammenhang wurden, mit Cornelia Szabó-Knotik gesprochen, Bemühungen vorangetrieben,

> das Identitätsgefühl mit dem Gesamtstaat kulturell zu definieren, d. h. Errungenschaften einer ‚Kulturnation' (Repräsentationsbauten für musikalische Ereignisse, Errichtung von Denkmälern, Institutionalisierung musikalischer Ausbildung, die Förderung und Wertschätzung von Komponisten und Interpreten) ebenso als Identifikationsangebote an die pluralistische (multiethnische) städtische Bevölkerung zu verstehen. Kunstmusik ist in diesem Zusammenhang als unbestrittener universal gültiger Wert wichtig, als Bildungs- und Erbauungsgut, das als solches nicht national besetzt erscheint – obwohl es im Grunde die Hegemonievorstellungen deutscher Nation verkörpert – und als apolitisch gilt.[126]

Mit der Urbanisierung, der Eingemeindung der Wiener Vorstädte, änderten sich die sozialen Verhältnisse dahingehend, dass sich eine neue Mittelschicht ausbildete, die vor allem Kleinbürger und Handwerker umfasste und die im Großen nicht die Werte der liberalen Bourgeoisie teilte, deren Selbstverständnis also nicht an Kunstmusik und den hiermit verbundenen Konzertbetrieb geknüpft war. Der Fokussierung auf Kunstmusik, vor allem aber dem Stolz auf die musikkulturelle Bedeutung der ‚großen Meister' der ‚Wiener Klassik' sowie dem Streben nach Bewahrung dieser einstigen Bedeutung, der herausstechenden ‚Tradition', haftete zunehmend Konservatismus und antimodernes Streben an. Gleichzeitig markieren diese Momente der Verklärung der Auseinandersetzung mit Kunstmusik als „Kultiviertheit und Aufgeschlossenheit einer bürgerlichen Elite" aber „den Ursprung der im Begriff ‚Musikstadt' klischierten Spezifik Wiens"[127]. Der enge kunstmusikalische Kanon der ‚Wiener Klassiker' wurde um jüngere Komponisten und die zuvor verpönte Unterhaltungsmusik erweitert. Somit wurde, wie es Cornelia Szabó-Knotik zusammenfasst,

> aus dem musikalisch, d. h. kulturell definierten Selbstverständnis einer sozialen Elite im Lauf der Jahrzehnte das allgemein (allezeit und für alle) beschriebene Selbstverständnis als musikalische Elite, d. h. ein im Grunde weltweit gültiger Anspruch kultureller Hegemonie, und indem dieses Verständnis auf

---

125 Siehe Nußbaumer: *Musikstadt Wien*, S. 16.
126 Szabó-Knotik: „Musikalische Elite in Wien", S. 50.
127 Ebd.

die Besucher Wiens abfärbt, wird das Kulturklischee schließlich im Zeichen des professionalisierten Fremdenverkehrs zum Wirtschaftsfaktor.[128]

Nach dem Ende der Monarchie 1918 und nochmals nach 1945 wurden die identitätspolitischen Initiativen, die Musik zur Charakterisierung eines österreichischen Nationalbewusstseins heranzogen, intensiviert.[129] Noch im weiteren Verlauf des 20. und bis ins 21. Jahrhundert hinein wurde Musik identitätspolitisch instrumentalisiert. Die Idee der ‚Musikstadt Wien' scheint dabei längst etabliert. Ausweis des selbstsicheren Umgangs mit der Marke sind nun etwa auch Zuordnungen wie die ‚Wiener Kompositionsschule', die ‚Wiener Schule der Formanalyse' oder die ‚Wiener Schule der Volksmusikforschung'.

An der Schwelle zum 21. Jahrhundert finden sich weitere Anzeichen: Im 2000 eröffneten Haus der Musik findet der Anspruch auf den ‚Musikstadt'-Titel ebenso Ausdruck wie in der 2001 installierten Musik Meile Wien, auf der – dem Walk of Fame in Hollywood nachempfunden – Sterne für Musiker*innen, vor allem für renommierte Komponisten und Interpreten, durch den I. Wiener Bezirk führen. Mit ihnen sind, ebenso wie mit dem Musikvereinsgebäude und den zahlreichen Musikerdenkmälern in Wien urbane Erinnerungsorte (lieux de mémoire) ganz im Sinne des französischen Historikers Pierre Nora geschaffen worden, deren symbolische Bedeutung von grundlegem Wert für die kollektive Identitätsfindung ist.[130] An ihnen manifestieren sich kollektive Erinnerungen.

Noch heute gehört der ‚Musikstadt'-Topos zum zentralen Image der Stadt Wien. Die Wiener Philharmoniker und ihr Neujahrskonzert, die Wiener Klassik und der Wiener Walzer sind damit verbundene Assoziationen, die sowohl von außen an die Stadt herangetragen werden als auch zum Selbstverständnis Wiens zählen und tourismuswirtschaftlich wirkungsmächtig eingesetzt werden.

Heute heißt die Tourismusmarketingagentur WienTourismus auf ihrer Homepage in der „Welthauptstadt der Musik"[131] willkommen, die Wiener Philharmoniker bewerben sich als vornehmliche Repräsentanten der „Geschichte und Tradition der

---

128 Ebd., S. 52.
129 Siehe Martina Nußbaumer: „Der Topos ‚Musikstadt Wien' um 1900", in: *Newsletter Moderne. Zeitschrift des Spezialforschungsbereichs Moderne – Wien und Zentraleuropa um 1900* 1 (2001), S. 20–23, hier S. 20. Inwiefern das NS-Regime mit seiner Propaganda und Kulturpolitik hier Anknüpfungspunkte suchte, ist bisher noch nicht aufgearbeitet worden. Siehe Nußbaumer: *Musikstadt Wien*, S. 11.
130 In einer siebenbändigen Publikation hat Nora die ‚Erinnerungsorte' Frankreichs zusammengetragen. Siehe Pierre Nora (Hg.): *Les lieux de mémoire*, 7 Bde. Paris: Gallimard, 1984–1994.
131 WienTourismus, Musikstadt Wien, https://www.wien.info/de/musik-buehne/musikstadt-wien; 01.08.2023.

europäischen Musik"[132] und zahlreiche Reiseführer und -blogs werben für oder berichten von der ‚Musikstadt Wien'.[133]

5. ‚Wiener Schule' ohne Hellmesberger

Die ‚Wiener Schule' bzw. ‚Wiener Violinschule' und auch der Topos der ‚Hellmesberger-Schule', der ab der zweiten Jahrhunderthälfte zunehmend in jenen der ‚Wiener Schule' überführt wurde, lassen sich als zentrale Figuren des ‚Musikstadt'-Diskurses verstehen. In ihnen drückt sich gleichsam das Bedürfnis nach Markenbildung aus, indem hier die Unverwechselbarkeit und Einzigartigkeit der Donaumetropole über den Rekurs auf die Musikkultur am Beispiel der Geigenausbildung beansprucht wird. Dabei finden sich in ihnen zum einen die gleichen Argumentationsmuster wieder, die auch den ‚Musikstadt'-Diskurs bestimmen, zum anderen wird die ‚Wiener Schule' als Beleg für die spezifische Wiener ‚Musiktradition' und den Anspruch auf den Titel der ‚Musikstadt' angeführt. Über sie sollte nicht nur Konkurrenzfähigkeit, sondern die musikkulturelle Überlegenheit der Kaiserstadt unter den Metropolen im europäischen und sogar internationalen Raum zum Ausdruck gebracht werden. Dazu fällt die Etablierung und Tradierung der Topoi ‚Musikstadt Wien' und ‚Wiener Schule' in der Wiener Tages- und Fachpresse zeitlich zusammen, sie unterlagen den gleichen innen- wie außenpolitischen Impulsen. Dort, wo der Topos der ‚Musikstadt Wien' ein breites Identifikationsangebot und eine Vielzahl von Orientierungspunkten bot, taten jene der ‚Hellmesberger-Schule' und der ‚Wiener Violinschule' dies im Spezielleren und beförderten dabei zugleich die Idee der ‚Musikstadt'.

Nach dem Tod Josef Hellmesbergers d. Ä. im Jahr 1893 wurden die Topoi der ‚Hellmesberger-Schule' und ‚Wiener Schule' stärker voneinander gelöst und schließlich die ‚Hellmesberger-Schule' in der Presse deutlich seltener erwähnt. Eine Ausnahme bildet ein Beitrag Max Grafs über Adolf Brodsky im *Neuen Wiener Journal* aus dem Jahr 1921: Graf würdigt Brodsky hier als „alte[n] Meistergeiger, welcher – Russe von Geburt – der letzte große Vertreter der Wiener Hellmesberger-Schule ist"[134].

---

132 Wiener Philharmoniker: *Orchester – Tradition*, https://www.wienerphilharmoniker.at/de/orchester/tradition; 01.08.2023.

133 Siehe beispielsweise: Musikstadt Wien – Welthauptstadt von Walzer und Operette, https://www.vienna-trips.at/musikstadt/; 10.06.2021; Mozart & More – Zwei Highlights der Musikstadt Wien, https://www.austria.info/de/sommer-in-oesterreich/haus-der-musik; 10.06.2021; Musikstadt Wien – Sound of Imperial Vienna, https://www.radioreise.de/2021/06/musikstadt-wien-sound-of-imperial-vienna.html; 10.06.2021; 7 der größten Musikstädte der Welt, https://www.getyourguide.de/explorer/travel-inspiration/best-music-cities-around-the-world/; 10.06.2021.

134 Max Graf: „Glossen über Kunst und Kultur. (Dr. Adolf Brodsky.)", in: *Neues Wiener Journal*, 30.01.1921, S. 7f., hier S. 7.

Hinzu kommen noch biographische Retrospektiven auf Josef Hellmesberger d. Ä., in denen der Musiker weiterhin zu einem zentralen Vertreter der ‚Wiener Schule' erklärt wird. So formuliert auch Ernst Decsey in einem Beitrag über Hellmesberger im *Neuen Wiener Tagblatt* 1923:

> Einen Geigenfanatiker wie ihn gibt es nicht mehr. Und auch keinen Quartettspieler mehr wie ihn. Richard Wagner ging in den Bösendorfer-Saal, um Beethovens Cis-Moll-Quartett vom alten Hellmesberger zu hören, und sicher konnte er es nicht vollendeter hören: das war Wiener Schule, Wiener Ueberlieferung vom Beethoven-Schuppanzigh, von Emanuel Förster, Josef Böhm, von Mayseder und Hellmesberger sen. her, die mit dem letzten Träger ausstarb.[135]

Im 20. Jahrhundert wird Hellmesberger durchaus noch als Repräsentant der ‚Wiener Schule' dargestellt, die Spitzenpositionen aber werden anderen Geigern zugewiesen. In einem Beitrag des Wiener Musikkritikers Karl Kobald zur Kammermusik heißt es etwa: „Von Schuppanzighs Quartett, bei welchem der berühmte Kammervirtuose Josef Mayseder die zweite Geige spielte, ging die Tradition der berühmten Wiener Violinschule aus, die in Josef Böhm und dessen Schüler Joachim, in der Familie Hellmesberger ihre glänzenden Vertreter fand."[136] Auch Wilhelm Josef von Wasielewski nennt den Geiger in seiner Abhandlung über *Die Violine und ihre Meister* sehr wohl noch als Teil, jedoch nicht mehr als Galionsfigur der ‚Wiener Schule'. Die zentrale Position innerhalb des bezeichneten Traditionsgefüges wird neu besetzt beziehungsweise werden andere Relationen geschaffen und unter der ‚Wiener Schule' weit mehr Geiger zusammengefasst als zuvor.

Als wesentliche Vertreter werden nun Geiger wie Jakob Moritz Grün und Arnold Rosé geb. Rosenblum[137] genannt. Rosé hatte von 1874 bis 1877 bei Carl Heissler am Konservatorium in Wien studiert, im Anschluss hieran Konzertreisen durch Deutschland und Frankreich unternommen und war 1881 nach Wien zurückgekehrt. Im selben Jahr wurde er zum Konzertmeister des Hofopernorchesters ernannt und blieb über fünf Jahrzehnte in diesem Amt. Parallel dazu war er mit Unterbrechung Mitglied der Wiener Philharmoniker. 1882 gründete er das renommierte Rosé-Quartett, das er bis 1945 als Primarius leitete. Zwischen 1888 und 1896 war er gelegentlich auch Konzertmeister im Orchester der Bayreuther Festspiele. Im Todesjahr Hellmesbergers, 1893, wurde er in das Kollegium des Konservatoriums aufgenommen, dem er bis 1924 angehörte. Darüber hinaus wurde er 1894 als Exspektant und 1903 als wirkliches Mitglied in die

---

135 Ernst Decsey: „Vom alten Hellmesberger", in: *Neues Wiener Tagblatt* 24.10.1923, S. 2f., hier S. 2.
136 Karl Kobald: „Wiener klassische Kammermusik", in: *Radio Wien* 45 (09.08.1926), S. 1977.
137 1891 konvertierte der Musiker mit Namensänderung vom Juden- zum Christentum.

Hofkapelle aufgenommen. Auf Grundlage der antisemitischen Gesetzgebung wurden ihm wegen seiner jüdischen Herkunft 1938 die Orchesterstellen gekündigt. Rosé emigrierte daraufhin nach London, wo er weiter mit dem Rosé-Quartett auftrat und an der Austrian Academy wirkte.[138] Über diesen Geiger, der während seiner Laufbahn an zentralen Institutionen des Wiener Musiklebens in exponierten Positionen gewirkt hatte, schreibt die Zeitung *Neues Wiener Journal*: „Rosé aber ist für das Conservatorium direct eine Nothwendigkeit. Es gilt die klassischen Traditionen der Wiener Violinschule zu erhalten, jene Traditionen, in denen die in der ganzen Welt unerreichten Streicher unserer Philharmoniker groß geworden sind."[139]

Noch Jahrzehnte später wird Rosé auf ähnliche Weise gewürdigt und seine Leistungen wiederum als beispielhaft für die ‚Wiener Schule' herausgestellt. Anlässlich seines siebzigjährigen Geburtstags im Jahr 1933 formuliert ein Redakteur der Wiener Zeitung *Die Stunde*:

> Aber so oft wir ihn da [am ersten Pult des Wiener Hofopernorchesters] sehen und hören – wir sagen uns jedesmal, daß nun nicht bloß ein ganz großer Künstler zu uns spricht, sondern auch der ehrwürdige Zeuge einer glorreichen Wiener Musikepoche, Hüter einer Tradition, die auf die klassischen Meister selber zurückgeht. Denn Rosé ist Erbe jenes Schatzes an Wissen und Können, den die Wiener Geigerschule seit mehr als einem Jahrhundert vermittelt und der im Verkehr ihrer Künstler mit einem Beethoven und Schubert gesammelt oder doch bereichert wurde.[140]

Jakob Moritz Grün stammte aus Pest. Noch in jungen Jahren erhielt er privaten Violinunterricht bei Josef Böhm in Wien und studierte anschließend bei Moritz Hauptmann am Leipziger Konservatorium. 1858 erhielt er eine Anstellung an der Hofkapelle zu Weimar, wurde 1865 in die Hannoveraner Hofkapelle aufgenommen und unternahm in den nächsten Jahren Konzertreisen durch Europa. Ende der 1860er Jahre befand sich Grün in Wien, wurde hier 1868 zum Konzertmeister des Hofopernorchesters und der Wiener Philharmoniker ernannt und hatte von 1877 bis 1908 eine Lehrstelle am

---

138 Siehe Bernadette Mayrhofer: „Biographische Portraits der vertriebenen, ermordeten und ins Exil geflüchteten Wiener Philharmoniker", in: Bernadette Mayrhofer und Fritz Trümpi (Hg.): *Orchestrierte Vertreibung. Unerwünschte Philharmoniker. Verfolgung, Ermordung und Exil*. Wien: Mandelbaum Verlag, 2014, siehe hier die Biographie zu Arnold Rosé ab S. 153.

139 Neues Wiener Journal 08.09.1901, S. 9f., hier S. 10. Siehe Ingrid Fuchs: „Rosé, Arnold Josef; früher Rosenblum", in: Österreichische Akademie der Wissenschaften (Hg.): *Österreichisches Biographisches Lexikon 1815–1950*, 16 Bde., Bd. 9, Lfg. 43. Wien: Verlag der Österreichischen Akademie der Wissenschaften, 1986, S. 243f.; siehe auch Wasielewski: *Die Violine und ihre Meister*, S. 488.

140 Die Stunde [Wien] 24.10.1933, NP.

Konservatorium inne.[141] Im Nekrolog auf den Geiger in der *Neuen Freien Presse* wird auch er Anfang des 20. Jahrhunderts zu den einflussreichen Akteuren gezählt und als „Altmeister [...] der Wiener Geigerschule"[142] geehrt. Josef Hellmesberger d. Ä. dagegen wird in der hier enthaltenen Liste der „Geigerkoryphäen" nicht mehr erwähnt:

> Wohl hatte sich Professor Grün schon längst von jedem öffentlichen Wirken, ebenso wie von aller Lehrtätigkeit zurückgezogen, aber in der Kunstübung seiner Schüler war seine eigene Kunst, die Aussaat seines pädagogischen Talents lebendig geblieben; und Grün-Schüler zu sein ist bis auf den heutigen Tag die beste Empfehlung für jeden Geiger geblieben und ein Ehrentitel, den die Besten unter ihnen mit berechtigtem Stolze führten. Aus der berühmten Böhm-Schule, die Geigerkoryphäen wie Joachim, Georg Hellmesberger, Dont[143] und Reményi ruhmvoll in die Welt gesandt, hervorgegangen, fand der junge Grün zunächst als Virtuose und gediegener Orchesterspieler Antwort und Anerkennung. Er begann in der Weimarer Hofkapelle, war schon 1861 neben Joachim Solospieler der königlichen Kapelle zu Hannover und unternahm später Konzertreisen, die seinen internationalen Künstlerruhm begründeten. 1868 wurde Grün als Konzertmeister an die Wiener Hofoper berufen; er hat mitschaffend die Glanzzeit dieses Instituts miterlebt, hat volle 29 Jahre am ersten Pult des herrlichen Orchesters sowohl im Theater wie in den Philharmonischen Konzerten gewirkt. Als Direktor Hellmesberger nach 25jähriger Tätigkeit am Konservatorium der Gesellschaft der Musikfreunde

---

141 Siehe Anonym: „Grün, Jakob Moritz", in: Österreichische Akademie der Wissenschaften (Hg.): *Österreichisches Biographisches Lexikon 1815–1950*, 16 Bde., Bd. 2, Lfg. 6. Wien: Verlag der Österreichischen Akademie der Wissenschaften, 1959, S. 86f.

142 Neue Freie Presse [Wien] 03.10.1916, S. 10.

143 Über Jakob Dont äußert sich 1915 auch ein Redakteur der *Linzer Tages-Post*. Dessen Zugehörigkeit zur ‚Schule' begründet er zum einen über die familiäre Anbindung an Wien, zum anderen über die Ausbildung im Kontext der Wiener Geigergenealogie und auch über die Erfolge als Orchesterspieler und Geigenlehrer: „Zur Wiener Geigerschule gehört auch Jakob Dont – der Name ist jedem Violinisten geläufig [...]. Einer Wiener Musikerfamilie entstammend, der Vater war Violoncellist am Hoftheater, griff auch der kleine Jakob bald zu Geige. Der Vater erteilte ihm den grundlegenden Unterricht. Dann bezog er das Konservatorium, wo er unter Böhm und des alten Hellmesberger Leitung zu den besten Schülern der Anstalt heranreifte. Wo so manche erst nach jahrelangem Warten und Bescheiden Einlaß finden, Dont erreichte dies schon als Neunzehnjähriger: er fand Aufnahme in das k. k. Hofburgtheater-Orchester und nach geglückter Probe in der k. k. Hofkapelle. In rastlosem Eifer, stets ein bescheidener Künstler, vervollkommnete er sich zu einem Meister seines Instrumentes und wirkte ganz hervorragend als Violin-Pädagoge. In letzterer Eigenschaft war er an der alten Akademie der Tonkunst und später am Konservatorium tätig. Zahlreich sind seine Kompositionen für Violine, am bedeutendsten seine Etüdensammlung ‚Gradus ad Parnassum'." Linzer Tages-Post 01.12.1915, S. 3.

seine Violinprofessur niederlegte, trat J. M. Grün, der sich schon damals eines guten Rufes als Pädagoge von seltener Gewissenhaftigkeit und künstlerischem Ernst erfreute, an seine Stelle.[144]

Grün und Rosé wird von den zitierten Autoren eine ähnliche Bedeutung zugeschrieben wie zuvor schon Josef Hellmesberger d. Ä. Unter Verwendung von Superlativen wird ihnen und Geigern wie Heinrich Wilhelm Ernst und Joseph Joachim eine herausragende Stellung zuerkannt, sie werden als Koryphäen[145] gewürdigt und als Hüter der Tradition der Wiener Geigenschule[146] mystifiziert.

Mit dieser Konzentration auf wenige Vertreter des Schulenzusammenhangs und dem Rekurs auf Komponisten wie Beethoven, die zwar im Austausch mit Geigern wie Ignaz Schuppanzigh standen, darüber hinaus aber in die Entwicklung der Violinausbildung nicht involviert waren, wurde nicht nur die kollektive Identität befördert. Gleichzeitig wurde hiermit eine Heroengeschichtsschreibung betrieben, die nur wenige Akteure berücksichtigt und ihnen historiographisch Machtmonopole zuschreibt, indem die vielen weiteren Akteur*innen ausgeklammert werden.

6. ‚Wiener Schule' im 20. und 21. Jahrhundert

Im Verlauf des 20. Jahrhunderts wurde das Konzept der ‚Wiener Schule' weiter bemüht und in der Wiener Presse mit dem in Wien geborenen Wolfgang Schneiderhan ein neuer Vertreter in den Fokus gerückt. Schneiderhan hatte von 1922 bis 1928 in Písek Unterricht bei Otakar Ševčík erhalten, 1925 außerdem bei Julius Winkler in Wien. 1933 wurde er Konzertmeister der Wiener Symphoniker, 1937 Konzertmeister im Orchester der Wiener Staatsoper. Bei den Philharmonikern wurde er 1938 als Konzertmeister aufgenommen und folgte hier auf Ricardo Odnoposoff, der als gebürtiger Argentinier infolge des Arierprinzips, das den Ausschluss von jüdischen und ausländischen Musikern festlegte, entlassen wurde. Schneiderhan dagegen stand als einer der vom nationalsozialistischen Regime ausgewählten Künstler auf der sogenannten ‚Gottbegnadetenliste' oder ‚Führerliste' und ließ sich 1940 zusammen mit 44 weiteren Kollegen der Wiener Philharmoniker in die NSDAP aufnehmen.[147]

---

144 Neue Freie Presse [Wien] 03.10.1916, S. 10.
145 Ebd.
146 Die Stunde [Wien] 24.10.1933, NP.
147 Siehe Ernst Klee: *Das Kulturlexikon zum Dritten Reich. Wer war was vor und nach 1945*, vollst. überarb. Aufl. Frankfurt a. M.: Fischer, 2009, S. 484. Zur Geschichte der Wiener Philharmoniker im Nationalsozialismus siehe Fritz Trümpi: *Politisierte Orchester. Die Wiener Philharmoniker und das Berliner Philharmonische Orchester im Nationalsozialismus*. Wien/Köln/Weimar: Böhlau, 2011; zur Geschichte der heutigen Universität für Musik und darstellende Kunst Wien als Nachfolgeinstitut

1931 hatte er 16-jährig in London reüssiert und hierfür auch durch die heimische Presse viel Beachtung gefunden. Unter dem Titel „Neue Erfolge der Wiener Geigerschule im Ausland" wurden seine Leistungen von Hans Frisch im *Neuen Wiener Tagblatt* besprochen:

> Die Zeitungen Englands würdigen das ungewöhnliche Talent Schneiderhans in ausführlichen Artikeln und weisen immer wieder auf die bewundernswerte Technik und die treffliche musikalische Auffassung des Geigers hin. […] Der besondere Reiz in [sic] Spiel Wolfgang Schneiderhahns beruht, wie dem Fachmann sofort klar ist, auf der wundervollen Tonbildung und dem Reichtum feinster geigerischer Ausdrucksmittel. Dies aber ist das wesentliche Merkmal der bis heute unerreicht dastehenden alten Wiener Geigerschule. Diese Schule, ein einzigartiges Kulturgut Wiens, ist unter Beethovens Wirken hier entstanden und hat Männer wie Hellmesberger, Joachim, Ernst, Laub und andere hervorgebracht; ihre Namen sind ja noch bekannt. Die Schule, zu der sich heute eine ganze Reihe erstklassiger Wiener Künstler bekennt, hat sich auf ihrer musikalischen und pädagogischen Höhe zu erhalten verstanden und hat der Ungunst der Zeiten ebenso erfolgreich getrotzt wie den unsinnigen Angriffen auf unsre alten Kulturwerte. Schneiderhans berühmter Lehrer, der geniale Meister Professor Julius Winkler, ist gegenwärtig einer der prominentesten Vertreter dieser Schule […]. Wir Wiener aber müssen all den Männern, die diesen Alt-Wiener Kunstgeist lebendig erhalten, aufrichtig dankbar sein, auch dem jungen Wolfgang Schneiderhan, der ihn so erfolgreich zu pflegen versteht und ihn, wie man wohl erwarten kann, ungeschmälert der Zukunft vermitteln wird.[148]

Der Autor Hans Frisch vereinnahmt Schneiderhan für die ‚Wiener Schule' und greift dabei aus dem 19. Jahrhundert längst bekannte Argumentationsmuster auf: An den Erfolgen und Leistungen des Geigers werden Charakteristika der ‚Wiener Schule' aufgezeigt und über diese an dem Anspruch der musikkulturellen Vorherrschaft Wiens festgehalten. Indem Frisch die ‚Schule' zudem als „Kulturgut" ausweist, wird

---

des Konservatoriums zu dieser Zeit: Juri Giannini (Hg.): *Eine Institution zwischen Repräsentation und Macht. Die Universität für Musik und darstellende Kunst Wien im Kulturleben des Nationalsozialismus.* Wien: Mille Tre Verlag, 2014 (= Musikkontext 7). Zu den Entlassungen aus dem Orchester in der NS-Zeit siehe Bernadette Mayrhofer: „Vertreibung aus dem Orchester", in: Bernadette Mayrhofer und Fritz Trümpi (Hg.): *Orchestrierte Vertreibung. Unerwünschte Philharmoniker. Verfolgung, Ermordung und Exil.* Wien: Mandelbaum Verlag, 2014, S. 17–57.

148 Hans Frisch: „Neue Erfolge von der Wiener Geigerschule im Ausland", in: *Neues Wiener Tagblatt*, 21.04.1931, S. 10.

sie zugleich explizit als Orientierungspunkt urbaner Identitätsfindung markiert. Mehr als in der früheren Rezeption der ‚Wiener Schule' fällt hier darüber hinaus die Rückwärtsgewandtheit des Topos auf. Er ist auf die musikalische Vergangenheit gerichtet, aus der kulturelle und gesellschaftliche Sinngebung geschöpft wird. Nicht nur der Rekurs auf Beethoven, unter dessen Wirken die ‚Schule' entstanden sei, sondern auch die Verteidigung der „alten Kulturwerte" sind hier einzuordnen. Schneiderhan blieb auch in den nächsten Jahren eine wichtige Figur in der Rezeption der ‚Wiener Schule'. Die internationalen Erfolge befeuerten seine Attraktivität als Protagonist dieses Traditionszusammenhangs. Im *Grazer Tagblatt* ist 1933 zu lesen, dass der Geiger „trotz seiner Jugend bereits zu den ganz großen Nummern des internationalen Konzertlebens"[149] gerechnet werden könne. Dabei verpasst es der Autor nicht, zu kontextualisieren: „Es ist die weltberühmte Wiener Geigerschule, die in dem Spiele Schneiderhans eine Probe bietet, jene Meisterausbildung, welche tonliche, technische, musikalische und seelische Durchbildung harmonisch vereinigt und daher Leistungen von großer Vollkommenheit und Reife hervorbringt."[150]

Mit Geigern wie Heinrich Wilhelm Ernst, Arnold Rosé, Jakob Moritz Grün und nicht zuletzt Wolfgang Schneiderhan wurden im ausgehenden 19. und der ersten Hälfte des 20. Jahrhunderts Repräsentanten der ‚Wiener Schule' benannt. Um diese Musiker wurden indes kaum mehr personengebundene Schulenzusammenhänge skizziert, wie es für die ‚Hellmesberger-Schule' nachvollzogen werden kann. Rezeptionsgeschichtlich zeigt sich hieran vor allem die Etabliertheit des Topos der ‚Wiener Schule'. Er hatte sich in der zweiten Hälfte des 19. Jahrhunderts durchgesetzt und erwies sich als anschlussfähiger und wirkmächtiger für die zu dieser Zeit intensivierten identitätspolitischen Initiativen um die ‚Musikstadt Wien'. Konzepte wie jene der ‚Hellmesberger-Schule' waren in ihrer Begrenztheit – das heißt mit ihrer Fokussierung nur eines Geigers im Zentrum sowie der Beschränkung auf eine überschaubare Anzahl von Akteur*innen aus dem Kontext der Geigenausbildung am Wiener Konservatorium innerhalb eines begrenzten Zeitraums – hinsichtlich einer kollektiven Identitätsfindung nicht mehr nutzbar. Damit verschob sich die Perspektive stärker in Richtung des Kollektivs der ‚Wiener Schule', aus der einzelne Akteure als Repräsentanten vorgestellt, jedoch nicht mehr zum Ursprung oder Zentrum dieser ‚Schule' erklärt wurden. Stattdessen wurden verstärkt Institutionen in den Blick genommen und vor diesem Hintergrund die Wiener Philharmoniker zum Inbegriff der ‚Wiener Schule' stilisiert. So ist etwa 1930 in der Wiener *Arbeiter Zeitung* anlässlich einer Aufführung von Haydns Symphonie Nr. 101 *Die Uhr* durch die New

---

149 Grazer Tagblatt 10.10.1933, S. 5.
150 Ebd.

Yorker Philharmoniker in Wien zu lesen: „Haydns Symphonie ‚Die Uhr' wurde klar, durchsichtig, dabei mit der größten Genauigkeit trotz allen Reichtums an Rhythmik und Dynamik gebracht. Die ganze Süße des ‚G'sanglmachers', wie ihn die liebwerten Fachkollegen schimpfen, bringt nur die Wiener Geigerschule heraus, die in den Wiener Philharmonikern lebendig ist."[151]

Anders als noch im 19. Jahrhundert erweist sich der Topos der ‚Schule' mittlerweile nicht mehr nur als Rezeptionskategorie. Vielmehr finden sich nun auch in Aussagen von Geigern, Dirigenten und Angehörigen der Akademie für Musik und darstellende Kunst (als dem Nachfolgeinstitut des Konservatoriums) Rekurse auf die ‚Wiener (Violin-)Schule'. Die stadt- und kulturpolitischen Initiativen um die Behauptung Wiens als ‚Musikstadt' hatten sich auch auf die Selbstwahrnehmung der Akteur*innen ausgewirkt, für die die Idee der ‚Wiener Schule' samt dem damit verbundenen Anspruch auf kulturelle Hegemonie zu einem wesentlichen Orientierungs- und Identifikationspunkt geworden zu sein scheint.[152]

Hans Sittner, langjähriger Leiter der Akademie für Musik und darstellende Kunst Wien, dazu Verwaltungsbeamter des Unterrichtsministeriums und Konzertpianist, äußert etwa in seinem Beitrag „Zur Tradition der Wiener Geigerschule", dass „das, was man zunächst meint, wenn man von der Wiener Geigerschule spricht, [...] die Tradition der Wiener Philharmoniker"[153] sei. Im Weiteren nennt Sittner konstitutive Momente dieser ‚Schule':

> Hier ist ein Orchester, das in einer einzigartigen Sukzession von Lehrern und Schülern, ja von Vätern und Söhnen, unter möglichstem Ausschluß von ‚Zuag'rasten', wie man in Wien sagt, bis zur Gegenwart eine unerhörte, vielleicht einzigartige Geschlossenheit des Klangkörpers erzielen konnte. Das hat auch Alexander Wunderer, den damaligen Orchestervorstand, bewogen, bei der zweiten Südamerikareise der Wiener Philharmoniker stolz zu sagen: ‚Wir sind die Nachkommen derer, die von Beethoven künstlerisch erzogen worden sind.[154]

Es sind bekannte Argumente, über die die ‚Wiener Violinschule' hier beschrieben wird. Gleichzeitig ist der Fokus neu gesetzt. So definiert Sittner die ‚Schule' – wie schon zahlreiche Autoren vor ihm – zunächst als Kollektiv aus Musikern, die über

---

151 Arbeiter Zeitung [Wien] 22.05.1930, S. 8.
152 Siehe auch den Beitrag „Wiener Schule", in: Gesellschaft der Musikfreunde: *Jahresbericht des Konservatoriums*, 1894/95, S. 3–6. Es handelt sich um einen ins Deutsche übersetzten Beitrag von Ernst Pauer.
153 Sittner: „Zur Tradition der Wiener Geigerschule", S. 133.
154 Ebd.

eine Lehrer-Schüler-Genealogie, teils auch verwandtschaftlich miteinander verbunden sind. Davon abgesehen aber wird erstmals der intendierte Ausschluss von Musikern, die nicht dem Wiener Ausbildungszusammenhang angehörten, artikuliert. Hierüber wird zum einen die kontinuierliche personelle Traditionslinie auf die ‚Wiener Klassiker' zurückgeführt und damit kulturelle Größe auch für die Gegenwart beansprucht. Zum anderen wird damit die gleichermaßen einheitliche wie charakteristische Klanggebung erklärt.

Die ‚Wiener Klassik', die personelle Kontinuität und die Klangästhetik erweisen sich als zentrale Diskursfiguren der ‚Wiener Schule' im 20. Jahrhundert. Dabei werden die Argumentationen mit wachsender Distanz zur ‚Wiener Klassik' und zum Beginn der institutionalisierten Geigenausbildung in der Donaustadt zunehmend deterministisch und weisen auch noch in der zweiten Jahrhunderthälfte deutlich nationalistische Konnotationen auf. Wolfgang Schneiderhan, der nach seinem Austritt bei den Wiener Philharmonikern 1950 in Salzburg und Luzern gelehrt hatte und darüber hinaus weiterhin solistisch und kammermusikalisch ausgesprochen erfolgreich war, hatte 1972 in seinem Eröffnungsreferat zur Konferenz „Violinspiel und Violinmusik in Geschichte und Gegenwart" an musikwissenschaftlich prominenter Stelle festgestellt, „daß wir in Österreich, besonders in Wien, in der glücklichen Lage sind, aus erster Hand ein so reichhaltiges Erbe an Kompositionen größter Meister empfangen zu haben, das wir teils wissend, teils unwissend verwalten. Die Überlieferung der Interpretation vom Urheber an ist nicht abgerissen seit Haydn, über Mozart, Beethoven, Schubert, Johann Strauß, Brahms, Bruckner, Wolf, Mahler, Schönberg, Webern, Berg, um markante Namen zu nennen."[155] Weiter formuliert Schneiderhan:

> Man sagt landläufig, daß ein Russe Tschaikowsky, ein Tscheche Dvořak, ein Franzose Debussy, ein Deutscher Bach, ein Österreicher Mozart usw. am überzeugendsten lehrt und interpretiert. […] Ich glaube, daß es vor allem eine Frage der musikantischen und charakterlichen Begabung ist, denn einem Ausländer, der ein scharfer Beobachter ist und die Gabe der Einfühlung besitzt, wird es sicher nicht schwierig sein, in eine ihm fremde Welt einzudringen – ähnlich wie bei Sprachbegabten – um sich in dieser neuen Welt fast wie zu Hause zu fühlen. Ich wehre mich allerdings dagegen, eine traditionslose, fremdartige Interpretation, selbst wenn sie reizvoll ist, vorbehaltlos anzuerkennen; ich verteidige die Meinung, daß primär die Landesverwandtschaft des Künstlers mit

---

155 Wolfgang Schneiderhan: „Eröffnungsreferat", in: Vera Schwarz (Hg.): *Violinspiel und Violinmusik in Geschichte und Gegenwart*. Wien: Universal Edition, 1975 (= Beiträge zur Aufführungspraxis 3), S. 5–9, hier S. 8.

dem Komponisten die Basis ist, die der Hellhörige, Einfühlende auch anderer Nation, richtungsweisend verwertet.[156]

Eine ebenso essentialistische Auffassung bezüglich der Bedeutung der nationalen Herkunft von Komponist und Interpret hatte in den 1950er Jahren schon Wilhelm Furtwängler als damaliger Dirigent der Wiener Philharmoniker geäußert:

> Wie die einzelnen Länder, so haben sich auch die verschiedenen Typen von Orchestern besonders im letzten halben Jahrhundert stark gewandelt und voneinander wegentwickelt. [...] Gewiss wird die Musik von Debussy und Ravel durch ein ‚französisches' Orchester zutreffender wiedergegeben werden können als durch ein deutsches. Andererseits aber dürfen wir nicht ausser acht lassen, dass Mozart und Beethoven, Schubert und Brahms, Wagner, Bruckner und Strauss ein Orchester wie die Wiener Philharmoniker in den Ohren hatten, als sie ihre Werke schrieben.[157]

Die Idee des ‚Wiener Klangs' ist im 20. Jahrhundert eine zentrale Figur der ‚Wiener Schule' und noch im 21. Jahrhundert weisen sich die Wiener Philharmoniker und die Wiener Symphoniker als ‚Pfleger' des ‚Wiener Klangs' aus, der in unmittelbaren Bezug zur Tradition der ‚Wiener Klassik' gestellt wird. Bis 2010 warben die Philharmoniker auf der eigenen Homepage unter dem Stichwort des ‚Wiener Streicherklangs' damit, jenen Orchesterklang zu erzeugen, „der in wesentlichen Elementen dem Klang

---

156 Ebd.
157 Statement von Wilhelm Furtwängler, 1953. A-Wph (Br-F-22-083), zit. nach Hellsberg: *Demokratie der Könige*, S. 538. Furtwängler wird auch zugeschrieben, im Hinblick auf die Wiener Philharmoniker den Ausdruck des ‚homogensten Orchesters' geprägt zu haben. 1942 ist etwa im *Neuen Wiener Tagblatt* zu lesen: „Wilhelm Furtwängler, der kein Hehl daraus macht, daß er dieses Orchester besonders schätzt, prägte, als er die ständige Leitung der Wiener Philharmoniker wieder übernahm, den Ausdruck, sie seien das ‚homogenste' Orchester. Darin liegt nämlich gewiß ein Hauptpunkt, der die Wiener Philharmoniker von ähnlichen berühmten Einrichtungen unterscheidet, die gewöhnlich auf dem Grundsatz aufgebaut sind, einfach die besten Spieler zu gewinnen. Bei den Wiener Philharmonikern gilt natürlich ebenfalls das Prinzip, eine Auslese der Besten zu bilden. Dazu kommt aber noch etwas: die Einheitlichkeit der geistigen und seelischen Landschaft, aus der die Mitglieder kommen. Wer an den Pulten des Philharmonischen Orchesters sitzen darf, hat meist auch seine ganze künstlerische Entwicklung in der Atmosphäre dieser Künstlerschar durchgemacht. Die berühmte ‚Wiener Geigerschule' zum Beispiel trägt zu den [sic] legendären Streicherklang noch heute vieles bei, aus ihren Schülern sind schon selbst wieder Lehrer geworden. Von früher Jugend an hörten sie in der Oper und in Konzerten das Spiel dieser Künstler, von denen jeder einzelne ein Solist und viel mehr noch als ein Virtuose ist. Sie vermitteln ganz undogmatisch, rein nur durch das Wesen ihres Musizierens die Ueberzeugung, das Ganze stelle mehr dar als die Summe der einzelnen Teile: nämlich einen einzigartigen lebendigen Organismus." Neues Wiener Tagblatt 27.03.1942, S. 5.

entspricht, den die großen Komponisten der Wiener Klassik, der Wiener Romantik und der Wiener Schule im Ohr hatten, als sie ihre Werke schufen"[158], womit sie die unlängst zitierten Worte Furtwänglers aufgriffen, die dieser über ein halbes Jahrhundert zuvor geäußert hatte.[159] Die Widersprüchlichkeit des Topos setzt sich auch hier fort, wenn zu dem „zu Recht berühmten Wiener Streicherklang" noch fortgeführt wird: „Von einer völlig einheitlichen Wiener Geigerschule kann nicht gesprochen werden, auch wenn eine kontinuierliche Entwicklung nachweisbar ist."[160] Dazu wird der Instrumentenbau als möglicher Grund für homogene Klangcharakteristik ausgeschlossen: „Es kann als sicher gelten, daß das Instrumentarium zum Unterschied vom Bläserinstrumentarium für den Klang des Orchesters nicht relevant ist, daß es, von einigen Ausnahmen abgesehen, nicht von außerordentlicher Qualität ist."[161] Als Erklärung für den dennoch vorausgesetzten ‚Wiener Streicherklang' wird angemerkt: „Vielmehr scheinen die Streichergruppen der Wiener Philharmoniker eine Art von Werkstattcharakter im mittelalterlichen Sinn zu haben, der den neu hinzukommenden Musiker in den speziellen philharmonischen Musizierstil einbindet."[162] In der Gegenüberstellung des ‚Wiener Streicherklangs' und der ‚Wiener Tradition' wird so ein Zirkelschluss praktiziert, in dessen Zuge die Erläuterungen essentialistisch bleiben. Was den „berühmten Wiener Streicherklang" auszeichnet und wie er tradiert wurde, bleibt auf argumentativer Ebene offen. Der ‚Wiener Klang' als eine Klangästhetik, die eine direkte Verbindung der Wiener Philharmoniker zur ‚Wiener Klassik' offenbart, ist noch heute ein verbreiteter Topos in der Selbstdarstellung des Orchesters, wobei der Fokus von dem spezifisch Wienerischen hin zur „Geschichte und Tradition der europäischen Musik"[163] verschoben wurde.

Auch die Musikkritik hält an der Idee des spezifischen Klangs fest. Werden einerseits der „warme, aber etwa auch etwas dunkle Wiener Streicherklang"[164], an ande-

---

158 Wiener Philharmoniker: *Wiener Klangstil*, [2010], https://web.archive.org/web/20100203063106, http://www.wienerphilharmoniker.at/dex.php?set_language=de&cccpage=viennese_sound; 29.06.2021. Siehe auch Trümpi: *Politisierte Orchester*, S. 13.
159 Siehe Statement von Wilhelm Furtwängler, 1953. A-Wph (Br-F-22-083), zit. nach Hellsberg: *Demokratie der Könige*, S. 538.
160 Wiener Philharmoniker: *Wiener Klangstil*, [2010], https://web.archive.org/web/20100203063106/, http://www.wienerphilharmoniker.at/dex.php?set_language=de&cccpage=viennese_sound; 29.06.2021.
161 Ebd. Siehe auch Hellsberg: *Demokratie der Könige*, S. 596.
162 Ebd.
163 Wiener Philharmoniker: *Die Wiener Philharmoniker. Tradition*, 2021, https://www.wienerphilharmoniker.at/de/orchester/tradition; 29.06.2021.
164 Rita Argauer: „Nicht von dieser Welt. Lang Lang konzertiert in der Philharmonie", in: *Süddeutsche Zeitung*, 24.04.2016, https://www.sueddeutsche.de/kultur/kurzkritik-nicht-von-dieser-welt-1.2963862; 21.09.2020.

rer Stelle der „einzigartig satte und gewölbte Wiener Klang"[165] hervorgehoben, sind es andernorts die „zartesten Klanglyrismen, feinsten instrumentalen Farben"[166], die unter dem ‚Wiener Streicherklang' subsummiert werden.

Seit den 1980er Jahren wird der ‚Wiener Klang' zunehmend von musikwissenschaftlicher Seite diskutiert. Zeichen des hiermit verbundenen Interesses ist nicht zuletzt die 1980 erfolgte Gründung des an der mdw – Universität für Musik und darstellende Kunst Wien angesiedelten Instituts für Wiener Klangstil (heute: Institut für musikalische Akustik – Wiener Klangstil)[167], das vor allem in den ersten Jahrzehnten seines Bestehens bis zum Beginn des 21. Jahrhunderts Untersuchungen zur Spezifik des Wiener Klangs durchgeführt hat. Eine breite Aufmerksamkeit fand die empirische Studie „Hören Sie Wienerisch?", in deren Rahmen erhoben werden sollte, ob und inwiefern die Wiener Spezifik auf Tonaufnahmen zu erkennen sei. Zu diesem Zweck wurden knapp 1000 Proband*innen – bestehend aus Musiker*innen, Musikstudent*innen, Amateurmusiker*innen und Musikhörer*innen aus Österreich, Frankreich, Polen, Tschechien und Deutschland – die Aufnahmen einer Orchesterstelle durch die Wiener Philharmoniker und eines weiteren Orchesters (Berliner Philharmoniker und New York Philharmonic) vorgespielt. Sie sollten angeben, welches Beispiel den Wiener Philharmonikern zuzuordnen sei und möglichst die Gründe ihrer Urteilsfindung nennen. Tatsächlich gelangten die Forscher*innen zu keinem eindeutigen Ergebnis – der Wiener Klang war nicht so zweifelsfrei zu identifizieren, wie bisherige Darstellungen vermuten ließen.[168] Gleichwohl wird beharrlich an diesem Konzept festgehalten. Gregor Widholm, Gründer und langjähriger Leiter des Instituts für Wiener Klangstil, weist auf die wirtschaftliche Notwendigkeit dieser Markenbildung hin, im Speziellen auf den Druck, der auf den „Global Player[n] der internationalen Orchesterszene" laste, „sich ein unverwechselbares Profil – sozusagen eine Marke – zu erarbeiten und weiterhin unverwechselbar und damit konkurrenzfähig zu sein."[169] Hier wird der ‚Wiener Klang' erstmals nicht aus der Vergangenheit und

---

165 Elisabeth Elling: „Andris Nelsons und die Wiener Philharmoniker in Dortmund", in: *Westfälischer Anzeiger*, 27.03.2017, https://www.wa.de/kultur/andris-nelsons-wiener-philharmoniker-dortmund-8042050.html; 25.08.2021.

166 Gerhard Rohde: „„Einer der letzten Superdirigenten unserer Zeit. Explosiver Dirigent, Geiger und Komponist: Zum Tod von Lorin Maazel", in: *neue musikzeitung* 9 (2014), https://www.nmz.de/artikel/personalia-201409; 21.09.2020.

167 Siehe Institut für musikalische Akustik – Wiener Klangstil, http://iwk.mdw.ac.at; 21.09.2020.

168 Matthias Bertsch: *Wiener Klangstil – Mythos oder Realität. Ergebnisse der Hörstudie „Hören Sie Wienerisch?" zur Erkennbarkeit des Wiener Klangstils in musikalischen Beispielen*. Wien: Institut für Wiener Klangstil, 2003 (= Schriftenreihe des Instituts für Wiener Klangstil [Musikalische Akustik] an der Universität für Musik und darstellende Kunst Wien 5). Siehe auch Trümpi: *Politisierte Orchester*, S. 13f.

169 Gregor Widholm: „Gustav Mahler und der Wiener Klangstil heute", in: Hartmut Krones und Reinhold Kubik (Hg.): *Musikinstrumente und Musizierpraxis zur Zeit Gustav Mahlers 2*. Wien/Köln/

der dort verorteten wertvollen ‚Tradition' heraus begründet, sondern aus einem aus der gegenwärtigen Situation erwachsenden Bedürfnis. Gleich der Idee der ‚Wiener Schule' im 19. Jahrhundert verdichtet sich dabei im Konzept des ‚Wiener Klangs' der Topos der ‚Musikstadt' mit der hierauf bezogenen Historisierung und Idealisierung.

Heute bewegt sich das Konzept der ‚Wiener Schule' in einem überaus komplexen Zusammenspiel von kulturellen, gesellschaftspolitischen und auch tourismuswirtschaftlichen Initiativen, von top-down- und bottom-up-Prozessen, an denen eine Vielzahl von Akteur*innen mit teils gleich-, teils auch gegenläufigen Intentionen beteiligt ist. Sie sind wesentlich auf die ‚Musikstadt Wien' bezogen und berufen sich einhellig auf die musikkulturelle ‚Tradition'. Über sie wird eine gesellschaftliche und kulturelle Bedeutung, wie sie der ‚Wiener Klassik' beigemessen wurde, auch für die Gegenwart beansprucht. Die Vergangenheit als wesentlicher Bezugspunkt dieser Sinngebungsprozesse wird in diesem Zuge idealisiert und für die Gegenwart nutzbar gemacht. Die ‚Hellmesberger-Schule' und die ‚Wiener Schule' sind damit ganz wesentlich Teil von Traditionsbildungsprozessen.[170] Indem sie über soziale Praktiken verschiedener Akteur*innen und dazu noch über einen langen Zeitraum hervorgebracht wurden, sind sie je als dynamische und vielschichtige Konstrukte zu begreifen. Bei allen inhaltlichen Verschiebungen kann dabei nachvollzogen werden, wie ein Traditionskonsens etabliert wurde: Sowohl der Topos der ‚Hellmesberger-Schule' als auch jener der ‚Wiener Schule' verweisen im Kern auf einen Ausbildungszusammenhang, der vornehmlich über die personelle Kontinuität in Verbindung zu einer bedeutungsvollen Vergangenheit gesetzt und über die Annahme einer – vielfach auch essentialistisch begründeten – qualitativ herausragenden spiel- bzw. klangästhetischen Charakteristik definiert wird. In der zeitgenössischen Tages- und Fachpresse, in den Hochschuldokumenten, in (Auto-)Biographien, institutionengeschichtlichen Beiträgen usw. konnten Prozesse der Etablierung, der Erhaltung und stetigen Erneuerung dieser Idee der ‚Hellmesberger-Schule' und später vor allem der ‚Wiener

---

Weimar: Böhlau, 2021 (Wiener Schriften zur Stilkunde und Aufführungspraxis 9), S. 187–222, hier S. 187f.

170 Karsten Dittmann folgend wird hier ein prozedurales Verständnis von Tradition angelegt. Dittmann definiert Tradition als Handlungen, „die als ein Weiterübergeben in diesem Sinne rekonstruierbar sind, wobei Tradierung eine jeweils einzelne Handlung T[radent] → A[kzipient] innerhalb einer Folge von Tradierungen bezeichnen soll. […] Unter Tradition soll die Rekonstruktion einer Folge von Weiterübergaben verstanden werden" (Karsten Dittmann: *Tradition und Verfahren. Philosophische Untersuchungen zum Zusammenhang von kultureller Überlieferung und kommunikativer Moralität*. Norderstedt: Books on Demand, 2004, S. 326), die – das muss Dittmanns Definition hinzugefügt werden – sowohl bewusst als auch unbewusst, sowohl intentional als auch unabsichtlich erfolgen. Sie lässt sich somit als ein dynamisches und vielschichtiges Konstrukt verstehen, das über soziale Praktiken verschiedenster Akteur*innen hervorgebracht wird.

Schule' ausgemacht werden. Für die ‚Hellmesberger-Schule' kann außerdem beobachtet werden, wie mit der ausbleibenden Erhaltung und Erneuerung des Traditionskonsenses auch das damit verbundene Konzept entschwindet. Der Topos der ‚Schule' wurde gegen Ende des 19. Jahrhunderts zunehmend von der Person Hellmesberger gelöst und stattdessen überindividuell angelegt – die ‚Hellmesberger-Schule' ging damit in der ‚Wiener Schule' auf. Ebendiese wurde in der Folge über ähnliche Argumentationslinien begründet und findet bis heute – insbesondere in Verbindung mit dem ‚Musikstadt Wien'-Topos – in einer komplexen Realität urbaner Musikproduktion, -distribution und im überregionalen und internationalen Konsum ihre Bestätigung. Seit der ersten Hälfte des 20. Jahrhunderts wurde die Bewahrung der ‚Tradition' auch explizit als Aufgabe formuliert.[171]

---

[171] 1901 formuliert ein Redakteur des *Neuen Wiener Journals* die Notwendigkeit, „die classischen Traditionen der Wiener Violinschule zu erhalten, jene Traditionen, in denen die in der ganzen Welt unerreichten Streicher unserer Philharmoniker groß geworden sind." Neues Wiener Journal 08.09.1901, S. 10.

Fazit: Der Mythos ‚Hellmesberger-Schule'

In einem Klima patriotischer Bewegungen, der erwachsenden Städtekonkurrenzen und der Emanzipation des Wiener Bürgertums, das sich grundlegend über die Musik definierte, wurde im 19. Jahrhundert die Vorstellung einer ebenso spezifischen wie herausragenden Musikkultur in Wien etabliert und zunehmend zu einem integrierenden Element identitäts- und kulturpolitischer Initiativen entwickelt. Vor diesem Hintergrund ist auch der Topos der ‚Hellmesberger-Schule' zu verstehen, der – zunächst auf einen Ausbildungszusammenhang begrenzt – in jenen überindividuell angelegten Topos der ‚Wiener Schule' überführt wurde und damit im Musikstadt-Diskurs aufging. Die Idee einer spieltechnisch und klangästhetisch charakteristischen Geigerschule wurde in diesem Zuge immer weiter verfestigt und konnte spätestens im 20. Jahrhundert als bekannt vorausgesetzt werden.

Was aber sind letztlich die Kennzeichen der ‚Hellmesberger-Schule'? Ein Mitarbeiter der *Blätter für Musik, Theater und Kunst* lieferte nach Konservatoriumsprüfungen im Sommer 1862 einen frühen Verweis auf die ‚Hellmesberger-Schule' als einem klar umrissenen und zuordenbaren Ausbildungszusammenhang. Man erkenne, so der Rezensent, „Hellmesberger'sche Schüler aus hundert anderen heraus", und zwar „an ihrer eleganten, freien, großen, allseitig ausgebildeten Bogenführung, an der Energie und der Breite des Vortrags, an der Wohlbildung des Tons, und noch anderen, kleineren Eigenthümlichkeiten."[1] Ein Redakteur desselben Blattes äußerte sich nach einer Konservatoriumsprüfung im Sommer 1864 ähnlich. Ihm zufolge wirke sich der „unverkennbare Einfluß der eminenten Schule Hellmesberger's […] auf gründliche Technik, großen Ton, charakteristischen, edlen Vortrag und elegante Haltung"[2] bei den Studierenden aus. Großen Ton attestiert ein Korrespondent der *Signale für die musikalische Welt* auch dem Privatschüler Dragomir Krancsevics, außerdem „ungewöhnliche Fertigkeit und alle edlen Eigenschaften der Schule seines Meisters, des Herrn Hellmesberger"[3]. Am Beispiel Krancsevics' verweist ein Redakteur des Wiener *Fremden-Blatts* auch auf die „stylvolle[], durchempfunde[] Weise, die man an dem Meister und seiner Schule genugsam [sic] kennt."[4] Mit Blick auf den Schüler Alois Bruck formuliert daneben ein Korrespondent der *Neuen Zeitschrift für Musik* im expliziten Rekurs auf die „Schule Hellmesberger's": „[S]eine Bogenführung ist

---

1 Blätter für Musik, Theater und Kunst 62 (1862), S. 248.
2 Ebd. 61 (1864), S. 243f., hier S. 244.
3 Signale für die musikalische Welt 5 (1867), S. 78.
4 Fremden-Blatt [Wien] 16.01.1867, S. 6.

solid, seine Technik gut, sein Vortrag einfach, natürlich und musikalisch"[5]. Auch im Spiel des Hellmesberger-Quartetts werden schulenspezifische Merkmale identifiziert. Entsprechend schreibt ein Mitarbeiter der Österreichischen Kunst-Chronik im Jahr 1888: „Die jungen Brüder Hellmesberger mit ihren tüchtigen Secundanten Egghard und Maxintsak gehen feste sichere Wege; ist doch in jedem Bogenstrich der mächtige Einfluss zu erkennen, welchen die in ihrer Art unvergleichliche Schule Vater Hellmesberger's ausübt. Tadellose Intonation, klares Auseinanderhalten der Stimmen und üppiger Wohlklang zeigen sich auch in diesem Jahre bei den Vorträgen des Hellmesberger'schen Quartettvereins."[6] Genereller auf die ‚Schule' bezogen äußert sich zudem ein Mitarbeiter der Wiener Tageszeitung *Das Vaterland*: „Schon in ‚jüngeren Jahren' [...] hat man die Virtuosität, die Feinheit, Mannigfaltigkeit und Süße des Hellmesberger'schen Bogens – er hat Schule gemacht für Wien, und man kann sie in jedem Concerte hören – gerühmt."[7]

Bogenführung, Ton, Technik und Vortragsart werden in vielen Beispielen übereinstimmend als Besonderheiten der ‚Hellmesberger-Schule' benannt. Die jeweiligen Charakterisierungen der einzelnen Merkmale aber variieren. So wird die ‚schulentypische' Vortragsart zum einen als energisch und breit, zum anderen als edel und elegant und an anderer Stelle wiederum als stilvoll und durchempfunden beschrieben. Einhelliger sind die Schilderungen des Tons – der als groß, üppig und wohlgebildet dargestellt wird – und der als gründlich beziehungsweise gut bewerteten Technik. Die Bogenführung wird daneben als elegant, groß, allseitig ausgebildet, virtuos, fein, mannigfaltig, süß und solide skizziert. Es sind damit wiederkehrende Aspekte, über die das Spiel der Geiger*innen dieses Ausbildungszusammenhangs zu einer ‚Schule' stilisiert wird, die Charakterisierungen aber weichen in einem Maße voneinander ab, das kaum Ableitungen auf die vermittelte Spieltechnik oder die klangästhetischen Ideale Josef Hellmesbergers d. Ä. ermöglicht. Dazu bleiben die meisten Spielbeschreibungen zu vage, um hierüber individuelle Merkmale einer Gruppe von Geiger*innen auszumachen. Negative Beurteilungen als schulenspezifisch erachteter Merkmale, darunter übermäßiges Portamento, unverhältnismäßige Akzentuierungen und abrupte Dynamikwechsel,[8] ebenso der Verweis von Carl Flesch auf das langsame Vibrato[9] erweisen sich demgegenüber als konkreter, stehen jedoch für sich und finden an anderer Stelle keine wiederholte Beachtung beziehungsweise Bestätigung.

---

5   Neue Zeitschrift für Musik 27 (1877), S. 282.
6   Österreichische Kunst-Chronik 49 (1888), S. 1217.
7   Das Vaterland [Wien] 19.12.1889, S. 4.
8   Siehe Österreichische Kunst-Chronik 49 (1888), S. 1217.
9   Siehe Carl Flesch: *Die Kunst des Violinspiels*, 2 Bde. Berlin: Ries & Erler, 1926, S. 26.

Ohne dass Klangähnlichkeiten innerhalb spezifischer Ausbildungszusammenhänge per se abgesprochen werden sollen, bleibt an dieser Stelle festzuhalten: Die ‚Hellmesberger-Schule' in dem hier beschriebenen Ausmaß und mit der Verselbständigung über den Topos der ‚Wiener Schule' lässt sich auf argumentativer Ebene nicht als spieltechnischer Zusammenhang nachvollziehen. Es fehlen zudem Lehrwerke, Aussagen Hellmesbergers zum Unterricht oder Berichte von Schüler*innen, die den Darstellungen der Musikkritiker gegenübergestellt werden könnten.[10] Davon abgesehen überwiegen essentialistische Argumentationen, die eine Spezifik zuschreiben, ohne nachvollziehbare beziehungsweise an der sozialen Realität überprüfbare Begründungen zu liefern. Abstrakte Verweise auf Künstlergenealogien, die in die Zeit der ‚Wiener Klassik' zurückreichen, Zuschreibungen eines spezifischen Wiener Musikempfindens[11] und Bezüge auf den ‚Geist der Wiener Geigerschule'[12] stützten die Vorstellung der ‚Hellmesberger-Schule' ganz wesentlich und machten sie noch dazu anschlussfähig für den weiteren Kontext der zunehmend aufgerufenen Idee der ‚Wiener Schule'.

Die Idee der ‚Schule' stellt vor diesem Hintergrund einen Mythos dar, der im Sinne Jan Assmanns verstanden werden soll als „die zur fundierenden Geschichte verdichtete Vergangenheit"[13]. Assmann verabschiedet sich von der vielen Mythentheorien immanenten Dichotomie von Fiktionalität und Faktizität, und bestimmt den Mythos funktionell: Dieser gewinnt seine „Form, Bedeutung und Strahlkraft […] aus den Sinnbedürfnissen der Gegenwart"[14]. Eine ebenso funktionelle Definition des Mythenbegriffs hat der Politikwissenschaftler Herfried Münkler vorgelegt. Er versteht hierunter „Erzählungen, denen es nicht um historische Wahrheit, sondern politische [ebenso wie geschichtliche] Bedeutsamkeit geht."[15] Entsprechend geht es auch im konkreten Fall nicht um die Frage, ob es die ‚Hellmesberger-Schule' gab

---

10 Lehrpläne liegen erst seit 1869/70 gesondert vor, siehe A-Wgm (10800 135).
11 Julius Korngold: „Vom Wiener Konservatorium. Erinnerungen anläßlich des hundertjährigen Bestandes", in: *Neue Freie Presse* [Wien], 06.10.1917, S. 1–4, hier S. 2.
12 Siehe Robert Maria Prosl: *Die Hellmesberger. Hundert Jahre aus dem Leben einer Wiener Musikerfamilie*, Wien: Gerlach & Wiedling, 1947, S. 46; siehe auch Rudolf Hopfner: „Die Geige. Spiel, Technik und Pädagogik in Wien", in: Otto Biba, Ingrid Fuchs und Ders. (Hg.): *„Der Himmel hängt voller Geigen". Die Violine in Biedermeier und Romantik. Eine Ausstellung des Kunsthistorischen Museums Wien in Kooperation mit der Gesellschaft der Musikfreunde in Wien; Kunsthistorisches Museum, 14. April bis 25. September 2011*. Wien: Kunsthistorisches Museum / PPV-Medien, 2011, S. 33–40, S. 39.
13 Jan Assmann: *Das kulturelle Gedächtnis. Schrift, Erinnerung und politische Identität in frühen Hochkulturen*, 8. Aufl. München: C. H. Beck, 2018, S. 7.
14 Jan Assmann: „Mythos und Geschichte", in: Helmut Altrichter, Klaus Herbers und Helmut Neuhaus (Hg.): *Mythen in der Geschichte*. Freiburg i. Br.: Rombach, 2004, S. 13–18, hier S. 15.
15 Herfried Münkler: *Geschichtsmythen und Nationenbildung*, 2018, www.bpb.de/themen/erinnerung/geschichte-und-erinnerung/39792/geschichtsmythen-und-nationenbildung/; 03.07.2021.

oder nicht gab. Stattdessen lenkt der Mythosbegriff den Fokus stärker auf die Sinnbildungsprozesse, die mit dem Aufrufen eines solchen Topos einhergehen. Er bietet Erklärungen für die breite Präsenz der Schulenidee in der Hellmesberger-Rezeption an. Die ‚Hellmesberger-Schule' wurde als Mythos kulturpolitisch in den Dienst des Wiener Musikstadt-Topos gestellt. Mit Rekurs auf die Vergangenheit sollte die hier verortete musikkulturelle Bedeutung auch für die Gegenwart erschlossen werden. Eben hier zeigt sich das für den Mythos grundlegende Bedürfnis der Gegenwart nach Etablierung einer lokalen Tradition. Die wiederholten Verweise auf das ‚Wiener Musikempfinden' oder den ‚Geist der alten Wiener Geigenschule' zielen ebenso wie das Aufzeigen künstlerischer Genealogien genau hierauf hin.

Auch die ‚Wiener Schule' ist in diesem Sinne als ein Mythos zu begreifen, dazu als einer, der noch heute lebendig ist. Wie sehr diese Vorstellung noch durch gegenwärtige Sinnbedürfnisse getragen wird, wird beispielhaft ersichtlich, wenn Stefan Pauly als Intendant des Wiener Musikvereins in einem Interview anlässlich des 150. Jubiläums der Wiener Philharmoniker im Musikverein als künftige Aufgabe formuliert: Man müsse „dieses Erbe lebendig [...] halten und sich stark gemeinsam [...] überlegen in zukünftigen Programmen: ‚Wie können wir die Tradition glutvoll weiterführen, aber gleichzeitig Zeitgenossenschaft zeigen, und versuchen, einzulösen, dass wir im 21. Jahrhundert leben', das ist die Herausforderung."[16] Und wie sehr die Idee der Wiener Schule ohne einen metaphysischen Gründungsmythos doch auch heute noch metaphysische Formen annehmen kann, geht aus einem Statement von Daniel Froschauer, dem Vorstand der Wiener Philharmoniker, zum selben Anlass hervor:

> Also wenn ich da sitz, und die Augen zu mach, dann spür ich Schwingungen. Das ist so, wie wenn ich meine Geige in die Hand nehm' und gar nichts mach'. Da spürt man einfach Schwingungen, und dann hör' ich eine Musik, zum Beispiel Brahms und dann bin ich da schon mittendrin und dann denk ich: ‚Hier war der Brahms und hat unser Orchester gehört mit seiner Musik. [Oder der] Bruckner'. Weiß ich nicht, [...] da wird die Geschichte sehr lebendig für mich. Da spür ich, dass ich sicher auch nur ein Teil bin von diesem kollektiven Gedächtnis, das unser Orchester weiterträgt; bin ich nur ein kleiner Teil, aber ein Teil, wo es jetzt wichtig ist, dass ich dieses Wissen auch an die Jungen weitergeb'. Da werd ich dann als Greis da oben sitzen, mit einem langen weißen Bart und hinunterschauen auf die Wiener Philharmoniker.[17]

---

16 Musikverein Wien: *150 Jahre Wiener Philharmoniker im Musikverein Wien* [Video], 2020, https://www.youtube.com/watch?v=Ql2FJUZUrQM; 10.06.2021.
17 Ebd.

Die ‚Hellmesberger Schule' und die ‚Wiener Schule' als Mythos zu fassen negiert nicht pauschal die hier wiederholt in Worte gefasste Vorstellung einer ‚Wiener Tradition' und auch nicht die Idee des strittig diskutierten ‚Wiener Klangs'. Stattdessen erweist sich der Mythosbegriff als adäquates Werkzeug, die Verselbständigung des Schulen-Topos zu dekonstruieren. Er bietet außerdem Erklärungen dafür an, warum die Idee der Tradition des Wiener Geigenspiels noch heute geläufig ist. Die im 19. Jahrhundert zu beobachtenden nationalpatriotischen Beweggründe, Wien als ‚Hauptstadt der Musik' zu etablieren, wurden abgelöst. Wenn heute die Stadt mit dem Label ‚Hauptstadt der Musik', das Fritz Kreisler Institut Institut der Universität für Musik und darstellende Kunst mit der Pflege des „spezifischen Wienerischen Musizierstils"[18] wirbt, wenn das dortige Institut für Streichinstrumente, Gitarre und Harfe in der Musikpädagogik den Namen „Joseph Hellmesberger Institut" trägt und auf der Homepage die „Offenheit für neue Entwicklung" sowie im gleichen Zuge „die Vermittlung bewahrenswerter Traditionen"[19] ankündigt und wenn sich der Intendant des Musikvereins auf die jahrhundertealte Tradition beruft, dann zeigt sich hierin die kulturpolitische Relevanz des ‚Schulen-Mythos' für den Ausbildungsstandort Wien, die Legitimation bestehender kultureller Institutionen und nicht zuletzt die Bedeutung für die Tourismuswirtschaft dieser Stadt in der Gegenwart. Auch wenn mittlerweile weder der Schulenbegriff noch der Name Hellmesberger bemüht werden, werden hier doch eben jene Ideen aufgerufen, die bereits den Diskurs im 19. Jahrhundert gekennzeichnet haben.

Mit dem Mythos der ‚Hellmesberger-Schule' und der ‚Wiener Schule' wurden auf diskursiver Ebene weitreichende Traditionsbildungsprozesse angestoßen und betrieben, die wiederum mit nichtsprachlichen Praktiken der Traditionsbildung in Wechselwirkung standen und stehen.[20] Gemeint ist die Bildung stark interessengeleiteter Verbindungen zwischen dem Wiener Konservatorium und Klangkörpern wie der Hofkapelle, dem Hofopernorchester und den Wiener Philharmonikern. Ablesbar sind sie an der Besetzungspolitik der Wiener Orchester und des Ausbildungsinstituts: Mit der Anstellung von Musikern, die vor allem dem Wiener Ausbildungszusammenhang entstammten, wurde ein Netzwerk konstituiert, das sich von außen als undurchlässig erweist. Die enge personelle Verflechtung der Lehrer-Schüler-Konstellationen wurde

---

18   Fritz Kreisler Institut für Konzertfach Streichinstrumente, Gitarre und Harfe. Universität für Musik und darstellende Kunst Wien, https://www.mdw.ac.at/str/; 01.08.2023.
19   Joseph Hellmesberger Institut für Streichinstrumente, Gitarre und Harfe in der Musikpädagogik, https://www.mdw.ac.at/hbi/; 28.06.2021. Zum 17.01.2024 wurde das Institut umbenannt und heißt nun Alma Rosé Institut für Streichinstrumente, Gitarre und Harfe in der Musikpädagogik, siehe https://www.ots.at/presseaussendung/OTS_20240118_OTS0141/alma-ros-institut-an-der-mdw; 15.02.2024.
20   Siehe Dittmann: *Tradition und Verfahren*, S. 326.

dabei wiederum sachlogisch als Argument für die verdichtete Überlieferung von Spieltechnik und Klangästhetik herangezogen und damit auch für einen homogenen Klang. Musikerinnen fanden in diesen Netzwerken keinen Platz. Ihnen wurden damit nicht nur Berufswege verwehrt, sondern auch der Zugang zu Orten wie der Hofoper und dem Musikvereinssaal – als dem vornehmlichen Auftrittsort der Wiener Philharmoniker –, die zu Erinnerungsorten der Wiener Musikkultur avancierten und als solche auch wesentlich mit der ‚Hellmesberger-Schule' assoziiert wurden. In der Konsequenz wurden Geigerinnen kaum als Vertreterinnen der ‚Hellmesberger Schule' berücksichtigt. Stattdessen wurde über diesen Topos eine Heroengeschichte vorangetrieben, in deren Zuge allein Geigern musikgeschichtliche Bedeutsamkeit beigemessen wurde. Darin zeigt sich wiederum die reale Wirkmacht von Mythen: Entlang des Schulenbegriffs wurden Machtstrukturen etabliert, die nicht zuletzt mit dem Ausschluss von Geigerinnen aus den Wiener Klangkörpern noch bis ins 21. Jahrhundert aufrechterhalten wurden. Erst nach der Jahrtausendwende erhielten Streicherinnen – nach internationalen Protesten und gegen breiten Widerstand seitens des Orchesters – Zugang zu den Wiener Philharmonikern.[21]

Mittlerweile konfligieren die einstigen Wertvorstellungen zunehmend mit gegenwärtigen Denkmustern, namentlich mit der lauter werdenden Forderung nach Teilhabe und Inklusion. Vor allem hochschulpolitisch werden seit mehreren Jahren in der Donaustadt grundlegende Veränderungen angebahnt. Indem die mdw – Universität für Musik und darstellende Kunst Wien Diversitäts- und Gleichstellungsfragen auf allen Ebenen ihrer Hochschularbeit verankert,[22] nimmt sie an ganz entscheidender Stelle Einfluss auf die Professionalisierung von Musiker*innen und wirkt damit hartnäckigen Mechanismen des Wiener Musiklebens entgegen, die über Jahrhunderte verfestigt wurden.

---

21 Siehe Nadine Dietrich: „Herr-liche Orchester. Über die Situation von Frauen im Orchester", in: *Das Orchester* 9 (2007), S. 32–35; siehe auch Christian Ahrens: *Der lange Weg von Musikerinnen in die Berufsorchester. 1807–2018*. Bremen: Sophie Drinker Institut, 2018 (= Online-Schriftenreihe des Sophie Drinker Instituts I), S. 5, https://www.sophie-drinker-institut.de/files/Sammel-Ordner/Online-Schriftenreihe/Der%20lange%20Weg%20von%20Musikerinnen%20in%20die%20Berufsorchester%201.4.pdf; 29.07.2023.

22 Gleichstellung, Gender Studies und Diversität, mdw – Universität für Musik und darstellende Kunst, https://www.mdw.ac.at/574/; 01.08.2023.

Literatur- und Quellenverzeichnis

Siglen & Abkürzungen

A-Wgm: Archiv der Gesellschaft der Musikfreunde Wien
A-Whh: Österreichisches Haus-, Hof- und Staatsarchiv, Wien
A-Wn: Österreichische Nationalbibliothek, Musiksammlung, Wien
A-Wös: Österreichisches Staatsarchiv
A-Wph: Wiener Philharmoniker, Archiv und Bibliothek, Wien
A-Wst: Wienbibliothek im Rathaus
ÖStA: Österreichisches Staatsarchiv
StAL: Landesarchiv Baden-Württemberg/Staatsarchiv Ludwigsburg

Adresse zum vierzigjährigen Bestehen bzw. zur 300. Quartettproduktion von dem Lehrpersonal des Konservatoriums, ohne Unterschriften, [1889]. A-Wn (Mus. Hs. 33731/7).

Ahrens, Christian: *Der lange Weg von Musikerinnen in die Berufsorchester. 1807–2018*. Bremen: Sophie Drinker Institut, 2018 (= Online-Schriftenreihe des Sophie Drinker Instituts I), https://www.sophie-drinker-institut.de/files/Sammel-Ordner/Online-Schriftenreihe/Der%20lange%20Weg%20von%20Musikerinnen%20in%20die%20Berufsorchester%201.4.pdf; 29.07.2023.

Akademie für Musik und darstellende Kunst (Hg.): *Jahresbericht der k. k. Akademie für Musik und darstellende Kunst*. Wien: Verlag der Gesellschaft für graphische Industrie, 1908/09ff.

Akademie für Musik und darstellende Kunst: *Festschrift, 1817–1967. Akademie für Musik und darstellende Kunst in Wien*. Wien: Verlag Elisabeth Lafite, 1967.

Alcoff, Linda Martín: *Visible Identities. Race, Gender and the Self*. New York/Oxford: Oxford University Press, 2006 (= Studies in Feminist Philiosophy).

Altenburg, Detlef und Rainer Bayreuther (Hg.): *Musik und kulturelle Identität. Bericht über den XIII. Internationalen Kongress der Gesellschaft für Musikforschung. Weimar 2004*, 3 Bde. Kassel: Bärenreiter, 2004.

Anonym: „Adolf Brodsky – Tchaikovsky's Champion, Brahms's Friend, Manchester's Musician", in: *The Strad* 1345 (2002), S. 524–529.

Anonym: „Auer, Leopold", in: Österreichische Akademie der Wissenschaften (Hg.): *Österreichisches Biographisches Lexikon 1815–1950*, 16 Bde., Bd. 1, Lfg. 1. Wien: Verlag der Österreichischen Akademie der Wissenschaften, 1993, S. 34.

Anonym: „Bachrich, Sigmund", in: Österreichische Akademie der Wissenschaften (Hg.): *Österreichisches Biographisches Lexikon 1815–1950*, 16 Bde., Bd. 1, Lfg. 1. Wien: Verlag der Österreichischen Akademie der Wissenschaften, 1993, S. 42.

Anonym: „Grün, Jakob Moritz", in: Österreichische Akademie der Wissenschaften (Hg.): *Österreichisches Biographisches Lexikon 1815–1950*, 16 Bde., Bd. 2, Lfg. 6. Wien: Verlag der Österreichischen Akademie der Wissenschaften, 1959, S. 86f.

Anonym: „Herz, Fritz", in: Österreichische Akademie der Wissenschaften (Hg.): *Österreichisches Biographisches Lexikon 1815–1950*, 16 Bde., Bd. 2, Lfg. 9. Wien: Verlag der Österreichischen Akademie der Wissenschaften, 1959, S. 295.

Anonym: „Hellmesberger, Ferdinand", in: Österreichische Akademie der Wissenschaften (Hg.): *Österreichisches Biographisches Lexikon 1815–1950*, 16 Bde., Bd. 2, Lfg. 8. Wien: Verlag der Österreichischen Akademie der Wissenschaften, 1959, S. 285.

Anonym: „Grutsch, Franz", in: Österreichische Akademie der Wissenschaften (Hg.): *Österreichisches Biographisches Lexikon 1815–1950*, 16 Bde., Bd. 2, Lfg. 6. Wien: Verlag, 1957, S. 95.

Anonym: „Hofkapellmeister Josef Bayer †", in: *Neuigkeits-Welt-Blatt* 13.03.1913, S. 13.

Anonym: „Aus einem Tagebuch über Mahler", in: *Der Merker* 5 (1912), S. 184–188.

Anonym: „Adolph Brodsky", in: *The Musical Times* 44 (1903), S. 225–227.

Anonym: „Josef Hellmesberger †", in: *Deutsche Musik-Zeitung* 21 (1893), S. 265f.

Anonym: *Quartett Hellmesberger. Sämmtliche Programme vom I. Quartett am 4. November 1849 bis zum 300. Quartett am 19. Dezember 1889 gesammelt und dem Begründer der Quartette Josef Hellmesberger sen. gewidmet von einem der ältesten Quartett-Besucher.* [Wien: Selbstverlag, 1889].

Anonym: *Josef Hellmesberger*. Wien: Verlag Wallishauser, 1877.

Anonym: „Josef Hellmesberger", in: *Illustriertes Österreichisches Journal* 14 (1875), NP.

Anonym: „Josef Hellmesberger. (Mit Portrait.)", in: *Musikalisches Wochenblatt* 45 (1870), S. 708–711. [Portrait gesondert auf S. 713]

Anonym: „Die Geschwister Raczek", in: *Rheinische Musik-Zeitung für Kunstfreunde und Künstler* 36 (1857), S. 281–283.

Anonym: Josef Hellmesberger und die Gastdirigenten [Typoskript, o. J.] A-Wph (ohne Signatur).

Antonicek, Theophil: „Die Stände der Wiener Hofmusik-Kapelle von 1867 bis zum Ende der Monarchie", in: *Studien zur Musikwissenschaft* 29 (1978), S. 171–195.

Antonicek, Theophil: „Jansa, Leopold", in: Historische Kommission bei der bayerischen Akademie der Wissenschaften (Hg.): *Neue Deutsche Biographie*, 27+ Bde., Bd. 10. Berlin: Duncker & Humblot, 1974, S. 339.

Anzenberger, Friedrich: „Hoch- und Deutschmeister", in: *Oesterreichisches Musiklexikon online*, 2001, https://www.musiklexikon.ac.at/ml/musik_H/Hoch-_und_Deutschmeister.xml; 01.04.2021.

Argauer, Rita: „Nicht von dieser Welt. Lang Lang konzertiert in der Philharmonie", in: *Süddeutsche Zeitung*, 24.04.2016, https://www.sueddeutsche.de/kultur/kurzkritik-nicht-von-dieser-welt-1.2963862; 21.09.2020.

Assmann, Aleida: „Geschichte findet Stadt", in: Moritz Csáky und Christoph Leitgeb (Hg.): *Kommunikation – Gedächtnis – Räume. Kulturwissenschaften nach dem „Spatial Turn"*. Bielefeld: transcript, 2009, S. 13–27.

Assmann, Jan: *Das kulturelle Gedächtnis. Schrift, Erinnerung und politische Identität in frühen Hochkulturen*, 8. Aufl. München: C. H. Beck, 2018.

Assmann, Jan: „Mythos und Geschichte", in: Helmut Altrichter, Klaus Herbers und Helmut Neuhaus (Hg.): *Mythen in der Geschichte*. Freiburg i. Br.: Rombach, 2004, S. 13–18.

Auer, Leopold: *Violin Playing as I Teach it*. London: Gerald Duckworth & Co., 1921.

Aufnahmsbogen vom Jahre 1857 [Familie Raczek], Missletz, unterzeichnet am 1. November 1864. Landesarchiv Opava, Okresní úřad Opava I (NAD 535), http://digi.archives.cz/da/MenuBar.action; 03.01.2020.

Auszeichnungen der Stadt Wien. Ehrenbürgerinnen und Ehrenbürger der Stadt Wien 1801–1890, https://www.wien.gv.at/gesellschaft/ehrungen/stadt/ehrenbuerger.html#v1800; 07.05.2021.

Autobiographische Daten auf einem vorgedruckten Fragebogen, o. O., o. D. Hellmesberger, Franz Georg. A-Wst (HIN 6810).

Babbe, Annkatrin: „Geigenausbildung als ‚Familiensache': Josef Hellmesberger d. Ä. als Geigenlehrer am Konservatorium der Gesellschaft der Musikfreunde in Wien", in: Christine Fornoff-Petrowski und Melanie Unseld (Hg.): *Paare in Kunst und Wissenschaft*. Wien/Köln/Weimar: Böhlau, 2021 (= Musik – Kultur – Gender 18), S. 275–289.

Babbe, Annkatrin: „‚Und obenan wird stehen unsere Wiener Violinschule und ihr unvergleichlicher Lehrmeister' – Überlegungen zur ‚Schulenbildung' bei Josef Hellmesberger d. Ä.", in: Dies. und Volker Timmermann (Hg.): *Konservatoriumsausbildung von 1795 bis 1945. Beiträge zur Bremer Tagung im Februar 2019*. Hildesheim: Olms, 2021 (= Schriftenreihe des Sophie Drinker Instituts 17), S. 209–226.

Babbe, Annkatrin: „Das Konservatorium der Gesellschaft der Musikfreunde in Wien", in: Freia Hoffmann (Hg.): *Handbuch Konservatorien. Institutionelle Musikausbildung im deutschsprachigen Raum des 19. Jahrhunderts*, 3 Bde., Bd. 1. Lilienthal: Laaber Verlag, 2021, S. 101–164.

Babbe, Annkatrin: „(Handlungs-)Räume für Geigerinnen am Konservatorium der Gesellschaft der Musikfreunde in Wien während der zweiten Hälfte des 19. Jahrhunderts", in: Sabine Meine und Henrike Rost (Hg.): *Klingende Innenräume. GenderPerspektiven auf eine ästhetische und soziale Praxis im Privaten*. Würzburg: Königshausen & Neumann, 2020 (= Musik – Kultur – Geschichte 12), S. 185–195.

Babbe, Annkatrin: „Von der Straße in den Konzertsaal. Damenkapellen und Damenorchester im 19. Jahrhundert", in: Michael Ahlers, Martin Lücke und Matthias Rauch (Hg.): *Musik und Straße*. Wiesbaden: Springer VS, 2019 (= Jahrbuch für Musikwirtschafts- und Musikkulturforschung 2), S. 127–146.

Babbe, Annkatrin: „Hellmesberger, Josef d. Ä", in: Österreichische Akademie der Wissenschaften (Hg.): *Österreichisches Biographisches Lexikon ab 1815*, Online-Edition, Lfg. 7, 2018, https://biographien.ac.at/ID-184.6305192394266-1; 21.04.2020.

Babbe, Annkatrin: „Schipek, Marie", in: Freia Hoffmann (Hg.): *Lexikon „Europäische Instrumentalistinnen des 18. und 19. Jahrhunderts"*, 2016/2022, https://www.sophie-drinker-institut.de/schipek-marie; 25.08.2022.

Babbe, Annkatrin: „Finger-Bailetti, Ella", in: Freia Hoffmann (Hg.): *Lexikon „Europäische Instrumentalistinnen des 18. und 19. Jahrhunderts"*, 2013/2022, https://www.sophie-drinker-institut.de/finger-bailetti-ella; 03.05.2022.

Bach, Otto: Brief an Hermann Grädener, Salzburg, 31.05.1879. A-Wst (HIN 176.916).

Bachleitner, Norbert, Franz M. Eybl und Ernst Fischer: *Geschichte des Buchhandels in Österreich*. Wiesbaden: Harrassowitz Verlag, 2000.

Bachmann-Medick, Doris: „Spatial Turn", in: Dies. (Hg.): *Cultural Turns. Neuorientierungen in den Kulturwissenschaften*, 5. Aufl. Reinbeck bei Hamburg: Rohwolt, 2014, S. 284–328.

Bachrich, S.[igmund]: *Aus verklungenen Zeiten. Erinnerungen eines alten Musikers*. Wien: Verlag Paul Knepler (Verlag Wallishauser), 1914.

Bachrich, Sigmund: Brief an Alfred Grünfeld, Bad Gastein, 18.06.1895. A-Wst (HIN 123.348).

Bachrich, Sigmund: Brief an Alfred Grünfeld, Wien, 01.09.1893. A-Wst (HIN 123.347).

Bachrich, Sigmund: Brief an Alfred Grünfeld, Wien, 03.12.1886. A-Wst (HIN 123.346).

Bacciagaluppi, Claudio, Roman Brotbeck und Anselm Gerhard (Hg.): *Spielpraxis der Saiteninstrumente in der Romantik. Bericht des Symposiums in Bern, 18.–19. November 2006*. Schliengen: Edition Argus, 2011 (= Musikforschung der Hochschule der Künste Bern 3).

Baker, Theodore und Alfred Remy (Hg.): *Baker's Biographical Dictionary*. New York/Boston: G. Schirmer, 1919.

Banoun, Bernard: „,Klänge der Heimat'. Paradigmenwechsel des Nationalen in der Musik Zentraleuropas im 19. und im 20. Jahrhundert", in: Moritz Csáky und Klaus Zeyringer (Hg.): *Inszenierungen des kollektiven Gedächtnisses. Eigenbilder, Fremdbilder*. Innsbruck/Wien: StudienVerlag, 2002 (= Paradigma: Zentraleuropa 4), S. 83–97.

Barber-Kersovan, Alenka: „Topos Musikstadt als Politikum. Eine historische Perspektive", in: Dies., Volker Kirchberg und Robin Kuchar (Hg.): *Music City. Musikalische Annäherungen an die „kreative Stadt"/Musical Approaches to the „Creative City"*. Bielefeld: transcript, 2014 (= Urban Studies), S. 61–82.

Barck, Karlheinz (Hg.): *Aisthesis. Wahrnehmung heute oder Perspektiven einer anderen Ästhetik. Essais*. Leipzig: Reclam, 1990 (= Reclams Universal-Bibliothek. Neue Folge 1352: Kulturwissenschaften).

Barthlmé, Anton: *Vom alten Hellmesberger. Komische Aussprüche und Anekdoten*. Wien: Verlag Carl Konegen (Ernst Stülpnagel), 1908.

Bashford, Christina: „The String Quartet and Society", in: Robin Stowell (Hg.): *The Cambridge Companion to the String Quartet*. Cambridge/New York: Cambridge University Press, 2003, S. 3–18.

Bauer-Lechner, Natalie: *Erinnerungen an Gustav Mahler*. Leipzig/Wien/Zürich: E. P. Tal & Co. Verlag, 1923.

Bauer-Lechner, Natalie: „Mahler-Aussprüche", in: *Musikblätter des Anbruch. Monatsschrift für moderne Musik* 7–8, Sonderheft Gustav Mahler (1920), S. 306–309.

Bauer-Lechner, Natalie: *Fragmente. Gelerntes und Gelebtes*. Wien: Verlag von Rudolf Lechner & Sohn, 1907.

Bauer-Lechner, Natalie: Mahleriana. Erinnerungen an Gustav Mahler. Vorläufiger Auszug: Über die erste bis fünfte Symphonie [Manuskript], o. J. A-Wn (Mus.Hs.38578).

Bayer, Josef. Dokumentation. A-Wst (TP002770).

Bayer-Aspis, Ida: Josef Bayer [Typoskript, o. J.]. A-Wn (Misc. 17/1).

Bell, C. A.: „Adolph Brodsky", in: *The Strad* 39 (1928), S. 88–92.

Bergmann, Eduard von: *Das Säcularfest der Familie von Bergmann in der Pfarre Rujen (Als Manuscript gedruckt)*. Berlin: A. Haack, 1885.

Berking, Helmuth: „Raumvergessen – Raumversessen. Im Windschatten des Spatial Turn", in: Anne Honer, Michael Meuser und Michaela Pfadenhauer (Hg.): *Fragile Sozialität – Inszenierungen, Sinnwelten, Existenzbastler*. Wiesbaden: VS Verlag für Sozialwissenschaften, 2010, S. 387–394.

Berlioz, Hector: *Die Kunst der Instrumentirung*, aus dem Frz. übers. von J. A. Leibrock. Leipzig: Breitkopf & Härtel, 1843.

Bernsdorf, Eduard: *Neues Universal-Lexikon der Tonkunst. Für Künstler, Kunstfreunde und alle Gebildeten*. Offenbach: Verlag Johann André, 1861.

Bernuth, Julius von: Brief an Hermann Graedener, Niendorf bei Lübeck, 12.08.1900. A-Wst (HIN 176.635).

Bernuth, Julius von: Brief an Hermann Graedener, 08.10.1873. A-Wst (HIN 176.884).

Bertsch, Matthias: *Wiener Klangstil – Mythos oder Realität. Ergebnisse der Hörstudie „Hören Sie Wienerisch?" zur Erkennbarkeit des Wiener Klangstils in musikalischen Beispielen*. Wien: Institut für Wiener Klangstil, 2003 (= Schriftenreihe des Instituts für Wiener Klangstil [Musikalische Akustik] an der Universität für Musik und darstellende Kunst Wien 5).

Biba, Otto: „Das Einzugsgebiet des Konservatoriums der Gesellschaft der Musikfreunde in Wien", in: Annkatrin Babbe und Volker Timmermann (Hg.): *Konservatoriumsausbildung von 1795 bis 1945. Beiträge zur Bremer Tagung im Februar 2019*. Hildesheim: Olms, 2021 (= Schriftenreihe des Sophie Drinker Instituts 17), S. 243–254.

Biba, Otto: „Das Konservatorium der Gesellschaft der Musikfreunde in Wien: Die Ausbildung im Spiel von Streichinstrumenten", in: Ders., Ingrid Fuchs und Rudolf Hopfner (Hg.): *„Der Himmel hängt voller Geigen". Die Violine in Biedermeier und Romantik. Eine Ausstellung des Kunsthistorischen Museums Wien in Kooperation mit der Gesellschaft der Musikfreunde in Wien; Kunsthistorisches Museum, 14. April bis 25. September 2011*. Wien: Kunsthistorisches Museum / PPV-Medien, 2011, S. 25–31.

Biba, Otto: „Georg Hellmesberger d. Ä", in: Ders., Ingrid Fuchs und Rudolf Hopfner (Hg.): *„Der Himmel hängt voller Geigen". Die Violine in Biedermeier und Romantik. Eine*

Ausstellung des Kunsthistorischen Museums Wien in Kooperation mit der Gesellschaft der Musikfreunde in Wien; Kunsthistorisches Museum, 14. April bis 25. September 2011. Wien: Kunsthistorisches Museum / PPV-Medien, 2011, S. 64.

Biba, Otto: „‚Ihr Sie hochachtender, dankbarer Schüler Peppi'. Joseph Joachims Jugend im Spiegel bislang unveröffentlichter Briefe", in: *Die Tonkunst* III (2007), S. 200–203.

Biba, Otto, Ingrid Fuchs und Rudolf Hopfner (Hg.): *„Der Himmel hängt voller Geigen". Die Violine in Biedermeier und Romantik*. Eine Ausstellung des Kunsthistorischen Museums Wien in Kooperation mit der Gesellschaft der Musikfreunde in Wien; Kunsthistorisches Museum, 14. April bis 25. September 2011. Wien: Kunsthistorisches Museum / PPV-Medien, 2011.

Bick, Martina: „Bauer-Lechner, Natalie", in: Beatrix Borchard und Nina Noeske (Hg.): *MUGI. Musikvermittlung und Genderforschung: Musikerinnen-Lexikon und multimediale Präsentationen*, 2018, https://mugi.hfmt-hamburg.de/receive/mugi_person_00000052; 25.06.2022.

Bick, Martina: „Eduard Hanslick", in: Beatrix Borchard und Nina Noeske (Hg.): *MUGI. Musikvermittlung und Genderforschung: Musikerinnen-Lexikon und multimediale Präsentationen*, 2013, https://mugi.hfmt-hamburg.de/receive/mugi_person_00000329; 25.07.2022.

Bilstein, Johannes, Jutta Ecarius und Edwin Keiner (Hg.): *Kulturelle Differenzen und Globalisierung. Herausforderungen für Erziehung und Bildung*. Wiesbaden: Springer VS, 2011.

Böck, Sabine: „Frauen in der Musikpädagogik am Beispiel Wien", in: Andrea Ellmeier, Birgit Huebener und Doris Ingrisch (Hg.): *spiel|mach|t|raum. frauen* an der mdw 1817–2017^{plus}*. Wien: mdw – Universität für Musik und darstellende Kunst Wien, 2019, https://www.mdw.ac.at/spielmachtraum/artikel/frauen-in-der-musikpaedagogik; 02.08.2023.

Böck, Sabine: *Frauenorchester in Wien*, Diplomarb., Hochschule für Musik und darstellende Kunst Wien, 1995.

Boisits, Barbara: „Hanslick, Eduard", in: *Oesterreichisches Musiklexikon online*, 2021, https://musiklexikon.ac.at/0xc1aa5576_0x0001d073; 01.03.2021.

Boisits, Barbara und Christian Fastl: „Hellmesberger (Helmesberger), Familie", in: *Oesterreichisches Musiklexikon online*, 2019, https://musiklexikon.ac.at/0xc1aa5576_0x0001d117; 07.03.2021.

Boisits, Barbara: „Die Bedeutung der *Sonntagsblätter* Ludwig August Frankls für die Wiener Musikkritik", in: Louise Hecht (Hg.): *Ludwig August Frankl (1810–1894). Eine jüdische Biographie zwischen Okzident und Orient*. Köln/Weimar/Wien: Böhlau, 2016, S. 157–182.

Boisits, Barbara: „Bachrich, Familie", in: *Oesterreichisches Musiklexikon online*, 2015, https://musiklexikon.ac.at/0xc1aa5576_0x0001f7a1; 15.11.2020.

Borchard, Beatrix: „Kulturpolitik im Berlin der Kaiserzeit. Das Joachim-Quartett im Vergleich zum Wiener Hellmesberger Quartett", in: Hans Erich Bödeker, Patrice Veit und Michael Werner (Hg.): *Organisateurs et formes d'organisation du concert en Europe 1700–1920. Institutionnalisation et pratiques*. Berlin: Berliner Wissenschafts-Verlag, 2008, S. 171–194.

Borchard, Beatrix: *Stimme und Geige. Amalie und Joseph Joachim. Biographie und Interpretationsgeschichte*, 2. Aufl. Wien/Köln/Weimar: Böhlau, 2007 (= Wiener Veröffentlichungen zur Musikgeschichte 6).

Borchard, Beatrix: „Mit Schere und Klebstoff. Montage als wissenschaftliches Verfahren in der Biographik", in: Corinna Herr und Monika Woitas (Hg.): *Musik mit Methode. Neue kulturwissenschaftliche Perspektiven*. Köln/Weimar/Wien: Böhlau, 2005 (= Musik – Kultur – Gender 1), S. 47–62.

Borwick, Leonard: Brief an Hermann Grädener, London, 03.07.1902. A-Wst (HIN 176.863).

Botstein, Leon: *Music and its Public: Habits of Listening and the Crisis of Musical Modernism in Musical Vienna, 1870–1914*, Dissertation. Harvard University, 1985.

Bourdieu, Pierre: *Sozialer Raum und ‚Klassen'. Zwei Vorlesungen*, 4. Aufl. Frankfurt a. M.: Suhrkamp, 2016 [orig. 1985] (= suhrkamp taschenbuch wissenschaft 500).

Bourdieu, Pierre: „Die Logik der Felder", in: Ders. und Loïc J. D. Wacquant (Hg.): *Reflexive Anthropologie*, aus dem Frz. übers. von Hella Beister. Frankfurt a. M.: Suhrkamp, 2006 (= suhrkamp taschenbuch wissenschaft 1793), S. 124–147.

Bourdieu, Pierre: „Physischer, sozialer und angeeigneter physischer Raum", in: Martin Wentz (Hg.): *Stadträume*. Frankfurt a. M./New York: Campus-Verlag, 1991 (= Die Zukunft des Städtischen. Frankfurter Beiträge 2), S. 25–34.

Braun, Christina von: *Blutsbande. Verwandtschaft als Kulturgeschichte*. Berlin: Aufbau Verlag, 2018.

Brendel, Franz: *Geschichte der Musik in Italien, Deutschland und Frankreich. Von den ersten christlichen Zeiten bis auf die Gegenwart*. Leipzig: Bruno Hinze, 1852.

Brenner, Helmut und Reinhold Kubik (2014): *Mahlers Menschen. Freunde und Weggefährten*. Salzburg/Wien: Residenz Verlag, 2014.

Brodsky, Adolf: Brief an Johannes Brahms, Leipzig 14.10.1891. A-Wst (HIN 165.572).

Brodsky, Adolf: Brief an Johannes Brahms, Leipzig, 13.04.1891. A-Wst (HIN 165.571).

Brodsky, Adolf: Brief an Hermann Grädener, Leipzig, 02.12.1890. A-Wst (HIN 176.819).

Brodsky, Adolf: Brief an Hermann Grädener, o. O., o. D. A-Wst (HIN 176.872).

Brodsky, Adolf: Korrespondenzkarte an Hermann Grädener, o. O., o. D. A-Wst (HIN 176.820).

Brodsky, Adolf: Brief an Franz Schalk, London, 09.01.1914. A-Wst (HIN 220.856).

Brüll, Ignaz: Brief [Korrespondenzkarte] an Hermann Grädener, Unterach, 29.06.1902. A-Wst (HIN 176.864).

Brüll, Ignaz: Brief an Hermann Grädener, Wien, 17.05.1892. A-Wst (HIN 176.350).

Brüll, Ignaz: Brief an Hermann Grädener, Aussee, 01.09.1878. A-Wst (HIN 176.919).

Brüll, Ignaz: Brief an Wilhelm Kienzl, Wien, 01.11.1904. A-Wst (HIN 181.472).

Brodsky, Anna: *Recollections of a Russian Home. A Musician's Experiences*. Manchester/London: Sherratt & Hughes, 1904.

Brown, Clive: *The Decline of the 19th-Century German School of Violin Playing*, 2011, https://mhm.hud.ac.uk/chase/article/the-decline-of-the-19th-century-german-school-of-violin-playing-clive-brown/; 05.06.2023.

Brück, Marion: „Nikisch, Arthur", in: Historische Kommission bei der bayerischen Akademie der Wissenschaften (Hg.): *Neue Deutsche Biographie*, 27+ Bde., Bd. 19. Berlin: Duncker & Humblot, 1999, S. 257.

Brückle, Wolfgang: „Stil (kunstwissenschaftlich)", in: Karlheinz Barck, Martin Fontius, Friedrich Wolfzettel und Burkhart Steinwachs (Hg.): *Ästhetische Grundbegriffe. Historisches Wörterbuch in sieben Bänden*, 7 Bde., Bd. 5. Stuttgart/Weimar: Metzler, 2003, S. 665–688.

Bucher, Hans-Jürgen: „Journalismus als kommunikatives Handeln. Grundlagen einer handlungstheoretischen Journalismustheorie", in: Martin Löffelholz (Hg.): *Theorien des Journalismus. Ein diskursives Handbuch*, 2. vollst. überarb. und erw. Aufl. Wiesbaden: Springer Fachmedien, 2004, S. 263–285.

Büchner, Louise: *Praktische Versuche zur Lösung der Frauenfrage*. Berlin: Janke, 1870.

Bukowska, Sylwia: „Rückblicke, Einblicke, Ausblicke", in: Abteilung Gleichstellung und Diversität der Universität Wien (Hg.): *Gender im Fokus. Frauen und Männer an der Universität Wien* 5. Wien: Universität Wien, 2015, S. 8.

Busch, Thomas: „Das Wer, Wie und Was von (An-)Ordnungen. Überlegungen zu Raumtheorie und Gerechtigkeit im Feld der Musikpädagogik", in: Anne Niessen und Jens Knigge (Hg.): *Theoretische Rahmung und Theoriebildung in der musikpädagogischen Forschung*. Münster/New York: Waxmann, 2015 (= Musikpädagogische Forschung 36), S. 51–65.

Button, Graham (Hg.): *Ethnomethodology and the Human Science*. Cambridge/New York/Melbourne: Cambridge University Press, 1991.

Chaveau, Mélisande: *Petits prodiges de la musique. Une centaine de souvenirs ou de récits d'enfances*. Paris: Scali, 2007.

Chevalley, Heinrich (Hg.): *Arthur Nikisch. Leben und Wirken*. Berlin: Bote & Bock, 1922.

Contract-Bedingungen des Orchesters am k: k: Hof-Operntheater. A-Whh (AT-OeStA/HHStAHA Oper SR 70).

Conze, Werner (Hg.): *Sozialgeschichte der Familie in der Neuzeit Europas*. Stuttgart: Klett Verlag, 1976 (= Industrielle Welt 21).

Coussemaker, Edmond de: *L'art harmonique aux XIIe et XIIIe siècles*. Paris: A. Durand/V. Didron, 1865.

Csáky, Moritz und Christoph Leitgeb: „Kommunikation – Gedächtnis – Raum: Orientierungen im *spatial turn* der Kulturwissenschaften", in: Dies. (Hg.): *Kommunikation – Gedächtnis – Raum. Kulturwissenschaften nach dem „Spatial Turn"*. Bielefeld: transcript, 2009, S. 7–10.

Czartoryski, Konstantin: *Die Gesellschaft der Musikfreunde und ihr Konservatorium. 1859–1867. Rückblick eines gewesenen Direktions-Mitglieds.* Wien: Verlag von Karl Czermak, 1868.

Czeike, Felix: *Historisches Lexikon Wien*, 6 Bde. Wien: Kremayr & Scheriau/Orac, 2004.

Decsey, Ernst: „Vom alten Hellmesberger", in: *Neues Wiener Tagblatt*, 24.10.1923, S. 2f.

Diaconovich, Corneliu: *Enciclopedia română. Publicată din însărcinarea și sub auspiciile Asociațiunii pentru literature română și cultura*, 3 Bde. Sibiu: W. Krafft, 1904.

Dienstvertrag Josef Hellmesberger, Hof-/Staatstheater Stuttgart: Personalakten / 1843–1982. StAL (E 18 VI Bü 355), http://www.landesarchiv-bw.de/plink/?f=2-323358; 03.11.2021.

Dienstvertrag Wilhelmine Hellmesberger, Hof-/Staatstheater Stuttgart: Personalakten / 1843–1982. StAL (E 18 VI Bü 324), http://www.landesarchiv-bw.de/plink/?f=2-323359; 03.11.2021.

Dietrich, Nadine: „Herr-liche Orchester. Über die Situation von Frauen im Orchester", in: *Das Orchester* 9 (2007), S. 32–35.

[Direktion der Gesellschaft der Musikfreunde:] Rechenschaftsbericht der Direction der Gesellschaft der Musikfreunde an die Generalversammlung vom 13. December 1862, Wien 1863. A-Wn (396.604 B).

Dittmann, Karsten: *Tradition und Verfahren. Philosophische Untersuchungen zum Zusammenhang von kultureller Überlieferung und kommunikativer Moralität.* Norderstedt: Books on Demand, 2004.

Door, Anton: Brief an Hermann Grädener, Aussee, 01.07. (o. J.). A-Wst (HIN 176.504).

Döring, Jörg und Tristan Thielmann: „Einleitung: Was lesen wir im Raume? Der *Spatial Turn* und das geheime Wissen der Geographen", in: Dies. (Hg.): *Spatial Turn. Das Raumparadigma in den Kultur- und Sozialwissenschaften*, 2. Aufl. Bielefeld: transcript, 2009 (= SozialTheorie), S. 7–45.

Dražić, Lena: „‚[…] den guten, geläuterten Geschmack in der bürgerlichen Gesellschaft zu verbreiten […]'. Das Konzept musikalischer Bildung in den Ego-Dokumenten des Konservatoriums der Gesellschaft der Musikfreunde in Wien", in: Cornelia Szabó-Knotik und Anita Mayer-Hirzberger (Hg.): *„Be/Spiegelungen". Die Universität für Musik und darstellende Kunst Wien als kulturvermittelnde bzw. -schaffende Institution im Kontext der Sozial- und Kulturgeschichte.* Wien: Hollitzer Verlag, 2018 (= Anklaenge. Wiener Jahrbuch für Musikwissenschaft 2017), S. 61–82.

Dreyfus, Kay, Margarethe Engelhardt-Krajanik und Barbara Kühnen (Hg.): *Die Geige war ihr Leben. Drei Geigerinnen im Portrait.* Strasshof: Vier-Viertel-Verlag, 2000 (= Frauentöne 4).

Effenberger, Rudolf: *71, die in die Augen stechen. Wiener Philharmoniker, Symphoniker und Symphonikerinnen in Karikatur und Reim.* Wien: Karner (Durstmüller)[, ca. 1935].

Ehrlich, Alfred [i. e. Payne, Albert H.]: *Das Streich-Quartett in Wort und Bild.* Leipzig: Verlag von A. H. Payne, 1898.

Ehrlich, Alfred [i. e. Payne, Albert H.]: *Berühmte Geiger der Vergangenheit und Gegenwart. Eine Sammlung von 88 Biographien und Portraits.* Leipzig: Verlag von A. H. Payne, 1893.

Eisenberg, Ludwig: *Grosses Biographisches Lexikon der Deutschen Bühne im XIX. Jahrhundert*. Leipzig: Verlag Paul List, 1903.

Eisenberg, Ludwig: *Das geistige Wien. Künstler- und Schriftsteller-Lexikon*, 2 Bde., 5. Aufl. Wien: C. Daberkow's Verlag, 1893.

Eisenberg, Ludwig und Richard Groner (Hg.): *Das geistige Wien. Mittheilungen über die in Wien lebenden Architekten, Bildhauer, Bühnenkünstler, Graphiker, Journalisten, Maler, Musiker und Schriftsteller*. Wien: Brockhausen und Bräuer, 1889.

Eiserle, Eugène: „Joseph Hellmesberger als Quartettspieler", in: *Der Zwischen-Akt* 33 (02.02.1860), NP.

Elias, Norbert: *Über die Zeit. Arbeiten zur Wissenssoziologie II*, 4. Aufl. Frankfurt a. M.: Suhrkamp, 1994 (= suhrkamp taschenbuch wissenschaft 756).

Elling, Elisabeth: „Andris Nelsons und die Wiener Philharmoniker in Dortmund", in: *Westfälischer Anzeiger*, 27.03.2017, https://www.wa.de/kultur/andris-nelsons-wiener-philharmoniker-dortmund-8042050.html; 25.08.2021.

Ellmeier, Andrea, Birgit Huebener und Doris Ingrisch (Hg.): *spiel|mach|t|raum. frauen* an der mdw 1817–2017^{plus}*. Wien: mdw – Universität für Musik und darstellende Kunst Wien, 2017–, https://mdw.ac.at/spielmachtraum/; 01.08.2023.

Entlicher, Friedrich: *Der erste europäische Blindenlehrer-Congress in Wien am 3., 4., 5., 6., 7. und 8. August 1873*. Wien: Verlag des ständigen Congress-Comites, 1873.

Ertelt, Thomas und Heinz von Loesch: „Vorwort", in: Dies. (Hg.): *Geschichte der musikalischen Interpretation*, 2 Bde., Bd. 1: *Ästhetik – Ideen*. Kassel: Bärenreiter, Berlin/Heidelberg: Metzler, 2018, S. 7–11.

Estermann, Monika und Georg Jäger: „Geschichtliche Grundlagen und Entwicklung des Buchhandels im Deutschen Reich bis 1871", in: Georg Jäger (Hg.): *Geschichte des deutschen Buchhandels im 19. und 20. Jahrhundert*, 3 Bde., Bd. 1. Frankfurt a. M.: Buchhändler-Vereinigung, 2001, S. 17–41.

Exhibitenprotokolle der Gesellschaft der Musikfreunde. A-Wgm (ohne Signatur).

Exhibitenprotokolle des Konservatoriums der Gesellschaft der Musikfreunde. A-Wgm (ohne Signatur).

Fastl, Christian: „Maxincsak (Maxintsak), Familie", in: *Oesterreichisches Musiklexikon online*, 2015, https://musiklexikon.ac.at/0xc1aa5576_0x003119e3; 07.11.2020.

Fastl, Christian: „Nováček, Brüder", in: *Oesterreichisches Musiklexikon online*, 2001, https://musiklexikon.ac.at/0xc1aa5576_0x0001db6c; 10.12.2020.

Faßmann, Heinz: „Migration in Österreich 1850–1900. Migrationsströme innerhalb der Monarchie und Struktur der Zuwanderung nach Wien", in: *Demographische Informationen* (1986), S. 22–36.

Feldbauer, Peter und Hannes Stekl: „Wiens Armenwesen im Vormärz", in: Renate Banik-Schweitzer et al. (Hg.): *Wien im Vormärz*. Wien: Verein für Geschichte der Stadt Wien, 1980 (= Forschungen und Beiträge zur Wiener Stadtgeschichte 8), S. 175–201.

Fétis, François-Joseph: *Biographie universelle des musiciens et bibliographie générale de la musique*, 8 Bde., 2. Aufl. Brüssel: Meline, Cans et Co, 1862.

Fétis, François-Joseph: *Biographie universelle des musiciens et bibliographie générale de la musique*, 8 Bde. Brüssel: Meline, Cans et Co, 1839.

Finscher, Ludwig: „Zur Geschichte des Streichquartetts als musikalischer Gattungsgeschichte", in: Vera Schwarz (Hg.): *Violinspiel und Violinmusik in Geschichte und Gegenwart*. Wien: Universal Edition, 1975 (= Beiträge zur Aufführungspraxis 3), S. 80–89.

Fischer, Emil: *Die Kulturarbeit des Deutschtums in Rumänien. Ein Versuch zur Grundlegung ihrer Geschichte*. Sibiu: W. Krafft, 1911.

Fischer, Jens Malte: „Mahler. Leben und Welt", in: Bernd Sponheuer und Wolfram Steinbeck (Hg.): *Mahler Handbuch*. Kassel: Bärenreiter, Stuttgart/Weimar: J. B. Metzler, 2010, S. 14–59.

Fischhof, Robert: *Begegnungen auf meinem Lebensweg. Plaudereien, Erinnerungen und Eindrücke aus jungen Jahren*. Wien/Leipzig: Hugo Heller & Co, 1916.

Fisher, Renee B.: *Musical Prodigies: Masters at an Early Age*. New York: Association Press, 1973.

Fitzgerald, Gerald (Hg.): *Annals of the Metropolitan Opera. The Complete Chronicle of Performances and Artists. Tables 1883–1985*. Boston: Macmillan Press, 1989.

Flesch, Carl: *Erinnerungen eines Geigers*. Freiburg i. Br./Zürich: Atlantis Verlag, 1960.

Flesch, Carl: *Die Kunst des Violinspiels*, 2 Bde. Berlin: Ries & Erler, 1926.

Flotzinger, Rudolf: „Musik als Medium und Argument", in: Franz Kadrnoska (Hg.): *Aufbruch und Untergang. Österreichische Kultur zwischen 1918 und 1938*. Wien/München/Zürich: Europa Verlag, 1981, S. 373–382.

Flüggen, Ottmar G.: *Biographisches Bühnen-Lexikon der Deutschen Theater. Von Beginn der deutschen Schauspielkunst bis zur Gegenwart*. München: Verlag A. Pruckmann, 1892.

Fornoff-Petrowski, Christine und Melanie Unseld (Hg.): *Paare in Kunst und Wissenschaft*. Wien/Köln/Weimar: Böhlau, 2021 (= Musik – Kultur – Gender 18).

Foucault, Michel: *Archäologie des Wissens*, 18. Aufl. Frankfurt a. M.: Suhrkamp, 2018 (= suhrkamp taschenbuch wissenschaft 356).

Foucault, Michel: „Andere Räume", in: Karlheinz Barck (Hg.): *Aisthesis. Wahrnehmung heute oder Perspektiven einer anderen Ästhetik. Essais*. Leipzig: Reclam, 1990 (= Reclams Universal-Bibliothek. Neue Folge 1352: Kulturwissenschaften), S. 34–46.

Frank, Paul [i. e. Carl Wilhelm Merseburger] und Wilhelm Altmann: *Kurzgefaßtes Tonkünstlerlexikon. Für Musiker und Freunde der Tonkunst*, 12. Aufl. Leipzig: Merseburger, 1926.

Frevert, Ute: „Bürgerliche Meisterdenker und das Geschlechterverhältnis. Konzepte, Erfahrungen, Visionen an der Wende zum 18. und 19. Jahrhundert", in: Dies. (Hg.): *Bürgerinnen und Bürger. Geschlechterverhältnisse im 19. Jahrhundert*. Göttingen: Vandenhoeck & Ruprecht, 1988 (= Kritische Studien zur Geschichtswissenschaft 77), S. 17–48.

Frisch, Hans: „Neue Erfolge von der Wiener Geigerschule im Ausland", in: *Neues Wiener Tagblatt*, 21.04.1931, S. 10.

Fritz Kreisler Institut für Konzertfach Streichinstrumente, Gitarre und Harfe. Universität für Musik und darstellende Kunst Wien, https://www.mdw.ac.at/str/; 01.08.2023.

Fuchs, Ingrid: „Die ersten Violoncello-Studentinnen in Ausbildungsklassen der letzten Jahre des Konservatoriums der Gesellschaft der Musikfreunde in Wien", in: Annkatrin Babbe und Volker Timmermann (Hg.): *Konservatoriumsausbildung von 1795 bis 1945. Beiträge zur Bremer Tagung im Februar 2019*. Hildesheim: Olms, 2021 (= Schriftenreihe des Sophie Drinker Instituts 17), S. 255–279.

Fuchs, Ingrid: „Violinspiel im öffentlichen und privaten Musikleben Wiens des 19. Jahrhunderts", in: Otto Biba, Dies. und Rudolf Hopfner (Hg.): *„Der Himmel hängt voller Geigen". Die Violine in Biedermeier und Romantik. Eine Ausstellung des Kunsthistorischen Museums Wien in Kooperation mit der Gesellschaft der Musikfreunde in Wien; Kunsthistorisches Museum, 14. April bis 25. September 2011*. Wien: Kunsthistorisches Museum / PPV-Medien, 2011, S. 15–22.

Fuchs, Ingrid: „Rosé, Arnold Josef; früher Rosenblum", in: Österreichische Akademie der Wissenschaften (Hg.): *Österreichisches Biographisches Lexikon 1815–1950*, 16 Bde., Bd. 9, Lfg. 43. Wien: Verlag der Österreichischen Akademie der Wissenschaften, 1986, S. 243f.

Gamper, Michael: „Der Virtuose und das Publikum. Kulturkritik im Kunstdiskurs des 19. Jahrhunderts", in: Hans-Georg von Arburg (Hg.): *Virtuosität. Kult und Krise in der Artistik in Literatur und Kunst der Moderne*. Göttingen: Wallstein Verlag, 2006, S. 60–82.

Gans zu Putlitz, Joachim: Schreiben an Josef Hellmesberger d. J., [Stuttgart,] 17.01.1905, Hof-/Staatstheater Stuttgart: Personalakten / 1843–1982. StAL (E 18 VI Bü 355), http://www.landesarchiv-bw.de/plink/?f=2-323358; 03.11.2021.

Gans zu Putlitz, Joachim: Schreiben an Georg von Hülsen, [Stuttgart,] 11.04.1905, Hof-/Staatstheater Stuttgart: Personalakten / 1843–1982. StAL (E 18 VI Bü 324), http://www.landesarchiv-bw.de/plink/?f=2-323359; 03.11.2021.

Geburtenbuch 1840–1843, Heiliggeistkirche/Opava. Zemský archiv v Opavě (Op II 7), http://digi.archives.cz/da/permalink?xid=be8334cc-f13c-102f-8255-0050568c0263; 23.12.2021.

Geburts- und Taufschein, Josef Bayer, St. Josef, Wien. A-Wst (HIN 237.864).

Gerards, Marion: „‚Faust und Hamlet in Einer Person'. The Musical Writings of Eduard Hanslick as Part of the Gender Discourse in the Late Nineteenth Century", in: Nicole Grimes, Siobhán Donovan und Wolfgang Marx (Hg.): *Rethinking Hanslick. Music, Formalism, and Expression*. Rochester, NY: University of Rochester Press, 2013, S. 212–235.

Gerhard, Ute: *Verhältnisse und Verhinderungen. Frauenarbeit, Familie und Rechte der Frauen im 19. Jahrhundert*, Frankfurt a. M.: Suhrkamp, 1978.

Gesellschaft der Musikfreunde: *Schul-Statut des Conservatoriums für Musik und darstellende Kunst der unter dem Protectorate Ihrer k. u. k. Hoheit der durchlauchtigsten Kronprinzessin-Witwe*

Erzherzogin Stephanie stehenden Gesellschaft der Musikfreunde in Wien (Beschlossen in der Directions-Sitzung am 10. Juli 1893, vervollständigt durch die Erweiterung der Chorgesang-Schule in der Directions-Sitzung am 23. Juli 1894.). Wien: Verlag Wallishauser, 1897.

Gesellschaft der Musikfreunde: *Schul-Statut des Conservatoriums für Musik und darstellende Kunst der unter dem Protectorate Ihrer k. u. k. Hoheit der durchlauchtigsten Kronprinzessin-Witwe Erzherzogin Stephanie stehenden Gesellschaft der Musikfreunde in Wien (Beschlossen in der Directions-Sitzung am 10. Juli 1893, vervollständigt durch die Erweiterung der Chorgesang-Schule in der Directions-Sitzung am 23. Juli 1894.).* Wien: Verlag Wallishauser, 1896.

Gesellschaft der Musikfreunde: *Statistischer Bericht über das Conservatorium für Musik und darstellende Kunst.* Wien: Verlag Wallishauser, 1894.

Gesellschaft der Musikfreunde: *Schulordnung (Vollzugsvorschrift zum Grundverfassungsstatute des Conservatoriums für Musik und darstellende Kunst der unter dem Protectorate Ihrer k. und k. Hoheit der durchlauchtigsten Kronprinzessin-Witwe Erzherzogin Stephanie stehenden Gesellschaft der Musikfreunde in Wien).* Wien: Verlag Wallishauser, 1892.

Gesellschaft der Musikfreunde: Conservatorium für Musik und Schauspiel-Schule der Gesellschaft der Musikfreunde in Wien. Lehrplan für das Schuljahr 1891–1892. A-Wgm (10800 135).

Gesellschaft der Musikfreunde: Conservatorium für Musik und Schauspiel-Schule der Gesellschaft der Musikfreunde in Wien. Lehrplan für das Schuljahr 1880–1881. A-Wgm (10800 135).

Gesellschaft der Musikfreunde: *Rechenschaftsbericht der Direktion der Gesellschaft der Musikfreunde für das Verwaltungsjahr 1876–77.* Wien: Verlag Wallishauser, 1878.

Gesellschaft der Musikfreunde: Schreiben an Josef Hellmesberger d. Ä., 1877. A-Wgm (GH 621 1877).

Gesellschaft der Musikfreunde: Stundenplan für das Schuljahr 1877–78. A-Wgm (7363/84).

Gesellschaft der Musikfreunde: *Vollzugsvorschrift zum Statute der Grundverfassung des Conservatoriums der Gesellschaft der Musikfreunde in Wien.* Wien: Verlag Wallishauser, 1876.

Gesellschaft der Musikfreunde: Lehrplan des Konservatoriums der Gesellschaft der Musikfreunde in Wien. Für das Schuljahr 1875–1876. Nebst einem Anhange über den fakultativen Vorbereitungskurs. A-Wgm (10800 135).

Gesellschaft der Musikfreunde: *Grundverfassungs-Statut nebst Vollzugsvorschrift des Konservatoriums der Gesellschaft der Musikfreunde in Wien.* Wien: Verlag Wallishauser, 1874.

Gesellschaft der Musikfreunde: *Grundverfassungs-Statut nebst Vollzugsvorschrift des Konservatoriums der Gesellschaft der Musikfreunde in Wien.* Wien: Verlag Wallishauser, 1872.

Gesellschaft der Musikfreunde: Lehrplan des Konservatoriums der Gesellschaft der Musikfreunde in Wien. Für das Schuljahr 1870–1871. Nebst einem Anhange über den fakultativen Vorbereitungskurs. A-Wgm (10800 135).

Gesellschaft der Musikfreunde: *Grundverfassungs-Statut des Konservatoriums der Gesellschaft der Musikfreunde in Wien (§. 22 der Gesellschaftsstatuten vom 26. Februar 1869).* Wien: Verlag Wallishauser[, 1869].

Gesellschaft der Musikfreunde: *Jahresbericht des Konservatoriums der Gesellschaft der Musikfreunde Wien.* Wien: Verlag Wallishauser, 1858/59–1908/09. [unter wechselnden Titeln]

Gesellschaft der Musikfreunde: *Instruction für das von der Gesellschaft der Musikfreunde des österreichischen Kaiserstaates zu Wien gestiftete Conservatorium.* Wien: Verlag Wallishauser, 1852.

Gesellschaft der Musikfreunde: *Verzeichnis und Classification der Schüler des Conservatoriums der Musik in Wien.* Wien: Verlag Wallishauser, 1842/43–1859/60.

Gesellschaft der Musikfreunde: *Instruction für das, von der Gesellschaft der Musikfreunde des österreichischen Kaiserstaates, zu Wien gestiftete Conservatorium.* Wien: Verlag Wallishauser, 1832.

Gesellschaft der Musikfreunde: *Statuten der Gesellschaft der Musikfreunde des österreichischen Kaiserstaates.* Wien 1814, zit. nach Eusebius Mandyczewski: *Zusatz-Band zur Geschichte der K. K. Gesellschaft der Musikfreunde in Wien.* Wien: Verlag Holzhausen, 1912, S. 198–215.

Giannini, Juri (Hg.): *Eine Institution zwischen Repräsentation und Macht. Die Universität für Musik und darstellende Kunst Wien im Kulturleben des Nationalsozialismus.* Wien: Mille Tre Verlag, 2014 (= Musikkontext 7).

Giddens, Anthony: *Central Problems in Social Theory. Action, Structure and Contradiction in Social Analysis.* London: Macmillan, 1979.

Glinkevich, Galina: „Violinists Franz, Joseph and Ludwig Böhm, Soloists and Pedagogues of 19th Century", in: *The Scientific Heritage* 51 (2020), S. 3–14.

Glinkevich, Galina: „The Böhms, Family of Violinists", in: *Musicus* 5 (2010), S. 54–59.

Goffmann, Erving: *Interaktionsrituale. Über Verhalten in direkter Kommunikation*, 3. Aufl. Frankfurt a. M.: Suhrkamp, 1994 (= suhrkamp taschenbuch wissenschaft 594).

Goldmark, Karl: *Erinnerungen aus meinem Leben.* Wien: Rikola Verlag, 1922.

Goldschmied, Leopold: „Geschichte der Juden in Prossnitz", in: Hugo Gold (Hg.): *Die Juden und Judengemeinden Mährens in Vergangenheit und Gegenwart.* Brünn: Jüdischer Buch- und Kunstverlag, 1929, S. 491–504.

Graf, Max: „Glossen über Kunst und Kultur. (Dr. Adolf Brodsky.)", in: *Neues Wiener Journal*, 30.01.1921, S. 7f.

Gräflinger, Franz: Der Vater der ‚Puppenfee'. – Zum 100. Geburtstag Josef Bayers [Typoskript, 1952]. A-Wn (F30.Graeflinger.531/1/14).

Gräflinger, Franz: Ballettkomponist und Hofopernkapellmeister Josef Bayer. (Zum 30. Todestag.) [Typoskript, 1943]. A-Wn (F30.Graeflinger.531/1/15).

Grimes, Nicole, Siobhán Donovan und Wolgang Marx (Hg.): *Rethinking Hanslick. Music, Formalism, and Expression.* Rochester, NY: University of Rochester Press, 2013.

Grönke, Kadja: „Das Kgl. Konservatorium der Musik zu Leipzig", in: Freia Hoffmann (Hg.): *Handbuch Konservatorien. Institutionelle Musikausbildung im deutschsprachigen Raum des 19. Jahrhunderts*, 3 Bde., Bd. 3. Lilienthal: Laaber, 2021, S. 165–211.

Grönke, Kadja: „Timanoff, Vera", in: Freia Hoffmann (Hg.): *Lexikon „Europäische Instrumentalistinnen des 18. und 19. Jahrhunderts"*, 2012, https://www.sophie-drinker-institut.de/timanoff-vera; 21.11.2022.

Grotjahn, Rebecca: „Himmlischer Warenschatz wohltätiger Erkenntnisse. Gattung und Geschlecht in der Musik", in: Hendrik Schlieper und Merle Tönnies (Hg.): *Gattung und Geschlecht. Konventionen und Transformationen eines Paradigmas.* Wiesbaden: Harrassowitz Verlag, 2021 (= culturae 21), S. 123–142.

Grotjahn, Rebecca und Sabine Vogt (Hg.): *Musik und Gender. Grundlagen – Methoden – Perspektiven.* Regensburg: Laaber, 2010 (= Kompendien Musik).

Gruber, Gernot: „Einleitung zum 2. Band", in: Rudolf Flotzinger und Ders. (Hg.): *Musikgeschichte Österreichs*, 3 Bde., Bd. 2: *Vom Barock zum Vormärz*, 2., überarb. und stark erw. Aufl. Wien/Köln/Weimar: Böhlau, 1995, S. 11–13.

Gruber, Gernot, Barbara Boisits und Björn R. Tammen (Hg.): *Musik – Identität – Raum. Perspektiven auf die österreichische Musikgeschichte.* Wien/Köln/Weimar: Böhlau, 2021 (= Wiener musikwissenschaftliche Beiträge 27).

Gugitz, Gustav: „Basilius Bohdanowicz und seine musikalische Familie", in: Emil Blümml und Gustav Gugitz (Hg.): *Von Leuten und Zeiten im alten Wien.* Wien/Leipzig: Gerlach & Wiedling, 1922, S. 238–256.

Günzel, Stephan (Hg.): *Raum. Ein interdisziplinäres Handbuch.* Wiesbaden: Springer VS, 2010.

Günzel, Stephan (Hg.): *Raumwissenschaften.* Frankfurt a. M.: Suhrkamp, 2009 (= suhrkamp taschenbuch wissenschaft 1891).

Gurschner, Alice: „Intimes aus dem Leben eines Geigers. Dem Andenken Adolf Brodskys", in: *Neues Wiener Journal*, 13.04.1929, S. 3.

Gutmann, Albert: *Aus dem Wiener Musikleben. Künstler-Erinnerungen 1873–1908*, 2 Bde. Wien: Verlag Gutmann, 1914.

Haberkamp, Gertraut: „Hellmesberger, Geiger, Komponisten", in: Historische Kommission bei der bayerischen Akademie der Wissenschaften (Hg.): *Neue Deutsche Biographie*, 27+ Bde., Bd. 8. Berlin: Duncker & Humblot, 1969, S. 484f.

Hanslick, Eduard: *Aus meinem Leben*, 2 Bde., 3. Aufl. Berlin: Allgemeiner Verein für Deutsche Litteratur, 1894.

Hanslick, Eduard: *Geschichte des Concertwesens in Wien.* Wien: Wilhelm Braumüller, 1869.

Habslick, Eduard: „Quartettproduktionen", in: *Österreichische Revue* 8 (1864), S. 165–200.

Hanslick, Eduard: „Die Wiener Konzertsaison in ihrer künstlerischen Bedeutung. (1852–1853.)", in: *Wiener Zeitung*, 09.05.1853, S. 112f.

Hanson, Alice M.: *Musical Life in Biedermeier Vienna.* Cambridge/London/New York [u. a.]: Cambridge University Press, 1985 (= Cambridge Studies in Music).

Harrandt, Andrea und Christian Fastl: „Ast, Familie", in: *Oesterreichisches Musiklexikon online*, 2015, https://musiklexikon.ac.at/0xc1aa5576_0x0001f762; 30.07.2020.

Harten, Uwe: „Rappoldi, Ehepaar", in: *Oesterreichisches Musiklexikon online*, 2020, https://www.musiklexikon.ac.at/ml/musik_R/Rappoldi_Ehepaar.xml; 11.12.2020.

Harten, Uwe: „Jansa, Leopold", in: *Oesterreichisches Musiklexikon online*, 2001, https://musiklexikon.ac.at/0xc1aa5576_0x0001d2ef; 29.03.2021.

Harten, Uwe: „Schön, Moritz", in: Österreichische Akademie der Wissenschaften (Hg.): *Österreichisches Biographisches Lexikon. 1815–1950*, 16 Bde., Bd. 11, Lfg. 51. Wien: Verlag der Österreichischen Akademie der Wissenschaften, 1995, S. 39.

Harten, Uwe: „Paur, Emil", in: Österreichische Akademie der Wissenschaften (Hg.): *Österreichisches Biographisches Lexikon 1815–1950*, 16 Bde., Bd. 7, Lfg. 34. Wien: Verlag der Österreichischen Akademie der Wissenschaften, 1977, S. 356.

Hartlieb, Wladimir von: Rede zum Geburtstag Grädeners [Typoskript, o. J.], ÖNB Sammlung Handschriften und alte Drucke (Cod. Ser. n. 19116 Han).

Haslinger, Peter: „Diskurs, Sprache, Zeit, Identität. Plädoyer für eine erweiterte Diskursgeschichte", in: *Österreichische Zeitschrift für Geschichtswissenschaften* 4 (2005), S. 33–59.

Hausen, Karin: „Frauenräume", in: *Journal für Geschichte* 2 (1985), S. 13–15.

Hausen, Karin: „Die Polarisierung der ‚Geschlechtscharaktere' – Eine Spiegelung der Dissoziation von Erwerbs- und Familienleben", in: Werner Conze (Hg.): *Sozialgeschichte der Familie in der Neuzeit Europas*. Stuttgart: Klett Verlag, 1976 (= Industrielle Welt 21), S. 363–393.

Hecht, Louise (Hg.): *Ludwig August Frankl (1810–1894). Eine jüdische Biographie zwischen Okzident und Orient*. Köln/Weimar/Wien: Böhlau, 2016.

Heckmann, Ruth: „Mann und Weib in der ‚musicalischen Republick'. Modelle der Geschlechterpolarisierung in der Weltanschauung 1750–1800", in: Rebecca Grotjahn und Freia Hoffmann (Hg.): *Geschlechterpolaritäten in der Musikgeschichte des 18. bis 20. Jahrhunderts*, Herbolzheim: Centaurus, 2002, S. 19–30.

Heller, Lynne: „Das Konservatorium für Musik in Wien zwischen bürgerlich-adeligem Mäzenatentum und staatlicher Förderung", in: Michael Fend und Michel Noiray (Hg.): *Musical Education in Europe (1770–1914). Compositional, Institutional and Political Challenges*, 2 Bde., Bd. 1. Berlin: Berliner Wissenschafts-Verlag, 2005 (= Musical Life in Europe 1600–1900. Circulation, Institutions, Representation 4), S. 205–228.

Heller, Lynne, Severin Matiasovits und Erwin Strouhal: *Geschichte der mdw*, 2020, http://www.mdw.ac.at/405/; 08.03.2021.

Hellmesberger, Ferdinand: Schreiben an das Komitee der Philharmonischen Konzerte, Wien, 30.05.1893. A-Wph (H/16.4).

Hellmesberger, Josef d. Ä.: Brief an Josef Fischhof, Wien, 06.10.1854. A-Wst (HIN 4150).

Hellmesberger, Josef d. Ä.: Brief an des Komitee der Philharmonischen Konzerte, Wien, 10.12.1877. A-Wph (H/19.8).

Hellmesberger, Josef d. Ä.: Brief an Unbekannt, London, 26.05.1847. A-Wst (HIN 64453).

Hellmesberger, Josef d. Ä.: Brief an Unbekannt, Wien, o. D. A-Wst (HIN 1550073).

Hellmesberger, Josef d. Ä.: Erklärung, Akten der Gesellschaft der Musikfreunde, Wien, 05.12.1877. A-Wgm (621 ex 1877).

Hellmesberger, Josef d. J.: Brief an Joachim Gans zu Putlitz, o. O., 16.01.1905, Hof-/Staatstheater Stuttgart: Personalakten / 1843–1982. StAL (E 18 VI Bü 324), http://www.landesarchiv-bw.de/plink/?f=2-323359; 03.11.2021.

Hellmesberger, Josef d. J.: Brief an Unbekannt, Wien, 21.04.[1904], Hof-/Staatstheater Stuttgart: Personalakten / 1843–1982. StAL (E 18 VI Bü 355), https://www2.landesarchiv-bw.de/ofs21/olf/struktur.php?bestand=17463&sprungId=819511&letztesLimit=suchen; 03.11.2021.

Hellmesberger, Josef d. J.: Brief an das Comité der Philharmonischen Konzerte, Wien, 30.09.1903. A-Wph (H/18.5).

Hellmesberger, Josef d. J.: Brief an Unbekannt, o. O., 19.10.1891. ÖNB Sammlung Handschriften und alte Drucke (Autogr. 250/66-1 Han).

Hellsberg, Clemens: *Demokratie der Könige. Die Geschichte der Wiener Philharmoniker*. Zürich: Schweizer Verlagshaus, Wien: Kremayr und Scheriau, Mainz: Schott, 1992.

Helm, Theodor: *Fünfzig Jahre Wiener Musikleben (1866–1916). Erschienen in 101 Fortsetzungen, vom 1. Jänner 1915 bis 1. März 1920 in der Zeitschrift* Der Merker*, in Buchform gefasst, geordnet, neu paginiert und mit einem Register versehen von Max Schönherr, 2 Bde.*, Bd. 1. Wien: Selbstverlag, 1974.

Hennenberg, Beate: *Das Konservatorium der Gesellschaft der Musikfreunde in Wien. Beiträge zur musikalischen Bildung in der ersten Hälfte des 19. Jahrhunderts*. Wien: praesens, 2013.

Herrmann-Schneider, Hildegard: *Status und Funktion des Hofkapellmeisters in Wien. 1848–1918*. Innsbruck: Helbling, 1981 (= Innsbrucker Beiträge zur Musikwissenschaft 5).

Hessisches Personenstandsregister 1849–1931, Eintrag Hugo Maxincsak, https://www.myheritage.de/research/collection-10817/deutschland-hessisches-personenstandsregister-1849-1931?itemId=487449-&action=showRecord&recordTitle=Hugo+Maxincsak+%26+Berta+Lilly+Dorothee+Marie+Timm#fullscreen; 25.08.2020.

Hickethier, Knut: *Einführung in die Medienwissenschaft*, 2., aktual. und überarb. Aufl. Stuttgart/Weimar: Metzler, 2010.

Hilscher, Elisabeth Th.: „Das 19. Jahrhundert (circa 1790/1800 bis 1918)", in: Dies. und Helmut Kretschmer (Hg.): *Wien. Musikgeschichte. Von der Prähistorie bis zur Gegenwart*. Wien/Berlin: LIT Verlag, 2011, S. 271–358.

Hilscher, Elisabeth Th.: „Horak Musikschule (ab 1941 Konservatorium)", in: *Oesterreichisches Musiklexikon online*, 2002, https://musiklexikon.ac.at/0xc1aa5576_0x00025525; 11.11.2020.

Hinterberger, Julia (Hg.): *Von der Musikschule zum Konservatorium. Das Mozarteum 1841–1922*. Wien: Hollitzer Verlag, 2017 (= Veröffentlichungen des Arbeitsschwerpunktes Salzburger Musikgeschichte 4. Geschichte der Universität Mozarteum Salzburg 1 / Veröffentlichungen zur Geschichte der Universität Mozarteum Salzburg 10).

Hirschfeld, Robert: Josef Hellmesberger †. Nachruf, gesprochen vor den Lehrern und Schülern des Conservatoriums in der Vortrags-Uebung am 4. November 1893, Wien. A-Wgm (4566/53).

Historisches Ortslexikon. Statistische Dokumentation zur Bevölkerungs- und Siedlungsgeschichte. Wien, 2016, http://www.oeaw.ac.at/fileadmin/subsites/Institute/VID/PDF/Publications/diverse_Publications/Historisches_Ortslexikon/Ortslexikon_Wien.pdf; 07.05.2021.

Hobsbawm, Eric: „Introduction: Inventing Traditions", in: Ders. und Terence Ranger (Hg.): *The Invention of Tradition.* Cambridge/New York/Melbourne [u. a.]: Cambridge University Press, 1983, S. 1–14.

Hoffmann, Freia (Hg.): *Handbuch Konservatorien. Institutionelle Musikausbildung im deutschsprachigen Raum des 19. Jahrhunderts,* 3 Bde. Lilienthal: Laaber Verlag, 2021.

Hoffmann, Freia: „Soziale und geographische Herkunft von Studierenden am Beispiel Sondershausen und Straßburg", in: Annkatrin Babbe und Volker Timmermann (Hg.): *Konservatoriumsausbildung von 1795 bis 1945. Beiträge zur Bremer Tagung im Februar 2019.* Hildesheim: Olms (= Schriftenreihe des Sophie Drinker Instituts 17), S. 229–242.

Hoffmann, Freia: „Donat, Josefine", in: Dies. (Hg.): *Lexikon „Europäische Instrumentalistinnen des 18. und 19. Jahrhunderts",* 2013/2023, https://www.sophie-drinker-institut.de/donat-josefine; 01.08.2023.

Hoffmann, Freia: *Instrument und Körper. Die musizierende Frau in der bürgerlichen Kultur.* Frankfurt a. M./Leipzig: Insel Verlag, 1991.

Hoffmann, Freia und Volker Timmermann: „Einleitung", in: Dies. (Hg.): *Quellentexte zur Geschichte der Instrumentalistin im 19. Jahrhundert.* Hildesheim/Zürich/New York: Olms, 2013 (= Studien und Materialien zur Musikwissenschaft 77), S. 7–20.

K. Hoftheaterintendanz Stuttgart: Schreiben an Wilhelmine Hellmesberger, Stuttgart, 24.12.1904, Hof-/Staatstheater Stuttgart: Personalakten / 1843–1982. StAL (E 18 VI Bü 324), http://www.landesarchiv-bw.de/plink/?f=2-323359; 03.11.2021.

Holtfreter, Susan: *Die Musikkritik im Wandel. Eine soziologisch-textlinguistische Untersuchung.* Frankfurt a. M.: Peter Lang, 2013 (= Angewandte Sprachwissenschaft 24).

Honegger, Claudia: *Die Ordnung der Geschlechter. Die Wissenschaften vom Menschen und das Weib 1750–1850.* Frankfurt a. M./New York: Campus-Verlag, 1991.

Honer, Anne, Michael Meuser und Michaela Pfadenhauer (Hg.): *Fragile Sozialität – Inszenierungen, Sinnwelten, Existenzbastler.* Wiesbaden: VS Verlag für Sozialwissenschaften, 2010.

Hopfner, Rudolf: „Die Geige. Spiel, Technik und Pädagogik in Wien", in: Otto Biba, Ingrid Fuchs und Ders. (Hg.): *„Der Himmel hängt voller Geigen". Die Violine in Biedermeier und Romantik. Eine Ausstellung des Kunsthistorischen Museums Wien in Kooperation mit der Gesellschaft der Musikfreunde in Wien; Kunsthistorisches Museum, 14. April bis 25. September 2011.* Wien: Kunsthistorisches Museum / PPV-Medien, 2011, S. 33–40.

Hoppe, Christine: „Das Spezifische im Allgemeinen? Auf der Suche nach dem Lehrer Joseph Böhm in Techniken, Lehrmethoden, Lehrwerken und Widmungskompositionen seiner Schüler", in: Annkatrin Babbe und Volker Timmermann (Hg.): *Konservatoriumsausbildung von 1795 bis 1945. Beiträge zur Bremer Tagung im Februar 2019*. Hildesheim: Olms, 2021 (= Schriftenreihe des Sophie Drinker Instituts 17), S. 189–208.

Hoppe, Christine, Melanie von Goldbeck und Maiko Kawabata (Hg.): *Exploring Virtuosities. Heinrich Wilhelm Ernst, Nineteenth-Century Musical Practice and Beyond*. Hildesheim: Olms, 2018 (= Göttinger Studies in Musicology/Göttinger Studien zur Musikwissenschaft 10).

Hradil, Stefan: „Soziale Ungleichheit, soziale Schichtung und Mobilität", in: Hermann Korte und Bernhard Schäfers (Hg.): *Einführung in die Hauptbegriffe der Soziologie*, 6. Aufl. Wiesbaden: Springer VS, 2016 (= Einführungskurs Soziologie 1), S. 247–275.

Ingrisch, Doris: „Frauen* an der mdw", in: Andrea Ellmeier, Birgit Huebener und Dies. (Hg.): *spiel|mach|t|raum. Frauen* an der mdw 1817–2017^{plus}*. Wien: mdw – Universität für Musik und darstellende Kunst Wien, 2017, http://www.mdw.ac.at/405/; 03.11.2019.

Ingrisch, Doris: „100 Jahre Frauenstudium", in: *650 plus – Geschichte der Universität Wien*, 2016, https://geschichte.univie.ac.at/de/artikel/frauenstudium; 03.11.2019.

Institut für musikalische Akustik – Wiener Klangstil, http://iwk.mdw.ac.at (21.07.2021).

Internationale Mozart-Stiftung (Hg.): *Jahres-Bericht des Konservatoriums ‚Mozarteum' in Salzburg über das 20. Schuljahr*. Salzburg: Verlag des Konservatoriums Mozarteum, 1920.

Jacobi, Juliane: *Mädchen- und Frauenbildung in Europa. Von 1500 bis zur Gegenwart*. Frankfurt a. M./New York: Campus-Verlag, 2013.

Jaeger, Friedrich (Hg.): *Enzyklopädie der Neuzeit Online*, http://dx.doi.org/10.1163/2352-0248_edn_a6014000; 23.08.2020.

Jäger, Georg (Hg.): *Geschichte des deutschen Buchhandels im 19. und 20. Jahrhundert*, 3 Bde. Frankfurt a. M.: Buchhändler-Vereinigung, 2001.

Jahn, Michael: *Die Wiener Hofoper von 1848 bis 1870. Personal – Aufführungen – Spielplan*. Tutzing: Hans Schneider, 2002 (= Publikationen des Instituts für österreichische Musikdokumentation 27).

Jakob, Julius: *Wörterbuch des Wiener Dialektes mit einer kurzgefaßten Grammatik*, Wien/Leipzig: Gerlach & Wiedling, 1929.

Jeić, Jadran: „Weiser, Ludmilla", in: Freia Hoffmann (Hg.): *Lexikon „Europäische Instrumentalistinnen des 18. und 19. Jahrhunderts"*, 2020, https://www.sophie-drinker-institut.de/weiser-ludmilla; 09.05.2020.

Jeić, Jadran: „Ludmilla Weiser – prva profesionalna hrvatska violinistica i violinska virtuoskinja. Bio-bibliografska studija prigodom 170 godina od njezina rođenja", in: *Arti musices* 1 (2018), S. 69–108.

Jeić, Jadran: „The Weiser Family of Zagreb and the Forgotten ‚Amati tambura' Ivan Weiser", in: *Etnološka istraživanja* 21 (2016), S. 59–77, https://hrcak.srce.hr/178987; 09.05.2020.

Joseph Hellmesberger Institut für Streichinstrumente, Gitarre und Harfe in der Musikpädagogik, https://www.mdw.ac.at/hbi/; 28.06.2021.

[Junker, Carl Ludwig]: „Vom Kostüm des Frauenzimmer Spielens", in: *Musikalischer Almanach auf das Jahr 1784*, Freyburg, S. 85–99.

Kaden, Christian und Volker Kalisch (Hg.): *Von delectatio bis entertainment. Das Phänomen der Unterhaltung in der Musik*. Essen: Die blaue Eule, 2000 (= Musik-Kultur 7).

Kalbeck, Max: „Concerte", in: *Die Presse* [Wien], 29.11.1889, S. 1–3.

Kalbeck, Max: „Concerte", in: *Die Presse* [Wien], 07.12.1887, S. 2f.

Kalender zum Gebrauche des Oesterreichisch-kaiserlichen Hofes. Wien: Druck und Verlag der kaiserlich-königlichen Hof- und Staatsdruckerei 1865f. / *Oesterreichisch-kaiserlicher Hof-Kalender*. Wien: Druck und Verlag der kaiserlich-königlichen Hof- und Staatsdruckerei 1867–1885 / *Handbuch des allerhöchsten Hofes und des Hofstaates seiner k. und k. apostolischen Majestät*. Wien: Druck und Verlag der kaiserlich-königlichen Hof- und Staatsdruckerei 1886ff.

Kauder, Hugo: „Das Musikalische im Wiener Volkscharakter", in: *Musikblätter des Anbruch. Monatsschrift für moderne Musik* 13/14, Sonderheft Wien (1921), S. 234–236.

Keil, Ulrike: „Professionelle Damenkapellen und Damenorchester um die Jahrhundertwende", in: Christian Kaden und Volker Kalisch (Hg.): *Von delectatio bis entertainment. Das Phänomen der Unterhaltung in der Musik*. Essen: Die blaue Eule, 2000 (= Musik-Kultur 7), S. 99–110.

Kenneson, Claude: *Musical Prodigies. Perilous Journeys, Remarkable Lives*. Portland, OR: Amadeus Press, 1998.

Kern, Kurt: „Josef Bayer", in: *Das Orchester-Magazin. Monatsheft für Orchester- und Ensemble-Musik* 8–10 (1929), S. 5–6.

Kertbeny, Karl Maria: „Georg Hellmesberger", in: Ders.: *Silhouetten und Reliquien. Erinnerungen*, 2 Bde. Wien/Prag: Kober & Markgraf, 1861, S. 249–254.

Kessl, Fabian und Christian Reutlinger (Hg.): *Handbuch Sozialraum. Grundlagen für den Bildungs- und Sozialbereich*, 2. Aufl. Wiesbaden: Springer VS, 2019 (= Sozialraumforschung und Sozialraumarbeit 14).

Kiesewetter, Raphael Georg: *Geschichte der europäisch-abendländischen oder unserer heutigen Musik. Darstellung ihres Ursprungs, ihres Wachsthums und ihrer stufenweisen Entwicklung. Von dem ersten Jahrhundert des Christenthums bis auf die heutige Zeit*. Leipzig: Breitkopf & Härtel, 1834.

Killian, Herbert (Hg.): *Gustav Mahler in den Erinnerungen von Natalie Bauer-Lechner, mit Anmerkungen und Erklärungen von Knud Martner*, rev. und erw. Aufl. Hamburg: Wagner Verlag, 1984.

Kinnebrock, Susanne, Christian Schwarzenegger und Thomas Birkner (Hg.): *Theorien des Medienwandels*. Köln: Halem, 2015 (= Öffentlichkeit und Geschichte 8).

Kirchhof, Astrid Mignon: „Geschlechterräume. Wie soziologische Raumtheorien für die Geschichtswissenschaft nutzbar gemacht werden können", in: *Ariadne. Forum für Frauen- und Geschlechtergeschichte* 12 (2012), S. 6–13.

Kisler, Karl M.: „Ein Welterfolg aus St. Pölten. Wo Josef Bayers ‚Puppenfee' entstand", in: *Neue Illustrierte Wochenschau* 51 (18.12.1966), S. 11.

Klee, Ernst: *Das Kulturlexikon zum Dritten Reich. Wer war was vor und nach 1945*, vollst. überarb. Aufl. Frankfurt a. M.: Fischer, 2009.

Klingmann, Heinrich: „Transkulturelle Musikvermittlung. Musikpädagogik im musikkulturellen Niemandsland?", in: Susanne Binas-Preisendörfer und Melanie Unseld (Hg.): *Transkulturalität und Musikvermittlung. Möglichkeiten und Herausforderungen in Forschung, Kulturpolitik und musikpädagogischer Praxis*. Frankfurt a. M./New York: Peter Lang, 2012, S. 201–218.

Knopp, Anna: *Das Hellmesberger-Quartett. Programmgestaltung, Kritiken und Mitglieder*, Diplomarb., Universität für Musik und darstellende Kunst Wien, 2009.

Kobald, Karl: „Wiener klassische Kammermusik", in: *Radio Wien* 45 (09.08.1926), S. 1977.

Kocka, Jürgen: *Das lange 19. Jahrhundert. Arbeit, Nation und bürgerliche Gesellschaft*, 10., völlig neu bearb. Aufl. Stuttgart: Klett Cotta, 2001 (= Handbuch der deutschen Geschichte 13).

Kocka, Jürgen: „Stand – Klasse – Organisation: Strukturen sozialer Ungleichheit in Deutschland vom späten 18. bis zum frühen 20. Jahrhundert im Aufriß", in: Hans-Ulrich Wehler (Hg.): *Klassen in der europäischen Sozialgeschichte*. Göttingen: Vandenhoeck & Ruprecht, 1979, S. 137–165.

Kolb, Fabian, Melanie Unseld und Gesa zur Nieden (Hg.): *Musikwissenschaft und Biographik. Narrative, Akteure, Medien*. Mainz: Schott, 2018.

Kontraktbedingungen Hofopernorchester [1873]. A-Whh (AT-OeStA/HHStAHA Oper SR 70).

Konzertprogramm, 12.04.1839, Saal der Gesellschaft der Musikfreunde. A-Wst (C48114).

Kopp, Johannes und Anja Steinbach (Hg.): *Grundbegriffe der Soziologie*, 12. Aufl. Wiesbaden: VS Verlag für Sozialwissenschaften, 2018.

Korngold, Julius: „Vom Wiener Konservatorium. Erinnerungen anläßlich des hundertjährigen Bestandes", in: *Neue Freie Presse* [Wien], 06.10.1917, S. 1–4.

Kornberger, Monika: „Neusser (eig. Neußer), Familie", in: *Oesterreichisches Musiklexikon online*, 2019, https://musiklexikon.ac.at/0xc1aa5576_0x003ac095; 31.07.2020.

Kornberger, Monika: „Schipek, Familie", in: *Oesterreichisches Musiklexikon online*, 2019, https://musiklexikon.ac.at/0xc1aa5576_0x0033f770; 22.12.2020.

Kosel, Hermann Clemens (Hg.): *Deutsch-österreichisches Künstler- und Schriftsteller-Lexikon*, 2 Bde. Wien: Druck und Verlag der Gesellschaft für graphische Industrie, 1902.

Koselleck, Reinhart: „Einleitung", in: Ders.: *Zeitschichten. Studien zur Historik*. Frankfurt a. M.: Suhrkamp, 2000, S. 9–18.

Koßmaly und Carlo [Koßmaly, Carl und Carl Heinrich Herzel]: *Schlesisches Tonkünstler-Lexikon*, 4 Hefte in 1 Bd. Repr. Hildesheim/New York: Olms, 1982 [orig. 1846].

Kovács, Inge und Andreas Meyer: „Nichts für ‚schöne Seelen'? Aus den Anfängen der akademischen Musikforschung", in: Rebecca Grotjahn und Sabine Vogt (Hg.): *Musik und Gender. Grundlagen – Methoden – Perspektiven*. Regensburg: Laaber, 2010 (= Kompendien Musik), S. 69–80.

Kracauer, Siegfried: „Über Arbeitsnachweise. Konstruktionen eines Raumes", in: Ders.: *Schriften*, Bd. 5.2: *Aufsätze 1927–1931*, hg. von Inka Mülder-Bach. Frankfurt a. M.: Suhrkamp Verlag, 1990, S. 185–192.

Krause-Benz, Martina: „Musikunterricht als Raum des Performativen", in: Peter W. Schatt (Hg.): *Musik – Raum – Sozialität*. Münster: Waxmann, 2020 (= Studien zur Musikkultur 1), S. 13–29.

Kreckel, Reinhard: *Politische Soziologie der sozialen Ungleichheit*. Frankfurt a. M./New York: Campus-Verlag, 1992.

Kreutziger-Herr, Annette: „History und Herstory. Musikgeschichte, Repräsentation und tote Winkel", in: Dies. und Katrin Losleben (Hg.): *History/Herstory. Alternative Musikgeschichten*. Köln/Weimar/Wien: Böhlau, 2009 (= Musik – Kultur – Gender 5), S. 21–46.

Kreutziger-Herr, Annette und Melanie Unseld: „Vorwort", in: Dies. (Hg.): *Lexikon Musik und Gender*. Kassel: Bärenreiter, Stuttgart/Weimar: J. B. Metzler, 2010, S. 9–14.

Krohn, Ernst C.: *A Century of Missouri Music*. St. Louis, MO: Selbstverlag, 1971.

Krones, Hartmut: „… der schönste und wichtigste Zweck von allen … . Das Conservatorium der ‚Gesellschaft der Musikfreunde des österreichischen Kaiserstaates'", in: *Österreichische Musikzeitschrift* 43 (1988), S. 66–83.

Kühnen, Barbara: „Marie Soldat-Roeger (1863–1955)", in: Kay Dreyfus, Margarethe Engelhardt-Krajanik und Dies. (Hg.): *Die Geige war ihr Leben. Drei Geigerinnen im Portrait*. Strasshof: Vier-Viertel-Verlag, 2000 (= Frauentöne 4), S. 13–98.

La Grange, Henry-Louis de und Günther Weiß (Hg.): *Ein Glück ohne Ruh'. Die Briefe Gustav Mahlers an Alma*, Berlin: Siedler Verlag, 1995.

Lach, Robert: *Geschichte der Staatsakademie und Hochschule für Musik und darstellende Kunst in Wien*. Wien: Verlag Ed. Strache, 1927.

Lach, Robert: „Wien als Musikstadt", in: Othenio Abel (Hg.): *Wien, sein Boden und seine Geschichte. Vorträge gehalten als außerordentlicher volkstümlicher Universitätskurs der Universität Wien*. Wien: Wolfrum, 1924, S. 384–445.

Lackner, Ninni und Ernst Weber (2005): „Sioly, Johann", in: Österreichische Akademie der Wissenschaften (Hg.): *Österreichisches Biographisches Lexikon 1815–1950*, 16 Bde., Bd. 12, Lfg. 57. Wien: Verlag der Österreichischen Akademie der Wissenschaften, S. 304.

Lafite, Carl: „Ellen Schlenk-Lechner gestorben", in: *Neues Wiener Tagblatt*, 28.03.1940, S. 9.

Lafite, Carl: *Geschichte der Gesellschaft der Musikfreunde in Wien 1912–1937 [und] Hedwig Kraus: Die Sammlungen der Gesellschaft*. Wien: Verlag Holzhausen, 1937.

Lakatos, István: „Ruzitskáné Raczek Zsófia, a Kolozsvári Zenekonzervatórium hegedûtanárnõj (1843–1919)", in: *Zenetudományi írások* 1986, S. 180–186.

Lakatos, István: „Brassai Sámuel és a muszika", in: *Keresztény Magvető* 74 (1942), S. 135–146.

Lakatos, István: *A muzsikus-Ruzitskák Erdélyben*, Cluij-Kolozsvár: Minerva Irodalmi és Nyomdai Műintézet Rt. Nyomása, 1939 (= Erdélyi Tudományos Füzetek 111).

Landwehr, Achim: *Historische Diskursanalyse*, 2. Aufl. Frankfurt a. M.: Campus-Verlag, 2018.

Lange, Fritz: „Aus dem Tagebuch eines Alt-Wiener Musikers. Gagenverhältnisse von Anno dazumal", in: *Neues Wiener Journal*, 08.10.1920, S. 3.

Latour, Bruno: *Eine neue Soziologie für eine neue Gesellschaft. Einführung in die Akteur-Netzwerk-Theorie*, 4. Aufl. Frankfurt a. M.: Suhrkamp, 2017 (= suhrkamp taschenbuch wissenschaft 1967).

Latour, Bruno: *Von der Realpolitik zur Dingpolitik*. Berlin: Merve-Verlag, 2005 (= Merve 280).

Lefebvre, Henri: *The Production of Space*. Oxford: Blackwell, 1991.

Lehmann, Adolph: *Allgemeiner Wohnungs-Anzeiger nebst Handels- und Gewerbe-Adreßbuch der k. k. Reichshaupt- und Residenzstadt Wien und Umgebung*. Wien: Druck von Alfred Hölder et al., 1864–1920.

Lévi-Strauss, Claude: *Traurige Tropen*, aus dem Frz. übers. von Eva Moldenhauer. Frankfurt a. M.: Suhrkamp Verlag, 1978 (= suhrkamp taschenbuch wissenschaft 240).

Linhardt, Marion: „Hellmesberger", in: Laurenz Lütteken (Hg.): *MGG Online*, 2002, https://www.mgg-online.com/mgg/stable/14072; 05.03.2021.

Lobedanz, Georg Carl Friedrich: „Gibt es in der Musik, wie in der Malerey verschiedene Schulen und wie wären solche wohl zu bestimmen?", in: *Cäcilia, eine Zeitschrift für die musikalische Welt* 2 (1825), S. 264–268.

Loeser, Martin: „Privatheit/Öffentlichkeit", in: Annette Kreutziger-Herr und Melanie Unseld (Hg.): *Lexikon Musik und Gender*. Kassel: Bärenreiter, Stuttgart/Weimar: J. B. Metzler, 2010, S. 440–441.

Löffelholz, Martin (Hg.): *Theorien des Journalismus. Ein diskursives Handbuch*, 2. vollst. überarb. und erw. Aufl. Wiesbaden: Springer Fachmedien, 2004.

Löw, Martina: *Vom Raum aus die Stadt denken. Grundlagen einer raumtheoretischen Stadtsoziologie*. Bielefeld: transcript Verlag, 2018 (= Materialitäten 24).

Löw, Martina: *Raumsoziologie*, 9. Aufl. Frankfurt a. M.: Suhrkamp, 2017 (= suhrkamp taschenbuch wissenschaft 1506).

Löw, Martina und Gabriele Sturm: „Raumsoziologie. Eine disziplinäre Positionierung zum Sozialraum", in: Fabian Kessl und Christian Reutlinger (Hg.): *Handbuch Sozialraum. Grundlagen für den Bildungs- und Sozialbereich*, 2. Aufl. Wiesbaden: Springer VS, 2019 (= Sozialraumforschung und Sozialraumarbeit 14), S. 31–48.

Macnicol, Douglas: „The French School of Violin Playing between Revolution and Reaction: A Comparison of the Treatises of 1803 and 1834 by Pierre Baillot", in: *Nineteenth-Century Music Review* 1 (2020), S. 1–30.

Mahler, Gustav: „*Liebe Justi". Briefe an die Familie*, hg. von Stephen McClatchie, dt. Bearb. von Helmut Brenner, Bonn: Weidle Verlag, 2006.

Mahler, Gustav: Brief an Natalie Bauer-Lechner, Hamburg, 03.09.1895. A-Wst (HIN 68006).

Malpas, Jeff: „Putting Space in Place. Philosophical Topography and Relational Geography", in: *Environment and Planning D. Society and Space* 2 (2012), S. 226–242.

Mandyczewski, Eusebius: *Zusatz-Band zur Geschichte der K. K. Gesellschaft der Musikfreunde in Wien.* Wien: Verlag Holzhausen, 1912.

Marx, Eva und Gerlinde Haas: *210 Österreichische Komponistinnen vom 16. Jahrhundert bis zur Gegenwart. Biographie, Werk und Bibliographie.* Salzburg/Wien: Residenz Verlag, 2001.

Materialsammlung Adolph Brodsky. A-Wst (TP 005833).

Matiasovits, Severin und Erwin Strouhal: „Von ‚tüchtigen Orchester-Mitgliedern' und Meister*innen: Ausbildungskonzepte im Wandel", in: Annkatrin Babbe und Volker Timmermann (Hg.): *Konservatoriumsausbildung von 1795 bis 1945. Beiträge zur Bremer Tagung im Februar 2019.* Hildesheim: Olms, 2021 (= Schriftenreihe des Sophie Drinker Instituts 17), S. 50–72.

Matiasovits, Severin und Erwin Strouhal: „Innen(an)sichten – Außenwirkungen", in: Cornelia Szabó-Knotik und Anita Mayer-Hirzberger (Hg.): *„Be/Spiegelungen". Die Universität für Musik und darstellende Kunst Wien als kulturvermittelnde bzw. -schaffende Institution im Kontext der Sozial- und Kulturgeschichte.* Wien: Hollitzer Verlag, 2018 (= Anklaenge. Wiener Jahrbuch für Musikwissenschaft 2017), S. 9–59.

May, Florence: *The Life of Johannes Brahms*, 2 Bde. London: Edward Arnold, 1905.

Mayrhofer, Bernadette: „Biographische Portraits der vertriebenen, ermordeten und ins Exil geflüchteten Wiener Philharmoniker", in: Bernadette Mayrhofer und Fritz Trümpi (Hg.): *Orchestrierte Vertreibung. Unerwünschte Philharmoniker. Verfolgung, Ermordung und Exil.* Wien: Mandelbaum Verlag, 2014.

Meine, Sabine und Henrike Rost (Hg.): *Klingende Innenräume. GenderPerspektiven auf eine ästhetische und soziale Praxis im Privaten.* Würzburg: Königshausen & Neumann, 2020 (= Musik – Kultur – Geschichte 12).

Mejstrik, Alexander, Sigrid Wadauer und Thomas Buchner (Hg.): *Die Erzeugung des Berufs / A Production of ‚Beruf'.* Innsbruck/Wien: Studienverlag, 2013 (= Österreichische Zeitschrift für Geschichtswissenschaften 24).

Meldezettel von Sigmund Bachrich. ÖStA (Bundespolizeidirektion Wien: Historische Meldeunterlagen 2.5.1.4.K11).

Meldezettel von Josef Bayer. ÖStA (Bundespolizeidirektion Wien: Historische Meldeunterlagen 2.5.1.4.K11).

Melischek, Gabriele und Josef Seethaler: „Die Tagespresse der franzisko-josephinischen Ära", in: Matthias Karmasin und Christian Oggolder (Hg.): *Österreichische Mediengeschichte. Band 1: Von den frühen Drucken zur Ausdifferenzierung des Mediensystems (1500 bis 1918).* Wiesbaden: Springer VS, 2016, S. 167–192.

Mendel, Felix: „Das Wiener Konservatorium. Eine kritische Jahres-Rückschau (Schluß.)", in: *Recensionen und Mittheilungen über Theater und Musik* 36 (1861), S. 561–563.

Merlin, Christian: *Die Philharmoniker. Die Musiker und Musikerinnen von 1842 bis heute,* aus dem Frz. übers. von Uta Szyszkowitz und Michaela Spath, 2 Bde. Wien: Amalthea Verlag, 2017.

Miller, Cordelia: *Musikdiskurs als Geschlechterdiskurs im deutschen Musikschrifttum des 19. Jahrhunderts*. Oldenburg: BIS-Verlag, 2019 (= Schriftenreihe des Sophie Drinker Instituts 16).

Monatbericht der Gesellschaft der Musikfreunde des Oesterreichischen Kaiserstaates 1829f.

Mosel, Ignaz Franz Edler von: „Die Tonkunst in Wien während der letzten fünf Decennien", in: *Allgemeine Wiener Musik-Zeitung* 138 (1843), S. 581f.

Mosel, Ignaz Franz Edler von: „Uebersicht des gegenwärtigen Zustandes der Tonkunst in Wien", in: *Vaterländische Blätter für den österreichischen Kaiserstaat* [Wien], 27.05.1808, S. 39–44 [I], 31.05.1808, S. 49–54 [II].

Moser, Andreas: *Joseph Joachim. Ein Lebensbild*. Berlin: B. Behr's Verlag (E. Bock), 1898.

Moser, Andreas: „Joseph Joachim's Lehrjahre in Wien", in: *Neue Freie Presse* [Wien], 23.10.1898, S. 17–21.

Müller-Oberhäuser, Christoph: „Die Maske des Genies", in: Annette Kreutziger-Herr und Katrin Losleben (Hg.): *History/Herstory. Alternative Musikgeschichten*. Köln/Weimar/Wien: Böhlau, 2009 (= Musik – Kultur – Gender 5), S. 105–124.

Münkler, Herfried: *Geschichtsmythen und Nationenbildung*, 2018, https://www.bpb.de/themen/erinnerung/geschichte-und-erinnerung/39792/geschichtsmythen-und-nationenbildung/; 03.07.2021.

Musikverein Wien: *150 Jahre Wiener Philharmoniker im Musikverein Wien* [Video], 2020, https://www.youtube.com/watch?v=Ql2FJUZUrQM; 10.06.2021.

Nathusius, Philipp: *Zur Frauenfrage*. Halle: Mühlmann, 1871.

Naumann, Emil: *Die Tonkunst in ihren Beziehungen zu den Formen und Entwickelungsgesetzen alles Geisteslebens*. Berlin: Behr's, 1869 (= Die Tonkunst in der Culturgeschichte 1).

Neumayr, Eva: „,… den Unterricht im Mozarteum auch auf das weibliche Geschlecht … auszudehnen …'. Frauen am Mozarteum 1841–1922", in: Julia Hinterberger (Hg.): *Von der Musikschule zum Konservatorium. Das Mozarteum 1841–1922*. Wien: Hollitzer Verlag, 2017 (= Veröffentlichungen des Arbeitsschwerpunktes Salzburger Musikgeschichte 4. Geschichte der Universität Mozarteum Salzburg 1 / Veröffentlichungen zur Geschichte der Universität Mozarteum Salzburg 10), S. 212–237.

Nicolussi, H.: „Nováček, Rudolf", in: Österreichische Akademie der Wissenschaften (Hg.): *Österreichisches Biographisches Lexikon 1815–1950*, 16 Bde., Bd. 7, Lfg. 32. Wien: Verlag der Österreichischen Akademie der Wissenschaften, 1976, S. 159f.

Niessen, Anne und Jens Knigge (Hg.): *Theoretische Rahmung und Theoriebildung in der musikpädagogischen Forschung*. Münster/New York: Waxmann, 2015 (= Musikpädagogische Forschung 36).

Noa, Miriam: *Volkstümlichkeit und Nationbuilding. Zum Einfluss der Musik auf den Einigungsprozess der deutschen Nation im 19. Jahrhundert*. Münster/New York/München/Berlin: Waxmann, 2013 (= Populäre Kultur und Musik 8).

Noeske, Nina: „Body, Soul, Content and Form. On Hanslick's Use of the Organism Metaphor", in: Nicole Grimes, Siobhán Donovan und Wolfgang Marx (Hg.): *Rethinking

Hanslick. *Music, Formalism, and Expression*. Rochester, NY: University of Rochester Press, 2013, S. 236–258.

Noeske, Nina: „Musikwissenschaft", in: Stephan Günzel (Hg.): *Raumwissenschaften*. Frankfurt a. M.: Suhrkamp, 2009 (= suhrkamp taschenbuch wissenschaft 1891), S. 259–273.

Nora, Pierre (Hg.): *Les lieux de mémoire*, 7 Bde. Paris: Gallimard, 1984–1994.

Nußbaumer, Martina: *Musikstadt Wien. Die Konstruktion eines Images*. Wien: Rombach Verlag, 2007 (= Rombach Wissenschaften. Edition Parabasen 6).

Nußbaumer, Martina: „Der Topos ‚Musikstadt Wien' um 1900", in: *Newsletter Moderne. Zeitschrift des Spezialforschungsbereichs Moderne – Wien und Zentraleuropa um 1900* 1 (2001), S. 20–23.

Offenthaler, Eva: „Stwertka, Julius", in: Österreichische Akademie der Wissenschaften (Hg.): *Österreichisches Biographisches Lexikon 1815–1950*, 16 Bde., Bd. 14, Lfg. 63. Wien: Verlag der Österreichischen Akademie der Wissenschaften, 2015, S. 18.

Orchestervertrag 1855 bis 1857 (Hofopernorchester). A-Whh (AT-OeStA/HHStA HA Oper SR 70).

Orel, Alfred: *Musikstadt Wien*. Wien/Stuttgart: Eduard Wancura Verlag, 1953.

Ortland, Eberhard: „Genie", in: Karlheinz Barck, Martin Fontius, Dieter Schlenstedt et al. (Hg.): *Ästhetische Grundbegriffe. Historisches Wörterbuch in sieben Bänden*, Bd. 2. Stuttgart/Weimar: J. B. Metzler, 2010, S. 661–709.

Österreichische Akademie der Wissenschaften (Hg.): *Österreichisches Biographisches Lexikon 1815–1950*, 16 Bde., Wien: Verlag der Österreichischen Akademie der Wissenschaften, 1957–2022.

Page, Ian (2012): „Instrumental Performance in the Nineteenth Century", in: Colin Lawson und Robin Stowell (Hg.): *The Cambridge History of Musical Performance*. Cambridge/New York: Cambridge University Press, 2012, S. 643–695.

Pascal, Adrien: *Visites et études de S. A. I. le prince Napoléon au palais de l'industrie ou Guide pratique et complet à l'Exposition universelle de 1855*. Paris: Perrotin, 1855.

Passenger Lists of Vessels Arriving at New York, New York 1820–1897. National Archives Microfilm Publication (M273, roll 478).

Paur, Emil: Brief an Johannes Brahms, Boston, 14.02.1894. A-Wst (HIN 165.739).

Paur, Emil: Brief an Johannes Brahms, Leipzig, 28.10.1890. A-Wst (HIN 165.722).

Paur, Emil: Brief an Unbekannt, New York, 08.03. (o. J.). A-Wst (HIN 215.808).

Pemmer, Hans: „Kratzl, Karl", in: Österreichische Akademie der Wissenschaften (Hg.): *Österreichisches Biographisches Lexikon 1815–1950*, 16 Bde., Bd. 4, Lfg. 18. Wien: Verlag der Österreichischen Akademie der Wissenschaften,1986, S. 219.

Perger, Richard von: *Geschichte der K. K. Gesellschaft der Musikfreunde in Wien. 1. Abteilung: von 1812–1870*. Wien: Verlag Holzhausen, 1912.

Personal- & Besoldungs-Etat des Orchester-Personales am k. k. Hof-Operntheater. Rectifizirt d. 8. März 1873. A-Whh (AT-OeStA/HHStA HA Oper SR 70).

Pfohl, Ferdinand: *Arthur Nikisch. Sein Leben, seine Kunst, sein Wirken.* Hamburg: Alster Verlag, 1925.

Pohl, Carl Ferdinand: *Festschrift aus Anlass der Feier des 25jährigen ununterbrochenen Bestandes der im Jahre 1842 gegründeten Philharmonischen Concerte in Wien.* Wien: Wetzler Verlag, 1885.

Pohl, Carl Ferdinand: *Die Gesellschaft der Musikfreunde des Österreichischen Kaiserstaates und ihr Conservatorium. Auf Grundlage der Gesellschafts-Acten.* Wien: Verlag Wilhelm Graumüller, 1871.

Pollak, Walter: *Das Hermann Graedener-Buch. Eine Auswahl.* Wien/Leipzig: Adolf Luser Verlag, 1938.

Poor-Lima, Rose: „Vom Musikfeldwebel zum Hofkapellmeister. Die Tochter Josef Bayers erzählt", in: *Neues Wiener Tagblatt*, 08.03.1943, NP.

Porter, Tully: „From Chamber to Concert Hall", in: Robin Stowell (Hg.): *The Cambridge Companion to the String Quartet.* Cambridge/New York: Cambridge University Press, 2003, S. 41–59.

Preyer, Franz: Karl Kratzl. Biographie, [Handschrift], 1904. A-Wst (HIN 4449).

Prosl, Robert Maria: *Die Hellmesberger. Hundert Jahre aus dem Leben einer Wiener Musikerfamilie.* Wien: Gerlach & Wiedling, 1947.

Przistaupinsky, Alois: *50 Jahre Wiener Opentheater. Eine Chronik des Hauses und seiner Künstler in Wort und Bild, der aufgeführten Werke, Komponisten und Autoren vom 25. Mai 1869 bis 30. April 1919. Mit 14 Kunstbeilagen und 9 Seiten handschriftlicher Widmung.* Wien: Selbstverlag Alois Przistaupinsky, 1919.

Raab, Riki: 100. Geburtstag Josef Bayer [Sendemanuskript, Typoskript, 1952]. A-Wst (HIN 237.867).

Radole, Giuseppe: *Ricerche sulla vita musicale a Trieste. 1750–1950*, Trieste: Edizione Italo Svevo, 1989.

Rameis, Emil: *Die österreichische Militärmusik – von ihren Anfängen bis zum Jahre 1918*, 2. Aufl. Tutzing: Schneider Verlag, 1978 (= Alta Musica 2).

Rappoldi, Eduard: Brief an Josef Fischhof, Wien, 26.02.1852. A-Wst (HIN 4322).

Rappoldi, Eduard: Brief an Eduard Kremser, Dresden, 10.08.1879. A-Wst (HIN 201.065).

Rau, Susanne: „Raumforschung, historische", in: Friedrich Jaeger (Hg.): *Enzyklopädie der Neuzeit Online*, Stuttgart/Weimar: J. B. Metzler, 2017, https://referenceworks.brillonline.com/entries/enzyklopaedie-der-neuzeit/*-COM_396617; 25.08.2020.

Rausch, Alexander: „Litschauer, Familie", in: *Oesterreichisches Musiklexikon online*, 2018, https://musiklexikon.ac.at/0xc1aa5576_0x0001d7cc; 31.07.2020.

Reckwitz, Andreas: „Die Kontingenzperspektive der ‚Kultur'. Kulturbegriffe, Kulturtheorien und das kulturwissenschaftliche Forschungsprogramm", in: Ders.: *Unscharfe Grenzen. Perspektiven der Kultursoziologie.* Bielefeld: transcript, 2008 (= SozialTheorie), S. 15–46.

Reus, Gunter: „Musikjournalismus – Ergebnisse aus der wissenschaftlichen Forschung", in: Stefan Weinacht und Helmut Scherer (Hg.): *Wissenschaftliche Perspektiven auf Musik und Medien*. Wiebaden: VS Verlag für Sozialwissenschaften, 2008 (= Musik und Medien), S. 85–102.

Richter, Carl Thomas: *Das Recht der Frauen auf Arbeit und die Organisation der Frauenarbeit*. Wien: Pichler, 1869.

Riemann, Hugo: *Musik-Lexikon*, 5. Aufl. Leipzig: Verlag Max Hesse, 1900.

Riedel, Tanja-Carina: *Gleiches Recht für Frau und Mann. Die bürgerliche Frauenbewegung und die Entstehung des BGB*. Köln/Weimar/Wien: Böhlau, 2008 (= Rechtsgeschichte und Geschlechterforschung 9).

Rode-Breymann, Susanne: „Wer war Katharina Gerlach? Über den Nutzen der Perspektive kulturellen Handelns für die musikwissenschaftliche Frauenforschung", in: Dies. (Hg.): *Orte der Musik. Kulturelles Handeln von Frauen in der Stadt*. Köln/Weimar/Wien: Böhlau, 2007 (= Musik – Kultur – Gender 3), S. 269–284.

Rode-Breymann, Susanne und Carolin Stahrenberg, Carolin: „Orte", in: Annette Kreutziger-Herr und Melanie Unseld (Hg.): *Lexikon Musik und Gender*. Kassel: Bärenreiter, Stuttgart Weimar: J. B. Metzler, 2010, S. 413–419.

Rohde, Gerhard: „Einer der letzten Superdirigenten unserer Zeit. Explosiver Dirigent, Geiger und Komponist: Zum Tod von Lorin Maazel", in: *neue musikzeitung* 9 (2014), https://www.nmz.de/artikel/personalia-201409; 21.09.2020.

Rônez, Marianne: „Pierre Baillot, ein Geiger an der Schwelle zum 19. Jahrhundert. Ein Vergleich seiner Violinschulen von 1803 und 1835", in: Claudio Bacciagaluppi, Roman Brotbeck und Anselm Gerhard (Hg.): *Spielpraxis der Saiteninstrumente in der Romantik. Bericht des Symposiums in Bern, 18.–19. November 2006*. Schliengen: Edition Argus, 2011 (= Musikforschung der Hochschule der Künste Bern 3), S. 23–57.

Rowe, Mark W.: *Heinrich Wilhelm Ernst. Virtuoso Violinist*, 2. Aufl. Abingdon, Oxon/New York: Routledge, 2016.

Rudolph, Moritz: *Rigaer Theater- und Tonkünstler-Lexikon nebst Geschichte des Rigaer Theaters und der Musikalischen Gesellschaft*. Riga: Commissions-Verlag R. Kymmel, 1890.

Ruhne, Renate: „(Sozial-)Raum und Geschlecht", in: Fabian Kessl und Christian Reutlinger (Hg.): *Handbuch Sozialraum. Grundlagen für den Bildungs- und Sozialbereich*, 2. Aufl. Wiesbaden: Springer VS, 2019 (= Sozialraumforschung und Sozialraumarbeit 14), S. 203–224.

Saerchinger, César (Hg.): *International Who's Who in Music and Musical Gazeteer. A Contemporary Biographical Dictionary and a Record of the World's Musical Activity*. New York: Current Literature Publishing Company, 1918.

Sandl, Marcus: „Geschichtswissenschaft", in: Stephan Günzel (Hg.): *Raumwissenschaften*. Frankfurt a. M.: Suhrkamp, 2009 (= suhrkamp taschenbuch wissenschaft 1891), S. 159–174.

Sarasin, Philip: „Diskurstheorie und Geschichtswissenschaft", in: Reiner Keller, Andreas Hirseland, Werner Schneider und Willy Viehöver (Hg.): *Handbuch Sozialwissenschaftliche*

Diskursanalyse, 2 Bde., Bd. 1: *Theorien und Methoden*. Opladen: Leske + Budrich, 2001, S. 53–79.

Satzungen der Gesellschaft der Musikfreunde in Wien, Wien (o. J.). A-Wst (A 105891).

Scenicus, F.: *Wiener Bühnen-Unwesen. Offener Brief an den Vereinsausschuß des „Deutschen Volkstheaters"*. Wien: Commissionsverlag Franz Deuticke, 1890.

Schalkowski, Edmund: *Rezension und Kritik*. Konstanz: UVK Verl.-Ges., 2005 (= Praktischer Journalismus 49).

Schatt, Peter W. (Hg.): *Musik – Raum – Sozialität*. Münster: Waxmann, 2020 (= Studien zur Musikkultur 1).

Schatt, Peter W. : „Transformationen. Musikalische Räume", in: Kristin Westphal (Hg.): *Räume der Unterbrechung. Theater. Performance. Pädagogik*. Oberhausen: Athena Verlag, 2012 (= Pädagogik. Perspektiven und Theorien 22), S. 105–136.

Schenk, Frithjof Benjamin: *Russlands Fahrt in die Moderne. Mobilität und sozialer Raum im Eisenbahnzeitalter*. Stuttgart: Franz Steiner Verlag, 2014.

Schinko, Georg: *Über die Produktion von Tönen. Beziehungen von Arbeit und Musizieren, Österreich 1918–1938*. Wien: Böhlau, 2019 (= Sozial- und wirtschaftshistorische Studien 39).

Schinko, Georg: „Annäherungen an den Musikerberuf in Österreich (ca. 1900–1938)", in: Alexander Mejstrik, Sigrid Wadauer und Thomas Buchner (Hg.): *Die Erzeugung des Berufs / Production of ‚Beruf'*. Innsbruck/Wien: Studienverlag, 2013 (= Österreichische Zeitschrift für Geschichtswissenschaften 24), S. 150–171.

Schleuning, Peter: *Der Bürger erhebt sich. Geschichte der deutschen Musik im 18. Jahrhundert*. Stuttgart/Weimar: J. B. Metzler, 2000.

Schlieper, Hendrik und Merle Tönnies (Hg.): *Gattung und Geschlecht. Konventionen und Transformationen eines Paradigmas*. Wiesbaden: Harrassowitz Verlag, 2021 (= culturae 21).

Schlögel, Karl: *Im Raume lesen wir die Zeit. Über Zivilisationsgeschichte und Geopolitik*. München: Carl Hanser Verlag, 2003.

Schlögel, Karl: „Kartenlesen, Raumdenken. Von einer Erneuerung der Geschichtsschreibung", in: *Merkur. Deutsche Zeitschrift für europäisches Denken* 4 (2002), S. 308–318.

Schlögl, Michaela: *200 Jahre Gesellschaft der Musikfreunde in Wien*. Wien: Styria Premium, 2011.

Schmid, Manfred Hermann: „Wien und die Folgen für die Musikwissenschaft. Klärungen zur ‚Münchner Schule'", in: Sebastian Bolz, Moritz Kelber, Ina Knoth und Anna Langenbruch (Hg.): *Wissenskulturen der Musikwissenschaft. Generationen – Netzwerke – Denkstrukturen*. Bielefeld: transcript, 2016 (= Musik und Klangkultur), S. 41–57.

Schmidt, Rudolf: *Deutsche Buchhändler. Deutsche Buchdrucker. Beiträge zu einer Firmengeschichte des deutschen Buchgewerbes*, 6 Bde. Berlin/Eberswalde: Verlag Rudolf Schmidt, 1907.

Schneiderhan, Wolfgang: „Eröffnungsreferat", in: Vera Schwarz (Hg.): *Violinspiel und Violinmusik in Geschichte und Gegenwart*. Wien: Universal Edition, 1975 (= Beiträge zur Aufführungspraxis 3), S. 5–9.

Scholz, Gottfried: „Das Konservatorium der Gesellschaft der Musikfreunde in Wien und seine europäischen Vorgänger wie Nachfolger", in: Ingrid Fuchs (Hg.): *Musikfreunde. Träger der Musikkultur in der ersten Hälfte des 19. Jahrhunderts.* Kassel: Bärenreiter, 2017, S. 84–95.

Scholz-Michelitsch, Helga: „Zur Geschichte der Wiener Musikhochschule", in: *Studien zur Musikwissenschaft* 42 (1993), S. 361–372.

Schöpflin, Aladár: *Magyar Színművészeti Lexikon. A magyar színjátszás és drámairodalom enciklopédiája*, 4 Bde. Budapest: Az Orzágos Szinészegyesület és Nyugdíjintézete, 1931.

Schroer, Markus: „Soziologie", in: Stephan Günzel (Hg.): *Raumwissenschaften*. Frankfurt a. M.: Suhrkamp, 2009 (= suhrkamp taschenbuch wissenschaft 1891), S. 354–369.

Schroer, Markus: „‚Bringing space back in' – Zur Relevanz des Raums als soziologischer Kategorie", in: Jörg Döring und Tristan Thiemann (Hg.): *Spatial Turn. Das Raumparadigma in den Kultur- und Sozialwissenschaften*. Bielefeld: transcript, 2008 (= Sozial-Theorie), S. 125–148.

Schubart, Christian Friedrich Daniel: *Ideen zu einer Ästhetik der Tonkunst*. Wien: Degen, 1806.

Schultz, Hans-Dietrich: „Räume sind nicht, Räume werden gemacht. Zur Genese ‚Mitteleuropas' in der deutschen Geographie", in: *Europa Regional* 1 (1997), S. 2–14.

Schwab, Heinrich W.: „Vom Auftreten der Virtuosen. Berichte und Bilder aus der Kulturgeschichte des Konzertsaals (III)", in: *Das Orchester* 39 (1991), S. 1358–1363.

Schweitzer, Claudia: „Bauer-Lechner, Natalie", in: Freia Hoffmann (Hg.): *Lexikon „Europäische Instrumentalistinnen des 18. und 19. Jahrhunderts"*, 2013, https://www.sophie-drinker-institut.de/bauer-lechner-natalie; 27.06.2020.

Šebesta, Josef: „Zdeněk Fibich and Rudolf Nováček. Years of Cooperation in the Umělecká beseda, 1884–1890", in: *Musicologica Olomucensia* 12 (2010), S. 309–320.

Seligmann, A.[dalbert] F.[ranz]: „Der alte Hellmesberger", in: *Neues Wiener Tagblatt*, 27.08.1933, NP.

Sharrock, Wes und Graham Button: „The Social Actor: Social Action in Real Time", in: Graham Button (Hg.): *Ethnomethodology and the Human Science*. Cambridge/New York/Melbourne: Cambridge University Press, 1991, S. 137–176.

Siedenburg, Ilka: *Geschlechtstypisches Musiklernen. Eine empirische Untersuchung zur musikalischen Sozialisation von Studierenden des Lehramts Musik*. Osnabrück: Electronic Publishing Osnabrück, 2009 (= Osnabrücker Beiträge zur Musik und Musikerziehung 7).

Simmel, Georg: „Soziologie des Raumes", in: Ders.: *Schriften zur Soziologie. Eine Auswahl*, hg. von Heinz-Jürgen Dahme und Otthein Rammstedt, 6. Aufl. Frankfurt a. M.: Suhrkamp, 2016 (= suhrkamp taschenbuch wissenschaft 434), S. 221–242.

Simmel, Georg: „Der Raum und die räumlichen Ordnungen der Gesellschaft", in: Ders.: *Soziologie. Untersuchungen über die Formen der Vergesellschaftung*, hg. von Otthein Rammstedt. Frankfurt a. M.: Suhrkamp, 1992 (= Georg Simmel Gesamtausgabe 11), S. 687–790.

Sittner, Hans: „Zur Tradition der Wiener Geigerschule", in: Vera Schwarz (Hg.): *Violinspiel und Violinmusik in Geschichte und Gegenwart*. Wien: Universal Edition, 1975 (= Beiträge zur Aufführungspraxis 3), S. 132–141.

Slowinski, Albert: *Les Musiciens Polonais et Slaves anciens et modernes. Dictionnaire Biographique des Compositeurs, Chanteurs, Instrumentistes, Luthiers, Constructeurs d'Orgues, Poetes Sacrés et Lyriques, Littérateurs et Amateurs de l'Art Musical*. Paris: Librairie Adrien Le Clere, 1857.

Soja, Edward: *Postmodern Geographies. The Reassertion of Space in Critical Social Theory*. New York: Verso, 1989.

Solvik, Morten und Stephen E. Hefling: „Natalie Bauer-Lechner on Mahler and Women: A Newly Discovered Document", in: *The Musical Quarterly* 3 (2014), S. 12–65.

Sonnleithner, Leopold von: Die Gesellschaft der Musikfreunde des oesterreichischen Kaiserstaates, 1857. A-Wgm (2545/16).

Sprau, Kilian und Franz Körndle: „‚… und sonderlich ein herrlicher Pralltriller'. Beiträge zur Erforschung künstlerischer ‚Schulenbildung'", in: Gabriele Puffer, Andreas Becker, Franz Körndle und Kilian Sprau (Hg.): *Musik – Pädagogik – Professionalität. Festschrift für Bernhard Hoffmann zum 60. Geburtstag*. Innsbruck/Esslingen/Bern: Helbling, 2019, S. 91–117.

Stahrenberg, Carolin und Susanne Rode-Breymann (Hg.): „*… Mein Wunsch ist, Spuren zu hinterlassen…". Rezeptions- und Berufsgeschichte von Geigerinnen*. Hannover: Wehrhahn, 2011.

Starowski, Edmund: „Zur Geschichte der Entwicklung des Musiklebens in Troppau II", in: *Zeitschrift für Geschichte und Kulturgeschichte Österreichisch-Schlesiens* 1/2 (1913), S. 13–39.

Starowski, Edmund: „Zur Geschichte der Entwicklung des Musiklebens in Troppau I", in: *Zeitschrift für Geschichte und Kulturgeschichte Österreichisch-Schlesiens* 1 (1910/11), S. 1–24.

Štědronská, Markéta (Hg.): *Wilhelm Ambros. Musikaufsätze und -rezensionen. 1872–1876. Historisch-kritische Ausgabe*, 2 Bde. Wien: Hollitzer Verlag, 2017 (= Wiener Veröffentlichungen zur Musikwissenschaft 45).

Steets, Silke: „Raum und Stadt", in: Nina Baur, Hermann Korte, Martina Löw und Markus Schroer (Hg.): *Handbuch Soziologie*. Wiesbaden: VS Verlag für Sozialwissenschaften, 2008, S. 391–412.

Stefan, Paul: „Eine Jugendfreundin Gustav Mahlers", in: *Neues Wiener Journal*, 14.06.1921, S. 4.

Sterbebuch Hernals 1893, fol. 174, in: Matriken. Bestände Österreich. Wien/Niederösterreich (Osten): Rk. Erzdiözese Wien / 17., Hernals, https://data.matricula-online.eu/de/oesterreich/wien/17-hernals/03-40/?pg=176; 10.04.2020.

Sterbebuch St. Johann Nepomuk, 1841 bis 1853, fol. 291, in: Matriken. Bestände Österreich / Wien/Niederösterreich (Osten): Rk. Erzdiözese Wien / 02., St. Johann Nepomuk, https://data.matricula-online.eu/de/oesterreich/wien/02-st-johann-nepomuk/03-05/?pg=292; 19.05.2023.

Sterbebuch Wieden, 1915 bis 1922, fol. 287, in: Matriken. Bestände Österreich. Wien/Niederösterreich (Osten): Rk. Erzdiözese Wien / 04., Wieden, https://data.matricula-online.eu/de/oesterreich/wien/04-wieden/03-36/?pg=292; 09.04.2021.

Stoetzer, Sergej: *Aneignung von Orten. Raumbezogene Identifikationsstrategie*, Dissertation, Technische Universität Darmstadt, 2014, http://tuprints.ulb.tu-darmstadt.de/id/eprint/3833; 23.08.2020.

Stowell, Robin: „The Nineteenth-Century Bravura Tradition", in: Ders. (Hg.): *The Cambridge Companion to the Violin*, 12. Aufl. Cambridge/New York: Cambridge University Press, 2008, S. 61–78.

Stowell, Robin (Hg.): *The Cambridge Companion to the String Quartet*. Cambridge/New York: Cambridge University Press, 2003.

Sturm, Gabriele: *Wege zum Raum. Methodologische Annäherungen an ein Basiskonzept raumbezogener Wissenschaften*. Opladen: Leske + Budrich, 2000.

Sulzer, Joseph: *Ernstes und Heiteres aus den Erinnerungen eines Wiener Philharmonikers*. Wien/Leipzig: Verlag J. Eisenstein & Co, 1910.

Szabó-Knotik, Cornelia: „exotischer reiz | ökonomischer zwang: frauenensembles", in: Andrea Ellmeier, Birgit Huebener und Doris Ingrisch (Hg.): *spiel|mach|t|raum. frauen* an der mdw 1817–2017^{plus}*. Wien: mdw – Universität für Musik und darstellende Kunst Wien, 2019, https://www.mdw.ac.at/spielmachtraum/artikel/exotischer-reiz-oekonomischer-zwang; 31.07.2020.

Szabó-Knotik, Cornelia: „Musikalische Elite in Wien um 1900: Praktiken, Prägungen und Repräsentationen", in: Susan Ingram, Markus Reisenleitner und Dies. (Hg.): *Identität – Kultur – Raum. Kulturelle Praktiken und die Ausbildung von Imagined Communities in Nordamerika und Zentraleuropa*. Wien: Turia + Kant, 2001, S. 41–58.

Szabó-Knotik, Cornelia und Anita Mayer-Hirzberger (Hg.): *„Be/Spiegelungen". Die Universität für Musik und darstellende Kunst Wien als kulturvermittelnde bzw. -schaffende Institution im Kontext der Sozial- und Kulturgeschichte*. Wien: Hollitzer Verlag, 2018 (= Anklaenge. Wiener Jahrbuch für Musikwissenschaft 2017).

Tadday, Ulrich, Christoph Flamm und Peter Wicke: „Musikkritik", in: Friedrich Blume und Ludwig Finscher (Hg.): *Die Musik in Geschichte und Gegenwart. Sachteil*, 10 Bde., Bd. 6, 2., neubearb. Aufl. Kassel: Bärenreiter, Stuttgart/Weimar: J. B. Metzler, Sp. 1362–1389.

Tadday, Ulrich: *Die Anfänge des Musikfeuilletons. Der kommunikative Gebrauchswert musikalischer Bildung in Deutschland um 1800*. Stuttgart/Weimar: Metzler, 1993.

Taufbuch Dompfarre St. Stephan, 1828 bis 1832, fol. 118, in: Matriken. Bestände Österreich. Wien/Niederösterreich (Osten): Rk. Erzdiözese Wien / 01., Dompfarre St. Stephan, https://data.matricula-online.eu/de/oesterreich/wien/01-st-stephan/01-111/?pg=122; 04.03.2021.

Taufbuch Dompfarre St. Stephan, 1844 bis 1847, fol. 125, in: Matriken. Bestände Österreich. Wien/Niederösterreich (Osten): Rk. Erzdiözese Wien / 01., Dompfarre St. Stephan, https://data.matricula-online.eu/de/oesterreich/wien/01-st-stephan/01-114/?pg=127; 05.03.2021.

Taufbuch Dompfarre St. Stephan, 1852 bis 1855, fol. 353, in: Matriken. Bestände Österreich. Wien/Niederösterreich (Osten): Rk. Erzdiözese Wien / 01., Dompfarre, St. Stephan, https://data.matricula-online.eu/de/oesterreich/wien/01-st-stephan/01-116/?pg=357; 04.03.2021.

Taufbuch Mariahilf, 1854 bis 1857, fol. 109, in: Matriken. Bestände Österreich. Wien/Niederösterreich (Osten): Rk. Erzdiözese Wien / 06. Mariahilf, https://data.matricula-online.eu/de/oesterreich/wien/06-mariahilf/01-14/?pg=129; 23.05.2023.

Taufbuch Maria Rotunda, 1817 bis 1839, fol. 94, in: Matriken. Bestände Österreich. Wien/Niederösterreich (Osten): Rk. Erzdiözese Wien / 01., Maria Rotunda, https://data.matricula-online.eu/de/oesterreich/wien/01-mariarotunda/01-03/?pg=96; 05.03.2021.

Taufbuch Pfarre Rossau, 1797 bis 1803, fol. 76, in: Matriken. Bestände Österreich. Wien/Niederösterreich (Osten): Rk. Erzdiözese Wien / 09. Rossau, https://data.matricula-online.eu/de/oesterreich/wien/09-rossau/01-03/?pg=78; 05.03.2021.

Taufbuch St. Augustin, 1872 bis 1878, fol. 135, in: Matriken. Bestände Österreich. Wien/Niederösterreich (Osten): Rk. Erzdiözese Wien / 01., St. Augustin, https://data.matricula-online.eu/de/oesterreich/wien/01-st-augustin/01-13/?pg=141; 04.03.2021.

Taufbuch St. Johann Nepomuk, 1796 bis 1810, fol. 336, in: Matriken. Bestände Österreich. Wien/Niederösterreich (Osten): Rk. Erzdiözese Wien / 02., St. Johann Nepomuk, https://data.matricula-online.eu/de/oesterreich/wien/02-st-johann-nepomuk/01-02/?pg=158; 05.03.2021.

Taufbuch St. Johann Nepomuk, 1852 bis 1855, fol. 147, in: Matriken. Bestände Österreich / Wien/Niederösterreich (Osten): Rk. Erzdiözese Wien / 02., St. Johann Nepomuk, https://data.matricula-online.eu/de/oesterreich/wien/02-st-johann-nepomuk/01-10/?pg=149; 30.05.2020.

Taufbuch St. Josef, 1850 bis 1855, fol. 66, in: Matriken. Bestände Österreich. Wien/Niederösterreich (Osten): Rk. Erzdiözese Wien / 02., St. Josef, https://data.matricula-online.eu/de/oesterreich/wien/02-st-josef/01-08/?pg=69; 05.10.2020.

Taufbuch St. Michael, 1845 bis 1867, fol. 342, in: Matriken. Bestände Österreich. Wien/Niederösterreich (Osten): Rk. Erzdiözese Wien / 01., St. Michael, https://data.matricula-online.eu/de/oesterreich/wien/01-st-michael/01-22/?pg=392; 04.03.2021.

Taufbuch St. Peter, 1853 bis 1860, fol. 34, in: Matriken. Bestände Österreich. Wien/Niederösterreich (Osten): Rk. Erzdiözese Wien / 01., St. Peter, https://data.matricula-online.eu/de/oesterreich/wien/01-st-peter/01-06/?pg=37; 04.03.2021.

Taufregister Hütteldorf 1850 bis 1867, fol. 174, in: Matriken. Bestände Österreich. Wien/Niederösterreich (Osten): Rk. Erzdiözese Wien / 14., Hütteldorf, https://data.matricula-online.eu/de/oesterreich/wien/14-huetteldorf/01-07/?pg=350; 10.06.2020.

Taufregister Penzing, 1858 bis 1865, fol. 15, in: Matriken. Bestände Österreich. Wien/Niederösterreich (Osten): Rk. Erzdiözese Wien / 14., Penzing, https://data.matricula-online.eu/de/oesterreich/wien/14-penzing/01-13/?pg=18; 10.06.2020.

Tenschert, Roland: *Vater Hellmesberger. Ein Kapitel Wiener Musikhumor*. Wien: Wilhelm Frick Verlag, 1947.

Testament. Hellmesberger, Wilhelmine, Wien, 21.07.1909. A-Wn (Mus.Hs.34533).

Theobald, Tina: *Presse und Sprache im 19. Jahrhundert. Eine Rekonstruktion des zeitgenössischen Diskurses*. Berlin: Akademie Verlag, 2012 (= Lingua Germanica Historica 2).

Tibbe, Monika, Volker Timmermann und Christiane Barlag: „Seydel, Theresine", in: Freia Hoffmann (Hg.): *Lexikon „Europäische Instrumentalistinnen des 18. und 19. Jahrhunderts"*, 2012/2023, https://www.sophie-drinker-institut.de/seydel-theresine; 30.05.2023.

Timmermann, Volker: *„... wie ein Mann mit dem Kochlöffel". Geigerinnen um 1800.* Oldenburg: BIS Verlag, 2017 (= Schriftenreihe des Sophie Drinker Instituts 14).

Timmermann, Volker: „Baumgarten, Anna von", in: Freia Hoffmann (Hg.): *Lexikon „Europäische Instrumentalistinnen des 18. und 19. Jahrhunderts"*, 2016, https://www.sophie-drinker-institut.de/baumgarten-anna-von; 03.08.2020.

Timmermann, Volker: „,Ein fruchtbares, social wichtiges Thema' – Eduard Hanslick und die Wiener Geigerinnen des späten 19. Jahrhunderts", in: Annkatrin Babbe und Ders. (Hg.): *Musikerinnen und ihre Netzwerke im 19. Jahrhundert.* Oldenburg: BIS-Verlag, 2016 (= Schriftenreihe des Sophie Drinker Instituts 12), S. 113–129.

Timmermann, Volker: „Lechner, Helene", in: Freia Hoffmann (Hg.): *Lexikon „Europäische Instrumentalistinnen des 18. und 19. Jahrhunderts"*, 2014, https://www.sophie-drinker-institut.de/lechner-helene; 27.06.2020.

Timmermann, Volker: „Raczek, Sophie", in: Freia Hoffmann (Hg.): *Lexikon „Europäische Instrumentalistinnen des 18. und 19. Jahrhunderts"*, 2013, https://www.sophie-drinker-institut.de/raczek-sophie; 07.01.2020.

Tittel, Ernst: *Die Wiener Musikhochschule. Vom Konservatorium der Gesellschaft der Musikfreunde zur Staatlichen Akademie für Musik und darstellende Kunst.* Wien: Verlag Elisabeth Lafite, 1967 (= Publikationen der Wiener Musikakademie 1).

Tóth, Antal M.: „Közlemények. Arcképvázlat Ritter Lőrincről (1864–1941)", in: *Veszprémi Szemle* 1 (2018), S. 2–16.

Traudes, Jonas: *Musizierende „Wunderkinder". Adoration und Observation in der Öffentlichkeit um 1800.* Wien/Köln/Weimar: Böhlau, 2018.

Trauungsbuch St. Karl Borromaeus, 1875 bis 1881, fol. 181, in: Matriken. Bestände Österreich. Wien/Niederösterreich (Osten): Rk. Erzdiözese Wien / 04., St. Karl Borromaeus, https://data.matricula-online.eu/de/oesterreich/wien/04-st-karl-borromaeus/02-15/?pg=185; 09.04.2021.

Trauungsbuch St. Leopold, 1820 bis 1829, fol. 223, in: Matriken. Bestände Österreich. Wien/Niederösterreich (Osten): Rk. Erzdiözese Wien / 02., St. Leopold, https://data.matricula-online.eu/de/oesterreich/wien/02-st-leopold/02-14/?pg=228; 05.03.2021.

Trauungsbuch St. Peter, 1863 bis 1884, fol. 333, in: Matriken. Bestände Österreich. Wien/Niederösterreich (Osten): Rk. Erzdiözese Wien / 01., St. Peter, https://data.matricula-online.eu/de/oesterreich/wien/01-st-peter/02-06/?pg=338; 25.08.2020.

Trauungsbuch St. Stephan, 1823 bis 1825, fol. 203, in: Matriken. Bestände Österreich. Wien/Niederösterreich (Osten): Rk. Erzdiözese Wien / 01., St. Stephan, https://data.matricula-online.eu/de/oesterreich/wien/01-st-stephan/02-085b/?pg=17; 05.03.2021.

Trümpi, Fritz: *Musik als Arbeit. Der Oesterreichisch-Ungarische Musikverband als Gestalter des Musikbetriebs in der späten Habsburgermonarchie (1872–1914).* Wien: Böhlau, 2024.

Trümpi, Fritz: *Politisierte Orchester. Die Wiener Philharmoniker und das Berliner Philharmonische Orchester im Nationalsozialismus*. Wien/Köln/Weimar: Böhlau, 2011.

Trümpi, Fritz: „Der ‚Musikstadt Wien'-Topos als Instrument der nationalsozialistischen Herrschaftssicherung", in: Markus Stumpf, Herbert Posch und Oliver Rathkolb (Hg.): *Guido Adlers Erbe. Restitution und Erinnerung an der Universität Wien*. Göttingen: V+R unipress, 2017 (= Bibliothek im Kontext 1), S. 31–44.

Unseld, Melanie: *Biographie und Musikgeschichte. Wandlungen biographischer Konzepte in Musikkultur und Musikhistoriographie*. Köln/Weimar/Wien: Böhlau, 2014 (= Biographik 3).

Unseld, Melanie: „Alma Mahler. Biographische Lösungen eines unlösbaren Falles?", in: Christoph F. Laferl und Anja Tippner (Hg.): *Leben als Kunstwerk. Künstlerbiographien im 20. Jahrhundert*. Bielefeld: transcript, 2011, S. 147–164.

Urkunde Josef Hellmesberger, Ehrenmitglied des Männer-Gesang-Verein. A-Wn (33731/2).

Urkunde der Kongl. Svenska Musicaliska Academien (Josef Hellmesberger). A-Wn (33731/4).

Urkunde Josef Hellmesberger, Ehrenmitglied des Militär-Casino. A-Wn (33731/3).

Vereinbarung zwischen dem Spar- u. Vorschuss-Konsortium ‚Währing' und Josef Hellmesberger, Stuttgart, 18.11.1904, Hof-/Staatstheater Stuttgart: Personalakten / 1843–1982. StAL (E 18 VI Bü 355), http://www.landesarchiv-bw.de/plink/?f=2-323358; 03.11.2021.

Verträge Chorsängerinnen, Hofoper. A-Whh (AT-OeStA/HHStA HA Oper SR 62-7).

Vertragsurkunde Hofoper. Josef Hellmesberger jun. A-Whh (AT-OeStA/HHStA HA Oper SR 70).

Verzeichnis vorzüglicher Schüler des Conservatoriums der Musik in Wien, welche nach ihrem Austritte sich als Künstler ausgezeichnet haben. A-Wgm (2545/16).

Vischer, Friedrich Theodor: *Aesthetik oder Wissenschaft des Schönen: Dritter Theil. Zweiter Abschnitt: Die Künste, Viertes Heft*. Stuttgart: Mäcken, 1857.

Vocelka, Karl: *Österreichische Geschichte*. München: C. H. Beck, 2005 (= Beck'sche Reihe 2369).

Vogel, Bernhard: „Josef Hellmesberger", in: *Illustrirte Zeitung* 2627 (1893), S. 525.

Wagner, Karl: *Das Mozarteum. Geschichte und Entwicklung einer kulturellen Institution*. Innsbruck: Helbling, 1993.

Walgenbach, Katharina: „Intersektionalität als Analyseparadigma kultureller und sozialer Ungleichheiten", in: Johannes Bilstein, Jutta Ecarius und Edwin Keiner (Hg.): *Kulturelle Differenzen und Globalisierung. Herausforderungen für Erziehung und Bildung*. Wiesbaden: Springer VS, 2011, S. 113–130.

Wasielewski, Wilhelm Josef von: *Die Violine und ihre Meister*, 4., überarb. und erw. Aufl. Leipzig: Breitkopf & Härtel, 1904.

Wasielewski, Joseph Wilhelm von: *Aus siebzig Jahren. Lebenserinnerungen*. Stuttgart/Leipzig: Deutsche Verlags-Anstalt, 1897.

Wasielewski, Wilhelm Joseph von: *Die Violine und ihre Meister*, 2. Aufl. Leipzig: Breitkopf & Härtel, 1883.

Wehrheim, Jan: „Raum", in: Johannes Kopp und Anja Steinbach (Hg.): *Grundbegriffe der Soziologie*, 12. Aufl. Wiesbaden: VS Verlag für Sozialwissenschaften, 2018, S. 369–372.

Weigl, Andreas: „Armut – Armenhilfe – Fürsorge. ‚Sozialpolitik' und ihre Träger in Wien vom ausgehenden 18. Jahrhundert bis zum Vorabend des Ersten Weltkriegs", in: *Informationen zur modernen Stadtgeschichte* 2 (2014), S. 13–22.

Weinacht, Stefan und Helmut Scherer (Hg.): *Wissenschaftliche Perspektiven auf Musik und Medien*. Wiebaden: VS Verlag für Sozialwissenschaften, 2008 (= Musik und Medien).

[Weis, Johann Baptist:] Herausgeber des Österreichischen Volksfreundes: *Die Gesellschaft der Musikfreunde des österreichischen Kaiserstaates. Eine historische Darstellung des Entstehens und Wirkens derselben, von ihrer Gründung bis zur Gegenwart, nebst einer Beschreibung des neuen Gesellschafts-Gebäudes*. Wien: Verlag Graumüller, o. J.

Weltner, Albert Josef, Alois Przistaupinsky und Ferdinand Graf (Hg.): *Das kaiserlich-königliche Hof-Operntheater in Wien. Statistischer Rückblick auf die Personal-Verhältnisse und die künstlerische Thätigkeit während des Zeitraumes vom 25. Mai 1869 bis 30. April 1894*. Wien: Verlag Adolph W. Künast, 1894.

Wentz, Martin (Hg.): *Stadträume*. Frankfurt a. M./New York: Campus-Verlag, 1991 (= Die Zukunft des Städtischen. Frankfurter Beiträge 2).

Widholm, Gregor: „Gustav Mahler und der Wiener Klangstil heute", in: Hartmut Krones und Reinhold Kubik (Hg.): *Musikinstrumente und Musizierpraxis zur Zeit Gustav Mahlers 2*. Wien/Köln/Weimar: Böhlau, 2021 (Wiener Schriften zur Stilkunde und Aufführungspraxis 9), S. 187–222.

Wiener Philharmoniker: *Orchester – Tradition*, https://www.wienerphilharmoniker.at/de/orchester/tradition; 14.06.2021.

Wiener Philharmoniker: *Wiener Klangstil*[, 2010], https://web.archive.org/web/20100203063106, http://www.wienerphilharmoniker.at/dex.php?set_language=de&cccpage=viennese_sound; 29.06.2021.

Wiener Singakademie (Hg.): *Jahresbericht über das VIII. Vereinsjahr*. Wien: Verlag Wallishauser: 1876.

Wiesinger, R.: „Bayer, Josef", in: Österreichische Akademie der Wissenschaften (Hg.): *Österreichisches Biographisches Lexikon ab 1815*, Online-Edition, Lfg. 2, 2013, https://biographien.ac.at/ID-0.3020954-1; 05.10.2020.

Wilke, Jürgen: „Theorien des Medienwandels – Versuch einer typologischen Systematisierung", in: Susanne Kinnebrock, Christian Schwarzenegger und Thomas Birkner (Hg.): *Theorien des Medienwandels*. Köln: Halem, 2015 (= Öffentlichkeit und Geschichte 8), S. 29–52.

Winker, Gabriele und Nina Degele: *Intersektionalität. Zur Analyse sozialer Ungleichheiten*, 2. Aufl. Bielefeld: transcript, 2010 (= SozialTheorie).

Wolf, Hugo: Brief an Natalie Bauer-Lechner, Wien, 29.12.1884. A-Wst (HIN 67674).

Wolfsthal, Yaron: „The Wolfsthal Family of Musicians from Galicia: from Local Excellence to Global Influence", 2020, http://www.academia.edu/44375661/The_Wolfsthal_Famil_of_Musicians_From_Local_Excellence_to_Global_Influence; 19.12.2020.

Wunder, Heide: *„Er ist die Sonn', sie ist der Mond"*. *Frauen in der Frühen Neuzeit*. München: C. H. Beck, 1992.

Wurzbach, Constant von: *Biographisches Lexikon des Kaiserthums Oesterreich, enthaltend die Lebensskizzen der denkwürdigen Personen, welche seit 1750 in den österreichischen Kronländern geboren wurden oder darin gelebt und gewirkt haben*, 60 Bde. Wien: kaiserlich-königliche Hof- und Staatsdruckerei [u. a.], 1856–1891.

Yüksel, Gökçen (2018): „Raum", in: *Gender Glossar / Gender Glossary*, 2018, http://nbn-resolving.de/urn:nbn:de:bsz:15-qucosa2-325567; 25.08.2020.

Zetkin, Clara: *Die Arbeiterinnen- und Frauenfrage der Gegenwart*. Berlin: Verlag der Expedition des „Vorwärts" Berliner Volksblatt, 1892.

Zuerkennung der statutenmäßigen Personalpension von K. 3.374,-. Josef Hellmesberger d. J. KHM Museumsverband, Theatermuseum Wien (AM 57 462 Sk).

Verwendete Zeitungen und Zeitschriften

Der Adler [Wien]
Algemeen Handelsblad [Amsterdam]
Allgemeine musikalische Zeitung [Leipzig]
Allgemeine Wiener Musik-Zeitung
Allgemeiner Tiroler Anzeiger [Innsbruck]
Berliner Musikzeitung
Blätter für Musik, Theater und Kunst [Wien]
Cäcilia, eine Zeitschrift für die musikalische Welt [Mainz]
Deutsche Musik-Zeitung [Wien]
Deutsche Zeitung [Wien]
Deutsches Volksblatt [Wien]
Figaro. Humoristisches Wochenblatt [Wien]
Frauen-Werke [Korneuburg]
Fremden-Blatt [Wien]
Die Gegenwart. Politisch-literarisches Tagblatt [Wien]
Grazer Tagblatt
Grazer Volksblatt
Der Humorist [Wien]
Illustrated London News
Illustriertes Österreichisches Journal [Wien]
Illustrirte Zeitung [Leipzig]
Illustrirtes Wiener Extrablatt
Innsbrucker Nachrichten
Journal für Geschichte [Braunschweig]
Linzer Tages-Post
Linzer Volksblatt
Die Lyra [Leipzig/Wien]
Mährischer Correspondent [Brünn]
Der Merker. Österreichische Zeitung für Musik und Theater [Wien]
Monthly Musical Record [London]
Morgen-Post [Wien]
The Musical Quarterly [Oxford]
The Musical World [London]
The Musical Times [London]

Literatur- und Quellenverzeichnis

Musikalisch-literarischer Monatsbericht über neue Musikalien, musikalische Schriften und Abbildungen [Leipzig]

Musikalisches Wochenblatt [Leipzig]

Musikblätter des Anbruch. Monatsschrift für moderne Musik [Wien]

Neue Freie Presse [Wien]

Neue Illustrierte Wochenschau [Wien]

Neue Wiener Musik-Zeitung

Die Neue Zeit [Olmütz]

Neue Zeitschrift für Musik [Leipzig]

Neues Wiener Blatt

Neues Wiener Journal

Neues Wiener Tagblatt

Neuigkeiten [Brünn]

Neuigkeits-Welt-Blatt [Wien]

Ost-Deutsche Post [Wien]

Österreichische Kunst-Chronik [Wien]

Österreichische Musik- und Theaterzeitung [Wien]

Österreichisches Bürgerblatt für Verstand, Herz und gute Laune [Wien]

Österreichisches Morgenblatt [Wien]

Prager Tagblatt

Die Presse [Wien]

Radio Wien

Recensionen und Mittheilungen über Theater und Musik [Wien]

Rheinische Musik-Zeitung für Kunstfreunde und Künstler [Köln]

Rigasche Zeitung

Salzburger Tagblatt

Salzburger Volksblatt

Signale für die musikalische Welt [Leipzig]

Sonntagsblätter [Wien]

The Strad [London]

Studien zur Musikwissenschaft. Beihefte der Denkmäler der Tonkunst in Österreich [Wien]

Die Stunde [Wien]

Tagespost [Graz]

Tages-Post [Linz]

Das Vaterland [Wien]

Vaterländische Blätter für den österreichischen Kaiserstaat [Wien]
Vereinigte Laibacher Zeitung
Volks-Zeitung [Wien]
Veszprémi Szemle
Westfälischer Anzeiger [Hamm]
Wiener Allgemeine Zeitung
Wiener Presse
Wiener Salonblatt
Wiener Sonn- und Montags-Zeitung
Wiener Zeitschrift für Kunst, Literatur, Theater und Mode
Wiener Zeitung
Die Zeit [Wien]
Zeitschrift für Geschichte und Kulturgeschichte Österreichisch-Schlesiens [Troppau]
Der Zwischen-Akt. Organ für Theater, Kunst und Musik [Wien]

Literatur- und Quellenverzeichnis

Abbildungsverzeichnis

Abb. 1: Josef Hellmesberger d. Ä., Photographie von Josef Löwy, um 1888

Abb. 2: Josef Hellmesberger d. Ä., Holzstich, um 1870

Abb. 3: Programmzettel, Debütkonzert von Josef und Georg Hellmesberger, 11.02.1844

Abb. 4: Georg und Josef Hellmesberger, Lithographie nach einer Bleistiftzeichnung von August Prinzhofer, Wien 1845

Abb. 5: The Brothers Hellmesburger [sic]

Abb. 6: Hellmesberger Quartett, Photographien von Fritz Luckhardt, Wien, nach 1873

Abb. 7: Georg Hellmesberger d. Ä., Lithographie von Gabriel Decker nach einer Zeichnung von Albin Decker, Wien 1839

Abb. 8: Georg Hellmesberger jun. K. hannover. Hof-Conzertmeister, Bleistiftzeichnung von Eduard Kaiser, Wien 1850

Abb. 9: Rosa Hellmesberger, Photographie von Rudolf Krziwanek, Wien 1890

Abb. 10: Rosa und Emilie Hellmesberger, Lithographie „Das Deutsche Volkstheater in Wien"

Abb. 11: Emilie Hellmesberger, Photographie von Josef Szekely, Wien (o. J.)

Abb. 12: Ferdinand Hellmesberger, Photographie von Josef Szekely, um 1910.

Abb. 13: Josef Hellmesberger d. J., Photographie von Julius Gertinger, Wien 1886

Abb. 14: Dynastie Hellmesberger, Lithographie

Abb. 15: Josef Bayer

Abb. 16: Rudolfine und Eugenie Epstein

Abb. 17: Photographie von Theresine Seydel, Reuter & Pokorny, Wien (o. J.)

Abb. 18: Caroline und Theresine Seydel, Photographie N. Stockmann, Wien (o. J.)

Abb. 19: Wiener Frauen-Symphonieorchester, um 1932

Personen- und Ensembleregister

A

Ahna, Heinrich de 314
Alard, Jean-Delphin 131, 171, 172, 178, 181, 189
Alberdingk, Else 277
Alberdingk, Erny 282
Alberdingk-Quartett 282
d'Albert, Eugen 157
Amann, Ebo 277
Amann-Weinlich, Josefine 250, 261, 265, 277
Anita Ast-Quartett/Streichquartett Anita Ast 275, 280–282
Anschütz, Emilie, geb. Butenop 78, 99
Anschütz, Ernestine 79
Anschütz, Heinrich 78, 99
Arber, Alfred von 164
Arming, Elise 234
Artôt, Alexandre-Joseph 178, 197
Ast, Anita 275, 281, 282
Asten, Julie von 49
Aub, Marie 203, 208
Auber, Jakob 107, 116, 228
Auber, Stefan 163
Auer, Leopold 19, 107, 131, 228, 292
Auspitz, Siegfried 107, 117, 170, 228
Axmann, Max 278

B

Bach, Carl Philip Emanuel 289
Bach, Johann Sebastian 54, 65, 145, 146, 165, 198, 203, 208, 209, 262, 263, 288, 302, 317, 334
Bach, Otto 187
Bach-Walters, Annie 282
Bachrich, Mirjam Marie, geb. Minetti 122
Bachrich, Sigmund 51, 54, 107, 121, 122, 126, 169, 184, 202, 228, 257–259, 292
Bagge, Selmar 54
Baillot, Pierre 34, 289, 313
Baiulescu, Georg 107, 116, 228

Basch-Mahler, Fanny 207
Bauer, Alexander Anton Emil 151, 154, 155, 161
Bauer, Grete 275
Bauer-Lechner, Natalie 111, 130, 150–162, 224, 229, 234, 243, 260, 292
Baumgarten, Anna von 207, 275, 278, 280–283
Baumayer, Marie 49, 125, 157, 159, 162, 170
Bayer, Agnes, geb. Brauensteiner 139
Bayer, Helene 142
Bayer, Ida, verh. Bayer-Aspis 139, 140, 142, 223, 292
Bayer, Johann 139
Bayer, Josef 107, 108, 121, 139–142, 223, 228, 292
Bayer, Magdalena, geb. Dubowsky 139
Bayer, Mathias 139
Bayer, Therese, geb. Klein 142
Bayer-Aspis, Ida, siehe unter Bayer, Ida
Bazzini, Antonio 149, 162, 208, 212
Becker, Anny 264
Becker, Hugo 137
Beethoven, Ludwig van 19, 27, 33, 39, 40, 41, 43, 47, 54, 55, 58, 60, 68, 144–146, 162, 164, 168, 171, 172, 186, 203, 208, 209, 212, 263, 288, 306, 314, 322, 323, 327, 328, 330–335
Benda, Johanna 207
Benedict, Julius 39, 40
Benesch, Georg 171
Benesch, Josef 124
Benkö, Heinrich 108, 131, 228
Beranek, Heinrich 108, 116, 228
Bériot, Charles-Auguste de 28, 32, 44, 147, 149, 169, 171, 178, 179, 189–191, 197, 213
Berlioz, Hector 66, 246, 247
Bernhardt, Otto 137
Bernstein, Helene 281, 283
Beskochka, Franz 108, 116, 228
Biener, Gustav 108, 117, 228

Bilek, Luise 282
Billroth, Theodor 252
Bird, Clarence 160
Blahak, Josef 198
Blau, Julius 108, 122, 196, 212, 228, 299
Bloch, Lucie 280
Blumenfeld, Anton 108, 118, 228
Bobretzky, Franz 173
Bockmayer, Elisabeth 277, 282
Bohdanowicz, Basilius 73
Bohdanowicz, Michael 73
Böhm, Anna, geb. Dorfmeister 313
Böhm, Franz Ludwig 313
Böhm, Johann 171
Böhm, Josef 29, 63, 71, 110, 125, 132, 134, 210, 234, 256–258, 296, 311–316, 327–329
Böhm, Michael 312
Borwick, Leonard 157
Borzaga, Ägidius 28, 32, 46, 48, 51, 71, 96
Boston Symphony Orchestra 135, 136
Bourner, Hugo 108, 118, 228
Brahms, Johannes 49, 53, 54, 123, 155, 157, 160, 163, 164, 166, 186, 208, 210, 263, 334, 335, 344
Braun, Rudolf 262
Brée, Malvine 145, 146, 260
Brennerberg, Irene von 254
Bridge, Frank 263
Brodsky, Adolph 50, 108, 122, 123, 136, 137, 196, 228, 254, 299, 316, 326
Brodsky-Quartett 123
Bruch, Max 166
Bruckmayer, Marie 275
Bruckner, Anton 140, 263, 334, 335, 344
Brückner, Christian 143
Brückner, Eugenie 108, 116, 143, 224, 228
Brückner, Katharina, geb. Glieher 143
Brüsseler Quartett 164
Bukorester, Leo 108, 116, 228
Büllik, Anna Maria, verh. Koschin-Büllik 275, 280, 281, 283
Buxbaum, Friedrich 281

C
Caboga, Valerie 262, 263, 276
Capelli, Liduini 212
Chalupny, Franziska 281
Chalupny, Irmengild 281
Chalupny, Steffi 281
Charlemont, Elisabeth 283
Cherubini, Luigi 198, 288
Chopin, Frédéric 146, 207, 208, 252
Cimegotto, Tomaso 108, 116, 228
Ciol, Anton 170
Clement, Franz Joseph 312
Cohal-Lehert, Marie 282
Colbert, Tony 160, 163
Corelli, Arcangelo 165, 237
Cossmann, Bernhard 51
Csillag, Rosa 78
Curant, Theodor 108, 116, 228
Czillag, Hermann 108, 132, 228

D
Dachs, Josef 49
Damenkapelle Kugler 283
Damen-Kapelle ‚Wiener Rosen' 264
Damen-Trio 145, 147, 260
Damen Trompeter-Corps und Gesangs-Ensemble ‚Alpenveilchen' 264
Dancla, Charles 32, 41, 154, 179
David, Ferdinand 33, 134, 304, 304
Davies, Fanny 157
Debussy, Claude 334, 335
Deininger, Anton 108, 116, 228
Delgrange, Felix 165
Demelius, Margarete 163, 278
Desing, Julius 108, 118, 228
Dessoff, Otto 49, 97
Deutsch, Sigmund 108, 116, 228
Deutsch-Dradiy, Melanie 278
Ditters von Dittersdorf, Carl 27, 314
Dobyhal, Franz 51, 53
Dohnányi, Ernö von 164
Doktor, Karl 165
Donat, Josefine 163, 165, 207, 262, 266, 277, 278, 281

Personen- und Ensembleregister

Dont, Jakob 19, 213, 256, 258, 259, 311, 314, 329
Door, Anton 49, 140
Doppler, Franz 162, 203
Dörrich, Wilhelmine 234
Dragatin, Julius 108, 116, 228
Dreyschock, Alexander 49
Drury Lane Orchestra 137
Dubowsky, Katharina, geb. Schebasta 139
Dubowsky, Thomas 139
Dulcken, Louise 40
Dürnberger, Paula 170
Durst, Matthias 32, 45, 46, 50, 71, 96, 108, 109, 113–115, 234, 237, 256, 258, 259, 283, 311
Dustmann, Louise 80
Dvořák, Antonin 136, 164, 171, 186, 262, 334

E
Ebner, Walter 278
Eder, Christian 163
Edith Steinbauer-Quartett 282, 283
Egghard, Julius 51, 57, 170, 258, 259, 275–277, 303, 342
Eissler, Marianne 255
Elite-Damen-Orchester ‚Bon Fortuna' 264
Ella, John 39
Epstein, Charlotte, geb. Winkler 143
Epstein, Eugenie 108, 143–149, 162, 223, 228, 260
Epstein, Ignaz 144, 224
Epstein, Julius 49, 53, 125, 167, 200, 203
Epstein, Leontine, verh. Pollack 144, 260
Epstein, Rudolfine, verh. Weinmann 144, 146–148, 162, 203, 224, 260
Epstein, Therese, verh. Keller-Epstein 144, 149
Erben, Robert 207
Erner, Amalie 198
Ernst, Heinrich Wilhelm 144, 145, 149, 178, 192, 208, 247, 311, 312, 314, 315, 330, 332

Ernst, Jakob 108, 116, 228
Erstes Europäisches Damenorchester 250, 265, 277

F
Faistenberger, Johann 108, 228
Ferlis, Alberta 213
Ferni, Carolina 243, 246, 247, 253
Ferni, Virginia 243, 246, 247, 253
Fiby, Heinrich 108, 132, 228
Finger, Alfred 157, 159
Finger-Bailetti, Ella, geb. Bailetti 156, 158, 276, 278
Firtel, Hilde 273
Fischer, Emma von 136, 262, 273, 277
Fischhof, Josef 236, 237
Fitzner-Quartett 157
Flechtenmacher, Alexandru 133, 134
Flesch, Carl 168, 169, 214, 279, 292, 304, 342
Flesch, Johanna, geb. Klein 214, 215
Florian, Olga 49
Folger, Hilde 282
Frank, Georg 108, 132
Fränkl, Richard 276
Frankl-Joël, Gabriele, siehe unter Joël, Gabriele
(Wiener) Frauen-Symphonieorchester 165, 216, 261–283
Frei, Hans 171
Frey, Rudolph 108, 116, 228
Friedberg, Moriz 109, 118, 228
Friedl, Josefine 234
Froschauer, Daniel 344
Fruholz, Carl 109, 116, 228
Füchs, Carl Ferdinand 30, 32
Fuchs, Johann Nepomuk 140
Fuchs, Robert 160, 189, 262
Furtwängler, Wilhelm 335, 336

G
Gade, Niels Wilhelm 181, 262
Gahr, Erna 275, 278, 280–283

Gál, Hans 262
Gänsbacher, Johann 198
Gärtner, Leontine 160
Gemperle, Viktor 170
Gerald, Hedy 280
Gerger, Eduard 109, 116, 228
Gerstner, Rudolf 160
Giller, Franz 196
Girsa, Gustav 109, 116, 228
Gitzmayer, Norbert 109, 118, 228
Goitein, Anna 276, 277
Goitein, Piroska 275–277
Goldmann, Ernestine 125
Goldmann, Friedrich 109, 116, 228
Goldmark, Karl 208, 292
Goldner, Steffy 283
Goldschmied, Alice 278
Goldstein, Fritzi 275, 280, 281, 283
Gottlieb, Eugen 74
Gottlieb, Theodor 74
Grädener, Carl 123
Grädener, Hermann 54, 109, 123, 228
Graener, Paul 262
Graeser, Heinrich 164, 165
Grainger, Percy 263
Grieg, Edvard 164, 262
Gröber, Caroline 208
Großmann, Leo 109, 118, 228
Grube, Gustav 207
Gruber, Franziska, geb. Maly 199
Gruber, Liborius 199
Grümmer, Paul 164, 165, 282
Grün, Jakob Moritz 108, 114, 144, 167, 170, 184, 209, 215, 258, 259, 277, 314, 315, 327–329, 332
Grün-Quartett 169, 185, 186
Grünfeld, Alfred 170
Grünzweig, Marie von 207, 208
Grutsch, Franz 32, 54, 257, 258, 296, 297
Guleke, Ludmilla, siehe unter Weiser, Ludmilla
Guleke, Ludwig Ernst 213
Gutmann, Albert 26, 27, 164, 206

H
Haas, Eugen 171
Hafner, Karl 314
Haldenwang-Baradieser, Anna/Annie 165, 280
Haldenwang-Quartett/Conrad-Haldenwang-Quartett 280
Halévy, Jacques Fromental 66
Hallé, Charles 123
Hallé Orchestra 123, 137
Hametter, Franz 109, 116, 228
Händel, Georg Friedrich 54, 165
Handl, ? 316
Hanslick, Eduard 16, 21, 37, 46–50, 55–59, 169, 184–186, 240, 243–248, 250–253, 255, 265, 266, 314
Hasa, Josef 163, 164, 165
Hasel, Franz 109, 116, 228
Haupt, Hedi 282
Hauser, Anton 109, 116, 229
Hauser, Miska 314, 315
Haydn, Joseph 47, 54, 128, 157, 164, 186, 207, 263, 288, 322, 323, 332–334
Heger, Franz 109, 116, 196, 229
Heim, Theodor 163
Heissler, Carl 45, 46, 51, 64, 87, 97, 108–114, 144, 166, 234, 235, 237, 254–256, 258, 259, 277, 306, 307, 311, 327
Heller, Ferdinand 109, 116, 229
Heller, Julius 109, 116, 133, 221, 225, 229
Heller-Quartett, auch Triester Quartett 133
Hellmesberger, Anna, verh. Gottlieb 74
Hellmesberger, Anna, geb. Mayerhofer 73, 74
Hellmesberger, Anna Maria, geb. Liebhart 70
Hellmesberger, Augustus Josephus 74
Hellmesberger, Elisabeth Theresia Josepha Maria Anna, geb. Kupelwieser 72
Hellmesberger, Emilie Henriette Ernestine 78, 81–83, 99
Hellmesberger, Ferdinand (Bruder von Josef Hellmesberger d. Ä.) 74, 78
Hellmesberger, Ferdinand (Sohn von Josef Hellmesberger d. Ä.) 51, 84, 85, 96, 170–172, 303

Hellmesberger, Franz Seraph Joseph 70, 71
Hellmesberger, Franz Seraphikus 74
Hellmesberger, Georg d. Ä. 11, 14, 27–29, 32, 33, 35, 37–39, 42, 44–47, 63, 64, 69–75, 84, 94–97, 100, 108–114, 125, 140, 178, 234, 237, 243, 256–259, 307, 311, 314–316, 329
Hellmesberger, Georg d. J. 27–45, 75–77, 95, 97, 201, 208, 212, 295, 296, 310
Hellmesberger, Josef d. Ä. – aufgrund der Häufigkeit der Namensnennung in diesem Register nicht berücksichtigt
Hellmesberger, Josef d. J. 50–52, 59, 60, 65, 69, 70, 83, 85–89, 91–94, 96–98, 100, 108, 109, 127, 136, 141, 167, 170, 171, 184, 201, 202, 207, 229, 257–260, 295, 296, 301, 303, 309, 310
Hellmesberger, Rosa 78–82, 99
Hellmesberger, Rosa Johanna Wilhelmine, geb. Anschütz 79
Hellmesberger, Rosa Theodora Ernestine 79
Hellmesberger, Simon 70
Hellmesberger, Wilhelmine, geb. Scheichelbauer 91, 93, 94
Hellmesberger-Quartett 14, 19, 22, 45, 47–60, 65, 84, 85, 93, 96–98, 119, 121, 122, 136, 148, 157, 158, 162, 167–170, 172, 184, 186, 201, 203, 256, 258–260, 302, 303, 306, 327, 342
Hengg, Willibald 109, 119, 196, 229
Henne, Friedrich 109, 117, 229
Herbeck, Johann Franz Ritter von 50, 54, 62–64, 66
Herbert-Campbell, Lucy 156
Hermann, Friedrich 178, 179
Herzog, Georg 110, 116, 229
Hesch, Th. 165
Heß, Carl 110, 119, 229
Heuberger, Richard d. Ä. 262
Hilbert, Alois 110, 119, 229
Hilpert, Franz 51
Hilpert, Friedrich 54, 184
Hirschfeld, Robert 21, 23–27, 49, 67, 285

Hirschl, Alice 235
Hochmann, Rosa 253
Hofmann, Carl 50, 257–259
Hofkapelle Dresden 125
Holländisches Damen-Orchester 264
Höller, Franz 110, 116, 229
Holst, Gustav 263
Holz, Karl 48
Horn, Camillo 160, 186
Hötzendorf, Franz Conrad von 188
Huber, Károly 132
Hueber, Olga von, verh. Hueber-Mansch 206–208, 276
Hülsen, Georg von 91, 92
Hummel, Johann Nepomuk 28
Hummer, Reinhold 51, 86, 126, 127, 167, 169, 170, 184, 185, 281

J

Jacobsen, Heinrich 276
Jäger, Auguste von 198
Janietz-Elite-Damen-Blas- u. Streich-Orchester 264
Jansa, Leopold 46–48, 64, 71, 96, 125, 198, 296
Jansa-Quartett 46, 47, 49, 96, 258
Japanese Ladies Orchestra 264
Joachim, Joseph 19, 29, 37, 39, 40, 42, 45, 56, 122, 124, 131, 137, 160, 176, 208, 210, 249, 257, 258, 265, 276, 277, 305, 310–312, 314–316, 327, 329–331
Joachim-Quartett 14, 26, 40, 51, 55, 125, 157, 185
Joël, Gabriele, verh. Frankl-Joël 49, 162, 207
Johannesberger Capelle 177
Jokl, Friedrich 170
Junk, Wilhelm 110, 123–125, 167, 229, 305

K

Kachler, Wilhelm 110, 129, 229
Kadletz, Vincenz 110, 116, 229, 308
Käfer, Carl 110, 119, 229
Kahler, Theodor 110, 116, 229

Kalbeck, Flore 160
Kalchegger von Kalchberg, Josef Freiherr 174
Kalwo, Aaron 110, 116, 229
Kalliwoda, Johann Wenzel 30, 32, 41, 44, 154, 179
Kammermusikvereinigung Familie Nováček 130, 172
Kapelle Strauß 127
Kässmeyer, Moritz 54
Kaufmann, M. Salomon 110, 116, 223, 229
Keller-Epstein, Therese, siehe unter Epstein, Therese
Kern, Frieda 262, 273
Kern, Johann 110, 116
Kern, Olga 282
Kerndl, Ella 207, 229
Khayll, Josef 48
Khuner, Frieda 282
Kichler, Jenny 165
Killian, Friederike 156
Killian, Herbert 155, 161
Kimla, Joseph 110, 116, 229
Kleeberg, Clothilde 157
Klein, Franz 207
Klein, Thomas 109, 229
Kleinecke, Theodor 110, 133
Kleineke, Walter 282
Klengel, Julius 137
Klengel, Paul 160, 254
Klenk, Robert 110, 133, 134, 229
Klietz, Magnus 136
Knebelsberger, Marie 146
Kodalle, Anton 110, 124, 229
Kohl, Antal 182
Kohlert, Franz 188
Kohn, Adele 207
Kohn, Jakob 110, 116, 229
Kolbe, Margarethe 160, 163, 277
Kolbe-Quartett 282
Koller, Hilde 282
Kömpel, August 304
Königstädter, Leopold 110, 129, 229

Konstein/Kronstein, Josef 111, 116, 229
Kopelent, Franz 111, 116, 229
Koppensteiner, Tina 282
Kopta, E. 187
Korbé, Hillàr 111, 116, 229
Körmendy, Josef 111, 116, 229
Koszlowski, Karl Ritter von 111, 116, 229
Kottek, Liberta 165, 282
Koettrick, Jessika 74
Kralik, Mathilde 262, 273
Krancsevics, Dragomir 50, 184, 301, 341
Krankenhagen, Wilhelm 171
Kraus, Hedwig 15, 283
Krause, Frieda, verh. Litschauer-Krause 165, 282
Kraztl, Carl 111, 134, 229
Kreisler, Fritz 214, 215, 345
Kremser, Eduard 186
Krenn, Franz 143
Kreß, Michael 111, 116, 229
Kretschmann, Theobald 126, 184, 207
Kreutzer, Rodolphe 33, 34, 169, 212, 289, 313
Kreuzinger, Johann 187
Kristofek, Alexander 111, 116, 229, 308
Kroatische Original-Tamburitza-Kapelle ‚Siavul' 264
Kugler, Michael 198
Kugler, Therese 281, 283
Kukula, Roman 170
Kupfer, Wilhelm 167, 201
Kupka, Anna 212
Kupka, Hermann 111, 119, 170, 229, 277
Kupka, Marta Theresia 160, 277
Kurzius, Ernest 111, 116, 229

L
Labor, Josef 186
Lackner, Ludwig 111, 129, 229
Lammatsch, Erna 278
Langenbach, Julius 177
Laub, Ferdinand 56, 122, 208, 331
Lechner, Auguste 150

Lechner, Helene, verh. Schlenk-Lechner, siehe unter Schlenk-Lechner, Helene
Lechner, Julia, geb. von Winiwarter 150, 151
Lechner, Michael 150, 151
Lechner, Natalie, verh. Bauer-Lechner, siehe unter Bauer-Lechner
Lechner, Oskar 150
Lechner, Rudolf Anton 150, 151, 292
Lechner, Wilhelmine Anna Zäzilia, verh. Drexler 150
Leclair, Jean-Marie 162, 208
Lehnert, Julius 261, 262, 275
Leidler, Karl 111, 120, 229
Lengerke, Karl Franz von 196
Léonard, Hubert 178
Leschen, Christoph Friedrich 170
Leschetitzky, Theodor 31, 32
Lichtenstern, Alexander 111, 120, 229
Lichtenstern, Max 111, 120, 170, 229
Lind, Jenny 37, 41
Lipiner, Siegfried 155
Lipińsky, Karol 208
Liszt, Franz 28, 29, 30, 37, 200, 252, 263
Loh, Anton 57, 184
London Symphony Orchestra 135
Lotscharek, Georg 111, 129, 229
Löw, Rosa 125
Löwenberg, Ernst 170
Ludmer, Lilly 278
Lueger, Marie 282
Lukšić, Abel 213
Lux, Carl 111, 124, 229

M
Madensky, Eduard 163
Mahler, Gustav 88, 153, 155, 156, 161, 261, 334, 337
Mahler, Emma 155
Mahler, Justine 155
Mahr, Rudolf 111, 116, 229
Mancio, Julia 282
Mandlick, Adele, verh. Radnitzky-Mandlick 188

Marais, Marin 160
Mařák, Jan 130
Marcher, Wilhelm 112, 116, 229
Markl, Alois 170
Martechini, Anton 112, 116, 229
Martini, Jean-Paul-Égide 160
Marwege, Johann 136
Marx, Josef 262
Maschek, Adalbert 110, 112, 114
Maßkowski, Ludwig 112, 116, 229
Mátrai, László 182
Maurer, Ludwig 29, 41, 44
Maxintsak, Eleonora Josefa 167
Maxintsak, Hugo 167
Maxintsak, Josef 51, 112, 121, 166–172, 215, 223, 229, 257–259, 303, 342
Maxintsak, Josefa Elisabeth, geb. Sebestin 167
May, Florence 53
Mayer, Friedrich Arnold (Pseud.: F. Scenicus) 99
Mayer, Louis 207
Mayerhofer, Franz 73
Mayerhofer, Theresia, geb. Bohdanowicz 73
Mayseder, Josef 29, 32, 64, 169, 178, 191, 235, 309, 312, 314, 327
Medlartz, Ferdinand 112, 116, 229
Melcher, Ferdinand 112, 116, 229
Melzer, Ernest 112, 134, 229
Mendelssohn Bartholdy, Felix 33, 41, 54, 56, 148, 149, 157, 162, 167, 168, 178, 203, 208, 263, 290
Menter, Sofie 49
Mestezky, Johann 112, 117, 127, 229
Mestrozi, Paul 124
Meves, Wilhelm 179, 197, 198
Meyer von Tenneburg, Albertine 207, 208
Meyerhausen, Margot 278
Milandre, Louis-Toussaint 160
Milanollo, Maria 31, 196, 242, 245, 246, 248, 253, 311
Milanollo, Teresa 31, 196, 242, 245, 246, 248, 253, 311

Mildenburg, Anna von 155
Mittler, Franz 164
Moralt-Quartett 48
Mosel, Ignaz Franz Edler von 47, 115, 131, 320
Möser, Karl 194
Mozart, Wolfgang Amadeus 41, 47, 54, 56, 122, 126, 135, 146, 153, 154, 160, 162, 164, 186, 196, 253, 262, 263, 288, 290, 322, 323, 326, 334, 335
Mozarteumsorchester 122, 135
Mühlfeld, Richard 157. 159
Müller, Hans 56, 278
Müller, Karl Friedrich 164
Müller-Hermann, Johanna 163, 262, 273
Müller-Quartett 48, 55, 56, 278
Munczi, Ludwig 112, 128, 229
Muschek, Johann 112, 116, 229

N
Nagy, Philomene von 278
Nawratil, Karl 163
Neruda, Franz 137, 243, 255
Neusser, Gabriele, verh. Amann-Neusser, verh. Gröber-Neusser 243, 253, 277
Neuwaldner, Rosa 278
New York Philharmonic Orchestra 123, 337
Nicholls, John 137
Nigg, Wilhelm 112, 124, 167, 229
Nigrin, Clara 160, 163, 165, 278
Nikisch, Arthur 86, 112, 135, 136, 201, 229
Norman-Neruda, Wilma, eig. Wilhelmine, geb. Neruda 137
Nossek, Karl 112, 135, 229
Nováček, Martin 129
Nováček, Otakar 130
Nováček, Rudolf 112, 129, 130, 230
Nowatschek, Fritz 164

O
Oberdörffer, Christian A. 112, 135, 136, 230
Odnoposoff, Ricardo 330
Ondříček, František 130, 279
Ondříček, Karel 130

Ondříček-Quartett 164
Orchesterklub Haydn 128
Otter, Franz 171

P
Pachmann, Dora 278
Paganini, Niccolò 48, 178, 179, 192, 201, 300
Panofka, Heinrich 314
Panteo, Bianca 253
Parry, John 40
Passy-Cornet, Adele 171
Pastrzk, Franz 112, 116, 230
Paulus, Rudolf 160
Pauly, Stefan 344
Paumgartner, Bernhard 161
Paur, Emil 49, 136, 230
Paur, Ernst 32
Paur Symphony Orchestra 136
Peer, Wilhelm 112, 116, 230
Perger, Richard von 15, 33, 62, 63, 68, 115, 193, 217, 218, 221, 222, 285
Petschacher, Alexander 114
Pfannhauser, Wilhelm 112, 116, 230
Piatti, Alfredo 137
Pichler, Rudolf 155
Pirkhert, Eduard 49, 108, 109, 114
Pittsburgh Symphony Orchestra 124
Plank, Elsa von 278
Plank, Josef 244, 245
Plaschesky-Bauer, Katharina 198
Pohlig, Karl 91
Pokorny, Franz 171, 202
Pollak, Bernhard 112, 116, 230, 308
Pollak, David 112, 125, 187, 230
Popper, David 51, 125, 147, 210
Popper, Nelli 278
Poppy, Alba 282
Potpeschnigg, Heinrich 262
Pranke, Felix 173
Pranke, Josepha, geb. Swoboda 173
Prehm, Rudolf 278
Preyer, Gottfried 54, 108, 134

Pribil, Adele 182, 257–259, 275, 279, 316
Prill, Karl 126, 158
Prill-Quartett 126
Proch, Heinrich 188, 311
Prume, François 212
Purcell, Henry 263
Putlitz, Joachim Gans zu 91–93
Püttlingen, Johann Vesque von 54

Q
Quantz, Johann Joachim 263
Quartett Duesburg/Erstes Wiener Volksquartett für klassische Musik 280

R
Raczek, Antonia, geb. Pranke 173, 174
Raczek, Antonia 178
Raczek, Clara, geb. Dwořzak 173
Raczek, Franziska 178
Raczek, Friedrich 112, 173–175, 180–182, 230, 231
Raczek, Johann Baptist 178
Raczek, Mathias 173
Raczek, Sofie, verh. Ruzitska 173–175, 177, 178, 180–182, 235
Raczek, Viktor 113, 173, 174– 176, 178, 180, 181, 224, 230, 231
Raczek, Vincenz 173–178
Raczek-Quartett 182,
Radio, Caroline von 207
Radio-Symphonieorchester Wien 275
Radnitzky, Emerich 183
Radnitzky, Franz 51, 113, 121, 125, 126, 183, 184, 187–189, 223
Radnitzky-Mandlick, Adele, siehe unter Mandlick, Adele
Radnitzky-Quartett 125, 184–187
Raith, Georg 113, 136, 230
Raith, Marie 199
Ramesch, Franz 109, 112–114, 144, 152, 279
Rappoldi, Eduard 113, 125, 230, 300
Rappoldi-Kahrer, Laura 125
Rechl, Alexander 113, 116, 230

Reinhold, Hugo 262
Reiniger, Otti 160
Reisser, Antonia 234
Reiterer, Carl 113, 116, 230
Rengstl, Karl 113, 116, 230
Reß, Johann 80
Ridley-Kohne, David 131, 132, 176, 178
Riegl, Anna 171
Riemann, Wilhelm 264
Risegari, Alice, geb. Harvey 137
Risegari, Alois 113, 136, 137, 196, 230, 299
Risegari, Charles 137
Risegari, Luigi 136, 137, 196, 299
Risegari-Quartett 137
Ritter, Lőrinc 182
Robba, Arthur 113, 116, 230
Rode, Pierre 29, 33, 34, 101, 169, 200, 289, 312, 313, 314
Rodosi, Alice 281
Rodosi, Maria, geb. Schlesinger 165, 262, 266, 278, 281, 282, 283
Rodosi-Quartett 278
Rosé, geb. Rosenblum, Arnold 87, 126, 186, 258, 259, 275–277, 280, 327, 328, 330, 332
Rosé, geb. Rosenblum, Eduard 57
Rosé-Quartett 57, 120, 121, 126, 157, 158, 164, 258, 327, 328
Rosset, Jakob 113, 116, 230
Rößler, Elisabeth von 282
Rothenstein, Jakob 276
Rottenstein, Bernhard 144
Rotter, Emil 113, 125, 126, 230
Rotter, Ludwig 75, 198
Röver, Heinrich 51, 53, 125, 202
Rubinstein, Anton 19, 49
Rubinstein, Josef 49
Rückauf, Anton 186
Rufinatscha, Johann 186
Ruschitzka, Anton 126
Russisches Damenorchester ‚Alexandrow' 264
Ruzitska, Béla 181, 182
Ruzitska, György 182
Rylka, Rosa 282

S
Saint-Saëns, Camille 49, 186, 187, 263
Sainton, Prosper 39, 254
Salieri, Antonio 27
Sarasate, Pablo de 214
Schachermeier, Herta 282
Schachner, Steffi 281
Schaller, Johann 87, 113, 116, 230
Schantl, Josef 171
Scharwenka, Xaver 49, 123, 170
Schaumburg, Nicolaus 113, 116, 230
Scheichelbauer, Leopoldine, verh. Werner 87
Schenner, Wilhelm 49, 140
Schillinger, Friedrich 113, 137, 230
Schillinger, Karl 137
Schipek, Franz d. Ä. 127, 189, 192
Schipek, Franz d. J. 113, 127, 189–193, 223, 230
Schipek, Josepha, geb. Kozaczek 189
Schipek, Katharina Josepha, verh. Göhler 189
Schipek, Marie 127, 146, 190, 192, 193
Schläger, Hans 186
Schlenk, Carl Heinrich 163
Schlenk, Felix 163
Schlenk, Rudolf 163
Schlenk-Lechner, Helene/Ellen 150, 163, 165, 166, 260–262, 266, 279, 282
Schlenk-Lechner-Quartett 164, 279
Schlesinger, Carl 45, 46, 51
Schlosser, Gerta 279
Schmahl, Adolf 136
Schmidl, Carl 113, 117, 230
Schmidt, Martha 160
Schneiderhan, Wolfgang 330–332, 334
Scholz, Wilhelm 160
Schön, Albert 194, 197
Schön, Franz 194
Schön, Franziska 113, 130, 193–199, 224, 227, 230, 234
Schön, Franziska, geb. Proksch 194
Schön, Johann 194
Schön, Moritz 194
Schön, Viktoria, geb. Richter 194

Schönbaumsfeld, Johann 113, 117, 230
Schönfeld, Moriz 113, 117, 230, 276
Schreiber, Bernhard 144
Schröder, Carl 133, 254
Schubert, Franz 54, 56, 60, 68, 71, 157, 162, 163, 164, 171, 186, 207, 211, 262, 263, 297, 328, 334, 335
Schück, Nelly 281
Schumann, Clara 28, 37, 49
Schumann, Robert 28, 54, 145, 146, 157, 160, 171, 172, 186
Schuppanzigh, Ignaz 47, 71, 312, 327, 330
Schuster, Maximilian Leopold Franz 204
Schuster, Maximilian 204, 205, 209, 210
Schuster, Gustav 205
Schuster, Theresina/Therese, verh. Gradisch 205, 209, 210
Schuster-Seydel, Theresine, siehe unter Seydel, Theresine
Schütt, Eduard 49
Schwab, Johanna 139
Schwarz, Anton 211, 212
Schwendt, Theodor 51, 170, 171, 258, 259, 301
Šebor, Karol 186
Sechter, Simon 107–114, 190
Seiffeddin, Mehmed 275
Semrad, Johann 113, 127, 230
Seuffert, Eduard 175, 176, 224
Ševčík-Quartett 164, 279, 330
Seydel, Anna, geb. Gruber 200
Seydel, Anna Maria Magdalena 199
Seydel, Corona Maria Theresia 199
Seydel, Dominik d. Ä. 199, 200
Seydel, Dominik d. J. 200
Seydel, Karl Franz Heinrich 199
Seydel, Karoline 200, 204, 205
Seydel, Karoline/Katharina, geb. Kolhanek 199
Seydel, Marie/Maria Anna 204, 207
Seydel, Paul Maria Josef 199
Seydel, Pauline Maria Josepha 262
Seydel, Theresine, verh. Schuster-Seydel 113, 130, 148, 154, 162, 199, 200, 201,

203–210, 223, 224, 253, 260, 303
Shinner, Emily, verh. Liddell 158
Shinner-Quartett 158
Sieber, Lilly 282
Siebert, August 113, 126, 184, 230
Siegl, Wilhelm Karl 114, 117, 230
Simandl, Franz 170, 207
Simon, Adolph 29
Sioly, Johann 114, 123, 128, 230
Slavík, Josef 32
Sloper, Lindsay 40
Smith, Henry 137
Sögner, Karl 165
Soldat-Roeger, Marie 156, 159, 161, 243, 277, 278
Soldat-Roeger-Quartett 157–159, 161, 164, 166, 260, 276
Sonnleithner, Christoph von 27, 61, 71
Sora, Johann 114, 130, 230
Speelman, Simon 137
Sperlich, Hans 165
Spiller, Adolph 122
Spindelbauer, Franz 114, 117, 230
Spitzer, Adolf 114, 138, 230
Spohr, Louis 19, 32, 36, 41, 44, 45, 56, 136, 149, 154, 177, 181, 192, 194, 198, 201, 210, 213, 295, 305
St. Louis Symphony Orchestra 138
Stach, Karl 114, 117, 230
Stadtherr, Luise 279
Staël, Germaine de 43
Starzewski, Miezislav von 114, 139, 230
Staudigl, Josef 38, 96
Stecher, Anton 126, 184
Steffek, Adolf 114, 128, 230
Steffek-Quartett 129
Stein, Clara 184
Steiner, Heinrich 160, 283
Stiglitz, O. 165
Stöhr, Richard 262
Strauss, Ludwig 137, 311
Strauß, Grete 281
Strauß, Johann 334, 335

Strauß, Oskar 263
Strebinger, Franz 86, 114, 127, 230
Strebinger, Rudolf 114, 127, 230
Stretti, Anna 160
Strinasacchi, Regina 253
Stwertka, Alois 114, 120, 230
Stwertka, Julius 120, 275
Stwertka, Moritz 114, 120, 230
Suchi, ? 182
Sudetendeutsche Damenkapelle 264
Suk, Josef 263
Sulzer, Josef 51, 126, 169, 170, 292
Szczepanowski, Stanisław 212
Szita, Lilli 207

T
Tandler, Rosa 262, 283
Tanejew, Sergei Iwanowitsch 164
Tartini, Giuseppe 203, 208, 209
Tesar, Elsa 279
Thalberg, Sigismund 32, 171, 189
Thalmann, Anton 108, 109, 111, 113, 115, 256, 258, 259
Thieberg, Moriz 114, 117, 230
Thoms, Franz 171
Timanoff, Vera 204
Tobisch, Anton 114, 127, 230, 308
Töpfer, Josef Armin 207, 208
Trentin, Franz 114, 117, 230
Triester Quartett, siehe unter Heller-Quartett
Triovereinigung Grete Strauß 277, 278, 281
Trputec, Irma, verh. Teree 213
Tschaikowsky, Pjotr Iljitsch 262, 334
Tschampa, Amalie 159
Tschampa, Franziska 159
Tschampa, Marie 159
Tschampa-Quartett 159

U
Udel, Carl 83, 136, 170
Ueberlacher, Franz 114, 117, 230
Unger, Caroline 71

V

Vaughan Williams, Ralph 263
Vavra, Josef 163
Vetter, Kornelius 163, 165
Vetter, Oskar 163
Vieuxtemps, Ernst 137
Vieuxtemps, Henri 30, 32, 36, 39, 56, 144, 148, 149, 154, 163, 171, 178, 179, 188, 189, 192, 194, 208, 209, 213, 303, 313
Viotti, Giovanni Battista 147, 169, 289
Vockner, Josef 198
Vogl, Michael 71
Voinesko, Johann Michael 114, 120, 230
Volkmann, Robert 171

W

Wacek, Bomugli 213
Wagner, Richard 167, 208, 327, 335
Wajzar, Jakob 213
Walter, Bruno 155, 157, 164
Wanner, Rosa 279
Waschnitius, Louise 283
Weber, Carl Maria von 263, 288, 290, 334
Weeber, Emil 167, 170
Weidunger, Ferdinand 281
Weinmann, Armin Hermann 148
Weinmann, Rudolph Paul 148
Weinmann, Rudolfine, siehe unter Epstein, Rudolfine
Weiser, Anna, geb. Tomurad 210
Weiser, Anton 210
Weiser, Johann 210
Weiser, Ludmilla, verh. Guleke 114, 131, 210–214, 234
Weiß, Laurenz 107, 108, 109, 111, 112, 113, 114
Weiß, Lucy 281, 283
Weiß, Sigmund 114, 230
Weiß, Trude 283
Welleba, Leopold 263
Wellner, Elsa 263
Wenusch, Joseph von 198
Werner, Auguste Emilie 79
Werner, Elsa 273
Wiener Damenorchester 127, 146
Wiener Frauen-Symphonieorchester 165, 261–263, 266, 267, 279, 282
Wiener Hofkapelle 11, 45, 135, 257, 281
Wiener Hofopernorchester 118–120, 124, 130, 257, 258, 328
Wiener Philharmoniker 11, 14–16, 28, 50, 54, 62–65, 72, 84, 86, 88, 91, 94, 95, 97, 115, 118–121, 123–127, 132, 135, 141, 167, 184, 187, 251, 256–259, 265, 283, 285, 292, 305, 315, 316, 322, 325–328, 330, 332–337, 344–347
Wieniawsky, Henryk 209, 252
Wies, August 114, 138, 230
Wiesmayer, Franz 171
Wiest, Franz 114, 117, 230
Wietrowetz, Gabriele 137
Wihan, Hanuš 130
Wilhelmij, August 138, 167, 208
Wimmer, Hilde 282
Wimmer, Luitgarde, verh. Wimmer-Stöhr 282
Wimmer, Moritz 115, 117, 230
Winiwarter, Julia von, siehe unter Lechner, Julia
Winiwarter, Joseph Ritter von 151
Winkler, Julius 329, 331
Winkler-Quartett 158
Winter, Johann 115, 117, 230
Wirth, Emanuel 257, 278, 316
Wittmann, Florian 164
Wocher, Julie 170
Wolf, Hugo 155
Wolff, Heinrich 314
Wolff, Hermann 159
Wolfthal, Moritz 115, 138, 230
Wranitzky, Anton 314
Wrantitzky, Paul 314
Wurm, Mary 261, 265

Y

Ysaÿe, Eugène 215

Z

Zäch, Roman 28
Zamara, Alfred 170, 209, 283
Zamara, Therese 207, 209
Zechner, Friedrich 188
Zechner, Hermann 162, 163, 165
Zellner, Richard 201
Zemlinsky, Alexander von 163
Zierer, Franz 112
Zink, Johann 171
Ziswa, Johann 173
Zöhrer, Josef 160
Zöllner, Rudolf 188

Die Autorin

Annkatrin Babbe hat Musik und Germanistik (M.Ed.) sowie Musikwissenschaften (M.A.) an der Carl von Ossietzky Universität Oldenburg studiert, wo sie 2022 promoviert wurde.

Seit Oktober 2023 ist sie Wissenschaftliche Mitarbeiterin (Postdoc) im Forschungsprojekt bei der Alban Berg Stiftung. Zuvor war sie von 2013 bis 2023 Wissenschaftliche Mitarbeiterin am Sophie Drinker Institut Bremen.

Zu ihren Forschungsschwerpunkten zählen die Konservatoriumsforschung und Musikausbildung im 19. Jahrhundert, die musikwissenschaftlichen Gender Studies sowie kulturwissenschaftliche Zugänge zur Musikgeschichte des 19. und 20. Jahrhunderts. Vor allem in der Clara Schumann-Forschung hat sie zahlreiche Beiträge vorgelegt, des Weiteren zu Damenorchestern, Dirigentinnen und Instrumentalistinnen des 18. und 19. Jahrhunderts sowie zur Wiener Musikkultur des 19. und frühen 20. Jahrhunderts. Außerdem befasst sie sich mit dem Themenfeld Musik auf Social Media sowie mit Fragen systematischer Theoriebildung musikhistoriographischer Kategorien.

HOLLITZER